KB215090

공간의 생산

LA PRODUCTION DE L'ESPACE

by Henri Lefebvre

공간의 생산

초판 1쇄 발행일 2011년 4월 30일   **초판 3쇄 발행일** 2019년 2월 25일

지은이 앙리 르페브르 | **옮긴이** 양영란
펴낸이 박재환 | **편집** 유은재 | **관리** 조영란
펴낸곳 에코리브르 | **주소** 서울시 마포구 동교로 15길 34 3층(04003) | **전화** 702-2530 | **팩스** 702-2532
이메일 ecolivres@hanmail.net | **블로그** http://blog.naver.com/ecolivres
출판등록 2001년 5월 7일 제10-2147호
종이 세종페이퍼 | **인쇄·제본** 상지사 P&B

ISBN **978-89-6263-050-3** 94300
ISBN **978-89-6263-033-6** (세트)

부산대학교 한국민족문화연구소
로컬리티 번역총서 L3

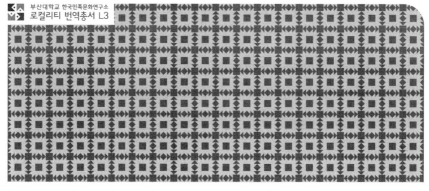

La production de l'espace | Henri Lefebvre

공간의 생산

앙리 르페브르 지음 | 양영란 옮김

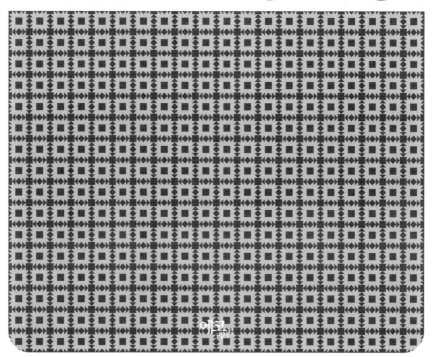

에코리브르

이 번역 총서는 2007년 정부(교육과학기술부)의 재원으로 한국연구재단의 지원을 받아 수행된 연구임(NRF-2007-361-AL0001).

차례

앙리 르페브르와 공간의 사유

1988년, 그러니까 《공간의 생산(La production de l'espace)》의 저자가 세상을 떠나기 3년 전에 내가 졸저 《앙리 르페브르와 세기의 모험》[1]을 펴냈을 무렵, 르페브르의 저서는 57권에 이르렀으며, 대부분이 다른 언어로 번역되었고, 일부는 15개국의 언어로 소개되기도 했다. 아닌 게 아니라 앙리 르페브르는 20세기가 낳은 프랑스 저술가들 가운데 세계에서 가장 널리 읽히는 저자에 속한다. 아울러 그의 기념비적인 저술은 철학, 사회학, 역사학, 언어학 등 여러 다양한 분야를 섭렵하는 것으로도 유명하다. 이처럼 다방면에 걸친 박식함은 그의 삶이 그리는 궤적을 따라가 보면 어렵지 않게 이해할 수 있다. 지식인으로서 앙리 르페브르의 삶은 제1차 세계대전 기간에 시작되어 베를린 장벽이 무너진 이후인 1991년까지 계속되었으며, 이 기간 동안 그는 인문과학이나 사회과학은 물론 이른바 엄밀과학 분야에 대해서도 지칠 줄 모르는 왕성한 호기심을 나타냈다! 이렇게 볼 때 그는 무려 70년에 걸쳐서 자신의 사고를 갈고닦았다는 계산이 나온다.

《공간의 생산》 제4판(이 책의 초판은 1974년에 출판되었으며, 이듬해인 1975년에 벌써 이탈리아어와 일본어로 번역되었고, 제3판은 1986년에 나왔다) 발행에 즈

음하여 나는 앙리 르페브르라는 인물(오늘날 많은 젊은이들은 그를 알지 못하며, 그저 글을 통해서만 이 위대한 스승을 접할 수 있다)과 새롭게 출간되는 이 역작에 대해서 소개할 필요가 있다고 생각한다. 이는 이 독보적인 사회학자이자 철학자가 도시와 공간을 대상으로 진행한 연구 전체 속에서 이 책이 차지하는 위치를 새롭게 조명해보는 데 도움이 되리라고 본다.

인간 앙리 르페브르

20세기의 시작과 더불어 태어난 앙리 르페브르는 이른바 아름다운 시절(Belle Epoque)이 서서히 막을 내려가는 시기에 어린 시절을 보냈다. 그리고 세계대전, 당시에는 '마지막'이 될 것으로 믿었으나 오늘날 '최초의' 세계대전으로 간주되는 전쟁 시기에 청소년기를 보냈다. 두 차례 세계대전 사이에 성인이 된 앙리 르페브르는 소비에트 혁명이라는 낭만주의를 온몸으로 경험했다. 또한 이탈리아 파시즘, 독일 나치즘(국가사회주의)의 도전도 피부로 느꼈다. 에스파냐 내전도 겪은 그는 독일 점령하의 프랑스에서 레지스탕스로 활약하던 중에 해방을 맞았다. 열렬한 혁명주의자였던 그는 공산당 당원 신분으로, 다시 말해서 내부인으로서 스탈린주의와 맞닥뜨렸고, 결국 공산당에서 '퇴출'당했다. 그는 현대사회의 격동과 제국주의 전쟁(인도차이나, 알제리, 베트남)을 목격했다. 탈식민지화, 기술 확산, '글로벌' 사회의 부상 등이 야기하는 모순과 갈등을 고스란히 체험했으며, 급기야 베를린 장벽의 붕괴, 소련 공산주의의 와해 과정도 지켜보았다. 이 같은 변화에 당면하여 앙리 르페브르는 항상 도도한 진화의 과정에서 영향력을 행사할 수 있는 방식으로 역사를 생각하고자 했다. 거의 매번 역사적 소용돌이(초현실주의 운동이나 1968년 5월 혁명, 도시화 물결의 급부상 등)의 한가운데에 있던 르페브르는 '마르크스주의의 스타'[조르주 귀스도르프(Georges Gusdorf)], 혁명의 기수, 사회 운동의 기수로서 그 자신의 표현대로 "많은 일에 참여했으나 결코 완전히 전념하지는 않았다".

그는 말년까지 최고 명성의 대학교수[나는 1967~1968년에 낭테르 대학(파리 10대학)의 B대형 강의실에서 그의 강의를 들었던 2000명의 학생 중 하나였다]로 재직했지만, 사실 학자로서 그의 경력은 순탄치 않았다. 이를테면 1920년대나 1930년대만 해도 그는 갖가지 직업을 전전했다. 심지어 파리에서 2년 넘게 택시 운전을 한 적도 있다. 이는 물론 생계를 위해서였는데, 그는 닥치는 대로 일을 하면서 동시에 소르본 대학에서 강의를 듣고 초기 저서들을 썼으며, 격정적인 연애도 하고 가정적으로 크나큰 변화를 겪기도 했다. 이러한 경험은 그로부터 50년 후 도시사회학자로 우뚝 서게 될 그에게 도시, 공간, 그리고 도시와 공간의 관계 등에 대해서 성찰하는 더없이 좋은 기회가 되었다. 이탈리아, 특히 토스카나 지방과 남아메리카에서의 장기 체류도 농촌 사회에서 도시 사회로 넘어가는 과정을 분석하려는 그의 연구에 무시할 수 없는 깊은 영향을 끼쳤다.

전 세계에 널리 소개된 그의 탁월한 학문적 성과는 그가 태어나면서부터 내부에서 겪었으며, 그로 하여금 철학과 사회학, 역사학, 경제학, 정치학, 자연과학, 언어학, 논리학, 정보 이론 등 현대사회의 부상을 성찰하기 위해 20세기가 제공할 수 있는 모든 수단을 자기 것으로 만들게 한 '세기의 모험'이 낳은 결과물이었다.

도시와 도시적인 것, 공간에 대한 연구

앙리 르페브르의 저술에는 몇몇 중요한 계기들이 있다. 다시 말해서 그의 일생 중 어느 한 시기에 관심사로 떠올라 그의 사유를 형성하고 연구 끝에 한 권의 책을 쓰게 만들고, 이어 두 번째, 세 번째 책으로까지 이어지게 하는 주제들이 있다는 말이다. 사실 계기(moment)라고 하는 개념은

그가 쓴 자서전에서 처음으로 이론화되었다.[2]

이를테면 그는 1947년부터 1988년까지 일상생활과 그에 대한 비평을 담은 네 권의 책을 썼다. 마르크스주의에 대해서는 1930년 무렵부터 책을 쓰기 시작해서 말년까지도 줄곧 물고 늘어졌다. 말하자면 연구가 진척될 때마다, 다른 분야에서 이루어진 성과를 토대로 특정 계기가 한층 섬세하게 다듬어지고 구조적으로 심화되는 식이었다. 앙리 르페브르의 저작에는 철학적 계기가 두드러지는가 하면, 문학적 계기가 돋보이기도 하고, 역사적 계기 또는 정치적 계기가 전면에 나서기도 한다. 그런데 이 책에서 우리의 관심을 끄는 주제는 단연 공간과 도시적인 것에 관한 성찰이다. 이 문제의식은 상당히 후기에 등장한다고 볼 수 있지만, 등장이 늦었던 탓인지 그 이후 한결 밀도 높게 집중적으로 다루어졌다.

1950년대에 농촌사회학자로 활약했던 앙리 르페브르(그는 독일 점령 시대에 기록해두었던 메모를 토대로 피레네 산맥의 캉팡 계곡에 관한 논문을 썼다)는 1970년대에 들어서면서 도시 전문가가 된다. 도시와 공간, 도시적인 것의 연구에 관한 그의 구체적인 기여를 설명하기에 앞서, 이 분야를 다룬 그의 저술은 오늘날까지도 많은 이들, 특히 미술학교나 도시계획연구소에서 공부하는 학생들에게 필독서로 여겨지고 있음을 일러둔다. 세계적인 차원에서의 영향력을 놓고 볼 때도, 이 주제는 상당한 진척을 보였다고 말할 수 있다. 앙리 르페브르가 쓴 관련 저서들은 프랑스에서 출판된 이후 10개국 언어로 번역되었으며, 현재까지도 꾸준히 보급되고 있기 때문이다.(내가 지금 이 글을 쓰는 동안 《공간의 생산》 한국어판이 출판된다는 소식을 들었다.)

나는 이 문제들의 이론화와 관련하여 앙리 르페브르의 저작이 출판된 계기의 응축적 성격에 대해 앞에서 잠깐 언급했다. 대략적으로 이 문제들이 처음으로 이론화된 시기는 그가 낭테르 대학에 몸담았던 때(1966~

1973)와 일치한다. 당시 앙리 르페브르는 아주 많은 곳을 여행했다. 우선 스트라스부르 대학 재직 시절 그와 알게 된 도시사회학자 마리오 가비리아의 초청을 받아 개인 자격으로 에스파냐의 팜플로나를 자주 찾았다. 하지만 그 밖에 공식적인 출장도 잦았다. 그는 1966년 6월에 아테네, 11월에 테헤란을 방문했고, 이듬해 3~4월에는 오타와, 1968년 1~2월에는 교토, 같은 해 10월에는 뉴욕, 오타와, 몬트리올, 1971년 2월에는 알제를 각각 찾았다. 그해 3월에는 위트레흐트에서 촘스키, 마르쿠제와 토론을 벌였으며, 4월에는 바르샤바를 방문했다. 1972년 1월에는 다시 뉴욕, 3월 초에는 브뤼셀과 덴마크의 오르후스를 찾았고, 5월에는 몬트리올, 오랑으로 날아갔다. 같은 해 11월과 12월 사이에는 베네수엘라와 페루, 브라질을 방문했고, 1973년에는 런던에서 비교적 오랫동안 머물렀다.

이처럼 출장이 잦았던 7년의 기간 동안 그는 우리의 관심사인 도시 문제에 관해서 무려 일곱 권에 달하는 저서를 내놓았다. 이 기간을 제외하면 도시 문제에 관해서는 그 이전에도 이후에도 아무런 저서를 펴내지 않았다. 1968년에 출간된 《도시에 살 권리(Le droit à la ville)》가 도시 시리즈를 여는 첫 작품이며, 뒤이어 《농촌적인 것에서 도시적인 것으로(Du rural à l'urbain)》(1970), 《도시 혁명(La révolution urbaine)》(1970), 《마르크스 사상과 도시(La pensée marxiste et la ville)》(1972), 《도시에 살 권리》의 후속작인 《공간과 정치(Espace et politique)》가 차례로 출판되었고, 이 모든 것의 집대성이라고 할 수 있으며 세월의 풍파에도 꿋꿋하게 견디는 탄탄하고 종합적인 역작 《공간의 생산》(1974)을 마지막으로 도시 시리즈는 마무리되었다.

이와 같이 하나의 주제가 혜성처럼 갑자기 출현할 수 있었던 것은 르페브르가 꾸준히 농촌의 피폐화를 관찰한 덕분이었다. 농촌의 피폐화는 랑드 지역에 석유화학단지가 들어서기 시작한 1950년대부터 무랑스에서 지속적으로 나타난 현상이었다. 하지만 르페브르는 1960년대 초만 하더라도 한두 편의 논문을 제외하고는 이 문제에 대해서 거의 글을 쓰지 않았다. 그러다 1966년과 1967년에는 앙리 레몽, 니콜 오몽, 모니크 코르네르와 의기투합하여 창립한 도시사회학자 모임에 주도적으로 참여했다. 이 모임은 1966년에 소규모 단독주택 주거에 관한 논문을 발표했다.

이제 《공간의 생산》 저술과 관련하여 앙리 르페브르가 밟아간 굵직굵직한 단계들을 살펴보자.

우선 첫 번째 단계. 1968년 3월에 나온 《도시에 살 권리》를 보자. 이 책은 르페브르의 도시 문제 연구 프로그램을 예고하는 일종의 '선언문'에 해당된다. 여기서 그는 도시 도처에서 피폐화가 진행되고 있다고 밝힌다. 도시와 도시적인 것은 사용 가치의 지배를 받아야 마땅함에도 불구하고, 산업화의 진행으로 상품화가 일반화되면서 사용 가치에 토대를 두었던 도시의 파괴를 초래했다. 사용 가치가 아닌 교환 가치는 주거 행위 속에서 사회적 삶의 퇴화를 정당화시킨다. 이미 오래전부터 '주거'를 위한 건축은 지배적인 이데올로기였다. 도시 삶의 특징인 사회적인 것, 사회성 따위는 더 이상 고려의 대상이 되지 않는다. 한편에서는 경제와 금융적 합리성이, 다른 한편에서는 도시 내에서의 비생산적인 투자가 서로 충돌하는 양상이 나타난다. 자본의 축적과 그 축적된 자본을 축제에서 탕진해버리는 것 사이의 모순이 19~20세기 내내 도시적인 것에 영향을 주었다. 도시는 거대한 사회적 실험실로 변했다. 앙리 르페브르는 거대한 도시적 현상을 강조한다. 도시적 현상은 그 거대함으로 인하여 이론적 성찰과 실천 행위, 심지어는 상상조차도 불가능하게 만들 정도이다. "산업화의 의미이자 궁극적 목표인 도시 사회는 스스로를 모색하는 가운데에서 형성된다." 도시 사회는 철학이며 예술, 학문 등에 대해 재고하지 않을 수 없었다. 어째서 철학이 필요한가? 도시적인 것은 결국 철학의 근원에 관한 문제의식과 다르지 않기 때문에 철학이 필요하다. 환경과 매개라는 측면에서 본다면 도시는 오늘날 자연으로부터 완전히 벗어났다. 예술도 문제시된다. 예술은 새로운 운명에 점점 더 자신을 맞춰나간다. 도시 사회와 그 사회의 일상적 삶을 위해 봉사하는 것이다. 학문만 하더라도 도시라는 이 새로운 대상과의 맞대면을 피할 수 없는 노릇이다. 수학과 정보 이론, 정치경제학, 인구학 등은 저마다의 정체성을 유지하는 가운데 도시적인 것이라는 영역에 관한 전체적이고 종합적인 관점을 제시해야 할 당위성에 봉착한다. 따라서 도시적인 것은 정치적 전략과 떼어놓을 수 없는 인식 전략을 필요로 한다. 앙리 르페브르는 이러한 지식 전략을 사유할 수 있게 해주는 새로운 지평, 그 잠재력과 가능성을 가늠해보고자 했다. 그가 제시한 대답은 새로운 권리의 제정이었다. 도시에 살 권리, 다시 말해서 도시적인 삶을 누릴 권리는 새롭게 태어나야 하는 인본주의와 민주주의를 위한 필요조건이었다. 이 책에서 우리는 그가 《코뮌 선언: 1871년 3월 26일(La proclamation de la commune: 26 mars 1871)》(갈리마르, 1966)에서 개진했던 축제와 유희에 관한 생각들을 다시 만나게 된다.

두 번째 단계는 잡지 〈공간과 사회(Espace et société)〉의 창간이다. 1968년 5월 혁명 덕분에 그가 《도시에 살 권리》에서 주장한 생각들은 전 세계적으로 확산되었다. 앙리 르페브르 주변으로 1968년 5월의 움직임에 대해 생각하며 그해에 발표된 성명서에 공감하는 사회학자, 건축가, 정치학자 등이 모여들었다. 이들과 더불어 앙리 르페브르는 〈공간과 사회〉라는 잡지를 창간했다. 이 잡지는 1970년대 내내 공간의 생산에 관한 성찰을 주도했는데, 앙리 르페브르가 학술적인 부문을 책임지고 세르주 조나가 출판의 기술적 부문을 책임졌던 앙트로포 출판사에서 발행되었다. 앙리 르페브르는 아나톨 코프와 함께 〈공간과 사회〉를 이끌어나갔다. 잡지

편집위원으로는 베르나르 아르세, 마뉘엘 카스텔, 미셸 코크리, 장 루이 데스탕도, 콜레트 뒤랑, 세르주 조나, 베르나르 카이제, 레몽 르드뤼, 알랭 메당, 장 프롱토, 앙리 프로비조르, 피에르 리불레가 활동했다. 1970년에서 1980년까지 총 35호를 발간한 〈공간과 사회〉는 해를 거듭하면서 이따금씩 공동 작업을 하는 사람을 제외하고 마샤 오브레, 앙드레 브뤼스통, 장 피에르 가르니에, 미셸 마페솔리, 실비아 오스트로베츠키 등을 편집위원으로 영입했다.

창간호의 첫머리를 장식한 논문 〈공간 정책에 관한 성찰(Réflexions sur la politique de l'espace)〉은 1970년 1월 13일 파리 도시계획연구소가 주최한 학술 회의에서 발표되었다. 이 논문에서 앙리 르페브르는 도시 문제에 관한 자신의 프로그램을 제시한다. 이 논문은 지난 10년간을 정리하는 기회이기도 했다. 말하자면 한 걸음 뒤로 물러나, 1960년대에 일어났고 논의되었던 모든 일들을 도시성의 최전선에서 평가해보는 계기가 되었다. 현실을 바라보는 고위 권력층의 관점에서도 변화가 일어나는 시기였던 만큼 이 같은 분석은 더더욱 시급하게 요구되었다. 변화는 그런 대로 실재적이었으며, 이것은 제대로 평가되어야 했다.

이 논문에서 다루는 내용은 한 마디로 이데올로기의 지배로, 이는 대략 세 가지 명제로 요약된다.

1) 일관성 있는 행위가 존재한다. 도시계획은 때로는 경험적으로, 때로는 인구학이나 경제학, 지리학 등의 학문 개념을 적용하는 방식으로, 또는 다학제적으로 제시된다.
2) 도시계획 분야에서는 고유한 인식론이 형성되고 있다.
3) 도시계획은 총체적인 사회의 차원(이 차원에서의 인식론이란 공간학이 될 것이다)과 국지적인 차원, 즉 주거의 층위에서 동시에 이루어져야 한다.

르페브르는 공간적인 것이 시간적인 것보다 우세하다고 보았다. 공간은 그 자체로, 또 그 자체를 위하여 구상된다. 이는 정치적인 것의 바깥에서 공간이 하나의 이데올로기로 작용함을 나타낸다. 하지만 필요가 이 같은 논리 속에 개입하리라는 보장은 어디에도 없다. 앙리 르페브르는 공간이 정치적이라는 사실에 주목한다. 공간은 전략적이다. 그러므로 공산을 형성해온 그 오랜 전략들의 자취를 다시 찾아내야 한다고 그는 주장한다. 공간은 얼핏 드러나는 것과는 달리 동질적이지 않다. 공간의 생산은 여느 상품의 생산에 견줄 수 있다. 하지만 상품의 생산과 공간의 생산 사이에는 변증법적 움직임이 존재한다. 역사의 산물로서 공간은 물질과 돈, 시간-공간의 계획이 서로 만나는 곳이다. 전체적 계획이라는 환상이 관료주의를 떠나지 않고 맴돈다. 민주주의는 자기 나름의 자리를 마련하기 위해 이 같은 전체주의적 계획의 틈바구니를 비집고 들어가야만 한다. 공간과 자연은 사회적 모순을 분석하는 척도이기도 하다. 르페브르는 말했다. "이제는 자연마저도 공간과 마찬가지로 정치화되었다. 의식적인 혹은 무의식적인 각종 전략 속에 편입되었기 때문이다. 국립공원 개발 등의 계획도 하나의 전략이기는 하겠지만, 이는 오히려 전술이라는 말이 더 어울리는 아주 소소한 전략에 불과하다. 따라서 우리는 이보다 훨씬 먼 곳을 내다보아야 한다."[3] 30년 전에 발표된 논문이 어쩌면 이다지도 요즘의 현안을 꼭 짚고 있는지, 또 사회가 공간의 문제를 정치의 확장선상에서 끌어안은 것이 얼마나 어려운 일인지를 꿰뚫어보고 있다는 점에서 매우 놀랍지 않은가? 정치생태학은 이제 겨우 걸음마를 뗀 상태다. 그런 의미에서 보자면, 앙리 르페브르는 정치생태학의 창시자 중 한 사람이었다고 볼 수 있다.

　　위에서 방금 언급한 논문에서 앙리 르페브르는 공간은 정치적이며, 지방분권은 국가에 의한 중앙집권에 맞서서 얻어내야 할 과제임을 보여주었다. 도시 전략이라는 문제는 《도시 혁명》의 끝부분에서 다시 거론된다. 도시 문제는 분명 정치적인 쟁점이다. 이 쟁점은 이론적인 차원에서 개념적으로 가공된다. 앙리 르페브르는 소외와 일상생활 비판이라는 개념을 다시금 전개해나간다. 인식 전략은 끊임없이 이론과 경험을 대면시키고 총체적 실천, 즉 도시 사회의 실천으로 나아가기 위하여 구상되어야 한다. 총체적 실천은 인간이 자유의 상위 양태인 시간과 공간을 소유하듯이 쟁취해야 하는 것이다. 기술적인 제어는 정치가들의 몫이다. 하지만 대항의 역할은 용감하게 덤벼들어 실재적인 것, 가능한 것, 불가능한 것의 분리를 가능케 하는 변증법적 분석을 통해 "불가능해 보이는 것을 가능하도록 만드는 것"[4]이다.

분석은 세계적인 차원에서 진행된다. 도시 문제는 게릴라가 성행하는 남아메리카와 도시의 모순이 도심과 흑인 집단거주지를 대립시키는 북아메리카, 아시아 또는 유럽에서 각기 다른 양상으로 나타난다. 앙리 르페브르는 도시 전략의 원칙을 다음과 같이 제시한다.

- 도시에 관한 문제의식을 전면에 부각시킴으로써 정치적 삶 속으로 끌어들인다.
- 보편화된 자율경영을 첫 번째 과제로 삼는 프로그램을 수립한다. 도시의 자율경영이란 산업의 자율경영과 더불어 생각해야 한다.
- 도시에서 살 권리, 즉 중심성과 그것의 움직임에서 배제되지 않을 권리를 인정한다.

우리는 이러한 제안들이 현실의 사회 운동, 즉 전 세계에서 확산되고 있는 도시의 저항 움직임에 얼마나 깊게 뿌리를 내리고 있는지 어렵지 않게 느낄 수 있다.

《마르크스 사상과 도시》는 앙리 르페브르가 자신이 너무도 잘 아는 두 사상가, 곧 마르크스와 엥겔스 다시 읽기를 통해 자신의 도시 연구를 더욱 풍성하게 한 대중적인 저서이다. 이러한 시도는 《공간과 정치》에서도 이어진다. 《공간과 정치》는 1970년부터 1973년까지 그가 각지를 돌며 여러 대학(도쿄, 옥스퍼드, 뉴욕, 칠레의 산티아고, 카라카스 대학)에서 한 강연 내용들을 새수록한 책이다. 여기서 그는 자신의 나른 서술들에서 미진했던 점들을 보완했다. 이를테면 도시와 도시적인 것을 새롭게 정의하고, 유토피아와의 관련성이란 측면에서 엥겔스를 다시 읽으며, 후기기술 사회의 제도들을 연구한다. 또한 그는 공간과의 관계라는 각도에서 사회 계급을 분석한다.

이 책의 '부르주아 계급과 공간'이란 장에서 르페브르는 프랑스의 불균등한 발전, 그러니까 파리와 그 주변 지역 간의 대립을 강조한다. "수도는 인구와 고급 두뇌, 부 등 모든 것을 끌어들인다. 수도는 결정을 내리는 곳이며 여론을 주도하는 중심이다. 파리 주변으로는 파리에 복종하는 서열화된 공간들이 퍼져나간다. 이러한 공간들은 파리의 지배를 받는 동시에 파리에 의해서 착취당한다. 프랑스 제국주의는 해외 식민지는 잃었으나, 자신의 내부에 신식민주의를 정착시켰다. 현재의 프랑스는 과도하게 발전되고 과도하게 산업화되었으며, 과도하게 도시화된 지역을 지니고 있다. 그런가 하면 저개발이 심화되는 지역도 너무나 많다."[5] 뒤이어 르페브르는 이렇게 말한다. "오늘날 지배계급들은 공간을 수단으로 이용한다. 이들에게 공간은 여러 가지 목적을 가진 수단이다. 여기서 여러 가지 목적이란 노동자 계급을 분산시켜 이들을 지정된 장소에 적당히 배분하며, 사회의 다양한 흐름을 제도적인 규정에 따르도록 조정하는 것, 요컨대 자본주의적 생산관계를 유지하면서 공간을 권력에 복종시키고, 사회 전체를 기술적으로 지배하는 것을 가리킨다."(《공간과 정치》, 155쪽.)

한편, '노동자 계급과 공간'이라는 장에서 앙리 르페브르는 노동자 계급과 도시의 관계를 통해서 프롤레타리아의 역사를 상기시킨다. 그는 파리 코뮌은 오스만(Georges-Eugène Haussmann, 파리의 행정가이자 도시계획가. 파리를 지금과 같은 모습으로 만든 주역이다—옮긴이)이 고안한 도시 통제 정책에 대한 노동자 계급의 답변이었다고 역설한다.(같은 책, 168쪽.) 좀더 최근의 사례들을 보자면, 앙리 르페브르는 프랑스 남부 포쉬르메르의 도시계획, 로렌 지방의 초토화, 노동자 계급의 됭케르크로의 이주 등을 분석한다. 부르주아 계급에 의해 자행된 이 같은 새로운 조치는 그로 하여금 정치적 성찰의 통일성이라고 하는 것의 본질에 대해서 자문하게 만든다. 문제는 여전히 기업이라고 해야 할 것인가? 공간의 생산이라고 하는 것이 맞지 않을까? 그런 차원에서 새로운 사회적 움직임을 생각해볼 수 있을까? 여러 가지 질문들이 얼마든지 제기될 수 있으며, 이 질문들은 오늘날에도 여전히 현안으로 남아 있다.

자, 이상이 앙리 르페브르가 1974년에 《공간의 생산》을 집필하고 출판할 당시의 지적인 맥락에 관한 개략적인 밑그림이다. 그 당시 대학교수들이 정년퇴임하는 나이는 일반적으로 70세였다. 르페브르의 경우에는 특별히 71세로 연장되었는데, 이는 내가 다른 글에서 소상하게 설명했듯이, 상당히 혼란스러웠던 역사적인 상황과 그의 개인사적인 이유 때문에 잃어버린 재직기간 1년을 보충하기 위해서였다. 1972년 앙리 르페브르 자신이 《공간의 생산》 집필을 위해 낭테르 대학 측에 정년을 1년 연장해줄 것을 요청했다는 사실은 자못 흥미롭다. 이 책이 그에게 몹시 중요한 책이 아니었다면, 굳이 정년까지 연장할 필요는 없지 않았겠는가? 한편, 도시적인 것과 공간에 관한 강도 높고 심도 깊은 연구를 진행하는 와중에 그는 다른 주제에 대해서도 의욕적으로 글을 썼다. 이 당시 그가 얼마나 왕성하게 집필 활동을 벌였는지 잠시 살펴보자. 그는 도시에 관한 연구와 병행해서, 1966년 《언어와 사회(Langage et société)》(갈리마르), 《마르크스의 사회학(Sociologie de Marx)》(PUF)을 내놓았으며, 이듬해인 1967년 《기술 관료들에 대한 반대 입장(Position contre les technocrates)》(공티에), 1968년 《현대 세계의 일상생활(La vie quotidienne dans le monde moderne)》(갈리마르), 《절정에 달한 낭테르의 폭발(L'irruption de Nanterre au sommet)》(앙트로포), 1970년 《역사의 종말(La fin de l'histoire)》(미뉘), 1971년 《차이주의 선언(Le manifeste différentialiste)》(갈리마르), 《구조주의를 넘어서(Au-delà du structuralisme)》(앙트로포), 《사이버인류를 향하여, 기술관료들에 반대하여(Vers le cybernanthrope, contre les technocrates)》(드노엘-공티에), 1972년 《연극을 위한 세 개의 텍스트(Trois textes pour le théâtre)》(앙트로포), 그리고 1973년 《자본주의의 생존, 생산 관계의 재생산(La survie du capitalisme, la reproduction des rapports de production)》(앙트로포) 등을 줄지어 출간했다. 이외에도 수십 편의 논문이 더 있다![6] 이 짧은 기간 동안 이렇게 많은 저서를 쏟아냈다는 사실은 그저 경이로울 따름이다. 게다가 르페브르는 이런 집필 활동을 하는 동안에도 줄곧 여행길에 올랐고, 낭테르 대학에서의 강의도 소홀히 하지 않았다. 더구나 낭테르에서 가장 왕성하게 후학 지도에 힘쓰는 지도교수였음을 감안한다면, 그의 학자로서 무게가 어느 정도였을지 짐작하고도 남는다. 교수직에서 은퇴한 후 르페브르는 총 4권의 역작 《국가론(De l'état)》(10/18 출판사, 1976~1978)을 비롯해 이제까지 다루어온 주제들을 심화해 철학적 관점을 제시하는 10여 권의 저서를 더 내놓았다.

요컨대 《공간의 생산》은 앙리 르페브르의 가장 중요한 저서 중 하나로, 그의 저작 전체에서 전환점 역할을 하는 책이다. 이 책은 이따금씩 난해하기도 하지만 열정적이다. 그리고 후퇴와 전진의 방식[7]이라고 할 만한 독특한 방식으로 쓰인 책이기도 하다. 앙리 르페브르는 현재의 분석에서 출발한다. 현재 드러난 모순을 이해하기 위해 그는 과거를 거슬러 올라간다. 이 모순들은 어느 시점에 나타나기 시작했는가? 그런 다음 다시 현재로 돌아와 미래에 이루어질 수도 있을 잠재성, 가능성을 그려본다. 그것이 끝나면 전망을 제시한다. 도시와 농촌의 위기와 관련하여 앙리 르페브르는 도시적인 것이라는 개념을 제안했다. 이제 그는 공간의 개념에 대해서 천착한다. 나는 여기서 그의 책 내용을 길게 늘어놓을 마음이 없다. 독자들의 눈앞에 책이 놓여 있으니 책을 펼쳐 읽기 시작하면 될 일이다.

이 글을 마무리하기에 앞서, 새 천년을 맞이하는 전환점에서 앙리 르페브르의 사상이 새로이 조명받게 된 정황에 대해서 한 마디만 덧붙일까한다. 나는 앙리 르페브르가 여러 나라 언어로 널리 번역된 프랑스 출신 저자의 한 사람이라고 말했다. 그런데 한 가지 희한한 점은, 번역되는 책들의 종류와 시기가 각 나라마다 다 제각각이라는 사실이다. 일본 사람들은 일부 저서를 주로 번역했고, 미국인들은 그와는 또 다른 책들을 번역하는 식이다. 독일인들이나 라틴계 사람들도 다 나름대로 번역의 논리들이 있다. 프랑스어로 책이 출간되자마자 바로 번역에 착수한 나라들이 있는 반면, 그보다 훨씬 늦게 그의 사상을 발견하기 시작한 나라들도 눈에 띈다.(이를테면 한국은 요즘 들어 부쩍 르페브르의 저서들을 번역하고 있다.) 프랑스조차도 이러한 동향에서 예외는 아니다. 1991년 6월 앙리 르페브르가 사망한 이후, 새로운 정치 상황(마르크스주의 비판)의 부상으로 그의 사상은 소멸하는 경향을 보였다. 하긴 그 몇 년 전부터 이미 그런 조짐이 보이기 시작했다. 1988년과 1989년에 내가 다시 펴낸 그의《민족들에 대항하는 민족주의(Nationalisme contre les nations)》와《총합과 나머지》는, 르페브르의 사상을 이해할 수 있는 주요 저서였는데도 서점에서의 반응은 신통치 않았다.

최근 실렙스 출판사는 권위 있는 서문과 신뢰할 수 있는 주석들을 보충하여 앙리 르페브르의 주요 저술들을 재출판하는 작업에 돌입했다. 그 덕분에 《신비화된 의식(La conscience mystifiée)》, 《절정에 달한 낭테르의 폭발》(《1968년 5월, 폭발(Mai 68, l'irruption)》이라는 제목으로 재출간) 등이 벌써 선을 보였다. 머지않아 절판된 지 아주 오래된 《메타철학(Métaphilosophie)》도 다시 출간된다고 한다.[8]

나는 앙트로포 출판사의 장 파블레브스키에게 감사를 전하고 싶다. 앙리 르페브르가 왕성하게 활동할 때 이 출판사를 통해서 펴낸 책들 가운데 중요한 한 권 정도를 재출판하면 어떻겠냐는 나의 제안을 수락해주었기 때문이다. 그때가 1년 전쯤이었는데, 그 후 앙트로포 출판사에는 많은 일이 있었다. 이 책과 관련해서 내게 이 일을 맡겨준 카트린 르페브르에게 고마움을 표한다. 왕년에 자신들이 펴낸 고전 작품 재출판 기획을 통해서 인문학의 부활을 시도한다는 앙트로포 출판사의 기획 의도는 매우 흥미롭다. 또한 《공간의 생산》을 다시 소개하고 싶다는 내 개인적인 바람이 (문화부, 국립도서센터와 건축국이 주도한) '건축과 도시 문고'의 뜻과 맞아떨어진 덕분에, 이 책은 우선 출판 서적의 지위를 얻을 수 있었다. 이 책의 절판은 관련 분야 종사자들, 특히 건축가들과 도시사회학자들에게 크나큰 결핍이나 마찬가지였다. 나는 이 책이 인류사회학 총서의 하나로 출간되어 몹시 기쁘다. 인류사회학 총서는 이를 계기로 이 책에 어울리는 '대형 판본'을 새롭게 선보일 것이라고 한다.

레미 에스(Remi Hess, 파리 8대학 교수)

공간의 생산

12년인가 15년 전쯤, 이 책을 처음 썼을 때 당시 통용되던 공간의 개념들은 매우 혼란스럽고 역설적이며, 양립하기 어려웠다. 우주 비행사들의 쾌거와 우주 로켓 발사 등을 계기로, 공간은 의심할 여지 없이 '유행'이었다. 회화 공간, 조각 공간, 심지어 음악 공간에 이르기까지 이러저러한 공간이 난립했다. 하지만 대다수 사람들과 대중은 새롭고 독특한 여러 암시적 의미를 부여받은 이 대문자로 쓰인 공간(Espace)이라는 단어에서 우주적 거리의 의미만을 받아들였다. 전통적으로 이 단어는 수학 및 (유클리드) 기하학과 관련된 정리만을, 따라서 추상, 즉 내용물이 담기지 않은 용기만을 상기시켰다. 철학에서는 사정이 어땠을까? 철학에서는 대부분의 경우 공간을 도외시했으며, (칸트주의자들이 '선험적인 것'이라고 말한, 말하자면 감각 현상들을 정리하는) 많은 '범주들' 중의 하나로 취급했다. 때로는 공간에 온갖 종류의 환상과 오류를 부과하기도 했다. '자기 자신'의 내부, 즉 욕망과 행동을 외부로 돌려놓는, 다시 말해 심리적인 삶을 밖으로, 관성적인 곳으로, 조각을 내며 이미 조각난 (언어를 가지고 그리고 언어처럼—베르그송) 곳으로 돌려놓는 식이었다. 공간을 취급하는 학문들은 저마다 이 공간을 나누어 가졌다. 각각의 학문에서 사용하는 단순화된 방법론적 가설에 의거해서 공간을 파편화시켰다. 이렇게 해서 지리적 공간, 사회학적 공간, 역사적 공간 등이 생겨났다. 그래도 그중에서 제일 나은 경우 공간은 비어 있는 환경, 내용물과 무관한 용기 정도로 간주되었는데, 이 경우에도 노골적으로 표현되지 않는 몇몇 기준에 의해 절대적, 광학적 · 기하학적, 유클리드적 · 데카르트적 · 뉴턴적 같은 형용사에 의해 한정되었다. 이렇게 복수의 공간이 있음을 인정하고 이들을 하나의 개념으로 묶을 경우, 그 개념이 작용할 수 있는 범위는 상당히 모호하다. **상대성**이라는 개념 때문이다.(아인슈타인이 정립한 상대성 이론에 따른 상대성. 잘 알려져 있다시피 상대성 이론은 복수의 공간을 하나의 잣대로 통합하는 개념의 상대성을 말한다—옮긴이.) 여기서 상대성이라는 개념은 전통에 입각한 표상들, 특히 3차원적 표상, 즉 공간과 시간의 분리, 미터자와 시계에 따른 분리 등으로 나타나는 일상적 표상들을 하나로 묶어내는 공간 개념의 외부에 자리 잡음으로써 그 통합적 공간 개념이 단지 상대 공간 가운데 하나라는 사실을 말해준다.

역설적으로, 다시 말해 표현되지 않고 드러나지 않으며 설명되지 않는 모순을 감안해서 보자면, 실천은 주어진 사회와 기존의 생산양식 안에서 재현이나 파편화된 지식과는 다른 방향으로 진행한다. **사람들**(정치가들? 아니, 정치가들이라기보다는 그들을 보좌하며 엄청난 권력과 권위를 쥐고 있는 기술관료들)은 공간 기획이라는 것을 고안해냈다. 이러한 경향은 특히 프랑스에서 두드러졌다. 공간 기획이란 더도 덜도 아니고 프랑스 영토를 합리적으로 가공하고 빚는 것에 지나지 않는다. 그동안 '어쩔 수 없이 되는 대로 내버려두었더니' 프랑스 영토의 모양새나 배치가 흉해졌다고들 말이 많았으며, 여기에는 그럴 듯한 논거도 뒤따랐다. 이를테면 어느 지역은 (주민들이 빠져나가) 사막화되는가 하면, 다른 지역은 과밀화되었다는 식이었다. 특히 지중해에서 론 강, 손 강, 센 강 계곡을 지나 북해에 이르는 '자연발생적인' 축을 중심으로 하는 지역은 사실 이미 많은 문제를 안고 있었다. 따라서 파리 주변과 몇몇 지역을 중심으로 하여 '균형 도시'를 건설하자는 계획이 수립되었다. 국토와 지역 개발 심의회는 강력한 중앙집권적 조직으로, 막강한 재원을 확보하고 있으며, 조화로운 국가 공간을 **생산하는** 것, 곧 이익 추구라는 원칙에만 충실한 '마구잡이식' 도시화에 나소산의 실서를 부여하자는 야심도 지니고 있다.

오늘날 이 같은 독창적인 계획 도시 수립 시도(이 계획은 자원 개발 보고서나 자본을 국가가 통제하는 방식, 즉 재정 위주의 계획과는 일치하지 않는다)는 신자유주의에 의해 와해되고 거의 껍데기만 남았다는 사실을 모르는 사람은 아무도 없다.

여기서 공간 이론과 공간적 실천 사이에 주목할 만하지만 거의 주목받지 못한 모순이 드러난다. 우주론의 차원에서 인류의 차원으로 건너뛴다거나, 거시적 관점에서 미시적 관점으로 옮아온다거나, 아무런 개념적, 방법론적 배려 없이 기능에서 구조로 이동함으로써 공간에 관한 논의를 뒤죽박죽으로 만들어버리는 이념에 의해서 은폐되었던 모순(억눌린 모순이라고도 할 수 있다)이 드러나는 것이다. 매우 혼돈스러운 공간성의 이념은 논리적인 지식, 권위적인 실행계획, 진부하고 통속적인 재현과 결합한다.

그렇기 때문에 (사회적) 공간과 (사회적) 시간을 다소 변형된 '자연'의 사물, '문화'의 단순한 현상이 아니라 **생산물**로 간주함으로써 이러한 혼돈으로부터 벗어나야 할 필요성이 대두된다. 이는 이 용어의 용도와 의미에 변화를 가져온다. 공간의(그리고 시간의) 생산은 공간과 시간을 다른 것들과 다를 바 없는, 손이나 기계를 통해서 만들어지는 '대상'이나 사물이 아닌 **'이차적 자연'**, 즉 사회가 '일차적 자연'이라고 할 때 자재나 에너지 같이 감각적인 자료에 가하는 행동의 결과로서 나타나는 '이차적 자연'

의 주요 양상으로 간주한다. 생산물이라고? 그렇다. 아주 특별한 의미에서의 생산물이다. 일반적이고 통상적인 의미에서의 '생산물', 다시 말해서 물체나 사물, 상품(상품은 생산된 공간과 시간이면서 '운이 좋은' 상품은 '사물'이나 물체처럼 교환되고 판매되며 구입된다!)이 지니지 못한 **총체성**(globalité)〔'전체성(totalité)'이 아니다〕이라고 하는 특성을 지닌 생산물이라는 의미에서 특별하다.

말이 나온 김에 한 마디 덧붙이자. 당시(1970년 무렵)에도 벌써 명백하게(다른 곳만 바라보고 싶어 했던 사람들에게는 오히려 깜깜하게 눈을 멀게 만드는 일이었을지 모르겠지만) **도시계획 관련** 문제가 대두되었다. 공식 문건들만으로는 새로 등장한 야만적 행위를 조정하거나 은폐하기에 역부족이었다. 대대적이며 '마구잡이'로 이루어지고, 이익의 극대화를 제외하고는 아무런 전략도, 합리성도, 창의적 독창성도 없는 도시계획과 건설 붐은 재앙에 가까운 결과를 빚어냈다. 그 결과는 도처에서 눈에 띄었다. 그 같은 재앙이 '현대성'이라는 이름으로 자행되었다니! 그 당시에 벌써!

새로운 주장을 보태지 않고 어떻게 도시국가, 도시, 도시성이 사고의, 발명의 특혜적 장소이며 중심이라는 주장(이는 그리스·라틴식 사고방식, 즉 우리의 사고방식이며 우리 문명의 방식이다!)을 유지할 수 있겠는가? '도시-농촌'의 관계는 세계적 차원에서, '극단적인' 해석(세계의 농촌 대 세계의 도시!)과 더불어 변화를 거듭하고 있다. 도시가 점유하며, 전유하는(또는 전유를 포기하는) 공간을 명확하게 인지하지 못하면서 도시(보편화된 도시의 팽창과 폭발, 현대적 도시성)를 어떻게 생각할 수 있을 것인가? 도시와 현대적 도시성은 그것들을 우선 생산물로 인지하지 않는 한, **작품**(자재를 변화시킨다는 넓고 강한 의미에서의 작품)으로 생각하기란 도저히 불가능하다. 더구나 한정적이며, 쇠퇴해가는 동시에 극단적인 결과를 보여주는 생산양식 안에서라면, 이는 무언가 '다른 것', 이를테면 기대, 요구, 호소 같은 것을 드러나게 한다. 확실히 생태학자들은 이미 경고의 목소리를 높였고 여론을 움직였다. 이들은 국토, 환경, 오염된 공기와 물, '천연 자원'인 자연, 아무런 생각 없이 마구 유린되는 도시의 자재 등에 대해서 언급함으로써 여론에 호소한다. 이 같은 생태학적 추세에 한 가지 결여된 점이 있다면, 그것은 바로 공간과 사회, 국토적인 것, 도시적인 것, 건축적인 것의 관계에 관한 일반 이론이다.

공간을 사회적 생산물로 간주하는 발상엔 어려움이 따른다. 다시 말해서 새롭고 예기치 못한 문제의식이 동반된다.

사물이나 물체를 의미하는 일반적인 '생산물'이 아닌 관계의 집합을 가리키는 이 개념은 **생산**, **생산물**, 그리고 그 두 가지 사이의 관계라고 하는 관념들을 보다 철저하게 파헤쳐볼 것을 요구한다. 헤겔이 말했듯이, 하나의 개념은 그 지시대상이 위협에 직면하여 종말에 가까워질 때, 그것이 변해가려고 할 때에야 비로소 모습을 드러낸다. 이렇게 되면 더 이상 공간이 수동적이고 비어 있는 것이라거나, 생산물로서 교환되고 소비되며 사라지는 것으로서의 의미만을 지닌다고 이해해서는 안 된다. 생산물로서, 상호작용 또는 반작용에 의해서 공간은 생산 자체에 개입한다. 즉 생산적 노동의 조직, 이동, 원자재와 에너지의 흐름, 생산물의 유통망 등에 개입하는 것이다. 공간은 (잘 조직되었건, 잘못 조직되었건) 나름대로의 생산적인 방식, 생산자로서의 방식으로 생산의 관계 속으로, 생산력 속으로 개입한다. 공간이라고 하는 개념은 따라서 고립되거나 정적(靜的)인 채 남아 있기가 불가능하다. 그 개념은 변증법적으로 발전한다. 공간은 생산물이자 생산자이고, 경제적 관계, 사회적 관계의 토대이다. 공간은 또한 공간이 '현장에서' 실제적으로 실현하는 관계의 **재생산**, 생산 기구의 재생산, 즉 확대된 재생산에도 돌입하는 건 아닐까?

이러한 관념은 정립되자마자 자명해지고, 동시에 많은 사실을 분명하게 설명해줄 수 있지 않을까? 이러한 관념은 '현장에서', 따라서 **생산된** 사회적 공간 안에서의 사회적 생산관계, 재생산관계의 실현이라고 하는 명백함에 도달하지 않을까? 사회적 생산관계는 '허공에' 머물러 있을 수 있는가? 바꿔 말해서 지식에 의한, 지식을 위한 추상으로 남아 있을 수 있는가? 게다가 이와 같은 이론화 작업은 공간 계획(planification spatiale)이라고 하는 **기획**(projet)(기존 생산양식이라고 하는 제한된 테두리 안에서)의 독창성을 이해하는 데 도움을 줄 수 있다. 그리고 그 기획을 이해하는 것뿐 아니라 다른 기획이나 요구에 따라 그것을 수정하고 보완하는 데 도움을 줄 수 있다. 하지만 그 기획의 질, 특히 그 기획이 도시계획을 문제 삼고 있음을 충분히 고려해야 한다. 다시 말해서 다시금 숙고해봐야 하는 기획인 것이다.

　해결하기 쉽지 않은 두 번째 난점을 살펴보자. 엄격한 마르크스적 관점에 의하면, 사회적 공간은 상부구조로 간주될 수 있다. 즉 결과물이자 생산력이며, 구조이고, 다른 무엇보다도 특히 소유권 관계로 간주될 수 있다는 말이다. 공간은 생산력에, 노동의 분업에 개입한다. 공간은 소유권과 관계를 맺고 있다. 이는 확실하다. 교환, 제도, 문화, 지식 등과도 관계를 맺는다. 공간은 사고팔 수 있다. 공간은 교환 가치와 사용 가치를 지닌다. 그러므로 공간은 전통적으로 구분되고 서열화된 '층위', '평면'에 위치하지 않는다. (사회적) 공간의 개념과 공간 자체는 따라서 '토대-구조-상부구조' 식의 분류에서 벗어난다는 말이다. 시간도 마찬가지인가? 아마도 그럴 것이다. 언어도 마찬가지인가? 그것은 따져보아야 한다. 그렇다고 해서 마르크스적 분석과 지향을 포기해야 할 것인가? 사방에서 그렇게 하는 편이 좋을 것 같다고 권유하고 제안한다. 그런데 오히려 그와 반대로 원전으로 돌아가, 새로운 개념을 도입하고 과정을 가다듬고 이를 일신함으로써 분석을 심화시키는 것이 좋지 않을까? 이 책에서는 그런 방식으로 시도해보고자 한다. 이 책은 공간이 모습을 드러내고 형성되며, 여러 '층위' 중에서 어느 한 층위에 개입하다가 다른 층위로 옮아간다고 가정한다. 때로는 노동과 지배(소유권) 관계에, 때로는 상부구조(제도)의 기능에 개입한다. 따라서 불평등하게, 그러나 도처에 개입한다고 말할 수 있다. 공간의 생산은 생산양식에서 지배적이지는 않으나, 조정을 통해 실천의 양상들을 연결할 것이다. 좀더 정확하게 말하자면, 여러 양상들을 하나의 실천으로 묶는다.

이것이 다가 아니다. 천만의 말씀이다. (사회적) 공간이 생산양식에 개입하면, 즉 결과이면서 동시에 원인이고 이유라고 할 때, 공간은 생산양식과 더불어 변화한다! 이는 매우 이해하기 쉽다. 다른 식으로 말하자면, 공간이 '사회'와 더불어 변화하는 것이다. 따라서 **공간의 역사**가 존재하는 것이다.(시간의 역사, 몸의 역사, 섹슈얼리티 등의 역사가 그런 것처럼.) 다만 그 역사는 이제부터 써나가야 한다.

공간의 개념은 정신적인 것과 문화적인 것, 사회적인 것, 역사적인 것을 연결한다. **발견**(알려지지 않은 새로운 공간, 대륙, 우주 등의 발견), **생산**(각각의 사회에 고유한 공간적 조직), **창조**(풍경, 기념물성과 장식을 겸비한 도시 등의 작품)로 이어지는 매우 복잡한 과정을 재구성함으로써 연결된다. 이는 진화의 과정이며, 유전(발생 기원)적인 과정이지만, 여기에도 논리, 즉 **동시성**의 일반적 형태가 따른다. 모든 공간적 배치는 지능 내부의 병렬, 동시성을 **생산하는** 요소들의 결합에 토대를 두고 있다.

하지만 실제로 문제는 이보다 훨씬 복잡하다. 생산양식(연구 대상이 되는 사회의)과 공간 사이에는 직접적이고 즉각적이며, 즉각적으로 파악할 수 있는, 그러니까 투명한 관계가 존재할 것인가? 그렇지 않다. 생산양식과 공간 사이에는 괴리가 있다. 이데올로기가 중간에 끼어들며, 환상도 슬그머니 비집고 들어온다. 이 책에서는 이 점을 밝혀내려고 시도했다. 이탈리아 토스카나 지방에서 13세기와 14세기에 원근법이 발명된 것도 이런 연유에서였다. 원근법은 회화(시에나 화파)에만 국한된 것이 아니라, 우선 일상생활에서, 생산에서 발명되었다. 농촌은 변화했다. 봉건 영지에서 반타작 소작제로 바뀌었으며, 사이프러스 나무들이 늘어선 가로수 길은 소작지에서 지주의 저택을 이어주었다. 지주의 저택에는 관리인이 살았다. 실제 소유주는 은행가나 거상 등으로 도시에 거주했기 때문이다. 도시가 변하면서 파사드(façade), 건축선, 조망 등의 건축적 함의도 변했다. 이처럼 새로운 공간, 원근적 공간의 생산은 생산과 교환의 증가, 새로운 계급의 부상, 도시의 중요성 대두 등 경제적 변화와 분리될 수 없다. 하지만 이미 실제로 이루어진 일들을 원인과 결과의 연쇄라는 단순성만으로 설명할 수는 없다. 새로운 공간은 제후들에 의해서, 제후들을 위해서 구상되고 발생되었으며 생산되었는가? 아니면, 부자 상인들을 위해서 그렇게 되었는가? 그것도 아니라면 양자간의 타협에 의해서 이루어졌는가? 아니면, 도시 자체에 의해서? 명확하게 밝혀지지 않은 점들이 너무 많다. 공간의 역사(사회적 시간의 역사도 다르지 않다)가 낱낱이 밝혀지려면 아직 멀었다!

이번에는 이보다 한층 더 놀랍고, 이 책에서 다루긴 했으나 세세하게는 설명하지 않은 **바우하우스**, 그리고 르 코르뷔지에의 경우를 보자. 발터 그로피우스와 그의 친구들로 이루어진 바우하우스 구성원들은 1920~1930년대 독일에서 흔히 혁명가로 간주된다. 볼셰비키로 여겨지다니! 박해를 받던 이들은 미국으로 건너갔다. 미국에서 이들은 **제작자**(건축가, 도시계획가)들로 통했으며, 심지어는 이른바 현대적 공간, 즉 '선진' 자본주의 공간의 **이론가**들로 간주되었다. 이들은 자신들의 작품과 교육을 통해서 선진 자본주의의 공간을 '현장에서' 실현하는 데 공헌했다. 르 코르뷔지에에게는 실패이자 불행한 운명이었다! 르 코르뷔지에 이후, 대규모 단지와 성냥갑 같은 아파트를 노동자 계급을 위한 주거지라고 생각했던 사람들에게도 불행이었다. 이들은 스스로의 공간을 만들어내어 완성시키는 **생산양식**이라고 하는 개념을 소홀히 했던 것이다. 현대성이라는 이름으로. '현대성'의 공간은 매우 명확한 특성을 지닌다. 동질성-파편화-위계화, 이것이 바로 그 특성들이다. 현대성의 공간은 매우 다양한 이유 때문에 동질성을 추구하는 경향을 보인다. 건축의 요소들과 자재, 개입하는 자들이 내세우는 유사한 요구, 경영과 관리, 감시, 소통 방식 등이 대표적인 이유라고 할 수 있다. 동질성이라고는 하지만 계획이나 기획은 없었다. 거짓 '집합체', 그러니까 말하자면 고립군인 셈이다. (다시 한 번) 역설적으로 이 동질적인 공간은 토지 구획, 택지 등으로 파편화된다. 부스러기로 만들어지는 것이다! 이렇게 되면 게토, 고립군, 즉 소형주택 단지, 주변과 제대로 연결되지 않는 거짓 '공동주택 단지', 도심 등으로 조각이 나버린다. 게다가 이는 엄격한 위계화를 동반한다. 주거용 공간, 상업용 공간, 여가용 공간, 주변인용 공간, 이런 식이다. 이 공간에는 매우 희한한 논리가 군림하는데, 사람들은 이것을 눈속임으로 정보화에 결부시킨다. 이 공간은 더구나 동질성이라는 이름 속에 '실제적' 관계와 갈등을 은폐한다. 이 같은 논리를 동반하는 공간의 법칙, 아니 도식은 유사한 효과와 더불어 지식과 문화, 사회 전체의 기능 면에서 상당한 파급력을 지니며, 일종의 일반화에 도달한 것으로 보인다.

그러므로 이 책은 우리가 살고 있는 공간의 발생과 특성을 규정할 뿐아니라, 더 나아가 생산된 공간을 통해서, 생산된 공간에 의거해서 현재 사회의 발생 기원을 되찾고자 시도한다. 책의 제목만 보아서는 그 같은 야심이 짐작되지 않거나, 적어도 겉으로 대번에 드러나지는 않을 것이다. 이 책의 전개 과정에 내재된 이 구상을 요약해보자. 이 작업은 발생과 역사를 통해서 본 사회적 공간에 대한 '소급적' 연구로, 현재에서 출발해서 발생의 기원으로 거슬러 올라간다. 그런 다음 다시 현재로 돌아오게 되는데, 이로써 가능성과 미래까지도 얼핏 짐작해보거나 예측할 수 있다. 이 과정에서 다양한 차원에서 이루어지는 지역적 연구가 도입될 것이며, 이는 일반적인 분석, 즉 총체적인 이론 속에 자리 잡게 될 것이다. 논리적 함축과 얽히고설킴은 자체로서 이해될 것이나, 이러한 이해가 갈등과 투쟁, 모순을 배제(오히려 그 반대에 가깝다)하는 것이 아님도 충분히 양해되어야 한다. 또한 역으로, 합의와 연합도 마찬가지다. 지역적, 광역적, 국가적, 세계적 차원이 함축되고 얽히고설킨다고 할 때, 공간 안에 끼어드는 것, 즉 현실적인 또는 잠재적인 갈등들은 부재한다고도 할수 없고, 배제시킬 수도 없다. 공간 안에서, 또는 다른 분야에서의 함축과 모순은, 이 책이 처음 나왔을 때에 비해서 오늘날 한층 더 증폭되었다고 할 수 있다. 함축 관계는, 시장에서나 군비 문제에 있어서나 적대적인 전략을 금하지 않는다. 따라서 공간에서도 마찬가지다.

영토와 도시계획, 건축은 그들 사이에 함축과 갈등이라는 유사한 관계를 공통적으로 지니고 있다. 이는 '논리적-변증법적', '구조-맥락'의 관계(이에 대해 이 책에서는 몇몇 관점 하에서 전제로 깔았으며, 다른 책[《형식 논리, 변증법 논리(Logique formelle, logique dialectique)》, 제3판, Messidor, 1981]에서는 명시적으로 설명했다)를 제대로 이해해야만 파악이 가능하다. 추상적인 동시에 구체적인 이 관계는 그 '복잡성'은 제쳐두고 다른 곳에서 복잡성을 찾으려는 철학적, 정치적 '문화' 풍토에서는 솔직히 놀라움을 선사할 수 있다.

사회적 공간에 관한 연구는 총체성에 무게를 두고 있다. 이 연구는, 다시 한 번 반복하지만, 명확하고 한정적인 '현장' 연구를 배제하지 않는다. 하지만 통제 가능하며 때로는 측정 가능하다는 이유 때문에 '국지적인 것'을 높이 평가하다 보면 위험이 따른다. 바로 함축된 것을 분리하고 '분절되는' 것을 떼어놓는 위험이다. 결과적으로 파편화를 수락하거나 승인하는 것과 다르지 않기 때문이다. 이는 분산, 탈중앙집권화의 과도한 실천을 낳으며, 공간 내부에서의 연결 관계인 망을 붕괴시킨다. 이렇게 되면 생산이 사라지게 되므로 사회적 공간 자체도 붕괴된다! 결과적으로 교육적이고 논리적이며 정치적인 많은 문제들을 회피하게 된다…….

　결론을 말하기에 앞서 다시 핵심적인 주장으로 돌아가보자. 생산양식은 사회적 관계를 조직하고 **생산하는** 동시에 자신의 공간(자신의 시간)도 조직하고 생산한다. 그렇게 해야만 생산양식이 완성되는 것이다. 말이 나온 김에 덧붙이자면, '사회주의'는 자신만의 공간을 생산했는가? 만일 아니라면, 사회주의적 생산양식은 아직 구체적인 존재감을 얻지 못했다고 말할 수 있다. 생산양식은 현장에서 사회적 관계를 투사하며, 이는 다시 이 관계에 반영된다. 사회적 관계와 공간적(또는 공간–시간적) 관계가 미리 정해져 있기라도 하듯이 정확하게 부합하지는 않더라도 그렇다는 말이다. 자본주의 생산양식이 처음부터, 영감에 따라서였건 지능에 의해서였건, 공간적 확장, 오늘날 지구 전체까지 확대되어가는 정도의 확장을 '명령'했다고는 말할 수 없다! 처음에는 기존 공간, 이를테면 물길(운하, 강, 바다)을 이용하다가 육로를 이용했을 것이며, 뒤이어 철도가 건설되었고, 이는 곧 고속도로, 활주로 건설로 이어졌다. 공간 안에서 그 어떤 교통수단도 완전히 자취를 감추지는 않았다. 심지어 걷기, 말 타기, 자전거 타기 등도 명맥을 이어오고 있지 않은가. 하지만 20세기에 들어와 세계적 차원에서 새로운 공간이 형성되고 있는 것도 사실이다. 이 공간의 생산은 아직 끝나지 않았으며, 여전히 진행 중이다. 새로운 생산양식(새로운 사회)은 전유한다. 다시 말해서 기존 공간, 예전에 빚어진 공간을 자신의 목적에 맞게 변화시킨다. 이 변화는 매우 서서히 진행되며, 이미 공고하게 형성되어 있는 공간성으로 침투하여, 때로는 매우 난폭하게 (20세기 농촌과 농촌 풍경의 경우) 이를 전복시키기도 한다.

의심할 여지없이 철도는 산업자본주의, 국가 (그리고 국제) 공간의 조직 면에서 매우 중요한 역할을 담당했다. 동시에 도시적 차원에서는 전차, 지하철, 버스 등의 역할이 중요했고, 세계적인 차원에서 항공 교통도 그 러했다. 예전의 조직은 와해되고, 생산양식은 이 같은 결과를 동화시켰 다. 이는 지난 수십 년 동안, 최신 기술의 도움으로 우리의 농촌과 도시 에서 관찰할 수 있는 이중적인 과정이라고 할 수 있다. 이 과정은 중심에 서부터 멀리 떨어져 있는 주변으로 확산되어갔다.

중앙집중식의 집약적 공간 조직은 이익을 극대화함으로써 정치권력 과 물질생산을 위해 봉사한다. 사회 계층은 점유된 공간의 위계를 중요 하게 여기며 변장도 마다하지 않는다.

그런데 새로운 공간은 국가적인 것, 지역적인 것을 결합하고 해체시켜 가면서 세계적 차원에서 형성되는 **경향을 보인다**. 이는 모순으로 가득 차 있으며, 자본주의적 생산양식 내에서 전 지구적인 노동의 분업과 보다 합리적인 새로운 세계 질서를 향한 노력 사이의 갈등과 연결되는 과정이 다. 공간의, 공간 안으로의 침투는 역사적으로 제도적인 것으로의 침투 를 통한 헤게모니 쟁취만큼이나 중요성을 갖는다. 이러한 침투의 가장 중요한 지점 또는 종착지는 바로 공간의 군사화로, 이 책에서는 다루지 않고 있으나(그것은 이유가 있다), 공간의 군사화야말로 사실상 지구적인 차원, 우주적인 차원에서 논증을 완성시킨다고 할 수 있다.

공간이 동질적인 동시에 파편화(시간처럼!)되어 있다는 주장과 더불어, 이 주장은 10여 년 전에 많은 반대 의견을 불러일으켰다. 하나의 공간이 어떻게 전체의 규칙에 복종하는 동시에 사회적 '물체'가 되며, 파편화될 수 있단 말인가?

최근에 제시되어 이미 유명해진 **프랙탈 이론**(브누아 만델브로)이 이 책에 서 주장하는 파편화된 공간과 관련이 있다고 말하려는 것이 아니다. 하지만 두 이론이 거의 동시에 등장했으며, 물리·수학적 이론이 사회·경제학적 이론을 더욱 접근이 용이하고 수용할 만한 것으로 만들어준다는 사실을 지적하고 싶을 뿐이다. 물리·수학적 공간은 텅 빔과 가득 참, 움푹 파인 곳과 불쑥 돌출한 곳을 포함한다. 이 공간은 파편화에 의해 이루어진 일관성이긴 해도 어쨌거나 일관성을 유지하고 있다. 따라서 이 이론적 시도들 사이에 유사성이 있다고 말할 수 있다.〔《라 르셰르슈(La Recherche)》, 1985년 11월호, 1313쪽 이후 참조. 또 폴 비릴리오(Paul Virilio)의 《쪼개진 공간(L'espace éclaté)》도 참조.〕

이 파편화된 공간과 파편화를 상대로 투쟁하며 합리적 단일성, 적어도 동질성을 회복시키는 다양한 조직들의 관계를 설명하는 일이 남았다. 서열화를 통해서, 서열화에 대항해서 여기저기에서 건축적으로 또는 도시계획적으로, 기존 생산양식에서 도출되는, 기존 생산양식의 모순을 베일로 가려 은폐하는 것이 아니라 드러냄으로써 거기에서 태어날 수 있는 '무엇인가'를 간파할 수 있지 않을까?

자기비판적인 지적을 덧붙인다. 이 책은 직설적이고 신랄한, 말하자면 선동적인 방식으로 대도시 주변 교외, 게토, 고립된 주거지, 거짓 '공동주택단지'의 생산을 기술하지 않았다. 새로운 공간에 관한 계획은 아직 불확실한 상태에 놓여 있다. 오늘날 여러 특성들이 그 구상에 덧붙여지고 있다. 공간의 **사용**으로서의 건축의 역할은 여전히 명확하게 드러나지 않고 있다.

하지만 이 책은 몇 가지 근본이 되는 것들을 간직하고 있기 때문에, 오늘날 독자들은 단계를 밟아가며 인식에 도움이 되는 방식으로 이 책을 다시 읽을 수 있다.

첫 번째 단계 또는 계기: 생산의 '주역들'과 그들이 얻는 이익 등을 분리시키는 요소들과 그에 대한 분석.

두 번째 단계: 제시된 패러다임의 대립. 공적 · 사적—교환 · 사용—국가적 · 개인적—외압의 · 자발적인—공간 · 시간 등.

세 번째 단계: 정적인 도식의 변증법화. 권력의 관계, 연합 관계, 갈등, 사회적 리듬, 공간 속에서 공간에 의해서 생산된 시간 등.

이런 식으로 읽는다면, 이 책에 가해졌던 유토피아〔u-topie(무장소)〕적(언어적 공허함 속에 이루어놓은 허구적 구축)이며 아토피아〔a-topie(반장소)〕적(구체적 공간은 제거되고 사회적 공허함이 그 자리를 채움)이라는 이중의 비판을 피해 갈 수 있을 것이다.

1985년 12월 4일

파리에서

앙리 르페브르

발송

네 개의 벽 사이에 갇혀서

〔북쪽에는 비(非)지식의 크리스털,

창조해야 할 풍경

남쪽에는 반성의 기억

동쪽에는 거울

서쪽에는 돌과 침묵의 노래〕

나는 대답 없는 메시지를 쓰네.

옥타비오 파스

이 책의 구상

1

1.1   공간! 몇 년 전까지만 하더라도 이 용어는 기하학적인 개념, 즉 비어 있는 곳이라는 개념을 의미할 뿐이었다. 교육을 받은 사람이라면 즉각적으로 이와 같은 기하학적 개념에 '유클리드', '등방성(等方性)', 또는 '무한' 등의 현학적인 용어를 덧붙이곤 했다. 공간의 개념은 수학에서, 오로지 수학에서만 기인한다는 것이 일반적인 통념이었다. 사회적 공간? 만일 누군가가 이런 말을 썼다면, 틀림없이 놀라움을 불러일으켰을 것이다.

공간이라는 개념은 기나긴 철학적 형성 과정을 거쳐왔음을 우리는 잘 알고 있다. 그런데 철학의 역사라는 것은 따지고 보면 제반 학문, 특히 수학이 모든 학문의 공통 근간을 이루는 형이상학으로부터 점차 분리되어 나온 과정의 요약이라고도 할 수 있다. 데카르트는 공간의 개념을 정립하고 그 개념을 해방시키는 데 결정적인 역할을 한 철학자로 간주된다. 서양 사상사를 연구하는 역사학자들의 대다수는, 공간과 시간은 **범주**에 속하며, 따라서 민감하기는 하나 확실한 지위를 부여받을 수 없던 사실들에 대해서 이름을 붙이고 이를 분류하는 일을 가능하게 해준다고 주장한 아리스토텔레스 사상의 전통에 데카르트가 마침표를 찍었다는 데 의견을 같이한다. 다시 말해서 데카르트는 시간과 공간을 민감한 사실들을 하나로 묶는 경험적인 방식으로 간주하거나 혹은 신체 기관과 관련한 자료들보다 우위에 있는 보편적인 사실로서 간주할 수 있다는 아리스토텔레스의 주장에 종지부를 찍었다. 데카르트의 이성이 대두됨에 따라 공간은 절대적인 영역으로 편입된다. 주체의 앞에 놓인 객체, 사유 실체(res cogitans) 앞에 놓인 연장 실체(res extensa). 공간은 감각과 몸이라는 두 가지 요소를 모두 포함하므로, 이 둘을 동시에 지배한다. 그렇다면 이는 신(神)적인 속성인가? 존재하는 모든 것들의 총체 속에 내재하는 질서라고 할 수 있을까? 스피노자, 라이프니츠, 뉴턴 학파 같이 데카르트 이후에 활동한 철학자들에게 공간의 문제는 대략 이와 같은 방식으로 제기되었다. 칸트가 **범주**라는 예전 개념을 다시 끄집어내어 이를 변형시키기 전까지는 그렇게 진행되었던 것이다. 관계적이며, 인식의 도구이자 현상의 분류 체계로서의 공간은 (시간과 더불어) 그렇다고 해도 경험적인 것과 분리되는 건 사실이다. 칸트에 따르면, 공간은 (주체의) 의식의 선험성, 내적이고 관념적이며 초월적이어서 그 자체로는 파악할 수 없는 의식의 구조와 밀착되어 있다.

이처럼 기나긴 공방전은 철학이 공간의 과학으로 이행해갔음을 보여준다. 그렇다면 이와 같은 공방전은 이제 완전히 한물갔는가? 그렇지 않다. 이 공방전은 서양 로고스의 흐름에 있어서 스쳐지나가는 단계 이상의 중요성을 지닌다. 이 공방전은 이른바 '순수' 철학이 탈피하지 못하고 있는 추상의 세계 속에서 진행되었는가? 그렇지 않다. 이 공방전은 구체적이고 명확한 문제, 특히 대칭과 비대칭의 문제, 대칭적인 대상의 문제, 반사와 거울의 **객관적인** 효과 등의 문제와 밀접하게 연결되어 있다.

이 책에서는 이러한 문제들을 차례로 짚어나갈 것이며, 이러한 문제들은 사회적 공간의 분석에도 영향을 미칠 것이다.

1.2   우선 철학으로부터 분리된 과학(과학성)으로서 스스로 필요 충분하다고 인식하는 근대적인 의미에서의 수학, 수학자들에 대해서 생각해보자. 수학자들은 공간(과 시간)을 탈취하여 자신들의 영역으로 삼았다. 이들이 공간을 점령한 방식은 매우 역설적이다. 수학자들은 여러 종류의 공간을, 무한대로 발명해냈다. 이를테면 비유클리드 공간, 만곡부를 포함하는 공간, x차원의 공간(심지어는 무한 차원의 공간도 있다), 배위 공간, 추상 공간, 왜곡이나 변형으로 정의되는 공간, 위상학 등을 끝없이 만들어냈던 것이다. 매우 보편적이면서 동시에 매우 전문화된 수학적 언어는 매우 명확하게 이 무수한 공간들(전체 또는 공간들의 공간이라는 개념은, 상당한 어려움을 극복하지 못하는 한 존재하기 어렵다)을 구별하여 분류한다. 수학적인 것과 현실적인 것(물리적, 사회적) 사이의 관계는 자명하지 못하기 때문에 이 둘 사이에는 깊은 골이 팬다. 이러한 문제의식을 야기한 수학자들은 이 문제를 철학자들에게 넘겨버리며, 철학자들은 이를 애매해진 자신들의 입지를 회복할 수 있는 방편으로 이해한다. 그 덕분에 공간은 철학적 전통, 다시 말해서 플라톤주의 전통이 범주 위주의 전통에 대립시켰던 것, 즉 '정신적인 것'(레오나르도 다빈치)이 되어버린다. 아니, 또다시 정신적인 것이 되어버렸다. 수학 이론(위상학)의 난무로 말미암아 이른바 '인식(connaissance)'의 문제는 한층 더 난감한 상황에 봉착한다. 어떻게 하면 수학적 공간, 즉 인류의 정신력, 논리학에서 우선 자연으로, 그 다음엔 실천(pratique)으로, 그리고 마침내 공간에서 이루어지는 사회생활에 관한 이론으로 이행해나갈 수 있을 것인가?

1.3　　　　이와 같은 노선(수학자들에 의해서 검토되고 수정된 공간의 철학)에서 새로운 근대적 학문인 인식론이 태어났으며, 인식론은 공간에 대해서 '정신적인 것' 혹은 '정신적인 장소'라는 지위를 부여했고, 이와 같은 정의를 수용했다. 이렇게 된 데에는, 공간의 논리라고 소개된 집합론이 철학자들뿐만 아니라 문인들과 언어학자들까지도 매혹시켰다는 점이 크게 작용했다. 도처에서 '총체'(실천적[1] 혹은 역사적[2]이라는 용어도 등장했다)가 성행했으며, 늘 반복을 일삼는 시나리오에 따라 총체에는 '논리'라는 용어가 항상 붙어 다녔는데, 사실 총체와 '논리'라는 개념은 데카르트의 이론과는 아무런 공통점이 없었다.

　정신적 공간이라는 개념은 명쾌하게 진술되지 않은 채 저자에 따라 논리적 정합성, 관습적 응집력, 자기조절, 전체에 대한 부분의 관계, 장소의 총체 속에서 유사성에 의한 유사성의 창출, 내용물과 형식의 논리 등으로 마구 혼동되어 사용됨으로써 그 어떤 방책도 없이 마구잡이로 일반화되었다고 볼 수 있다. 따라서 항상 문제되는 것은 '~의 공간', 이를테면 문학의 공간,[3] 이데올로기의 공간, 꿈의 공간, 정신분석의 공간 등이었다. 그런데 이른바 기초 연구 혹은 인식론적 연구라고 하는 이들 연구에는 '인간'이 부재할 뿐 아니라, 논문의 매 쪽마다 언급되어 있는 공간도 부재한다.[4] "지식(savoir)이라고 하는 것은 주체가 자신의 담론에서 다루고자 하는 대상에 대해서 언급하기 위해 취하는 입장이라는 점에서 하나의 공간이라고 할 수 있다"고 미셸 푸코는 아무렇지도 않다는 듯이 차분하게 말했다.〔《지식의 고고학(Archéologie du savoir)》, 328쪽.〕[5] 하지만 푸코는 자신이 말하는 공간이 어떤 공간인지에 대해서는 전혀 의문을 제기하지 않았으며, 어떻게 해서 이론적인 세계에서 실천적인 세계로, 정신적인 것에서 사회적인 것으로, 철학자들의 공간에서 대상과 직접 소통해야 하는 사람들의 공간으로 넘어갈 수 있는지에 대해서도 언급하지 않았다. 과학성(습득한 지식에 대한 이른바 '인식론적인' 성찰)과 공간성은 미리 전제된 결합에 따라 '구조적으로' 연결된다. 미리 전제된 결합이란 과학적인 담론에서는 자명할 수 있겠으나, 결코 개념의 차원에 이르지는 못한다. 과학적인 담론은 공간과 주체, 즉 생각하는 '나'와 생각되어지는 객체의 지위를 대결 구도에 올려놓음으로써 일부 학자들이 이제는 마무리 지어졌다고 믿는 데카르트적인 (서양의) 로고스를 다시 등상시킨다.[6] 인식론적인 성찰은 언어학자들의 이론적인 노력과 만나면서 희한한 결과를 낳는다. 요컨대 '집합적 주체', 즉 특정 언어를 만들어낸 자, 그 같은 어원적 요소 연속을 가지고 있는 자로서의 민족을 제거해버리는 것이다. 다시 말해서 사물의 이름을 지어준 신의 대체물로서의 구체적인 주체를 배제한다. 인식론적인 성찰은 일반 사람들을 나타내는 '주어(on)'를 내세움으로써 비인격적인 것 혹은 객관적인 것, 즉 일반적인 언어, 체계로서의 언어를 앞세웠다. 하지만 주체는 반드시 필요하다. 따라서 추상적인 주체, 철학적인 코기토(Cogito)가 다시금 등장하는 것이다. 이에 따라 구태의연한 철학을 '네오(neo)', 즉 새로운 방식으로 현실화시킨 철학들이 나타난다. 이것이 바로 인식하는 주체와 (경험이라는 의식 활동의) 흐름 속에 내재되어 있는 '인식된 본질'의 동일성, 그리고 그 결과에 따른 거의 '순수한' 형식적 지식과 실천적 지식의 (거의 동어 반복적인) 동일성을 별다른 거리낌 없이 상정한 후설을 통해서 네오 헤겔 철학, 네오 칸트 철학, 네오 데카르트 철학 등이 나타나게 되는 배경이다.[7] 그러니 위대한 언어학자 촘스키가 한 문장을 단순히 특정 유형의 요소들을 한정적인 방식으로 늘어놓은 것, 다시 말해서 단순한 기제에 따라 '왼쪽에서부터 오른쪽으로' 늘어놓은 것으로만 인식해서는 안 되는 차원이 있으며, '위에서부터 아래로'〔《통사 구조(Structures syntactiques)》, 프랑스어 번역본, 27쪽〕에 질서를 부여하는 폐쇄적인 전체, 즉 유한집합을 발견해야 한다고 말함으로써 데카르트적인 의미에서의 코기토(주체)를 부활[8]시켰다고 해도 그리 놀라운 일은 아니다. 촘스키는 다른 아무런 설명도 없이 한정적인 특성, 즉 방향성과 대칭이라는 성질을 지닌 정신적인 공간이 있음을 전제로 한다. 그는 자신이 건너뛰는 공간을 제대로 가늠하지 못한 채 언어의 정신적인 공간에서 언어가 실천으로 변하는 사회적 공간으로 자연스럽게 이동한다. 레(Jean Michel Rey)도 마찬가지다. "의미는 미리 계산되고 조정된 일관성의 공간 내에서, 수평적으로 연결된 고리에서 기의(signifié)를 대체할 수 있는 합법적인 권력으로 군림한다."[9] 이들 저자들뿐 아니라 완벽한 형식적인 엄정성을 추구하는 다른 많은 저자들도, 논리·수학적 관점에서 보자면, 반리(反理)라고 할 수 있는 지독한 오류를 범했다. 이들의 오류는 다름 아니라 연관성을 회피함으로써 한 영역을 통째로 건너뛰었다는 점이다. 이 같은 건너뜀은 필요에 따라 '절단' 또는 '단절' 등의 개념을 통해 애매하게 정당화되곤 했다. 이들은 자신들이 택한 방법론이 원칙적으로 배제하는 불연속성의 이름으로 연속성을 끊어놓는 오류를 범했다. 이렇게 해서 생겨난 공백과 이 공백의 크기는 저자에 따라, 전문 영역에 따라 정도를 달리한다. 이와 같은 비난은 쥘리아 크리스테바와 그녀가 제안하는 '기호학(semiotikè)', 자크 데리다와 그의 '그라마톨로지(grammatologie)', 롤랑 바르트와 그가 추구하는 일반화된 기호학(sémiologie)에도 예외 없이 적용된다.[10] (성공에 힘입어) 점점 더 교조주의적으로 변해가는 이 학파는 근본적인 궤변, 즉 철학적·인식론적 공간이 물신화되어가며, 정신적인 것이 사회적인 것과 물리적인 것을 덮어버리는 현상을 낳고 있다. 일부 저자들이 매개적 존재 혹은 그러한 존재가 필요한 것은 아닌지 의문을 던지기는 하지만,[11] 대부분의 저자들은 별다른 의문 제기 없이 정신적인 것에서 사회적인 것으로 훌쩍 건너뛰고 있다.

(자신의 학문성에 몹시 집착하는) 강력한 이념적 성향이, 놀라울 정도로 아

무런 의식 없이 지배적인 재현들, 즉 지배 계급의 재현들을 우회적인 방식 또는 왜곡하는 방식으로 **보여준다**. 일종의 '이론적 실천'이 이념으로부터 자유로울 수 있다는 환상을 갖게 하는 **정신적 공간**을 낳는다. 그런데 이 공간은 피할 수 없는 순환에 따라 다시 하나의 '이론적 실천'이 된다. 이때의 이론적 실천이란 사회적 실천과는 구별되며, 지식의 축 또는 중심으로 정립된다.[12] 이렇게 되면 기존의 '문화'는 이중으로 혜택을 볼 수 있다. 우선 정신적 공간에서는 진실이 용인될 뿐 아니라 심지어 고무된다는 인상을 줄 수 있으며, 이 공간에서는 긍정적으로 혹은 논쟁적으로 이용 가능한 자잘한 사건들이 많이 발생한다는 두 가지 이점이 생기는 것이다. 정신적 공간은 기술관료들이 침묵 속에서 일하는 공간과 희한하게도 닮았는데, 이 점에 대해서는 뒤에서 다시 다루려고 한다.[13] 한편, 인식론에서 얻어졌으며, 이념이나 변화 가운데 놓인 학문과는 어느 정도 구분되는 '지식'은 헤겔적인 개념, 다시 말해서 데카르트로부터 시작된 주체성과의 합치를 직접적으로 이어받은 것은 아닐까?

수학자들의 정신적 공간과 인식론자들의 정신적 공간 사이에 존재하는, 미리 전제된 필연적인 것이라고 할 수 있는 동일성은 정신적, 물리적, 사회적이라는 세 가지 용어 사이에 심연을 만든다. 혹여 재주가 아주 좋은 곡예사라면 보는 사람들에게 적당한 긴장감을 선사하면서 근사하게 이 심연을 건너뛸 수 있을지도 모르겠으나, 대체로 이른바 철학적이라고 하는 성찰, 다시 말해서 전문 철학자들의 성찰은 이 같은 '죽음을 무릅쓴 점프(salto mortale)' 따위는 시도조차 하지 않는다. 그들은 심연을 보게 될 경우 그곳으로부터 아예 눈을 돌려버릴 것이다. 전문직업 철학은 지식의 현실적 문제제기와 '인식론'은 제쳐둔 채 절대적인 지식, 아니 절대적이라고 주장하는 지식, 요컨대 철학사, 과학사의 지식이라는 축소된 세계에만 머물러 있고자 한다. 이러한 지식은 이념과 비지식(non-savoir), 다시 말해서 '경험'으로부터 유리된다. 실제로는 불가능한 이러한 유리, 분리는 상투적인 '합의'를 저해하지 않는다는 이점을 지닌다. 여기서 '합의'란 '누가 진리를 거부할 수 있겠는가? 아무도 그럴 수 없다'는 점을 암묵적으로 유도하고 있다. 진리나 환상, 거짓말, 외양, 현실 등에 관한 담론을 시작할 때면 누구나 이것이 어떤 식으로 흘러가게 된다는 걸 잘 안다. 아니 안다고 믿는다.

1.4 인식론적·철학적 성찰은 오래전부터 무수히 많은 저술을 쏟아내면서도 모색 중인 학문, 즉 **공간학**에 중심축을 제공하지 못했다. 이 분야의 연구들은 (분석 단계에는 이르지 못하고, 따라서 이론화 단계에는 더더욱 이르지 못한 채) 현상 기술에 그치거나, 아니면 공간을 파편화하거나 재단하는 것으로 만족한다. 그러나 현상 기술과 파편화로는 **공간 안에** 있는 것들의 **목록**을 작성할 수 있을 뿐, 즉 잘해야 **공간에 대한** 담론만을 얻을 수 있을 뿐 **공간의** 인식은 불가능하다. 하지만 공간의 인식이 없이는, 아무리 애를 써본들, 그저 사회적 공간이 지니는 특성과 '속성'의 상당 부분을 담론 혹은 담론으로 여겨지는 언어로 옮기는 것에 불과하다.

기호학은 아직 미완성 인식으로서 여전히 확산 중이며, 그 한계를 모르기 때문에 한계를 정해주어야 한다는 점에서 상당히 민감한 몇몇 문제를 제기한다. 여러 공간(예를 들면 도시 공간)에 문학적 텍스트를 통해서 형성된 코드를 적용할 경우, 이 적용은 현상 기술에 그치게 된다. 이는 아주 쉽게 증명해보일 수 있다. 만일 코드화(사회적 공간의 코드를 해독하는 과정)를 만들기 위해 애를 쓴다면, 이는 결국 코드를 하나의 메시지로 축소하고, 그 코드를 이용하는 것은 **독해**로 축소되는 것이 아닐까? 이렇게 되면 역사와 실천은 무시되어버린다. 그런데 16세기(르네상스와 르네상스 시기의 도시)에서 19세기에 이르는 기간 동안 건축적이고 도시적이며 정치적인 코드, 다시 말해서 농촌과 도시에 사는 주민들, 행정 당국 관계자들, 예술가들이 함께 공유하던 언어, 공간을 '독해'할 수 있을 뿐 아니라 공간을 생산하도록 만들어주는 코드는 없었을까? 만일 그와 같은 코드가 존재했다면, 이 코드는 어떻게 만들어졌을까? 어디에서 어떻게, 왜 사라졌을까? 뒤에서 이러한 문제에 대한 답을 찾게 될 것이다.

공간의 재단 혹은 파편화로 말하자면, 이러한 현상은 무한히 계속될 수 있다. 무한히 계속될 수 있으므로 무어라고 정의를 내릴 수도 없다. 더구나 재단하는 행위 자체가 대상을 단순화시키고 혼돈스러운 현상의 흐름 속에서 중심이 되는 '요소'를 구별해내는 과학적 방편(이른바 '이론적 실천')으로 인식된다. 현재로서는 수학적 위상학의 적용이라는 문제는 잠시 접어두자. 역량 있는 자들이 회화적 공간, 피카소의 공간, 〈아비뇽의 처녀들〉이나 〈게르니카〉의 공간에 대해 벌이는 담론을 잠자코 들어보자. 이와는 또 다른 역량 있는 자들이 건축의 공간이나 조각의 공간, 혹은 문학의 공간에 대해서, 어느 작가 혹은 어느 창작자의 '세계'라고 말하듯이 이야기하는 것도 들어두자. 전문화된 글들은 독자들에게 전문화된 모든 공간에 대한 정보를 제공한다. 이를테면 여가의 공간, 노동의 공간, 놀이의 공간, 이동의 공간, 설비의 공간…… 이런 식이다. 일부 전문가들은 '병든 공간' 또는 공간의 질병, 미친 공간, 광기의 공간이라는 말도 서슴지 않고 사용한다. 이런 식이라면 지리적, 경제적, 인구적, 사회적, 생태적, 정치적, 상업적, 민족적, 대륙적, 세계적 등 무수히 많은 공간들이 층층이 혹은 하나의 공간 안에 다른 공간이 마구잡이로 뒤섞여 있는 셈이라고 말할 수 있다. 그뿐 아니라 자연의 (물리적) 공간과 흐름의 공간(에너지) 등도 얼마든지 있을 법하다.

이러한 현상을 세부적으로, 특히 '과학성'이라는 미명하에 용인되고 있는 이러저러한 과정을 이러저러한 이유 때문에 잘못되었다는 식으로 비판하기에 앞서, 한 가지 중요한 점에 주목할 필요가 있다. 바로 무한히 계속되는 재단과 파편화는 이것들을 오히려 수상하게 만든다는 사실이다. 이 같은 현상은 기존 사회(생산양식) 내에서 지배적이기는 하나 그럼에도 불구하고 지나치게 강력할 정도로 부상하는 하나의 추세를 반영하는 것은 아닐까? 이러한 생산양식 내에서는 지적인 작업이 물질적인 작업과 마찬가지로 끝없이 분화된다. 더구나 공간적 실천이라고 하면 모든 양상, 즉 **사회적 실천**의 모든 요소와 순간을 분리시킴으로써 현장에 투사하는 것을 의미하나, 이때 단 한 순간이라도 전체적인 관리, 다시 말해서 사회 전체를 **정치적 실천**, 즉 국가 권력에 예속시킨다는 관점에서조차 분리되지는 않는다. 뒤에서 다시 보겠지만, 이러한 **실천**은 여러 모순을 내포하고 있으며 이를 심화시킨다. 하지만 아직은 그 문제를 다룰 계제가 아니다. 이러한 분석이 사실로 확인된다면, 이때 추구되는 '공간의 과학'이란,

a) **지식**의 정치적 사용(서양의 경우 '신자본주의')과 다르지 않다. 지식이 생산력에 점점 더 '비매개적' 방식으로 개입하며 생산의 사회적 관계에는 '매개적' 방식으로 관여한다는 사실은 잘 알려져 있다.

b) 이러한 활용은 물론 원칙적으로 **이해관계에 저촉되지 않는** 지식을 가장 **이해 타산적으로** 활용함으로써 나타나는 갈등 상황을 그럴 듯하게 포장하는 **이데올로기**를 내포한다. 이렇게 될 경우 이데올로기는 자신의 본모습을 드러내지 않을 수 있으며, 이러한 관습을 묵인하는 사람들에게는 이데올로기가 아닌 지식이라는 이름으로 통용되는 것이다.

c) 아주 좋게 말해서 '**기술 유토피아**'를 내포한다. 다시 말해서 현실이라는 테두리 안에서, 즉 기존의 생산양식 안에서, 미래에 대한 모의 연습 내

지는 프로그래밍을 실현해본다는 말이다. 이러한 과정은 **생산양식 안에 통합**되어 있거나 **생산양식의 구성요소를 이루는** 지식을 통해서 이루어진다. 공상과학 소설의 근간을 이루는 이 같은 기술 지향적인 이상향은 건축 공간, 도시 공간, 계획화 공간 등 공간과 관련된 모든 기획에서 발견된다.

물론 이 같은 제안은 보다 분명하게 설명되어야 하며, 합당한 논거에 의해 뒷받침되고 증명되어야 한다. 이와 같은 사실이 검증된다면, 그것은 첫째, **공간의 진실**(총체적인 진실을 입증하는 설명을 동반한 분석)이 존재함을 의미하며, 공간의 진실이란 인식론자들이나 철학자들이 생각하는 것처럼 일반적이거나, 공간과 관련한 특정 분야의 전문가들이 생각하는 것처럼 개별적인 공간, 요컨대 진실한 공간의 형성이나 구축과는 다르다. 둘째, 그것은 하나의 중심이나 중심적인 권력, 권력이라는 이름으로 행사되는 지식에 좌우되는 지배적인 경향, 즉 파편화, 분리, 조각화 등으로 치닫는 **추세를 전복시켜야** 함을 의미한다. 이와 같은 전복에는 당연히 어려움이 따른다. 이를 실행하기 위해서는 일반적인 우려를 개별적인 우려로 대체하는 것만으로는 충분하지 않다. 많은 힘을 집결시켜야 하리라는 점을 예상하기란 어렵지 않다. 그러니 그 힘을 모을 수 있는 충분한 동기가 필요하며, 실행 과정의 매 단계마다 적절한 방향성을 부여해야 한다.

1.5　　　　오늘날 공간과 관련한 제반 문제, 이를테면 전 지구상에서 건물 신축에서부터 투자 분배, 노동 분업 등의 문제에 있어서 자본과 자본주의가 '영향'을 끼친다는 사실을 인정하지 않는 사람은 별로 없다.

그런데 여기서 '자본주의'니 '영향'이니 하는 말은 도대체 정확하게 무엇을 의미하는가? 어떤 사람들은 '돈'과 돈의 위력, 혹은 상거래, 상품과 그것들이 지니는 일반성을 생각할 것이다. '모든 것'은 사고팔 수 있기 때문이다. 그런가 하면 어떤 사람들은 한층 더 명확하게 그러한 일에 참여하는 주역, 즉 국내 '기업'이나 다국적 '기업', 은행, 부동산 개발업자, 행정 당국 등을 떠올릴 것이다. 각 단계에서 개입할 수 있는 각각의 주역들은 저마다 나름대로의 '영향'을 끼친다. 이렇게 하다 보면 결국 자본주의의 단일성과 다양성, 즉 모순을 동시에 따로 떼어내어 괄호 안에 넣게 되는 셈이다. 어떤 때에는 떼어낸 것들을 단순하고 개별적인 행위로 치부하는가 하면, 또 어떤 때에는 이를 가지고 여러 행위로 구성된 폐쇄적인 체계, 지속적이 될 수도 있다는 유일한 이유만으로 일관성이 있는 체계로 인식하기도 한다. 그런데 자본주의란 굉장히 많은 요소들로 이루어진다. 토지 자본, 상업 자본, 금융 자본 등이 실제적인 실천 속에 개입하며 이들 각각은 시기에 따라 더 중요하기도 하고 덜 중요하기도 한 여러 가능성을 지니며, 같은 부류 혹은 다른 부류의 자본주의자들과 갈등을 빚기도 한다. 이처럼 여러 종류의 자본(그리고 자본주의자들)은 얽히고설킨 다양한 시장, 즉 상품의 시장, 노동력의 시장, 지식의 시장, 자본의 시장, 토지의 시장 등과 더불어 자본주의를 구성한다.

일부 사람들은 자본주의가 또 다른 면을 지니고 있다는 사실을 쉽게 망각한다. 또 다른 면이란 물론 화폐의 기능이나 다양한 시장, 생산의 사회적 관계 등과 밀접하게 연결되어 있으면서 동시에 지배적이기 때문에 다른 것들과는 구별되는 면, 즉 특정 계급의 **헤게모니**를 가리킨다. 그람시(Antonio Gramsci)가 새로운 사회를 건설하는 데 있어서 노동 계급의 역할을 예고하기 위해 도입한 헤게모니 개념은 부르주아 계급의 행위를 분석하는 데, 특히 공간과 관련하여 매우 유용하다. 헤게모니라는 개념은 이보다 약간 묵직하고 난폭한 개념인 부르주아 독재, 그리고 그 뒤에 이어지는 프롤레타리아 '독재'라는 개념을 더욱 세련되게 가다듬는다. 이는 '영향력'보다 훨씬 많은 것을 지칭하며, 억압적인 폭력의 항구적인 행사보다도 훨씬 폭넓은 의미로 사용된다. 헤게모니는 문화와 지식을 포함하여 사회 전체에서 행사되며, 주로 정치인과 정당을 모두 포함하는 정치계, 지식인, 학자 전반에 속하는 여러 인물들의 개입을 통해 이루어진다. 따라서 헤게모니는 제도와 재현에 모두 관여할 수 있다. 오늘날 지배계급은 지식을 포함한 모든 수단을 동원하여 자신들의 헤게모니를 유지하기 위해 안간힘을 쓰고 있다. 이로써 **지식**과 **권력**의 연계는 분명해진다. 그렇지만 그렇다고 해서 비판적이고 전복적인 인식이 금지되는 것은 아니며, 오히려 반대로 권력을 위해 봉사하는 지식과 권력을 인정하지 않는 인식 사이의 갈등적 차이를 더욱 확실하게 정의할 수 있도록 돕는다.[14]

헤게모니는 어떤 식으로 공간을 도외시하는가? 공간이란 고작 사회적인 관계가 이루어지는 수동적인 장소, 그 관계들이 확실하게 모습을 드러내는 장소, 혹은 관계들이 유지되고 연장되는 과정의 총체에 불과한 것은 아닐까? 아니다. 뒤에서 우리는 공간이 지니는 능동적인(조작적이고 도구적인) 면, 즉 기존 생산양식에서 지식과 행위로서 작용하는 공간을 보게 될 것이다. 공간은 봉사하며, 헤게모니는 공간을 수단으로 하여, 지식과 기술을 사용하여 하나의 체계를 형성함으로써 비로소 행사된다는 사실도 보게 될 것이다. 자본주의 공간(세계 시장)이라는 명확하게 정의되는 하나의 공간, 모든 모순으로부터 정화된 공간을 만들어냄으로써 그렇게 한다는 말인가? 아니다. 만일 그런 식이라면 '체계'는 불멸성을 정당하게 요구할 수 있을 것이다. 일부 체계적인 정신의 소유자들은 자본주의나 부르주아 계급, 이들이 운영하는 억압적인 제도 등에 대한 저주와 매혹, 찬미 사이에서 갈팡질팡하는 모습을 보인다. 이들은 사회를 체계화의 '대상'으로 삼고 무슨 일이 있어도 이를 달성시켜, 사회를 폐쇄적인 공간으로 만들고자 노력함으로써 폐쇄적이지 않은 (그렇기 때문에 폭력의 필요성이 느껴지는) 이 공간에, 결핍되어 있는 일관성을 제공한다. 만일 이 말이 사실이라면, 이 사실은 그대로 무너질 수밖에 없다. 하나의 체계를 정의할 수 있게 해주는 용어나 개념은 어디에서 오는가? 이것들은 고작 도구에 불과하다.

1.6   스스로를 모색하다가, 결정적인 순간을 잡지 못해 실패하고 결국 파편화된 지식으로 전락하는 이론은 유추에 의해 스스로 '단일성 이론(théorie unitaire)'이라고 자처할 수 있다. 우리는 각기 격리된 탐구의 장에서 이론적인 단일성을 발견하거나 만들어내고자 한다. 이는 물리학에서 분자력, 전자장력, 중력 이론이 각기 따로 존재하는 것과 같은 이치라고 할 수 있다. 그렇다면 우리에게 필요한 각기 격리된 탐구의 장이란 어떤 것들인가? 우선 자연, 우주 등의 **물리적인** 장이 있고, **정신적인** 장(논리학과 형식적 추상화를 포함), **사회적인** 장 등을 생각해볼 수 있다. 다시 말해서 공간에 대한 연구는 **논리학적 · 인식론적** 공간, 민감한 현상들이 점령하는 사회적 실천의 공간을 다루게 된다. 상상계, 기획과 투사, 상징, 유토피아의 영역도 물론 배제하지 않는다.

단일성의 요구는 단일성을 강조하는 다른 방식으로 형성되기도 한다. 반성적인 사고는 사회적 실천이 구분하는 층위들의 관계에 의문을 제기함으로써 그 층위들을 혼동하기도 한다. 주거, 주거지, '주거 형태' 등은 건축과 관련이 있다. 도시, 도시 공간은 도시계획이라고 하는 전문 분야의 영역이다. 이보다 좀더 넓은 공간 영역(지역, 국가, 대륙, 세계 등)은 경제기획가들이나 경제학자들이 다룬다. 따라서 이들 '전문 분야'는 특정 주역의 지휘하에 때로는 다른 분야들 속에 포함되기도 하며, 이때 모든 공동의 기획이나 이론적인 공동체는 밀려난다.

단일성 이론을 통해서 앞서 나온 이론들이 비판적인 분석을 마치지 못한 이와 같은 상황에 종지부를 찍어야 할 것이다.

물질의 본성에 대한 인식은 보편성과 학문적인 추상성의 가장 높은 단계에 위치한 개념들을 정의한다. 이들 개념 간의 연결성과 그에 합당한 물리적 현실이 아직 결정되지 않았다고 하더라도 우리는 이러한 연결성이 존재하며 그와 같은 연결성이 내포하는 개념과 이론들은 서로 혼동될 수도, 분리될 수도 없다는 점을 잘 알고 있다. 에너지, 공간, 시간 등이 바로 그러한 개념에 해당된다. 일반적인 언어로 '물질' 또는 '자연', '물리적 현실'이라고 표현되는 것(최초의 분석은 이것들을 구별하고 심지어는 분리시키기도 했다)은 특정한 단일성을 되찾았다. 지구와 의식을 지닌 우리 인류가 속한 이 우주(혹은 이 세계)의 '실체', 철학에서 쓰는 낡은 용어인 이 '실체'는 에너지, 공간, 시간이라는 세 가지 용어로 요약된다. '에너지'라고 말하는 사람은 즉시 에너지가 하나의 공간 안에 퍼져 있다고 덧붙이게 마련이다. 또 공간이라고 말하는 사람은 그 공간을 점령하는 주어가 누구이며, 어떻게 점령하는지 말해야 한다. 다시 말해서 특정 시간에 특정 장소 주변에 에너지가 퍼져 있다고 말하게 된다. 또 누군가가 시간을 언급한다면, 그 사람은 곧 움직이는 것과 변화하는 것에 대해 언급하게 된다. 이러한 문맥에서 본다면, 격리된 공간은 공허한 추상이 되어버린다. 에너지와 시간도 마찬가지다. '실체'라고 하는 것이 한편으로는 매우 파악하기 어려우며, 우주적인 차원에서라면 더더욱 상상하기 어려운 것임에 틀림없지만, 그것이 존재한다는 사실만큼은 명백하다. 감각과 사고는 실체만을 파악할 수 있다.

사회적 실천에 대한 인식과 이른바 인간의 현실에 대한 총체적 학문은 물리학에서 빌려온 모델에서 나올 수 있지 않을까? 아니다. 이런 방향으로의 시도는 항상 실패에 봉착했다.[15] 물리학 이론은 사회에 관한 이론에 대해 몇 가지 점을 금지하는데, 이를테면 층위나 분야 혹은 지역의 분리를 금지시키는 식이다. 물리학 이론은 항상 단일한 전개를 부추기며, 산재한 요소들을 하나로 집결시킨다. 물리학 이론은 어디까지나 보호방책의 역할을 할 뿐, 모델이 되지는 못한다.

단일성 이론을 지향한다고 해서 인식 체계 안에서의 갈등이나 반론, 논쟁 등이 사라지는 것은 아니다. 물리학이나 수학에서도 이 점은 다르지 않다! 철학자들이 변증법적 계기를 없앰으로써 '순수한' 과학이라고 믿었던 분야에서도 언제나 갈등은 있게 마련이다.

물리적 공간은 그 안에 펼쳐지는 에너지가 없이는 '현실'이 되지 못한다. 이는 누구나 인정하는 사실이다. 에너지가 전개되는 방식, 중심이 되는 지점과 핵, 응축점들이 주변과 맺는 물리학적 관계는 추측에 의존하는 수밖에 없다. 팽창 이론은 애초에 하나의 핵, 즉 원초적인 폭발이 있었다고 가정한다. 우주의 시초가 되는 이 단일성은, 이것이 지닌 거의 신학(神學) 혹은 신통계보학(神統系譜學)적인 성격 때문에 많은 반대 주장을 야기한다. 호일(Fred Hoyle, 영국의 천문학자. 빅뱅 이론과 함께 우주 생성론의 두 축을 이루는 정상우주론의 대표적인 학자—옮긴이)은 이보다 훨씬 복잡한 이론을 통해 반대 의견을 주장한다. 그는 에너지는 무한소나 무한대 등 모든 방향으로 퍼져나간다고 주장한다. 우주에 단 하나의 유일한 중심이 있다는 건, 그 중심이 출발점이 되건 종착점이 되건, 도저히 받아들이기 어려운 가설이다. 에너지-공간-시간은 헤아릴 수 없을 정도로 무수히 많은 장소(국지적 시공간)에서 응축된다.[16]

이른바 인간적이라고 할 수 있는 공간 이론이 물리학 이론에 접목될 수 있다면 바로 이 대목이 아닐까? 공간은 스스로를 에너지의 산물로 간주한다. 하지만 에너지는 스스로를 비어 있는 용기를 점유하고 있는 내용물로 간주할 수 없다. 이는 형이상학적인 추상화로 물들어 있는 인과론이나 궁극목적론을 부정한다. 우주는 이미 수많은 공간을 제공했으며, 이들 공간이 지니는 다양성은 우주생성론이라고 하는 단일성 이론에서 기인한다.

이러한 유추에는 한계가 따른다. 사회적 에너지를 물리학적 에너지에, 이른바 '인간적인' 힘의 장을 물리학적 힘의 장 위에 나란히 늘어놓아야 할 이유는 전혀 없다. 이 같은 환원주의는 다른 부류의 환원주의와 마찬가지로 명시적으로 거부될 것이다. 그러나 인간 사회는, 아니 인간이냐 아니냐의 구분을 떠나 모든 생물체 사회는 우주(세계라고 말해도 무방하다)의 바깥에 놓여 있다고는 도저히 상정할 수 없다. 마찬가지로, 우주생성론은 이와 같은 생물체 사회에 대한 인식을 흡수하지 않은 채, 마치 하나의 국가 안에 또 다른 국가가 있는 것처럼 따로 제쳐둘 수 없다!

1.7　　　　물리학적, 정신적, 사회적 공간 등 여러 다양한 공간을 서로 멀리 떨어진 채 있도록 하는 분리 현상을 무어라 이름 붙이면 될 것인가? 불균형? 괴리? 단절? 균열? 이름이야 아무래도 상관없다. 중요한 것은 정신적인(논리적·수학적) 범주에서 비롯되는 '이상적인' 공간과 '현실적인' 공간, 즉 사회적 일상생활의 공간을 분리시킨다는 사실이다. 이두 가지 공간이 서로가 서로를 내포하고 있으며, 상대방의 위치를 결정하고 예측하고 있음에도 불구하고 그렇다는 말이다.

이러한 상황을 확실하게 설명하면서 이를 극복할 수 있는 이론적인탐구를 원한다면, 어느 분야에서 출발할 것인가? 철학? 아니다. 철학은 이와 같은 상황을 만들어낸 장본인이면서 동시에 이해 당사자이기 때문이다. 철학자들은 공간의 추상적(형이상학적) 재현, 특히 데카르트적인 공간, 다시 말해서 동질적(등방적)이기 때문에 오로지 직관에 의해서만 파악할 수 있는 절대적이고 무한한 신의 속성을 지닌 '사물의 공간'을 탄생시킴으로써 이 거리를 더욱 벌어지게 만든 장본인들이다. 철학이 초창기엔 '현실적인' 공간, 즉 폴리스(polis)라고 하는 그리스 도시국가들과 밀접한 관계를 맺고 있다가 훗날 이 끈이 끊어졌다는 점에서 이는 심히 유감스러운 일이 아닐 수 없다. 하지만 그렇다고 해서 철학의 도움, 즉 철학의 개념과 발상의 도움을 받아서는 안 된다는 말은 아니다. 다만 그것이 출발점이 되어서는 안 된다는 말이다. 그렇다면 문학에서 출발하는 건 어떨까? 안 될 것도 없지 않은가? 작가들은 지치지 않고 각종 공간을 묘사해왔다. 하지만 어떤 **텍스트**를 출발점으로 삼을 것인가? 무슨 기준으로 이 텍스트는 되고 저 텍스트는 안 된다고 말할 것인가? 셀린(Louis-Ferdinand Céline)은 파리 공간, 교외, 아프리카 같은 공간을 말하기 위해 일상의 담화들을 주로 활용했다. 플라톤은 《크리티아스(Critias)》를 비롯한 몇몇 저서에서 우주 공간과 그 이미지를 재현한 그리스 도시 공간을 놀라울 정도로 멋지게 묘사했다. 퀸시(Thomas de Quincey)는 런던의 거리를 배회하면서 그가 꿈꾸어오던 여인의 그림자를 따라다니는가 하면, 보들레르는 《파리 풍경(Tableaux parisiens)》에서 빅토르 위고나 로트레아몽만큼이나 도시 공간에 대해 잘 이야기했다. 문학 텍스트 속에서 공간을 찾으려고 한다면, 공간은 도처에서 찾아지며 그 공간들은 삽입되어 있거나, 묘사되어 있거나 혹은 미리 예측된다거나 상상되거나 사색되는 등 온갖 양태로 나타난다. 그러니 특별히 어떤 텍스트로부터 텍스트 분석을 시작할 것인가? 사회적으로 '현실적인' 공간을 찾아내는 것이 목적이므로, 건축이나 건축과 관련 있는 텍스트가 처음엔 문학 텍스트보다 훨씬 나아 보인다. 하지만 건축이란 무엇인가? 건축을 정의하기 위해서는 공간을 분석하고 거기에 대해 토론을 벌이는 일이 선행되어야 한다.

그렇다면 텍스트의 개념만큼이나 **일반적인**, 일반적인 과학 개념들, 즉 정보나 소통, 메시지나 암호, 기호 전반 같이 한창 정제 중인 개념에서 출발하는 것은 어떨까? 그렇게 된다면 공간의 분석은 전문 분야라는 폐쇄적인 공간에서 이루어질 위험이 커지며, 이럴 경우 분리 현상을 고려하지 못하게 되어 오히려 분리를 조장할 수도 있다. 그렇다면 **보편적인** 개념, 즉 어떤 전문 분야와도 깊숙하게 관계를 맺고 있지 않은, 그래서 외견상 보편적으로 보이는 철학적 개념에 호소하는 길밖에 없다. 그런데 이러한 개념이 존재하기는 할까? 헤겔이 **구체적 보편**이라고 명명한 개념은 여전히 의미가 있을까? 그렇다면 그것을 증명해보일 필요가 있다. 단언컨대 **생산**과 **생산하다**는 개념들은 이와 같은 구체적 보편성을 띠고 있다고 말할 수 있다. 철학에서 다듬어진 이들 개념은 철학에서 다듬어졌다고는 하나, 철학을 뛰어넘는다. 이를테면 정치경제학 같은 특정 학문이 과거 특정 시기에 이 개념들을 독점했다고는 하지만, 이들은 곧 이와 같은 침탈 행위로부터 벗어났다. 마르크스의 일부 텍스트에서 드러나는 광의의 개념을 이어받은 **생산**과 **생산하다**는 개념은 경제학자들이 부여했으며, 사실상 환상에 가깝다고 할 수 있는 명확한 의미를 어느 정도 상실했다. 그러므로 예전의 의미를 되찾고 이를 행위와 연결시키는 데에는 적지 않은 어려움이 따른다. '공간을 생산하다.' 이러한 표현은 커다란 놀라움을 선사한다. 공간을 점령하는 도식에 선행하는 공간을 비우는 도식은 강력한 힘을 발휘한다. 그런데 여기서 공간이란 무슨 공간을 의미하는가? 공간과 관련하여 '생산하다'는 무엇을 의미하는가? 여기서 우리는 다듬어진, 그러니까 형식화된 개념에서 궤변의 기회로 전락할 우려가 있는 예시와 보기가 아닌 (더 근본적인) 내용으로 넘어가야 한다. 그러므로 이와 같은 개념을 총망라하며, 한편으로는 극단적인 형식적 추상화(논리적·수학적 공간)와 이들 개념이 맺는 관계, 또 다른 한편으로는 실천적·감각적 행위, 사회적 공간과 이들 개념이 맺는 관계를 살펴보는 **논고**가 되어야 한다. 이와 다른 방식으로 생각할 경우, 구체적 보편은 와해되어 헤겔이 말한 **특수한** 것(기술되거나 파편화된 사회적 공간), **일반적인** 것(논리적, 수학적 공간), **개별적인** 것(물리적이고 감각적인 현실만을 갖추고 있는, 자연적이라고 여겨지는 '장소')이 따로 존재하는 세계 속으로 전락할 것이다.

1.8　　　주어진 아파트에서 하나의 '방', 혹은 길거리의 한 '구석'이나 하나의 '광장', 시장, 쇼핑 '센터' 또는 문화 '센터(중심)', 공적인 하나의 '장소' 등이 무엇을 가리키는지는 우리 모두가 잘 알고 있다. 일상 언어 속에 삽입된 이와 같은 용어들은 여러 종류의 공간들을 따로 고립시키지 않으면서 구별하며, 하나의 사회적 공간을 기술한다. 이 용어들은 이러한 공간의 활용, 다시 말해서 이 용어들이 구성하는 공간적 실천과 일치한다. 이 용어들은 특정한 질서에 따라 이어진다. 그러니 우선 그와 같은 용어들을 추려서 목록[17]을 만든 다음 이들에게 하나의 의미를 부여하는 패러다임이 무엇이며, 어떤 통사적 구조에 의해 이것들이 조직되는지를 연구해보아야 하지 않을까?

　이것들은 이제까지 잘 알려지지 않던 코드를 구성하고 있어서, 우리의 사고가 재구성하여 공표할 수도 있을 것이다. 또는 이와 같은 자재(단어)와 이와 같은 설비(언어에 대한 작용)를 가지고 성찰함으로써 공간의 코드를 축조할 수도 있다.

　두 경우 모두 성찰을 통해서 '공간의 체계'를 마련할 수 있다. 그런데 이제까지의 학문적인 경험에 따르면, 이와 같은 체계는 대상에 대해서 간접적으로만 관여하며, 사실상 대상에 관한 담론에 머무를 수밖에 없다. 이 책이 구상하는 계획은 공간에 대한 담론을 생산하는 것이 아니라, 다양한 공간들과 이 공간들이 생성되는 방식을 모아 하나의 이론으로 접합시킴으로써 공간 자체의 생산을 드러내는 것을 목표로 한다.

이 같은 간략한 개진은 추후 세심하게 다루어야 할 문제에 대한 하나의 답변을 시도하는 데 불과하다. 그 문제가 문제로서의 가치가 있는지 혹은 근원에 대한 모호한 질문에 불과한지는 뒤에서 꼼꼼하게 짚어보아야 할 것이다. (논리적, 인식론적, 유전학적으로 볼 때) 언어는 사회적 공간에 선행하는가? 동반자인가? 혹은 이를 뒤따라가는가? 언어는 사회적 공간의 조건인가 혹은 표명인가? 언어가 우월하다는 주장이 반드시 필요한 것은 아니다. 바닥에 금을 긋는 행위, 말하자면 자취를 남기며 공동의 몸짓이나 작업을 조직하는 행위가 오히려 매끈하게 가다듬어지고 분절된 언어보다 (논리적, 인식론적) 우선권을 갖는 것은 아닐까? 공간과 언어, 즉 처음부터 공간성으로 작용하는 유기적 결합에 내재하는 '논리성', 사물의 지각과 더불어 혼란스럽게 주어지는 (실천적, 감각적) 현실을 환원하는 논리성 사이에 존재하는 모종의 관계를 발견해내야 하는 건 아닐까?

하나의 공간은 어느 정도로 독해(lire)될 수 있는가? 공간의 코드는 해독(décoder)될 수 있는가? 이러한 질문에 대해서는 쉽게 답이 나오지 않을 것이다. 사실 메시지, 코드, 정보 같은 개념들이 공간의 생성(이 제안은 앞에서 언급한 것으로 논증과 증명이 필요한 것이다)에 대해서 많은 것을 가르쳐주지 못한다고 하더라도, 생산된 공간은 기술 가능하며, 독해 가능하다. 여기에는 의미작용이 내포된다. 설사 언어(langage)나 랑그(langue)에 내재하는 것과 같은 일반적인 공간의 코드는 없다고 할지라도, 역사가 거듭됨에 따라 개별적인 코드가 정착되는 것은 가능하며, 이렇게 되는 과정에서 다양한 결과가 야기될 수 있다. 그 덕분에 한 사회의 구성원으로서 흥미를 가진 주체들이라면, **자신들의** 공간과 이 공간에서 주체로 활약하며 이 공간을 이해(가장 광범위한 의미에서의 이해)하는 자신들의 특성을 파악할 수 있을 것이다.

도시와 농촌, 그리고 고전적인 원근법과 유클리드 공간에 기초하여 만들어진 정치적인 영역 사이의 관계라고 하는 실천적인 토대 위에서 코드화된 언어가 존재했다면(16세기부터 19세기까지), 무슨 이유로, 어떤 과정을 거쳐서 이와 같은 코드화는 와해되었는가? 사용자와 주민, 관계당국, 기술자(건축가, 도시계획자, 정책입안자) 등의 다양한 사회 구성원들이 공통적으로 사용하던 이 같은 언어를 복원하기 위해 노력해야만 하는가?

이론은 **상위 코드**(surcodage)에서만 형성될 수 있고 정형화될 수 있다. 인식이란, 물론 이는 오용임에 틀림없으나, '제대로 잘 다듬어진' 언어와 동일시된다. 인식은 개념 차원에 위치한다. 따라서 **언어과학**에 적합한 개념들에 대한 인식이라고 할지라도, 이는 특혜 받은 언어나 메타 언어라고 볼 수 없다. 공간 인식은 애초에 이와 같은 부류에 들어갈 수 없다. 코드의 코드라고? 물론 그렇게 말할 수도 있겠지만, 이론의 이와 같은 2차적 기능은 문제를 이해하는 데 그다지 도움이 되지 못한다. 각각의 공간적 (사회적) 실천을 특징짓는 공간의 코드가 있다면, 공간에 따른 코드화가 **생산되었다면**, 이론은 이들의 생성 기원, 서로의 개입, 소멸 등을 낱낱이 밝혀야 할 것이다. 이 분야 전문가들이 내놓은 작업과 비교해서 예상되는 차이점은 명확하다. 우리는 코드 형식의 엄격성을 주장하기보다는 개념을 **변증법화하기** 위해 더 많은 노력을 경주할 것이다. 이렇게 해서 정립될 개념은 '주체'들이 자신들의 공간과 맺는 실천적인 관계, 공간과의 상호작용, 주변 공간과의 관계 사이에 위치하게 될 것이다. 코드가 만들어지는 과정과 이것이 해체되어 사라지는 코드화(codage)-코드 해독(décodage)

과정을 보여주고자 시도할 것이다. 우리는 공간의 내용물, 즉 형태 속에 내재하는 사회적 실천(공간적)을 집중적으로 조명하게 될 것이다.

1.9 오늘날 초현실주의는 20세기 초 처음으로 모습을 드러냈을 때와는 전혀 다른 양상으로 나타난다. 이를테면 시(詩)로 정치를 대체한다거나 시를 정치화하기, 초월적 계시를 비롯한 몇몇 주장은 자취를 감추었다. 문학 분야의 새로운 사조로 등장했던 초현실주의는 문학(초창기에는 오히려 문학을 배제했다)으로만 축소되지 않았다. 다시 말해서 무의식의 탐험과 관련된 문학적 사건(자동기술법)으로 축소되지 않았다는 말이다. 초현실주의는 초기에는 전복적인 성향의 글쓰기에 국한되었다가 점차 해설이나 분석, 논평, 찬양의 글이나 광고성 글 등 모든 분야의 글쓰기로 번져나갔다.

비중 있는 초현실주의자들은 내면 공간의 독해를 시도했으며, 주관적인 공간에서 물질로 넘어가는 과정, 즉 자신의 몸과 세계, 사회생활의 관계를 밝혀내려고 노력했다. 그러다 보니 초현실주의는 초기에는 드러나지 않았던 새로운 이론적 영향력을 행사하게 되었다. 이러한 단일성의 시도는 앙드레 브르통의 《미친 사랑(L'Amour fou)》에서 잘 드러나지만, 그 후 이와 같은 시도는 점차 모호해졌다. 상상적인 것(l'imaginaire)과 주술적인 것의 매개("그래서 여자가 나타나도록 하기 위해서 나는 문을 열었다가 닫았다가 다시 열었다—그것으로 충분하지 않을 땐 아무렇게나 책을 한 권 골라잡아 펼쳐진 쪽의 왼쪽이나 오른쪽 몇 번째 줄에서 그 여자에 대해 다소 간접적인 정보를 얻을 수 있으며, 여자가 곧 나타날 것인지 아닌지 확신을 얻을 수 있으리라고 마음을 다잡고 나서 그 책 안에 칼날을 집어넣는다—그런 다음, 물건들을 이리저리 옮겨놓으며 이 물건들 간의 관계를 연구하면서 가장 괴이한 위치에 고정시킨다." 《미친 사랑》 초판, 23쪽.)

그러나 이 낯설음은 작품이 지니는 선구적인 가치를 전혀 훼손시키지 않는다.[18] 하지만 이러한 시적(詩的) 시도의 실패가 지니는 한계점도 역시 드러난다. 초현실주의 시학에서 의미를 과시하는 개념화 작업(선언문을 비롯한 다양한 종류의 이론적인 텍스트들은 적지 않다. 이러한 과다 설명을 빼고 나면 과연 초현실주의 미학에서 무엇이 남았는지 자문해보아야 할 정도이다)이 부족했기 때문은 아니다. 초현실주의 시학이 지닌 내재적인 결함은 이보다 훨씬 심각하다. 초현실주의 시학은 **보다**(voir)라는 행위를 뛰어넘어 **시각적인 것**(le visuel)을 우위에 놓고, '듣는 일'에 소홀하며, 이상할 정도로 '말하기'의 음악성을 간과한다. 이 같은 소홀함은 중심이 되는 '시각'에서는 더욱 심각하게 나타난다. "마치 갑자기 인간 존재의 어둡고 깊은 밤에 구멍이 뚫린 것 같고, 자연적인 필요가 논리적인 필요와 하나가 되기로 동의하여 완전한 투명성을 보이는 것 같았다……."

헤겔의 원래 계획(앙드레 브르통, 앞의 책, 61쪽)은 상징의 지나친 고양에 의해 (사랑받는) 대상에 대한 감정적인, 따라서 주관적인 과부하가 걸리는 동안만 지속된다. 초현실주의자들은 그들이 추구하는 시학이 도달하게 될 헤겔적인 결말을 드러내놓고 노골적으로 말하거나 증명해보이지 않은 채 역사의 서정적인 메타언어, 다시 말해서 주체와 객체가 초월적인 신진대사 속에서 하나로 합해진다는 그릇된 환상만을 가져왔다. 주체(사람)와 사물(일상) 사이에 존재하는 관계의 언어적 변형, 왜곡, 조응 등을 통해서 초현실주의자들은 의미에 과부하를 걸었을 뿐 아무것도 변화시키지 않았다. 왜냐하면 이들은 오로지 언어만을 통해서 교환(재화)에서 사용으로 넘어갈 수 있음을 증명하는 데 실패했기 때문이다.

초현실주의자들과 마찬가지로, 오늘날엔 조르주 바타유의 작품들도 작가가 살아서 활동하던 시절과는 다른 방식으로 조명되고 있다. 그도 역시 (다른 여러 가지 의도 중에서) 내면 경험의 공간을 물리적 공간(의식의 아래쪽에 존재하는 나무나 섹스, 머리 없는 연체동물)과 사회적 공간(소통의 공간, 말의 공간)에 접목시키려고 시도했던 것이 아닐까? 초현실주의자들과 마찬가지로, 하지만 이미지로 집대성되는 방식과는 다른 길을 통해서 바타유는 현실과 현실 하부, 현실 상부를 잇는 길에 이정표를 세웠다. 그렇다면 그 길은 어떤 길인가? 니체가 걸어간 분출성, 파열성의 길이다. 조르주 바타유는 편차를 강조했으며, 심연을 메우는 내신 오히려 한층 더 뚜렷하게 골을 파들어갔다. 그렇게 함으로써 직관-폭발적 의도가 솟아나와 한 끝에서 다른 끝으로, 대지에서 태양으로, 밤의 암흑에서 낮의 광명으로, 삶에서 죽음으로 넘나들었다. 그뿐만 아니라 논리적인(logique) 것에서 이종논리적인(hétérologique) 것으로, 정상적인(normal) 것에서 이종-규범적인(hétéro-nomique) 것으로(무질서한 것(a-nomique) 이상 또는 이하로) 넘어가기도 한다. 공간 전체, 즉 정신적이며 물리적이고 사회적인 모든 공간은 **비극적으로** 점거된다. 이 공간에 중심과 주변이 있다면, 중심은 희생과 폭력, 폭발이라는 비극적인 현실을 내포한다. 주변 역시 나름대로의 방식으로 비극적이다.

그런가 하면, 기술공학 이론가인 라피트(Jacques Lafitte)는 같은 시대에 초현실주의자들과 조르주 바타유의 대척점에서 공간의 단일성 이론을 꿈꾸었다. 라피트는 기술 설비 일반 이론인 '기계학'을 빌려 물질적인 현실, 인식, 사회적 공간을 탐험하고자 시도했다.[19] 라피트는 그리스 철학자 아셀로스(Kostas Axelos)가 요약한 마르크스의 연구 일부를 발전시켰다.[20] 정보과학이나 인공두뇌학(사이버네틱스)에 대해서 무지했던 그는 이러한 연구를 수행하는 데 절대적으로 필요한 요소나 개념들을 제대로 파악하지 못했으며, 결과적으로 정보 처리 기계와 대량 에너지 기계의 차이점을 이해하지 못했다. 그렇다고 해서 라피트가 통합적 가설을 기술 관료적 · 기능적 · 구조주의적 이데올로기의 특징인 '엄밀성'에 입각해서 제대로 전개시키지 못한 것은 아니다. 이러한 엄밀성은 너무도 위험 천만한 제안, 즉 공상과학 소설에나 어울리는 개념의 연쇄들로 귀결되는 것이다. 이것은 기술 지상주의의 유토피아이다! 그는 역사를 설명하기 위하여 소극적인, 그러니까 정적(靜的)인 기계와 건축은 식물과 유사하고, '적극적인', 그러니까 더욱 '역동적이고 조건반사적인' 기계는 동물과 유사하다고 유추했다. 라피트는 이러한 개념으로부터 공간을 점유하는 진화적 배열을 구축했다. 그는 대범하게도 자연, 인식, 사회의 발생 과정을 재현한다. "이 세 가지 분야의 조화로운 발전을 통해 상호 대립하면서도 보완적인 진화"(《마르크스, 기술의 사상가》 92쪽 이하)의 도식이 만들어진다는 것이다.

라피트의 가설은 이와 비슷한 부류의 많은 가설을 예고하는 출발점이었다. 기술성에 대한 성찰은 명료한 것, 선언적인 것을 전면에 내세운다. (**합리적**일 뿐 아니라 **지성적**이며, 따라서 실천 속에 언제나 숨어 있게 마련인 부수적인 것, 이종논리적인 것은 대번에 배제하며, 동시에 숨겨져 있는 것을 찾아내려는 사고도 배제한다.) 마치 사고의 공간과 사회적 공간에서는 모든 것이 정면성, '마주보기'로 귀착된다고 믿는 태도 같다고 할 수 있다.

1. 10 공간(물리적, 정신적, 사회적)에 관한 통합 이론의 탐구가 지금으로부터 수십 년 전에 이미 시작되었다면, 어째서 그 연구는 그 사이에 중단된 것일까? 때로는 시적이고 주관적이며 사변적인가 하면, 때로는 기술적 실증성이라는 낙인이 찍힐 정도로 재현의 양상이 지나치게 혼돈스럽고 방대했기 때문일까? 혹은 지나친 불모성, 비생산성 때문일까?

무슨 일이 일어났는지를 이해하기 위해서는 헤겔로 거슬러 올라가야 한다. 헤겔이야말로 철학적 · 정치적 사고가 집결된 기념비적인 광장이기 때문이다. 헤겔주의에 의하면, 역사적 시간은 국가가 점차로 확대되며 지배력을 늘려가는 공간을 만들어낸다. 역사는 개개인 안에서 합리적 존재의 전형을 실현하는 것이 아니라, 국가의 지배를 받는 국내 영토의 한 부분을 점령하는 제도나 기관, 단체, 부분적인 체계(법, 윤리, 가족, 도시, 직업 등) 등을 통해서 이를 실현한다. 따라서 시간은 움직이지 않으며 공간에 내재직인 합리성에 의해 고착된다. 헤겔이 보는 역시의 종말은 역사성의 산물의 종말을 동반하지는 않는다. 오히려 그 반대다. 인식(개념)에 의해 생산되었으며 의식(언어, 로고스)에 의해 방향을 부여받은 생산물은 스스로 충분하다고 주장한다. 이 생산물은 자신의 독자적인 권한에 의해 존재 속에서 끝까지 버틴다. 사라지는 것은 역사인데, 역사는 행위에서 기억으로, 생산에서 관조로 거듭 변신한다. 그렇다면 시간은? 시간이란 반복과 순환 논리, 부동적인 공간, 즉 완전한 이성이 지배하는 공간의 정착으로 말미암아 아무런 의미를 갖지 못한다.

공간이 국가의 질서 속에 편입되는 물신화 현상이 일어나면, 철학과 실천적 행위는 시간을 복권시키려고 안간힘을 쓰게 된다.[21] 역사적 시간을 혁명의 시간으로 회복시키려고 애쓴 마르크스는 이러한 노력을 노골적으로 드러냈다. 그런가 하면, 베르그송(심리적 지속, 의식의 직접성)이나 후설의 현상학(현상의 헤라클레이토스적인 흐름, 자아의 주관성), 그리고 일부 철학자들에게서는 이와 같은 노력이 보다 전문화되었기 때문에 추상적이고 불확실한 방식에 따라 미묘하게 진행되었다.[22]

게오르그 루카치의 반(反)헤겔적인 헤겔주의 입장에 따르면, 공간은 물신화와 의식의 기만을 규정한다. 되찾은 시간, 역사의 우여곡절을 단숨에 꿰뚫어볼 수 있을 정도로 정점에 도달한 계급의식에 의해 지배되는 시간은 공간의 우월성을 부숴버린다.[23]

니체만이 공간과 공간성이 지니는 문제의식의 우월성을 견지했다. 그는 다양하게 전개되며, 다양한 시간으로부터 태어나는 반복과 순환성, 동시성이 공간이 지닌 우월성이라고 믿었다. 생성 속에 있으나 흐름과는 반대되는 것, 정해진 모든 형태에 대한 투쟁, 이 투쟁은 물리적이고 정신적이며 사회적인 것의 지배를 받는다. 니체의 공간과 역사적 시간의 산물이며 잔재라고 할 수 있는 헤겔의 공간 사이에는 아무런 공통점이 없다. "나는 힘의 기층으로서 힘을 제한하며 조절하는 절대 공간을 믿는다"고 니체는 말했다. 우주 공간은 에너지, 힘을 포함하고 있으며, 에너지는 그것으로부터 나온다. 지상의 공간과 사회적 공간도 마찬가지다. "공간이 있는 곳이 존재다."[24] 힘(에너지)과 시간, 공간 간의 관계는 문제를 낳는다. 이를테면 우리는 최초의 시작(기원)을 생각할 수 없으며, 또한 그 생각을 안 할 수도 없다. 차이를 만들어내는 행위, 없어서는 안 될 필수불가결한 이 행위가 배제되는 즉시 '중단된 것과 계속되는 것은 일치한다'. 에너지, 힘, 비록 '그 자체로서의'(그런데 분석적인 지성을 통해서 '그 자체', 즉 어떠한 현실, 이를테면 에너지, 시간, 공간 같은 것들을 어떻게 파악할 수 있을까?) 힘은 엄연히 힘으로 인한 결과와 구별되지만, 공간에서의 결과를 통해서만 감지될 수 있다. 니체의 공간이 헤겔의 공간과 아무런 공통점이 없는 것과 마찬가지로, 보편적인 비극의 장, 죽음과 삶의 시공간, 순환적이고 반복적인 니체의 시간은 마르크스의 시간, 즉 생산하는 힘에 의해서 추진력을 얻으며, 산업적이고 프롤레타리아적이며 혁명적인 합리성에 의해 만족스러운(최적의) 방향을 향해 나아가는 역사적 시간과 아무런 공통점도 가지고 있지 않다.

그런데 우리도 목격한 20세기 중반에 들어와서 무슨 일이 생겼는가?

a) 세계적인 차원에서 국가의 지위가 한층 공고해졌다. 국가는 사회(들)에 결정적인 영향력을 행사한다. 국가는 지식과 기술의 기여를 부추

김으로써 사회를 '합리적으로' 계획하고 조직하며, 정권을 잡은 자들의 지배적인 정치 이데올로기, 역사적인 과거, 사회적 신분이 무엇이든 간에 유사한, 아니 동일한 정책을 강요한다. 국가는 차이를 반복과 ('균형', '피드백', '조정' 등으로 명명된) 순환으로 바꾸어놓음으로써 시간을 뭉개버린다. 공간은 헤겔이 주장한 도식에 따라 승리를 쟁취한다. 이로써 근대국가는 결정적으로 사회와 (민족) 공간의 안정적인 중심으로 군림하게 된다. 헤겔이 잠깐 언급했듯이, 역사의 종말이자 의미로서 국가는 사회적인 것과 '문화적인 것'을 유명무실하게 만든다. 오직 갈등과 모순에 종지부를 찍는 논리만이 승승장구한다. 국가는 이에 저항하는 모든 것을 거세하고 진압함으로써 무력화시킨다. 이런 현상을 우리는 사회적 엔트로피라고 치켜세워야 할까? 아니면 정상으로 취급받는 비정상적인 성장이라고 힐책해야 할까? 결과가 말해준다.

b) 그럼에도 불구하고 이 공간 안에서는 힘이 끓어오른다. 국가와 기술, 각종 기획과 프로그램의 합리성엔 항의가 따른다. 권력의 폭력성에 전복적인 폭력으로 응답한다. 전쟁과 혁명, 실패와 승리, 대립과 동요 등 현대 사회의 모습은 니체가 말한 비극적인 비전과 일치한다. 국가적 정상성은 영원한 위반을 강요한다. 시간? 부정적인 것? 두 가지는 폭발적으로 나타난다. 새로이 생겨난 부정성, 비극성이 도출된다. 폭력이 그치지 않는다. 끓어오르는 힘은 냄비의 뚜껑, 즉 국가와 국가의 공간을 여는 법이다. 차이들은 최후의 결정적인 말을 아직 다 하지 못했다. 비록 패배를 거둔 것 같아 보이지만, 묵묵히 살아남아서 자신들이 건재함을 보여주기 위해 강력하게 투쟁하며, 시련을 통해서 변신을 거듭한다.

c) 노동자 계급 또한 아직 결정적인 발언을 하지 않았다. 이들은 때로는 지하에서, 때로는 광명 세계 속에서 묵묵히 제 갈 길을 간다. 계급투쟁

은 쉽사리 사라지지 않는다. 물론 이때의 계급투쟁은, 정작 마르크스 자신은 사용하지 않았으나 그의 추종자들이 목청껏 외쳐대던, 마르크스 자신의 생각보다 훨씬 축소된 의미로서의 계급투쟁과는 매우 다른 다양한 양상을 띠고 나타난다. 죽음과도 같은 균형 상태가 지속될 경우 노동자 계급과 부르주아 계급 간의 대립은 적대감으로 심화되지 않으며, 이때 국가는 점점 부패하거나 발작적으로 강화됨으로써 사회는 위기에 빠지게 된다. 잠재적인 시기를 거치고 나면 전 지구적인 차원의 혁명이 발생하거나 세계 시장을 통한 전 지구적인 전쟁이 발발할 수도 있다. 모든 것은 산업 국가에서 노동자들이 성장의 길, 혹은 무제한 축적의 길, 또는 국가를 사멸로 이끄는 격렬한 혁명의 길을 택하지 않고 노동 자체의 몰락을 선택한 것처럼 진행된다. 단순히 가능한 모든 것들을 살펴보기만 해도 마르크스의 사상은 사라지지 않았으며, 사라질 수도 없음을 알 수 있다.

헤겔과 마르크스, 니체의 주장과 가설을 대질시켜보는 작업이 시작된다. 쉽지 않은 일이다. 공간과 시간에 관한 철학적 사고와 성찰로 말할 것 같으면, 이는 크게 두 가지로 대별된다. 하나는 시간, 지속에 관한 철학으로, 이는 다시 역사적 시간, 사회적 시간, 심리적 시간 등의 부분적인 성찰로 나누어진다. 다른 하나는 추상적 공간을 구축하여 이 공간(논리적·수학적 공간)에 대해 사유하는 인식론적 성찰이다. 대부분, 아니 모든 저자들은 정신적 공간(신칸트주의 또는 신데카르트주의 공간) 안에 편안히 자리 잡고 있는 편으로, '이론적 실천'이란 결국 전문화된 서구 지성의 자아 중심적 성찰이라는 좁은 범위에 머물러 있음을 알 수 있다. 따라서 이때 의식이란 전적으로 분리되어〔스키조이드(schizoide), 분열성 인격 장애를 가리키는 용어로, 이런 증상을 보이는 환자들은 혼자서 생활하면서 대인관계를 비롯한 사회적 관계에 대해서 아무런 흥미를 보이지 않는다―옮긴이) 존재한다.

이러한 상황을 타개하자. 공간에 관해서, 비록 현대 사회가 나아갈 방향을 제시하지는 못할지언정 그 사회를 충실하게 비추어줄 수 있는 사고와 제안을 지속적으로 대질시켜보자. 이러한 제안들을 독립된 주장이나 가설로 분리해서 생각하지 말고(이렇게 할 경우, 이는 이제까지 늘 그래왔듯이, 후에 연구해야 할 대상으로 고립되어버리는 전철을 밟게 된다) 현대성의 도래를 예고하는 선구자적인 상으로 제시하자.[25] 이것이 바로 공간에 관한 책을 저술하는 의도라고 할 수 있다.

1.11　　　　그런데 구상만으로 현재 널리 통용되는 공간에 대한 기술과 파편화, 아울러 정치, 경제, 문화 등 사회 전반에 관한 비판 이론들을 대체할 수 있는 **비판적 이론**이 될 수 있을까? 물론 그럴 수 없다. 인간에 관해서건 사회에 관해서건 신기술이 만들어내는 유토피아를 부정적이고 비판적인 유토피아로 바꾸는 것만으로는 충분하지 못하다. 대립을 위한 대립, 심지어는 급진적인 대결(몇몇 취약점을 거세게 물고 늘어지는 지엽적인 공격이건 이론 전체에 대한 포괄적인 공격이건)로 치닫는 시대는 이제 끝났다.

공간에 관한 **코드**의 체계적 파괴를 첫 번째 과제로 삼아야 할 것인가? 아니다. 오히려 그 반대로 문제를 제기하는 것이 첫 번째 단계가 되어야 한다. 지식 체계나 사회적 관습에 내재하는 이 코드들은 이미 오래전부터 와해되어가고 있기 때문이다. 지금으로서는 단어나 이미지, 은유 등 부스러기만 남은 형국이다. 비록 제대로 알려지지는 않았지만, 매우 중요한 의미를 갖기 때문에 매 순간 상기해야 할 필요가 있는 하나의 사건에 대해 알아보자. 무슨 사건인가 하면, 1910년 무렵 상식과 지식, 사회적 관습, 정치권력이 공유하던 공간, 일상 대화는 물론 추상적인 사고의 내용을 이루고 메시지들이 오가는 통로이며, 전통적인 원근과 기하학의 장소, 그리스의 유산(유클리드와 논리학)에서 출발하여 예술과 서양 철학을 통해 르네상스 이후 줄곧 다듬어졌으며, 도시와 하나가 되어왔던 전통적인 원근법과 기하학의 공간이 동요하기 시작했던 사건이다. 이 공간은 너무도 많은 충격과 공격을 받은 나머지 보수적인 교육체제 내부에서만 근근이 명맥을 이어갈 수 있었다. 유클리드 공간과 원근은 다른 상투적인 것들(도시, 역사, 작가로서의 자격, 조성음악 체계, 전통적인 도덕 등)과 더불어 좌표로서의 기능을 잃어버렸다. 매우 중요한 시기였다. 물론 유클리드적이며 원근감이 통하는 상식의 공간이 기초 대수와 산술, 문법, 뉴턴 물리학처럼, 강한 흔적도 남기지 않고 한 순간에 아무 일도 없었던 것처럼 사라져버리지 않으리라는 것을 이해하기란 어려운 일이 아니다. 따라서 새로운 비판 이론을 정립하기 위해서는 과거의 코드를 파괴하는 것이 아니라, 이런 것들이 파괴되는 과정을 설명하고, 그로 인한 효과를 충분히 인식하며, 그런 연후에 비로소 **상위 코드**에 대한 이론적인 성찰을 통해 새로운 코드를 만들어볼 수 있을 것이다.

지배적인 경향을 대체하는 것이 아니라 전도(顚倒)시키는 이와 같은 작업이 점차 명확하게 드러나고 있다. 마르크스가 활동하던 시절에도 그랬던 것처럼(이 점에 대해서는 길게 기술되어야, 아니 증명되어야 할 것이다), 전도란 **생산물**(가까이 또는 멀리에서부터 연구되고 묘사되고 헤아려지는 대상, 객체)에서 **생산**으로 이행하는 것을 일컫는다.

이처럼 지배적인 경향과 의미를 전도시키는 것은, '순수한' 이론에 대한 지적 갈망의 이름으로, 고작 기의를 기표로 바꾸어놓는 것과는 전혀 다르다. 기의를 배제하고, '표현적인 것'을 여담으로 돌리며, 오로지 형식적인 기표에만 의존하는 것은 이미 생산물에서 생산 행위로 옮아가는 경향을 전도시키는 작업에 **선행했다**. 이와 같은 작업은 생산 행위를 언어에 대한 추상적인 개입, 궁극적으로는 문학의 개입으로 축소시켜버린다.

1. 12　　　　(사회적) **공간은** (사회적) **생산물이다.** 이와 같은 명제는 동어반복 논리와 비슷해 보인다. 다시 말해서 자명해 보인다. 하지만 이를 수용하기에 앞서 좀더 찬찬히 살펴보며 이 명제기 내포하고 있는 것과 결과들을 고려해볼 필요가 있다. 공간이 현행 생산양식과 지금 모습 그대로의 '행위로서의 사회'에서, 일반적인 경로로 볼 때는 상품이나 화폐, 자본과 같은 차원의, 그러나 분명 뚜렷하게 구별되는 일종의 고유한 현실성을 획득한다면, 많은 사람들이 이를 받아들이려고 하지 않을 것이다. 일부 사람들은 이러한 역설에 대면해서 증거를 요구할 것이다. 이렇게 생산된 공간은 사고에서는 물론 행위에서도 도구 구실을 하는 동시에 생산의 수단이며 통제의 수단, 따라서 지배와 권력의 수단이 될 수 있다. 하지만 부분적으로는 그것을 이용하는 자들로부터 벗어난다. 이와 같은 공간을 탄생시킨 사회적·정치적(국가적) 힘은 이를 통제하려고 시도하지만 그렇게 할 수 없다. 공간적 현실을 도저히 지배 불가능한 일종의 자율적 단위로 부추기는 자들마저 이를 길들이고 자기들에게 종속시키고자 안간힘을 쓴다. 이러한 공간은 추상적인 공간인가? 그렇다. 하지만 그와 동시에 현실적이기도 하다. 상품이나 화폐처럼 구체적인 추상인 것이다. 공간이 구체적이라고? 그렇다. 하지만 하나의 물체, 하나의 생산물이 구체적인 것과 똑같은 방식으로 구체적인 것은 아니다. 공간이 도구로 쓰인다고? 물론 그렇다. 하지만 지식이나 마찬가지로 공간은 도구성을 넘어선다. 공간을 투사(投射), 지식의 '객관화'라고 간주할 수 있다고? 그렇기도 하고 아니기도 하다. 하나의 생산물에서 객관화된 지식은 더 이상 이론적인 지식과 일치하지 않는다. 공간은 사회적 관계를 내

포한다. 어떻게? 왜? 관계라면 어떤 관계?

따라서 상세한 분석과 전체에 대한 긴 설명이 필요해진다. 새로운 생각들도 물론 첨가되어야 한다. 우선 공간의 다양성에 관한 생각을 예로 들 수 있다. 무한히 계속될 수 있는 파편화나 단절과는 구별되는 개념으로서의 다양성을 말한다. 이로써 우리가 흔히 '역사'라고 일컫는 것이 새로운 조명을 받게 된다.

사회적 공간은 정신적 공간(철학자들과 수학자들이 정의한 공간)이나 물리적 공간(실천적 · 감각적이며 자연에 대한 인식에 의해 규정되는 공간)과 혼동됨이 없이 뚜렷하게 구분되기 시작할 때 비로소 자신만의 특화된 성격을 드러낸다. 사회적 공간은 일련의 사물들을 잡다하게 수집해놓은 공간이 아니며, 감각적인 사실들의 총합도 아니고, 마치 포장하듯이 다양한 물건들로 빈 곳을 채운 곳도 아니다. 다시 말해서 현상이나 사물, 물리적 물질성에 강요된 형태로 귀착되는 것이 아님을 증명해보여야 한다. 이 책에서 하나의 가설로 내세운 공간의 사회성은 논지가 전개됨에 따라 사실로서 확인될 것이다.

1. 13　　　무엇이 (사회적) 공간이 지니는 이러한 진실, 즉 사회적 공간은 하나의 사회적 생산물이라는 사실을 은닉하는가? 그것은 바로 이중적인 환상이다. 다시 말해서 투명성의 환상과 불투명성의 환상('현실주의적인' 환상), 이렇게 두 가지 환상이 서로가 서로를 감싸고 강화시킴으로써 진실을 드러나지 않게 만든다.

　a) **투명성의 환상**: 공간이란 무엇인가? 밝고 이해하기 쉬운 공간에서는 모든 자유로운 행위가 가능하다. 공간에서 행해지는 모든 것은 사고를

경탄하게 만든다. 모든 것은 **의도**(dessein)〔혹은 **밑그림**(dessin), 이 두 단어의 유사성은 의미심장하다〕의 구현이다. 의도는 창조하는 정신적인 행위와 이를 실행으로 옮기는 사회적인 행위의 충실한 매개자로 작용하며, 공간 안에서 펼쳐진다. 투명성의 환상은 공간의 천진성의 환상, 즉 공간엔 함정이나 깊숙한 은닉처란 없다고 믿는 환상과 혼동된다. 감추어진 것, 숨어 있는 것, 그렇기 때문에 위험한 것은 눈으로 즉시 파악 가능하며 관조하는 자의 정신을 밝혀주는 투명성과 대립된다. 이해가 가능해지면 뛰어넘지 못할 장애물이라고는 없이 인지된 것, 즉 대상을 어두운 곳으로부터 밝은 곳으로 끌어낼 수 있다고 믿는다. 투명성은 한 줄기 빛처럼 공간을 꿰뚫거나, 어둠에서 밝음으로 넘어가기 위한 몇 가지 대비책으로 공간을 변형시킴으로써 대상을 이동시킨다. 그렇게 되면 사회적 공간과 정신적 공간, 다시 말해서 생각되어지는 것들과 말하여지는 것들의 공간은 일치하게 된다. 어떤 경로를 통해서, 어떤 마술을 통해서 일치하게 되는가? 숨겨진 것들은 우선 말하기의 개입을 통해, 그 다음으로는 글쓰기의 개입을 통해서 쉽게 모습을 드러낸다. 숨겨진 것들은 간단한 자리 옮김이나 잠깐 동안의 조명을 통해서, 장소를 바꿈으로써, 오직 위상적인 변화만으로 쉽게 모습을 드러낸다고들 말하며, 그렇게들 믿는다.

어째서 알려진 것과 투명한 것 사이에 공간적인 등가성이 있다고 말하는가? 이것은 (고전 철학 이래) 막연한 이념이 내세운 전제라고 할 수 있다. 이 이념이 서양 문화와 접목되어, 사회적인 실천은 무시하는 반면 말하기에 가치를 부여하고 글쓰기를 지나치게 높이 평가하는 풍토를 조성했다. 말하기의 물신화, 말의 이데올로기화에 글쓰기의 물신화와 이데올로기가 조응한다. 어떤 사람들은 말하기가 노골적으로 혹은 암묵적으로 명쾌한 소통을 가능하게 하며 숨겨져 있는 것을 찾아내고 스스로를 드러내도록 강요하거나 죽음의 저주를 퍼붓는다고 생각한다. 그런가 하면, 말하기만으로는 충분하지 않으며, 글쓰기라는 보충적인 작업을 통해 증거를 제시해야 한다고 생각하는 사람들도 있다. 글쓰기야말로 저주 또는 신성화 두 가지를 가능하게 만드는 행위이기 때문이다. 글을 쓰는 행위는 즉각적인 효과뿐 아니라 주체, 즉 글을 쓰고 말을 하는 주체가 주체를 위해 대상을 파악하는 데 필요한 규율까지도 내포한다. 말하기와 글쓰기 모두 스스로를 (사회적) 실천으로 여기며, 대상을 사라지게 하지 않으면서 부조리함과 모호함(이 두 가지는 사실상 붙어 다닌다)을 해소할 수 있다고 여긴다. 소통은 소통되지 않는 것(소통이 불가능한 것은 언제나 배척당하는 쓰레기 같은 잔재로서만 존재할 뿐이다)으로서의 대상을 소통되는 것으로 옮겨놓는다. 이것이 바로 공간의 투명성을 주장함으로써 지식과 정보, 소통을 추구하는 이념이 전제로 삼는 내용이다. 그 때문에 상당히 오랜 기간 동안 혁명적인 변화는 소통을 통해서 이루어질 수 있다고 믿어왔다. '전부 다 말해라!', '말을 끊지 마라! 전부 다 글로 써라! 언어를 변화시키는 글쓰기는 사회도 변화시킬 수 있다! ……의미의 실천으로서의 글쓰기!' 등의 슬로건이 난무했다. 이렇게 되자 혁명과 투명성은 동일시되기 시작했다.

투명성의 환상은 철학자들의 낡은 언어를 일시적으로 가져다 씀으로써 초월적인 환상으로 작용할 수도 있고, 그 자체로 마술적인 힘을 발휘함으로써 일종의 함정처럼 기능할 수도 있으며, 그로 인하여 또 다른 함정, 즉 변명이나 가식에 빠질 수도 있다.

b) **현실주의적인 환상**: 순진성과 순진한 자들의 환상이라고 할 수 있는 이 환상에 대해서는 이미 철학자들이나 언어 이론가들이 자연성(naturalité), 실체성(substantialité) 등의 다양한 구실이나 용어를 통해 비난해왔다.

줄기차게 명맥을 이어오는 이상주의적 경향이 강한 철학자들에 따르면, 상식에 대한 특별한 맹신은 '사물이 주체보다, 다시 말해서 주체의 생각이나 욕망보다 더 확실한 존재감을 갖는다'는 잘못된 확신을 가져온다. 이 같은 환상을 거부하는 것은 그대로 '순수한' 사고, 정신, 욕망에 동조하는 것으로 이어진다. 다시 말해서 현실주의적인 환상에서 투명성의 환상으로 옮아간다는 말이다.

의미론자나 기호학자 같은 언어학자들에게 있어서 처음이요 마지막가는 순진성은 언어가 '실체적인 현실'이라고 인정하는 일이다. 이들에게 있어서 언어란 형태로 정의된다. 언어는 '단어를 담는 주머니'이며, 순진한 사람들은 이 주머니 안에서 개개의 사물, 개개의 '대상'에 적합한 단어를 찾을 수 있다고 믿는다. 독서를 하는 동안, 독자의 경로를 점철하는 이미지적인 것과 상징적인 것, 풍경, 수평선 등만이 허망하게도 현실적인 것으로 여겨진다. 왜냐하면 텍스트가 지닌 진정한 성격과 의미의 형태, 상징적인 내용 등은 순진한 무의식엔 잡히지 않기 때문이다.(이러한 환상은 순진한 자들에게 환상을 방해하는 지식을 훼방놓는다는 쾌감을 가져다준다! 과학은 자연성에서 얻는, 현실적이 되었건 가상이 되었건, 하여간 자연성의 천진한 향유를 매우 세련되고 복잡한 쾌감으로 바꾸어놓는다. 하지만 이 쾌감이 한층 더 달콤하다는 걸 증명해보인 사람은 아무도 없다.)

실체성, 자연성, 공간의 불투명이라는 환상은 나름대로의 신화를 키운다. 공간 예술가는 어머니 대자연으로부터 직접 전해지는 강인하고 두터운 현실 속에서 작업한다. 화가에 비해서 조각가, 음악가나 시인에 비해서 건축가는 저항하거나 도망치는 물질들을 가지고 작업을 한다. 공간은, 기하학자가 다루는 공간이 아니더라도, 대지의 고유한 성질과 물리적인 특성을 고스란히 간직하고 있다.

첫 번째 환상, 즉 투명성의 환상은 철학적 이상(idéalité)에 접근한다. 반면 두 번째 환상은 (자연주의적, 기계론적) 물질주의에 가깝다. 이 두 가지 환상은 마치 갑옷처럼 폐쇄적인데다 스스로를 파괴하고자 하는 철학적 체계들과 같은 방식으로 투쟁을 벌이지는 않는다. 각각의 환상은 상대방을 품고 있으며, 이를 유지시킨다. 하나의 환상에서 다른 환상으로 넘어가는 과정, 자동차의 깜빡이가 깜박거리거나 불빛이 흔들거리는 것에 비유할 수 있는 이 과정은 따로 떼어놓은 각각의 환상에 버금가는 중요성을 지닌다. 자연에서 비롯된 상징주의는 역사와 자연 지배를 통해서 서양에 도입된 이성적 명료성을 교란시킨다. 쇠락의 길을 걷고 있는 역사와 정치의 모호한 힘(국가, 민족)에 의해 장악당한 외견적인 반투명성은 대지와 자연, 부성애, 모성애로부터 온 이미지들과 다시 만난다. 이성적인 것은 자연적으로 변하고, 자연은 향수로 뒤덮인 나머지 이성을 밀어낸다.

1.14   책의 구성이라는 관점에서 볼 때, 앞으로 다룰 내용을 예고하기 위해 지금부터 처음에 내건 명제, 즉 (사회적) **공간은** (사회적) **생산물**이라는 명제와 관련한 몇 가지 함축과 귀결을 예시할 필요가 있다.

첫 번째 함축. (물리적) 자연 공간은 점점 더 멀어진다. 이는 돌이킬 수 없는 사실이다. 물론 자연 공간은 모든 논의의 공통적인 출발점이었고 지금도 여전히 그렇다. 자연 공간은 모든 것의 근원이자 사회적 과정의 시작이며 모든 '독창성'의 토대가 된다. 물론 자연 공간이 무대에서 완전히 사라져버리는 일은 일어나지 않을 것이다. 배경이자 장식 이상의 기능을 지닌 장식인 자연 공간은 언제까지고 살아남을 것이며, 자연의 모든 세부사항, 모든 물체들(동물, 나무, 풀 등)은 상징으로 변하면서 새로운 가치를 지닐 것이다. 원천이며 재산인 자연은, 유아기와 자발성처럼 언제까지고 기억의 여과 장치를 따라다닌다. 자연을 보호하고, 구하고 싶지 않은 사람이 어디 있겠는가? 진정성을 되찾아야 한다고들 법석을 떨지만, 진정성을 파괴하고 싶은 사람이 도대체 어디 있단 말인가? 그런 사람은 아무도 없다. 하지만 모든 것이 이를 방해한다. 자연 공간은 점점 더 멀어진다. 뒤를 돌아보는 지들에게 지평선은 벌써 저만큼 뒤로 아득하게 물러나 있다. 자연 공간은 사고를 회피한다. 자연이란 무엇인가? 어떻게 하면 개입이 시작되기 전에, 인간과 인간이 만들어낸 가공할 만한 파괴력을 지닌 도구들의 개입에 앞서 다시금 자연을 포착할 수 있을까? 자연이라고 하는 강력한 신화는 이제 허구로, 부정적인 유토피아로 변한다. 자연은 기껏해야 다양한 사회들이 공간을 생산하기 위해 생산력을 가하는 **원료**에 지나지 않는다. 자연은 당연히 바닥을 모를 정도로 깊숙하게 여기에 저항하지만, 결국 패배자로서 밀려나고 파괴되고 있다……

1. 15   두 번째 함축. 각각의 사회(다시 말해서 다양함을 총괄하는 각각의 생산양식, 일반적인 개념을 인정하는 개별적인 사회)는 저마다의 공간을 생산한다. 고대 도시를 하나의 **공간 안**에 모여 있는 사람들과 사물들의 집합으로만 이해해서는 안 된다. 고대 도시를 **공간에 관한** 특정 텍스트나 담화에서 출발하여 이해해서도 안 된다. 플라톤의 《크리티아스》나 《티마이오스》, 혹은 아리스토텔레스의 《형이상학》처럼 둘도 없이 소중한 지식들로 가득 찬 책이라고 해도 사정은 다르지 않다. 고대 도시는 고유한 공간적 실천 방식을 지니고 있었다. 고대 도시는 고유한 공간, 즉 **전유된**(approprié) 공간을 탄생시켰다. 그렇기 때문에 이 공간을 그 자체로서, 다시 말해서 발생과 형성, 버텨온 시간과 그중에서도 특별한 시간(그곳에 사는 사람들의

일상생활 리듬), 도시의 여러 중심 지역과 다중심 체제(광장, 신전, 경기장 등) 등을 중심으로 파악하려는 새로운 연구가 필요하다.

이 책에서 폴리스라고 하는 그리스 도시를 거론하는 것은 하나의 과정에 불과하다. 독자적인 공간을 소유한 각각의 사회는 이 공간이라는 '대상'을 분석과 통합 이론 생성을 위해 기꺼이 제공한다. 각각의 사회라고 하면, 다양한 변수와 다양한 생산관계를 포함하는 각각의 생산양식을 의미한다. 물론 그렇게 하는 데에는 어려움이 뒤따르며, 이 같은 어려움은 뒤에서 다루게 될 것이다. 장애물, 결함, 공백 등이 반드시 나타날 것이다. 이를테면 서양적인 개념을 도구로 사용하는 유럽 사람들이 아시아의 생산양식과 공간, 도시, 도시와 농촌의 관계에 대해서 무엇을 알수 있단 말인가? 우리는 이와 같은 관계를 그림으로 보여주는 상형문자를 알기나 하는가?

좀더 일반적으로 말해서, **사회적 공간**이라는 개념은 새롭기 때문에, 그것이 가리키는 현실과 형식이 대단히 복합적이기 때문에, 분석에 저항하려는 경향이 강하다.

사회적 공간은 **번식의 사회적 관계**, 즉 가족이라는 특별한 조직과 더불어 성별, 나이에 따른 생물학적·생리적 관계와 **생산관계**, 즉 노동의 분업과 그 조직, 다시 말해서 위계질서에 따른 사회적 기능을 포함하며 각각의 활동에 적합한 장소를 할애한다. 번식과 생산이라는 이 두 가지 축은 분리될 수 없다. 노동의 분업은 가정에서도 그대로 적용되며 유지된다. 역으로 가정이라는 조직은 노동의 분업에도 개입한다. 하지만 사회적 공간은 이 두 가지 활동 각각에 합당한 '장소를 부여하기(localiser)' 위해, 위치를 자리매김하기 위해 이를 분리한다. 하지만 늘 성공하는 것은 아니다!

좀더 상세하게 설명하자면, 생물학적 번식과 사회경제적 생산이라는 이 두 가지 층위는 사회적 번식, 즉 각종 갈등과 대립, 투쟁과 전쟁에도 불구하고 세대를 거듭함에 따라 사회가 지속되어나가는 현상을 포함하면서 자본주의 전체로까지 확대 적용된다. 이와 같은 지속성 속에서 공간이 결정적인 역할을 수행한다는 사실을 증명해보여야 한다.

자본주의, 특히 '현대적인' 신자본주의의 도래와 더불어 상황은 한층 복잡해진다. 번식, 즉 생물학적 재생산(가족)과 **노동력의 재생산**(원래 모습 그대로의 노동자 계급), 그리고 **생산의 사회적 관계**, 다시 말해서 자본주의 사회를 구성하는 관계, 이렇게 세 개의 층위가 뒤엉키기 때문이다. 특히 세번째로 꼽은 생산의 사회적 관계는 점점 더(점점 더 효과적으로) 의지적으로 강요되어가는 추세다. 이처럼 세 가지 층위가 맞물린 맥락에서 공간의 역할은 특화시켜 연구할 필요가 있다.

안 그래도 복잡한 상황은 공간이 이중 삼중으로 얽히고설킨 사회적 관계(생산과 재생산)의 재현(représentation)까지도 포함하기 때문에 한층 더 복잡해진다. 공간은 상징적인 재현을 통해서 공존 상태를 유지하며 응집력을 강화한다. 공간은 사회적 관계를 겹겹이 쌓음으로써, 그러니까 자연을 배경으로 자연의 도움을 받아 상징적인 방식으로 감추어놓음으로써 이를 드러낸다. 생산과 재생산 관계의 재현은 남성, 여성이라는 성적(性的) 상징에 젊음과 노화라는 나이 관련 상징이 때로는 첨가되기도 하고 때로는 첨가되지 않기도 하는 방식으로 이루어진다. 이 상징화 작업은, 관계들이 정면적이고 공개적이며 공공연한 관계, 즉 코드화된 관계와 은밀하게 감추어지고 비밀스러우며 억압된, 억압되었기 때문에 곧 위반, 특히 특별한 조건과 결과를 동반하는 자유분방한 성생활과 관련한 일탈을 정의하게 됨으로써, 드러내기보다는 감추는 데 효율적인 작업이라고 할 수 있다.

이렇듯 공간은 할당된 장소와 위치 안에서 무수히 많은 교차를 내포한다. 힘의 역학 관계를 포함하는 생산관계의 재현도 역시 공간 안에서 이루어지며, 공간은 이에 관한 재현을 각종 건축물이나 기념물, 예술품 등에 포함시킨다. 정면적인 관계, 정면적이기 때문에 때로는 매우 거칠어질 수 있는 관계라고 하더라도, 비밀스럽고 은밀한 면이 완전히 배제되지는 않는다. 은밀하게 내통하는 공범과 이를 색출하는 경찰이 없다면 권력도 없게 마련이다.

자, 이렇게 되면 앞으로 여러 차례에 걸쳐서 언급하게 될 세 가지 요소가 드러난다.

a) **공간적 실천**. 이것은 생산과 재생산, 특화된 장소, 상대적인 응집력을 유지시켜주는 데 필요한 사회적 훈련 각각이 필요로 하는 고유한 공간의 총체를 모두 아우른다. 이러한 응집력은, 사회적 공간과 주어진 사회의 구성원 각자가 공간과 맺는 관계에 있어서 확실한 **능력**과 이 능력을 실제로 사용하는 **수행**을 전제로 한다.[26]

b) **공간 재현**. 공간 재현은 생산관계, 그 관계가 부여하는 질서와 연결되어 있으며, 그렇기 때문에 지식과 기호, 코드, 정면적인 관계와도 연결된다.

c) **재현 공간**. 이것은 (코드화가 되었거나 되어 있지 않은) 복잡한 상징을 포함한다. 이때의 상징들이란 사회생활의 이면과 은밀하게 연결되어 있는 동시에 예술과도 연결되어 있다. 예술이란 잠재적으로 공간의 코드라기보다 재현 공간의 코드로 정의할 수 있다.

1.16   현실에서 사회적 공간은 사회적 행위, 즉 태어나고 죽으며 괴로움을 감내하고 반응하는, 집단적인 동시에 개별적인 주체들의 행위

들을 '통합'시킨다. 이들 주체들에게 있어서 자신들의 공간은 삶의 공간인 동시에 죽음의 공간으로 작용한다. 이들은 그 공간에서 산개하고 이야기를 나누며 금기와 맞닥뜨린다. 그러다가 죽음을 맞이하게 되므로, 이들의 공간은 무덤까지도 포함한다. 인식과 대면하여, 인식을 위해서, 사회적 공간은 자신의 개념과 더불어 사회의 분석가로 기능한다. 여기서 단순화된 도식, 즉 행위와 사회적 장소 사이에, 기능과 공간 형태 사이에 1대 1 대응이 가능하다고 믿는 도식은 단숨에 배제된다. 그런데 이같은 '구조주의적' 도식은, 너무 거칠고 단순하다는 매력으로 인하여 사람들의 의식과 지식을 끊임없이 사로잡고 있다.

전유된 사회적 공간을 발생시키는(생산하는) 것은 하루아침에 되는 일이 아니다. 비록 이 전유된 사회적 공간이 요람에서 무덤까지라 해도 이 사회는 이 전위된 사회적 공간과 일치하지는 않는다. **그것은 하나의 과정이다.** 그러기 위해서는 이 사회가 지닌 실천 능력과 권능이 특별한 장소, 다시 말해서 종교적 장소와 정치적 장소를 보유하고 있어야 한다.(이 말은 그래야만 한다는 필요성을 선언하는 것이며, 어째서 그것이 필요한지에 대해서는 부연 설명이 필요하다.) 자본주의 이전 사회(정치경제학보다 인류학, 민속학, 사회학의 영역에 속하는 사회)에서라면, 성적(性的) 결합과 상징적인 살해가 이루어지는 곳, 즉 다산의 원칙(대모신)이 새롭게 갱신되고, 아버지와 우두머리, 왕, 사제, 때로는 신들까지도 살해할 수 있는 곳이 필요하다. 그러므로 공간은 신성화되는 동시에 행운을 가져다주거나 불운을 가져다주는 힘으로부터 해방되어 있었다. 행운을 가져다주는 힘이나 불운을 가져다주는 힘으로부터 사회적인 것의 지속을 가능하게 하는 것만을 취하고 지나치게 위험한 것은 잘라버리면 되었기 때문이다.

자연적인 동시에 사회적이며, 실천인 동시에 상징인 공간은 우월한 '현실'로 가득 차 있는 (기표적이며 기의적인) 것처럼 보인다. 이를테면 어둠이나 밤, 죽음과 대조되는 빛(태양과 달, 별들의 빛), 진리와 생명, 따라서 사고와 지식, 불확실하고 애매한 매개를 통해서 기존의 권력으로도 이어지는 빛이 그 같은 현실이라고 할 수 있다. 동양과 서양을 막론하고 신화에서 언뜻 눈에 띄지만, (종교적 · 정치적) 공간 안에서, 공간에 의해서만 현실화되는 현실. 모든 사회적 실천과 마찬가지로 공간적 실천은 인지되기 이전에 이미 체험된다. 하지만 실제로 체험한 것보다 인지된 것을 우월하게 생각하는 경향 때문에 실제 삶과 더불어 실천은 사라져버린다. 인지된 것의 우월성은 체험된 것의 무의식에 제대로 대응할 수 없다.

가족(비록 제한적이기는 하나, 오랜 기간 대가족으로 남아 있었던) 또한 사회적 실천의 유일한 중심(단 하나의 온상)으로서의 기능을 상실했으며, 이로써 사회의 와해가 초래된다. 가족은 또 억압되는 동시에 유지되어오던 자연과 대지, 출산, 즉 번식에 대한 개인적이고 직접적인 관계의 토대로서의 역할도 상실한다.

죽음은 형상화되는 동시에 거부된다. 전유된 공간의 위쪽이나 아래쪽으로 '위치가 정해져' 있는 죽음은 사회적 실천이 전개되는 유한한 곳, 이 공간을 만들어낸 법이 지배하는 곳을 해방시키기 위해 무한으로 보내진다(정화된다). 사회적 공간은 사회의 공간이다. 인간은 언어로만 살지 않는다. 모든 '주체'는 공간 속에 위치한다. 거기에서 그는 자기가 어디에 있는지 알아보거나 길을 잃어버리고, 그 공간을 향유하거나 변화시킨다. 여기서 한 가지 역설이 드러난다. 그곳에 도달하기 위해서, 이미 그곳에 있는 사람(어린이, 청소년)은 시련의 관문을 통과해야 한다. 이 때문에 사회적 공간 내부에 이를 위해 마련된 특별한 공간, 이를테면 성인식을 위한 공간 등이 필요해진다. 모름지기 모든 신성화-저주의 장소, 신과 신의 죽음이 실재-부재하는 장소, 숨겨진 힘과 힘을 추방하는 장소들은 따로 마련되어 있다. 그렇기 때문에 절대 공간에서 절대의 장소는 존재하지 않는다.〔만일 그런 장소가 있다면 그것은 비(非)장소가 되어버린다.〕 이는 의무 따위가 면제된 장소와 특별한 의무를 위해 존재하는 장소의 총합으로서의 종교적 · 정치적 공간이 지니는 매우 희한한, 마치 수수께끼 같은 구성을 떠오르게 한다.

마술과 주술로 말하자면, 그것들 역시 고유한 공간을 가지며, 이 공간들은 종교적 · 정치적 공간과 대립한다. 이 공간들은 의무 따위가 면제된 장소로, 은총을 받았다기보다는 저주를 받았으며, 행운보다는 불운을 가져다주는 장소이다. 몇몇 유희 공간들은 축성(祝聖)된 공간(신성한 춤, 음악 등에 할애된 장소)으로 저주나 불운을 가져다주는 공간이 아닌 행운을 가져다주는 은총의 공간으로 기능한다.

사회적 공간의 궁극적인 토대를 이루는 것은 **금지**일까? 여기서 말하는 금지란 첫째, 사회 구성원들 사이의 소통에서 말하여지지 않는 암묵적인 발화, 즉 구성원들 사이에 존재하는 육체적, 의식적 거리, 교류의 어려움, 둘째, 가장 직접적인 관계(어린이와 어머니의 관계)와 그 관계가 지니는 유형성(有形性)의 해체, 셋째, 이러한 관계들이 각종 보호와 규제 장치로 특화된 일련의 장소를 가리키는 하나의 '환경(milieu)' 속에서 완전하게 재구현될 수 없음을 모두 포함한다.

이와 같은 방향으로 계속 진행하다 보면, 사회적 공간을 이중의 **금지**로 설명할 수도 있다. 근친상간은 금지되어 있으므로, 어린이(남자 어린이)를 어머니로부터 멀리 떨어지도록 하는 금지, 의식을 구성하는 언어가 신체의 직접적인 단일성을 와해시키며, 어린이(남자 어린이)는 상징적으로 거세 공포를 감내하고 따라서 자신의 남근을 외부적인 현실로 객관화시키기 때문에 어린이를 자신의 몸으로부터 멀어지게 만드는 금지가 있을 수 있다. 이로써 어머니와 어머니의 성(性)과 피는 저주받은-신성화된 공간으로 내쳐진다. 이와 더불어 성적 쾌락은 매혹적인 동시에 접근 불가능한 현실로 변한다.

이 같은 주장[27]은 공간에 앞서 인식론적, 인류학적 언어의 논리가 선행한다는 전제를 내포하고 있다. 따라서 생산 활동이 아닌 각종 금지(특히 근친상간 금지)가 사회의 근원이라고 내세운다. 이 주장은 별다른 검증 과정 없이 객관적인 공간, 중성적이며 비어 있는 공간의 존재를 인정하며, 말하기(그리고 글쓰기)의 공간을 생성한다. 하지만 이러한 전제는, 사회적 · 공간적 실천을 고려하지 않기 때문에, 설사 고려한다고 하더라도 어디까지나 이미지적인 사회, 즉 이념이 만들어낸 본보기 또는 이상적인 유형의 사회인데도 불구하고 '실제적인' 사회라고 믿는 사회에서 일어날 수 있는 일만을 다루기 때문에, 적합하지 않음을 곧 깨닫게 될 것이다. 그렇지만 공간 안에 존재하는 **남근적인 수직성**(verticalité phallique)(이것은 아주 오래전부터 내려오는 현상으로, 점점 더 강화되는 추세에 있다)에 대해서는 설명이 필요하다. 마찬가지로 벽, 울타리, 파사드 등은 무대의 한 장면(혹은 그 장면 안에서 이루어지는 행위)을 정의하는 동시에 이 공간 안에서 이루어져서는 안 되는 행위, 즉 경계의 안에서 혹은 경계를 넘어서 존재하는 은근하게 감추어진 공간을 규정한다. 모든 것을 정신분석과 무의식으로 설명하다 보면 참을 수 없는 과도한 단순화, 교조주의라는 비난을 면하기 어렵다. '구조적인 것'에 대한 과대평가도 마찬가지다. 구조도 존재하고 무의식도 존재한다. 의식의 알려지지 않은 부분이 이러한 연구를 정당화시킨다. 이를테면 모든 사회, 특히 도시 사회가 겉으로 드러나지 않으며 억압당한 은밀한 삶을 지니고 있다면, 현재 사양길을 걷고 있는 정신분석은 분명 다시금 도약할 기회를 얻게 될 것이다.

1.17   이 책에서 제안하는 가설이 내포하고 있는 또 한 가지 사

항을 발전시키는 데에는 보다 많은 노력을 기울여야 한다. 공간이 하나의 생산물이라면, 인식은 이 생산을 재생산할 것이고, 이를 설명할 것이다. 이 경우 연구의 관심과 '대상'은 공간 안에 있는 사물들에서 공간의 생산으로 이동하게 된다. 물론 공간의 생산이라는 용어에 대해서는 아직도 길게 설명해야 할 필요가 있다. **공간 안에** 위치한 부분적인 생산물, 즉 한편으로는 사물, 나른 한편으로는 **공간에 관한** 담론들은 이 같은 생산 과정(생산 과정은 의미화 과정을 포함하지만, 그것으로만 제한되지는 않는다)에 관해서는 더 이상 지침이나 증언으로 기능하지 못한다. 따라서 중요한 것은 이러저러한 공간이 아니라 전체성, 총체성으로서의 공간이며, 이 공간은 분석적으로(이 경우 분석하려는 의도에 따라 파편화와 단절이 무한히 이어질 위험을 안고 있다) 연구되어야 할 뿐만 아니라, 이론적인 인식을 통해 그 안에서 새롭게 **만들어져야 한다.** 이론은 일련의 개념을 연결함으로써 매우 강력한 의미, 즉 근원이 되는 과정, 다시 말해서 밖(기술)으로부터가 아닌 안으로부터의 생성, 과거에서 현재를 넘나드는(혹은 역순으로) 총체로서의 과정을 **재생산한다.** 사실 역사적인 것과 그 결과, '통시적인 것', 장소의 어원, 다시 말해서 과거에 장소나 지점들을 변화시켜가면서 이루어진 일들, 이 모든 것이 공간에 접합된다. 과거는 흔적을, 시간에 따른 글쓰기 자취를 남긴다. 하지만 공간은 과거에도 현재에도 늘 현재진행형이다. 현재 일어나고 있는 행위와 연결되는 하나의 전체이다. 그러므로 생산과 생산물은, 분리 가능한 두 가지 별개의 재현이 아니라, 하나의 전체가 지닌 분리할 수 없는 두 가지 면으로 보인다.

이렇게 되면, 여기서 한 가지 반대 의견이 나올 수 있다. 특정 시대에 특정 사회(이를테면 고대 노예제도 성행 시기 혹은 중세 봉건시대 등)에서 활동했던 인물들은 그들이 속한 공간을 다른 물건들(화병, 가구, 주택, 과실수 등)을 생산하는 것처럼 '생산하지' 않았다. 그렇다면 이들은 어떤 방식으로 생산했단 말인가? 매우 통찰력 있는 이 질문은 우리가 취급하려는 분야를 모두 아우른다. 사실 신자본주의나 조직 자본주의, 관료주의적 기획입안자나 정책수립자들조차도 모든 것, 원인과 결과, 이유와 관련 사항들을 모두 알고 난 다음에 공간을 생산하는 것은 아니다.

몇몇 분야의 전문가들은 이 질문에 답을 할 수도 있고, 답을 하려고 시도해볼 수도 있다. 이를테면 생태주의자는 자연의 생태계에서 출발할 수 있다. 그는 기술 지상주의 이전 사회 또는 고대 기술 사회에서 인간 집단의 행위가 어떤 식으로 생태계의 균형을 교란시켰으며, 대개의 경우 교란된 균형이 어떤 식으로 회복되었는지를 보여줄 수 있다. 그런 다음 도시와 농촌의 관계, 도시가 야기시키는 문제, 새로운 균형 모색 또는 새로운 균형의 불가능성 등을 검토해볼 수 있다. 이러한 방식을 통해서 그는 자신의 관점에 따라 현대 사회에 있어서 사회적 공간의 발생을 설명할 수 있다. 역사학자들이라면 자신들이 사용하는 방법과 경향에 따라 이와는 다른 방식으로 접근할 것이다. 사건 중심으로 연구를 하는 사람들은 도시와 도시 영향권역의 관계, 기념물 건축 등과 관련한 결정을 중심으로 연대표를 작성할 것이고, 다른 사람들은 공공건물을 탄생시킨 여러 제도의 흥망성쇠를 재구성할 것이며, 또 다른 이들은 도시와 도시 영향권역 간, 도시와 도시 간, 국가와 도시 간의 경제 교류 등을 연구할 수도 있을 것이다.

연구를 좀더 진전시키기 위해서 앞에서 이미 언급했던 개념들을 다시 들여다보자. 개념을 다듬어나가는 작업은 앞으로도 계속될 것이다.

a) **공간적 실천**. 하나의 사회 안에서 이루어지는 공간적 실천은 공간을 분비(分泌)한다. 공간적 실천이 변증법적 상호작용을 통해 공간을 정착시키며 예측한다. 공간적 실천은 공간을 지배하면서, 또 전유하면서,

느리지만 확실하게 공간을 생산한다. 분석 과정에서 주어진 사회의 공간적 실천은 자신의 공간을 해독함으로써 그 모습을 드러낸다.

신자본주의에서 공간적 실천이란 무엇을 말하는가? 공간적 실천은 지각되는 공간 안에서 일상적인 현실(시간표)과 도시 현실(일터와 사생활, 여가활동 장소 등을 이어주는 경로와 관계망)을 밀접하게 연결 짓는다. 이는 예사롭지 않은 조합일 수밖에 없는데, 바로 여러 장소들이 최대한 멀리 떨어져 있음을 이미 전제로 하기 때문이다. 사회 구성원 각자에게 고유하게 주어진 공간 능력과 공간 수행은 어디까지나 경험에 의해서만 검증된다. '근대적인' 공간적 실천은 도시 교외에 위치한 서민 공동임대주택 주민의 일상으로 정의될 수 있다. 이들이야말로 극단적이고 의미심장한 예에 해당되기 때문이다. 하지만 그렇다고 해서 고속도로와 항공 정책을 도외시해도 좋다는 말은 아니다. 공간적 실천은 어느 정도의 응집성을 지녀야 마땅하지만, 그 응집성이 반드시 일관성(지적으로 정제된 일관성, 다시 말해서 잘 짜이고 논리적인 성질)을 의미하지는 않는다.

b) **공간 재현**. 공간 재현이란 **인지된** 공간, 즉 학자들이나 계획 수립자들, 도시계획가들, 공간을 '구획 짓고' '배열하는' 기술관료들, 체험된 것과 지각된 것을 인지된 것과 동일시(숫자에 대한 현학적인 사변들, 이를테면 황금분할 수, 정수론, 비율 등이 이 같은 현상을 지속적으로 부추긴다)함으로써 과학성을 추구하는 일부 예술가들의 공간을 의미한다. 이는 주어진 사회(생산양식)에서 지배적인 공간이다. 공간의 기획(뒤에서 다시 언급하게 될 몇몇 유보 조항을 감안해야 한다)은 언어적 기호, 그러니까 지적으로 연마된 기호의 체계화를 지향하게 될 것이다.

c) **재현 공간**. 재현의 공간은 공간에 따르게 마련인 이미지와 상징을 통해서 **체험된** 공간, 즉 '주민들', '사용자들', 그리고 몇몇 예술가들, **기술하**

는 자, 아니 단지 기술한다고 생각만 하는 자들, 즉 작가들과 철학자들의 공간이다. 이 공간은 지배를 받는 공간, 즉 상상력이 변화시키고 자기 것으로 길들이려고 시도하는 공간이다. 이 공간은 대상들을 상징적으로 이용함으로써 물리적인 공간까지도 내포한다. 따라서 재현 공간들(위에서 언급한 것과 똑같은 유보 조항을 달아야 한다)은 비언어적인 상징과 기호들의 다소 일관성 있는 체계화를 지향한다.

오랜 과정을 거쳐 얻어지는 '현실'로서의 공간의 (상대적인) 자율화(자본주의와 신자본주의에서는 특히 그렇다)는 새로운 모순을 낳는다. 공간의 모순은 뒤에서 점차 드러나게 될 것이다. 여기서는 다만 지각된 것, 인지된 것, 체험된 것, 이렇게 세 가지 서로 다른 층위 사이에 존재하는 변증법적 관계만을 지적하려고 한다.

삼중적 관계. 두 개가 아닌 세 개의 항이라는 데 주목하라. 두 개의 항이 문제될 때는 대체로 대립이나 대조, 반대 관계로 요약되기 쉽다. 의미 작용을 하는 효과, 이를테면 메아리 효과, 파급 효과, 거울 효과 등에 의해 정의되기 쉽다는 말이다. 철학은 두 개의 항이 짝을 이루는 관계를 넘어선 적이 거의 없다. 주체와 객체, 데카르트의 '인식적인 존재(res cogitans)'와 '실존적인 존재(res extensa)', 칸트주의자, 후기 칸트주의자, 신칸트주의자들의 자아와 비자아 등이 그 예에 해당된다. '이항주의'는 우주를 지배하는 두 개의 원리를 두고 치열한 싸움을 벌이는 흑백논리와는 아무런 관계가 없다. 정신적인 것이 되어버린 이항주의는 삶과 사고, 사회(물리적인 것, 정신적인 것, 사회적인 것, 체험된 것, 지각된 것, 인지된 것)로부터 살아 있는 활동과 관계있는 모든 것을 제거해버린다. 헤겔과 마르크스가 지대한 노력을 기울인 이후, 철학은 몇몇 전문 학문들과 함께(아니, 어쩌면 이들 학문들에 이끌려서), **투명성**이라는 이름으로, 대립과 대립 체계에 의해 이해 가능한 것을 결정함으로써 이른바 '통찰력 있다'고 하는 대립의 나락으로 떨어져버렸다. 그런데 이 같은 체계는 물질성이나 잔재 같은 것을 만들어내지 않는다. 그저 완벽한 체계로서, 이성적이고 합리적인 자명한 이치로서, 정신적 성찰의 대상이 될 뿐이다. 패러다임은 마술적인 권한을 갖는다. 다시 말해서 언어로 진술한다는 사실만으로 모호한 것을 투명한 것으로 변화시키며, 어둠의 대상을 그 형태는 변형시키지 않으면서 밝은 빛의 세계로 옮겨놓는 일, 요컨대 암호를 해독하는 일이 가능해지는 것이다. 지식은 감탄할 정도로 아무런 의식이 없이 모든 저항, 즉 그림자들과 그것들의 '존재들'을 제거함으로써 권력을 위해 봉사한다.

사회적 공간의 세 가지 계기를 이해하기 위해서 우리의 **몸**을 생각해보자. 하나의 집단 혹은 사회에 속하는 구성원인 주체가 공간과 맺는 관계는 자기 자신의 몸과 맺는 관계와 유사하며, 그 역도 성립한다. 일반적인 의미로 이해되는 공간적 실천은 몸의 이용, 즉 손을 비롯한 사지, 감각기관의 사용, 노동을 위한 몸짓, 노동 이외의 활동을 위한 몸짓 등을 전제로 한다. 이것은 **지각된** 것(심리학자들의 용어에 따르면, 외부 세계를 지각하는 데 필요한 실천적인 토대)을 가리킨다. 몸의 재현으로 말하자면, 이것은 이데올로기와 혼합되어 보급되는 학문적인 지식으로, 해부학적인 것, 심리적인 것, 질병과 치료, 인간의 몸과 자연의 관계, 주변과 중심 등을 들 수 있다. 신체적으로 **체험된** 것은 상징주의와 유대-기독교의 오랜 전통 속에서 높은 수준의 복잡성과 기묘함에 도달했는데, 이는 비매개성(직접성)이라는 환상 속에서 '문화'가 거기에 개입하기 때문이다. 정신분석학은 이와 관련된 몇몇 측면을 드러내주었다. 실제로 체험된 '심장'(거북함이나 질병까지도 포함)은 인지되거나 지각된 심장과는 희한하게도 매우 다른 양상을 보인다. 생식기관은 심장에 비해서 이 같은 양상이 훨씬 더 두드러진다. 위치 매기기(localisation)만 하더라도 전혀 쉽지 않기 때문에, **체험**

된 몸은 도덕의 압력에 짓눌려, 징벌 받고 거세당하는 기관 없는 몸이라는 희한함에 도달한다.

삼중적 관계, 즉 지각된 것-인지된 것-체험된 것(공간적으로 말하자면 공간적 실천-공간 재현-재현 공간)은 우리가 거기에 추상적인 '모델'로서의 지위를 부여하는 순간 그 위력을 상실한다. 구체성(매개가 없다는 의미에서의 '직접성'과는 다르다)만을 포착하거나 제한적인 중요성, 즉 다른 많은 매개 요소 중에서 이념의 중요성만을 취하는 식이 되어버리기 때문이다.

체험된 것, 인지된 것, 지각된 것이 모두 한군데로 모아져서 한 사회 집단의 구성원인 주체가 길을 잃지 않고 하나에서 다른 하나로 순조롭게 넘어갈 수 있어야 한다. 이 세 가지 요소들은 하나의 일관성을 빚어내는가? 우호적인 환경에서라면 아마도 그럴 것이다. 그렇게 되면 공통의 언어, 하나의 합의, 즉 일종의 코드가 도출될 것이다. 서양의 도시들은 이탈리아 르네상스 시대로부터 19세기까지의 기간 동안 이와 같은 행운을 누릴 수 있었다. 공간 재현이 지배적이었으며, 천국, 지옥, 악마, 천사 등 상징적인 이미지로 축소된 (종교적 기원의) 재현 공간이 여기에 복종했다. 토스카나 지방의 화가들이나 건축가들은 공간 재현을 위해 심혈을 기울였다. 다시 말해서 이들은 사회적 실천으로부터 원근이라는 것을 고안해냈으며, 이는 뒤에서 다시 다루겠지만, '도시-농촌'간의 관계를 바꾸어놓은 역사적인 변화가 빚어낸 결과였다. 또한 수세기에 걸쳐 지속된 로마 시대와 기독교 시대를 통해서 에트루리아인들이 전수한 재현 공간을 거의 아무런 변화 없이 받아들이던 당시의 암묵적인 통념과는 크게 대조를 이룬다. 지평선, 멀어짐, 평행선의 무한한 만남 등은 지적이면서 동시에 시각적인 재현을 결정하는 요소로 작용했으며, 일종의 '시각화의 논리' 속으로 시선을 이끌었다. 여러 세기에 걸쳐 가다듬어진 이러한 재현은 **투시도**, 코드 등의 형태로 건축적, 도시공학적 실천에도 고스란히 투영되었다.

　이러한 노력이 결실을 맺고, 이렇게 해서 만들어진 이론을 최대한 옹호하기 위해서는 이 이론의 차별화 요소들을 모든 사회, 모든 시대, 모든 '생산양식'에 확대 적용함으로써 일반화시킬 수 있어야 한다. 여기서는 이러한 작업을 끝까지 밀고 나가기보다, 몇 가지 논지를 제시하는 것으로 만족할 생각이다. **공간 재현**은 항상 상대적이며 늘 변화하는 과정에 있는 **지식**(인식과 이념의 혼합)의 개입을 배제할 수 없을 것으로 생각된다. 따라서 공간 재현은 객관적이 될 수는 있으나 언제라도 수정이 가능하다. 이 말은 참인가 거짓인가? 질문이 언제나 결정적인 의미를 지니는 건 아니다. 원근이란 참인가 거짓인가? 추상적이 될 수밖에 없는 공간 재현은, 대상과 재현된 공간 안에 있는 사람들과의 관계에 일관성이 결여되었다는 이유로 머지않아 분열되어버릴 하나의 논리에서 비롯되므로, 필연적으로 사회적, 정치적 실천의 영역으로 들어가게 된다. 인지되기보다 체험되는 경향이 짙은 **재현 공간**은 결코 일관성이라는 용어로 한정될 수 없다. 응집력이라는 용어로 한정될 수도 없다. 상상적인 것과 상징주의의 개입을 받는 재현 공간은 한 민족의 역사와 그 민족을 구성하는 각 개인의 역사를 근원으로 삼는다. 민속학자, 인류학자, 정신분석가들은 이러한 재현 공간들을 연구하며, 이들 자신이 이 사실을 알 수도 있고 모를 수도 있다. 이들은 이 재현 공간들을 대상으로 삼아 연구하는 과정에서 재현 공간들과 공존하면서 일치하거나 서로에게 개입하는 공간 재현들을 대립시켜볼 것을 잊어버리거나, 공간적 실천을 소홀히 한다. 이들 학자들은 여기서 자신들이 흥미를 갖는 내용, 즉 어린 시절의 추억, 꿈, 자궁의 이미지와 상징(구멍, 복도, 미로) 등을 쉽사리 찾아낸다. 재현 공간은 자생하며 스스로에게 말을 건다. 재현 공간은 정서적인 핵 혹은 중심을 지니고 있다. 재현 공간은 자아, 침대, 방, 거처 혹은 집, 광장, 교회,

묘지 등으로 이루어져 있다는 말이다. 재현 공간은 정열을 위한 장소, 행동하기 위한 장소, 체험된 상황의 장소 등을 지니고 있으며, 따라서 시간을 내포한다. 그렇기 때문에 재현 공간은 지향적인, 상황적인, 관계적인 등 여러 가지 다양한 형용사를 거느릴 수 있다. 재현 공간이란 본질적으로 질적이고 유동적이며 움직임을 부여받았기 때문이다.

차별화 요소들이 일반화될 경우, 역사를 재고해보아야 할 필요가 생겨난다. 공간의 역사뿐만 아니라 공간 재현의 역사, 그리고 이것이 공간적 실천, 이념과 맺는 관계의 역사를 연구해야 할 것이다. 그러므로 이러한 역사는 여러 공간의 발생은 물론 이들의 합병, 왜곡, 이동, 개입, 그리고 사회(생산양식)의 공간적 실천과의 연관성도 포함하게 될 것이다.

공간 재현이 실용적인 영향을 끼칠 수도 있으며, 효과적인 인식과 이데올로기가 각인된 공간의 **직조**(texture spatiale) 속에 편입되어 이를 변화시킬 것으로 기대해볼 수도 있다. 이 경우 공간 재현은 지대한 영향력을 행사하게 되며 공간 생산에 있어서 특별한 영향을 줄 수 있다. 그렇다면 어떤 식으로 영향을 주는가? 건설, 다시 말해서 건축을 통해서다. 이때의 건축은 기념물적인 건축물이나 궁궐처럼 고립된 하나의 '건물'을 짓는 것이 아니라, 공간적인 맥락과 직조 속에 동화된 기획을 가리킨다. 이렇게 되기 위해서는 '재현'이 단순히 상징적이거나 상상적인 차원에만 머물러 있어서는 안 된다.

반면, 재현 공간은 상징적인 작품, 대부분의 경우 미학적인 방향을 결정하며, 한동안 일련의 표현이나 상상적인 차원에서 영향력을 행사하다가 일정 시간이 지나면 고갈되어버리는 유일무이한 상징적 작품만을 생산할 수 있을 뿐이다.

물론 이와 같은 차이점은 신중하게 다루어져야 한다. 잘못 다루다 보면, 생산적인 단일성을 지향하면서 오히려 순식간에 와해를 가져오는 반대 효과를 낳을 우려도 있다. 더구나 이와 같은 차이점을 일반화시킬 수 있는지의 여부도 미리 확신할 수 없다. 동양(중국)에서는 공간 재현과 재현 공간 사이에 차이점이 발견되었는가? 이 질문에 대한 답은 대단히 불확실하다. 중국에서 사용하는 표의문자들은 세계 질서(공간–시간)의 재현과, 이 공간–시간의 구체적인 발현(실천적이고 사회적인 파악) 과정을 하나로 합해 동시에 품고 있을 수도 있다. 세계 질서의 재현과 이의 구체적인 발현 속에서 상징주의가 전개되고, 예술 작품이 형성되며, 사원이나 궁전 같은 구조물들이 건축된다. 뒤에서 이 문제에 대해 다시 언급할 것이다. 동양에 대한 충분한 지식이 없는 탓에, 당연히 위의 질문에 대해 만족할 만한 답은 제시할 수가 없다. 서양과 서양의 관습은 이와 사뭇 다르다. 그리스와 로마 시대에서 출발하여 이와 같은 차이점이 어떻게 발생했고 어느 정도의 영향력을 행사했으며, 어떤 의미를 갖는지 살펴볼 것이다. 이와 같은 차이점이 현대에 이르도록 변하지 않고 유지되고 있다고는 확신할 수 없으며, 상황이 오히려 완전히 전복(이를테면 재현 공간이 지니는 생산성)되지 말란 법도 없다.

어떤 민족들〔이를테면 차빈 시대(기원전 900년부터 기원전 200년 사이에 안데스 산맥 북부 고원지대에 융성했던 문명—옮긴이) 무렵 페루의 안데스 산맥에 살던 사람들〕은 사원이나 궁전 건축 등을 통해서 그들의 공간 재현을 보여주며, 이들이 남긴 예술 작품이나 디자인, 천 조각 등에서는 재현 공간이 드러난다.[28] 같은 시대에 공존했던 이 두 가지 측면 사이에는 어떤 관계가 있는가? 오늘날의 인식은 사전에 미리 존재하는 지식을 '현실'에 적용하는 것과는 아무런 상관이 없는 이 두 가지를 개념적인 방식을 통해 연결해 보려고 고군분투하고 있다. 그러자니 당연히 재구성에 크나큰 어려움이 따른다. 우리가 느끼고 예견할 수 있는 상징들은 우리가 지닌 실체도 시간성도 없이 복잡하고 추상적인 지식, 다른 몇몇 '현실'에 비교할 때 효율적이긴 하지만 전혀 비실제적인 지식으로는 파악되지 않는다. 공간 재현과 재현 공간, 이 두 가지의 사이 혹은 중간 지대엔 무엇이 있는 걸까? 문화? 물론 그럴 수도 있다. 하지만 문화라는 말은 기만으로 가득 차 있는 말이다. 그렇다면 예술 활동? 확실히 그럴 수 있다. 하지만 누가, 어떤 방식으로? 그것도 아니라면 상상력? 그것도 그럴 듯하다. 하지만 왜, 누구의?

여기서 제안하는 구별은 오늘날의 이론가들과 실천가들이 각자 자기 분야에서 한 팀은 재현 공간에, 다른 한 팀은 공간 재현에 매진할 때 한층 더 큰 설득력을 얻게 될 것이다. 몇몇 사람의 이름을 열거하자면, 건축가 프랭크 로이드 라이트(Frank Llyod Wright, 미국의 건축가. '프레리 하우스(초원의 집)' 스타일로 설계된 일련의 주택을 지었다—옮긴이)의 경우 성서와 개신교의 전통에 입각한 공동체적인 재현 공간을 수락했으며, 르 코르뷔지에의 경우는 기술 본위의 과학적이고 지적으로 분석된 공간 재현에 주력했다.

어쩌면 이보다 훨씬 더 나아가서, 공간 생산자들은 항상 재현에 입각해서 행동하는 반면, '사용자들'은 외부에서 자신들에게 강요하는 바, 즉 재현 공간 내부에 그럭저럭 삽입되어 있거나 정당화되는 것을 따라야 한다는 점을 인정해야 할 필요가 있다. 이와 같은 조정은 어떤 방식으로 이루어지는가? 분석을 해보아야 답이 나올 것이다. 건축가들(그리고 도시계획가들)이 공간 재현을 염두에 둔 것이 사실이라면, 이들은 어디에서 그것을 얻는가? 그것은 누구의 이익을 위해서 '작용하는가'? '주민들'이 재현 공간을 향유하는 것이 사실이라면, 이 이상한 오해를 풀 수 있는 서광이 보이기 시작한다. 그렇다고 해서 사회적·정치적 실천에서 오해가 완전히 사라지는 것을 의미하지는 않는다.

케케묵은 구시대적 유물이라는 느낌을 강하게 주는 **이념**이라는 개념은, 비록 비판적인 이론이 아직도 그 필요성을 인정하고 있긴 하지만, 쇠퇴 일로를 걸고 있는 것이 사실이다. 이념이라는 개념은 결코 한 번도 스스로를 명백하게 정의한 적이 없다. 반면 사람들은 이 개념을 남용한 나머지 마르크스주의적 이념, 부르주아적 이념, 프롤레타리아적 이념, 혁명적 이념, 사회주의적 이념 등의 용어가 범람했다. 이념 일반과 개별적인 이념 사이의 구분이나 '이념적인 도구'와 지식의 제도화 사이의 구분조차도 분명하게 설명되지 않았다.

공간이 없는 이념이란 과연 무엇일가? 이념은 공간에 근거하고 있고, 공간을 기술하며, 공간의 어휘와 연결망을 사용하고, 공간의 코드를 가지고 있는 것이다. 교회, 고해실, 제단, 성소, 설교단, 성막 등 그 종교가 토대로 삼는 장소가 없다면, 종교적 이념(여기서는 유대교-기독교적 이념)은 어떻게 될 것인가? 교회들이 없다면 기독교 교회는 어떻게 될 것인가? 식별 가능하면서 실상은 제대로 알려지지 않은 기독교 이념(이를테면 하느님 아버지 같은 개념)은 유대교를 전파하면서 공간들을 창조했으며, 덕분에 오래도록 지속될 수 있었다. 좀더 일반적으로 말하자면, 우리가 '이념'이라고 부르는 것은 사회적 공간과 그 공간의 생산에 개입할 경우에만 존재감을 부여받으며 육화(肉化)될 수 있다. 그 자체로서는 오로지 이 공간에 대한 담론으로만 존재하는 게 아닐까?

널리 알려진 마르크스의 명언처럼, 인식이 매개적인 방식이 아니라 직접적인 방식으로 생산력이 될 수 있다면, 그것은 자본주의적 생산양식 이후라고 할 수 있으며,[29] 이 이후로 이념과 인식 간의 관계는 변했다. 지식이 이념의 역할을 대신하게 된 것이다. 지식과는 구별되는 요소로서의 이념은 수사학, 메타언어, 즉 (철학적·형이상학적 체계화, '문화'와 '가치'가 아닌) 장광설이나 궤변에 의해서 규정되어진다. 아니, 그보다 더 고약할 수도 있는 것이 하나의 연구가 지나치게 고집스럽게 일관성과 응집력만을 추구함으로써 각종 모순을 위로(정보와 지식) 잡아당기거나 일상생활의 공간을 아래로 끌어내려서 평준화시키는 경향을 보이면, 이념적인 것과 논리적인 것이 마구 혼동되기도 한다.

공간의 재현은 이데올로기와 인식을 (사회적·공간적) 실천 속에서 뒤섞었다. 이런 관점에서 보자면, 고전 원근법이 가장 전형적인 예라고 할 수 있다. 또 오늘날에 와서는 각각의 활동에 각각의 공간을 분배하는 위치 매김의 공간, 계획 수립자들의 공간이 이와 마찬가지라고 할 수 있다.

속성상 구분이 어려운 이념과 지식은 이보다 광범위한 개념인 **재현** 속에 편입되며, 이로써 재현이라는 개념은 이념이라는 개념을 내포하게 된다. 이 개념은 이러한 개념들을 탄생시키고 그 개념들을 통해서 스스로를 파악해온 공간이나 사회를 분석하는 도구로 사용될 수 있다.

중세 시대에 공간적 실천은 공동체와 이웃한 농촌 마을, 수도원과 성, 도시로 가는 도로, 순례 여행길과 십자군 원정 여정 등을 모두 포함했다. 당시 공간의 재현은 아리스토텔레스와 프톨레마이오스에서 비롯되었으며 기독교에 의해서 변형된 개념을 차용했다. 이를테면 중세 시대 사람들은 대지와 지하 세계, 빛이 가득한 우주(Cosmos), 정의로운 사람들과 천사들의 하늘, 하느님과 그의 아들, 성령이 함께 거주하는 하늘로 이루어져 있다고 믿었다. 유한한 공간 안에 고정된 하나의 구(球)가 있으며, 이 구는 대지의 표면에 의해 반으로 잘려서, 잘린 아랫부분엔 지옥이, 윗부분엔 창공이 자리하고 있고, 창공의 궁륭엔 위치가 고정된 별들이 흩어져 있으며, 삼위일체의 찬란한 영예로 가득 찬 이 공간을 신의 메시지를 전하는 사자들이 가로지른다. 이것이 바로 토마스 아퀴나스나 단테의 《신곡》에 나타난 공간의 개념이었다. 한편, 재현 공간으로 말하자면, 이것들은 마을 교회와 묘지, 시청과 들판 혹은 광장이나 도시의 망루 등을 서로 인접한 곳에 위치시켰다. 이러한 재현 공간들은 때로는 아주 놀라울 정도로 우주적인 재현을 모방했다. 이를테면 산티아고 데 콤포스텔라로 가는 길은 천체의 궁륭에 있는 게자리에서 염소자리까지의 길, 즉 신의 정자가 흘러 영혼을 탄생시키며, 이렇게 해서 탄생한 영혼들은 내리막 경사를 따라 달리다가 대지로 떨어져, 가능하다면 걸어가게 되는 속죄의 길, 구원의 길을 대지 위에 그대로 찍어놓은 것과 다르지 않다. 다시 말해서 콤포스텔라(성좌)로 이끄는 순례의 길이다. 공간과 관련한 재현 과정에는 몸도 물론 참여한다. 이를테면 "황소자리는 목을, 쌍둥이자리는 어깨, 게자리는 양손과 양팔, 사자자리는 가슴, 심장, 횡격막, 처녀자리는 위, 천칭자리는 신장의 아랫부분, 전갈자리는 육욕과 관련된 신체기관을 지배한다"고 알베르투스 마그누스(Albertus Magnus, 독일 태생의 신학자, 철학자. 도미니크 수도회의 중심인물로 스콜라 철학을 완성시켰으며, 토마스 아퀴나스의 스승으로 유명하다. 자연과학 분야에서도 상당한 연구 업적을 남겼다―옮긴이)는 주장했다.

공간적 실천, 공간 재현, 재현 공간은 각기 다른 방식으로 공간의 생산에 개입한다고 가정할 수 있다. 각각이 지닌 고유한 성격에 따라, 어떤 사회(생산양식)냐에 따라, 혹은 시대에 따라 그 방식은 달라질 것이다. 이 세 가지 요소(지각된 것, 인지된 것, 체험된 것)의 관계는 절대로 단순하지도 안정적이지도 않다. 그렇다고 해서 '부정적', 혹은 '해독할 수 없는', '암묵적', '금지된', '무의식' 등과 상대되는 의미에서 '긍정적'이라고 할 수도 없다. 이 세 가지 요소와 늘 바뀌는 이들의 결합 방식은 의식적이라고 말할 수 있는가? 그렇다. 하지만 어떤 식으로 의식적인지는 알려지지 않았다. 그렇다면 무의식적이라고도 말할 수 있는가? 그렇다. 왜냐하면 일반적으로 사람들이 알지 못하며 분석을 통해 어둠 속에서 이들을 끌어냈다고 해도 그 과정에 아무런 실수가 없었으리라는 보장이 없기 때문이다. 이 결합에 대해서는 늘 말을 해야 했다. 하지만 무언가에 대해서 **말을 한다**는 것은, '무의식적으로'라도 그것을 안다는 것과는 결코 같다고 할 수 없다.

1. 18　　　　공간의 생산과 그 생산 과정이 존재한다면, 거기엔 반드시 역사도 존재한다. 따라서 역사를 네 번째 내포 요소로 간주할 수 있다. 공간의 역사, '현실'로서의 공간의 생산과 형태, 재현의 역사는 '역사적' (연대가 추정되는) 사건들의 인과 관계나 앞뒤 관계, 합목적성, 관습과 법, 사상과 이념, 사회경제 구조, 제도(상부구조) 등과 혼동되어서는 안 된다. 생산력(자연, 노동, 노동의 조직, 기술, 지식)과 생산의 관계는 공간의 생산에 서 나름대로의 역할을 하며, 어떤 역할을 맡게 될지는 후에 결정되어야 한다.

　이는 하나의 생산양식에서 다른 하나의 생산양식으로 넘어가는 것이 생산의 사회적 관계에서 발생하는 모순의 결과라는 점에서 이론적으로 매우 흥미로운 일임을 시사하며, 이는 공간을 전복시킴으로써 공간 속에 자리 잡게 된다. 각각의 생산양식은 **전유된** 고유한 공간을 갖고 있으며, 하나의 방식에서 다른 방식으로 넘어가는 이행기에는 새로운 공간이 생 산된다고 가정할 수 있다. 완성된 것으로 간주되는 생산양식(폐쇄된 체계) 은 각광받는 연구 대상으로 간주된다. 다시 말해서 투명성이나 실체성, 혹은 두 가지 모두에 집착하는 사고방식이라면 이와 같은 '대상'을 선호 하는 것이 지당하다. 반대로, 이행기에는 새로운 공간의 생산이 관찰될 것이며, 이 공간은 곧 다른 양상으로 바뀌게 될 것이다. 르네상스 시대 도시들의 경우가 여기에 해당된다. 그 무렵에 봉건적 관계는 해체되고, 상업자본주의는 가파르게 성장했다. 이렇게 되자 앞에서 언급했던 새로 운 코드가 형성되었으며, 여기에 대한 분석은(패러다임에 역점을 둔 분석) 뒤 에서 상세하게 다룰 예정이다. 고대 이후(그리스와 로마의 도시 국가들은 물론 비트루비우스나 철학자들의 작업 이후) 줄곧 형성되어온 이 코드는 작가들에게 새로운 언어를 제공한다. 이 코드는 공간적 실천에 대응하며, 내내 마법과 종교의 색채에 짙게 물들어 있는 재현 공간보다는 확실히 공간 재현에 대응한다고 할 수 있다. 코드가 정착된다고 하는 말은, 도시와 농촌이라는 현실을 부지런히 해독함으로써 도시가 던지는 메시지에서 코드를 읽어내던 '사람들'(주민, 건설업자, 정치인 등)이 이를 범추고, 적절한 담론과 현실을 생산해내기 시작함으로써 이제는 코드에서 메시지를 읽는 식으로 전환되는 것을 의미한다. 그러므로 코드는, 적어도 서양에서는 도시 전체의 역사를 포괄하는 역사를 담고 있다. 코드는 여러 차례에 걸쳐 도시 조직을 엎치락뒤치락함으로써, 도시 조직이 사실상 지식과 권력, 요컨대 제도로 정착될 수 있도록 만든다. 도시와 도시의 체계가 역사적인 현실로서의 자율성을 잃기 시작하면 쇠락이 시작된다. 역사적인 도시들 위로 국가가 도래하는 것이다. 이렇게 되면 모든 구조와 코드가 확연히 드러난다. 이러한 코드는 말하자면 도시 자체, 공간이며 동시에 이 공간 안에서 '도시-농촌'이 이루는 관계가 아니라 도시의 상부구조이다. 이 코드와 더불어 도시라는 텍스트를 구성하는 알파벳과 언어라는 기본 요소, 즉 상호 대체 가능한 기호들의 집합인 패러다임과 패러다임에 속하는 각 요소들이 통사적으로 결합하는 연결 방식이 정해진다. 좀 더 구체적으로 부연 설명하자면, 파사드가 자리를 잡음으로써 원근적인 요소들, 즉 건물의 출입구, 문, 창문 등이 원근법에 따라 배치될 수 있다는 말이다. 도로와 광장 등은 건물, 즉 정치 지도자들의 거처인 궁궐과 기관들(이 시기엔 도시 행정당국이 우월적인 지위를 갖는다) 주변으로 배치된다. 가족의 거처에서 기념물적인 건축물에 이르기까지, 사적인 공간에서 국가의 영토에 이르기까지 공간을 구성하는 요소들은 잘 알려져 있으면서 동시에 매우 놀라운 방식으로 배치되고 구성되었으며, 이 방식은 19세기

말까지도 여전히 그 매력을 상실하지 않았다. 공간의 코드는 그곳에서 살면서 동시에 그곳을 이해하며 생산하는 것이 가능하도록 작용해왔다. 코드는 단순한 독해 방식으로 그치지 않는다. 코드에는 언어적 기호(의미화 과정을 통해 얻은 의미를 지닌 단어와 문장들)와 비언어적 기호(음악, 소리, 외침, 건축물)들이 모두 모여 있다.

공간의 역사는 코드의 형성기, 정착기, 쇠락기, 와해기 등의 몇몇 특정 시기를 연구하는 것만으로는 충분하지 않다. 전체적인 관점, 즉 보편성으로서의 생산양식, 각기 다른 사건, 제도 등의 고유성을 지니는 개별 사회 전체를 놓치지 말아야 한다. 공간의 역사는 생산 단계를 시기별로 구분할 것이다. 이때의 시대 구분은 통상적으로 받아들여지는 시대 구분과 반드시 일치하지는 않을 것이다.

절대 공간(espace absolu)은 자연의 조각, 내재하는 성질(동굴, 산의 정상, 샘물, 또는 강)로 인해서 선택된 장소들로 이루어진다. 그러나 이 내재적인 가치가 신성화되면, 이는 곧 이러한 장소들이 지닌 자연적인 특성의 상실로 이어진다. 특성이 없어진 자연적인 공간은 정치 세력으로 채워진다. 건축은 자연으로부터 하나의 장소를 가져와 상징주의(이를테면 그리스 신전이 세워진 지역에서 섬기는 신의 조각상이라거나 일본의 신사에 설치해놓은 거울 등)를 통해 이를 정치에 헌납한다. 신성화된 내부는 자연적인 외부와 대립을 이루는 것 같지만 곧 이를 장악하고 한 곳으로 모은다. 각종 의식과 예식이 거행되는 절대 공간은 자연으로부터 몇몇 특정 성질을 취해서 이를 변형시킨 다음 예식에 편입시킨다. 이를테면 나이나 성별, 생식 능력 따위가 여기에 해당된다. 세속적인 동시에 종교적인 절대 공간은 따라서 내부에서 혈통, 즉 가족처럼 직접적인 관계이지만 이를 도시 또는 도시를 기반으로 세워진 정치 단위로서의 국가로 이동시킨 관계를 지속시킨다. 이 공간을 점유하는 사회 · 정치적 세력은 행정적으로나 군사적으로도 연루되어 있다. 서기(書記)나 군대도 공간에서 배제되지 않는다는 말이다. **공간을 만드는** 사람들(농민들이나 장인들)은 **공간을 경영하는** 사람들, 즉 그 공간을 이용해서 생산과 사회적 재생산을 조직하는 사람들(사제, 전사, 서기, 제후)과 일치하지 않는다. 공간을 경영하는 사람들은 남들이 생산한 공간을 소유하며 이를 자기 것으로 만들어 향유한다.

종교적이고 정치적인 절대 공간, 혈연과 토지, 언어로 이루어진 공동체에 의해서 생산된 절대 공간으로부터 상대화된 공간(espace relativisé), 즉 **역사적 공간**(espace historique)이 파생한다. 그렇다고 해서 절대 공간이 영영 사라지는 것은 아니다. 절대 공간은 역사적 공간의 기층 혹은 침전물, 즉 재현 공간을 실현시켜주는 매체(종교적, 주술적, 정치적 상징주의)로 남게 된다. 변증법적인 내부의 움직임이 이 공간의 생명을 지탱해주며 이를 종말로 이끌면서도 사실상 지속시킨다. 가득함과 텅 빔이 그 공간 안에서 세력 다툼을 벌인다. 정치적 공간의 보이지 않는 충만함(국가 형태의 도시 공간)은 자연에서 빼낸 자연적 공간의 공백 속에 마치 대성당의 중앙 홀처럼 당당하게 자리 잡는다. 그런 다음 역사성이 자연성의 폐허 위에 축적의 공간(지식, 기술, 화폐, 귀중품, 예술품, 각종 상징 등 상상 가능한 모든 부와 재원)을 정착시킴으로써 결정적으로 자연성을 파괴시킨다. 이러한 축적이 이루어지는 시기, 특히 자연성과 역사성의 구분이 명확하지 않은 초기에 대해 마르크스는 하나의 이론을 고안했으며, 미완성 상태에 머물러 있는 이 이론에 대해서는 뒤에서 다시 언급할 기회가 있을 것이다. 하나의 '주체'가 이 시기를 지배하는데, 바로 영토를 소유했던 서구의 역사적인 도시들이다. 이 시기를 거치면서 생산 활동(노동)은 사회적 생활을 영속하는 재생산과 혼동되지 않고 구분되기 시작했다. 생산 활동은 사회적 생활로부터 분리되었고, 곧 추상화의 희생자가 되었다. 그 후 사회적 노동도 추상적으로 변모했고, 공간 역시 추상적으로 변했다.

이제 **추상 공간**(espace abstrait)이 역사적 공간의 뒤를 잇게 된다. 하지만 역사적 공간 역시 완전히 사라지지 않고 침전물이나 기층으로 존재하면서 점차 그 존재감이 약화되어 마침내 재현 공간으로 변한다. 추상 공간은 사물과 기호의 총집합체로서 형식적인 관계, 이를테면 유리와 돌, 시멘트와 철강, 각도와 곡선, 가득함과 텅 빔 등의 관계 속에서 '대상적으로' 기능한다. 이처럼 형식적이고 계량화된 공간은 자연과 시간(역사)에서 비롯된 차이는 물론 신체나 나이, 성별, 부족 등에서 비롯된 차이도 부정한다. 이와 같은 총체의 의미작용은 사실상 의미를 벗어나는 상부 의미작용, 즉 괄목할 만하게 눈에 띄면서도 동시에 감추어져 있는 자본주의의 기능으로 이어진다. 지배적인 공간, 부와 권력의 중심 공간은 피지배 공간, 즉 주변 공간을 만들기 위해 모든 노력을 경주한다. 지배적인 공간은 격렬한 행동을 통해서 장애물과 저항 세력을 줄여나간다. 차이들로 말하자면, 어쩔 수 없이 예술, 그것도 추상 예술의 형식을 빌려야 하는 상징주의로 밀려난다. 사실 민감한 것, 감각적인 것에 대한 몰이해, 추상 공간을 구성하는 사물-기호들에 내재하는 몰이해에서 파생되는 상징적인 것은 우회적인 방식으로 객관화된다. 이를테면 기념물적인 구조물이 남근 형태로 건축된다거나, 하늘을 찌를 듯이 오만한 높은 타워를 쌓아올려 억압적인 공간에 내재하는 (관료적·정치적) 권위주의를 드러내보이는 식이다. 이 역시 더 깊이 있는 연구를 요한다. 추상 공간에 내재하는 모순 중의 하나는 바로 추상 공간이 감각적인 것, 성적(性的)인 것들을 부정하면서도 실상은 생식 능력, 즉 가족 단위(주거지, 아파트, 단독주택, 빌라 등), 부성애와 모성애, 다산성과 성적 쾌락 사이에 놓인 정체성 등만을 기준으로 삼는다는 사실이다. 사회적 관계의 재생산은 이처럼 천박한 방식으로 생물학적 재생산(번식)과 혼동된다. 하긴 생물학적 재생산 또한 단순하면서도 상당히 거친 방식으로 이루어지는 것이 사실이다. 공간적 실천에 있어서는 사회적 관계의 재생산이 지배적이다. 지식, 권력과 밀접하게 연결된 공간 재현은 재현 공간에게는 지극히 제한적인 자리만을 내어준다. 따라서 재현 공간은 작품이나 이미지, 추억 등으로 축소되며, 배제된 내용(감각적인 것, 관능적인 것, 성적인 것)은 상징주의적인 방식으로 슬쩍 건드리기만 할 뿐이다. 어린아이는 나이나 성별(시간)에 무관한 이 같은 공간에서 살 수 있겠지만, 정체성을 찾아가는 나이인 청소년기에 도달하면, 남성적 혹은 여성적 이미지, 성적 향유 등 자신만의 고유한 현실을 전혀 발견할 수 없는 이런 곳에서 사는 일을 고통스럽게 받아들일 것이다. 건물들이 지니는 오만함이나 기호의 노출 등을 대면하지 못한 청소년은 반항을 통해서만 자연적인 차이, 감각적이며 관능적인 차이, 성적인 차이나 성적 쾌감 등을 발견하게 될 것이다.

추상 공간은 나무들의 소실, 자연의 멀어짐 등으로만 정의되지 않는다. 추상 공간은 또한 국가적이고 군사적인 공백이나 광장-사거리, 각종 상품과 돈, 자동차들이 모여드는 쇼핑센터만으로 정의되지도 않는다. 요컨대 추상 공간은 지각된 것으로만 정의되지 않는다. 이 공간이 지니는 추상성은 간단하지 않다. 이 추상성은 전혀 투명하지 않으며 하나의 논리나 전략으로 요약되지도 않는다. 이 공간의 추상성은 기호의 추상성이나 개념의 추상성과 일치하지 않으며, **부정적으로** 기능한다. 추상 공간은 그보다 앞서서 존재했으며 그를 받쳐주고 있는 것, 즉 역사적이고 종교적이며 정치적인 것들에 대한 부정의 관계로 정의된다. 추상 공간은 그 안에서 새로 태어나며 그 안으로 침투하는 것, 차별적인 공간-시간에 대한 부정의 관계로도 정의된다. 추상 공간은 전혀 '주체'다워 보이지 않지만, 몇몇 사회적 관계를 유지하고 유통시킴으로써, 다른 몇몇 관계들은 해체시킴으로써, 또 다른 일부 관계와는 맞섬으로써 '주체'로서 기능한다. 한편, 이 추상 공간은 기술이나 응용과학, 권력과 연관된 지식이라는 관점에서는 **긍정적으로** 기능한다. 추상 공간은 정체성이라는 관점에서 볼 때, 이와 같은 '긍정성'의 장소이며 수단이다. 어떻게 이런 일이 가능하단 말인가? 추상 공간은 물신화시키는 소외, 다시 말해서 상품이 집결되는 장소가 그 자체로 상품이 되어 도매 또는 소매로 팔려나가는 현상에 의해 정의된단 말인가? 어쩌면 그럴 수도 있겠지만, 추상 공간이 내포하는 부정성은 그렇다고 해서 무시해버려도 되는 성질의 것이 아니며, 추상적인 것이 '절대적 사물'로 단순하게 축소되는 것도 아니다. 그러니 추상 공간의 지위는 매우 복잡한 것처럼 보인다. 추상 공간은 예전의 주체, 즉 마을과 도시 등을 모두 포함함으로써 이들을 해체시키며, 스스로가 이들 주체를 대체한다. 추상 공간은 권력의 공간이 되며, 이렇게 되면 그 안에서 발생하는 갈등(모순)으로 인하여 스스로 해체될 (잠재적) 가능성도 있다. 따라서 **비인칭의 의사(擬似) 주체**, 추상적 주체, 즉 현대적인 사회적 공간이 등장하게 된다. 진짜 주체인 국가 권력(정치권력)은 그 안에서, 환상에 불과한 투명성으로 은밀하게 몸을 감추고 숨어 있다. 이 공간에서는 모든 것이 말하여지고 글로 쓰인다. 그렇지만 실제로 이곳에서는 할 말도 없고, 체험할 거리도 별로 없다. 체험된 것은 짓밟혀 버린다. 인지된 것이 승승장구한다. 역사적인 것은 향수로서, 자연은 회한으로서 연명할 뿐이며, 지평선은 등 뒤편에 놓여 있다. 정서적인 것은 감각적이고 관능적인 것과 더불어 이 공간 안에 머물면서, 상징주의에도 전혀 영향을 끼치지 못하는 상태로, 주체를 가리키지만 이 공간이 지니는 부조리한 합리성으로 인하여 그 주체를 부정하는 이름, 즉 무의식이라는 이름을 얻어 가질 뿐이다.

추상적이며 도구적인 (따라서 온갖 종류의 '권위'에 의해서 장소와 환경이 조종되는) 공간에 관해서 하나의 의문이 생겨난다. 이 의문의 파장은 뒤에 가서야 나타날 것이다. 그 의문이란 바로 사용자들의 침묵에 관한 의문이다. 어째서 이들은 대대적인 저항 없이 이러한 조종, 자신들의 일상생활에 피해를 주는 이 같은 상황을 받아들이는가? 어째서 항거는 몇몇 '의식이 깨어 있는 집단', 즉 일반적으로 이 같은 조종이 미치지 못하는 곳에 속하는 엘리트에게서만 제한적으로 일어나는가? 이들 엘리트 계층은 정치 계층의 주변부에 있으면서 웅성거림(말을 도구로 하는 객설)을 일으키며 이들의 웅성거림은 별반 대단할 것도 없는 결과만을 낳는다. 어째서 항거가 이른바 '좌파'라고 하는 정당으로까지 번지지 않는 것일까? 어째서 가장 현명한 정치인들은 자신들의 명석함의 대가를 톡톡히 치르는 것일까?[30] 이미 관료주의의 무게가 너무 무거워진 나머지 정치력이 개입할 여지가 전혀 없는 것일까? 상당히 놀라운 이러한 현상은 벌써 세계적인 추세가 되었으며, 이렇게 된 데에는 반드시 수많은 원인과 이유들이 복잡하게 개입되어 있을 것이다. 사용자들의 관심과 이해관계가 다른 곳으로 돌려진 것이 아니라면, 이들이 요구하고 제안하는 사항들에 대해 납득할 만한 알리바이가 없는 한, 이들이 지향하는 본질적인 목표가 다른 객체들로 대체된 것이 아니라면, 어째서 이상하다 싶을 정도의 무관심이 이처럼 오래도록 유지될 수 있는 것일까? 어쩌면 사회적 공간 중에서 눈속임으로 특혜를 부여받은 한 부분, 문자화와 이미지화가 가능한 부분, 텍스트화(언론, 문학)가 용이하며 언론에 의해서 강조될 수 있는 부분, 요컨대 '체험된 것'을 무지막지한 힘으로 축소시켜버리는 추상적인 부분이 사회적 공간 전체를 대체할 수도 있다.

비판적(실증적)이지 않은 지식에 의거하여, 엄청난 폭력성의 지지를 받으며 승승장구하는 자본주의의 실적을 독점하여 이를 자신들의 이익을 위해 사용하는 관료주의를 등에 업은 이 추상 공간은 언제까지고 지속될 것인가? 만일 그렇다면, 그 공간은 사회적 엔트로피의 결과(열역학의 공리 '하나의 고립된 체계를 놓고 볼 때, 엔트로피가 최대치에 도달했을 때 그 체계는 균형에 도달한다'를 상기해볼 것—옮긴이)로서 가장 비열한 공간, 헤겔이 예언한 궁극적인 안정성의 공간이 될 것이다. 이와 같은 비천함에 맞서기 위해서는 머리 없는 인간 아세팔(Acéphale)의 경련(조르주 바타유)이 유일한 수단일 수밖에 없을 것이다.(머리가 잘린 인간을 의미하는 '아세팔'은 조르주 바타유가 니체에게서 영감을 얻어 창간한 잡지의 이름이다. 이 잡지는 1936년부터 1939년까지 발행되었으며, 발행부수는 지극히 미미했던 것으로 알려져 있다—옮긴이.) 아무 것도 없는 공터만이 불굴의 활력이 지탱해나갈 수 있는 최후의 방책이 될 것이다.

이보다 훨씬 덜 비관적인 관점에서, 추상 공간이 매우 특별한 모순을 안고 있음을 증명해보일 수도 있다. **추상 공간이 지니는 모순**은 부분적으로 매우 오래된 모순, 즉 역사적인 시간에서 기인하는 모순을 변형시킴으로써 생겨났다고 볼 수 있다. 다시 말해서 오래전부터 있어온 모순을 좀더 심화시키거나 반대로 약화시키는 과정에서 생겨나는 모순이라는 말이다. 이 오래된 모순들로부터 새로운 모순이 태어나며, 새로운 모순들로 말미암아 추상 공간은 종말로 치닫는다. 이 공간에서 이루어지는 생산의 사회적 관계의 재생산은 관계의 해체와 새로운 관계의 탄생이라는 이중적인 움직임을 보인다. 따라서 추상 공간은, 부정성에도 불구하고(아니, 부정성 때문에) 새로운 공간을 만들어내며, 이렇게 해서 만들어진 공간에 대해서는 **차이 공간**(espace différentiel)이라는 이름을 붙일 수 있다. 그 이유는, 추상 공간은 동질성을 추구하는 경향이 있으며, 따라서 기존의 차이점(개별성)을 축소시키는 반면, 새로 태어나는 공간은 차이점을 강조함으로써만이 존재감을 인정받을 수 있기 때문이다. 차이 공간은 추상 공간이 멀리하려 하는 것, 즉 기능과 사회적 실천의 요소들과 순간들을 결집시킨다. 또한 차이 공간은 (개인적, 사회적) 몸의 단일성, 즉 욕망의 몸과 지식의 몸이 지니는 단일성을 깨뜨리는 위치 매김과도 결별한다. 반면, 차이 공간은 추상 공간이 혼동하는 것, 특히 사회적 **재생산**과 생식능력, 쾌락과 생물학적 번식, 사회 관계와 가족 관계(점점 더 시급해지는 차별화 작업이 이들을 애써 구분하려 시도하며, 쾌락의 공간은, 만일 그런 공간이 있다면, 기능적 공간, 특히 생식의 공간과는 아무런 공통점이 없다. 가족 단위와 그들이 머무는, 상자를 층층이 쌓아올린 듯한 공간, 이른바 말하는 '현대식' 건물, 고층 공동주택, 도심 주거 단지 등과는 아무 상관이 없다는 말이다) 등은 구별하려 들 것이다.

1.19　　　각각의 사회가 나름대로의 공간을 생산한다면, 거기엔 반드시 결과가 따른다. 스스로를 '실재적'이라고 믿으며 그렇게 되고 싶어하면서 나름대로의 공간을 생산하지 않는 '사회적 존재'는 매우 특별한 일종의 추상적 존재로 남을 것이다. 이러한 존재는 이념적인 것, 나아가서 문화적인 것으로부터 결코 벗어나지 못할 것이다. 이러한 존재는 속 빈 강정처럼 허울뿐이기 때문에 정체성, 호칭, 얼마 되지 않는 현실성마저 상실한 채 조만간 사라질 것이다. 이렇게 볼 때, 여기서 이념적인 것과 실천적인 것, 지식(체험된 것을 대립, 조화, 드러내기, 은폐 등의 관계 등과 더불어 지각된 것과 인지된 것으로부터 구분해주는 것)의 구분을 가능하게 해주는 기준을 엿볼 수 있다.

의심할 여지없이 중세 사회(봉건적 생산양식과 그 변형, 지역적 특성)는 나름대로의 공간을 생산했다. 그 공간은 이전 시대에 형성된 공간 위에, 그 공간을 침적물과 실현 매체 삼아 자리 잡았다. 그리고 같은 방식으로 존속했다. 성, 수도원, 대성당 등은 이 공간의 가장 주목할 만한 특징이며, 농업 공동체에 의해 변화된 풍경 안에 길과 도로들을 결집시켰다. 이 공간은 서구 유럽에서 축적의 시작을 알리는 '도약'의 공간으로, 도시가 축적의 근원적인 장소라고 할 때 이 축적을 가능하게 하는 요람이 되었던 것이다.

자본주의와 신자본주의는 '상품의 세계'와 나름대로의 '논리', 세계 차원의 전략, 화폐의 힘과 정치적인 국가의 권력을 포함하는 추상 공간을 생산했다. 이 추상 공간은 은행과 비즈니스 중심, 대규모 생산 단위들이 거대하게 짜인 망에 토대를 두고 있다. 이 공간은 또한 고속도로, 비행장, 정보망 등이 형성하고 있는 공간에도 기초한다. 이 공간 안에서 도시, 즉 축적의 요람이며 부의 집결지, 역사의 주체이며 역사적 공간의 중심인 도시는 산산조각이 났다.

'사회주의'〔오늘날 매우 혼돈스런 방식에 따라 이와 같은 이름으로 불리는 것. 솔직히 '공산주의 사회'는 없으며, 개념조차 점점 모호해지고 있다. '공산주의'라는 개념은 특히 서로 연대적인 두 가지 신화, 즉 반(反)공산주의와 산발적으로 이루어진 공산주의 혁명이라는 신화를 유지해야 할 때에만 등장한다〕, 다시 말해서 **국가 사회주의**는 나름대로의 공간을 생산했는가?

이 질문은 매우 중요하다. 새로운 공간을 생산하지 못하는 혁명은 애초의 의도를 끝까지 밀고가지 못한다. 요컨대 실패한다는 말이다. 그런 혁명은 삶을 바꾸지 못하며, 오직 이념의 상부구조, 제도, 정치 기구만을 바꾸어놓을 뿐이다. 혁명적 변화는 일상생활, 언어, 공간 등에서 창조적 업적을 내놓는 역량에 의해 평가된다. 물론 이러한 변화가 모든 분야에서 같은 속도로 이루어질 필요는 없다.

자, 다시 질문으로 돌아가자면, 이 질문은 서둘러서 제시되는 대답을 요구하지 않는다. 오히려 오랜 시간에 걸친 성찰과 인내를 요구한다. 혁명적 시기, 즉 강도 높은 변화가 지속되는 시기엔 새로운 공간이 생산될 수 있는 환경을 구비하고, 그 후 오랜 시간에 걸쳐 이를 실현하는 시기(안정의 시기)가 이어지는 것도 불가능하지 않다. 1920년에서 1930년에 이르는 기간 동안 창의성으로 끓어오르던 러시아 소비에트 혁명은 다른 면에서보다 특히 건축과 도시계획에서 실패했다. 메마른 불모의 시기가 풍성한 수확의 시기에 이어졌다. 이 실패, 이러한 메마름은 무엇을 의미하는가? 오늘날 과연 어느 곳에서 '사회주의적', 아니 자본주의적 생산물이라고 평가할 만한 도시계획이 이루어진 곳과 비교해서 새롭다고 할 만한 건축 생산이 이루어졌다고 말할 수 있는가? 과거에 스탈린 거리라고 명명되었다가 다시 카를 마르크스 거리로 명명된 동베를린 지역? 쿠바? 모스크바? 베이징? 옳건 그르건 간에 사회주의적이라는 용어로 표현할 수 있는 '실재적인' 사회와 마르크스나 엥겔스가 구상한 새로운 사회 계획안에 등장하는 사회 사이의 대립은 어디까지 갔을까? '사회주의적' 사회의 총체적 공간(espace global)은 어떻게 인지되고 전유될 수 있는가? 요컨대 **공간을 통한 검증**, 다시 말해서 '사회주의적' 생산양식에 속하는 사회의 공간적 실천이라는 과제는 어느 정도 진행되었는가? 좀더 명확하게 말하자면, '사회주의적' 생산관계에 의해서 규정되는 공간 전체와 자본주의적 생산양식에서 비롯되어 지구 전체에 이에 상응하는 노동의 분업, 즉 공간의 분배, 노동력의 분배, 자원과 유동성의 분배를 강요하는 세계 시장은 어떤 관계를 맺고 있는가?

이처럼 많은 질문에 대해서 당장 답을 제시하기란, 정보나 지식이 부족한 현 시점에서 볼 때 상당히 곤란하다. 하지만 건축적인 관점에서 특별한 공간의 생산이 없었다고 해서 사회주의에 대해 실패한 과도기적 생산양식이라고 대번에 매도할 수 있는가?

이 문제의 후속을 이야기하자면, 우선 '사회주의'의 앞에는 두 개의 방향, 두 개의 진로가 가능하다고 말할 수 있다. 첫 번째 방향에서는 가속화된 성장, 무슨 수를 써서라도 무슨 이유(경쟁, 명성, 권력)를 대서라도 성장 추구를 으뜸으로 삼게 될 것이다. 국가 사회주의는 자본주의적 성장 단계를 완벽하게 다듬은 방식으로 만족할 것이다. 국가 사회주의는 몇몇 강점, 즉 거대 기업, 거대 도시(거대한 생산 단위인 동시에 정치권력의 중심) 등에 치중할 것이다. 이 같은 관점에서 보자면, 개발의 불균형 심화, 지역 발전의 저해, 주민 전체의 낙후 등 이 같은 방향을 채택했을 때 나타나는 부정적인 결과는 무시해도 좋은 것으로 여겨진다. 두 번째 방향에서는 전략적으로 중소기업과 중소 규모 도시에 치중한다. 이 방향에서는 국토 전체, 국민 전체를 골고루 발전시키는 데 주안점을 두며, 성장과 발전을 별개로 생각하지 않는다. 사회의 성장과 더불어 피할 수 없는 도시계획도, 전체 분야를 희생양 삼아 몇몇 분야만의 성장과 발전이라는 불균형을 심화시키는 방향으로 진행되지는 않는다. 형체를 알아보기 힘든 혼돈 속에서 도시를 위해 농촌이 희생되는 방식이 아니라 '도시-농촌'의 대립 구조를 뛰어넘는 방식으로 진행된다는 말이다.

계급투쟁은? 계급투쟁은 공간 생산에 개입한다. 각 계급의 분파와 그룹들은 생산의 담당자들이다. 다른 어느 때보다도 특히 오늘날에 있어서 계급투쟁은 공간 안에서 드러난다. 솔직히 말해서 계급투쟁만이 추상 공간이 문자 그대로 차이를 말살하면서 지구 전체로 확산되는 것을 방지한다. 계급투쟁만이 차별화 능력, 즉 전략, '논리', '체계'로 간주되는 경제 성장에 내재되어 있지 않은 차이점(결과로서 얻어진 혹은 묵인되는 차이점)을 생산하는 능력을 가지고 있다. 계급투쟁의 형태는 예전에 비해서 훨씬 다양해졌다. 물론 소수 집단의 정치적 행위도 계급투쟁에 해당된다.

20세기 초반부에 일어난 농업 개혁과 농민 혁명은 지구의 표면을 완전히 바꾸어놓았다. 이 같은 변화의 상당 부분은 이전 공간, 즉 주민들과 역사적 도시들로 이루어졌던 공간을 대패로 밀듯 밀어버림으로써(기계화함으로써) 추상 공간을 만드는 데 일조했다. 그 후 도시 게릴라, '대중들'의 도시 개입으로 말미암아 이 같은 현상은 증폭되었다. 특히 라틴 아메리카에서 이 같은 현상이 가장 성행했다. 1968년 5월 프랑스에서는 학생들을 필두로 그 뒤를 이어 노동자 계급이 자신들의 공간을 점령함으로써 새로운 움직임이 시작됨을 알렸다. 그러다가 이와 같은 공간의 점령 움직임이 멈추자(이는 어디까지나 잠정적인 중단일 것이다) 절망이 뒤따랐다. 불도저와 화염병만이 기존의 공간을 변화시킬 수 있을 것으로 생각되었다. 재건하기 위해 파괴할 것인가? 그렇다. 하지만 무얼 파괴하고 무얼 재건한단 말인가? 똑같은 생산수단을 가지고 똑같은 생산물을 생산한단 말인가? 파괴도 수단으로 간주할 수 있는 것일까? 이러한 태도는 사회와 기존 공간이 지니는 모순을 최소화시킨다. 또한 뚜렷한 증거도 없는 가운데 체제의 폐쇄성을 인정한다. 체제에 대해 욕설을 해댐으로써 스스로를 매혹시키고 자신의 힘을 고양시킨다. 이와 같은 정신분열증적 '극좌 사상'은 내부에 자신의 모순, 다시 말해서 무의식적이라고 할 수 있는 모순을 고스란히 간직하고 있다. 파괴와 건설을 위해 절대적인 자발성에 호소하게 되면, 즉각적으로 전적이고 절대적인 혁명을 성공시킬 수 없다는 이유로 사고와 지식, 창조적 능력 등을 파괴하는 결과를 초래한다는 사실을 배제할 수 없다. 게다가 전적이고 절대적인 혁명이 무엇을 의미하는지에 대해서는 정의조차 불가능하다.

하지만 부르주아 계급은 어디까지나 주도적인 입장에 서서, 공간 안에서 공간을 위한 투쟁을 계속하고 있음을 명심해야 한다. 이는 앞에서 던진 질문, 즉 소극성, 사용자들의 침묵에 대한 답이기도 하다.

추상 공간은 매우 복잡한 방식으로 기능한다. 대화나 마찬가지로, 추상 공간 또한 암묵적인 동의, 불가침 협약, **비폭력 계약**을 내포한다. 다시 말해서 상호성, 사용의 공유성을 전제로 한다. 이를테면 거리에서 행인 각자는 그가 만나는 사람을 공격하지 않을 것으로 간주된다. 이 규칙을 어기고 공격을 감행하는 자는 범죄 행위를 저지르는 것이다. 이러한 공간은 언어의 경제와 연대하는 '공간의 경제'를 전제로 하고 있다. 이 두 가지는 물론 분명하게 구분되는 것으로, 이에 따르면 사람들은 특정 장소에서의 특정 관계(가게, 상점, 카페, 극장 등)에 대해 값어치를 부여하며, 따라서 이러한 장소에 대한 암시적인 발언을 유도함으로써 일종의 '합의'를 도출해낸다. 요컨대 이러한 장소에서는 성가신 일이 생기지 않도록 처신한다, 이러한 장소에는 편한 마음으로 간다, 가서 편안한 시간을 보낸다, 등이 이와 같은 암시적 발언에 해당된다. 그런가 하면 명시적인 발언, 다시 말해서 기술(記述)적인 발언은 거의 법적인 가치를 지니며, 이 역시 '합의'를 도출해낸다. 이를테면 이러한 장소에서는 여러 사람이 동시에 똑같은 자리를 차지하기 위해 싸워서는 안 된다. '불가능한 경우'를 제외하고는 일정한 간격을 띄움으로써 상대방과의 거리를 유지해야 한다는 식이다. 그 결과 공간 내부에서 소유에 대한 논리와 전략이 정립된다. '너에게 속한 것은 장소건 사물이건 나에게 속하지 않는다.' 하지만 공동의 공간, 공유하는 공간도 있을 수 있다. 그 공간의 점유와 소비는 카페나 광장, 기념물적인 건축물처럼 전적으로 사적(私的)이 될 수는 없다. 여기서 스치듯이 잠깐 언급한 공간적인 합의는, 몇몇 거친 행동이나 공격적인 행동(어린이나 여자, 노인, 아니 모든 주민에 대한 행동)처럼 문명의 영역에 속한다. 따라서 이 합의는 계급투쟁은 물론 다른 종류의 폭력, 거절 등과도 대립된다.

각각의 공간은 그곳에서 행동하는 행위자, 즉 개별적 혹은 집단적인 주체이며 하나의 집단, 하나의 계급에 속하는 구성원으로서 그 공간을 자기 것으로 만들고자 하는 행위자의 등장에 앞서 존재했다. 이와 같은 전제는 주체의 존재와 행위, 담론, 능력과 성과를 좌우한다. 하지만 주체의 존재와 행위, 담론은 이를 전제하면서도 부정한다. 주체는 공간이 자신에 앞서서 존재한다는 사실을 장애물, 즉 저항을 야기하는 대상성(對象

性)으로 받아들인다. 말하자면 시멘트 장벽처럼 견고하여 한 치의 변화도 용납하지 않으며, 더구나 변화를 시키는 방식으로 만져서는 안 된다는 엄격한 규칙의 적용을 받는 장애물로 여긴다는 말이다. 공간의 **직조**는 그와 아무런 관련이 없는 사회적 행위를 낳을 뿐 아니라 그 직조에 의해 결정되는 공간적 실천, 즉 집단적이고 개별적인 이용도 야기시킨다. 이에 따라 일련의 행위들이 이어지지만, 이 행위들에 대해서 의미작용직 실천으로 환원된다고는 말할 수 없다. 이러한 행위가 이어지는 동안 삶과 죽음은 사고되지 않고, 모방되지 않고, 이야기되지 않는다. 삶과 죽음이 일어날 뿐이다. 공간 안에서 시간은 살아 있는 존재를 소진시키며 삼켜버린다. 요컨대 희생, 쾌락 또는 고통이 이어진다. 추상 공간, 즉 교환(재화와 상품, 언어, 글과 문서 등)의 장으로서의 부르주아 계급과 자본주의의 공간은, 다른 어느 공간보다도 훨씬 더 강력하게 합의를 내포한다. 이 공간 안에서는 폭력이 잠재적이거나 은밀하게 감추어져 있지 않다는 사실을 덧붙일 필요가 있을까? 이는 여러 가지 모순들 중의 하나다. 겉으로 드러나는 안전장치와 언제 터져 나올지 모르는 가운데 실제로 간간이 산발적으로 터지기도 하는 폭력의 위협 속에서 갈피를 잡지 못하는 것이다.

예전에 일어났던 부르주아 계급과 귀족 계급의 투쟁은 이 투쟁을 백일하에 드러내보여주는 공간을 생산했다. 많은 역사적 도시들이 이 계급 갈등으로 인한 흔적을 남겼다. 정치적으로 승리를 거둔 부르주아 계급은 역사적 도시 파리의 중심부에 위치한 마레 지역을 망가뜨려 이를 물질적인 생산의 공간으로 변화시켰다. 그 결과 화려하고 웅장한 귀족들의 고급 저택 안에 장인들의 작업장과 상점, 주거용 아파트 등이 들어섰다. 부르주아 계급은 이 공간을 '서민풍으로 만들어버림으로써' 추하게 만드는 동시에 나름대로 활기를 불어넣었다. 오늘날 이곳에서는 암시적인 엘리트화, 부르주아 계급화가 계속되고 있다. 부르주아 계급은 역사적 대도시에서 주도권을 쥐고 있다. 이들은 이보다 훨씬 방대한 범위에서도 주도권을 놓지 않고 있다. 이를테면 '공해를 일으키는' 산업을 저개발 국가 쪽으로 내모는 것이 그 좋은 예다. 아메리카 대륙의 브라질, 유럽의 에스파냐 등으로 공해 산업을 이주시킴으로써 이들은 생산양식 내부의 차이점을 만들어내는 중이다.

지중해 연안은 산업화된 유럽의 휴양 공간이 되어가고 있다. 이것은 **공간의 생산**에 있어서 매우 주목할 만한 사례로, 생산양식의 내적인 차이가 생겨나고 있음을 보여준다. 즉 여가, 어느 의미로는 비(非)노동(휴가는 물론 회복기, 휴양, 은퇴 등)의 공간이 됨으로써 지중해 연안은 노동의 사회적 분업에 참여하는 것이다. 이곳에서는 경제적, 사회적, 건축적, 도시계획적 의미에서의 신식민주의가 자라나게 된다. 이따금씩 이 공간은 이 공간을 지배하는 신자본주의의 구속으로부터 벗어나려는 경향을 보인다. 태양과 바다를 직접적으로 누릴 수 있으며, 도심과 주거지(호텔, 방갈로)가 인접해 있는 이 공간의 활용은 친환경적인 품질을 요구하기 때문이다. 따라서 순수하게 양적인 가치가 중요시되는 대규모 산업 중심지와 비교해볼 때 질적으로 특수성을 지니고 있다고 볼 수 있다. 하긴 이러한 특수성을 아무런 비판 없이 수용할 수도 있을 것이다. 다시 말해서 이 공간을 비생산적인 소비의 공간, 거대한 낭비의 공간, 사물과 상징, 넘치는 에너지 등이 밀도 있게 희생되는 공간(휴식보다는 스포츠, 사랑, 재충전)으로 간주할 수도 있다. 이처럼 여가 도시들이 지니는 희생 집중적인 성격은 북유럽 도시들이 지니는 생산 집중적인 성격과 뚜렷한 대조를 이룬다. 노동의 장소, 생산 집약적 공간에서 출발하여 공간의 소비, 태양과 바다의 소비, 자발적 혹은 인위적 에로티시즘, 휴가라고 하는 축제 등에 이르는 시간적 연속성의 사슬 끝에는 낭비와 소비가 자리하고 있다. 다시 말해서 낭비와 소비는 근원적인 사건으로서 사슬의 초기에 등장하는 것이 아니라, 궁극적인 의미로서 제일 끝에 위치한다. 아, 이 얼마나 허망한 환상인가! 이 얼마나 왜곡된 투명성이며, 눈속임적인 자연성인가! 비생산적인 소비는 치밀하게 조직된다. 중앙 집중적이고 수정되며, 서열화되고 상징화되며, 정책화된 비생산적인 소비는 관광 여행업자들과 은행, 런던, 함부르크 등지에 진을 친 부동산 개발업자들의 이익을 위해 봉사한다. 보다 명확한 용어, 앞에서 이미 언급한 적이 있는 개념을 빌려 표현하자면, 항공 운송의 발달과 더불어 신자본주의적인 공간적 실천에서는 공간 재현이 재현 공간(태양과 바다, 축제와 낭비, 소비의 공간)을 조종하는 일이 가능해진다.

이러한 지적들은 **공간의 생산**이라는 개념을 보다 구체화시키며, 부르주아 계급이 주도권을 쥔 계급투쟁이 어떤 방식으로 진행되는지를 보여준다.

1.20   '삶을 바꾸다', '사회를 바꾸다'는 식의 말은 적합한 공간의 생산이 뒷받침되지 않는다면 무의미하다. 1920년에서 1930년 사이의 기간 동안 소련의 구성주의자들은 자신들의 실패를 통해 이 같은 교훈을 지속적으로 보여주었다. 새로운 사회적 관계에는 새로운 공간이 필요하며, 그 역도 성립한다. 기본적인 제안에 포함되어 있는 이러한 제안은 충분한 부연 설명을 필요로 한다. '삶을 바꾸라!' 시인들이나 철학자들이 마치 부정적인 유토피아를 꿈꾸며 토해낸 듯한 이 같은 제언은 얼마 전부터 공공의 영역, 즉 정치 영역에 편입되었다. 이 제안은 원래의 뜻이 점차 훼손되는 가운데 점점 확산되고 있다. 다시 말해서 정치 표어화되고 있다. '좀더 잘 살기', '다른 방식으로 살기', '삶의 질', '삶의 환경'…… 이쯤에 이르면 자연스럽게 공해나 자연 존중, 생태 보호 등으로 옮아가게

마련이다. 그렇게 되면 세계 시장의 압력, 세계 판도의 변화, 새로운 공간의 생산 등의 문제들은 슬며시 건너뛰게 된다. 결국 '바꾸자'는 생각은, 점진적으로 혹은 비약적으로 이제까지와는 다른 공간적 실천을 실행에 옮겨야 함에도 불구하고, 이념성의 나락으로 떨어져버린다. 추상적인 공간 안에서 매우 구체적인 제약을 동반하는 일상성이 지속되는 한, 세부사항의 기술적인 향상(이동 시간의 단축, 속도, 상대적인 편안함 등)만이 감지되는 한, 공간들(노동의 공간, 여가의 공간, 주거의 공간 등)이 분리되어 있다가 정치적인 기구의 개입과 감독 하에서만 일시적으로 하나로 뭉치는 한, '삶을 바꾸자'는 계획은 잊어버릴 만하면 잠깐씩 표면으로 부상하는 정치적 구호에 그칠 것이다.

이러한 상황에서 이론적인 사고는 장애물을 우회하기 위해 어렵사리 투쟁을 계속한다. 이론적인 사고는 한편으로 부정적인 유토피아의 심연, 언어와 재현(이념)의 차원에서만 효율적인 비판 이론의 공허함을 감지한다. 다른 한편으로는 전망이나 정책 수립에 있어서 지극히 긍정적인 기술적 유토피아와 맞닥뜨리게 된다. 이론적인 사고로는 인공두뇌학, 전자공학, 정보과학 등이 공간(기존의 사회적 관계)에 적용된다는 사실을 인정하는 것이 그와 같은 현상을 통해서 얻어내는 가르침의 전부라고 할 수 있다.

이 책에서 제시하고자 하는 방향은 매우 전략적인 가설, 다시 말해서 장기적인 관점에서 보는 이론적이면서 동시에 실천적인 계획과 관련을 맺고 있다. 그렇다면 이 계획은 정치적인가? 그렇기도 하고 아니기도 하다. 이 가설은 공간의 정책을 포함하지만, 일반적인 의미에서의 정책보다 훨씬 깊이 있으며, 공간과 관련된 모든 정책은 물론 정책 일반에 대한 비판적인 분석을 포함한다. 새로운 공간, 지금까지와는 다른 공간, 즉 다른 (사회적) 삶의 공간이며 다른 생산양식의 공간을 생산할 수 있는 길을 제시하기 위해, 이 가설은 과학과 유토피아, 인지된 것과 체험된 것 사이의 간극을 뛰어넘으려고 한다. 이 가설은 '가능한 것-불가능한 것', 객관적인 것-주관적인 것 사이의 변증법적인 관계를 탐색함으로써 이들 간의 대립을 극복하고자 한다.

지식에 있어서 전략적 가설의 역할은 더 이상 증명해보일 필요조차 없다. 전략적 가설은 지식을 이러저러한 특정 관점, 특정 주제, 특정 개념 혹은 일련의 개념 주위로 집중시킨다. 전략적 가설은 성공할 수도 있고, 실패할 수도 있다. 전략적 가설은 상당 기간 유지되다가 해체되거나 분열된다. 이는 지식이나 행위에 있어서 전술적인 작전보다는 상대적으로 오랜 기간 지속되지만, 일시적일 수밖에 없으며, 따라서 얼마든지 수정이 가능하다. 전략적 가설은 전폭적으로 책임을 지지만, 그 어떤 영원불멸의 진리도 추구하지 않는다. 전략적인 게임은 조만간 결판이 나게 마련이다. 그렇게 되면 하나의 핵을 중심으로 구축된 구조물은 자연히 흔들릴 수밖에 없다.

최근에 난공불락의 지식 요새를 건설하기 위한 몇몇 전략적이며 전술적인 작전이 시도되었다. 순진하면서 노회한 몇몇 석학들이 이러한 작전이 지니는 학문성에 대한 믿음을 천명했다. 하지만 이들은 학문성이란 무엇인지에 대한 질문은 괄호 안에 남겨두었다. 아는 것, 본 것을 체험한 것보다 우위에 두는 것이 학문성일까? 가장 최근에 이루어진 전략적 작전은 언어학과 여기서 비롯된 다양한 학문, 즉 의미론, 기호학 등을 중심으로 지식을 배치하려는 시도였다. 이는 그보다 앞서 정치경제학, 역사학, 사회학 등이 중심이 되어 진행하던 연구를 이어받은 시도라고 할 수 있다.

최근에 제시된 이러한 가설은 수많은 이론적 연구와 작품을 낳았으며, 개중에는 매우 뛰어난 수준의 연구도 있는가 하면, 과대평가되거나 과소

평가된 연구들도 있었다. 이 같은 줄 세우기란 사실 언제고 수정 가능하므로 영원한 것은 절대 아니다. 결정적이고 폐쇄적인 축을 구축할 수 있다는 이와 같은 확신은 그러나 점차 흔들리고 있다. 안팎 양쪽에서 공격을 받고 있는 것이다. 안으로부터의 공격을 보자면, 답변이 불가능한 질문들이 계속 이어지고 있는 형편이다. 이를테면 **주체**의 문제만을 놓고 보더라도 그렇다. 언어의 체계적인 연구와(나) 언어를 하나의 체계로 보는 연구는 모든 의미에 있어서의 주체를 파괴해버린다. 반성적 사고(pensée réfléchissante)는 이렇게 해서 깨진 거울의 조각들을 모두 주워 담는다. '주체'가 반드시 필요하므로 철학자들이 즐겨 애용하던 구식 '주체'를 끌어오는 것이다. 이를테면 데카르트의 논리적 자아(촘스키는 이를 이어받아 담론의 심층 구조는 단일하며, 의식의 영역은 보편적이라고 주장했다), 데카르트적 자아의 현대화된 버전인 후설의 자아(Ego) 등이 좋은 예에 해당된다. 하지만 이 같은 논리적 자아는 철학적(형이상학적) 본질성을 언제까지고 유지할 수 없다. 특히 논리적 자아로부터 벗어나기 위해서 고안된 무의식과 대면할 경우라면 더욱 그렇다.

앞에서 지적한 내용은 이 대목에서 영향력을 발휘한다. 이러한 가설에 따르면, 사회적 공간과 물리적 공간은 인심 좋게도 일치한다. 이 공간은 현상학적(정신적) 공간, 담론의 공간, 데카르트가 말하는 논리적 자아의 공간으로 환원된다. 다시 말해서 실천적인 '나(주체)', 도저히 분리 불가능한 개인적이면서 동시에 사회적인 주체가 그 공간 안에 있다는 사실, 그 주체는 자신이 그 공간 안에 있거나 혹은 그 공간 안에서 길을 잃을 수 있음을 알고 있다는 사실을 망각한다. 정신적인 것에서 사회적인 것으로 혹은 그 역방향으로 무분별하게 넘나드는 과정에서, 우리는 있는 그대로의 공간이 지닌 속성을 은연중에 담론으로 전가시킨다. **몸** 안에서, 즉 음성이나 몸짓 등을 통해서 정신적인 것과 사회적인 것 사이의 매개를 찾는 것도 사실이다. 하지만 오로지 '주체'와 '객체' 사이의 매개로서의 추상적인 몸은 실천적이고 피와 살로 이루어졌으며, 공간적인 성격(대칭, 비대칭)과 에너지적인 성격(소비, 절약, 낭비 등)까지도 포함하는 총체로서의 몸과 일치하는가? 지식을 집결시키기 위해, 중심을 다른 곳으로 이동시키기 위해서는 이 총체적인 (실천적·감각적) 몸을 고려하는 것만으로도 충분하다는 점을 뒤에서 증명해보일 예정이다.

담론을 중심으로 지식을 집결시키려는 전략은 다른 모든 것보다 훨씬 외설스러운 질문, 즉 지식과 권력의 관계를 교묘하게 피해간다. 게다가 이 전략은 반성적 사고가 제기하는 이론적인 문제, 곧 '**비언어적인** 기호와 상징의 전체는 코드화되었건 아니건, 체계화되었건 아니건, **언어적인** 전체와 같은 범주에 속하는가, 아니면 언어적인 전체로 환원될 수 없는가?'라는 질문에 대해 만족할 만한 답을 제시하지 못한다. 의미작용을 하는 비언어적인 전체로는 음악, 회화, 조각, 건축, 연극 등을 들 수 있다. 특히 연극은 텍스트나 텍스트의 구실이 되는 전(前)텍스트(prétexte) 외에 몸짓, 가면, 무대의상, 무대, 연출, 요컨대 공간을 포함하고 있다. 비언어적인 전체는 따라서 '정신성'으로 환원될 수 없는 공간성으로 특징지어진다고 말할 수 있다. 어떤 의미에서는 농촌 풍경이나 도시 풍경도 여기에 해당된다. 공간을 과소평가하고 공간을 축소시키려는 것은 텍스트, 즉 쓰인 글과 글쓰기, 독해 가능한 것과 보여지는 것을 과대평가하며, 이것들만을 이해 가능한 것으로 단정하는 것과 다르지 않다.

이 책에서 제시하는 전략적인 가설은 다음과 같다. "공간에 관한 이론적이며 실천적인 질문들의 중요성은 날로 커져만 간다. 이러한 질문들은 생물학적인 재생산, 생산수단과 소비재 생산과 관련된 문제들을 제거하는 것이 아니라 다른 곳으로 전이시킨다." 하나의 생산양식은 자신이 안고 있는 모든 생산력을 분출하고 모든 잠재성을 실현하기 전에는 완전히 소멸하지 않는다고 마르크스는 주장했다. 이러한 그의 주장은 때로는 자명한 이치로, 때로는 놀라운 역설로 받아들여진다. 생산력의 도약(자본주의적 생산관계가 소멸되지 않은 상태에서 이루어진 도약)은 공간 내부에서 사물의 생산을 공간의 생산으로 대체한다. 아니, 공간의 생산은 사물의 생산 위에 포개진다. 공간의 생산은, 적어도 관찰 가능하고 분석 가능한 몇몇 사례의 경우, 세계 시장의 압력과 자본주의적 생산관계의 재생산을 동반한다. 계몽군주적인 부르주아 계급과 자본주의는 추상 공간을 수단으로 삼아 부분적으로 상품의 시장을 제어했다. 하지만 자본 시장의 제어는 이보다 훨씬 어려운〔이른바 '통화(通貨)에 따른' 애로라고들 말한다〕 일이다. 매우 강력한 정치적 지배와 생산력의 비약적 발전, 시장에 대한 불충분한 제어 등으로 인해서 야기된 공간적인 혼돈 상태가 가까운 이웃에서부터 전 세계에 이르기까지 도처에서 관찰된다. 부르주아 계급과 자본주의는 자신들이 만들어낸 생산물과 지배의 수단, 즉 공간을 통제하는 데 많은 어려움을 겪고 있다. 이들은 더 이상 실천(실천적·감각적인 것, 몸, 실천적·사회적·공간적인 것)을 추상적인 공간으로 환원하지 못한다. 새로운 모순, 다시 말해서 공간의 모순들이 하나둘 나타나기 시작하고 급기야 눈에 띄게 모습을 드러낸다. 막강한 권력과 국가 합리성에도 불구하고 자본주의가 만들어낸 공간적인 혼돈은 결국 자본주의의 취약점, 다치기 쉬운 부분이 되는 걸까?

이 전략적 가설은 일반적으로 받아들여지는 정치적 전략, 즉 하나의, 단 하나의 정당이 하나의, 단 하나의 국가에서, 하나의, 단 하나의 교리로 하나의, 단 하나의 계급이 이룩한 세계적 혁명, 요컨대 하나의, 단 하나의 **중심**에 의해 이루어진 혁명이라는 전략에 영향력을 행사하거나 혹은 이를 대체할 수 있는가? 단일 중심 가설의 실패는, 모두들 기억하겠지만, 제3세계에 의해 이루어지는 변화라고 하는 또 다른 전략적 가설을 낳았다.

솔직히 말해서, 문제는 교조적으로 하나의 가설을 다른 하나의 가설로 바꾼다거나, 단일 중심과 복수 중심의 대립을 단순하게 극복하는 데 있지 않다. 세간에서 흔히 굳어진 표현대로, 이른바 '혁명'이라고 하는 세계적인 변화는 진정으로 세계적(지구적)임이,[31] 따라서 무수히 많은 횟수에 걸쳐 다양한 형태로 진행됨이 판명된다. 이 변화는 이론적인 면이나 정치적인 면에서 동시다발적으로, 다시 말해서 이론적인 면이 정치적인 면을 관통하는 방식으로 나타난다. 이 변화는 기술 발전과 더불어 지식과 실천 모두에서 진행된다. 어떤 곳에서는 농민들이 과거에도 가장 중요한 요소, 적극적이면서 동시에 수동적인 요소로 작용했으며 현재도 마찬가지다. 그런가 하면 주변인 혹은 선도적인 노동자 계급이 놀라운 선택지를 가지고 변화를 이끈 곳도 있다. 세계의 변화가 몹시 급진적으로, 격한 방식으로 진행된 곳이 있는가 하면, 겉보기에는 매우 평온하게 혹은 평화스러운 방식으로 심층부에서부터 진행된 곳도 있다. 어떤 곳에서는 지배 계급이 나서는가 하면, 다른 곳에서는 지배 계급이 산산조각난 곳도 있다.

공간과 관련된 전략적인 가설은 이른바 '저개발' 국가들의 역할을 배제하지 않으며, 산업화된 국가들과 이들 국가의 노동자 계급도 배제하지 않는다. 오히려 그 반대다. 이 가설은 원칙적으로 분리되어 있는 요소들을 한데 모으고자 하며, 흩어져 있는 각각의 움직임과 요소들을 결집시키는 것이 궁극적인 목표이기도 하다. 이 가설은 세계적인 차원의 경험(세계라는 공간의 서로 다른 시련의 총체)을 구상함으로써 국가와 정치권력, 세계 시장, 상품의 세계에 의한 동질화, 사실상 추상 공간에 의해 추상 공간 안에서 일어나는 동질화를 거부한다. 반면, 이 가설은 차이를 고려한다. 이때 차이라고 하면 자연에서 비롯된 차이는 물론, 자연에서 비롯되어 생태(체제, 나라, 지형, 인종, 자원 등)에 의해 고립적으로 강조된 차이 등을 두루 포함한다.

'다를 권리'란 다르기 위해서 실질적인 투쟁을 벌이기 전에는 아무런 의미가 없으며, 이러한 이론적 · 실천적 투쟁을 통해서 생산된 차이는 자연적인 개별성과 기존의 추상 공간 내부에서 추론된 변별성과는 다르다는 점을 길게 설명해야 할 필요가 있을까? 그렇다. 보존되어야 할 가치가 있는 차이, 이론과 행위 모두 기대를 걸 수 있는 차이가 어떤 것인지는 오로지 세심하고 철저한 분석만이 보여줄 수 있다.

공간의 '코드', 즉 실천과 이론에 공통적으로 적용되며, 주민들과 건축가, 학자들이 함께 나누어 가질 수 있는 공통의 언어를 복원하는 일은 전술적으로 볼 때 매우 시급한 과제로 여겨진다. 이러한 코드는 흩어져 있는 요소들, 즉 공간에 있어서 사적인 것과 공적인 것, 접합과 차이 같은 요소들의 단일성을 포착할 수 있을 것이다. 코드는 또한 기존의 공간적 실천에 의해서 혹은 그 실천을 정당화해주는 이념에 의해서 격리되어 있던 용어들, 이를테면 **마이크로**(건축의 단위나 단계)와 **매크로**(도시계획가, 정치가, 기획입안자들), 일상적인 것과 도시적인 것, 안과 밖, 노동과 비노동(축제), 지속적인 것과 순간적인 것 등을 한곳으로 집결시켜줄 것이다. 그러므로 코드는 흩어져 있던 용어들에서 찾아낸 변별적 대립(계열적)과 통제를 받는 정치적 공간의 동질성 속에서 혼돈되어오던 용어들 간의 연계(통합체적)로 구성될 것이다. 이런 의미에서 보자면, 코드는 지배적인 추세를 전복시키는 데 공헌할 것이며, 우리가 구상하는 계획 속으로 편입될 것이다. 코드를 실천으로 간주하지 않는다는 조건에서 그렇게 될 수 있다! 실천과 실천의 변화(변화의 세계적인 과정)로부터 언어와 관련된 연구를 분리시키지 않는다는 조건에서 그렇게 될 수 있음도 덧붙일 수 있겠다.

이러한 논지는 계열체적인 연구, 다시 말해서 명시적이며 용어의 나열, 즉 통합체적인(언어, 일상 담론, 글쓰기, 독서, 문학 등) 연구가 아니라 감추어져 있으며 암시적이고, 말로 드러내놓고 표현되지 않으면서 사회적 실천의 방향을 결정짓는 본질적인 대립 관계를 살펴보는 노력을 전제로 한다.

이 같은 코드는 지식과도 관계를 맺고 있다. 코드는 하나의 알파벳과 하나의 어휘, 하나의 문법을 (말하자면 하나의) 진체적인 테두리 안에 결집 시킨다. 코드는 비지식을 배제하지는 않으나 비지식(무지 혹은 오해), 다시 말해서 **체험된** 것, **지각된** 것과 관련하여 위치 매김 한다. 이렇게 해서 얻은 인식은 막연하고 어렴풋하다. 확실하기도 하고 불확실하기도 하다는 말이다. 이 인식은 자아비판을 통해 한 걸음씩 나아가므로(나아가려고 시도하므로) 번번이 상대화된다. 하지만 그렇다고 해서 비지식이나 절대적 자발성 혹은 순수한 폭력의 변명 속에서 와해되지는 않는다. 이 인식은 교조주의와 오해 사이를 헤치며 전진한다.

1.21   이 책에서 채택한 방식은 '퇴행적 전진'이라고 명명할 수 있다. 이 방식은 오늘날에 일어나고 있는 현상, 생산력의 도약, 자연적 공간을 급진적으로 변화시킬 수 있기 때문에 자연에 대한 위협으로 여겨지는 기술 과학적 역량 등을 출발점으로 삼는다. 이처럼 막강한 파괴력 · 건설력이 유발하는 위력은 도처에서 관찰된다. 이러한 위력은 일반적으로 세계 시장의 압력과 더불어 때로 상당한 불안감을 조성한다. 물론 이 같은 세계적인 테두리 안에서 레닌주의적인 불평등 법칙은 완벽하게 들어맞는다. 몇몇 국가들은 이제 겨우 공간에서 사물들(재화)을 생산하는 초기 단계에 머물러 있는 현실과 대조적으로, 산업화가 이루어지고 도시화가 진행된 국가들만큼은 새로운 기술과 지식이 제공하는 가능성을 제

대로 활용한다. 하나의 개념, 하나의 언어 차원으로 승격한 공간의 생산은 과거에 대해 작용하며, 과거로부터 제대로 알려지지 않았던 면들이나 시기를 찾아낸다. 과거는 이제까지와는 다른 방식으로 모습을 드러낸다. 그 결과 과거로부터 현재에 이르는 과정 또한 다른 방식으로 나타난다.

이 방식은 마르크스가 그의 주요 '방법론적' 저술에서 제안한 방식이다. 가장 발달한 사회, 즉 부르주아 사회 안에서 이루어지는 사회적 관계를 표현하는 범주(개념)들은 "흔적이 남아 있는데다 몇몇 잠재태(가능성)는 발전을 거듭하는 과정에서 그 가치를 충분히 발휘하기 때문에, 과거에 존재했던 모든 사회의 생산 구조와 관계를 동시에 파악할 수 있게 해준다."[32]

처음엔 역설적으로 들릴 수도 있는 이러한 방식은 이내 제대로 된 방향으로 접근한다. 현재에서 출발하지 않는다면, 현재에서 과거로 혹은 그 역방향으로 진행하지 않는다면, 현재의 기원, 현재가 있게 된 조건과 과정을 어떻게 이해할 수 있겠는가? 이 방식이야말로 역사학자, 경제학자, 사회학자, 요컨대 방법론을 가졌다고 할 만한 전문가들이라면 누구나 피할 수 없는 방식이 아니겠는가?

제안의 서술이나 적용에 있어서 명료하고 명확해 보이는 마르크스의 방법은 그러나 실행에 있어서는 적지 않은 어려움이 따른다. 이러한 어려움들은 마르크스 자신이 **노동**의 개념과 현실에 이 방법을 적용하고자 했을 때 이미 대두되었다. 가장 큰 어려움은 발제에서나 연구에서나 이 두 가지 움직임, 즉 퇴행과 전진이 끈끈하게 뒤엉켜 있다는 데에서 기인한다. 사정이 이렇다 보니 퇴행적 움직임은 항상 전진적 움직임과 충돌하고, 이를 중단시키거나 모호하게 만들 우려가 있다. 시작이 종말에 위치하며, 종말이 다짜고짜 제일 앞에 등장하는 식인 것이다. 이 때문에 세상을 앞으로 나아가게 하는, 그리고 그 결과, 마르크스에 따르면, 모든 역사적 과정을 종말에 이르게 하는 모순을 파헤치는 일에 어려움을 가중시킨다.

이것이 이 책에서 맞닥뜨리게 되는 어려움이다. **공간의 생산**이라고 하는 새로운 개념이 처음부터 등장한다. 이 개념은 떼어낼 수 없는 과정들을 밝혀나감으로써 제대로 움직여야 한다. 아니 요즘 유행하는 표현대로라면 활발하게 작용해야 한다. 그러니 이 개념이 온전하게 전개되어 나가도록 유의하면서 충분히 활용할 필요가 있다. 그렇다고 해서 헤겔식으로 개념이 고유한 삶과 힘을 지니고 있다거나, 지식의 자율적인 현실을 인정하자는 것은 아니다. 궁극적으로 **공간의 생산**(분리될 수 없게 연결된 이론적인 개념과 실천적인 현실)은 스스로 형성되어가는 과정을 보임으로써 명확하게 진술될 것이며, 그것이 바로 '그 자체로, 그 자체를 위한' 진리, 완성되었으나 상대적인 진리의 증명이 될 것이다.

방법 자체를 변증법화하는 과정은 계속될 것이며, 그로 인해서 논리와 일관성이 저해당하지는 않을 것이다. 하지만 모호함과 반복의 위험마저 배제할 수는 없다. 마르크스도 그 같은 암초를 항상 피해가지는 못했다. 마르크스는 이를 잘 알고 있었다. 《자본론》의 논지가 《정치경제학 비판 요강》에서 내세운 방법을 그대로 따라가지 않는 것도 그러한 이유 때문이라고 할 수 있다. 학설상의 중심 논지는 이전 저술에서 전면에 내세운 생산과 노동의 개념이 아닌 하나의 **형태**, 즉 교환 가치에서 출발한다. 《정치경제학 비판 요강》에서 선언한 방식은 자본의 축적과 관계가 있다. 마르크스는 여러 나라의 상황을 이해하고, 자본주의가 형성된 과정을 이해하기 위해 영국에서 가장 앞선 형태의 자본주의를 연구하는 동안 내내 자신의 방법론적 입장을 견지했다.

사회적 공간

2.1   이 연구는 **공간의 생산**이라는 용어와 개념에 대한 세심한 성찰을 요구한다. 지금까지 이에 대해서 명확한 설명이 없었다는 사실 때문에라도 이 용어와 개념에 대한 성찰은 더욱 필요하다.

헤겔주의에서 **생산**(production)이라는 용어와 개념은 결정적인 중요성을 지닌다. (절대적인) 사고는 이 세계를 생산한다. 세계가 생산된 후에 자연은 인간을 생산하며, 인간은 투쟁과 노동을 통해서 역사와 지식, 자의식, 즉 최초이면서 궁극적인 절대적 사고를 재현하는 정신을 동시에 생산한다.

마르크스와 엥겔스에게 있어서, '생산'이라는 개념은 여전히 애매모호한 상태로 남아 있으며, 그렇기 때문에 여전히 풍성한 개념이라고 말할 수 있다. 이 개념은 크게 두 가지 의미로 수용된다. 하나는 매우 광범위한 의미, 나머지 하나는 이보다 훨씬 축소적이며 명확한 의미라고 하겠다. 광범위한 의미로 볼 때, 사회적 존재로서의 인간은 자신의 삶과 역사, 의식, 세계를 **생산한다**. 역사와 사회 속에서 후천적으로 얻어지거나 생산되지 않은 것이라고는 존재하지 않는다. '자연'조차, 감각 기관을 지닌 사회적 삶에서는, 변형된다. 다시 말해서 생산된다. 인간은 사법적, 정치적, 종교적, 예술적, 철학적, 이념적 형식들을 생산했다. 따라서 광범위한 의미에서의 생산이란 무수히 많은 작품, 다양한 형태들을 모두 포함한다. 이때의 형태들이 (이를테면 논리적 형식, 흔히 시간을 초월해 있고 생산된 것이 아닌, 즉 형이상학적인 것으로 통하는 추상화 형식처럼) 생산자와 생산의 표시를 지니고 있지 않다고 하더라도 이 사실엔 변함이 없다.

마르크스도 엥겔스도 **생산**이라는 개념을 불확정적이고 막연한 상태로 방치하지 않았다. 두 사람은 이 개념을 한정적으로 사용했는데, 그런 면에서 생산이 광범위한 의미를 갖지는 않았다. 즉 생산은 사물, **생산물**로 한정되었다. 보다 명확한 의미를 지니게 되면서 생산이라는 개념은 일반적으로 통용되는 의미, 평범한 의미, 즉 경제학자들이 사용하는 의미로 축소된다. 누가 생산하는가? 어떻게 생산하는가? 수용되는 의미가 명확해질수록 창조력이나 발명력, 상상력 등은 점점 덜 부각되며 오로지 노동만이 중요해진다. "애덤 스미스가 부를 창조하는 특별한 형태의 활동은 무조건 배척하고 오직 노동만을 문제 삼기 시작하면서 엄청난 진보가 이루어졌다. 부를 창조하는 활동의 보편성에 이제 사물, 즉 생산물, 그리고 일반적인 의미에서의 노동의 보편성이 대응한다……."[1] 생산, 생산물, 노동, 동시에 부상한 이 세 가지 개념은 정치경제학 성립의 근간을 만들어주며, 특혜를 부여받은 매우 구체적인 추상물이라고 할 수 있다. 이 추상적 개념은 **생산관계**의 분석을 가능하게 해준다. 생산이라는 개념은 '누가, 무엇을, 어떻게 생산하는가?'라고 하는 질문에 대답할 수 있을 때에만 비로소 완전히 구체적이 될 수 있다. 이 질문과 그에 대한 대답을 벗어난다면, 생산이라고 하는 개념은 하나의 추상일 수밖에 없다. 마르크스와 엥겔스에서는 개념이 형성되지 않는다. 시간이 한참 경과한 후,

경제주의(주체론)만이 개념을 가장 편협한 의미로 받아들일 뿐이다. 엥겔스는 1890년 9월 20일에 철학자 에른스트 블로흐에게 보낸 편지에서 "마지막 단계에서 역사를 결정짓는 요인은 생산과 실제 삶의 재생산"이라고 말하고 있다. 상당히 교조적이면서 애매한 말이 아닐 수 없다. 다른 부연 설명이라고는 없이 생산이 생물학적, 경제적, 사회적 재생산을 포함한다고 그는 말하고 있다.

마르크스와 엥겔스에게 있어서 **생산력**은 무엇인가? 우선 자연은 생산력에 포함된다. 그리고 노동도 역시 포함된다. 노동이 포함되므로 따라서 노동의 조직(분업)도 포함되며, 이를 위해서 동원되는 도구, 기술, 다시 말해서 지식도 모두 포함된다.

개념의 광범위한 개방은 이를 너무도 확대시키기 때문에, 급기야 모든 경계가 허물어져버리는 결과를 초래한다. 지식, 이념, 글쓰기, 의미, 이미지, 담론, 언어, 기호와 상징의 생산(꿈의 작업, 조작 개념의 작업) 등 이 모든 개념은 너무도 외연이 확장된 나머지 이들 각각에 대한 이해가 희석되어버린다. 더구나 이와 같은 확장을 주장하는 사람들은 마르크스와 엥겔스가 순진한 방식으로 밟아간 과정, 즉 좁은 의미, 과학적(경제학적) 의미의 실증성을 광범위한 의미, 다시 말해서 철학적 의미로 수용하도록 하는 과정을 남용하는 경향이 있다.

따라서 이와 같은 개념들을 다시 취하기로 하는 것은 일정한 엄정성에 입각해서 '작품과 상품', '자연과 생산'이라는 관계를 설정함으로써 이들을 재평가하여 새로운 가치를 부여하며 변증법적으로 발전시키는 것을 의미한다. 앞으로 다루게 될 내용을 요약하는 마음으로, 내친 김에 **작품**은 대체 불가능하고 유일한 것을 가리키는 반면, **생산물**은 반복생산 가능하며, 반복적인 몸짓과 행위의 산물이라고 구분하자. 자연은 어디까지나 창조할 뿐 생산하지 않는다. 자연은 사회적 인간의 창조적이고 생산적인 활동에 자원을 공급한다. 자연은 또한 **사용 가치**를 제공하며, 모든 사용 가치(교환이 가능하지 않은 한 모든 상품은 사용 가치를 지닌다)는 자연으로 귀착되거나 자연재로 기능한다. 대지와 자연은 당연히 분리되지 않는다.

자연은 **생산하는가?** 이때의 생산이란 원래의 의미, 즉 '앞으로 인도하다', '깊은 곳에서 나오게 하다'라는 의미로 이해해야 한다. 자연은 노동하지 않는다. 이는 자연을 특징짓는 요소이기도 하다. 자연은 노동하지 않고 창조한다. 자연이 창조하는 것, 즉 변별 가능한 '존재들'은 문득 솟아올라 모습을 드러낸다. 자연은 이들을 알지 못한다.(우리가 자연 속에 계산과 예측을 전문으로 하는 신이 깃들어 있지 않다고 생각하는 한 그렇다.) 나무 한 그루, 꽃 한 송이, 과일 한 개는 공원에 있는 것이라고 해도 '생산물'이 아니다. 한 송이의 장미에게는 '왜?'가 있을 수 없다. 장미는 그냥 핀다. 장미에게는 "누군가에게 보이고 싶다는 마음이 없다".〔시인 안젤루스 질레지우스(Angelus Silesius)〕 장미는 자신이 아름다우며, 자신에게서 좋은 향기가 난다는 것을 알지 못하고, n차 대칭을 나타낸다는 의식이 없다. 그러니 어떻게 앞에서 제시했던 질문을 계속하지 않을 수 있겠는가? '자연'은 인간과 같은 목표에 따라 움직일 수 없다. 자연이 창조하는 것, 자연이 창조한 존재들은 작품이다. 이들은 비록 하나의 유형이나 종에 속한다고 할지라도 '유일한' 무엇인가를 지니고 있다. 이 나무, 이 장미, 이 말이라고 할 수 있는 무엇인가를 지녔다는 말이다. 자연은 거대한 탄생장소의 모습을 띤다. 그곳에서 '사물들'이 태어나서 자라나며 성숙해진다. 그러다가 때가 되면 사물들은 쇠퇴하고 죽는다. 이 말 속에는 무한(無限)이 깃들어 있다. 격렬하고 너그러우며 욕심 많고 풍부하며 언제나 열려 있는 자연은 드넓게 펼쳐진다. 공간-자연은 연출의 공간이 아니다. 왜냐하면 '왜?'라는 것이 존재하지 않기 때문이다. 한 송이 꽃은 자신이 꽃이라는 사실을 알지 못한다. 죽음도 죽는다는 것을 알지 못한다. 우리가 '자연'이라는 말, 형이상학적이고 신학적인 의미까지도 포함하는 이 말을 믿는다고 할 때, 중요한 것은 모두 심층부에서 일어난다. '자연'이라고 말하는 사람은 누구나 자발성에 이의를 달지 않는다. 자연은 멀어져간다. 이렇게 말하는 것은 사실 말할 수 있는 최소한이다. 어쩌면 상징이나 기호, 이미지, 담론, 또는 노동과 노동이 생산한 상품 같은 빈(反)자연에 의한 자연의 살해라고 말하는 단계까지 가야 할지도 모른다. '인간'은 이것들을 모두 죽인다. 그러면서 어쩌면 그와 동시에 스스로도 죽음을 택한다.

'인간', 다시 말해서 사회적 실천은 작품을 창조하고 사물을 생산한다. 두 경우 모두 노동을 필요로 한다. 하지만 작품의 경우, 노동의 역할(노동자로서의 창조자)은 부수적으로 보인다. 생산물의 제작에서 노동의 역할이 지배적인 것과는 대조적이다.

생산의 철학적(헤겔주의적) 개념을 명확히 하기 위하여 경제학자들과 정치경제학의 도움을 청하면서, 마르크스는 이 개념과 개념의 내용이라고 할 수 있는 활동에 내재적인 합리성을 도출해내고자 했다. 이러한 합리성은 신성(神性)에서 기인하는 이성이 되었건 이상적인 이성, 즉 신학적·형이상학적 이성이 되었건, 이보다 앞서서 존재하는 이성에 호소해야 할 필요를 덜어줄 수 있기 때문이었다. 또한 생산 행위 뒤에 발생하며, 생산 행위의 향방을 좌우하는 차후의 목적성으로부터도 자유로울 수 있게 해준다. 마르크스적인 의미에서의 **생산**은 주체와 객체 사이의 철학적인 대립과, 이와 같은 대립으로부터 철학자들이 쌓아올린 관계들을 뛰어넘는다. 생산에 내재적인 합리성은 무엇으로 이루어지는가? 특정한 목표(생산해야 할 대상)에 도달하기 위해 연속적으로 이어지는 일련의 행위를 배치함으로써 이루어진다. 이러한 합리성은 시간적으로, 공간적으로 작업의 순서를 구성하며, 서로 엮인 작업들에서 얻어지는 결과는 공존한다. 이처럼 목표를 향한 활동의 초기부터 공간적인 요소들(신체, 팔다리, 눈)은 **자재**(돌, 나무, 뼈, 가죽 등), **설비**(도구, 무기, 언어, 지휘 계통, 명령 등)와 더불어 움직이기 시작한다. 순서적인 관계, 즉 동시성과 동기성(同期性)이 물질적으로 추구되는 행위를 구성하는 요소들의 적극적인 지성에 의해 성립된다. 불변성이나 항구성 이상이라고 할 수 있는, **시간성**(연속, 이어짐)에서 **공간성**(동시성, 동시화)으로의 끊임없는 이행이야말로 모든 생산 활동을 정의한다고 할 수 있다. 이와 같은 형태는 궁극적인 목적성과 분리할 수 없으며, 따라서 기능성(행위의 목적과 의미, '필요'를 충족시키기 위해서 투입된 에너지)과 동원된 구조(기술, 숙련도, 노동에 있어서의 협력)와도 분리할 수 없다. 전체 안에서 개별적인 각각의 행위들 간의 응집력을 가능하게 해주는 형식적인 관계는 개별적인 행위와 집단적인 행위가 이루어지는 물질적인 조건들과 분리할 수 없다. 이는 바위를 움직이거나, 사냥감을 뒤쫓을 때, 혹은 지극히 단순하거나 매우 복잡한 물체를 만들 때나 다르지 않다. 이와 같은 분석에 따르면, 공간의 합리성은 일반적인 인간의 행위가 지니는 특성이나 인간 노동 혹은 사회적 조직의 노동의 질에서 기인하지 않는다. 오히려 이와 반대로, 공간의 합리성은 적극적인 합리성(멀리 떨어진 근원이 아니라 직접적이거나 핵심적인 근원), 즉 감추어져 있으면서 손과 도구를 이용하여 행동하고 에너지를 활용하는 자들의 경험 속에 녹아 있는 합리성의 근원이 된다.

이처럼 다소간의 정확성을 첨가하면, **생산**이라는 개념은 마르크스가 헤겔로부터 끌어냈으나 그 후 다시 모호해졌다가 결국 흐지부지되어버린 **구체적 보편성**을 획득한다. 이 때문에 몇몇 비판이 정당화될 수 있다. 사실 이 같은 비판들이 내세우는 전략적 목표는 대번에 드러난다. 이제까지 드러난 모습 그대로의 구체적 보편성을 포함하는 마르크스 개념 전반을 제거해버리고 싶은 것이 이들 비판이 바라는 바이다.(이들은 그 대신 허무주의적인 현기증 속에서 일반화된 추상과 비현실을 내세우려 한다.)[2]

우파 쪽에서는, 생산이라는 개념을 생산 제일주의적 이념, 더 나아가 생산 제일주의적 이념을 자기 것으로 만들어버리려는 천박하고 거친 경제 지상주의로부터 분리시키기가 쉽지 않다. 한편, 좌파(혹은 극좌파, 급진주의적 좌파) 쪽에서 볼 때 단어나 꿈, 글, 개념들은 자신들의 고유한 편의를 위해 작용하며 생산한다고 하는데, 이렇게 되면 노동자 없는 노동, 생산 없는 생산물, 혹은 생산물 없는 생산, 창조자 없는 작품(주체도 객체도 없는 현상!) 같은 기이한 현상이 만들어지게 된다. '인식의 생산'이라고 하는 용어는, 개념의 탄생에 있어서 특정한 의미를 지닌다. 모든 개념은 태어나고 성장한다. 하지만 사실과 사회적 존재들(주체들)의 담론이 없다면, 누가 그것들을 생산하겠는가? 주어진 특정 테두리를 벗어나면, '인식의 생산' 같은 표현은 심각한 위험과 대면하게 된다. 한편으로는 기존의 분업 형태와 기계(정보를 생산하는 기계) 활용 등을 별다른 이의 없이 받아들임으로써 인식을 산업 생산과 같은 선상에 놓을 수도 있고, 다른 한편으로는 인식이라는 개념에서 한정된 내용을 모두 제거해버리듯이 생산이라는 개념에서 '대상'이나 '주체'를 모두 제거해버릴 수도 있다. 이렇게 되면 비합리적인 궤변과 헛소리들을 양산하는 길이 열리게 된다.

그런데 (사회적) 공간은 여러 사물들 중의 하나, 다시 말해서 수많은 생산물들 중에서 그렇고 그런 하나의 생산물이 아니다. 사회적 공간은 다른 생산물들을 포함하며, 이 생산물들이 동시적인 공존상태에서 맺는 관계, 즉 (상대적) 질서와/나 (상대적) 무질서까지도 모두 포함한다. 사회적 공간은 일련의 조작으로부터 생겨나며, 단순한 하나의 물체에 국한될 수 없다. 하지만 그렇다고 해도 사회적 공간을 기호나 재현, 사고, 꿈과 같은 가상, 비현실, 또는 '관념성(idéalité)'으로 간주할 수는 없다. 과거에 이루어진 행위의 결과로서의 사회적 공간은 새로운 행위를 가능하게 하며 이를 암시하거나 금지한다. 이러한 행위들 가운데에서 일부는 생산에 관여하며, 일부는 소비, 다시 말해서 생산 행위로 빚어진 과실을 향유하는 일에 관여한다. 사회적 공간은 무수히 많은 인식을 내포한다. 그렇다면 이 사회적 공간은 어떤 지위를 갖는가? 사회적 공간은 생산과 어떤 관계를 맺는가?

공간을 생산하다. 생산한다는 말과 공간이라는 말의 결합은 철학자들이 추상적인 개념 위에 군림하던 시기엔 아무런 의미를 지니지 못했다. 철학자들이 생각하는 공간으로 말하자면, 오로지 신만이, 데카르트주의자들(데카르트, 말브랑슈, 스피노자, 라이프니츠)의 신, 혹은 포스트 칸트주의자들(셸링, 피히테, 헤겔)의 절대자만이 최초의 작품으로 세상을 창조했듯이, 이를 창조할 수 있다. 훗날 공간이 시간 속에 희석되는 존재의 타락으로 보이게 되었다고 하는데, 이처럼 경멸적인 평가도 상황을 바꾸는 데에는 속수무책이다. 상대화되고, 평가절하되었다고 하더라도 공간은 여전히 절대적인 것, 즉 지속에 의존한다.(베르그송)

하나의 도시를 놓고 생각해보자. 도시란 역사의 어떤 시기에 사회적인 활동에 의해 점유되어, 거기에 맞게 조정되고 만들어진 공간이다. 이러한 도시는 **작품**인가, **생산물**인가? 베네치아를 생각해보라. 작품이 유일하며 독창적이고 근원이 되는 것이라면, 작품이 하나의 공간을 점유하면서 하나의 시간과 연결되는 것이라면, 다시 말해서 탄생과 쇠락 사이에 위치하는 성숙기를 반영하는 것이라면, 베네치아는 **작품**이라고 말하지 않을 수 없다. 베네치아는 하나의 회화 작품이나 조각 작품만큼이나 강렬한 표현력과 의미를 지니고 있을 뿐 아니라 유일하며 통일된 세계를 구축하고 있다. 그런데 표현력과 의미를 지니고 있다니, 무엇을 표현하고 무엇을 의미한단 말인가? 누구의 표현력이며 의미란 말인가? 이 같은 질문에 대한 답을 찾기 위해서는 무한히 노력을 경주할 수 있을 것이다. 내용과 의미는 아무리 파내도 고갈되지 않는 법이다. 다행스럽게도 뭔가를 잘 모르는 사람, '전문가'가 아닌 사람은 대상을 굳이 알려고 하지 않으면서 그것을 마치 축제처럼 즐길 수 있다. 개별 궁궐에서 시작하여 도시 전체를 아우르는 건축적이고 기념물적인 단일성, 누가 과연 이와 같은 단일성을 원했던 것일까? 그런 사람은 아무도 없었다. 베네치아가 비록 다른 도시들과 비교해볼 때 16세기부터 줄곧 단일화 코드, 즉 도시 관련 공통 언어를 구사하고 있었던 것이 사실이긴 하지만, 그 점을 충분히 감안하더라도 누군가가 고의로 단일성을 원했던 것은 아니다. 사실 이 도시가 지니는 단일성은 관광객들의 눈에 비친 광경보다 훨씬 심도 있고, 훨씬 높은 수준을 구가한다. 베네치아의 단일성은 도시 전체의 현실과 관념성, 즉 실용적이고 상징적이며 영상적인 것들의 집대성이다. 공간 재현(도시의 지배를 받는 동시에 도시의 어느 곳에서나 연상되는 바다)과 재현 공간(아름답고 섬세한 곡선, 세련된 향유, 수단과 방법을 가리지 않고 긁어모은 부의 성대하고도 잔인한 탕진)은 서로가 서로를 보강한다. 마찬가지로, 운하의 공간과 거리의 공간도, 물과 돌이라는 두 가지 요소가 빚어내는 이중적인 직조를 통해 서로를 반영한다. 극도로 세련되면서도 애써 꾸민 것 같지 않은 각색, 의도적이지 않은 무대 장식 기술이 일상과 결합하여 기능함으로써 이를 변화시킨다. 물론 약간의 과장됨도 첨가된다!

그런데 이제 창조의 순간은 사라졌다. 그렇게 되면 소멸의 순간이 다가온다. 살아 있으면서 동시에 생존을 위협받는 작품은 기쁨을 얻기 위해 그것을 사용하는 사람들에게 감동을 선사하며, 비록 지극히 미미하게 나마 이 같은 사용을 통해 소멸을 이끄는 데 일조한다. 이 똑같은 이야기는 하나의 마을이나 아름다운 하나의 꽃병에 대해서도 얼마든지 적용해볼 수 있다. 이러한 '대상들'은 하나의 공간을 점유하며, 이때의 공간은 처음부터 그런 식으로 생산된 것이 아니다. 자, 이제 이 꽃을 보자. "장미는 자신이 장미임을 알지 못한다."[3] 물론 하나의 도시는 한 송이 꽃과 똑같은 방식으로 자신이 지닌 아름다움을 드러내지는 않는다. 사람들, 지극히 명확하게 한정지을 수 있는 한 무리의 사람들이 그 도시를 '구성'했다. 하지만 도시는 예술품과는 다르게 아무런 의도도 품고 있지 않다. 예술품이라! 예술품이라는 수식어는 대부분의 경우 최상의 찬사로 여겨진다. 하지만 자연이 빚어낸 작품과 의도가 개입되는 예술 사이에는 건너뛸 수 없는 심연이 가로놓여 있다. 대성당은 무엇으로 이루어지는가? 정치적인 행위로 이루어진다. 조각은 사라진 사람을 불멸의 존재로 만들면서 동시에 산 사람에게 아무런 누를 끼치지 않는다. 천이나 꽃병은 모두 무엇인가에 소용이 된다. 예술이 등장하고, 이보다 조금 후에 개념이 등장하면, 작품은 곧 빛을 잃게 된다. 아마도 예술 작품이 되기 위해 태어난 작품은 없을 것이다. 그렇기 때문에 예술, 특히 글쓰기 예술(문학)은 작품의 쇠락을 알리는 신호탄이라고 할 수 있다. 모름지기 특수한 행위로서의 예술은 **작품**을 파괴하고, 서서히 그렇지만 아주 확실한 방식으로 그 자리를 **생산물**로 대체해나갔다. 그런데 이들 생산물이란 원래 교환되고 판매되며, 무한히 복제되는 운명을 타고났다. 혹시 이 세상에서 가장 아름다운 도시라는 공간들도 꽃이나 나무처럼 정원에서 태어났을까? 다시 말해서 매우 문명화된 사람들의 노동에 의해서 태어나긴 했지만 유일하고 독창적인 자연의 작품일까?

이 문제는 주목할 만한 가치가 있다. 생산물과 비교할 때 작품은 초월성을 지니는가? 마을이나 도시처럼 역사적 공간들은 오로지 작품, 즉 여전히 자연에 근접해 있는 공동체라는 의미에서의 작품에 해당되며, 그렇기 때문에 생산이나 생산물이라는 개념, 따라서 '공간의 생산'이라는 개념과는 무관한 것일까? 이는 창조와 생산, 자연과 노동, 축제와 노고, 유일함과 재생산 가능함, 다른 것과 반복적인 것, 궁극적으로는 살아 있는 것과 죽은 것을 분리시킴으로써 **작품**을 맹목적으로 물신화하는 것은 아닐까?

이와 동시에 역사적인 것과 경제적인 것을 난폭하게 분리시킬 수도 있다. 모든 것이 닮아가고 있음을 깨닫기 위해서는 현대 도시들과 그 도시들의 근교 지역, 새로운 건축물 등을 오래도록 연구할 필요도 없다. 우리가 '건축'이라고 부르는 것과 '도시계획'이라고 부르는 것, 다시 말해서 '마이크로'와 '매크로' 사이에, 이 두 가지 서로 다른 업종 사이에 상당히 진척되어 있는 분리 현상은 다양성을 가속화하는 데 실패했다. 오히려 그 반대다. 이건 서글프지만 사실이다. 반복적인 것이 유일한 것보다 우세하며, 인위적이고 복잡한 것이 자발적이고 자연적인 것보다 우세하다. 요컨대 생산물이 작품보다 우세하다는 말이다. 반복적인 공간들은 반복적인 몸짓(노동자들의 몸짓)과 반복적인 동작을 하는 동시에 반복적인 순서로 등장하는 기계들(불도저, 콘크리트 믹서, 기중기, 굴착기 등)로부터 나온다. 이 같은 공간들은 상동(相同)이므로 교환 가능한가? 이 공간들은 교환되고, 매도·매수될 수 있을 만큼 동일한가? 이들 사이에는 화폐로 환산될 수 있는, 그러니까 수량화(부피, 거리 등)할 수 있는 차이만이 존재하는가? 반복이 지배한다. 이와 같은 공간에 대해서 여전히 **작품**이라고 말할 수 있는가? 이러한 공간은 의심할 여지없이 가장 엄밀한 의미에서의 생산물이다. 즉, 반복적인 행위가 빚어낸 반복 가능한 결과물인 것이다. 그러므로 확실히 공간의 생산이 존재한다. 비록 이때의 생산이 거대한 고속도로나 공항, 예술품처럼 폭넓은 것이 아니더라도 생산임에 틀림없다. 여기서 한 가지만 더 주목하자. 바로 이 같은 공간이 지니는 **시각적인** 특성이 점점 더 커지고 있다는 사실이다. 요컨대 눈에 띄도록 하기 위해서 이러한 공간을 만들어낸다는 말이다. 사람이며 사물, 공간과 그 공간에 꼭 들어맞는 것들이 눈에 들어온다. 이렇듯 시각화(visualisation)〔이 특성은 '구경거리로 만들기(mise en spectacle)'라고 하는 특성보다 훨씬 중요하다. 사실 '구경거리로 만들기'는 시각화에 포함된다고 할 수 있다〕라고 하는 지배적인 특성은 이 공간들이 지니는 반복적인 특성을 드러나지 않게 감춘다. 사람들은 삶과 보는 것과 본 것을 혼동하면서 바라본다. 계획서와 설계도에만 의존하여 건축은 진행된다. 서양에서 인식 가능한 것의 고전적 형태인 보는 것과 본 것은 함정으로 바뀐다. 바로 이것들 때문에 사회적 공간에서 다양성의 시뮬라시옹(simulation)과 인식 가능한 빛의 시뮬라크르(simulacre), 즉 투명성이 등장할 수 있게 되는 것이다.

베네치아. 다시 이 대표적인 예로 돌아오자. 그렇다. 베네치아는 유일무이하며 놀라운 공간이다. 베네치아는 예술 작품인가? 아니다. 미리 계획된 의도가 없기 때문이다. 베네치아는 물에서 태어났다. 하지만 아프로디테처럼 한 순간에 태어난 것이 아니라, 오랜 기간에 걸쳐 서서히 태어났다. 베네치아의 탄생은 처음엔 하나의 도전(자연에 대한 도전, 외적에 대한 도전)이었으며, 목적(상업)도 없지 않았다. 바닥이 얕고 먼 바다를 향해서 트인 습지인 석호(潟湖) 위의 공간은, 보다 광대한 공간인 상업적 교류의 공간, 즉 세계화까지는 아니더라도 지중해와 동방지역 간의 교류가 행해지는 공간과 분리될 수 없다. 상업 지배 집단이라고 할 수 있는 해상패권정치(thalassocratie)의 지배적 정치 계급의 야심적인 의도에서 비롯된 실용적인 계획의 지속성이 보장되어야 했다. 석호에 최초의 말뚝을 박은 이후 각각의 **장소**는 계획되었으며, 사람들, 그러니까 정치 '우두머리들'과 그들을 지지하는 집단, 곧 이들의 의도를 실현하는 사람에 의해서 구체적으로 실체화되었다. 바다에 대한 도전이라는 실용적인 요구(항구, 해안도로)에 이어 집합, 축제, 성대한 의식(총독과 바다의 결혼)이라는 필요성이 건축적인 발명을 낳았다. 여기서 우리는 의지와 집단적인 사고와 당시 동원 가능한 생산력이 연결됨을 알 수 있다. 이 장소는 노동에 의해서 만들어졌다. 말뚝을 박고, 부두와 항만 시설을 건설하고, 궁궐을 짓는 일들은 모두 어려운 조건 하에서 그 일로 큰 이익을 얻는 계급이 내린 구속력 있는 결정으로 인하여 이루어진 사회적 노동에 해당된다. 그러니 **작품**을 통해서 **생산**이 이루어졌다고 말해야 하지 않겠는가? 사회적 과잉 생산물, 자본주의가 낳은 잉여가치에 앞서서 이루어진 이 과잉 생산물은 앞으로 오게 될 잉여가치를 예고하는 것은 아니었을까? 베네치아에서는 과잉 노동과 사회적 과잉 생산물이 실현되었으며, 이는 주로 현지에서, 즉 도시 안에서 소비되었다. 이러한 과잉 생산물이 남다른 재능을 지닌 자들, 다시 말해서 가혹하면서 고도로 문명화된 취향을 지닌 자들에 의해서 사용되었다고 하더라도 그 근원은 하등 달라지지 않는다. 오늘날에 와서 쇠락의 길을 걷고 있는 베네치아의 영화(榮華)는 그 나름대로 목수와 석공, 선원들과 하역 인부들의 반복적인 몸짓에 토대를 두고 있다. 그날그날 사업을 경영하던 귀족들의 몸짓도 여기에 포함시켜야 한다. 하지만 베네치아에서는 누구나 부를 즐기는 방식의 다양성을 노래했으며, 축제와 쾌락, 성대한 의식을 만들어가는 기쁨을 찬미했다. 작품과 상품 사이의 구분이 유지되었다고는 하지만, 이 구분이라는 것은 지극히 상대적인 의미만을 지닌다. 어쩌면 이 두 용어 사이에 정체성이나 대립 같은 말로는 표현하기 어려운 아주 미묘한 관계가 있었음을 발견하게 될지도 모른다. 모든 작품은 하나의 공간을 점유하며, 공간을 탄생시키고 그 공간을 다듬어간다. 모든 생산물도 역시 공간을 점유하며 공간 안에서 유통된다. 점유된 공간 안에서 벌어지는 이 두 가지 양태 사이에는 어떤 관계가 있는가?

베네치아에서도 사회적 공간은 생산력(그리고 생산의 관계)과의 연관 하에 생산되고 재생산된다. 생산력은 성장 기간 동안 미리 만들어져 있던 공간, 텅 비고 중성적이거나 아니면 지리적, 기후적, 인류학적으로 결정되어 있는 공간에서 확산되는 것이 아니다. 예술 작품의 초월성을 주장해야 할 정도로 예술 작품과 생산물을 구별해야 하는 절대적인 이유라고는 전혀 없다. 또 설사 그래야만 하는 이유가 있다고 하더라도, 작품이 생산물을 관통하며 생산물이 반복성 속으로 작품의 창조성을 함몰시키지 않는 변증법적 움직임을 찾아낼 수 있는 희망이 전혀 없는 것은 아니다.

자연(기후와 경관)도 이전에 이루어진 역사도 사회적 공간을 설명하기엔 충분하지 않다. '문화'로도 충분하지 않기는 마찬가지다. 게다가 생산력의 향상은 인과관계적인 도식에 따라 생겨나는 공간이나 시간의 형성을 초래하지 않는다. 매개와 매개자들, 이를테면 인식이나 이념, 재현의 이유가 되는 행동하는 각종 집단들이 개입하기 때문이다. 이와 같은 공간은 자연적이며 사회적인 대상, 물질이나 정보를 교류하는 매체가 되는 각종 망과 경로 등과 같이 매우 다양한 대상을 포함한다. 사회적 공간은 그것이 품고 있는 대상들이나 대상들의 총합으로 귀착되지 않는다. 이 '대상들'은 단순한 사물들만이 아니라 관계까지도 포함한다. 대상으로서 이것들은 이해 가능한 특성, 즉 윤곽과 형태를 지닌다. 사회적 노동이 이를 변화시킨다. 사회적 노동은 섬이나 만, 강, 구릉 등 이것들이 지니는 물질성과 자연성 등을 존중하면서 동시에 이것들을 다른 방식으로 시공간 안에 위치시킨다.

다른 예를 들어보자. 이번 예도 역시 이탈리아에서 취하려고 한다. 어째서 그런가? 이탈리아라는 나라에서는 자본주의 이전 시대의 역사가 유난히 풍부하며 산업시대를 준비하는 기간이 특별히 의미심장했기 때문이다. 이 같은 노력이 18세기에서 19세기에 이르는 동안 속도감을 상실하고 다른 나라에 비해 상대적으로 지체되는 결과를 낳았다고 해서 그와 같은 의미가 반감되는 것은 아니다.

토스카나 지방을 예로 들겠다. 13세기 무렵부터 도시를 지배하는 소수 집단(상인, 부르주아)은 상속이나 매입을 통해서 자신들이 가진 영주 소유의 땅(라티푼디움(latifundium))을 변형시켰다. 이 땅에 '소작농제'를 정착시킨 것이다. 이로써 농노 대신 소작인이 등장하게 되었다. 소작인은 자기 몫에 해당되는 생산물을 받는다. 따라서 소작인은 노예나 농노와 달리 많은 양을 생산하는 것이 자신에게 유리하다. 이렇듯 새로운 사회적 현실을 생산하는 동향은 오롯이 독립된 도시에만 토대를 둔 것도 아니고, 그렇다고 농촌에만 토대를 둔 것도 아니었다. 이 움직임은 공간 안에서 그동안의 역사를 출발점으로 삼아 도시와 농촌이 맺어온 (변증법적) 관계에 토대를 두었다. 도시 부르주아 계급은 도시 시민들을 먹여 살리는 동시에 농업에도 투자하며, 도시와 농촌 전체를 아우르는 영역에 근거를 두면서 곡물과 모직, 피혁 등의 시장을 자신들의 손아귀 안에 쥐기를 원했다. 그러므로 이들은 미리 구상된 설계에 따라 땅덩어리와 풍경을 바꾸어나갔다. 우선 소작인들이 거주하는 주택은 이따금씩 토지 소유주들이 와서 머물고, 평소에는 관리인들이 상주하는 대저택 주변에 포진하는 구조로 자리 잡았다. 실편백나무들이 늘어선 가로수길이 **소작인들의 주택**과 지주들의 대저택을 이어주었다. 실편백나무는 무엇을 상징하는가? 소유권, 불멸성, 영원성을 상징한다. 이렇게 해서 풍경 속으로 들어온 실편백나무는 풍경에 깊이와 의미를 부여했다. 나무들과 가로수길은 서로 교차하면서 영역을 분할하고 조직한다. 풍경 속에 나타나는 원근은 방향을 알려준다. 원근은 도심 광장을 에워싸는 건축물들 사이에서 소실된다. 도시와 농촌, 그리고 이 둘 사이의 관계가 하나의 공간을 만들어냈으며, 화가들(이탈리아에서 최초로 형성된 미술학파인 시에나 화파)이 이 공간을 오롯하게 떼어내어 새롭게 형태화시키고 발전시켰다.

토스카나 지방뿐만 아니라 다른 지역(프랑스의 경우는 뒤에 나오는 '공간의 역사' 편에서 다룰 예정이다)에서도 이 시기에는 물질적 생산만이 아니라 사회적 형태의 출현, 아니 물질적 실재의 사회적 생산이 잇달았다. 새로운 사회적 형태는 앞서 존재하던 공간에 진즉부터 '예정되어 있던' 것이 아니다. 새로이 생산된 공간은 도시적이지도 농촌적이지도 않았으며, 오직 이 두 가지 공간이 새롭게 맺은 관계의 산물이었을 뿐이다.

이와 같은 변화의 원인과 이유로는 수공업자들과 이제 막 태동하는 제조업, 농업 등의 생산력 향상을 들 수 있다. 하지만 생산력 향상은 '도시-농촌' 간의 사회적 관계, 다시 말해서 발전의 토대가 되는 집단, 즉 도심의 지배적인 소수집단과 일부 농민 집단의 관계를 통해서만 영향력을 행사할 수 있다. 그 결과 더 큰 부(富), 더 큰 과잉생산이 가능해졌으며, 이러한 결과는 다시 부를 생산하는 환경에 반영되었다. 호사 취향, 대저택과 기념물적인 건축물의 축조 등은 예술가들, 특히 화가들에게 각자 나름대로의 방식을 통해 현실에서 일어나는 일들을 표현하며, 이들의 눈에 비친 예전과 차별되는 요소들을 드러낼 수 있는 기회를 제공했다. 예술가들은 원근법을 발견하고 이를 이론화했다. 원근법을 통해서 볼 수 있는 공간이 제공되고, 실제로 그러한 공간이 생산되었기 때문에 가능한 일이었다. 작품과 생산물은 후대에 이르러 과거를 회고하는 분석이 이루어질 때가 되어서야 비로소 구별이 가능했다. 절대적인 구분, 즉 단절을 고집하다 보면, 이러한 현상을 발생시킨 초기 개념, 아니 그 개념에서 지금까지 우리에게 남아 있는 것마저 소멸시킬 우려가 있다. 생산력의 향상, 연대적인 발전은 당연히 수많은 갈등과 계급투쟁〔귀족과 신흥 부르주아 계급 간의 투쟁, 도시 내부에서 포폴로 미누토(popolo minuto, 소규모 영세 동업조합과 상인들―옮긴이)와 포폴로 그로소(popolo grosso, 대규모 부자 동업조합과 상인들―옮긴이) 간의 투쟁, 도시 거주인들과 농촌 거주인들 간의 투쟁 등)을 동반했다. 이와 같은 전개 양상은 어느 정도까지는 프랑스 및 유럽의 일부 지역에서 나타난 '인민 혁명(révolution communale)'(1871년 3월 18일부터 5월 28일까지 지속되었던 파리 코뮌 이후 프랑스 및 유럽 각지에서 우후죽순 격으로 일어난 노동자 혁명을 가리킨다―옮긴이) 양상과도 일치한다. 하지만 토스카나 지방의 경우, 일반적인 전개 과정의 다양한 면모가 다른 지역의 사정에 비해서 훨씬 잘 알려졌고, 훨씬 특징적이며, 그 결과 또한 첨예하게 드러난다.

이러한 과정이 끝나가는 단계에 이르면 새로운 공간 재현이 등장한다. 화가들이 그린 회화 작품이나 건축가들이 빚어내는 구조물의 형태 등에서 나타나는 시각적인 구도가 달라지는 것이다. 이 예술가들에 이어 기하학자들도 새로운 공간 재현에 가담한다. 지식은 실천을 공들여 가다듬음으로써, 즉 이를 형식화하고 논리적으로 연결 지음으로써 형성된다.

이 기간 동안 이탈리아, 특히 피렌체와 시에나를 중심으로 하는 토스카나 지방에서는 도시 주민들과 농촌 주민들이 특정한 방식, 즉 정서적이고 종교적인 방식으로 자신들의 공간에서 살았다. 이들은 신성한 힘과 저주받은 힘이 이 세상에서, 이 세상의 특정한 장소 부근에서 서로 싸움을 벌인다고 생각했다. 이들에게 특정한 장소란 자신의 몸, 자신의 집, 자신의 토지, 자신이 속한 교회나 죽은 사람들을 받아들이는 묘지 등이었다. 이러한 **재현 공간**은 많은 작품들(화가의 그림, 건축가가 지은 건물 등) 속에 등장한다. 하지만 개중에 몇몇 예술가들이나 학자들은 이와는 전혀 다른 **공간 재현**, 즉 지평선, 평행선의 소실점 등을 통해서 뚜렷하게 한정되는 동질적인 공간을 만들어냈다.

2.2   19세기 중엽쯤, 몇몇 '선진' 국가에서는 새로운 현실이 등장해서 민중들을 동요시키고 자극제 역할을 했다. 수많은 문제들이 발

생하지만 이렇다 할 해결책이 없다는 점에서는 확실히 새로운 현실이었다. 이 '현실'은, 다소 상투적이고 투박한 이 용어를 그대로 가져다쓰자면, 명확하고 차별화된 방식으로 이루어지는 분석이나 행위의 대상이 되지는 않았다. 실제에 있어서 이 현실은 **산업**이라는 이름으로 지칭되는가 하면, 이론적인 사고에서는 **정치경제**라는 이름으로 불렸다. 이 두 가지는 함께 붙어 다녔다. 산업 활동은 일련의 새로운 개념과 새로운 질문을 내포한다. 과거(역사)에 대한 성찰, 혁신에 대한 비판적 평가(사회학) 등으로 이어지는 이와 같은 활동에 대한 성찰은 머지않아 곧 지배적인 학문으로 부상하게 될 정치경제학을 탄생시킨다.

이 당시 사람들, 인식의 측면(철학자, 학자, 그중에서도 특히 '경제학자들') 또는 행동의 측면(정치가를 비롯하여 자본주의적 '기업가들')에서 스스로 책임감을 자처한 자들은 어떤 방식으로 행동했는가? 그들은 자신들이 보기에 견고하며 반론의 여지가 없다고 생각되는 방식, 다시 말해서 (당시 막 떠오르기 시작한 **실증주의**와의 연관 하에) '실증적' 방식으로 행동했다.

일부 사람들은 사물들, 대상들을 헤아렸다. 이들은 생산된 사물들의 필요성이나 이 생산물들을 위해 열린 시장의 필요성을 강조하면서 기계들(천재적인 영국의 수학자이자 철학자인 찰스 배비지) 혹은 이 기계들이 도구가 되어 만들어낸 생산물들을 기술했다. 몇몇 예외를 제외하고는 이들 대부분이 지나친 세부 묘사나 사실 묘사에 그치고 말았다. 단단하게 보이는 현장(실제로 단단했다)에 토대를 두다 보니 오히려 방향을 잃는 우를 범하고 만 격이었다. 극단적인 경우엔 아무 제조 공정이나 아무 판매 과정을 묘사하더라도(이 분야에서는 벌써 한 세기 전부터 눈에 띄는 변화가 없었다는 사실을 새삼 언급할 필요가 있을까?) 대단한 지식으로 통했다.

계측된(공통의 단위, 다시 말해서 화폐로 환원된) 사물이나 생산물은 진실을 말하지 않았다. 이것들은 사물과 생산물로서의 진실을 은폐했다. 물론 이것들은 나름대로 사물과 생산물의 언어를 빌려, 자기들이 가져다주는 만족감과 충족시켜주는 욕구에 대해 자랑했다. 사물과 생산물은 자기들이 내포하는 사회적 노동 시간과 생산 노동, 그리고 착취와 지배라는 사회적 관계에 대해서 거짓말을 늘어놓았다. 사물과 생산물의 언어는 모든 언어가 그렇듯이 진실을 말하는 데에도 유용하지만 거짓을 말하는 데에도 소용된다. 사물은 거짓말을 한다. 자신의 근원(사회적 노동)에 대해 거짓을 말하고, 그 근원을 숨김으로써 상품이 된 사물은 절대적인 것으로 우뚝 선다. 생산물과 그것이 (공간 안에서) 만들어내는 회로는 물신화되며, 실재보다 더 실재다워진다. 이렇게 되어 누구나 다 알다시피 결국 세계 시장에 이른다. 대상은 매우 중요한 무엇인가를 감춘다. 대상은 사람들('주체')이 그것(대상) 없이 지낼 수 없을수록 훨씬 더 잘 감출 수 있다. 이와 동시에 대상은 그것을 즐긴다는 향유감을 선사한다. 향유감은 환상일 수도 있고, 실재일 수도 있다.(하지만 향유에 있어서 환상과 실재를 무슨 수로 구별한단 말인가?) 겉으로 드러나는 외양과 환상은 사용과 향유 속이 아니라 사물 자체에, 기만적인 기호와 의미를 지탱해주는 실현 매체로서의 사물 속에 깃들어 있었다. 사물의 가면을 벗겨내어 (사회적) 관계를 백일하에 드러내 보인 것이 바로 마르크스의 힘이며, 마르크스의 계승자임을 자처하는 자들의 정치적인 목적이 어디에 있건, 좌우지간 마르크스적인 사고가 얻어낸 중요한 소득이다. 물론 산등성이에 늠름하게 버티고 있는 바위나 구름, 푸른 하늘, 하늘을 나는 새, 나무들은 거짓말을 하지 않는다. 자연은 원래 모습 그대로, 즉 꾸밈없고 넉넉한 모습을 솔직하게 보여준다. 자연은 속이지 않는다. 자연은 서슴지 않고 인간을 골탕 먹일지언정 거짓말을 하지는 않는다. 이른바 사회적 현실이라고 일컬어지는 것은 이중적이고 복수적이며 다중적이다. 그 현실이라는 것은 어느 정도로 **실재성**을 보장하는가? 사회적 현실은 물질적인 방식으로는 더 이상

현실성을 갖지 못하며, 현실이 되지 못한다. 사회적 현실은 끔찍할 정도로 구체적인 추상화(다시 또 말하지만 이번에도 화폐, 상품, 물질적인 재화의 교환 등이 좋은 예에 해당된다)와 교환, 언어, 기호, 등가, 상호성, 계약 등의 각종 '순수한' 형태를 그 안에 품고 있다.

마르크스에 따르면(그의 분석을 무시하는 사람은 있을지 몰라도 적어도 그가 제시한 근본적인 분석에 대해 이의를 단 사람은 아무도 없다), 특정 물체로서의 사물 혹은 대상 일반으로서의 사물을 확인하는 과정에서는 사물이 은폐하면서 내포하는 것, 즉 사회적 **관계**와 그 관계의 **형태**를 소홀히 하게 마련이다. 사회적인 사물에 내재된 이 같은 관계를 배제한다면, 인식은 길을 잃게 된다. 다시 말해서 사물들이 정의되지 않고 무한히 확장되어나가는 현상을 손 놓고 바라만 보아야 한다는 말이다. 이렇게 되면 인식의 역할이란 고작 개별 사물들을 분류하고 묘사하며 파편화하는 것으로 제한될 수밖에 없다.

따라서 진실한 의미를 발견하게 해주는 전복과 혁명을 이루기 위해서 마르크스는 시대를 풍미하던 확실성, 즉 사물과 '현실'에 대한 맹목적인 신뢰를 뒤흔들어야 했다. '실증적인 것', '실재적인 것'은 언제나 상식 면에서나 일상생활 면에서 그럴듯한 설득 수단이 되어왔다. 마르크스는 이것들을 문자 그대로 완전히 타파해야만 했다. 철학자들이 이미 그가 해야 할 일의 적잖은 부분을 해결해주었다. 그것은 인정해야 한다. 철학자들은 벌써 오래전부터 줄곧 상식이 주는 안락함을 부식시켜왔기 때문이다. 그렇다고 해서 마르크스가 철학적인 이상성, 즉 초월성, 의식, 정신 혹은 인간 일반에의 호소를 타파할 필요, 다시 말해서 진리를 구하기 위해 철학을 넘어서야 할 필요가 없었다는 말은 물론 아니다.

마르크스가 밟아간 경로는, 오늘날의 독자들에게는 너무도 잘 알려졌으며, 지나치게 남용되어온 감이 없지 않은 논쟁들로 점철되어 있다. 때로는 불필요하다고 여겨지는 그 같은 논쟁들이, 원전보다 훨씬 불필요한 주석들에도 불구하고, 완전히 무의미한 것은 절대 아니다. 그 당시에 이미 많은 사람들이 (경제적, 사회적, 정치적) 합리성이 이룩한 진보에 환호했다. 그들은 그 진보 속에서 '더 나은' 현실로 가는 통로를 보았던 것이다. 그런 그들에게 마르크스는 합리성이 단순하게 이른바 '사회적', '정치적' 문제라고 하는 것들을 해결해주는 것이 아니라 오히려 악화시키는 생산력의 향상에 불과하다는 사실을 보여준다고 반박했다. 반면, 이 똑같은 마르크스가 지나간 시간을 그리워하는 사람들에게는 생산력의 향상이 가능하게 해주는 새로운 가능성을 주장했다. 한편, 전적이고 즉각적인 행동에 목말라하는 혁명주의자들에게 그는 **개념**으로 응답했으며, 사실 수집에 연연해하는 자들에게는 훗날에 가서야 이론으로서 기능할 수 있는 정도가 드러나게 될 **이론**, 즉 생산의 조직 이론, 기획 이론 등으로 응수했다.

마르크스는 한편으로는 당시 지배적인 경향, 그러니까 지배 계급(그러나 그런 식으로 인식되지 않는)의 대세가 우회해가고자 하는 **내용들**을 다시금 전면으로 끌어내야 했다. 그런데 그 내용들이란 구체적으로 어떤 것들인가? 생산과 관련된 노동, 생산력, 생산의 관계와 방식 등이다. 이와 동시에 마르크스는 파편화와 구체적인 사실의 나열, 통계 수치의 열거 방식에 대항하기 위해서 사회적 관계의 가장 일반적인 형태, 즉 교환이라는 **형태**(교환 가치)를 도입했다. 좀더 정확하게 말하자면, 가장 일반적인 유일한 형태라기보다 형식적 일반성(généralité formelle)이라고 하는 편이 더 적합하다.

자, 이제 하나의 불특정 공간, 즉 '사이'라고 할 수 있는 공간을 생각해보자. 빈 공간만 아니라면 어떤 공간이라도 상관없다. 이 공간은 사물들을 담고 있지만, 그 공간 자체는 하나의 사물, 즉 물질적인 물체가 아니다. 그렇다면 이 공간은 유동적인 '환경', 단순한 추상, 혹은 '순수한' 형태인가? 아니다. 이 공간은 하나의 내용물을 지니고 있다.

이 공간에 대해서 우리는 공간이 **사회적 관계**를 내포하고 있으며, 이를 감추고 있다고 말해야 한다. 이 공간은 사물이 아니며, 사물들(대상들과 생산물들)이 맺고 있는 관계의 총체이다. 이 공간은 절대적인 사물이라고 할 수 있을 것인가, 혹은 그렇게 되려는 경향을 보일 것인가? 확실히 그렇다고 말할 수 있는데, 모든 사물은 교환을 통해 자율적으로 변하면(상품이 되면) 절대적으로 변하는 경향이 있으며, 이러한 경향이 바로 마르크스가 말하는 물신화(자본주의에 있어서 실천적인 소외)를 정의하기 때문이다. 하지만 사물은 이렇게 될 수 없다. 사물은 '사회적 존재'의 활동이나 사용, 필요 등으로부터 벗어날 수 없다. 그런데 공간은? 바로 그것이 가장 핵심적인 문제다.

밀밭이나 옥수수밭을 바라볼 때, 우리는 밭고랑, 파종, 방책, 나뭇가지 울타리 또는 철조망 등이 생산과 소유의 관계를 나타낸다는 사실을 잘 알고 있다. 그리고 경작을 하지 않는 황무지나 숲에서는 사정이 많이 다르다는 사실도 알고 있다. 그러므로 하나의 공간이 자연에 속할 경우, 생산의 사회적 관계 속에 편입되는 일은 당연히 면제된다. 이는 전혀 놀라운 발견이 아니다. 바위나 나무도 마찬가지다. 자연적인 개별성과 그 같은 개별성을 지닌 물체들이 우세함을 보이는 공간의 이 같은 속성은 점차 멀어진다. 자연과 더불어 멀어진다는 말이다! 국립이건 시립이건 상관없이 '자연 공원'이라고 하는 것은 자연적인 것에 속하는가, 인위적인 것에 속하는가? 답을 하기까지 상당히 주저할 수밖에 없는 질문이다. 예전엔 우월했던 '자연'이라고 하는 특성은 점점 희미해지면서 부차적인 것으로 전락했다. 이와는 대조적으로 공간이 지니는 사회적 특성(공간이 내포하며 은밀하게 감추는 사회적 관계)은 **시각적으로** 점점 우월해지기 시작한다. 하지만 이러한 특성, 즉 가시성이 내재적인 사회적 관계의 **가독성**을 촉발하지는 않는다. 오히려 관계의 분석은 가시성과 반비례해서 어려워지므로, 하나의 역설이 아닌가 하는 생각이 들 정도다.

여기 농민의 주거지가 있다고 하자. 이 주거지는 사회적 관계를 내포한다. 이 주거지는 하나의 가족을 품고 있는데, 이 가족으로 말하자면 어떤 나라, 어떤 지방, 어떤 마을 출신의 어떤 가족이며, 이 가족은 또한 하나의 경관, 하나의 풍경 속에 흡수된다. 아름다울 수도, 가난할 수도 있는 이 주거지는, 비록 하나의 유형에 맞아떨어진다고 하더라도, 작품이면서 동시에 생산물이기도 하다. 이것은 작품과 생산물, 자연과 노동, 상징적인 것과 의미론적인 것 사이에 위치한 매개적인 물체이다. 이 주거지는 하나의 공간을 만들어내는가? 그렇다. 그러면 그렇게 해서 탄생한 공간은 자연적인가 혹은 문화적인가? 직접적인가 혹은 매개적(누구에 의해서, 무엇을 위해 그렇게 되었단 말인가?)인가? 자연스럽게 주어진 것인가 혹은 인위적으로 그렇게 된 것인가? 전자이기도 하고 후자이기도 하다. 지나치게 분명한 질문에 대한 애매모호한 답변이다. 작품과 생산물 사이가 그렇듯이, '자연'과 '문화' 사이에는 이미 대단히 복잡한 관계와 매개 작용이 포진하고 있다. 시간과 공간 속에 들어 있는 '대상' 사이도 마찬가지다.

하나의 지역 혹은 나라, 예를 들어 프랑스를 보여주는 다양한 지도들을 비교해보자. 그 다양함은 백일하에 드러난다. 어떤 지도들은 다분히 신비주의적인 의도를 지니고 있다. 이를테면 그럴싸한 수사를 곁들인 '자연적인 아름다움을 지닌 명소'를 담은 지도나 역사적으로 기념할 만한 장소나 유적지 지도들이 그런 경향이 짙다. 이 지도들은 왕성한 소비가 마침내 자연과 과거의 마지막 남은 곳까지 먹어치우는 곳, 즉 역사적이고 근원적인 기호들을 양식으로 삼는 곳들을 가리킨다. 지도와 안내책자들에 적힌 대로라면, 관광객은 그와 같은 장소에서 진정성을 맛보게 된다. '사진 설명', 즉 이와 같은 문서들의 독해를 가능하게 하는 코드는 사물들보다 속이는 능력이 한 수 위다. 이들은 암시적으로 표현하기 때문이다. 그런데 이번엔 프랑스의 주요 간선도로를 비롯하여 지방도로에 이르기까지 도로망만 나오는 지도를 보자. 이 지도가 보여주는 것은, 순진한 아마추어의 시각이 아닌 어느 정도 식견을 갖춘 분석가의 시각으로 볼 때, 명확하면서 동시에 난해하다. 대각선으로 난 길이 하나이면서 분리 불가능한 프랑스 공화국을 가로지른다. 말하자면 공화국이 이 저주스러운 리본을 떠받치는 지지대 같은 형국이다. 베르에서 론 강 계곡(대형 삼각주), 손 강, 센 강 계곡을 지나 르아브르에 이르는 지역, 산업화와 도시화가 고도로 진행된 이 협소한 지역이 유서 깊은 프랑스의 나머지 지역을 저개발과 '관광지'로 추락시킨다. 어제까지만 해도 국가 기밀로 분류되어 관료들의 책상 서랍 속에 숨겨져 있던 것들이 오늘은(1973년 여름) 어느새 진부한 진실이 되었다. 관광 지도를 프랑스 남부 지역에 이미 설립되었거나 계획 중인 군사 시설 지도와 함께 놓고 본다면, 어쩌면 훨씬 덜 진부하다는 느낌이 들 수도 있다. 몇몇 특정 용도로 규정된 지역을 제외하면, 대부분 관광, 국립공원 등으로 지정되어 있는 이 지역, 다시 말해서 경제적, 사회적 고사(枯死) 상태로 선고받은 이 거대한 지역이 군대가 다양한 활동을 벌이는 데 최적의 환경을 제공하게 되리라는 사실을 어렵지 않게 짐작할 수 있다.

이러한 공간들은 **생산물**이다. '천연자원', 즉 자연으로부터 만들어진 것이다. 이것들은 경제적인 것, 기술적인 것, 혹은 그 이상의 것들을 총망라하는 활동에 의해서 만들어진 생산물이다. 요컨대 정치적인 생산물이며, 전략적인 공간이다. 여기서 '전략'이라는 용어는 평화를 전쟁과, 무기 거래를 위기의 순간에 그 무기의 사용을 포기하도록 하는 설득과, 주변 공간이 고유하게 지니고 있는 자원의 사용을 (산업화되고 도시화되었으며 국유화된) 중심으로부터 발생되는 부와 하나로 묶는 매우 다양한 계획과 행위를 모두 아우른다.

공간은 결코 설탕 1킬로그램이나 직물 1미터처럼 생산되는 것이 아니다. 또한 공간은 설탕이나 밀, 직물과 철 등이 생산되는 장소의 총합도 아니다. 정말 아니다. 그렇다면 공간은 **상부구조**처럼 생산되는가? 그렇지 않다. 그건 어쩌면 공간의 조건이며 그 결과로 국가를 낳는다고 보아야 할 것이다. 국가와 국가를 구성하는 각각의 기구는 공간을 전제로 하며, 그 공간을 자신들의 요구에 따라 정비한다. 따라서 공간은 선험적으로 기구들이나 그 기구들을 정당화시켜주는 국가의 조건과는 무관하다. 사회적 관계는? 그건 확실히 부인할 수 없다. 한편으로는 **소유의 관계**(특히 땅과 토지의 소유)에 이미 내재되어 있으며, 다른 한편으로는 (땅과 토지를 일구는) **생산력**과 연관을 맺고 있는 사회적 공간은 다목적성, 형태적인 동시에 물질적인 '현실'임을 드러낸다. 사용되며 소비되는 **생산물**로서의 사회적 공간은 동시에 **생산의 수단**이기도 하다. 교환 망, 천연 자원과 에너지의 유통 등은 공간을 가공해나가며, 공간에 의해 결정된다. 생산수단은 그 또한 하나의 생산물로서, 생산력이나 기술, 지식, 사회적 노동의 분업으로부터 분리될 수 없으며, 자연이나 국가, 상부구조로부터도 분리될 수 없다.

2.3　　　사회적 공간이라는 개념은 점차 확장되면서 발전되어간다. 이 개념은 **생산**이라는 개념의 일부로 도입되는가 하면, 심지어는 생산이라는 개념을 침범하기도 한다. 사회적 공간은 생산이라는 개념의 주요 구성요소가 되며, 어쩌면 가장 본질적인 요소일 수도 있다. 이 개념

은 매우 특별한 변증법적인 움직임을 만들어내며, 이 움직임은 사물들(재화, 상품, 교환의 대상)에 적용되는 '생산-소비' 관계를 무효화시키지는 않으나, 이를 증폭시킴으로써 변형시킨다. 각기 다른 층위에서 분리되어 진행되는 분석 과정에서 하나의 단일성이 드러난다. 즉 생산력과 이를 구성하는 요소(자연, 노동, 기술, 지식), 구조(소유 관계), 상부구조(각종 기구들과 국가) 등이 공통적으로 드러나는 것이다.

하나의 사회적 공간을 낱낱이 파악하기 위해서, 그 공간에서 통용되는 코드를 만들고 이미 만들어진 코드가 함축하는 모든 의미와 내용을 해독하기 위해서는 기술적(지리적) 의미에서 얼마나 많은 지도를 파헤쳐야 하는가? 어쩌면 그 수를 명확하게 헤아리기조차 불가능할 수도 있다. 반대로 수화를 계산할 수 없음, 몬드리안의 그림에서처럼 일종의 현재적 무한함이 여기서 도입될 수도 있다. 코드(그림 설명, 글쓰기와 읽기의 규정)만 변하는 것이 아니라 대상들과 목표, 척도도 변한다. 소수의 지도, 혹은 독점적이고 특혜를 부여받은 한 장의 지도라는 생각은 다른 것들과 기꺼이 분리됨으로써 자신의 존재를 드러내는 전문성을 전제로 할 때 가능한 생각이다.

오늘날 매우 중요한 자료들을 지도상에 그려 넣는 것은 매우 어려운 일이거나 아예 불가능한 일일 수 있다. 어디에서, 어떻게, 누구에 의해서, 무슨 이유로 정보들은 집중되고 처리되는가? 어떻게, 누구를 위해서 '소프트웨어'는 기능하는 것일까? 우리는 정보 공간이 존재하고 있음을, 거기에 대해서 묘사할 만큼 잘 알지도 못하고 제대로 이해하지 못할망정, 어렴풋이 짐작 정도는 하고 있다.

하나의 사회적 공간이 아니라 여러 개의 사회적 공간이 존재한다. 아니, 무한한 다수의 사회적 공간이라고 말할 수 있으며, 그렇기 때문에 '사회적 공간'이라는 용어는 일일이 열거할 수 없는 것의 총체를 가리킨다고도 할 수 있다. 그 어떤 공간도 성장과 발전 기간 동안엔 사라지지 않는다. **세계적인 것이 지역(국지)적인 것을 폐기하지 않는다.** 이는 불평등한 발전 법칙의 결과가 아니라 고유한 하나의 법칙이다. 사회적 공간들 간의 상호적인 함축은 하나의 법칙이다. 하나씩 독립적으로 분리되는 사회적 공간이란 추상에 불과하다. 구체적인 추상으로서의 사회적 공간은 망과 경로, 관계의 묶음을 통해서 '실재적으로' 존재한다. 예를 들어 세계적인 차원의 소통 망, 교류 망, 정보망이 존재한다. 최근에 만들어진 이러한 망들은 세기를 거듭하면서 층층이 쌓여온 예전의 망, 다양한 **시장**의 망들을 사회적 죽음 속으로 내팽개치지 않는다. 지역 시장, 광역 시장, 국가적 시장, 세계적 시장 등 상품과 화폐, 자본, 노동, 작품, 상징과 기호의 시장에서부터 가장 최근에 생겨난 공간의 시장에 이르기까지 온갖 시장이 중첩된다. 각각의 시장은 나이를 먹어가면서 한층 공고한 망으로 구체화된다. 상품의 교환을 위해 주요 상업 도로 변에 생겨난 판매 지점, 금융 가치와 자본의 순환을 위해 생겨난 은행과 증권 거래소, 그리고 노동 거래소 등이 망을 이루는 것이다. 이는 도시에서 각각의 활동을 위한 고유의 장소로 구체화되었다. 사회적 공간, 특히 도시 공간은 이제 동질성-등방성으로 표현되는 고전적인(유클리드식, 데카르트식) 수학적 공간이라기보다, 밀푀이유(mille-feuilles, '천 겹'을 뜻하는데, 말 그대로 바삭바삭한 과자를 여러 겹으로 쌓고 그 사이 사이에 크림을 넣어 만든 프랑스 케이크를 가리킨다—옮긴이)처럼 '층층이 쌓인' 다양성으로 부각된다.

사회적 공간은 서로 침투적이며/이거나 서로 포개진다. 이것은 사물이 아니다. 사물들은 각자의 테두리에 의해서 혹은 관성의 결과에 따라 충돌함으로써 서로에 의해 제한된다. 이를테면 '지층'이나 한 겹 두 겹 할 때의 '겹' 같은 몇몇 용어들이 늘 적절하다고는 할 수 없다. 이러한 용어들은 개념이라기보다는 일종의 은유로서, 공간을 사물에 근접시키는 결과를 낳으며, 사회적 공간이라는 개념을 추상화시키는 부작용을 낳을 수 있다. 가시적인 경계물들(예를 들어 일반적인 벽이나 울타리 등)은 공간들 사이에 모호함이나 지속성에 있어서 분리 현상이 나타난다는 인상을 줄 수 있다. 하나의 '방', 그것이 정말로 울타리나 벽 등 사유지를 나타내는 그 어떤 기호에 의해서 사회적 공간과 분리된 방 하나일 수도 있고, 집 한 채일 수도 있으며, 정원 하나가 있다고 할 때, 그렇다고 해서 그 공간이 사회적 공간이 아니라고는 말할 수 없다. 이 공간들은 더 이상 내용물로부터 분리될 수 있는 용기, 즉 빈 '장소'일 수 없다. 시간에 의해서 생산된 이 공간들은 비록 구분은 할 수 있을지라도 분리할 수는 없으며, 우리는 이 공간들을 일부 천문학자들(예를 들어 호일)이 말하는 지역적 공간이나 침전물들과는 비교할 수 없다. 비록 수학적인 공간과의 비교보다는 이 은유가 좀더 설득력이 있어 보이긴 하지만, 그래도 적합하지 않은 비교임에는 변함이 없다. 그렇다면 유체 역학 쪽과 비교해보는 건 어떨까? 작은 움직임이 포개진다는 원칙은 우리에게 충위와 차원, 리듬이 중요한 역할을 한다는 사실을 깨닫게 해준다. 큰 움직임, 원대한 리듬, 거대한 파동이 서로 부딪히며 간섭한다. 작은 움직임은 서로 침투한다. 각각의 **사회적 장소**(lieu social)는 그러므로 이중적인 결정, 즉 간섭 현상을 만들어내는 큰 움직임에 의해서 이끌리고 끌려다니며 때로는 파괴되는가 하면, 작은 움직임인 관계망과 경로의 움직임에 의해서 통과되고 침투되는 두 가지 방향성을 고려해야만 이해될 수 있다.

그렇다면 무엇이 이처럼 크고 작은 움직임, 전략과 전술, 망과 장소들 간의 일시적인 위계질서를 유지하게 만드는 다양한 리듬, 주기 등을 생산하는지 알아볼 필요가 있다. 그뿐 아니라 유체 역학은 분석과 설명을 포함하는 은유를 제공하는 것으로 보인다. 다름 아니라 일정한 한계를 넘어서면 이 같은 분석은 판단 착오로 변해버린다는 것이다. 물리적 움직임(파동, 파동의 유형, 결합된 '양자', 다시 말해서 파동의 길이에 따른 방사의 분류) 과 비교가 가능한 부분이 있다고 해서, 분석의 향방을 정해주는 이 같은 유추가 이론 전체를 좌지우지해서는 안 된다. 유추에 따르면, 파장의 길이가 짧으면 짧을수록 보이지 않는 요소에 붙어 있는 에너지의 상대적인 양은 커진다고 하는 역설적인 결과에 이른다. 우리는 사회적 공간에서 물리학의 법칙과 유사한 무엇인가를 찾아낼 수 있는가? 만일 실천적이고 사회적인 '토대'가 구체적인 실존을 지니고 있는 것이 사실이라면, 전략적인 큰 움직임에 대항하려는 반(反)폭력이 개별적이고 지역적인 곳에서 발원하는 것이 사실이라면, 다시 말해서 기초를 이루는 요소의 에너지, 기초단위의 움직임에서 시작한다면, 그렇다면 어쩌면 그럴 수도 있다.

어찌되었든 **장소들**은, 자연 공간의 장소들과는 대조적으로, 사회적 공간 안에서 병치되어 있기만 한 것이 아니다. 이것들은 서로 끼어들고 간섭하고 재구성되며, 층층이 쌓이면서 때로는 충돌하기도 한다. 그 결과 지역(국지)적인 것(특정 지점에 의해서 한정되는 '점과 같은' 것)은 광역적인 것, 국가적인 것, 세계적인 것에 흡수되어도 사라져버리지 않는다. 국가적인 것과 광역적인 것은 많은 장소들을 포함한다. 국가적인 공간은 광역 공간을 포함하고, 세계적인 것은 국가적인 것을 끌어안으면서, 이와 동시에 놀랄 만한 분열을 통해 (새로운 명령이 내려올 때까지) 국가적인 공간의 형성을 촉발한다. 그러므로 수없이 많은 흐름이 이러한 공간들을 관통한다. 사회적 공간은 이처럼 고도의 복잡함 속에서, 다시 말해서 개인적이고 개별적인 단위, 상대적인 고정성, 움직임, 흐름과 파동, 이 모든 요소들이 서로 침투하거나 서로 충돌하는 과정에서 서서히 윤곽을 드러낸다.

사회적 공간들 간의 상호침투와 포개짐 원칙은 매우 소중한 한 가지 사실을 시사한다. 분석을 위해 채취된 공간의 각 파편이 단 하나의 사회적 관계만을 드러내는 것이 아니라 무수히 다양한 관계를 보여준다는 점이다. 대상들에 대해서도 똑같이 말할 수 있다. 말하자면 어떤 필요엔가 부응하기 위해서 만들어진 이 대상들은 노동의 분업을 통해서 생산되어 교환의 회로 속으로 들어가게 된다는 식이다.

처음에 생각했던 가설이 점차 확장되고 광범위해진 지금, 이 가설을 다음과 같이 정리해볼 수 있다.

a) (실천적, 이론적) 현재 상황과 19세기 중반에 정착되어가던 상황 사이에는 어느 정도 유사성이 발견된다. 일련의 새로운 질문들(철학자들이 자주 사용하는 용어를 쓰자면 '문제제기'라고 할 수 있다)이 과거에 겪었던 문제들을 약간 방향을 틀어 다른 방식으로 제기하거나 포개거나 대체하고 있지만, 이들을 완전히 소멸시키지는 않는다.

마르크스주의자들 중에서 가장 정통하다는 자들은 아마도 이 같은 상황을 부인할 것이다. 이들은 고집스럽게도 늘 써오던 의미에서의 생산, 즉 '재화' 혹은 상품인 사물의 생산 연구에만 매달리기 때문이다. 이들은 '도시'란 **생산의 수단**이므로 그들이 연구하는 생산의 사회적 성격과 사유재산의 성격이 강한 도시 사이에 갈등이 있을 수 있다는 사실 정도만 마지못해 인정하려 들 것이다. 이렇게 되면 비판으로서의 사유를 우습게 만드는 꼴이 된다. 몇몇 사람들은 심지어 도시며 토지, 도시계획 등 공간과 관련한 질문들이 '계급의식'을 흐리게 만들며, 따라서 계급투쟁에 방해가 된다고까지 말한다. 이런 황당하고 어리석은 언급에 대해서까지 주목할 필요가 있을까? 물론 아니다. 하지만 이 점에 대해서는 뒤에서 좀더 상세하게 다룰 예정이다.

b) 중요한 것은 공간이다. 도시계획(도시와 도시의 확대)과 일상생활(미리 예정된 소비)에 관한 문제제기를 포함하는 공간이라는 문제제기는 산

업화라는 문제제기를 다른 곳으로 돌려놓았다. 물론 그렇다고 해서 이를 제거한 것은 아니다. 이보다 앞서 존재하던 사회적 관계가 여전히 건재하며, 새로운 문제란 결국 이러한 관계의 **재생산**에 관한 문제이기 때문이다.

c) 마르크스의 시대에 이미 경제학(정치경제를 학문의 반열에 올려놓으려는 시도)은 생산물(대상, 사물)의 수효를 세고, 기술하고, 부기로 기록하는 데서 헤어나지 못했다. 그 당시에도 전문가들은, 당시까지만 해도 아직 '조작 가능하다'는 평가는 받지 못했지만, 그래도 '사물'의 분류나 계산을 가능하게 해주었으며 덕분에 정신의 칸막이된 선반에 제법 보기 좋게 정리해두는 일을 가능하게 해주었던 개념 혹은 유사 개념에 의거하여 벌써 이 같은 과제들을 분담했다. 이처럼 서로간의 연결에 대한 고려라고는 없이 독자적으로 진행된 사물에 관한 연구를 마르크스는 생산 활동 자체(사회적 노동, 생산의 관계와 방식)에 대한 비판적 분석으로 대체했다. 이른바 경제학의 창시자라고 일컬어지는 이들(애덤 스미스, 리카르도)의 주장을 자기 것으로 취하고 새롭게 가다듬은 마르크스는 이를 자본주의에 대한 비판적 분석과 묶음으로써 지식을 한 단계 더 높은 곳으로 이끌었다.

d) 이와 유사한 방식이 오늘날에도 필요하지 않을까? 공간은 예전에 공간 안에 들어 있던 사물처럼, 다시 말해서 그 안에 내포된 사회적 관계를 드러내는 방식으로 분석되어야 한다. 현 시점에서는 공간을 파편화시키고 분리시키는 것이 지배적인 경향이다. 이 같은 경향은 공간을 채우고 있는 내용물, 그러니까 각종 사물을 비롯한 다양한 대상들을 나열하는 데 그친다. 각종 전문 분야에서 공간을 나누어 가지면서 이를 쪼개고 정신적인 울타리와 실천적·사회적 벽을 만든다. 이를테면 건축가는 건축 공간을 (사유)지로 알고, 경제학자는 경제 공간을 자

신의 영역으로 삼는가 하면, 지리학자는 공간 내부에 있는 자신의 '장소'를 공공연히 '재화'로 보는 식이다. **이념적인 지배** 경향이 사회적 노동 분업에 따라 공간의 단위와 부분을 할당한다. 지배적인 경향은 공간을 수동적인 용기(容器)로 간주하며 이를 점유하는 세력들을 재현한다. 이렇게 하다 보면, 공간 내부에 관여하는 사회적 관계(계급 관계를 포함)를 들춰내는 대신, **공간의 생산**과 이 생산에 내재하는 사회적 관계(이 관계는 생산수단의 사유재산화와 생산력의 사회성 사이에 존재하는 해묵은 모순을 답습함으로써 특별한 모순을 생산 내부로 끌어들인다) 쪽으로 관심을 돌리는 대신, 공간 '그 자체', 즉 공간성, 공간의 물신성이라는 함정 속에 빠져버린다. 이는 과거에 다른 맥락으로부터 고립된 '그 자체'로서의 상품과 사물의 교환과 물신화라는 함정에 빠진 것과 똑같은 이치다.

e) 의심할 여지없이 공간의 문제제기는 생산력(이념으로 범벅이 된 추상을 의미하는 일반적인 의미에서의 성장이라는 용어보다 훨씬 정확한 용어)의 향상에서 비롯된다. 생산력과 기술력은 지역, 광역, 국가, 세계 등 공간의 모든 수준에서 개입한다. 우리는 (지리적, 역사적) 공간 전체를 이 공간이 함축하는 내용, 즉 공간-자연을 공간-생산물로 대체하는 사회적 공간의 각기 다른 층위에 위치한 원래의 '지점', 최초의 발생지와 분기점, **장소**(지역, 광역, 국가) 등을 폐지시키지 않으면서 변경할 수 있다. 이렇듯 반성적인 사고 작용은 생산된 공간, (공간 내부에 포함된 사물들의) 생산 공간으로부터, 생산력의 (상대적으로) 지속적인 향상에서 비롯되지만, 생산관계와 그 방식의 (상대적으로) 비연속적인 틀에서 이루어지는 공간의 생산으로 이행하게 한다. 그 결과 우리가 제안하는 개념, 즉 공간의 생산이라는 개념을 제대로 포착하기 위해서는 우선 일반적인 생산양식, 그중에서도 특히 현존하는 생산양식 속에 내재하는

생산력을 가리고 있는 이념을 털어내야 한다. 그러려면 (추상적) 공간성의 이념, 공간의 재현과 분할, 다시 말해서 있는 그대로가 아니라 지식을 위한 방편으로 존재하는 이념을 파괴해야 한다. 이러한 비판은 공간의 (정신적) 형태와 동시에 (사회적) 실천의 내용물 모두를 대상으로 삼고 있는 까닭에 매우 어렵고 복잡한 작업이 될 것이다.

f) **공간학**(science de l'espace)은 벌써 여러 해 전부터 철학, 인식론, 생태학, 지정학, 시스템 분석(의사 결정 시스템과 인지 시스템의 분석), 인류학, 민속학 등 다양한 방식으로 스스로의 입지를 모색해오고 있다. 잠재적인 학문으로서의 공간학은 거의 학문에 접근한 것으로 보이기는 하나, 아직 목적지에 완전히 도달하지는 못했다. 학자들에게는 일종의 '탄탈로스의 형벌'(소원이나 욕망이 눈앞에 보이는데도 이룰 수 없어서 안타까운 상태를 가리키는 표현—옮긴이)이나 다름없다. 이러한 형벌을 받는 이유는 이제 조금씩 알려지고 있다. 공간에 대한 인식이 기술과 파편화 사이에서 우왕좌왕하고 있기 때문이다. 우리는 흔히 공간 안에 놓인 사물들, 혹은 공간의 부분들에 대해서 기술한다. 우리는 사회적 공간 내부에서 부분적인 공간들을 떼어내기도 한다. 이렇게 해서 인구학 공간, 정보학 공간 등을 소개한다. 또 회화 공간, 음악 공간, 조형 공간 등도 가능하다. 이는 이렇게 가다가는 언어와 언어 전문가들뿐만 아니라 엄격하게 통제되는 총체, 다시 말해서 동질성을 추구하는 전체 속에서, 주거 공간, 노동 공간, 여가 공간, 운동 공간, 관광 공간, 천문학 공간 등의 이질적인 공간들로 분할되는 파편화, 즉 통제력을 잃지 않으려는 기존 사회가 원하는 방향으로 진행하게 된다는 사실을 망각하는 처사이다. 이렇게 되면 주의력이 흩어지고, 흩어진 주의력은 때로는 공간 내부에 있는 것들(문맥과 상관없이 따로 떼어져서 그 자체로 과거와 이름으로만 존재하는 사물들), 때로는 (내부를 채우고 있던 것들로부터 분리된) 빈

공간, 때로는 공간 안에 있는 대상들, 때로는 대상이라고는 없는 공간, 즉 중성적인 공간으로 향하게 되어, 결과적으로 중요성을 상실하게 된다. 자신도 모르게 기존 사회에 통합되어 있으며, 그 테두리 안에서 작용하는 공간에 대한 인식 또한 분할과 재현을 통해서 방황하게 된다. 우리는 빈번하게 전체적인 것을 버리고, 그 대신 파편을 받아들이거나 부스러기만을 긁어모은다. 또한 우리는 임의적으로 이러저러한 것, 다시 말해서 개별적인 특정 분야들로부터 출발하여 그것들을 '합산'한다. 꿈꿔오거나 억지로 짜맞춘 '공간학'과 생산에 대한 인식 사이에는 엄연한 차이점이 있음을 증명해보여야 한다. 후자는 분할이나 해석, 재현 등과는 달리 공간 안에서, 그리고 공간을 통해서 **시간**(우선 생산의 시간)을 재발견한다.

g) 이 인식은 과거를 돌이켜보는 역량과 미래를 전망하는 역량을 지닌다. 이러한 가설이 사실로 판명된다면, 그 가설은, 이를테면 역사에 대해서도, 시간에 대한 인식에 대해서도 영향력을 끼칠 수 있다. 또한 사회가 어떤 식으로 자신의 (사회적) 공간과 (사회적) 시간을 만들어왔는지에 대한 이해, 즉 재현 공간과 공간 재현에 대한 이해를 가능하게 할 것이다. 이러한 가설은 또 미래를 예측하는 것이 아니라, 미래를 설계하는 데 필요한 요소들을 제공할 것이다. 다시 말해서 가능할 수도 불가능할 수도 있는 다른 사회 안에서 다른 공간과 다른 시간을 만드는 '기획'을 수립할 수 있도록 할 것이다…….

2.4   공간 비판! 아무런 준비 없이 이 같은 계획을 제안한다면, 그것은 지적으로 파렴치한 역설로 받아들여질 위험이 있다. 공간 비판이라니, 도대체 그게 의미가 있기나 한 제안이란 말인가? 우리는 사람이

나 사물을 비판할 수 있다. 그런데 공간은 사람도 사물도 아니다. 철학자라면 다음과 같이 말할 것이다. 그건 주체도 대상도 아니라고. 그런 공간을 어떻게 생각해야 한단 말인가? 공간은 이른바 비판적이라고 하는 정신, 마르크스주의의 약화된 버전이라고 할 수 있는 '비판 이론'과 더불어 한계에 도달한 것으로 보이는 그 정신의 손아귀를 요리조리 피해나간다. 그런데 바로 그 이유 때문에 예술 비판, 문학 비평, 연극 비평, 음악 비평 등이 있는 데 반해서, 아직까지 건축 비평이나 도시계획 비평이 없는 건 아닐까? 얼핏 보기에도 그와 같은 비평은 반드시 존재해야 할 것으로 여겨진다. 그 비평의 '대상'은 적어도 일상 소비의 미학적 대상들과 동등한 중요성을 갖는다고 생각된다. 흔히 하는 말로 '삶의 테두리'를 다루는 것이 아닌가. 하지만 문학 비평, 회화 비평, 연극 비평은 화가, 미술품 거래상, 화랑, 전시회, 박물관 혹은 출판업자, 문필가, 문화 소비 시장 등의 사람과 기관을 겨냥한다. 그런데 건축 공간과 도시계획 공간은 이러한 영역을 벗어나는 것 같아 보인다. 정신적 차원에서는 가독성, 가시성, 이해 가능성 등 그럴 듯하게 근사한 이름을 붙일 수 있다. 사회적 차원에서는 역사, 사회, 문화 등이 한데 어우러진 무형의 결과만 낳는다. 공간 비판의 부재는 오로지 적합한 언어의 부재에서 기인하는가? 어쩌면 그럴 수도 있겠지만, 언어의 부재 자체에도 반드시 이유가 있으며, 그 이유를 밝혀내는 일이 중요하다.

공간이 순수한 투명성을 지닌 신화적인 이미지나 그와 정반대로 자연적인 불투명함을 지닌 이미지의 영역에 속하지 않는다면, 공간이 그 안에 지니고 있는 것들을 의미작용이나 무의미성, 혹은 과도 의미성으로 포장하지 않는다면, 이따금씩 공간이 비록 사물은 아니지만 사물들처럼 거짓말을 하지 않는다면, 공간 비판은 분명 의미가 있는 일이다.

궁극적으로 공간 비판은 겉보기엔 전혀 기만하는 것 같지 않은 외관을 찢어버릴 것이다. 자, 여기 집이 한 채 있고, 집 앞에는 길이 하나 있다. 이 7층짜리 집은 무척 안정감 있어 보인다. 콘크리트 자재, 반듯한 선, 냉정하고 엄격한 구조 등으로 보아 부동(不動)의 상징이라고 하기에 전혀 부족함이 없어보인다. 1950년대에 건축된 집. 금속과 유리로 지은 건축물이 등장하기 이전에 지어진 집! 하지만 이 같은 엄격성도 일단 분석에 들어가면 저항하지 못하고 무너진다. 사고 작용을 통해서, 건물을 덮고 있는 콘크리트 껍질과 거의 커튼 수준이라고 할 수 있는 얇은 벽을 벗겨내보자. 이 건물은 상상을 통한 분석 작업 속에서 어떤 모습으로 나타나는가? 이 건물은 구석구석을 종횡무진 가로지르는 물, 가스, 전기, 전화, 라디오와 텔레비전 전파 등 각종 에너지의 흐름 속에 잠겨 있다. 움직이지 않고 고정되어 있음이 결국 움직이는 것들의 묶음과 이것들을 실어 나르고 배설하는 통로들의 집합으로 귀착된다. 단순한 데생이나 사진보다 더 정확한 건물의 이미지가 존재한다면, 겉으로 보기엔 완전히 고정된 사물인 이 건물 안에 활동적인 신체와 유사한 이중의 기계장치, 즉 대용량 에너지와 정보 기계가 작동하고 있음을 보여줌으로써, 이러한 파동과 흐름을 보여줄 수도 있을 것이다. 이 집 안에 살고 있는 사람들은 이 집이 엄청나게 소비하는(승강기, 취사, 목욕 등) 이러한 에너지를 인지하고 받아들이며 조절한다. 집 앞으로 난 길도 마찬가지다. 길은 일반적인 형태를 취하는 하나의 구조를 형성하며 주어진 기능을 수행하는 유도 망으로 작용한다. 도시도 다르지 않다. 도시는 엄청난 양의 물리적, 인간적 에너지를 소비하며 용광로처럼 타오르면서 소진한다. 따라서 이러한 공간을 최대한 정확하게 재현한다고 하더라도 그것은 그 공간 안에 사는 사람들이 자신들의 머릿속에 가지고 있으며, 명실공히 사회적 실천의 한 부분을 이루는 재현 공간과는 크나큰 차이점을 보일 수 있다.

여기서 한 가지 착오 또는 환상이 끼어들 수 있다. 그것은 철학자들의 방식대로 사회적 공간으로 일종의 절대적인 것을 만들어내기 위하여 실천적 성격을 감추어버리는 사회적 공간의 범위 밖으로 밀어내는 것이다. 그 결과 '사용자'는 이처럼 물신화된 추상 앞에서 자발적으로 스스로의 존재, 자신이 '체험한 것'과 자신의 몸을 추상화시키게 된다. 물신화된 추상 공간은 '사용자'를 추상화시킴으로써 사용자 스스로는 자신이 그 공간 안에 있음을 지각하지 못하는 동시에 사고의 추상화로 인하여 비판하지 못하게 된다. 그러므로 이러한 경향을 전복시킴으로써 '체험' 공간에 대한 비판적 분석은 문학이나 읽기, 글쓰기, 회화, 음악처럼 중요하지만 부분적인 활동보다 훨씬 중대한 문제를 제기한다는 점을 증명해보여야 한다. 공간이라고? 공간은 '체험된 것'의 입장에서 보자면, 그림의 액자에나 비교할 만한 단순한 테두리가 아니고, 그저 누군가가 집어넣는 내용물을 담기 위한 형태나 용기도 아니다. 공간은 사회적 형태라고 할 수 있다. 공간과 '체험'의 관계는 살아 있는 기관과 형태의 관계, 말하자면 기능, 구조와 밀접하게 연결되어 있는 형태이다. 공간을 그저 자기보다 크기만 작으면 아무 거라도 넣을 수 있는 테두리나 상자로 본다면, 그리고 그 상자는 그저 안에 들어 있는 내용물을 보관하는 역할만 할 뿐이라고 생각한다면, 여기서부터 최초의 판단착오가 시작된다. 착오라고? 아니, 이념 탓이라고? 전자라기보다는 후자 쪽일 것이다. 그렇다면 누가 이 같은 이념적 환상을 확산시키는가? 그렇게 하는 것이 누구에게 득이 되는가? 왜, 어떻게 해서 그렇게 되는가?

공간을 그저 바라보기만 할 뿐 인지하지 못하고, 정신적인 분석 행위를 통해 산만하게 흩어져 있는 것들을 한곳으로 집중시키지 못하며, 세부적인 것에서부터 '현실' 전체에 도달하지 못하고, 형태적인 용기 안의 관계를 통해서 이해하며 (전체적) 윤곽을 생각하지 않는 것, 이것이 바로 이론적인 착오이며, 이 착오를 지적하다 보면 궁극적으로 몇몇 중대한 이념적 환상이 도사리고 있음을 발견하게 된다! 앞에서는 바로 이러한 점들을 지적했다. 앞에서 언급한 내용들은 '중립적'이고 '객관적'이며, 고정되어 있고 투명하며, 적어도 외견상 순진하거나 무심한 공간은 전혀 효율적이지 못한 지식이 안주하기 위한 방편일 뿐 아니라, '환경'이니 생태학, 자연이나 반(反)자연, 문화 등을 언급함으로써 적당히 회피하려 드는 착오임을 지적하려는 시도였다. 요컨대 착오의 집합체이며, 환상의 복합체인 것이다. 그렇게 하다 보면, 고유한 조건을 유지하고 재생산하기 위해 동분서주하는 완전한 주체, 즉 (사회 계급과 계급의 분할에 기반을 둔) 국가가 있음을 망각하게 된다. 또한 완전한 대상, 즉 실제로는 추상에 불과하면서도 현실, 권력이 임하는 장소이므로 막강한 거대 권력을 구비한 현실로 군림하고자 기를 쓰는 전략적 공간 같은 절대적인 정치적 공간이 있음도 망각하게 된다. 이러한 이유 때문에 '사용자'와 이른바 비판적이라고 할 수 있는 사고는 거대한 물신들 앞에서 잊혀버린다.

이 같은 진실에 도달하기 위해서는 여러 가지 길이 있다. 여러 가지 길 중에서 하나의 길을 택해야 하며, 그러기 위해서는 알리바이를 버리고, 탈출(비록 선수(先手)치기식의 도피라고 할지라도!) 따위도 거부해야 한다. 흔히들 '실재' 공간, 다시 말해서 '사회적' 공간 연구는 전문가와 전문 영역으로 보내야 한다면서 지리학자나 도시계획가, 사회학자에게로 떠넘긴다. 반면, '진정한' 공간, 그러니까 정신 공간은 수학자와 철학자의 영역으로 간주한다. 이는 이중적인, 아니 다중적인 실수다. 우선 '실재적인'과 '진정한' 사이에 거리를 둠으로써 애초부터 실천과 이론, 체험된 것과 개념의 대결을 원천 봉쇄하기 때문이다. 이는 양자 모두를 절름발이로 만든다. 다음으로, '현대성(modernité)'이라는 것이 생겨나기 전부터, 다시 말해서 자본주의가 전체적인 공간을 흡수해버린 후 이를 활용하기 전, 과학과 기술이 공간의 생산을 가능하게 하기 전 시대부터 존재해온 전문 분야로 넘긴다는 데에는 당연히 함정이 있을 수밖에 없다. 건축가, 도시계획가, 혹은 기획수립자들을 공간 전문가, 공간성의 가장 지고한 판관으로 간주한다는 것은 대단한 환상이다. '이해 당사자들'은 자신들이 수요를 주문으로 바꾸어놓고 있다는 사실을 알지 못하며, 이러한 직무 유기는 의식을 조종하는 자들의 기대를 훨씬 앞지르는 것이다! 수요가 하강 곡선을 그리더라도, 주문이 억압적, 강압적으로 요구된다고 할지라도, 수요를 일깨우고 자극해야 마땅할 텐데 말이다. '체험된 것'의 전문가들, 즉 일상성의 형태론(morphologie du quotidien) 전문가들에게 떠넘기는 것은 이념적인 착오가 아닐까?

각자는 자기 주변의 공간을 본다. 무엇을 보는가? **시간**을 보는가? 각자는 시간을 살고 시간 **안에 있다**. 각자는 오직 움직임만을 본다. 자연 속에서 시간은 공간 안에, 공간의 심장부에서 파악된다. 하루 중의 시간, 계절, 지평선 위로 떠오르는 태양의 고도, 하늘에 떠 있는 달과 별들의 위치, 추위와 더위, 자연적인 존재의 나이 등이 모두 공간 안에서 파악된다는 말이다. 자연이 저개발 상태에 **위치 지워지기** 전만 하더라도, 모든 **장소**는 나무가 살아온 세월만큼의 나이테를 간직하듯이, 고유한 나이와 나이의 흔적을 간직하고 있었다. 시간은 공간 안에 새겨졌고, 공간-자연은 시간-자연의 서정적이고 비극적인 글쓰기에 지나지 않았다. 몇몇 철학자들이 말하듯이 지속의 쇠퇴(dégradation de la durée) 또는 단순히 '진화'의 결과라고는 말하지 말자. 시간은 현대성의 사회적 공간에서는 자취를 감춰버린다. 시간은 독립된 계측 도구, 이 역시 전문화된 도구인 시계 위에만 기록된다. 체험된 시간은 형태와 사회적 관심을 상실한다. 노동시간만 예외다. 경제 공간은 시간을 종속시키며, 정치 공간은 시간을 (권력의 입장에서 볼 때) 위협적이고 위험한 것으로 간주하여 추방해버린다. 경제 지상주의, 여기서 더 나아가 정치 지상주의는 시간에 대한 공간의 우월성을 부각시킨다. 그러므로 공간과 관련된 착오는 사실 시간과 더욱 밀접하게 연결되어 있다고도 볼 수 있다. 시간은 공간보다 훨씬 가까이 있으며 근본적이기 때문이다. 시간, 이 본질적인 '체험된 것', 재화 중에서도 으뜸가는 재화는 보이지도 않으며 읽을 수도 없다. 시간은 구축되지 않는다. 시간은 소비되며, 시간이 모두 고갈되면 그땐 끝이다. 시간은 흔적만을 남긴다. 시간은 공간 속, 공간을 가득 메우며, 가능하면 가장 신속하게 치워버리는 잡동사니들 밑에 자신을 숨긴다. 자고로 쓰레기는 오염시키는 법이니까.

이렇듯 외견상 시간을 추방하는 것이야말로 현대성의 대표적인 특징이 아닐까? 그렇게 하는 것이 종이 위에 그려진 지운 흔적이나 고친 흔적보다 훨씬 커다란 반향을 불러일으키지 않겠는가? 시간이 돈으로 추앙받고, 다른 상품들과 마찬가지로 사고팔 수 있는 것(시간은 돈이다!)이 사실이라면, 그런 시간은 다른 상품들처럼 사라져버릴 수 있다. 그럴듯하게 마련된 설계도가 지워버리는 건 공간의 한 차원이 아니라, 그저 설계의 초안일 뿐이다. 이 같은 추방은 이른바 역사적 시간이라고 일컫는 것을 겨냥한 것일까? 그렇다. 하지만 이건 어디까지나 상징적이다. 시각화와 공간화의 논리가, 논리라는 것이 있기나 하다면 말이지만, 슬며시 회피하려는 건 실제로 사는 시간, 절대 축소할 수 없는 시간이다. 철학자들에 의해서 존재론적인 존엄성으로 승화되기까지 했던 시간은 사회에 의해 죽음을 맞이했다.

어떻게 해서 이토록 불미스럽고 끔찍한 작전이 별다른 소란도 없이 이루어질 수 있었을까? 어째서 이런 일이 '정상적'이라고 여겨지는 것일까? 답은 간단하다. 그러한 작전이 바로 사회적 **규범**, 규범적인 활동에 포함되기 때문이다. '가독성-가시성-이해 가능성', 현대적인 의미에 있어서 삼위일체 격인 이 삼총사는 혹시 무수히 많은 착오, 아니 그보다 더 고약하게도 거짓과 기만을 내포하고 있는 것은 아닐까?

혹시 우리는 실천적이고 사회적인 것으로부터 멀어져서 다시금 외견과 실재, 진실과 거짓, 환상과 드러내기의 해묵은 구분, 한마디로 철학 속으로 들어온 것일까? 그렇기도 하고 아니기도 하다. 이 비판적인 분석 작업이 철학의 연장선상에 있다는 건 의심할 여지없이 확실하다. 그 점에 대해서는 벌써 명시적으로 언급했다. 하지만 비판의 '내상'은 바뀌었다. 진실을 간직하고 있으며 이를 '보여주는' 것으로 통하는 실천적이고 사회적인 활동이라지만 실제로는 공간을 **분할하고** 이 분할의 거짓스러운 결과를 '보여주는' 실천적이고 사회적인 활동이 대상인 것이다. 흔히들 공간 자체를 수단으로 하여 공간을 **보여준다**고 주장한다. 그런데 '동어반복'이라는 명목하의 이 작업은 이미 잘 알려진 방식, 제대로 활용하기보다는 오용하기 쉬운 방식, 즉 부분에서 시작하여 전체로 이행하는 방식(환유)을 활용하다 못해 오용하고 있다. 여기 사진, 광고, 영화 등의 이미지들이 있다. 이미지는 공간에 관한 착오를 잡아낼 수 있을까? 그렇게 하기란 매우 어렵다. 착오나 환상이 있다면, 이미지는 오히려 그것을 은닉한다. 착오나 환상을 한층 강화시키는 것이다. 아무리 '아름다운' 이미지라고 하더라도 이미지는 문제의 '한가운데' 위치한다. 그러므로 착오가 공간의 파편화에서 기인한다면, 그리고 환상이 이와 같은 분해를 제대로 알아보지 못하는 데에서 기인한다면, 그 어떤 이미지도 이를 고발하지 못할 것이다. 오히려 그 반대다. 이미지는 파편화시킨다. 이미지는 공간의 한 부분이다. 자르기-합성, 이것이 바로 이미지 예술에 있어서 처음이자 마지막인 가장 핵심적인 용어다. 착오와 환상이라고? 착오와 환상은 예술가들의 눈에, 그들의 시선 속에, 사진가의 '렌즈' 속에, 화가의 연필 속에, 그의 앞에 놓인 백지 속에 이미 들어 있다. 착오는 예술가가 구분하는 대상들 속에, 그가 재구성하는 대상들 속으로 스며든다.

환상이 있다면, 광학적이고 시각적인 세계가 자발적으로건 피자발적으로건 그 일부를 이룬다. 시각적인 세계는 그 세계를 채우고 있는 순수하지 않은 내용물, 즉 체험된 시간, 일상의 시간, 몸의 시간, 몸의 불투명한 두께의 시간, 몸이 지닌 체온의 시간, 몸의 삶과 죽음의 시간들로부터 순수한 형태를 분리시킨다. 요컨대 이미지는 자기 나름의 방식으로 죽음을 선사하는 것이다. 다른 모든 기호들과 마찬가지로. 하지만 때로는 예술가의 부드러움과 잔인함이 이미지가 지니는 한계를 뛰어넘기도 한다. 무엇인가가 정확성과 환한 조명, 가독성, 조형성의 진실 또는 현실과는 또 다른 진실, 또 다른 현실을 내세운다. 소리나 언어, 벽돌이나 콘크리트, 그 외 모든 기호가 이미지와 다르지 않다.[4]

이 공간은 매우 희한한 효과를 자아낸다. 욕망을 끓어오르게 한다. 투명성 속에서 욕망은 솟아오른다. 욕망은 (겉보기에는) 자유로운 장(場)을 자기 것으로 삼는다. 이제 욕망은 다시 나락으로 떨어진다. 자신을 기다리는 욕망할 만한 대상도, 자신의 행위가 빚어내는 작품도 없다. 욕망은 헛되이 충만함 속으로 몸을 기울이고 언어만으로, 욕망의 수사학만으로 만족하는 수밖에 없다. 실망의 시기가 지나가고 나면, 공간은 텅 빈 것 같이 느껴진다. 언어는 공허를 말한다. 절망의 공간, 절망하게 만드는 공간, 이해할 수 없을 정도로.(오래도록 숙고해보아야 한다.) "아무것도 허락되지 않는다. 아무것도 금지되지 않는다"고 한 주민은 적었다. 이상한 공간. 동질적이고 합리적이며, 그렇기 때문에 구속력을 지니면서도 와해된 공간. 경계가 없는 공간. 도시와 농촌 사이, 주변과 중심, 교외와 도심, 자동차의 영역과 사람의 영역 사이에 경계는 사라졌다. 불행과 행복 사이에도! 하지만 설비, 사무용 건물, 주거용 건물 등 모든 것은 분리되었고, 고립되고 분할되어 섬을 이루는 '택지'니 '단지' 하는 것들 위에 투사된다. 사회적 분업 속에서 노동과 노동의 기술이 그러하듯이 공간도 전문화되었다.

이러한 공간에 대해서 우리는 이 공간이 시각화의 논리를 전제로 하며 이 논리를 강화한다고 말할 수 있다. 하나의 '논리'가 일련의 작업을 이끌어간다면, 그때의 논리는 의식적이건 무의식적이건 이미 하나의 전략이라고 말할 수 있다. '시각화의 논리'가 있다고 한다면, 그 논리가 어떻게 형성되며 어떤 식으로 활용되는지를 드러내보일 필요가 있다. 흔히 타워라고 하는 고층 주택이나 공공건물, 특히 국가 소유의 건물들이 지니는 오만한 수직성은 시각적인 것 속에 남근의 도도함, 아니 남성 우월주의적 도도함을 배태하고 있다. 이 같은 도도함은 과시적으로 드러나며, 이를 바라보는 자들은 그것을 통해서 권위를 감지한다. 수직적인 것과 높이는 공간적으로 볼 때 언제나 폭력 행사가 가능한 권력을 나타낸다. 물론 관람객들로 보자면 많은 사람들에게 지극히 '정상적'이며, '자연스러운' 것으로 보이는 매우 특별한 공간성은 이중적인 '논리', 다시 말해서 이중적인 전략을 담고 있다. 첫째, 환유의 논리. 환유의 논리는 끊임없이 부분으로부터 전체(여러 공간이 층층이 쌓아올려진 하나의 건물, 즉 '상자주택' 안에서 관람객과 주민, 사실 이 두 부류는 일치하는 경향이 있으며, 이들은 즉각적으로 전체에 대한 부분의 관계를 파악하고 이 관계 안에서 스스로를 파악한다)로 이행하도록 부추기고 강요하는 데 있다. 이러한 이행은, 끊임없는 확장을 통해서 비좁은 용적의 하잘것없음을 보상해준다. 부분으로부터 전체로의 이행은 장소의 동질적인 분리를 전제로 하며 이를 강요한다. 덕분에 그럴듯하게 논리적인, 따라서 동어반복적인 외양을 갖추게 된다. 공간은 공간을, 가시적인 것은 가시적인 것을 포함하며, 상자는 상자 속에 겹쳐진다.

이와 같은 공간성에 내재된 두 번째 '논리'는 은유의 논리(전략), 혹은 끊임없는 은유화라고 할 수 있다. 공간의 부분이라는 어쩔 수 없는 상황에 있는 살아 있는 몸, '사용자'의 몸 또한 철학 용어로 표현하면 이미지, 기호, 상징과 같은 유사물에 의해 은유화된다. 자신의 밖으로 운반되어 옮겨진 살아 있는 몸은 눈을 통해 비워진다. 거듭되는 부름, 검문, 권유 등이 살아 있는 몸에게 아름답게 치장하고 미소지으며 행복한 복제가 되어주겠노라고 제안한다. 그러고는 이 제안이 현실적인 필요와 일치하는 경우에는 복제품이 살아 있는 몸을 쫓아낸다. 정보의 입수, 외부로부터 대대적인 메시지의 유입은 살아 있는 몸으로부터 그의 삶과 욕망을 추방해버리는 역방향 움직임을 만나게 된다. **유사물**로 기능하는 것은 자동차뿐만이 아니다. 몸의 연장이며 움직이는 집으로서의 자동차는 난파당한 몸을 받아들인다. 언어, 조각조각 흩어지는 담론으로도 눈과 기존의 공간이 없다면 이와 같은 몸의 '이동'에 충분하지 못할 것이다.

은유와 환유. 잘 알려진 이 두 가지 개념은 언어학에서 차용했다. 하지만 여기서는 언어를 다루는 것이 아니라 공간과 공간적 실천을 다룬다. 이 같은 차용은 공간과 언어의 관계에 대한 심층적인 검토를 필요로 한다.

정해진 하나의 공간, 즉 칸막이된 공간은 어떤 것은 취하고 어떤 것은 거부한다.(때로는 향수에 의해서, 혹은 단순한 금지에 의해서.) 공간은 확인하고 부인하며 거부한다. 공간은 '주체'로서의 몇몇 속성을 지니며, 대상으로서의 속성도 지닌다. **파사드**는 매우 강력한 힘을 지닌다. 파사드 위에서(발코니, 창틀) 혹은 파사드에서 출발하는(거리에서 행진하기) 몇몇 행위를 가시적인 것 속으로 받아들인다. 반대로, 파사드 뒤에서 이루어지는 다른 많은 행위들은 무대가 아닌 곳에서 일어나는 것, 외설스럽고 음란한 것으로 치부한다. 이 정도만 해도 벌써 공간의 정신분석을 연상시킨다.

도시와 도시의 연장(교외, 주변)에 대해서 보자면, 우리는 '공간의 병폐', '병든 공간'이라는 표현들을 만나게 된다. 그 때문에 몇몇 사람들(건축가,

도시계획가, 기획입안자)은 스스로를 '공간의 의사'라고 자처하거나 그런 암시를 풍기기도 한다. 이러다 보면 유난히 신비주의적인 재현, 즉 현대 도시는 자본주의(혹은 신자본주의) 사회가 아니라 사회의 고질적인 병폐에서 발생했다는 식의 생각을 일반화시킬 수도 있다.

이는 공간 비판을 다른 곳으로 우회시키며, 비판적인 분석을 그다지 합리적이지 않으면서 매우 반동적인 도식으로 대체하는 결과를 낳는다. 어떻게 보면 사회 전체와 사회적 존재로서의 '인간'이 자연의 질병으로 간주될 수도 있는 노릇이다. 이는 철학적으로는 얼마든지 방어 가능한 주장이다. '인간'은 실패작인 별에 나타난 괴물이며 착오요, 실패작이라고 생각하는 것을 금지하는 법은 어디에도 없다. 그런데 거기까지는 좋지만, 그 다음엔 어떻게 되는가? 이러한 철학으로부터는, 다른 여러 가지 종류의 철학도 마찬가지지만, 허무주의 말고는 더 이상 아무것도 기대할 것이 없다.

2.5 왜 **지금 여기서** 마르크스의 《자본론》에서 영감을 얻을 결심을 못하겠는가. 영감을 빌려오자고 함은 인용문만 잔뜩 늘어놓자는 것도, 최종적 주석을 달자는 것도 아니며, 이 책의 구상에 따라 공간을 다루기 위해서이다. 이런 결정을 하게 된 데에는 몇 가지 이유와 동기를 꼽을 수 있겠지만, 그중에서도 특히 문제제기가 19세기와 유사하다는 점이다. 오늘날 공간이 야기하는 문제들(도시 문제, 국토 관리 문제) 때문에 진정한 정치적 문제들이 퇴색된다고 믿는 '마르크스주의자들'이 있다. 공간 연구를 마르크스의 저작에 밀착시킨다면, 이러한 천박한 오해쯤은 얼마든지 떨쳐버릴 수 있다.

하다못해 목차에 이르기까지 《자본론》의 모든 요소가 절대 필요하다.

그 책을 여러 번 읽고 또 읽은 후에야(문자 그대로 우직하게 읽는 것이 가장 훌륭한 독서 방법이라고 생각된다) 비로소 이 책의 목차가 마련되었다. 서론 단계에서 마르크스는 이를테면 (사회적) 노동 같은 핵심 개념들을 도출해냈다. 모든 사회에는 언제나 노동과 노동의 재현(고통, 처벌 등)이 존재해왔지만, 그것이 하나의 개념으로 대두된 것은 18세기 이후의 일이다. 마르크스는 어떻게 해서, 왜 그렇게 되었는지를 보여준다. 서론 단계가 끝나자 마르크스는 본론으로 넘어가는데, 그 본론이란 실체나 '현실'이 아니라 하나의 **형식**이다. 책의 첫머리와 중간 부분에서 마르크스는 (거의) 순수한 **형식**, 즉 **교환**이라고 하는 물질적 재화의 소통 형태를 발견한다. 이는 동일성과 차이, 등가, 일관성, 상호성, 회귀성, 반복성 등 거의 논리적인 형태로서 다른 '순수한' 형식들과 유사한데다, 이들과 사실상 밀접하게 연관을 맺고 있다. 물질적 재화의 소통과 교환은 기호(언어, 담론)의 소통과 교환과 구별은 되지만, 이 두 가지가 서로 분리될 수는 없다. '순수한' 형식은 마르크스가 《자본론》에서 제안하는 양극적인(사용 가치/교환 가치) 구조와 기능을 갖는다. 이 **구체적인 추상**은 과거에 시간과 공간 안에서 발전해왔던 것처럼 이제 사고 속에서 발전하면서 화폐, 통화, 노동과 노동에 따르는 변수(개인적/사회적, 분업적/전체적, 특수/평균, 질적/양적 등의 변증법적인 움직임) 같은 사회적 실천으로 변모해간다. 이러한 발전 과정은 개념적인 측면에서 보자면 고전적인 추론보다 훨씬 풍부하고 귀납적 추리보다 훨씬 유연하다고 할 수 있으며, 누구나 잘 알다시피 **잉여가치**도 창출할 수 있다. 중심축은 변하지 않는다. 변증법적인 역설이라고 할 만한 것이, 사회적 실천을 움직이는 교환의 형태는 거의 빈 상태, 부재라고 할 수 있다.

우리는 사회적 공간의 형태를 알고 있다. 이 형태는 점차적으로 도출되었다. 구체적인 추상으로서의 이 형태는 공간 재현과 재현 공간에 있어서 여러 계기(철학, 중심적인 학문적 이론)에서 부상했다. 그러나 최근에 와서야 빛을 보았다. 교환 형태와 마찬가지로 이 형태는 논리적인 형식에 상당히 근접해 있다. 이 형태는 내용물을 필요로 하며, 내용물 없이는 성립될 수 없다. 좀더 정확하게 말하자면, 결정적인 특정한 내용물이 아닌 추상에 의해 구상된다. 마찬가지로 물질적인 교환의 형식 역시 교환되는 것에 대해서 언급하지 않는다. 다만 사용처를 가진 '무엇인가'가 교환의 대상이라고만 말한다. 마찬가지로 비물질적인 소통은 어떤 기호가 소통되는지는 언급하지 않지만, 변별적인 기호의 목록, 메시지, 그 메시지가 지나가는 통로, 코드 등은 필요로 한다. 역시 마찬가지로 논리적인 형식은 무엇이 일관성 있는지, 무엇이 사고되는지는 언급하지 않지만, 사고가 가능하기 위해서는 형식적인 일관성이 반드시 필요하다.

사회적 공간의 형태는 결국 만남, 집합, 동시성으로 귀착된다. 무엇이 한 자리에 모이는가? 어떤 것들이 모아졌는가? **공간 안에** 있는 것은 모두, 자연에 의해서 혹은 사회에 의해서 생산된 것은 협업에 의해서 생산되었건, 갈등에 의해서 생산되었건 상관없이 모두. 모든 것, 다시 말해서 생명체, 사물, 대상, 작품, 기호, 상징 등의 모든 것. 자연-공간은 병렬하며 분산시킨다. 자연-공간은 장소와 그 장소를 점유하는 것들을 병치한다. 개별화시킨다는 말이다. 사회적 공간은 하나의 점으로 혹은 그 점을 중심으로 현실적 혹은 잠재적으로 모든 것을 모은다. 따라서 잠재적으로(이 잠재성은 특정 조건이 성립되면 실현되기도 한다) 축적이 가능하다. 이러한 주장은 마을이나 주거지 공간에서 확인되며, 도시적 공간에서도 확인된다. 도시적 공간에서는, 특히 마을이라는 공간에서는 여전히 불확실한 상태로 남아 있는 사회적 공간의 비밀이 더 확실하게 드러난다. 도시적 공간은 군중들과 시장에 쌓인 생산물들, 각종 행위, 상징들을 모두 끌어 모은다. 도시적 공간은 이것들을 한곳으로 집중시키며 축적한다. '도시적 공간성'이라고 말하는 사람은 현실적인 혹은 잠재적인 중심과 중심성도 아울러 언급한다. 중심이 포화 상태에 이르렀건 파괴되었건, 공격을 받건, 그런 건 중요하지 않다. 다시 말해서 중심은 **변증법적**이다.

그러므로 우리는 이러한 형태를 상정해서 만들 수 있고, 그 구조(중심-주변)는 물론 사회적 기능, 노동과의 관계(다양한 시장), 이에 따른 생산과 재생산, 자본주의 이전/자본주의적 생산의 관계, 역사적 도시와 근대적 도시 조직의 역할 등을 보여줄 수 있다. 또한 형태와 내용물의 관계와 연결된 변증법적인 과정, 즉 파열, 포화, 분쟁, 주변으로 밀려 나가게 된 내용물들에 의해서 자행되는 공격 등을 관찰할 수 있다. 사회적 공간은 그 자체로서, 그리고 그 자체에 의해서, 본래 창조적인 행위에 대립적인 '사물'이 지닌 모든 특성을 가질 수 없다. 사회적 공간은 작품이자 동시에 생산물, 즉 '사회적 존재'의 실현이다. 하지만 특정 조건이 충족되는 맥락에서라면, 사회적 공간은 물신화되고 자동화된 사물(상품과 돈)의 특성을 지니게 된다.

이 책이 지니는 야심적인 의도를 지지할 수 있는 논거는 적지 않다. 하지만 지나치게 광범위하다는 점을 비롯하여 반대 의견도 만만치 않다.

첫째, 현재 우리가 알고 있는 《자본론》의 목차가 저자가 생각했던 유일한 목차가 아니라는 점이다. 이 목차는 오히려 책 전체의 내용보다도 제시하는 방식에 있어서 저자가 생각했던 목표, 즉 지나치게 **환원적**이라 내용이 빈약해지는 한이 있어도 엄격한 형태를 도출해내겠다는 목표에 훨씬 근접했다고 할 수 있다. 《정치경제학 비판 요강》에는 결정판보다 훨씬 풍부한 내용을 담은 또 하나의 다른 계획, 다른 목차가 등장한다. 《정치경제학 비판 요강》은 모든 층위에서의 **차이**를 강조한다. 반면, 실제 《자본론》에서는 거의 '순수한' 형태, 즉 (교환) 가치의 형태에서 출발한 동질화시키는 합리성(rationalité homogénéisante)을 강조한다. 《정치경제학 비판 요강》에서는 형식을 도외시하지는 않지만 내용 위주로 전개하면서, 내용에서 형식이 발생함을 보여준다. 조금 덜 엄격하고 형식적인 일관성을 덜 추구하며, 결과적으로 형식화 또는 공리화 작업이 덜 세련된 덕분에, 특히 도시와 농촌 사이, 자연적인 현실과 사회적인 현실 사이의 (변증법적) 관계에 대한 더 구체적인 주제화 작업이 성과를 거두고 있다. 마르크스는 《정치경제학 비판 요강》에서 마을 공동체, 가족 등 모든 역사적인 매개자들을 고려한다.[5] 또한 이 책에서 '상품의 세계'는 역사적인 맥락과 실천적인 조건들로부터 덜 유리되어 있다. 참고로 《자본론》에서는 (미완성인 채로 남아 있는) 끝부분에 가서야 이와 같은 조건들에 대해서 다룬다.

둘째, 지난 한 세기 동안에도 변화와 새로운 현상이 꾸준히 이어졌다. 마르크스가 생각한 개념과 범주(특히 **생산**의 개념)들이 우리가 만들어가는 이론의 한가운데를 차지하는 것은 사실이지만, 이것만으로는 충분하지 않고, 마르크스가 말년에 가서야 고려하기 시작한 범주들도 당연히 포함시켜야 한다. 이를테면 생산수단의 재생산과 (양적으로) 확대된 의미로서의 생산물의 재생산에 포개지지만, 그럼에도 불구하고 뚜렷하게 구별되는 생산관계의 재생산 같은 범주를 들 수 있다. 개념으로 간주되는 재생산은 반복적인 것, 재생산 가능한 것 등의 다른 개념들을 파생시킨다. 그런데 이러한 개념들을 비롯하여 도시계획적인 것, 일상적인 것, 공간 등이 마르크스의 저작 속에는 들어설 여지가 없었다.

공간의 생산이 생산력(기술, 지식, 자연에 대한 지배)의 도약과 일치한다면, 그 결과 궁극적으로(바꿔 말하면, 몇몇 한계를 뛰어넘게 된다면) 국가 자본주의도 국가 사회주의도 아니면서 공간의 집단 경영, 자연의 사회적 경영, '자연-반자연'의 갈등을 뛰어넘는 **새로운 생산양식**이 도래한다면, 우리는 더이상 마르크스의 사고가 제시한 '고전적인' 범주의 사용만을 고집할 수는 없다.

셋째(이제부터 이야기할 내용은 앞에서 이야기한 내용을 포함하면서 발전시킨다), 지난 한 세기 동안에 일어난 일들 가운데에서 가장 주목할 만한 새로운 현상이 있다면, 그것은 이른바 '사회과학' 또는 '인문학'이라고 하는 여러 학문의 등장이라고 할 수 있다. 이들 새로운 학문이 걸어가야 할 운명은, 물론 학문에도 저마다 운명이 있는 법이니까, 성장의 불평등, 위기, 가파른 성장에 따른 급작스러운 하강 등의 몇 가지 우려 섞인 질문을 불러일으킨다. 전문가들이나 전문 기관들은 이를 부인하고 투쟁하며, 자신들에게 누가 되는 것은 조용한 가운데 축소시켜나가는 것을 목표로 삼는다. 하지만 그래 봐도 소용없다. 겉으로 확연하게 드러나는 대표적인 실패담들과 거의 재앙에 가까운 추락의 예들이 있게 마련이다. 경제학자들은 마르크스의 가르침을 넘어설 수 있다고 믿었다. 다시 말해 비판에 '모델화'의 길을 열어줄 수 있고 정치경제를 결핍의 인식으로 생각할 수 있다고 믿었다. 경제학자들이 내세운 학문의 진행 추이에 대해서는 이들의 신중한 태도에도 불구하고 말들이 많았다. 언어학은 어떠한가? 언어학자들이 품었던 환상과 실패는 역사나 정치경제에 이어 언어학이 지고의 학문, 학문 중의 학문으로 추앙되면서 점점 확연하게 드러났다. 언어학이란 텍스트와 메시지를 구성하는 코드와 그 코드를 해독하는 일에만 영향력이 있을 뿐이었다. 하지만 '인간'은 말만으로 사는 것이 아니지 않는가. 최근 수십 년 동안의 언어학이라면? 메타언어(métalangage, 대상을 직접 서술하는 언어 그 자체를 다시 언급하는 한 차원 높은 언어, 즉 다른 언어에 관한 언어—옮긴이), 메타언어 분석, 결과적으로 언어학이 행한 사회적 반복 덕분에 과거에 발표된 글과 담론에는 엄청난 양의 반복이 있음을 알게 되었다. 그러나 그 이상도 이하도 아니었다.

이러한 학문들은 불평등한 특성을 지니며, 진화 과정에서 간혹 발생하게 마련인 사고도 일어나긴 하지만, 그렇다고 해서 학문의 존재마저 흔들리는 것은 아니다. 그런데 이러한 학문은 마르크스 생전엔 아예 존재하지 않았거나, 존재하더라도 잠재적인 배아 상태 혹은 밑그림 상태 정도로만 미미하게 존재했을 뿐이다. 이들 학문의 전문화는 전혀 예견되지 않았으며, 지배적인 학문으로 발돋움하려는 시도 또한 상상조차 할 수 없었다.

그런데 이 전문화된 인식, 고립적이면서 동시에 제국주의적인(이 두 가지는 사실 늘 함께 붙어 다니지 않는가?) 인식들은 정신 공간, 사회적 공간과 밀접한 상관관계가 있다. 석학들 중에는 자신들의 영역을 잘라낸 다음 그 '밭'에 울타리를 쳐서 폐쇄하는 이들이 있다. 그런가 하면 수학자들처럼 자신들이 세운 원칙에 따라 이론과 (사회적) 실천의 역사에서 발생하는 사건들을 해석할 수 있도록 정신적 공간을 구축하는 이들도 있다. 그 결과 이들은 공간 재현을 얻어냈다. 건축가는 매듭 또는 회전문 효과를 내는 이 같은 방식을 보여주는 많은 예를 제공한다. 건축가는 하나의 직업이다. 그는 건축의 '특수성'에 대해서 질문한다. 다시 말해서 그는 자신의 위치를 정당화하고자 한다. 어떤 사람들은 그 결과 '건축의 공간'과 (물론 특화된) '건축 생산'이 있다고 결론 내린다. 그러면 다 된 것이다. 공간에 관한 이 같은 관계(분할-재현)는 이 책에서 검토되는 여러 가지 질서정연한 혹은 무질서한 이유들에 포함되어 있다.

이 같은 분할과 해석은 얼마든지 이해 가능하며, '공간학'이나 공간성을 종합하려는 개념으로서가 아니라, **생산** 활동의 하나로서 얼마든지 새롭게 조명될 수 있다. 전문가들은 공간 안에 놓인 대상들을 열거했다. 몇몇은 자연으로부터 온 대상들의 목록을 다른 몇몇은 생산된 대상의 목록을 작성했다. 그리고 (생산된 대상의 총체로서가 아니라 **생산물**로서의) 공간에 **대한** 인식을 공간 **속에 있는** 놓인 사물들에 대한 인식으로 대체해버림으로써, 열거와 기술이 새로운 의미를 지니게 된 것이다. **공간의 정치경제학**은 수긍될 수 있다. 정치경제를 새롭게 재고하며, 공간의 생산이라는 새로운 대상을 제시함으로써 이를 파멸로부터 구할 수 있다. 인식이 (마르크스에게 있어서 경제적인 것에 대한 인식과 일치하는) 정치경제 비판을 되찾는다면, 어떻게 이러한 공간의 정치경제가 자본주의의 결정적인 안주처로서의 공간의 외양과 일치할 위험이 있는지를 보여줄 것이다. 우리는 역사학, 심리학, 인류학 등에 대해서도 유사한 방식으로 접근할 수 있다. 어쩌면 정신분석에 대해서도 가능할 수 있다!

이러한 전망은 사유와 공간 **안에서의** (날짜와 위치가 분명한 이러저러한 한 공간에서) 담론 사이의, 말과 기호, 이미지와 상징에 불과한 공간에 **대한** 담론과 사유 사이의 그리고 끝으로 정교화된 개념에서 출발하는 공간**의** 사유에 대한 분명한 구분을 내포한다. 이 같은 구분 자체는 사용되는 **자재**, 즉 언어와 이미지, 상징, 개념, 그리고 집합 과정, 학문적 분업이라는 테두리 안에서 분할과 조립을 위해 사용되는 **설비**에 대한 면밀한 비판을 전제로 한다.

다른 분야에서 이미 실행된 개념적 정립 작업을 차용함으로써 자재와 설비를 구분할 수 있다. 자재란 없어서는 안 될 필수불가결한 것으로 지속적이다. 이를테면 돌이나 벽돌, 시멘트, 콘크리트 등이 자재에 해당된다. 음악으로 치면 소리, 음계, 음조, 음색 등이 자재라고 할 수 있다. 한편, 설비는 짧은 시일 내에 마모된다. 그렇기 때문에 자주 바꿔야 한다. 각종 연장과 사용법 등으로 이루어지며, 적응 능력이 그다지 뛰어나지 못하다. 따라서 새로운 필요가 생겨나면 새로운 설비가 필요하다. 음악에서 류트, 피아노, 색소폰 등의 악기가 순차적으로 만들어진 것이 바로 그런 이치에 의해서라고 할 수 있다. 혹은 집을 지을 때마다 새로운 방식과 과정이 도입되는 것도 마찬가지다. 이러한 구분은 일시적인 것과 지속적인 것의 구분을 가능하게 해주는 다소간의 효과를 가져올 수 있다. 특정 학문 분야에서 오래도록 유용하게 사용될 수 있는 것도 있고, 우회적인 용법을 통해 새로운 용도로 사용되는가 하면, 반대로 완전히 부정되어 폐기처분되는 것도 있다. 바꿔 말하자면, 낡은 도구는 부차적으로만 사용될 뿐이다. 낡은 것은 흔히 교육적인 용도로만 기능한다.

분할과 재현, 여기에 소용되는 자재와 설비를 재고하는 작업은 진문화된 학문에만 국한되지 않는다. 이 작업은 철학마저도 성역으로 남겨두지는 않을 작정인데, 그 이유는 철학이 이제까지 공간과 시간의 재현을 제안해왔기 때문이다. 철학적 이념 비판도 공간 문제를 다루는 한 정치적 이념 검토를 면할 수 없을 것이다. 그런데 정치적 이념이란 공간 문제를 우선적으로 다루고 있다. **전략**이라는 이름으로 공간에 개입하기 때문이다. 공간 안에서 전략의 유효적절성은, 특히 이건 요즘 들어 눈에 띄는 새로운 사실인데, 세계화 전략들이 **세계적인 공간**, 즉 **그들의** 공간을 만들어 이를 절대적인 공간으로 밀어붙이려는 시도를 벌이는 현 시점에서, 당연히 공간 개념의 쇄신의 이유가 되며, 이유 중에서도 가장 큰 이유라고 할 수 있다.

2.6　　　　**환원하기.** 이것은 복잡성과 즉각적인 반응의 혼돈에 대면했을 때 학문적으로 대처하는 방식을 일컫는다. 먼저 단순화해야 한다. 하지만 곧, 가능한 빨리 분석 과정에서 배제했던 것들을 점진적으로 **복원해야** 한다. 그렇게 하지 않으면 방법론적인 필요가 구속으로 변질되며, 정당한 환원에서 환원주의로 넘어가게 된다. 이러한 위험이 호시탐탐 지식의 세계를 넘본다. 이 같은 위험은 방법 내부에 이미 깃들어 있으므로, 어떤 방법을 사용한다고 해도 이를 피할 수는 없다. 이렇듯 피할 수

없는 환원적 도식화는 차츰 함정으로 변한다.

환원주의는 과학성이라는 명목으로 개입한다. 우리는 흔히 (사회, 도시, 기관, 가정 등의) 축소 모델을 구축한 다음 이 모델에 집착한다. 사회적 공간도 이념을 은폐하고 있는 '학문적인' 조작에 의해 정신적인 공간으로 환원된다. 환원주의자들은 학문에 내재적인 과정을 무조건적으로 칭송하며, 이를 태도로 변모시키고, 그런 다음엔 학문 중의 학문(인식론)이라는 명목으로 절대적인 지식으로 추앙한다. 반면, 방법론적인 환원은 변증법에 따라 내용물이 재도입될 것을 종용하는데, 이 과정에서 환원된 형태, 다시 말해서 방법에 내재적인 논리, 방법의 일관성을 치켜세운다. 이렇게 된 다음에야 비판적인 사고(하지만 교조주의는 비판적인 사고를 금지한다)는, 체계적인 환원과 환원주의가 정치적인 실천과 일치하는 방식임을 알아차리게 된다. 국가와 정치권력은 기꺼이 모순을 환원하고자 한다. 따라서 환원와 환원주의는 국가와 권력을 위해 봉사하는 수단으로 변한다. 이념으로서가 아니라 지식으로서 그렇게 된다는 말이다. 또한 특정 국가나 정부만을 위하는 것이 아니라 국가와 권력 일반을 위해 봉사한다. 국가와 정치권력은, 학문과 이념을 적당히 섞어서 버무린 혼합물을 전략적으로 이용하지 않는다면, 다시 말해서 지식을 매개로 하지 않는다면, 달리 어떤 식으로 모순과 갈등(하나의 사회 내부에서는 늘 모순과 갈등이 새로이 태어나고 새롭게 부활한다)을 환원시킬 수 있겠는가?

현실과 사회 인식에 대한 환원적 기능주의가 존재해왔음이 오늘날에 와선 엄연한 사실로 받아들여지고 있으며, 이러한 기능 지향적 환원 현상에 대한 비판도 기꺼이 이루어지고 있다. 그러나 구조주의와 형식주의 또한 환원적인 도식을 제안하고 있다는 사실에 대해서는 침묵하거나 아예 생략해버리는 경향을 지적하지 않을 수 없다. 개념을 우위에 두고 이를 일반화함으로써 구조주의와 형식주의는 자연히 현실을 축소하며,

역으로 환원함으로써 개념의 일반화를 가속화하는 일도 가능해진다. 이 경우 수정하고 상쇄해야 하는 작업이 필수적이며, 마침 때맞춰서 객쩍은 소리(이 분야 전문가들이 즐겨 쓰는 용어로는 '이념적 담론'이라고 할 수 있다)와 언어를 비롯한 각종 기호의 남용으로 무장한 이념이 등장한다.

환원이라고? 사실 환원은 아주 광범위하게 사용될 수 있다. 환원은 실천의 영역으로도 '강림'할 수 있다. 다양한 집단과 계급에 속하는 사람들은 자신들의 능력, 사고 작용, 가치관, 궁극적으로는 가능성, 공간, 신체에 가해지는 각종 환원의 결과를 불평등하게 감내한다. 이러저러한 특정 전문가에 의해 구축된 **환원 모델**은 언제나 허망하기 마련인 추상화 작업에서 분리될 수 없다. **환원적 실천**을 겨냥하여 구축된 모델은, 운이 따라준다면 다소간의 질서를 부과할 수도, 이 질서의 바탕이 되는 요소들을 구성할 수도 있다. 이를테면 도시계획이나 건축을 통해서 그렇게 할 수 있다. 특별히 노동자 계급은, 흔히 말하는 대로 공간이며 소비 생활, 문화 활동 등에 있어서 '환원 모델'로 인한 결과를 가장 직접적으로 감내한다.

환원주의는 (비판적이 아니고 분석적인) 지식과 지식이 동반하는 분할과 해석을 동원해서 권력을 위해 봉사한다. 이념은 지식을 능멸하고 **인식**을 부정하는데도 제대로 이름을 밝히지 않음으로써 '학문성'과 혼동된다. 환원주의는 학문적인 이념을 구성하는 데에 뛰어난 기량을 보인다. 하나의 방법론에서 교조주의로 넘어가기만 하면 환원적인 태도는 완성되며, 거기에서부터 학문이라는 미명하에 **동질화**를 실천하기만 하면 되기 때문이다.

처음엔 방법론적으로 볼 때, 모든 학문적 접근이 환원적으로 진행된다. 전문가들의 불행 중 하나는 환원 속에 안주하여, 이를 천착하면서 거기에서 행복감과 확실성을 맛본다는 점이다. 자신이 활동하는 '밭'을 스스로 제한하는 전문가는, 그 밭을 조금만 갈면 나름대로 무언가를 자라나게 할 수 있다. 그가 찾아내는 것, 그가 재배하는 것은 그가 택한 전문성의 지역적 좌표, 지식 시장에서 차지하는 위치에 의해 정의된다. 하지만 전문가라는 사람은 이런 사실을 알고 싶어 하지 않는다. 자신의 영역을 환원적으로 한정짓는 것에 대해서, 그는 부정하는 태도를 취함으로써 이를 정당화한다.

그런데 전문화된 학문치고 도대체 직접적으로 혹은 매개적으로라도 공간과 관련을 맺고 있지 않은 학문이 있긴 하단 말인가?

a) 각각의 전문성은, 누구나 잘 알고 있듯이 스스로에게 자신만의 정신적이고 사회적인 공간을 부여하며, 이를 임의적으로 정의하고, '자연-공간'의 총체 속에서 이를 분할해내며, 이와 같은 '분할-조립'(자신의 '밭'을 분할하고, 그와 관계된 발언과 환원 모델을 조립함으로써, 정신적인 것에서 사회적인 것으로 이행한다) 작전을 부분적으로 은폐한다. 이것이 가능하려면 정당화 논리, 그러니까 분할-조립을 **해석하는** 논리를 첨부해야 한다.

b) 전문가들은 누구나 공간 안에서 통용되는 명명법과 분류 속에 스스로를 고립시킨다. 공간을 점령하고 있는 대상들을 확인하고 기술하며 분류하기. 이것이 바로 이러저러한 전문 분야의 '실증주의적' 활동이다. 지리학, 인류학, 사회학 등이 여기에 해당된다. 다른 것들보다 조금 낮거나 못한 특정 전문 분야에서 **공간에 관한** 발언을 담당할 수도 있다. 정치 이론이나 시스템 분석 같은 분야가 여기에 해당될 수 있다.

c) 전문가들은 지식의 환원 모델(때로는 공간 안에 놓인 대상을 확인하는 것으로 만족하고, 때로는 공간을 분할하며 각각의 공간에 대한 제안으로 만족한다)을 (**사회적) 공간**의 총체적인 사고와 대립시킨다. 이렇게 하면 시간을

무력화시키는 (시간을 단순한 하나의 '변수'로 축소시킴으로써) 부수적인 이점도 챙길 수 있다.

그 결과 자신들만의 도구와 자신들만의 환원 모델을 가지고 사회적 공간에 접근하는 전문가들은 공간의 생산이라는 개념과 그에 따르는 이론에 반대한다. 그 개념과 이론이 자신들의 고유한 텃밭을 위협할수록 반대는 강력해진다. 이들은 아마도 사유재산의 벽을 흔들어대는 것으로도 만족하지 못하고 아예 벽을 부숴버릴 수도 있을 것이다.

자, 사정이 이럴진대, 기왕에 시작한 이 책에 가상(상상적)의 인물이면서 동시에 실재적인(반대자를 대표하는) 인물과의 대담을 끼워넣지 못할 이유도 없지 않겠는가?

- 당신의 논지는 나를 설득하기에 역부족입니다. 공간을 생산한다니요! 이 제안에는, 제안 대신 개념이라는 용어를 사용한다면 혹시라도 내가 당신에게 동의하는 것으로 생각하실까봐 노파심에서 드리는 말씀인데요, 하여간 애매모호한 점이 너무 많습니다. 공간이 자연의 일부라고 한다면 인간의 활동, 이른바 사회적이라고 하는 그 활동들은 공간 안에 포함되며, 공간을 점유하고, 공간의 지리적인 좌표와 생태적인 특성들을 바꿀 수 있습니다. 지식은 이러한 변화 분을 기술하는 것으로 그치지 않습니다. 아니면, 공간이 하나의 개념이며 그렇기 때문에 지식, 그러니까 정신적인 활동의 일부분이라고 한다면, 이를테면 수학에 있어서의 지식이라고 해두죠, 이 경우 학문적인 성찰 활동이 공간을 탐사할 것이고, 공간을 가다듬며 발전시키겠죠. 전자와 후자, 두 경우 모두 공간의 생산이란 있을 수 없습니다.
- 죄송합니다! '자연-지식', '자연-문화'의 분리, '물질-정신', 이런 식

의 이분법적 사고는, 물론 널리 팽배해 있긴 하지만, 용납할 수 없습니다. 그 반대의 경우, 즉 두 가지를 혼동하는 것도 마찬가지입니다. 기술적인 활동과 학문성은 자연을 변화시키는 것으로 만족하지 않습니다. 자연을 통제하기를 원하죠. 그리고 자연을 통제하기 위해서 자연을 파괴하는 경향이 있습니다. 파괴에 앞서서 우선 자연을 잘 알지도 못한다고 말씀드려야겠습니다. 모든 과정은 최초의 연장과 더불어 시작됩니다.

- 당신은 그렇다면 석기 시대에서부터 시작하겠다는 거로군요. 그건 좀 너무 이르지…….
- 그건 살인을 하기 위해 미리 계획한 최초의 행위에서부터 시작됩니다. 연장에서, 무기에서, 이 두 가지 모두 언어와 함께 움직였습니다.
- 당신이 보기에 '인간'은 자연에서 벗어났습니다. 인간은 자연을 바깥으로부터 잘 압니다. 인간은 파괴를 통해서만 자연을 아니까요.
- 인간이라고요? 좋습니다. 인간이라는 보편성이 있다고 합시다. 그렇습니다. '인간'은 자연에서 태어나서, 자연으로부터 벗어나, 자연에게 대항합니다. 현재 우리가 확인하고 있는 참담한 결과가 있을 때까지 그렇게 했습니다.
- 당신 생각엔, 자연 파괴가 자본주의에서 비롯되었습니까?
- 아주 넓은 의미에서 보자면 그렇습니다. 하지만 자본주의와 부르주아 계급은 감히 말하지만 동네북입니다. 나쁜 건 모조리 그 두 가지 탓이라고들 하니까요. 그런데 자본주의와 부르주아 계급은 어떻게, 어디에서 태어났습니까?
- 그야 인간이죠! 인간 본성 말입니다!
- 아닙니다. 서구인이라고 해야 맞습니다.
- 당신은 기어이 서양 역사, 이성, 로고스, 언어, 이 모든 것을 죄인 취급

하는군요!

• 서양은 자연 위반에 앞장섰습니다. 어떻게 해서, 왜 그렇게 되었는지를 알아보는 것도 흥미로운 일일 테지만, 여기서는 부차적이죠. 서양은 도를 넘어섰습니다. 신학에서라면 '오, 복된 죄여(O felix culpa!)'(문자 그대로는 '축복받은 잘못', '운 좋은 추락'을 의미하는 라틴어 표현. 아담과 이브가 죄를 짓고 에덴동산에서 추방당한 사건을 지칭한다―옮긴이)라고 말했겠죠. 그렇습니다. 서양은 헤겔이 부정의 힘이라고 명명한 것, 폭력, 공포, 생명에 대한 끊임없는 공격에 앞장섰습니다. 서양은 폭력을 일반화시키고 세계화시켰으며, 폭력을 통해서 세계적인 것을 만들어냈습니다. 생산의 장소로서의 공간, 생산물이며 동시에 생산으로서의 공간은 무기인 동시에 투쟁의 신호입니다. 일단 시작한 것을 끝까지, 아니, 이제 와서 어떻게 뒷걸음질을 칠 수 있겠습니까. 안 그렇습니까. 밀어붙여야 하는 이 거대한 임무는 오늘날에 와서 자연이 아닌 다른 것, 두 번째 자연, 첫 번째 자연과는 다르면서 새로운 자연을 생산하도록, 창조해내도록 강요하고 있습니다. 그러니 공간, 도시계획적인 공간, 생산물이면서 동시에 예술이 작품을 만든다고 했을 때의 의미로서의 작품인 공간을 만들어야 합니다. 이 계획이 실패한다면, 그건 그야말로 결과를 가늠할 수조차 없는 참담하고 완전한 실패를 의미합니다…….

2.7　　　모든 사회적 공간은 의미작용, 비의미작용, 지각된 것, 체험된 것, 실천적인 것, 이론적인 것 등 무수히 많은 측면과 움직임을 동반하는 과정에서 발생한다. 요컨대 모든 사회적 공간은 초기의 토대, 즉 근원이 되며, 언제 어디서나 개별성(특정 장소, 기후 등)으로 채색되었기 때문에 독창적인 자연이라는 토대 위에서 출발하는 나름대로의 역사를 지

니고 있다.

하나의 공간이 그 공간을 만들어낸 시간과 맺는 관계가 그 자체로서 공간의 역사를 제시한다고 할 때, 이는 역사학자들이 인정하는 재현과는 다르다. 역사학자들에게 있어서 사고 작용은 시간성에 단절을 가져온다. 사고 작용은 별다른 문제 없이 과정의 진행을 단절시킬 수 있다. 역사학자들의 분석은 조각을 내고 분할한다. 그런데 그 자체로서의 공간의 역사에서는 역사적인 것, 통시적인 것, 사건을 발생시킨 과거 등이 마치 그림에 덧칠하듯이 끊임없이 공간적인 것 속에 편입된다. 공간에 대해서는, 그리고 공간 안에서는 사건들이 남겨놓은 불확실한 흔적 이상 가는 것들이 존재한다. 행위 중인 사회의 흔적, 다시 말해서 사회적 활동의 결과물이자 생산물이 존재하는 것이다. 시간이 남겨놓은 흔적 이상이 있다. 시간이 만들어낸 공간은 항상 현재진행형이며, 공시적이고, 하나의 총체로서 주어진다. 내부 사이의 연결, 그 역시 시간에 의해서 생성된 것들로서, 이로 말미암아 각 요소들이 이어지기 때문이다.

이제 자연에서 추상으로 넘어가는 공간의 역사가 갖는 첫 번째 측면, 가장 단순한 이 측면을 보자. 공간을 측량하는 데 성공한 각 종족은 엄지손가락, 발, 팔꿈치, 손바닥 등 신체에서 차용한 나름대로의 도량형 단위를 보유하고 있었다. 한 종족의 공간은, 시간도 마찬가지지만, 다른 종족에게는 이해가 불가능했다. 공간이 지니는 자연적인 개별성과 각 종족에게 특별한 자연이 서로 간섭했다. 하지만 이렇듯 개별성에 의해 측량된 공간 안으로 신체를 밀어넣다니 이 얼마나 기발한가! 공간에 대한 몸의 관계는, 그 후로 오면서 그 중요성이 제대로 평가되지 않아서 유감이긴 하지만, 여하튼 직접성을 지니고 있었으며, 이 직접성은 그 후 변질되거나 상실되었다. 공간과 공간을 측량하고 이에 대해 이야기하는 방식은 사회 구성원에게 자신들의 몸에 대한 이미지, 거울에 비친 자신들의 몸을 소개하는 역할을 했다. 다른 종족이 섬기는 신을 채택하면 자연히 그들의 공간과 도량형 단위도 채택하게 되었다. 로마에서 판테온은 패배당한 신들에게 할당된 장소와 판테온이라는 장소의 주인, 즉 제국과 세계 전체의 주인에게 바쳐진 공간 모두를 포함했다.

공간과 공간의 측량이 갖는 지위는 아주 천천히 변화해갔으며, 지금도 변화가 완전히 끝난 것은 아니다. '십진법'의 원조인 프랑스에서만 하더라도, 희한한 측량 단위가 여전히 의복과 신발(의복과 신발의 경우 34, 36, 38, 40…… 등의 치수를 쓴다—옮긴이)에 적용되고 있다. 학교에만 들어가면 누구나 즉시 알게 되는 것처럼, 십진법(십진법의 도입은 시간과 순환주기, 곡선, 원주, 구 등을 재는 데 사용되는 십이진법의 완전한 소멸을 가져오지는 않았다)이라는 추상적인 보편성과 더불어 하나의 혁명이 진행되는 것이다. 본디 일반적인 역사의 흐름엔 단위의 유동, 이에 따른 **공간 재현**의 유동이 따르게 마련이며, 이는 역사에 특별한 의미, 곧 양적인 것, 동질적인 것, 기술 안으로 도피함으로써 몸의 상실을 추구하는 경향의 만연이라는 의미를 부여한다.

2.8　　　　좀더 구체적인 방식으로 공간의 역사에 접근하기 위해서, 우리는 민족과 민족주의에 대해서 검토해볼 수 있다. 하나의 민족은 어떻게 정의할 수 있는가? 대부분의 사람은 민족을 자연('자연적인' 경계를 이루고 있는 영토)에서 태어나서 역사적인 시간 속에서 성장한 일종의 실체라고 정의한다. 이런 식이라면 민족에게는 견고한, 어쩌면 결정적일 뿐아니라 한정적이며 최종적이라고도 할 수 있는 '현실'이 부여되는 셈이다. 이러한 주장은 애국심 또는 절대적 민족주의를 영원한 진리로 추앙하는 부르주아 계급에게는 아주 유리하다.(이는 부르주아 계급의 민족국가와

그 국가가 견지하는 태도를 정당화시킬 수 있다.) 스탈린의 영향력 하에서 마르크스주의적 사고는 이와 거의 유사한(여기에 역사주의를 곁들인) 방침을 채택했다. 반면, 다른 이론가들에게 민족은 민족주의나 마찬가지로 이념으로 귀착된다. 민족은 '실체적인 현실' 또는 법인(法人)이라기보다 부르주아 계급이 자신들의 역사적 조건과 태생을 투사하여, 첫째, 상상 속에서 이를 미화하며, 둘째, 계급 간의 갈등을 은폐하고 노동자 계급을 부르주아 계급과의 허구적인 통합 속으로 끌어들이기 위해 만들어낸 허구에 불과하다는 것이다. 이러한 가설에서 출발한다면, 민족과 지방의 문제를, 이보다는 부차적인 언어와 문화의 문제로 축소하기란 매우 용이하다. 그 결과 일정 수준의 추상적인 세계주의에 도달한다.

그런데 이런 식으로 제기된 민족의 문제, 다시 말해서 자연성 혹은 이념에서 출발하는 민족이란 공간을 배제시키고 있는 건 아닐까? 개념이 정신적 공간에서 전개되고 발전되어나가면, 사고 작용은 결국 사회적 공간의 재현(그나마도 역사적 시간의 재현에 종속되어 있다)에 불과한 이 정신적 공간을 실재적인 공간, 즉 사회적, 정치적 실천의 공간과 동일시하게 된다.

공간과의 관계에 입각해서 생각해볼 때, 민족이란 두 가지 계기, 두 가지 조건을 내포한다.

a) **시장**. 비교적 오랜 역사적 시간을 거쳐서 서서히 구축된 시장, 즉 상업적인 관계와 소통망의 복합체를 말한다. 이 시장은 국가 단위의 시장에 지역 단위, 광역 단위의 시장을 종속시킨다. 따라서 여기서 말하는 시장은 위계적인 층위를 갖는다고 말할 수 있다. 일찍부터 도시가 농촌을 지배해온 곳에서는, 국가 단위 시장의 (사회적, 경제적, 정치적) 형성이 기존의 농민 중심적이며 촌락적이고 봉건적인 토대 위에서 도시

가 발달해온 곳에서의 시장 형성과는 다른 양상을 보인다. 결과는 거의 비슷하게 나타난다. 여러 중심들(주로 상업 중심, 종교 중심, 문화 중심 등)이 위계질서를 이루는 집중적인 공간에 가장 중요한 중심, 즉 수도가 자리하는 식이다.

b) **폭력.** 군사적인(봉건적, 부르주아적, 제국주의적 등) 국가의 폭력을 의미한다. 정치권력이 시장의 자원 또는 생산력 향상을 이용하고, 힘을 키우려는 목표 아래 이를 가로챈다.

'자발적인' 경제 성장, 폭력의 개입, 그리고 이들 각각으로 인한 효과 사이의 관계를 결정하는 것이 관건이다. 이러한 가설 하에서 두 가지 '계기'가 **하나의 공간**(하나의 국민국가)**을 생산하기** 위해 힘을 합한다. 이 공간은 인격주의적인 실체성이나 이념적인 완전한 허구(빛을 반사하는 거울의 중심)에 의해서 정의될 수 없다. 국민국가는 공간과 맺는 관계에 의해서 정의되는 또 다른 존재 방식을 갖는다. 그러므로 오늘날에 와서는 이러한 공간들과 세계 시장, 제국주의, 전략, 다국적 기업들과 그들의 활동 영역 간의 연관 관계를 연구할 필요가 있다.

이제는 매우 일반화되어 있는 자재의 문제를 생각해보자. 하나의 대상을 생산하는 것은 지식과 기술 과정, 노력, 그리고 (노동의) 반복적인 몸짓을 가함으로써 천연자원을 변화시키는 것이다. 천연자원은 나무, 양털, 면화, 비단, 돌, 금속처럼 물질적인 자연에서 직접 얻을 수도 있고 아닐 수도 있다. 시간이 흘러가면서 점점 더 정교해진, 따라서 점점 더 '자연적인' 것, 즉 자연에서 직접 얻은 자재로 만들어진 설비로부터 멀어진 설비들로 교체가 이루어졌다. 매개자로서의 기술과 학문의 중요성은 점점 더 커져갔다. 콘크리트나 합성 섬유, 플라스틱 등을 생각해보라. 하지만 그렇다고 양털, 면화, 벽돌, 돌 같은 천연자원이 사라진 것은 아니다.

생산된 대상은 대부분의 경우 생산을 위해 사용된 설비와 시간의 흔적을 간직하고 있다. 말하자면 천연자원을 변화시킨 작업들이 고스란히 담겨 있는 것이다. 따라서 우리는 이것들을 재생할 수 있다. 하지만 생산에 관계하는 작업들은 이와 같은 흔적들을 지워버리려는 경향이 있다. 윤내기, 니스 칠하기, 표면에 덧붙이기, 코팅하기 등의 몇몇 작업은 아예 그것을 목표로 한다. 건축이 끝나면 비계를 치우고, 집필 작업의 초고는 찢어버리며, 밑그림을 계속 그리던 화가는 언제 본격적인 그림 작업으로 들어가게 될지를 알고 있다. 이렇듯 생산물은 물론 예술작품들까지도 생산 활동으로부터 분리되려는 특성을 가지고 있다. 그렇기 때문에 우리는 생산 활동을 망각하는 경향이 있다. 그리고 이 망각(철학자들이라면 사실의 은폐라고 말했을 것이다) 덕분에 상품의 물신화가 가능해진다. 다시 말해서 상품이 사회적 관계를 내포하고 있으나 이를 알아보지 못하도록 한다는 말이다.

대상(생산물 혹은 작품)에서 시작해서 활동(생산/창조)으로 거슬러 올라가기란 쉬운 일이 아니다. 하지만 오직 이 과정을 통해서만, 즉 발생의 과정을 재구성하고 그 의미를 재구성함으로써만 대상의 본질 혹은 대상과 자연의 관계를 밝혀낼 수 있다. 이를 제외한 다른 방식은 모두 추상적인 대상(모델)을 만들어낼 뿐이다. 이는 단순히 대상의 구조를 파악하는 것이 아니라 대상 전체, 즉 형태와 구조, 기능 모두를 만들어내는(사고 작용을 통해서 사고 작용 안에서 재생산하기) 것이다.

사람들은(여기서 '사람들'은 일반적인 주체를 가리킨다) 어떻게 하나의 그림, 하나의 풍경, 하나의 기념물을 지각하는가? 지각은 당연히 '주체'에 달려 있다. 농민은 '그의' 풍경을 그 풍경 속에서 산책을 즐기는 도시인과 같은 방식으로 지각하지 않는다. 그림을 감상하는 애호가가 한 명 있다고 하자. 그의 시선은 전문가의 시선도, 무지한 사람의 시선도 아니다.

그의 시선은 그림을 이루는 여러 대상들의 하나에서 다른 하나로 옮아간다. 그는 우선 화가가 보여주고자 한 결과물에 몸을 맡긴다. 그리고 그 그림이 바라보는 사람들에게 향유하는 즐거움(보는 즐거움, 이해하는 즐거움)을 주고자 하는 작품들 중의 하나라면, 그것으로부터 얼마간의 기쁨을 맛본다. 그렇지만 이 애호가는 자기가 바라보는 그림이 구도에 따라 배치되었으며, 색채와 형태 사이에 존재하는 내적인 관계는 전체에 의해서 좌우된다는 사실을 이미 잘 알고 있다. 그는 그림 속에 들어 있는 대상들로부터 대상으로서의 그림으로, 자신이 회화적 **공간 안에서** 지각한 것에서 자신이 그 공간에 **대해서** 파악한 것으로 넘어간다. 이렇게 해서 그는 화가가 명백하게 의도한 것이 아닌 '효과'를 예감하거나 이해하게 된다. 이제 애호가는 그림을 해독하면서 예상하지 못했던 것을 발견한다. 하지만 이는 어디까지나 형태의 틀 안에서, 이 틀이 정해준 관계와 비례 안에서 이루어진다. 우리의 이 뛰어난 애호가가 발견한 것들은 (회화) **공간**이라는 층위에 위치한다. 미학적 탐구가 이 단계에 도달하면, '주체'는 스스로에게 질문을 하기 시작한다. 그는 문제를 해결하기 위해 애를 쓴다. 기술적으로 준비된 의미적인 효과와 의도하지 않은 채로 생겨나는 의미적인 효과(이 중에서 몇몇은 애호가, 즉 '바라보는 사람'에게 달려 있다)는 어떤 관계를 맺는가? 이 질문에 답하기 위해서 애호가는 경험한 효과로부터 의미의 생산 활동으로 거슬러 올라가서 이를 재발견하고 똑같이 경험하고자 시도(어쩌면 환상일 수도 있다)한다. 이 경우 애호가의 '미학적' 지각은 쉽게 짐작할 수 있듯이 여러 층위에 놓이게 된다.

특수한 하나의 예에서 마르크스에 의해 계승된 철학적 경향을 포착하기란 어려운 일이 아니다. (소크라테스 이후의) 그리스 사상가들은 지식의 사회적 실천을 분석했다. 이들은 당시의 지식을 반영하면서, 잘 알려진 **대상들**에 대한 지식이 형성되는 과정을 집대성했다. 아리스토텔레스의 담론(로고스)과 범주, 즉 담론의 요소이면서 동시에 대상의 이해(분류)에 관한 학설이 이러한 이론적 성찰의 정점을 차지한다. 그로부터 오랜 시간이 지난 후, 유럽에서는 데카르트 철학이 로고스의 정의를 가다듬고 수정한다. 데카르트는 로고스를 심문하며 이를 문제 삼는다. 말하자면 로고스에게 신분증과 지위, 귀족 혈통 증명서, 출신 증빙 서류, 호적 따위를 제시해보라고 요구하는 셈이다. 이렇듯 철학은 데카르트와 더불어 질문과 답을 전위(轉位), 즉 다른 곳으로 이동시켰다. 요컨대 중심이 변한 것이다. 철학은 '사유된 사유'에서 '사유하는 사유'로, 대상에서 행위로, 인식된 것에 대한 담론에서 인식하는 과정으로 이행한다. 이로써 '문제 제기'라는 것이 생겨났다.(이와 더불어 새로운 난점도 물론 생겨났다.)

마르크스에 와서 이러한 무게중심의 이동이 다시금 재개되었다. 그는 이를 확대하면서 완벽하게 가다듬었다. 마르크스에게 문제가 되는 것은 인식의 작품들이 아니라 산업 실천에 있어서 사물들이었다. 그는 헤겔과 영국 경제학자들의 뒤를 이어, 결과로부터 생산 활동으로 거슬러 올라갔다. 공간 안에 주어진 모든 현실은 시간 속에서의 생성으로 설명되었다. 하지만 (역사적) 시간 속에서 진행되는 활동은 공간을 이끌어내며(생산하며) 공간 속에서만 실천적인 '현실'이 된다. 즉 구체적인 존재감을 획득한다. 마르크스에게서 아직 확실하게 결정적이지 않았던 이 도식은 헤겔에게서 비롯되었다.

이는 하나의 풍경이나 하나의 기념물, 공간적 총체(자연 속에 '무상으로 주어진' 것이 아니기만 하다면)에 있어서도 마찬가지며, 한 장의 그림이나 작품 총체, 혹은 생산물 총체에 있어서도 마찬가지다. 풍경이나 기념물을 해독하면 창조 능력과 의미작용 과정에 이르게 된다. 이러한 창조 능력은 대략 하나의 시기를 업고 있다. 말하자면 역사적 사실인 것이다. 그런데 이 시기라는 것은 사건이라는 의미, 다시 말해서 기념물이 준공된 해,

혹은 아무개에 의해서 이러저러한 기념물을 제작해달라는 주문을 받은 날 같은 의미를 지니는 것일까? 아니면 절체절명의 요구에 따라 이러저러한 사회적 조직이 특정 건물을 차지하게 되었다는 식, 이를테면 재판은 법원에서, 미사는 성당에서라는 식의 제도적인 의미를 지니는 것일까? 전자도 후자도 아니다. 창조 능력이란 항상 하나의 공동체 또는 집단, 단체 또는 행동하는 일부 계층, '대리인' 혹은 '행위자'의 창조 능력이다. 요구하는 집단과 주문하는 집단이 각기 다를지라도, 그 주문을 받아들이는 건 한 사람의 개인이나 전체가 아니라 공간을 중시하는, 즉 자신이 동원할 수 있는(생산력, 기술과 지식, 노동 수단 등) 수단과 자원을 이용하여 공간을 생산할 수 있는 사회적 현실이다. 하나의 풍경이 있다고 할 때, 그 풍경은 다름 아닌 농민들의 손에 의해서 만들어진 것이며, 이는 (정치) **권력**으로부터 독립적인 혹은 종속적인 (마을) 공동체에 의해서 만들어졌음을 의미한다. 하나의 기념물이 있다고 할 때, 이 기념물은 (정치) 권력으로부터 자유로운 혹은 종속적인 도시의 한 집단이 만들었다고 볼 수 있다. 공간을 알기 위해서 기술 작업은 반드시 필요하지만, 그것만으로는 충분하지 않다. 농촌 풍경을 기술하고, 산업적인 풍경을 기술하며, 도시적인 공간성을 기술하는 것만으로는 절대로 충분할 수 없다. 하나에서 다른 하나로 넘어가는 연결이 가장 중요한 본질이다. 생산 능력과 창조 과정에 관한 연구는 많은 경우에 있어서 (정치) 권력으로까지 거슬러 올라간다. 그와 같은 권력은 어떤 식으로 행사되는가? 권력은 주문하는 것만으로 만족하는가? 권력은 혹시 주문자이면서 동시에 수요자인 건 아닐까? 권력과 권력에 종속된 집단, 수요자이면서 자주 주문자가 되며, 어떠한 경우건 참여자가 되는 이 집단은 어떠한 관계를 맺고 있는가? 이것은 역사적인 문제이다. 모든 도시, 모든 기념물, 모든 풍경의 문제인 것이다. 하나의 공간의 분석은 이와 같은 변증법적인 관계, 즉 '누가? 누구를 위해서? 누구에 의해서? 왜? 어떻게?'라는 질문과 더불어 수요자-주문자를 구분하는 관계로 옮아간다. 변증법적인 관계(따라서 갈등의 관계)가 끝날 때, 주문은 없고 수요만 있을 때, 혹은 수요는 없고 주문만 있을 때, **공간의 역사도 끝이 난다.** 의심할 여지없이 창조 능력도 끝나게 된다. 공간의 생산이 계속된다면, 그건 권력의 지시에서 비롯되는 것이다. 이렇게 되면 생산은 하되 창조란 없다. 다시 말해서 재생산만 거듭된다. 수요로 말하자면, 과연 수요라는 것은 끝이 날 수 있는 것인가? 침묵은 끝이 아니다.

　이렇듯 비록 공간이 '주체'도 '대상'도 아닌 사회적 현실, 다시 말해서 관계와 형식의 총체에 불과하다고 할지라도, 우리는 기나긴 공간의 역사를 그려볼 수 있다. 공간의 역사는 **공간 안에** 놓인 대상들의 목록(얼마 전부터 이를 가리켜 문화 또는 물질문명이라고들 한다)이나 **공간에 대한** 재현이나 담론과 일치하지 않는다. 공간의 역사는 재현 공간과 공간 재현을 모두 고려해야 하지만, 그중에서도 특히 양자 간의 관계와 양자가 사회적 실천과 맺는 관계를 감안해야 한다. 공간의 역사는 인류학과 정치경제의 중간쯤에 위치한다. 대상들의 목록(기술, 분류)은 역사학자가 식품, 요리 도구, 음식이나 의복, 주택 건축(자재와 제작 설비 등) 등 일상의 소박한 대상들에도 관심을 갖고 작성한다면 고전적인 역사에 기여할 수 있다. 일상의 삶은 재현 공간에서 구체화된다. 혹은 일상의 삶은 재현 공간에 얼굴을 부여한다. 한편, 공간(시간) 재현은 이념의 역사(지나치게 자주 철학이나 종교, 윤리 등의 고귀한 사상에만 국한되어 있는 이념이라는 개념을 확장시켜서 철학자들이나 지도 계급의 이념과는 다른 부류의 이념을 염두에 둘 경우에 그렇다)의 일부분을 이룬다. 공간의 역사는 일부 지리학자들이 (정치적) 골격에 종속되어 있는 망이라고 부르는 현실들의 발생(궁극적으로는 시간 안에서의 조건에도 이르게 된다)을 보여줄 수 있다.

공간의 역사는 '과정'과 '구조', 변화와 불변, 사건과 제도 사이에서 선택해야 할 의무가 없다. 시대 구분 또한 일반적으로 용인되는 시대 구분과는 달라질 수밖에 없다. 공간의 역사는 당연히 **시간의 역사**(시간의 역사는 일반적으로 시간에 관한 철학 이론과는 엄연히 다르다)와 분리되지 않는다. 이러한 연구의 출발점은 공간-자연의 지리적인 기술 속에 위치한다기보다 자연의 리듬, 자연의 순환에 가해진 변화, 그리고 인간의 몸짓, 특히 노동에 의해 그 변화를 공간 속에 각인시키기에 있다고 할 수 있다. 요컨대 시간-공간적 **리듬**, 즉 사회적 실천에 의해서 변화된 자연의 리듬을 출발점으로 잡아야 한다.

처음엔 인류학적으로 결정적인 요소들을 발견하게 될 것이다. 이는 숫자, 대비와 대칭, 세계관, 신화[6] 등 자연을 길들이는 데 필요한 기본적인 형태들과의 연관성을 내포한다. 사실 이러한 연관성에서는 지식과 상징, 실천과 이론, 명시적인 것과 암시적인 것(수사적), 혹은 분할(거리두기)과 해석(공간 재현), 부분적인 집단(가족, 부족 등)의 활동과 총체적인 사회의 활동 사이의 구분이 쉽지 않다. 이와 같은 연관성의 이면에는 무엇이 있는가? 사냥꾼, 양치기, 유목민이 세운 최초의 **푯말**이 있었으며, 이 **방향 잡이용** 푯말들은 시간이 흘러감에 따라 암기되고 상징적으로 해석된다.

자연-공간에 대해서, 자발적인 현상들의 헤라클레이토스적인 흐름에 대해서, 이러한 혼돈에 대해서(신체 내부), 정신적이고 사회적인 활동이 그물을 던진다. 달리 말하면, 일종의 질서를 정립하는데, 이때의 질서란 **어느 정도까지는** 언어의 질서와 일치한다.

길과 망을 따라 전진하다 보면, 자연-공간은 변화한다. 실천적인 활동이 그 안에 각인된다고, 사회적 공간이 자연 안에 공간 재현을 내포하는 글을 적어놓는다고(어쩌면 낙서 수준에 그치는 글) 말할 수 있다. 장소마다 따로 구분되고 알려지며 이름이 붙는다. 장소들 사이에는 망 사이에서와 마찬가지로 공백과 여분이 생긴다. 이것은 단지 숲속에 난 길인 **오솔길**이 아니라 초원이나 들판에 난 길이기도 하다. 중요한 건, 다시 말해서 지속되는 건, 그 길을 지나가는 (야생 또는 집에서 기르는) 짐승들, (집안, 마을이나 읍내의 집 주변, 그 주변의) 사람들이 아니라 바로 그 길이다. 도처에서 뚜렷하게 구분되며 잘 표시된 흔적들은 위험이나 안전, 기다림, 약속 등 이제까지 지나온 경로에 첨부된 가치까지도 포함한다. 디자인(행위자들에게는 그런 식으로 보이지 않으나 현대적 지도제작법의 추상 속에서는 그렇게 나타난다)은 그림이라기보다는 오히려 거미줄처럼 보인다.

우리는 이것을 가리켜서 텍스트라고 해야 하는가? 아니면 메시지? 유추 작용에 의거해봐야 얻을 수 있는 소득이 별로 없으며, 텍스트라기보다는 **직조**(texture)라는 편이 나아 보인다. 마찬가지로, 건축물에 대해서는 각각의 기념물 또는 건물과 그 주변, 맥락, 대상들이 들어선 공간과 공간의 망을 모두 합해서 공간의 생산으로 간주할 때, 건축 직조(archi-texture)라고 말할 수 있을 것이다. 이러한 유추 작용은 공간적 실천을 설명해줄 수 있을 것인가? 이 문제에 대해서는 뒤에서 다시 다루겠다.

시간과 공간은 직조 속에서 분리되지 않는다. 공간은 시간을 전제로 하며, 그 역(逆)도 성립한다. 어느 곳에서도 이들의 망은 폐쇄되지 않는다. 이 망은 도처에서 낯선 것과 낯선 자, 위협적인 것과 우호적인 것, 적 또는 친구를 만나게 된다. 개방과 폐쇄라는 추상적인 구분은 여기엔 합당하지 않다.

이와 같은 경로는, 실천을 통해 실현되지 않는 계기일 경우, 재현 공간 속으로 들어올 때 어떤 존재 형태를 띠게 되는가? 자연 속에 있는 것으로 지각되는가, 아니면 반대로 자연을 벗어난 것으로 지각되는가? 양쪽 모두 아니다. 인간들은 이야기, 우호적이건 아니건 상관없이 구체적인 존재로 지각되는 정령들, 즉 신화적 존재들을 통해서 이 경로를 활성화시킨다. 신화와 상징은 신화적이고 상징적인 공간, **아울러** 하나의 실천으로 결정되기도 하는 공간을 벗어나도 존재할 수 있는가? 물론 아닐 것이다.

시대에 따라 이러저러한 집단에 의해서 통용되고 새롭게 가다듬어지며, 변질되고 다른 곳으로 옮겨가기도 하는 인류학적 한정(détermination)이 언제까지고 유지되지 않는다는 점도 배제할 수 없다. 그러나 구조적인 불변성, 반복-재생산이라고 결론 내리기에 앞서 반드시 꼼꼼하게 살펴보아야 한다. 다시 한 번 **피렌체**의 경우로 돌아가보자.[7] 1172년, 피렌체 시는 도시의 확장과 그에 따른 교통망, 재판 관할권 조정 등의 수요에 부응하기 위해 도시 공간 재정비에 나섰다. 이를 위해서는 광장이나 강변 부두, 다리, 도로 등의 일부 건축물만이 아닌 전체를 아우르는 계획이 필요했다. 역사학자들이라면 당시 주문과 수요가 어떤 식으로 이루어졌는지 그리 어렵지 않게 파악할 수 있다. 수요자들은 도시가 제공하는 보호 장치와 이점, 즉 성벽의 덕을 보려는 자들이었다. 주문자는 야심만만하며 야심에 걸맞은 여건을 구비하고 있던 권력 기관이었다. 로마 시대에 축조되었던 성벽은 버려졌다. 전통적으로 도시의 경계를 이루어왔던 네 개의 성문 대신 여섯 개의 주요 관문과 네 개의 부수적인 관문이 아르노 강 우안에 세워졌으며, 새로이 도시로 편입된 올트라르노(Oltramo, '아르노 강 건너'를 의미하며, 아르노 강 남안을 가리킨다―옮긴이) 안에 세 개의 성문이 마련되었다. 이렇게 해서 생산된 도시 공간은 상징적인 꽃, 즉 장미 모양의 나침도(羅針圖, la Rose des vents)를 재생산했다. 나침도는 '이마고 문디'(imago mundi, 세계의 상. 우주의 모습을 지상에 재현해놓은 그림으로 새로운 건축이 이루어질 때마다 지침으로 작용했다―옮긴이)에 따라 만들어졌다. 하지만 공간의 역사를 연구하는 역사학자라면 머나먼 외부로부터 온 이 재현 공간에 (토스카나의 영토) '콘타도'(contado, 이탈리아 도시국가 주변의 지역―옮긴이)를 변모시키고, 콘타도가 중심과 맺고 있는 관계도 변화시키며, 공간 재현이 생겨날 여지를 주었던 동요와 똑같은 중요성을 부과할 수는 없다. 이보다 더 이전 시대에는 인류학적으로 본질적이었던 것이 역사가 진전함에 따라 우연한 사고가 되어버린다. 인류학적인 것이 상황과 맥락, 자원, 사용되는 **설비**에 따라 다양한 방식으로 처리되는 **자재**로서, 역사적인 것 속으로 편입된다.[8] 전위, 대체, 전가 등을 야기하는 역사적인 생성은 자재와 설비에 종속된다. 토스카나 지방에서는 재현 공간(세계의 상)에서 공간 재현, 즉 전망으로 넘어간다. 이로써 역사적으로 중요한 하나의 사건을 연구 대상으로 삼은 시기의 **역사 속에 위치 매김 하는** 일이 가능해진다.

공간의 역사는 인류학적인 것의 지배가 효력을 상실하는 시기에서 뚜렷하게 산업적 생산물로서의 공간의 생산이 시작되는 시기로 넘어가도록 이끈다. 산업적 생산물로서의 공간의 생산이 시작되는 시기에는 재생산 가능함, 반복, 사회적 관계의 재생산 등이 작품과 자연적인 번식, 자연 그 자체, 혹은 자연적인 시간보다 우월한 위치를 차지하며, 이는 의도적이다. 이와 같은 고찰은 다른 어느 고찰과도 일치하지 않는다. 이러한 역사에는 시작과 끝, 선사(先史)와 후사(後史)가 있다. 선사라고 하면, 자연이 사회적 공간을 지배하는 시대를 가리킨다. 한편, 후사는 특정한 위치로서의 자연이 멀어지는 시대를 말한다. 공간의 역사에서는 이 같은 한계가 반드시 필요하다. 공간의 역사는 사건을 중심으로 시작이나 끝을 말할 수 없다. 시작이라고 해도 이미 여러 가지 흔적(주택이나 마을, 도시 등)이 남아 있는 시대를 포괄한다. 이렇게 이른바 역사적이라고 말할 수 있는 과정이 진행되는 동안에 추상적인 **관계들**이 성립된다. 요컨대 화폐나 금(이것들이 지니는 기능), 자본 같은 교환 가치가 일반화되는 것이다. 이처럼 일정한 형태를 전제로 한 사회적 관계라고 하는 추상적인 것들이 이중적인 존재감을 부여받게 된다. 교환의 수단과 교환 가치 일반,

즉 화폐의 교환 가치는 원래 금속으로 주조된 화폐 속에 존재했다. 하지만 화폐의 사용을 전제로 하며, 그것으로 미루어 짐작할 수 있는 상업적인 관계는 관계의 망(도로, 시장 등), 서열화된 중심, 도시 등의 상업적 관계의 현장에 투사되었을 때에야 비로소 사회적으로 존재하게 된다. 각 시기마다 (각자 맡은 바 기능의) 중심과 전체 사이에는 일정한 균형이 존재했음을 전제로 해야 한다. 그러므로 우리는 '체계(도시적, 상업적 등)'에 대해서도 이야기할 수 있다. 그렇지만 이는 어디까지나 이보다 훨씬 근본적인 활동, 즉 공간의 생산이라고 하는 활동에 비한다면 지극히 사소한 일부분에 지나지 않는다. 공간의 생산의 전제 또는 결과에 해당되기 때문이다.

20세기와 더불어 우리는 현대성으로 진입한다. 이러한 용어들('세기', 현대적인 것, 현대성)은 지극히 친근한 외양 속에 적지 않은 수수께끼를 지니고 있으며, 그것들이 지니는 상투성으로 말미암아 매우 섬세한 분석을 요구한다. 아무튼 이 시기에 들어와 공간에 있어서는 결정적인 변화가 일어났으며, 특히 재현 공간 안에 포진하는 항구적인 것, 과거의 연장, 침체 현상 등은 이와 같은 변화를 은폐했다. 집 혹은 주거지만 놓고 생각해보더라도 이는 명백하다. 대도시에서는 사실 대도시의 확장으로 말미암아 주변에 우후죽순처럼 들어선 '도시 주변 지역'에서 이와 같은 현상은 한층 극심하게 나타났는데, 주택이란 이제 민속품, 아니 민속학에나 맡겨야 할 역사적·시적(詩的) 현실로 전락해버렸다. 하지만 추억이란 끈질기게 연명하는 법이라, 집에 대한 추억은 예술과 시, 연극, 철학 등에서 줄기차게 살아남았다. 아니, 살아남은 것 이상이다. 이 추억은 20세기 들어와 정착된 끔찍한 도시적 현실 속을 유유히 가로질렀다. 향수 어린 아우라로 20세기 도시적 현실을 미화했으며 비판을 활성화시켰다. 하이데거나 바슐라르 같은 철학자들이, 중요성이나 영향력 면에서 의심할 여지가 없는 자신들의 저작을 통해서, 한껏 감성을 섞어가며 정서에 호소하는 방식으로 이 주제를 다루었다. 그들은 집이 특권을 부여받은 공간, 나아가서 신성하며 종교적인 공간, 절대에 가까운 공간이라는 인상을 전파했다. 바슐라르의 《공간의 시학(La Poétique de l'Espace)》과 그가 주장한 '장소애(場所愛, topophilie)'는, 그가 몽상을 통해서 넘나드는 **재현 공간**(그는 이것을 학문적인 지식에 의해서 형성되는 공간 재현과 구별한다)을 이 은밀하고 절대적인 공간에 접목시킨다.[9] 따라서 그 안에 들어 있는 것들은 거의 존재론적인 존엄성에 도달한다. 서랍이나 함, 옷장 등은 철학자-시인에 의해서 감지된 새둥지, 조개껍질, 구석진 곳, 동그라미 등 자연적인 유사물, 다시 말해서 가장 원형적인 형태에 접근한다. 감히 말하건대, 그 이면에는 모성애적이고 심지어 어머니의 자궁을 연상시키는 자연이 전개된다. 집은 우주적일 뿐 아니라 인간적이다. 지하실에서 다락으로, 주춧돌에서 지붕에 이르기까지 집은 몽상적이면서 동시에 합리적이며, 세속적이면서 천상적인 밀도를 지닌다. 집과 자아 사이의 관계는 상동에 근접한다. 분비를 통해서 생성되며 그 안에서 살도록 되어 있는 조개껍질은 바슐라르에 따르면 인간적이고 조용한 공간의 전형적인 예라고 할 수 있다.

하이데거에 관해서는 사유와 가까운 건축의 이념, 방황과 대조를 이루며 존재를 받아들이기 위하여 아마도 언젠가는 방황과 연합할 주거의 기획, 이러한 존재들은 약간 멀리 떨어진 사물과 비사물에 근거한다. 왜냐하면 항아리,[10] 슈바르츠발트 지역의 농가,[11] 사원[12] 등 이러한 것들도 자연 가까이에 있기 때문이다. 하지만 공간, 숲, 길, 이 세 가지는 더도 덜도 아니고 오로지 '거기 있는 것', 존재자들, 현 존재(Dasein)일 뿐이다. 하이데거가 이것들이 어디에서 왔는가 묻는다면, 그러니까 그가 '역사적인' 질문을 한다면, 그 질문들이 가리키는 방향과 의미는 의심할 여지가 없다. 하이데거에게는 시간이 공간보다 중요하다. 또한 존재는 하나의 역사를 지니며, 역사는 존재의 역사일 뿐이다. 이렇게 되면 '생산하다'는 매우 제한적인 개념으로 한정된다. 이를테면 드러나도록 하기, 무엇인가를 나타나게 하기를 의미하며, 따라서 사물이라는 개념을 이끌게 된다. 현재 존재하는 사물들 가운데에서 존재하는 사물로 나타나게 한다는 식이 되는 것이다. 거의 동어반복이라고 할 수 있는 이러한 명제는 멋있기는 하나 수수께끼 같은 문구인 "거주하는 것은 존재의 근본적인 특성이며, 그 특성 덕분에 죽음을 면할 수 없는 인간들이 존재한다"에 그다지 내용을 보태지 못한다. 언어란 존재의 집에 불과하다.

절대 공간에 대한 이와 같은 집착은 역사적인 것(공간의 역사-역사의 공간-공간 재현-재현 공간)을 가로지른다. 이러한 집착은 분석적인 것 앞에서는 뒷걸음질치며, 생성 과정에 대한 총체적인 설명 앞에서는 한층 더 뒷걸음질을 가속화하는 기술 위주의 지식으로 이끈다. 부분적인 특정 학문이 이러한 역할을 기꺼이 떠맡았으니, 다른 학문보다도 특히 인류학(인류학이라는 원래 명칭에는 흔히 문화 인류학이니 구조 인류학이니 하는 식으로, 야심을 더 명확하게 드러내주는 형용사들이 붙는다)이 대표적이다. 그 덕분에 마을(마을 중에서도 브라질의 보로로나 말리의 도곤 같은 곳을 선호하며, 이따금씩 프랑스의 프로방스나 알자스도 등장한다)과 관련된 고찰 혹은 전통 양식 주택에 관한 성찰들이 현대 세계에 (그대로 포개거나 확대) 적용되는 경우가 잦아졌다.

이러한 고찰들은 어떻게 해서 특별한 의미를 지니는가? 여러 가지 이유가 있다. 우선 향수. 젊은이들을 포함하여 많은 사람들이 현대성, 도시로 상징되는 힘든 삶을 떠나 농촌으로, 민속의 세계로, 수공업으로, 가내수공업 규모의 목축업으로 향한다. 많은 관광객이 저개발 국가, 특히 지중해 연안 국가로 가서 선택받은, 아니 선택받았다고 여겨지는 삶을 맛본다. 관광객들의 무리를 도시 공간으로 이끄는 도피(베네치아, 피렌체!)와 이들의 대거 유입으로 파괴되는 농촌 공간으로의 도피가 동시에 진행된 다는 사실은 공간이 지닌 모순 축에도 들지 않는다. 어쨌거나 양쪽 모두 공간을 소비하고 소멸시킨다는 공통점을 지니기 때문이다.

현대성으로 인해 오늘날 급작스럽게 실행되고 있는 역사와 과거 처분 작업은 매우 불평등하게 진행되고 있다. 일부에서는 국가 전체(이를테면 이슬람권 국가들)가 나서서 산업적 공간과 그런 공간의 재현 때문에 심한 동요를 겪는 자신들의 주거지, 관습, 재현 공간을 보존하기 위해서 산업 화에 제동을 걸기도 한다. 그런가 하면 매우 현대적인 일부 국가에서는 주거지, 전통적 공간과 이에 따르는 관습이며 재현들을 보존하기 위해 노력한다. 과잉 산업화, 과잉 도시화가 이루어진 일본에서는 주택, 생활, 전통적인 재현 공간들이 민속(보존, 관광객을 위한 연출, 과거 문화의 소비) 수 준에서가 아니라 여전히 살아 있는 실천적 '현실'로서 지속된다. 이러한 현상은 방문객들의 호기심을 사로잡는 반면, 이 나라의 현대화 지상주의 자들과 관료들의 심기를 불편하게 만들며, 인문주의자들을 즐겁게 한 다. 이는 또한 서양인들의 농촌 마을과 농촌 주택에 대한 마구잡이식 선 호와도 일맥상통한다.

이처럼 놀랍고 끈질긴 저력이 아모스 라포포트(Amos Rapoport)가 저술 한 집의 인류학에 관한 책의 중심 주제를 이룬다.[13] 솔직히 페리고르 지 방(프랑스 남부 도르도뉴 강을 중심으로 하는 역사·문화유산 밀집 지역. 벽화로 잘 알려진 라스코 동굴도 이 지역에 있다—옮긴이)의 집들은 인류학의 고전적인 성 지로 여겨지는 에스키모들의 이글루나 케냐의 오두막집만큼이나 분석 해볼 가치가 있다. 인류학의 한계가 확연히 드러날 뿐 아니라, 저자가 축 소적인(집으로 인해 친밀성의 가치 증대/저하라는 식의 이분법적인 분석) 도식을 일반화하려고 시도하는 대목에서는 특히 이러한 한계가 절실하게 느껴 진다. 또한 그가 프랑스에서는 전통적으로 손님들을 절대로 집에서 맞

이하지 않고 인근 카페나 식당으로 데리고 간다는 식의 단언을 서슴지 않을 때에도 마찬가지다.[14]

인류학은 본질적인 것을 감출 수 없다. 현대성(현대적 자본주의)의 공간이 발견되며 이와 같은 경향을 드러내 보여주는 건 케냐에서도 프랑스 농민들에게서도, 혹은 또 다른 어느 누구에게서도 아니다. 이와 같은 연구를 전면에 내세우는 것은 현실을 우회하며 지식을 왜곡하고 공간에 대한 현실적인 '문제의식'을 외면하는 것이다. 공간에 대한 현실적인 문제의식을 제대로 포착하기 위해서는 민속학자나 민족학자, 인류학자 쪽을 바라보아서는 안 된다. 제일 먼저 해야 할 일은 자본주의와 현대성이라는 양면을 지닌 '현대' 세계 그 자체를 다시금 생각해보는 일이다.

공간의 생산에 필요한 **원료**는, 개별 대상들에게 있어서처럼 특별한 자재가 아니다. 공간의 생산에 필요한 원료는 **자연 그 자체**, 제대로 대접받지 못하고 마구 휘둘려 생산물로 변해버렸으며, 급기야 오늘날엔 생존의 위협을 받고 있는, 아니 이미 폐허가 되었으며, 그것으로도 모자라 특수 지역으로 **위치 매김** 되어버린 자연이다.

다음으로는 공간의 생산이 대두된 시기, 곧 부상의 시기라고 부를 수 있는 시기를 지적할 수 있어야 한다. 잘 알려지지 않았던 현실, 즉 공간의 존재와 그 공간의 생산에 대한 인식이 어느 시점까지는 소홀히 다루어지다가 언제, 어디에서, 어떻게, 왜 중요하게 인식되기 시작했는가? 그렇다. 우리는 이 시기를 정확하게 특정할 수 있다. 그것은 분석 과정에서 여러 차례 드러난 것처럼, **바우하우스**가 맡았던 '역사적인' 역할 덕분에 가능했다. 바우하우스는 공간 안에서 '대상의 위치'나 공간에 대한 전망을 내놓는 것에 그치지 않고, 공간에 대한 매우 총체적인 개념을 제시했다. 그 당시(제1차 세계대전이 끝나고 난 후인 1920년경) 선진국(프랑스, 독일, 러시아, 미국)에서는 산업화와 도시화, 노동의 장소와 주거의 장소 사이에 있어서의 연관 경향이 실질적으로 고찰은 되고 있었지만 합리적으로 설명은 되지 못하고 있었다. 이론적 사고 체계 속으로 편입되면서 이와 같은 연관성은 곧 하나의 기획, 아니 정책 프로그램으로 변했다. 역설적이게도 국가, 다시 말해서 국가 자본주의와 국가 사회주의에 꼭 들어맞는 이 '정책 프로그램(programmatique)'은 합리적일 뿐 아니라 혁명적인 것으로 간주되었다. 하지만 훗날 이 '정책 프로그램'은 당연하고 진부한 것으로 평가절하되고 만다. 정책 프로그램이란 그로피우스에게나 르코르뷔지에에게나 결국 **공간의 생산**을 의미했다. 파울 클레는 화가나 조각가, 건축가 같은 예술가는 공간을 보여주는 것이 아니라 공간을 창조한다고 선언했다. 바우하우스의 구성원들은 서로의 전체적인 관계를 고려하지 않고서 공간 안에 가구나 건물 같은 사물들을 **생산하는** 것은 불가능하다는 사실을 간파했다. 사물들을 하나씩 하나씩 더해가면서 물건의 집합체를 만들기란 불가능하다는 말이었다. 현대성에서 문제되는 생산력과 기술 수단이 갖춰져 있다면, 사물과 대상은 이들 간의 관계 속에서, 이들 간의 관계와 더불어 생산될 수 있다. 예전엔 예술가들에 의해서 창조된 기념물이며 도시, 가구 같은 총체들이 영주의 취향이나 후원자들의 지적 수준, 예술가들의 천재성과 같은 주관적인 기준에 의해 좌우되었다. 귀족적인 삶의 방식과 연결되는 이러저러한 대상들(이를테면 가구)을 집에 들이기 위해서, 건축가들은 대저택을 건축하고 그 옆에는 서민들을 위한 장소, 또 그 옆에는 기관들을 위한 기념물을 지었다. 이렇게 해서 지어진 총체는 하나의 양식을 유지했다. 하지만 이 양식이란 물론 대부분의 경우 눈이 부시게 감탄스러운 것이긴 했지만, 전혀 합리적이라고는 할 수 없었다. 다시 말해서 분명한 이유라고는 없이 태어났다가 사라져버리는 것이었다. 그로피우스는 과거를 정리해가면서, 다시 말해서 현재의 빛으로 과거를 재조명하면서 사회적 실천의 양상이 변해가고 있음을 감지했다. 공간적 총체의 생산은 생산력의 역량, 합리성에 대응한다는 사실을 깨달은 것이었다. 따라서 고립된 여러 가지 형태와 기능, 구조 등을 따로 도입해서는 안 되며, 이들 형태와 기능, 구조들을 **단일한 개념** 속에서 이해하고 이를 전체적인 공간 안에서 통제해야 한다고 그는 생각했다. 이는 마르크스의 생각을 재확인한 것이라고 할 수 있다. 마르크스에 따르면, 산업은 우리 눈앞에 '인간'(사회적 존재)의 창조 능력이 새겨지는 책을 펼쳐놓는다. 종합 계획(종합 예술 계획) 수립을 위해서 뭉친 예술가들이었던 바우하우스의 구성원들은, 클레[15]와 함께, 관찰자는 사회적 공간 안에서 각 대상(대상들 중에는 주택, 건물, 궁궐 등도 포함)의 주위를 돌며 이를 관찰할 수 있으며, 대상을 관찰하되 특정 관점에 따라서 고찰할 수 있다는 사실도 발견했다. 공간은 지각과 이해, 실천적 행위 이 모든 것을 향해서 열려 있다. 예술가는 공간 안에 놓인 대상에서 공간의 개념으로 넘어간다. 같은 시기에 전위적인 미술을 주도하던 화가들도 이와 매우 유사한 제안을 내놓기에 이르렀다. 하나의 대상을 동시에 모든 관점에서 바라볼 수 있음을 표현한 것이다. 여기서 말하는 동시성이란 시간적인 연속을 포착하여 이를 요약함을 의미한다. 이로써 우리는 몇 가지 결론에 도달한다.

a) **공간에 대한 새로운 의식.** 이와 같은 의식은 의도적으로 공간(주변 환경, 대상의 주변)을 하나의 그림, 평면도, 캔버스의 표면에 축소시키거나 그 반대로 공간을 여러 방향으로 쪼개고 해체시킨 다음 캔버스 위에서 공간의 깊이를 재구성하는 작업을 통해서 가능했다. 이렇게 함으로써 특별한 변증법적 결과에 도달했다.

b) **사라지는 파사드.** 관찰자 쪽을 향해 돌린 얼굴, 회화나 기념물에서 특정 면이나 측면을 강조.(파시즘은 이와 반대로 정면의 중요성을 강조하며, 1920년

에서 1930년 사이에 이미 전반적인 '구경거리로 만들기' 작업을 추진했다.)

c) **전체 공간**. 전체 공간이 채워야 할 빈 공간, 무언가를 들여놓아야 할 공간으로서 추상 속에 자리 잡았다. 무엇으로 채울 것인가? 자본주의의 사회적 실천은 시간이 제법 경과한 다음에야 비로소 이 질문에 대한 답을 제시한다. 공간은 이미지와 기호, 상업적인 대상들로 채워지기 시작한 것이다. 이로 인하여 환경(누구의? 무엇의?)이라고 하는 유사 개념도 생겨났다.

현대성 문제를 취급하면서 공간의 역사를 연구하는 역사학자라면 바우하우스가 수행한 역사적인 역할을 판단 착오의 두려움에 사로잡혀 전전긍긍할 것 없이 자신 있게 장담할 수 있다. 당시(1920년에서 1930년대) 주축을 이루던 몇몇 철학적 체계와 수학적, 물리학적 탐구를 제외하고는 공간과 시간에 대한 성찰은 사회적 실천, 좀더 정확하게 말하자면 산업적 실천과 건축학적, 도시계획학적 연구와 관련을 맺고 있었다. 철학적 추상에서 사회적 실천 분석의 영역으로 이행하게 된 경위는 강조할 필요가 있다. 자신들이 주동이 되어 일으킨 이러한 이동이 진행되는 동안, 바우하우스 구성원들을 필두로 하는 몇몇 사람들은 자신들이 혁신가 이상가는 역할, 즉 혁명가 역할을 한다고 믿었다. 그로부터 반세기가 지난 오늘날, 혁신가니 혁명가니 하는 수식어는 다다이즘과 다다이스트들에게나 사용할 수 있다.(아주 신중하게, 몇 가지 유보조항을 둔다면 몇몇 초현실주의자들도 대상이 될 수 있다.)

바우하우스가 역사적인 역할을 수행했다고 주장하기는 쉽지만, 그들의 영향력과 한계를 증명하기란 그보다 훨씬 어렵다. 미학적 관점의 변화를 일으키는 원인이자 이유가 되었다는 점이 그들의 영향력이라고 평가할 것인가? 혹은 사회적 실천에 있어서 일어나게 될 변화를 알리는 징

조였다고 보아야 할 것인가? 대부분의 예술, 건축, 회화의 역사가들이 생각하는 것과는 반대로, 아마도 전자보다는 후자로 보아야 할 것이다. 바우하우스의 대담성은 무엇을 가져왔는가? 세계적인 건축? 동질적이고 단조로우며, 국가에 속하는 자본주의적 혹은 사회주의적 건축? 어떻게 해서, 왜 그렇게 되었을까?

공간의 역사가 존재할 수 있으며, 시대별, 사회별, 생산양식별, 생산관계별로 공간의 특성화가 이루어졌다면, 자본주의의 공간, 즉 부르주아 계급에 의해 경영되고 지배되는 사회란 얼마든지 존재 가능하다. 그런데 바우하우스가 남긴 글과 작품들, 그중에서도 특히 미스 반 데어 로에(Mies Van der Rohe, 독일 출신의 현대 건축가—옮긴이)의 글과 작품은 이러한 공간을 구상하고 형식화했으며 실현했는가? 바우하우스는 혁명가가 되기를 자처했고 스스로 혁명가라고 믿었는데 말이다! 이와 같은 '역사'의 아이러니에 대해서는 뒤에서 다시 길게 다룰 예정이다.[16]

공간의 역사에 대한 성찰은 지크프리트 기디온(Sigfried Giedion, 스위스의 역사학자이자 건축비평가—옮긴이)이 처음으로 시도했다고 볼 수 있다.[17] 그는 실천으로부터 거리를 두고 이론적인 대상을 가다듬어가면서, 창조적 정신이나 당시의 경향, 기술 등이 아닌 공간을 그가 의도하는 역사의 중심에 놓았다. 그에 따르면, 세 개의 시기가 이어졌다. 첫 번째 시기(고대 이집트, 그리스)에는 건축이 사회와 맺고 있는 사회적 관계에 의해서 건축물의 용적이 결정되었다. 다시 말해서 건축은 **외부**로부터 의도되고 실현되었다. 로마의 판테온은 이와는 다른 개념을 보여준다. 기념물의 내부 공간이 한층 더 중요하게 간주되었기 때문이다. 우리 시대는 공간의 상호작용과 통일성을 생각함으로써 내부–외부의 대립을 뛰어넘으려 한다. 기디온은 사회적 공간의 현실을 **뒤집어놓는다**. 세계(Mundus)를 상징하는 판테온은 빛을 향해 열려 있다. **이마고 문디**, 즉 세계의 상이라고 할 수 있는 반구형 혹은 내부 돔은 외부를 상징한다. 한편, 그리스 신전은 신성한 공간, 구역화되고 신성화된 신의 공간, 도시의 정치적 중심이라고 할 수 있는 이 공간을 내부에 담고 있다.[18] 그렇다면 어디에서 환상이 비롯되는가? 도처에서 찾아지는 최초의 실수에서 비롯된다. 기디온은 미리부터 존재하는 공간, 즉 유클리드 공간이 있음을 전제로 하며, 이 공간 내부에 인간들의 기대와 정서가 투입된다고 주장한다. 이러한 공간의 철학에 내재된 유심론은 같은 저자가 쓴 《영원한 현재(The eternal Present)》(1964)에서 분명하게 드러난다. 그는 순진하게도 기하학적인 것과 정신적인 것 사이에서 방황하면서 이를 과감하게 떨쳐버리지 못한다. 그런가 하면 기디온은 그가 제안하는 역사를 예술사나 건축사와 분리시키지 못한다. 하지만 그가 제안하는 역사는 분명히 기존의 예술사나 건축사와는 다른 부류의 연구이다.

시각적인 메시지로 채워진 빈 공간의 이미지는 브루노 제비(Bruno Zevi, 이탈리아의 건축가, 예술사가, 예술비평가. 대표작으로 《건축을 보는 방법 학습》이 있다―옮긴이)의 사고를 제한한다. 그에 따르면,[19] 기하학적 공간은 그 안에서 살고 있는 존재들의 몸짓과 행위로 활성화된다. 매우 적절하게도 그는 하나의 진실을 상기시킨다. 모든 건축물, 모든 건물은 **내부**를 가지고 있다는 사실이다. 곧 **외부**만 있는 것이 아니라는 말이다. 따라서 사회적 행위 중인 건축가가 사용하는 수단이라고 할 수 있는 내부/외부의 관계에 의해 정의되는 건축 공간이 있어야만 한다. 바우하우스의 모험이 있고 나서 수십 년이 지난 후에, 전통적인 건축 강국 이탈리아에서 이 같은 이원성을 새삼 상기시켜야 한다는 사실이 놀랍지 않은가? 이는 파사드에 대한 비판적인 분석이 전혀 효과적이지 못했음을 의미한다. 공간은 '시각화 논리'에 종속되어 어디까지나 시각적인 것으로 남아 있을 뿐이었다. 브루노 제비에 의하면, 신체적인 요소(몸짓, 제스처)가 공간의 시각적인 지각을 떠받치며, 눈을 교육시킬 땐 그러한 점을 고려해야 한다. 이와 같은 공간적인 체험, '체험된 것', 신체적이기 때문에 '구체화시키는 것'이라고 할 수 있는 이 체험을 제비는 지식으로, 따라서 의식으로 불러들인다. 하지만 그의 저서에서는 시각적(기하학적·시각적) 공간이 지니고 있는 이와 같은 내용물이 우선권을 차지하지는 못한다. 그는 '체험된 것'의 중요성을 오직 교육적인 관점에서만, 건축 학습과 전문가 양성이라는 차원에서만 인정한다. 그는 이 문제를 이론의 영역으로 끌어들이지 않는다. 그는 시선이 주인 된 입장에서 공간을 감상하지 않는다면, 어떻게 하나의 공간을 '아름답다'거나 '추하다'고 평가할 수 있으며, 이러한 미학적 기준에 최우선권을 부여할 수 있겠느냐고 묻는다. 건축된 하나의 공간은 사용을 통해서가 아니라면 어떻게 굴복시키거나 배척할 수 있겠는가?[20] 위에서 언급한 책들은 의심할 여지없이 공간의 역사에서 각각 신기원을 이룬 저술로 손꼽힌다. 이 책들은 공간의 역사를 공표하지만, 실제로 그 역사를 보여주지는 않는다. 이 책들은 공간의 역사가 지닌 문제점들을 지적하고, 앞으로 나아가야 할 길을 준비한다. 공간의 역사는 추상과 시각이 점점 지배력을 굳혀가는 현상을 보여주고, 이 둘 사이의 내부적인 연결을 드러내보여야 한다. '시각화의 논리'에 대해서는 이러한 논리의 발생과 의미, 즉 이러한 논리에 내재된 전략을 밝혀내야 한다. 특정한 '논리'란 알고 보면 전략의 기만적인 또 다른 명칭에 지나지 않기 때문이다.

2.9   이런 식으로 조명된 역사를 통해서 역사적 유물론은 확장되고 검증되며, 또한 이를 통해 변화된다. 객관성 또한 깊이를 더하게 된다. 역사적 유물론은 사물과 작품의 생산, 그리고 이러한 생산의 (이중적)

역사에만 영향을 끼치는 것이 아니다. '천연 자원'으로서의 자연에서 시작하여 공간과 시간으로 영역을 확충시킴으로써, 역사적 유물론은 **생산**이라는 개념을 발전시켜나가며, 이러한 생산의 산물인 공간은 사물(재화, 대상)과 작품을 동시에 포함하게 된다.

역사의 요약본과 색인은 철학 안에서만 찾아지는 것이 아니라 철학을 넘어서, 구체적인 것과 추상적인 것을 철학적 절대 속에 남겨두는 대신 이를 역사화시킴으로써 동시에 포함하는 생산 속에서 찾아진다. 이렇게 해서 우리는 역사를 형이상학의 대체물(생성의 존재론)로 만들지 않고 상대화시킨다. 따라서 역사보다 앞선 것, 역사적인 것, 역사보다 뒤에 오는 것이 의미를 지니게 된다. 엄밀한 의미에서 공간의 역사에 있어서 역사적인 시기는 자본의 축적, 추상의 지배 속에서 세계 시장이 시작되는 초기 단계와 일치한다.

변증법적 유물론으로 말하자면, 이 역시 확장과 확인, 변화를 거친다. 작품-생산물, 반복-차이 등의 새로운 변증법적 움직임이 나타난다. 노동의 분업에 내재된 변증법적 움직임은 생산 활동(사회적 노동처럼 전체적인 동시에 분업화되고 부분화된 노동)과 도구의 역할도 하기 때문에 매우 특별하다고 할 수 있는 공간이라는 생산물과의 관계에 대한 설명을 통해 한층 심화된다. 자연적인 실체로서의 공간의 '현실성'과 투명성으로서의 공간의 '비현실성'은 동시에 용해된다. 공간은 축적과 성장, 상품, 화폐, 자본의 중심이라는 '현실성'으로 제시된다. 하지만 이 같은 '현실성'에 대한 설명은 그 발단, 즉 공간의 생산으로 거슬러 올라가면 실체성과 자율성을 상실한다.

이렇게 되면 이제까지는 전혀 대두되지 않았던 문제, 즉 '사회적 관계는 정확하게 어떤 양상으로 존재하는가'라는 문제가 제기된다. 실체성으로? 자연성으로? 혹은 형식적인 추상성으로? 공간의 연구는 이 문제에 대한 답변을 가능하게 해준다. 생산의 사회적 관계는, 그것들이 공간적인 존재를 유지하는 한 사회적으로 존재한다. 다시 말해서 사회적 관계는 하나의 공간으로 투사되며 그 공간을 생산함으로써 공간 안에 스스로를 자리매김한다. 만일 그렇지 않을 경우 사회적 관계는 '순수한' 추상 속에 머물게 된다. 바꿔 말하자면 재현 속에, 즉 이념, 달리 말하자면 언어 편중주의, 언어, 허튼소리에 불과하게 된다는 말이다.

공간 그 자체를 놓고 보자면, 자본주의 생산양식의 **생산물**인 동시에 부르주아 계급의 경제적·정치적 **도구**로서의 공간은 각종 모순을 드러낸다. 변증법은 시간으로부터 벗어나 스스로를 실현한다. 말하자면 변증법은 예측할 수 없는 방식으로 공간 속에서 작용하는 것이다. 공간의 모순은 역사적 시간에서 기인하는 모순들을 제거하지 않으면서 역사에서 벗어나며, 세계적인 동시성 속에서 예전의 모순들을 다른 층위로 올려놓는다. 이 모순들 중 일부는 희미해져가고 일부는 심화되기 때문에 모순의 전체는 새로운 의미를 지니고 이전과는 '다른 것', 즉 다른 생산양식을 지칭하게 된다.

2.10   하지만 그렇다고 해서 모든 것이 전부 설명되는 것은 아니다. 특히 공간 속에 각인되는 시간, 즉 몸이나 사회, 우주나 세계 등의 공간성을 낳는(생산하는) 시간적인 과정에 있어서는 아직도 설명되어야 할 점이 무수히 많다.

철학은 매우 빈약한 체계만을 남겨주었다. 이에 따르면, 이 세계란 어둠 속에서 일어나는 불분명한 사건들의 연속에 불과하다. 반면, 코스모스란 빛으로 이루어진 동시성을 가리킨다. 헤라클레이토스의 철학은 항상 새로운 우주적인 흐름이 '존재들'을 쓸어가므로 안정성이란 외견에 불과하다고 간주한다. 그런가 하면 엘레아 학파의 철학은 안정성만이 유일한 '실재'이며 현실을 이해 가능하도록 만들어주므로, 생성은 외견에 불과하다고 말한다. 여기서 때로는 차이(새로운 것, 언제나 비극적일 정도로 새로운 것이 지니는 차이), 때로는 반복성(언제나 희극적일 정도로 되풀이 말해지는 것)의 절대적인 우위가 나타난다. 따라서 혹자들에게 공간은 (영원한) 존재를 벗어나는 시간 밖으로의 실추나 버림받기, 추락으로 인식된다. 사물의 집합체로서의 공간은 분리하고 분산시키며, 해체하고, 유한한 것을 내포하며, 유한성을 가장한다. 그런가 하면 혹자에게는 이와 반대로 공간이 요람이며 탄생의 장소, 소통과 교류의 장, 자연에서 사회로 이행하는 장이다. 따라서 이들에게 공간이란 항상 긴장이나 합의를 생산해내는 번식력을 지닌다.

하나의 시간이 배아(따라서 상대적인 근원)로부터 공간 안에서 실현되며, 이러한 과정에서 난관에 부딪혀 이 과정이 중단되면, 휴식이나 정지 기간이 생기고, 앞서 진행되던 과정은 자신 안에 내포된 근원 쪽으로 방향을 돌려 도움을 받고 재충전을 하며, 그런 다음 다시 모든 것이 소진할 때까지 같은 과정이 계속된다. 이는 시간과 공간에 대해서 지금까지 제대로 탐사되지 않은 도식이 아닐까? '피드백'이라는 것이 실제로 존재한다면, 이는 현 시점의 체제를 가동하는 것이 아니라, 살아 있는 '존재' 속에서는 결코 완전히 사라지는 법이 없는 통시적인 전체를 동기화하는 것이 될 것이다. 잠재성, 사용 가능성은 항상 본래적인 상태로 거슬러 올라간다.

2.11　　　언어와 공간의 관계에 관해서는 이미 몇 가지 제안이 나왔다. 비언어적인 기호들의 체계가 언어 체계와 같은 개념이나 범주에 속

하는지는 확실하지 않다. 어쩌면 이것들은 체계가 아닐 수도 있다. 이들을 구성하는 요소들이나 계기가 일관성 있는 체계화라기보다는 인접성이나 유사성의 관계 속에 놓여 있기 때문이다. 그렇다고 하더라도 이 문제는 그처럼 쉽사리 해결되지는 않는다. 담론에서도 그렇듯이, 공간을 이루는 부분들은 서로 연결되어 있다. 다시 말해서 서로를 포함하기도 하고 배제하기도 한다. 언어에서나 공간에서나 앞과 뒤가 존재하지만, 현재가 과거와 미래를 지배한다.

따라서 우리는 다음과 같은 질문들을 던질 수 있으며, 이 질문들은 진지하게 검토되어야 한다. "사회적 실천, 풍경, 기념물적 건축물 등에 의해 만들어진 공간은 특별한 의미를 갖는가? 하나의 특정 사회 집단 혹은 여러 개의 집단에 의해 점령된 공간은 하나의 메시지로 간주할 수 있는가? 우리는 매스미디어의 좋은 예로서의 작품(건축 작품 혹은 도시계획 작품)을 구상해야 하는가? 사회적 공간은 독해-글쓰기처럼 명확하게 규정된 사회적 실천에서 하나의 언어, 담론으로 이해될 수 있는가?"

첫 번째 질문에 대해서는 '그렇다'고 답해야 한다. 그건 확실하다. 두 번째 질문은 이보다 훨씬 애매한 '그렇기도 하고 아니기도 하다'는 대답을 이끌어낸다. 하나의 공간은 하나의 메시지를 내포하고 있다. 하지만 그렇다고 해서 그 공간이 이 메시지만으로 축소되는가? 공간은 담론과는 다른 기능이나 형태, 구조 등 또 다른 무엇인가를 내포하고 있지는 않은가? 여기에 대해서는 공간을 좀더 세심하게 검토해볼 필요가 있다. 세 번째 질문과 관련해서는 상당히 유보적인 태도를 취하지 않을 수 없으며, 이에 대해서는 명확한 설명이 필요하다.

공간과 관련하여 언어와 기호(언어 기호 또는 비언어 기호) 체계를 이해하는 일은 유익하다. 예전엔 공간을 구성하는 각각의 조각이나 요소들을 **따로** 떼어내어 이를 과거에 접목시키는, 다시 말해서 어원 관점에서 연구하는 경향이 지배적이었다. 오늘날엔 전체와 외형, 직조 등을 주로 연구한다. 덕분에 극단적인 형식주의, 지식에 있어서의 일관성과 실천에 있어서의 단일성이 물신화되는 경향, 말하자면 로골로지(logologie, 단어를 구성하는 글자들의 패턴을 중심으로 단어를 연구하는 학문—옮긴이)으로 치닫는 경향이 농후해졌다.

이로써 담론과 사고는 그 자체일 뿐 다른 아무것도 '말하고자 하지 않는다'고 주장하기에 이르렀다. 이는 진실이 아닌 '의미', '맥락적인' 연구, 오로지 맥락만을 중시하는 연구로 흐를 우려도 없지 않다. 그런데 여기에 공간 이론이 개입한다. 모든 언어는 공간 안에 위치한다. 모든 담론은 공간(개별적인 장소나 집합적인 장소)에 대해서 무엇인가를 말한다. 모든 담론은 공간을 말한다. 여기서 공간 안의 담론과 공간에 대한 담론, 공간의 담론을 구분해야 한다. 요컨대 언어와 공간 사이에는 비교적 알려지지 않은 관계가 존재한다. 확실히 **진정한 공간**(고전 철학자들이 가정한 공간, 이들의 연장선상에 있는 인식론과 인식론이 정의하는 학문성이 가정한 공간) 따위는 없어 보인다. 하지만 비판적인 이론으로 축소되지 않으면서 이러한 경향까지 포함하는 **공간의 진실**은 틀림없이 존재한다. 공간 안에서, 공간으로부터 인간들(les êtres humains)〔어째서 '남자(인간)(l'homme)'라고 말하는가?〕은 벗어날 수 없으며, 공간으로부터 스스로를 배제시키지 않는다.

공간과 관련하여 **주목하는** 것이 없다면, 그 같은 담론은 공허한 죽음, 객쩍은 소리에 불과하다. 공간(공간의 생산) 이론과 언어(언어의 생산) 이론 사이의 유사성은 일정한 테두리 안에서만 상정해볼 수 있다. 공간 이론은 **직조**를 기술하고 분석한다. 똑바른 것(직선)과 구부러진 것(곡선), 바둑판 무늬와 방사선(중심-주변) 무늬 등은 직조라기보다는 형태와 구조를 일컫는 말이다. 공간 생산은 이러한 구조들을 파악하고 이것들을 매우 다양한 전체(직조) 속으로 들어가도록 한다. **직조**를 이야기하는 것은 **의미**

도 이야기하는 것이다. 하지만 누구를 위해서? 불특정 '독자'를 위해서? 아니다. 고려의 대상이 되는 공간 안에 살면서 행동하는 사람, 몸을 지닌 '주체', 또는 때로 '집합적인 주체'를 위해서이다. 이러한 '주체'에게 있어서 형태와 구조의 배치는 전체의 기능에 따라 달라진다. 공백(부재-존재), 가장자리, 즉 망과 짜임은 **체험된** 의미를 지니며, 이 의미는 이를 파괴하지 않으면서 **인지된** 의미로 승화되어야 한다.

내친 김에 질문을 끝까지 밀고 나가보자. 현재 프랑스는 물론 다른 곳에서 벌어지는 여러 학파들의 논쟁을 살펴보면, 두 가지 언어 이론이 서로 포개지기도 하고 대립하기도 한다는 것을 알 수 있다.

a) 우선 두 가지 중에서 첫 번째 이론에 의하면, 어떤 기호도 고립되어 존재할 수는 없다. 결과적으로 기호들의 연결과 분절은 매우 중요하다. 하나의 기호는 오직 연관 관계 속에서, 연관 관계에 의해서만 의미를 지닌다. 기호는 지식, 특히 이론적인 지식(기호학, 기호론)의 중심으로 우뚝 솟아오른다. 언어는 인식을 실어 나르는 짐꾼으로서, 절대적인 지식에 해당되는 언어 인식을 가능하게 한다. 언어의 (알려져 있거나 알려져 있지 않은) '주체'는 지식의 주체로서, 언어에 대한 인식을 통해서만이 스스로를 분명하게 확인할 수 있다.

따라서 인식은 이러한 연결 관계의 연구를 우선 과제로 삼게 된다. 인식은 언어 기호에서 출발하여 점차 이미지와 소리 등 의미작용과 의미를 전달하는 모든 것으로 그 대상을 확대해나간다. 지식은 관념적인 공간을 구축하여 그 안에서 군림한다. 이 같은 공간 안에서는 기호나 언어, 사물, 개념 등의 결합이 본질적으로 다르지 않다. 언어학은 이렇게 해서 점점 더 확실성의 영역을 확보하게 되었으며, 새로운 영역을 정복해나갔다. 언어학은 지식의 본질, 절대적 지식의 원칙을 포함하고 있으며, 습득 순서를 제시한다. 따라서 인식은 안정된 기반을 보유할 수 있으며, 그 기반 위에서 점차 (습득된 지식과 이 지식의 언어를 대상으로 하는) 인식론, (비구어 체계를 다루는) 기호학으로의 확장을 꾀할 수 있다. 이런 관점에서 보자면 음악, 회화, 건축 등 모든 것이 언어라고 할 수 있다. 이 경우 공간은 기호, 혹은 기호의 집합체로 축소되어 지식 속으로 편입된다. 공간 안에 놓인 모든 사물이 점차 같은 처지가 된다!

기호 이론은 집합 이론과 결부되며, 이를 통해 논리학, 즉 호환 가능성, 추이성(推移性), 주연성(周延性) (혹은 이러한 것들의 논리적 부정) 등 '순수한' 관계에 결부된다. 관념적이고 사회적인 모든 관계는 A와 B의 관계는 B와 C의 관계와 같다는 식의 형식적인 관계로 환원된다. 순수한 형식화 작업이 (비어 있는) 중심이 되며, 이 중심으로부터 지식과 담론, 철학과 과학, 감성적인 것과 지성적인 것, 시간과 공간, '이론적 실천'과 사회적 실천의 합산이 이루어진다.

이와 같은 경향이 프랑스에서 성공을 거두고 있음을 길게 설명할 필요가 있을까?(앵글로색슨 국가에서는 이와 같은 경향이 논리적 경험론의 대체물로 간주되고 있다.) 무슨 이유 때문일까? 이와 같은 경향이 지식, 바꿔 말해서 대학 교육을 중심에 두고 그곳으로부터 사회적 공간 전체를 지배할 수 있다고 믿기 때문이다. 또한 궁극적으로 이와 같은 경향이, 안과 밖 도처에서 공격받아 심하게 동요하며 고사 직전에 처한 데카르트적 로고스, 즉 서양적이고 유럽 중심적인 로고스를 되살려낼 수 있기 때문이다. 언어학은 확장되어감에 따라 학문 중의 학문으로 부상했으며(누가 이를 부인하겠는가?), 때마침 쇠락의 길을 걷고 있던 정치경제학, 역사학, 사회학 등을 대체하기에 이르렀다. 그런데 이러한 언어학이 지식의 새로운 중심으로 부상하면서, 독단적으로 주변에 메타언어, 관계학, 담론에 관한 객설 혹은 침묵만이 맴도는 새로운 공백을 낳았다는 것은 역설이 아닐 수 없다. (학문적인) 신중함을 지닌 사람이라면 **아는 것**과 **알지 못하는 것**을 갈라놓는 단절(인식론적 단절)을 무모하게 뛰어넘을 수 없는 법이다. 선악과 격인 체험된 것은 이처럼 단순한 환원과정에서 빠져나가거나 사라져버렸다. 지식의 요새에는 침묵만이 감돈다.

b) "나는 단어의 가치를 그토록 높이 평가할 수 없다!(Ich kann das Wort so hoch unmöglich schätzen!)"(《파우스트》, V, 1226) 언어, 동사, 단어를 그렇게 높이 평가하기가 불가능하다! 동사는 결코 이 세상을 구원한 적이 없으며, 앞으로도 구원할 수 없다.

두 번째 경향에 따르면, 기호 연구를 통해 엄청나게 무서운 무엇인가가 드러난다. 경직되고 싸늘하며, 무서울 정도의 추상화로 단련된 기호는 글자, 단어, 이미지, 소리 등 죽음을 전달한다. 기호의 중요성은 단어와 죽음 사이, 인간의 의식과 깨뜨리다, 죽이다, 스스로를 죽음으로 몰아가다 등의 치명적인 행위 사이를 이어주는 밀접한 관계를 보여준다. 모든 기호는 나쁜 기호이며, 위협이자 무기이다. 이는 기호들이 지니는 **비밀스러운** 특성, 즉 동굴(조르주 바타유에 의하면 라스코 동굴) 속에 숨어 있는 마술사들의 소유물 같은 특성을 설명해준다. 보이지 않는 무엇인가를 알리는 기호들이 보이는 것을 위협한다. 무기들과 더불어, 무기들 가운데에서 기호는 봉사한다. 누구를, 무엇을 위해? 권력의 의지. 글쓰기와 더불어 힘을 위해 봉사한다. 기호란 무엇인가? 사물의 분신이다. 기호가 사물로 간주되면서 사물의 특성을 취할 경우, 놀랍게도 좌절을 낳고 신경증을 일으킨다. 이 분신들은 '존재'를 해체시키며 이들을 깨뜨리고 파괴한다. 다시 말해서 원래의 모습이 아닌 모습을 지니게 만든다. 기호의 힘은 자연과 인간에 대한 지식의 힘에 의해 지속된다. 이와 같은 행위 능력이 바로 헤겔이 말한 '무시무시한 부정의 힘'이다. 사물이나 '존재'에 해당되는 기의(記意)와 비교해볼 때, 기호는 재현을 통해 이것들을 복제하는 까닭에 반복적인 특성을 지닌다고 말할 수 있다. 이 두 가지 사이에는 매혹적인 차이, 기만적인 심연이 가로놓여 있다. 이 심연을 건너뛰기란 매우 쉬워 보이며, 따라서 언어를 갖게 되면 사물도 갖게 된다고 믿게 된다. 물론 어느 정도까지는 이 두 가지를 동시에 소유하는 것이 가능하며, 이 '어느 정도'야말로 치명적이다. 무의미한 흔적이면서 행위를 가능하게 하는 기호는 추상화하는 힘, 따라서 다른 세계(자연의 원래 세계와는 다른 세계)를 건설하는 힘을 지녔기 때문에 파괴적이다. 이것이 바로 모든 권력과 힘의 토대를 이루는 로고스의 비밀이다. 유럽에서 인식과 기술, 산업과 제국주의가 부상할 수 있었던 것도 이 때문이다.

공간도 이와 같은 치명적인 특성을 지닐 수 있다. 기호를 통한 소통의 장소, 분리의 장소, 금지의 장소로서 공간성은 자신과의 갈등에 돌입하면서 스스로를 파괴할 때 가장 강력하게 발현되는 죽음의 충동, 삶에 내재하는 이 충동에 의해서도 정의될 수 있다.

기호에 대한 염세적인 관점은 오래전부터 존재해왔다. 헤겔만 해도 지식의 부정성이 긍정성에 의해 보상을 받는다고 말했다.[21] 또한 문헌학자이며 시인이자 철학자, 아니 메타철학자인 니체도 이보다 훨씬 모호하면서 극단적인 견해를 제시했다.[22] 니체에게 있어서 본래 모습 그대로의 언어는 은유적이라기보다 **조응적인**(anaphorique) 특성을 지닌다. 언어는 항상 현실을 넘어서 다른 곳으로 가려는 경향, 특히 초시각화(hypervisualisation) 경향이 짙으며, 이는 결국 언어를 죽음으로 몰아간다. 지식의 안에, 그리고 지식을 넘어서는 곳에서 몸과 몸이 벌이는 행위들, 즉 고통과 욕망, 쾌락 등이 있다. 시인 니체에게 시는 무엇으로 이루어지는가? 시는 기호들의 변신으로 이루어진다. 노동과 유희의 대립을 넘어서기 위한 투쟁 과정에서 시인은 언어를 죽음으로부터 끌어낸다. 기호들의 연속적인 배치 속에서 그는 죽음을 삶으로 바꿔놓는다. 그는 이런 방향으로 기호들을 해독한다. 이와 같은 투쟁은, 투쟁이 벌어지고 있는 움직이는 모래 바닥이라는 함정보다도 더 처절하다. 다행스럽게도 시인은, 불안으로 가득 차 있으나 이루 형언할 수 없는 쾌락을 안겨주기도 하는 이와 같은 시도를 벌이는 음악가, 무용수, 배우들로부터 도움과 구원을 얻는다.

그런데 여기서 삶을 고양하는 시(괴테 《파우스트》, 니체 《차라투스트라는 이렇게 말했다》)와 죽음의 시(말라르메, 릴케)[23]라는 너무 뻔한 대립이 등장한다.

언어 이론(철학)의 이 같은 두 가지 경향이 순수한 형태로 대두되는 법은 거의 없다. 프랑스의 이론가들은 대부분 타협을 시도했다. 조르주 바타유와 앙토냉 아르토(Antonin Artaud)만이 예외라고 할 수 있다. 정신분석은 이와 같은 절충주의를 확산시키는 데 공헌했다. 어떤 참사나 피가 흐르는 상처도 없이 담론으로서의 지식에서 담론에 관한 지식으로 순조롭게 넘어간다. 이어서 담론에 관한 지식에 체험된 것의 본질이며 의미로 여겨지는 것들인 말해진 것(le dit)과 암묵적인 것(le non-dit), 금지된 것(l'interdit)을 덧붙였다. 이렇게 되자 담론에 관한 지식은 사회적 담론으로도 확장되었다. 이와 같은 확장 과정은 단계별로 죽음의 충동, 각종 금지, 그중에서도 특히 근친상간 금지, 거세, 남근적인 것의 객체화, 글쓰기에 목소리 투사 등으로 점철되었다. **기호학적인** 것은 충동(삶의 충동, 죽음의 충동)에서 기인하며, 상징적인 것과 의미론적인 것은 그 자체로서의 기호와 결부된다.[24] 공간은 언어와 더불어, 언어 속에서 모습을 드러낸다. 공간이라고 해서 다른 방식으로 형성되지는 않는다. 기호와 의미작용으로 점철되어 있으며, 담론들의 집합 장소인 공간, 자신이 포함하고 있는 것들과 동류로 취급되는 용기로서의 공간은 담론과 마찬가지로 기능, 분절,

연쇄 등으로 구성된다. 기호는 필요하면서 그것으로 충분하다. 언어적 기호 체계는 공간의 연결을 포함하는 모든 연결을 내포하고 있기 때문이다. 그런데 공간을 언어 철학에 바치는 선물 정도로 취급하는 이와 같은 타협은 유지될 수 없다. 공간 안에서는 **의미화 작용 과정**(의미작용의 실천)이 진행되며, 이는 일상 담론이나 문학적 담론(텍스트)에만 국한되지 않는다. 죽음의 도구로서의 기호가 니체가 말하고 시도했던 것처럼 시 속에서 스스로를 초월할 수 있다고 한다면, 기호는 공간 안에서 항구적으로 스스로를 초월할 수 있다. 기호에 관한 두 가지 주장은 '순수한' 지식과 불순한 시, 이 두 가지를 모두 살리는 절충주의 속에서는 도저히 화합을 이룰 수 없다. 이를 해결하기 위해서는 모호함에 의존할 것이 아니라 모순을 드러내 보여주어야 한다. 아니 공간이 이를 해결할 수 있음을 보여주어야 한다. 공간 안에 있는 생명체로부터 뿜어져 나오는 에너지는 끊임없이 죽음의 충동과 삶의 충동을 넘어서며, 이를 화해시킨다. 사회적 공간 안에서 자연은 제대로 뚜렷하게 구분하지 못하는 고통과 쾌감이 사회적 공간을 통해서 구분된다. 생산물들, 아니 작품들은 향유(고통스러운 노력과 창조의 기쁨이 뒤섞인 노동에 이어지는 향유)된다. 무덤처럼 헤어짐이나 분리를 참을 수 없다고 말하는 공간이 있는가 하면, 만남과 향유의 공간도 있다. 시인이 언어의 냉정함에 대항해서 투쟁하고 기호의 함정에 빠지기를 거부한다면, 기호와 유사한 **자재**(벽돌, 목재, 철재, 콘크리트)와 기호들을 연결하고 이것들을 분절하며 의미(아치, 궁륭, 기둥, 개구부, 울타리, 건축 방식, 요소들의 결합과 해체)를 부여하는 '조작'과 유사한 **설비**를 보유하고 있는 건축가들 또한 시인보다 더하면 더했지 덜하지 않다. 이런 식으로 건축 공학은 관능미 넘치는 공간(알함브라 궁전), 명상과 지혜의 공간(수도원 회랑), 권력의 공간(영주의 성 등), 지각을 일깨우는 공간(일본식 정원) 등을 구현했다. 건축 공학은 의미로 가득 찬 공간, 우선적으로 죽음에서 벗어나는 지속적이고 눈부시며 특별한 지역적 시간을 보유한 공간을 생산해 냈다. 건축은 매우 변별적인 특징을 지닌 살아 있는 생명체를 만들어낸 다. 이 생명체에 활기를 불어넣는 것은 그 자체로 눈에 보이지도 해독 가 능하지도 않으며, 담론으로 표현되지도 않는다는 점이 바로 건축이 지니 는 변별적인 특징이다. 이러한 삶은 이 공간을 사용하는 사람들에게서, 그들의 체험 속에서 재생산된다. 관광객은 그림자에 지나지 않으며, 그 저 바라보기만 하는 사람도 유령에 불과하다.

이렇듯 (공간적이면서 동시에 의미작용을 동반하는) **사회적 실천**에 연결된 공 간 개념은 매우 유효하다. 공간은 의복, 가구, 주택(주거지) 같은 재화, 사 물, 교환 대상으로서의 물질적인 생산, 즉 필요에 의한 생산으로 간주된 다. 공간은 또한 한 단계 올라간 층위에서 이루어지는 생산 과정, 즉 물질 적인 창조를 추구하는 실험과학과 상호 침투하는 축적된 인식의 결과로 서의 생산과도 결부된다. 공간은 또한 최대한 자유로운 창조 과정, 즉 의 미화 작용 과정과도 결부된다. 원칙적으로 공간 안에서 펼쳐지는 '자유 계(自由界)'의 도래를 외친다. 이는 필요에 따른 맹목적이고 직접적인 노 동에 종지부를 찍는 순간, 다시 말해서 작품, 의미, 향유(이는 매우 다양한 형 태로 나타난다. 이를테면 관조는 향유의 한 형태이며, 향유란 성을 포함하지만 성적인 쾌락만으로 축소되지는 않는다)를 창조하기 시작하는 순간부터 가능하다.

이제부터는 언어에 관한 니체의 주요 저술(1873년 작)을 살펴보기로 하 자. 철저한 문헌학자이며 시인으로서 언어를 이해하는 것으로 미루어 가히 언어의 벗이라 말할 수 있는 철학자 니체는 당시에 이미 고전이 되 어버린 은유와 환유의 개념을 전면에 내세웠으며, 이 개념은 그 후 대중 화되었다. 페르디낭 드 소쉬르에게서 영감을 얻은 현대학파들에게 있어 서 은유와 환유라는 두 가지 수사학 개념은 1차 언어, 혹은 1차 단계의 담론을 훌쩍 뛰어넘는다. 말하자면 메타(meta)라고 하는 그리스어의 의미로 쓰인다는 말이다. 은유와 환유는 메타언어, 즉 2차 단계의 언어에 속한다.

니체의 사상(오늘날 그의 사상은 20세기 초와는 전혀 다른 양상으로 대두된다)에서 **메타**라는 용어는 매우 과격한 의미를 지닌다. 은유와 환유는 언어의 출발점에서 벌써 모습을 드러낸다. 단어들은, 단어라는 자격으로 이미 은유적이고 환유적이다. 이는 사라 코프만(Sarah Kofman)이 자신의 저서 《니체의 은유(La Métaphore nietzschéenne)》[25]에서 주장하는 것처럼 개념이기만 한 것이 아니다. 니체에게 있어서 은유와 환유는 직접성, 감성적인 것, 다시 말해서 느낌과 흥분의 혼돈을 훨씬 뛰어넘는다. 이러한 혼돈을 하나의 이미지, 음성적인 재현, 하나의 단어, 그리고 하나의 개념으로 대체하는 것은 변신시키는 것이다. 일상 언어의 단어들을 가지고 우리는 사물의 은유만을 소유할 수 있을 뿐이다. 개념이란 똑같지 않은 것을 똑같은 것으로 드러내보이는 데서, 즉 환유로부터 태어난다.[26] 우리가 진실성의 도구이며 축적된 진실의 보고라고 간주하는 일상 언어란 도대체 무엇인가? "무수히 많은 은유와 환유, 의인화, 한마디로 시적으로, 수사학적으로 전달되고 포개지며 장식된 인간관계의 총합이며, 오랜 기간 동안 사용되어온 탓에 그 언어를 사용하는 민족에게 강제적인 규범으로 인식된다." 현대적인 용어로 풀어보자면, 언어란 언어 전반, 담론 전반보다 훨씬 중요하고, 말은 언어 체계보다 훨씬 창의적이며, 글쓰기나 독해보다도 훨씬 창의적이다. 언어와 말은 끊임없이 새것을 만들어낸다. 언어와 말은 화폐처럼 닳아빠진 기호와 개념에 생명을 불어넣는다. 그런데 은유, 환유, 변화니 하는 '수식(figure)'은 무엇을 만들어내며, 무엇을 불러일으키고 무엇을 번역하며 무엇을 배반하는가? 현실의 토대는 상상적인 것일까? 신에 버금가는 시인, 무용수들이 이 세계를 창조한 것일까? 그렇지 않다. 적어도 사회적인 면에서는 그렇지 않다. '피라미드적인 질서',

다시 말해서 카스트, 계급, 법과 특혜, 상하관계, 각종 구속으로 이루어진 질서가 첫 인상의 질서, 즉 가장 단호하고 가장 보편적이며 가장 잘 알려져 있고, 가장 인간적이며 따라서 모든 것을 조정하며 강제적인 질서와 대립한다. 하나의 사회는 개념과 형태, 법으로 이루어진 공간이며 건축이다. 이 공간의 추상적인 진실은 감각과 신체, 의지와 욕망의 현실에 강하게 작용한다.

니체는 자신의 철학적(메타철학적)이고 시적인 저술 활동 전반에 걸쳐서 추상적인 사고를 구성하는 은유와 환유를 지배하는 시각적인 특성을 여러 번 강조했다. 사고, 비전, 밝음, 빛, 어둠, 장막, 원근, 눈, 정신의 눈과 시선, 관념 세계의 태양 같은 표현이 이를 말해준다. 이는 니체의 중요한 '발견'(이 역시 시각적인 은유에 해당된다)이었다. 역사적인 시간을 통해서 볼 때, 시각적인 것은 관념이나 다른 감각(분별력과 귀로 듣기를 나타내는 청각, '잡다', '들고 있다' 등의 의지적인 행위를 보여주는 손 등)에서 비롯된 행위에 우선했다. 시각적인 것이 지배하며 후각, 미각, 촉각 등의 다른 감각들을 모두 흡수해버린다. 성(性)도 흡수된다. [그리움(Sehnsucht)으로 변장한] 욕망도 마찬가지다. 이처럼 은유와 환유를 모두 아우르는 언어의 조응성이 점차 명확하게 드러난다.

이로써 우리는 다음과 같은 결론을 끌어낼 수 있다.

a) 은유와 환유는 원래 수사학 용어가 아니다. 시간이 흘러감에 따라 점차 그렇게 된 것이다. 원칙적으로 볼 때, 은유와 환유는 행위에 해당된다. 이 두 가지 행위는 무슨 임무를 완수하는가? 엄밀하게 말해서 이 두 가지는 **암호를 해독한다**. 이 두 가지는 저 깊은 곳으로부터 무언가를 솟아오르게 하는 것이 아니라 말해질 수 있는 것을 떠오르게 하며, 이는 언어라는 형상으로 나타난다. 말과 언어, 담론의 활동이 여기서

비롯되고, 여기서부터 다른 곳으로 흘러간다. 그러니 차라리 은유화 작용, 환유화 작용이라는 표현을 사용해야 할 것이다. 무엇으로부터? 몸, 변화된 몸. 공간 재현과 재현 공간은 은유와 환유를 사용한다는 점에 있어서 공간적인 것을 **자연화하려고** 시도하는가? 아니다. 그 정도가 아니다. 공간 재현과 재현 공간은 공간적인 것을 증발시키고 밝은 (시각적, 기하학적) 투명성 속에서 이를 해체시키려고도 한다.

b) 따라서 은유와 환유는 전위시키거나 포개거나 다른 곳으로 운반한다. 몸을 넘어서, 느낌과 감정을 넘어서, 삶, 감각적인 것, 쾌감, 고통을 넘어서는 곳에, 뚜렷하게 분절되는 단위들의 영역, 즉 기호와 단어의 영역, 추상의 영역이 있다. 기호는 은유화와 환유화를 통해 정의된다. 이것은 아주 가까운 곳에 있으면서 멀리 있다는 환상을 준다. 은유와 환유는 많은 것을 표현할 수 있지만, 이보다 훨씬 많은 것을 잃게 만들거나 망각하게 만들기도 한다. 은유와 환유는 말하자면 거리를 떼어놓으며, 괄호 속에 집어넣는다.

c) (아마도) 은유적인 것의 논리와 환유적인 것의 논리가 존재할 수도 있다. 은유와 환유는 하나의 형태, 다시 말해서 일관성 있고 명확하게 분절되며 논리적인 형식에 가까운 형태를 만들어내며, 특히 자발적인 삶을 넘어서서 정신적이고 사회적인 건축물을 태어나게 만들기 때문이다. 담론 속에는(사회와 공간의 지각에서도 그러하듯이) 끊임없이 하나의 용어에서 다른 용어로의 건너뜀, 혹은 부분에서 전체로의 건너뜀이 존재한다.

d) 이 거대한 움직임은 무수히 많은 것들과 연결된다. 한편으로는 이성과 더불어 로고스, 논리학, 유추에 의한 사고, 연역적인 사고, 다른 한편으로는, 정치적 구조와 연결된 사회적 구조와 더불어 권력으로 연계된다. 이로써 시각과 시각적인 것, 독해 가능한 것(글로 쓰인 것에서

글쓰기에 이르기까지)의 지배가 대두된다. 이와 같은 용어들과 형태, 기능과 구조 사이에서 복합적인 공간적 관계가 분석되고 설명된다.

그러므로 **물신화**(시각적이고 이해 가능하며 추상적인 공간의 물신화)와 **매혹**(잃어버린/되찾은 자연 공간, 종교적이고 정치적인 절대 공간, 관능의 공간 혹은 죽음의 공간)이 존재한다면, 이론은 그것들이 발생하게 된 경위, 즉 생산을 거슬러 올라가면 된다.

2.12　　　공간과 관련하여 무엇이 **생산**이라는 개념을 모호하게 만드는가? 인식론적 연구의 장이라거나 '기반', 인식 체계의 공간 등의 절대적 지식이나 신교조주의의 언어는 잠시 제쳐두자. 그것들이 사회적인 것을 정신적인 것으로, 실천적인 것을 지적인 것으로 호도하며, 동시에 사유재산을 지식의 영역으로 확장한다는 사실을 여기서 길게 늘어놓을 필요가 없다. 생산이라는 개념을 모호하게 만드는 몇 가지 재현은 기호학에서 오는데, 특히 사회적 공간은 자연 공간의 단순한 **표시 작업**(marquage), 즉 흔적에 불과하다고 하는 주장에서 기인한다. 기호학자들이 즐겨 사용한 이러한 재현〔표시(marque), 표시 작업(marquage), 흔적(trace)〕은 이들에게만 고유한 것이 아니다. 이는 특히 인류학자들이 애용하던 방식이다. 기호학은 의미를 강조한다. 표시는 의미작용이며 체계 속으로 들어와 코드를 만들고 이를 해독하는 데 관여한다. 공간은 때로는 물질적으로(짐승들은 냄새를 이용하며, 인간 사회는 시각화 혹은 청각화 작업을 사용한다), 때로는 추상적으로(담론이나 기호를 이용하여) 표시된다. 이러한 공간은 상징적인 가치를 지닌다. 상징이란 항상 정서적인 투자, 말하자면 하나의 장소에 부여된 감성적인 가치(두려움, 매력), 이 특혜적인 장소로부터 멀어져가는

사람들에 의해 재현되는 가치를 내포한다. 사실 실천(농업-목축의 초기 단계)과 상징은 서로 유리되지 않는다. 오랜 시간이 흐른 후에 이루어진 분석 작업이 이들을 구분할 뿐이다. 분석 작업이 이 두 가지를 분리하면서 '물리적인' 상징은 이해할 수 없게 되었고, 실천, 곧 추상이 존재하지 않던 사회에서의 실천도 이해할 수 없게 되었다. 표시, 즉 상징만이 남게 될 때 우리는 과연 공간의 생산에 대해서 말할 수 있는가? 그 단계에서는 불가능하다. 살아서 움직이며 활동하는 생명체들이 거미가 거미줄을 엮어나가듯이 공간에 대한 지각과 점령하는 공간을 확장시켜간다고 하더라도, 그 단계에서는 아직 공간의 생산에 대해서 말할 수 없다. 생산이 있다고 해도, 생산이라고 할 만한 것이 있다고 할지라도, 이는 앞으로도 상당 기간 표시, 기호, 상징에 머물러 있을 뿐이다. 이것들은 이 표시를 받아들이는 물질성을 변화시키지 못한다. 어머니 대지, 요람, 성적(性的) 의미를 지니는 경작지와 무덤, 이 모든 것이 여전히 토지 상태로 남아 있는 것이다.

표시나 푯말 세우기, 경표(警標) 세우기 등의 행위를 통한 위치 매기기는 조직화된 사회의 초기 단계가 지니는 특성이다. 사냥꾼과 어부, 가축 떼의 이동 경로는 모두 표시되었고, 훗날 특별한 '명칭을 가진 장소(lieu-dit)'가 되는 '토포이〔topoi, 그리스어에서 장소를 의미하는 토포스(topos)의 복수형—옮긴이〕'는 자연적인 표시(나무나 관목 숲)만으로는 충분하지 않다고 판단될 경우, 돌이나 봉분 등을 사용해서 구별되게 했다. 이 기간 동안 자연 공간은 단순히 거쳐가는 곳에 불과했다. 사회적 노동이 이러한 공간들을 거의 변모시키지 않았던 것이다. 이 기간이 지나면, 표시 작업과 상징화 작업은 개인적인 혹은 유희적인 과정으로 변모한다. 이를테면 어린아이가 자신의 영역을 표시한다거나 자신이 지나간 곳에 흔적을 남기는 식이 되어간다.

이러한 재현은 역방향적이면서 보완적인 재현을 낳는다. 즉 이른바 자연 공간이라고 하는 객관적 공간의 구조 변화(dénaturation) 혹은 탈자연화(dénaturalisation)로부터 '제조된' 공간이 태어나는 것이다. 무엇이 이러한 과정에 개입하는가? 물론 당연한 말이지만, 과학과 기술의 개입, 즉 추상화를 통해서 이루어진다. 그런데 이 같은 재현은 사회적 공간을 추상(추상이란 지식이 개입하는 모든 행위에 내재한다)이라는 공통점으로 **축소**함으로써 이들이 지니는 다양성, 이들의 역사적인 발생 기원 등을 무시하는 처사이다.

기호학은 공간이라고 하는 것은 독해에서, 다시 말해서 독해-글쓰기라고 하는 실천에서 기인한다는 관점을 제시한다. 도시 안에 자리하는 공간은 담론을, 즉 언어를 포함하고 있다는 것이다.[27]

공간의 독해라니, 그 말은 맞기도 하고 틀리기도 하다. '독자'는 해독하고 코드를 풀어낸다. 표현을 하는 '발언자'는 자신이 지나온 경로를 담론으로 푼다는 의미에서는 맞다고 할 수 있다. 하지만 꼭 그런 것만도 아니다. 사회적 공간은 절대로 사람들(누구?)이 자신이 전하고자 하는 메시지를 적어 넣는 백지가 아니다. 자연 공간과 도시 공간은 지나치게 꽉 차 있다. 그곳에서는 모든 것이 초고(草稿) 상태이며 흐릿하고 분명하지 않다. 기호라니, 오히려 기호라기보다는 서로에게 간섭하는 무수히 많은 지시 사항, 규정들이라고 해야 한다. 그곳에 텍스트, 흔적, 글쓰기가 있다고 한다면, 그건 어디까지나 협약과 의도, 사회적 무질서 · 질서라는 의미에서 사용되는 질서라고 해야 할 것이다. 공간은 의미작용을 하는가? 그건 확실하다. 무엇의 의미작용인가? 해야 할 것, 하지 말아야 할 것을 의미한다. 이는 곧바로 권력과 이어진다. 그런데 권력의 메시지는 항상 명쾌하지 않으며, 이는 다분히 고의적이다. 권력의 메시지는 은폐한다. 공간은 모든 것을 말하지 않는다. 공간은 특히 금지되는 것(interdit)

〔사이에서 말해지는 것(inter-dit)〕을 말한다. 공간의 존재 양식, 공간의 실천적 현실(형태를 포함하는)은 글로 쓰인 대상, 책 등의 현실(현 존재)과는 전적으로 다르다. 결과이면서 이유, 생산물이면서 생산하는 것으로서의 공간은 계획과 행위의 장소이면서 이 행위(전략)에 의해 부각되는 장소, 즉 **관건**이기도 하다. 다시 말해서 미래에 올 시간에 대한 **내기**, 절대 완전하게 자신을 드러내보이지 않는 내기의 대상인 것이다.

공간의 코드? 그것은 하나가 아니라 여러 개다. 그렇다고 해서 의기소침할 기호학자들이 아니다. 기호학자들은 연속적으로 이어지는 해석의 층위를 설정하고, 코드의 독해를 예상하지 못한 방향으로 전개시킬 수도 있는 잉여(résidu)의 존재도 설정한다. 그렇다고 하자. 그런데 규정이나 지시는 기호가 아니다. 규정은 공간에서 진행되는 행위이며, 공간은 일단 선택한 다음 지시한다. 그 선택이라는 것도 사실상 매우 제한적이다. 공간은 하나의 질서를 내포하고 있기 때문에 지시를 하는 것이다. 질서를 내포한다고 함은 무질서도 내포하고 있음을 의미한다. '무대(scène)'가 무대 반대되는 곳(obscène)까지도 내포하는 것과 같은 이치다. 해석은 그 후에 자연스럽게 따라온다. 공간은 육체에게 명령한다. 공간은 몸짓, 여정, 경로를 지시하거나 금지한다. 공간은 이렇게 할 목적으로 생산되었다. 이것이 바로 공간의 의미이며 궁극적인 목적이다. 독해란 개인적인 차원에서 운 좋게 얻어지는 이면이며, 맹목적이고 자발적이며 **체험된** 복종에 대한 부차적인 보상이라고 할 수 있다.

그러므로 공간의 독해라고 하는 것은, 독해라는 것이 가능하기나 하다면, 제일 먼저 지식으로 돌입하며, 가장 마지막으로 발생 기원으로 돌입하게 될 것이다. 예컨대 로마네스크 양식으로 지어진 교회와 그 주변(마을이나 수도원)에 대한 '공간의 독해'가, 이른바 고딕 양식으로 지어진 교회(고딕 양식의 교회가 생겨나는 조건과 전제, 이를테면 도시, 지역 혁명, 협동조합 활동 등)를 이해한다거나 예상하는 데 전혀 도움이 되지 않을 수도 있다는 말이다. 이러한 공간은 **독해되기** 전에 **생산되었다.**(이러한 공간은 독해되고 인지되기 위해서 생산된 것이 아니라 몸과 생명을 지닌 사람들에 의해서 도시라고 하는 맥락에서 체험되기 위해 생산되었다.) 바꿔 말하면 독해는, 공간이 독해되기 위해 생산된 특별한 경우를 제외하고는, 생산 이후에 비로소 가능해진다. 그런데 이렇게 되면 한 가지 문제가 발생한다. 독해 가능성을 기준으로 제시하는 문제다. 독해되기 위해 만들어진(생산된) 공간이란 가장 기만적이고, 가장 날조된 공간일 수 있기 때문이다. 독해 가능성의 그래픽적인 효과는 전략적인 의도와 행위를 은폐한다. 이는 말하자면 시각적인 효과에 불과하다. 기념물성은 항상 독해 가능한 명백성을 강요한다. 원하는 것을 그대로 말해야 하며, 따라서 더 많은 것을 은폐하게 된다. 정치적이고 군사적이며 심지어 파시스트적인 기념물은 힘의 의지, 권력의 임의성을 집단의 의지와 사고를 표현한다고 주장하는 기호와 표면 아래 감추고 있다. 이는 가능한 것과 시간을 가려버린다.

비트루비우스 이래로, 또한 근대에 들어와 그를 재조명한 라브루스트(Pierre François Henri Labrouste, 프랑스의 건축가. 합리주의적 건축의 중심인물이며 건축에서 철재 구조의 중요성을 처음으로 깨달은 선구자 중의 한 사람—옮긴이)를 통해서, 우리는 건축적인 형식이란 기능에 적합해야 한다는 사실을 잘 알게 되었다. 여러 세기를 지나는 동안 '적합성'이라는 개념은 점점 축소되었고 그만큼 명확해졌다. 얼마 전부터 '적합성'은 '독해 가능성, 가독성'과 등가로 인식되기 시작했다.[28] 건축가가 의미작용을 하는 공간을 건축하려 할 때, 그 건축물과 형식의 관계는 기의에 대한 기표의 관계에 해당된다고 볼 수 있다. 형식이 기능을 말하며, 이를 천명한다. 대부분의 '디자이너들'이 추구하는 이러한 원칙에 따르면, 환경은 가구로 채워진다. 다시 말해서 기호로 가득 차며, 이렇게 될 때 독해 가능해지므로 적합해졌다고, 사회 전체와 '그럴듯하게' 연결되었다고 말할 수 있다. 그런데 형식에 대한 기능의 속성, 즉 독해 가능성이라는 기준(독해 가능성을 기준으로 삼기)은 독해, 몸짓, 행위 등을 즉각적인 것으로 만든다. 그렇기 때문에 이와 같은 형식적 · 기능적 투명성에는 늘 문제가 따른다. 내부적으로나 외부적으로나 거리두기가 불가능하기 때문이다. 이 같은 환경 없는 '환경'에 대해서는 판독할 것이 전혀 없다. 게다가 기표가 되기 위하여 건축된 공간의 코드로 편입되는 끊임없는 대립 항들이 매우 진부하며 지극히 단순하다. 대립 항들은 수평과 수직의 대조(수직선이 갖는 오만함은 은폐한 채)로 귀결된다. 이와 같은 대조는 뚜렷하다고 여겨지는 시각화 작용 속에 위치하지만, 사실상 이는 초연한 시선, 이상적인 산책자의 시선에만 그처럼 강렬하게 보일 뿐이다. 표면적인 독해 가능성은 사실 드러내기보다 은폐한다. 표면적인 독해 가능성은 다름 아니라 바로 보여지는 것—독해 가능한 것이 무엇인지, 보여지는 것—독해 가능한 것의 함정이 무엇인지, 예를 들어 수직성이라는 것은 오만방자함, 힘의 의지, 군사적이고 경찰적인 남성성, 남근적인 차원, 남성적 야만성의 공간적 유동 대리물임을 은폐한다. 공간 안에서 자명한 것은 아무것도 없다. 왜냐하면 정신적인 상태, 그럴 듯하게 엮인 이야기가 아닌 (실재적 혹은 실현 가능한) 행위가 문제되기 때문이다. 생산된 공간 안에서 행위는, 사람들이 알지 못하는 사이에, '의미'를 재생산한다. 억압적인 공간은, 눈에 띄게 그와 반대되는 기호(동의와 합의, 유쾌함, 기쁨 등)들이 수없이 그 공간을 채우고 있다고 하더라도 억압과 공포를 야기한다.

그렇기 때문에 건축가들은 모호함(즉각적으로 해독되기 어려운 애매한 메시지)을 복권시키거나 공간의 다양화를 선호하기에 이른다. 이는 자유주의적이며 다원적인 사회와 잘 맞아떨어진다.[29] 로버트 벤투리(Robert Venturi, 미국의 건축가, 건축 이론가. 20세기에 가장 영향력 있는 건축가 중의 한 사람으로 손

꼽히는 그는 '적은 것이 많은 것(Less is more)'이라는 바우하우스의 슬로건과는 대조되는 '적은 것은 지루한 것(Less is a bore)'이라는 주장을 피력했다—옮긴이)는 공간의 변증법화를 시도했다. 그는 공간을 죽은 사물들에 의해서 점령당한, 비어 있으며 중성적인 장소로 간주하지 않았다. 벤투리에게 공간이란 긴장과 비틀거림으로 가득 찬 힘의 장(場)이었다. 그는 형태의 수정이라는 방식이 아닌 다른 방식을 통해서 기능적인 것, 형식주의적인 것에서 탈피하는 데 성공했을까? 이에 대한 대답은 1972년 현재로서는 아직 불확실하다. 건물에 그림을 그린다고? 이는 '고전적인' 작품들이 지니는 부를 대신하기엔 지나치게 빈약한 생산으로 보인다! 낙서라는 형식을 빌지 않으면서 사회의 모순을 벽면에 그려 넣을 수 있는가? 실천으로서의 독해-글쓰기, 혹은 사물들에게 '형태-기능'이라는 관계로 투사된 '기표-기의'의 관계라고 할 수 있는 '디자인'이 의식적이 되었건 그렇지 않건, 투명성, 즉 깊이 없는 현실성, '순수한' 표면 속으로 갈등을 사라져버리게 하는 것을 궁극적인 목표로 삼는다는 것은 대단한 역설이 아닌가?

이에 대해서 "당신의 편향적인 논지는 기의, 즉 형태보다 내용을 복권시키려고 기를 쓴다. 하지만 혁신가들은 형태를 중시한다. 이들은 기표를 가지고 작업하면서 새로운 형태를 만들어낸다. 그 혁신가들이 글을 쓰는 작가들이라면 물론 새로운 담론을 만들어내고, 다른 분야의 전문가들이라면 또 그들 나름대로 그 방향으로 나갈 것이다. 내용, 즉 '사용자들', '주거 행위'에 집중하는 건축가들은 구태의연한 형태를 혁신할 생각을 하지 않고 이를 그대로 재생산한다……"는 식으로 반대하는 사람들이 적지 않을 것이다.

그에 대한 대답은 다음과 같다. "기표 위주의 작업, 즉 언어의 생산이 창조 작업이라는 데 대해서는 의심의 여지가 없다. 하지만 이것이 항상 사실이며 모든 분야에서 통용될 수 있는가? 형식주의가 고갈되는 순간이 반드시 있지는 않을까? 그렇게 될 경우, 형태 속에 내용을 다시 주입하는 것만이 구태의연한 형태를 파괴하고 새롭게 혁신할 수 있는 유일한 방편이 될 것이다. 화성학자들은 위대한 음악적 형식을 발명했다. 하지만 화성에 대한 형식적 발견, 즉 물리학자들이나 라모(Jean-Philippe Rameau, 바로크 시대에 활동한 프랑스의 작곡가, 음악 이론가. 프랑스의 오페라, 발레 음악을 발전시켰으며, 근대 화성학의 기초를 확립했다—옮긴이) 같은 음악 이론가들의 발견은 수많은 가능성을 탐험하고 이를 이용하는 데 있어서 그리 괄목할 만한 진전을 이루지 못했다. 이를 위해서는 모차르트나 베토벤 같은 작곡가들의 출현이 필요했다. 건축가들에 대해서 생각해보자면, 궁궐 건축가들은 기표를 가지고 기표(권력의 기표) 위주로 작업한다. 이들은 일정 수준의 기념물성의 한도 내에서, 이를 넘어서지 않으면서 작업한다. 이들은 더구나 텍스트에 작용하는 것이 아니라 직조(공간의 직조)에 작용한다. 형식적인 면에서의 발명을 위해서는 실천 분야, 즉 '기표-기의' 사이의 변증법적인 움직임에서의 변화가 필요하다. 일부 기표는 형식주의 속으로 함몰되고 일부 기표는 자신들이 가진 고유한 힘으로 기표 속으로 밀고 들어오는 등의 변화가 필요하다는 말이다. 목록(기호, 즉 기표들의 목록)에 들어 있는 요소들을 대상으로 하는 조합론은 조합의 수보다 훨씬 빨리 고갈된다. 사실상 첫째, 모든 조합론은 그것이 알려지는 순간부터 더 이상 관심을 유발시키지 않으며 놀라움의 대상이 되지 못한다. 포화 상태가 시작되는 것이다. 그 안에 포함되었거나 배제된 조합을 바꾼다고 해도 상황은 전혀 달라지지 않는다. 둘째, 기표에 대한 작업과 담론의 생산에 있어서는, 이를 위해서 기울인 노력이 드러나지 않을 경우에만 메시지가 제대로 먹혀들 수 있다. 만일 '대상'에 작업의 흔적이 남아 있을 경우, 독자들의 주의력은 글쓰기와 글을 쓰는 자에게로 집중된다. 다시 말해서 독자들은 생산자의 노고를 공유하며, 이렇게 되면 독자들은 쉽게 싫증을 낸다."

   그러니 독해 가능한 것-시각적인 것은 **파괴적인** 효과(왜냐하면 대상을 축소하기 때문에)를 지닌다고 강력하게 주장하자. 이는 시각적인 것에 절대적인 우선권을 부여하고, 그렇게 되면 독해-글쓰기의 우선권도 덩달아 보장하는 것이다. 시각적인 공간은 말하자면 무중력 효과를 추구하는 결과를 낳는다. 이른바 건축의 혁명 이론가로 꼽히는 몇몇 사람은 이 공적을 르코르뷔지에에게 돌렸으나, 사실 브루넬레스키(Filippo Brunelleschi, 이탈리아 르네상스 시대에 활동한 선구자적인 건축가. 고대 로마 유적의 물리적 구조를 탐사한 것으로 잘 알려져 있다. 피렌체 대성당이 그의 작품이다―옮긴이), 그보다 좀더 최근에 활동한 발타르(Victor Baltard, 프랑스의 건축가. 파리 시 소속 건축가로 일하면서 특히 철재와 석재를 균형 있게 사용한 파리 중앙시장 건물을 지었고, 성당 건축을 프레스코 벽화로 마무리 짓는 새로운 발상을 도입했다―옮긴이), 에펠(Gustave Eiffel, 프랑스 출신 엔지니어. 당시 석재보다 싼 값 때문에 각광을 받기 시작한 철재 구조물 전문가로 일하면서 수많은 철교들을 세웠으며, 훗날 항공 사업에도 관여했다. 파리의 상징 에펠탑이 그의 대표작―옮긴이) 등이 선구자들이었다고 말할 수 있다. 건축가들이 예전에 즐겨 쓰던 묵직한 덩어리 느낌, 곧 중력감은 자취를 감추게 된다. 이렇게 되어 신조형주의 건축은 임의적으로 공간을 해체하고 재구성한다. 이른바 근대성에 입각한 **도상해석학적** 표현(기호와 상징)은, 표면적인 효과로 환원되는 데 그친다. 양감은 물질적인 직조를 박탈당한다. 건축가는 사무실, 주거지 등 장소가 갖는 사회적 기능(사용)을 장담하지만, 모든 공간적인 기능으로부터 해방된 칸막이벽(지지구조의 벽)과 그 안의 공간은 비어버린다. 자재들은 더 이상 벽의 본질 속으로 침투하지 못하며, 안과 밖을 분리하는 듯 마는 듯 미미하게 존재하는 막 정도로 위축되어버린다. 그렇다고 해서 '사용자들'이 안(내밀함)과 밖(위협적인 외부)이라는 절대적인 허구의 관계 속으로 들어가는 것을 방해하지는 않는다. 사용자들은 이렇게 할 수 없는 경우라면 사유재산권과 관련된 기호를 선호함으로써 이 같은 대립을 표시하는 기호들을 사용한다. 하지만 투명성 모델에 복종하는 건축적 사고에 있어서 덮개는 해체된다. 공간은 형상들과 '도상해석학적인' 가치로 쪼개지며, 쪼개진 각 부분은 하나의 색채 또는 하나의 자재(벽돌, 대리석 등)로서의 개별성과 가치를 부여받는다. 중력감이 사라지는 것과 더불어 제한된 공간이라는 느낌도 증발해버린다. 이렇게 되면 안과 밖이 투명성, 다시 말해서 구별이 불가능하며 대체가 가능한 것 속에서 융합하게 된다. 이러한 융합은 변별적인 대립, '안-밖', '기표-기의'의 관계라고 하는 구조의 이름으로 행해지므로 한층 더 놀라운 역설이 아닐 수 없다. 이 같은 시각적 공간, 즉 투명성과 독해 가능성의 공간은 남근적인 것, 남성성(이라고 주장하는 것)이라고 하는 내용물을 지니되, 그 내용물을 은폐한다. 시각적 공간은 억압의 공간이기도 하다. 권력의 시선은 이 공간의 모든 것을 하나도 놓치지 않는다. 불투명한 것, 즉 칸막이나 벽들은, 이를테면 커튼 상태 정도로 단순화된 것이라고 할지라도 모두 사라져버린다. 이는 현재 상황에서 바람직하다고 할 수 있는 배치와 정반대되는 배치를 낳는 실책이 아닐 수 없다. 사생활의 공간은 폐쇄적이고 유한한 듯한 느낌, 다시 말해서 그 자체로서 완벽한 느낌을 주어야 하고, 공적인 공간은 개방적이어야 하는데, 현실은 그 반대인 것이다.

2.13   모든 현실이 그렇듯이 사회적 공간은 방법론적으로, 그리고 이론적으로 형태, 구조, 기능, 이렇게 세 개의 일반적인 개념으로부터 접근이 가능하다. 바꿔 말하면, 모든 사회적 공간은 형태적 분석, 구조적 분석, 기능적 분석의 대상이 될 수 있다. 이 각각의 분석은 우선 첫눈에

도 꿰뚫기 어려워 보이는 것을 해독하기 위해 특정 코드, 특정 방법을 동원한다.

이와 같은 용어들은 명확해 보인다. 그런데 사실 이 용어들은 상당한 모호함을 동반한다. 모두들 다의성으로부터 자유롭지 못하기 때문이다.

'형태(형식)'라는 용어는 미학적, 조형적, 추상적(논리-수학) 등 여러 가지 의미를 갖는다. 일반적으로는 윤곽을 기술하거나 경계나 범위, 영역, 용적 등을 내포하는 의미로 사용된다. 공간 분석에서도 이와 같은 의미로 이 용어를 사용한다. 그렇다고 하더라도 모든 어려운 점이 해결되는 것은 아니다. 형태적인 기술이 정확을 기하려다 보면 이념의 침투를 받고 있음이 드러난다. 직간접적으로 축소적인 의도를 담고 있을 때에는 이와 같은 경향이 특별히 두드러진다. 사실 이것이 **형식주의**의 정의이기도 하다. 우리는 하나의 공간을 형태적 요소로 축소할 수 있다. 곡선과 직선, 또는 '내부-외부' 관계, '용적·표면' 등으로 축소해서 생각할 수 있다는 말이다. 이와 같은 형태적 요소들은 건축이나 회화, 조각 등의 분야에서 진정한 체계를 확립했다. 이를테면 황금비나 기둥 양식(도리아식, 이오니아식, 코린트식), 단위 치수(리듬, 비례 등) 등이 그런 좋은 예이다.

미학적 효과나 '의미적 효과'는 아무런 우선권을 갖지 못한다. 방법론적이고 이론적인 면에서 중요한 것은,

a) 기능이나 구조가 없는 형태란 없다는 생각이다. 역도 성립한다. 형태와 기능, 구조는 일반적으로 이 세 가지를 동시에 결합시키며 구별해주는 물질성 속에서 그 물질성에 의해 부여된다. 예를 들어 하나의 기관을 놓고 생각할 때, 우리의 인식은 비교적 쉽게 전체, 즉 살아 있는 '실체' 속에서 형태와 기능, 구조를 구별해낸다. 하지만 개별적인 이 세 가지 분석은 언제나 잔재를 남기게 마련이며, 좀더 심층적인 분석

은 이 잔재까지도 파악하고 이를 철저하게 인식하고자 한다. 이것이
바로 존재, 자연, 실체, 질료라고 하는 철학의 고전적인 범주가 지닌
의미라고 할 수 있다. 생산된 '대상' 속에서 이 구성적인 관계는 변화
한다. 실천적인 행위(기술, 노동)는 자재에 작용함으로써 형태와 기능,
구조 사이의 거리를 좁히고 이를 제어하고자 한다. 이렇게 되면 형태
와 기능, 구조는 직접적인 관계 속에서 연결된다. 이러한 경향은 예술
작품이나 가구, 주택, 궁궐, 기념물 등을 포함하는 산업사회 이전 시대
의 생산물에서는 간접적으로만 나타난다. 이러한 경향은 현대성의 경
계에 접근한다. '디자인'에서는 물질성이 투명성, 즉 완벽한 독해 가능
성 앞에서 사라져버리는 경향이 나타난다. 형태는 기능의 기호에 불
과하며, 최대한 명쾌한, 다시 말해서 손쉽게 생산되고 재생산이 가능
한 이 둘 사이의 관계에서 구조가 생성된다. '디자이너'와 제작자가 형
태 안에서 그 형태와 전혀 무관한 하나의 기능을 보여주는 유머를 구
사하지 않는 한(그런데 유머를 구사하는 경우가 자주 있다) 그렇다는 말이
다. 이를테면 침대 겸용 옷장, 냉장고 겸용 책장 따위를 예로 들 수 있
겠다. 이러한 대상들 안에서는 '기표-기의'의 관계가 매우 특별하게 적
용(의미론적 · 기호학적 교조주의가 허용하는 것보다 훨씬 제한적으로)된다
고 할 수 있다. 반면, 사회적 '현실'에서는 형태와 기능, 구조 사이의 거
리가 점점 증폭된다. 해체가 되는 것이다. 이들 사이의 관계는 은폐되
어 있다. 이것들은 독해가 불가능하며(코드를 읽기가 불가능), '은폐된
것'이 '독해 가능한 것'보다 우세하므로 결과적으로 대상들의 영역에
서는 '독해 가능한 것'의 지배가 가능하다. 이러한 제도는, 겉으로 드
러난 형태나 공식적으로 공표되었으나 때로는 대립적인 구조와는 구
별되는 다양한 기능을 갖는다. 이를테면 '사법 기관', 군대, 경찰을 생
각해보라! ……다시 말해, 대상들의 공간과 제도의 공간은 이른바 '현

대적'이라고 하는 사회에서는 서로 거리가 벌어진다. 극단적으로 이 같은 사회에서는 관료주의가 '독해 가능하며' 투명하다고 말하고, 그렇게 되기를 원하며, 또 스스로 그렇다고 믿는다. 하지만 실상 관료주의는 불투명하고 알아볼 수 없으며, 독해 불가능하다. 각종 기구(국가 기구, 정치 기구 등)도 마찬가지다.

b) 이들 핵심 용어와 개념(형태, 기능, 구조) 간의 관계는 논리학의 형식처럼 기술되는 것이 아니면서, 내용과 분리할 수 없는 지극히 추상적인 형태를 들여다볼 것 같으면 한층 더 복잡해진다. 이 같은 형태로는 논리학적 형식(동일성)을 비롯하여 상호성, 순환, 반복, 차이 등을 꼽을 수 있다. 마르크스는 애덤 스미스와 리카르도에 뒤이어 어떻게, 그리고 왜 교환 형태가 사회적 실천에서 우세한 위치를 차지하게 되었는지를, 특별한 기능과 구조를 연결하여 보여주었다. 사회적 공간의 형태, 이를테면 '중심-주변'의 관계는 얼마 전부터 형태에 관한 성찰 속에 편입되었다. 한편, 도시 형태, 이를테면 집합이나 만남, 동시성 따위로 말하자면, 이것들은 중심성이나 반복, 차이, 순환, 상호 등의 커다란 형태 속에 포함됨을 증명해보였다.

거의 '순수한'(극단적인 경우 '순수성' 속에서 형태는 증발해버린다. 이를테면 A와 A의 순수한 동일성 같은 것을 예로 들 수 있다) 이 같은 형식은 내용 없이는 불가능하다. '형식-내용' 간의 움직임과 이 두 가지 용어를 이어주는 항상 구체적인 관계는 분석 대상이 된다. 분석 결과에 대해서는 위에서 반복적으로 언급한 내용, 즉 각각의 분석 단계는 그에 앞서 진행된 분석 작업의 잔재를 토대로 진행된다고 말할 수 있다. 환원 불가능한 것, 즉 대상이 존재하는 근거 내지는 토대가 되는 것이 항상 잔존하며 지속한다.

순수성에 가까운 형태, 즉 형태가 증발해버리게 되는 형태와 내용 사이에는 매개자들이 존재한다. 예를 들어 공간적 형태, 곡선과 곡선적인 것, 직선과 직선적인 것 등이다. 모든 공간적인 장치는 곡선과(이나) 직선을 사용하며, 이 중에서 어느 한 가지가 우월적인 지위를 차지하는 일이 가능하다.

직조 속으로 편입되는 형태적 요소들은 다양하다. 이것들은 반복적이면서 동시에 변별적이다. 이 요소들은 전체를 유기적으로 구성함으로써 부분에서 전체로, 혹은 반대로 전체에서 구성요소 부분들로의 이행이 가능하도록 한다. 로마네스크 양식의 회랑에서 기둥머리는 기준이 되는 모델과 달랐으며, 이 모델은 차이를 허용했다. 기둥머리는 일정한 리듬에 따라 공간을 나눈다. 이것이 바로 **의미작용을 하는 변별적 차이**의 기능이다.[30] 지지대 역할을 하는 기둥들을 포함하는 완전한 반구형 혹은 타원형의 돔은 비잔틴 양식의 건축이냐 동방 양식의 건축이냐, 혹은 고딕 양식이냐 르네상스 양식이냐에 따라 의미와 공간적 가치가 달라진다. 아치 형태는 전체 속에서 반복적이면서 동시에 변별적으로 기능하며, 이에 따라 건축의 '양식'이 결정된다. 음악에 있어서도 이를테면 푸가 곡의 구성에서 주제와 이를 처리하는 방식에 대해 똑같이 말할 수 있다. 공간과 시간을 처리하는 모든 방식에서, 기호학자들이 환유에 근접한 것으로 사용하는 '디에게시스'(diegesis, 그리스어에서 온 이 단어는 크게 두 가지 의미로 사용된다. 우선 내레이션과 관련하여 사건을 이야기하는 것으로, 사건을 보여주는 미메시스와 대비된다. 또 다른 한 가지 의미는 작품의 세계를 의미하는 것으로, 디에게시스는 그 세계를 환기시키며, 그 세계의 일부를 이루기도 한다—옮긴이) 효과가 발견된다.

공간 메우기(공간의 점령)는 항상 분산시키거나 집중시키기, 특정한 방향성을 부여하거나 산발적으로 늘어놓기 등 기술 가능하고 분석 가능한 형태로 진행된다. 반대로, 공간적 형태로서의 모으기와 집중시키기는 항상 기하학적인 형태를 이용하여 실현된다. 이를테면 하나의 도시는 원형이거나 사각형(방사선적인 집중 혹은 바둑판무늬식 집중)인 식이다.

이와 같은 형태들의 내용물은 형태를 변모시킨다. 사각형 형태는 로마 군대 야영지, 중세 요새, 에스파냐의 식민지 도시, 현대 아메리카 도시들에서 찾아볼 수 있다. 하지만 이 도시들 각각의 현실은 너무도 판이하기 때문에 오로지 추상적인 형태를 통해서만 이들 간의 접점을 찾을 수 있다.

에스파냐-아메리카 식민지 도시의 경우가 매우 흥미롭다. 식민지 제국 내부에서 이 도시들의 건설은 라틴 아메리카라고 하는 거대한 공간의 생산을 낳았다. 식민지 도시의 공간은 도구적이었으며, 이러한 공간의 생산은 제국주의와 독립, 산업화를 통해 지속되고 있다. 이 공간은 아메리카 대륙의 식민지 도시들이 유럽에서 르네상스가 한창일 무렵, 즉 고대 시대, 그러니까 고대 도시국가들의 형성과 도시계획, 건축, 역사 등에 대한 연구가 부흥기를 맞을 무렵에 세워졌다는 점에서 더더욱 연구의 가치가 있다.

에스파냐-아메리카 식민지 도시는 명령에 따라, 다시 말해서 도시 공간에 관한 진정한 의미의 코드로, 1513년 이후 도시를 세운 설립자들에게 내려진 지시사항들이 집대성된 1573년 칙령집[《발견과 식민에 관한 칙령(Ordonnances de découverte et de peuplement)》]에 의해서 건설되었다. 이 칙령집은 크게 발견, 식민, 평화 수립이라는 세 개의 분야로 나뉘어져 있다. 도시의 건설은 영토 점령을 준비하고 이를 기정사실화하며, 도시 권력의 행정력과 정치력을 중심으로 영토를 재조직하도록 한다. 칙령은 건립지들을 기술함으로써 이들을 자극했다. 이로부터 도시 중심부를 축으로 하여 '시우다드(ciudad, 도시를 뜻하는 에스파냐어—옮긴이)'에서 '푸에블로(pueblo, 마을을 뜻하는 에스파냐어—옮긴이)'로 퍼져나가는, 엄격한 위계

질서에 따른 공간이 생겨났다. 도시계획은 시청 광장에서 출발하여 자와 먹줄을 가지고 반듯반듯하게 만들어졌다. 바둑판무늬는 각 칸마다(정사각형 또는 직사각형) 특별한 기능을 부여하면서, 또 역으로 교회, 행정 청사, 관문, 광장, 거리, 항만 시설, 창고, 구청 등 각 기능마다 중심에서 그다지 멀지 않은 곳에 위치한 특정 장소를 부여함으로써 무한히 확산되어 나갔다. **동질적인 공간 내부에는 첨예한 분리 현상이 자리 잡게 되었다.**[31] 역사학자들은 이 같은 식민지 도시를 인위적인 생산물로 간주한다. 하지만 이 인위적인 생산물은 동시에 생산의 도구이기도 했다. 원래 공간으로 보자면 이처럼 이질적인 상부구조는 경제적, 사회적 구조를 도입하기 위한 정치적인 수단이었으므로, 이는 모든 장소에 침투하여 '기반'을 설립했다. 이러한 공간을 배경으로 하여, 에스파냐식 식민지 건축은 (이런 표현이 가능하다면) 자유분방하게 바로크 양식을 차용했다. 말하자면 파사드 효과를 대대적으로 활용한 것이다. '마이크로'(건축) 층위와 '매크로'(공간 전략) 층위 사이에는 연관 관계가 존재하나, 이 관계는 논리적인 관계, 형식적인 함의로 축소될 수 없다. 여기서 특히 주목할 점은 정치권력에 의한, 다시 말해서 경제적인 목적을 위한 폭력에 의한 사회적 공간의 생산이다. 이 같은 사회적 공간은 합리화되고 이론화된 형태, 도구 역할을 함으로써 기존에 이미 존재하던 공간에 폭력을 가하는 형태로부터 태어난다.

사각형의 형태로 이루어진 다양한 공간들의 근저에는 혹시 중앙집권적인 권력의 구속적인 행위가 자리 잡고 있지는 않은지 자문해볼 필요가 있다. 하지만 이와 같은 발생론적인 도식을 신중하지 못하게 마구 일반화시켜서는 안 될 것이다. 이를테면 1810년 이후에 나타난 뉴욕의 공간 변화는 이미 강력하게 자리 잡고 있던 중심부와 그 중심부의 영향력, 관계당국의 행위로 말미암아 가능했다. 뉴욕이라는 공간은 부를 본토로 이송하는 것이 궁극적인 목적이었을까? 그 당시 식민시대는 이미 막을 내린 후였으므로, 그건 확실히 아니었다. 라틴 아메리카 대륙에 형성된 기하학적 공간은 서유럽에 부를 축적하기 위한 수탈과 약탈을 가능하게 만들었다. 기하학적으로 형성된 망을 통해 생산된 부를 먼 곳까지 운반하기가 용이했던 것이다. 앵글로색슨의 지배를 받던 아메리카에서는 형태적으로 이와 매우 유사한 공간이 형성되어 현장에서 자본을 생산하고 축적했다. 똑같은 추상적인 형태가 반대되는 기능을 지니고 있었으며 다양한 구조를 만들어낸 것이다. 하지만 그렇다고 해서 이 형태가 기능, 구조와 무관하다고 말할 수는 없다. 두 경우 모두 이전에 형성되었던 공간은 철저하게 파괴되었다. 말하자면 동질적인 것을 추구하며 이를 실현하는 것이다.

한편, 똑같이 사각형 형태를 지닌 아시아의 도시와 농촌 공간의 경우를 살펴보자. 여기서 공간과 언어, 표의문자 사이의 관계에 대해 한 동양 철학자(불교신자)와 나누었던 짧은 대담을 소개한다. "당신이 표의문자와 그 문자 형태에 붙어 있는 사고를 이해하는 데에는 오랜 시간이 걸릴 겁니다. 표의문자는 기호와는 다릅니다. 우리에게는 이해 가능한 것과 감각적인 것이 함께 갑니다. 기표와 기의도 마찬가지죠. 이미지와 개념이 명확하게 구별되지 않습니다. 표의문자의 의미는 그림, 즉 필적을 벗어나서는 제시되지 않습니다. 당신이 제시한 구분, 즉 감각적인 것과 이해 가능한 것(지적인 것)이라는 표현을 쓰자면, 우리에겐 그 두 가지가 의미 속에서 함께 갑니다. 자, 이제 아주 간단한 글자 중의 하나인 이 표의문자를 예로 들겠습니다. 네모가 하나 있고, 두 개의 선이 네모의 중심부, 양쪽 측면에서 같은 거리에 있는 곳에서 만납니다. 나는 이 문자를 읽고, 타(tā)라고 말합니다. 당신 눈에는 무엇이 보입니까? 무미건조한 기하학적 형태에 불과하겠죠. 내가 보면서 동시에 이해한 것을 당신을 위해 번

역할 경우, 나는 우선 새가 본 논이라고 말하겠습니다. 이 논을 제한하는 선들은 경계석이나 가시철조망이 아니라 논에 난 관개 수로이며, 이 관개 수로들 또한 논과 밭의 한 부분이죠. 나는 이 논을 바라봅니다. 말하자면 이 논을 바라보는 새가 되는 겁니다. 나는 수직으로 적당한 거리(높이)에 있는 곳, 논을 바라보기에 유리한 장소를 점유합니다. 이건 분명 논인가? 그렇습니다. 논인 동시에 우주의 질서, 공간을 조직한 자의 원칙이기도 합니다. 이는 농촌에만 국한된 것이 아니라 도시도 마찬가지입니다. 우주의 모든 것은 네모로 되어 있습니다. 각각의 네모 안에는 다섯 개의 부분이 있습니다. 중앙은 사고하는 자의 자리이며 우주의 질서를 지탱하는 자리입니다. 과거엔 황제의 자리였습니다. 중앙으로부터 수직으로 뻗은 선이 나와 위로 올라가면, 이것은 이상적인 선으로, 날아다니면서 공간을 파악하는 새의 위치까지 올라갑니다. 이것은 사고의 차원, 지식의 차원입니다. 여기서는 지혜, 즉 현자의 힘, 자연의 질서를 이해하고 유지하는 힘이라고 할 수 있습니다……."

"일본의 '진행초(眞行草, shin-gyo-so)'(애초에 서예에서 한자를 쓰는 세 가지 서체, 즉 진서체, 행서체, 초서체를 통칭하는 말이었으나, 일본식 정원이나 다도에 쓰이는 용기 스타일에 이르기까지 광범위하게 확산되어 적용되는 용어가 되었다—옮긴이)는 더욱 정교합니다. 이는 공간과 시간의 요소들을 단순히 조립하는 과정이라기보다 하나의 원칙이라고 할 수 있습니다. 이는 사원이나 궁궐은 물론 도시 공간이나 주택 공간에도 관여합니다. 이는 가정사에서부터 장엄한 종교의식, 정치의식에 이르기까지 최대한 다양한 사건들을 포괄합니다. 관계와 행위의 공간인 공공장소는 거쳐가는 통로, 연결의 공간인 혼합 장소를 통해 명상과 고립, 은둔의 장인 사적 공간과 연결됩니다. '진행초'라는 용어는 공간적이면서 동시에 시간적인, 정신적이면서 동시에 사회적인 조직의 세 개의 서로 다르면서 내포 관계로 얽혀 있는 층위를 가리킵니다. 이 내포 관계는 논리적인 관계를 전제로 하고 있으나, 그것만으로 축소되지는 않습니다. '공적인 것', 즉 사원이나 궁궐은 사적(私的) 또는 혼합적인 것을 포함하고 있습니다. '사적인 것', 이를테면 주택도 공적인 것(손님을 맞이하는 장소 등), 혼합적인 것을 포함하고 있습니다. 도시도 마찬가지입니다……."

동양 철학자는 계속 말을 이어나갔다. "그렇기 때문에 우리에게는 따로 떨어진 독립적인 지점에 대한 재현이 아닌 공간에 대한 전반적인 지각이 가능합니다. 만남의 장소, 네모들이 만나는 곳, 즉 네거리는 다른 곳보다 훨씬 더 중요합니다. 그러므로 《숨겨진 차원(The Hidden Dimension)》이라는 책에서 드러나듯이, 에드워드 홀(Edward Hall) 같은 당신 나라 인류학자들에게는 이상하게 보이는 것들이 우리에게는 지극히 정상입니다. 그렇습니다. 미국 사람들이 들어오기 전까지만 하더라도 네거리들은 고유한 이름을 가지고 있었지만, 거기에서 교차하는 길들은 이름이 없었습니다. 주택들은 지어진 순서대로 번호를 가지고 있었습니다. 우리는 예전에도 그랬고, 지금도 당신들처럼 미리 정해진 여정을 가지고 있지 않습니다. 하지만 그래도 우리가 어디에서 왔는지 어디로 가는지 잘 알고 있습니다. 공간의 질서와 그 형태, 공간의 발생과 현재 상황, 추상과 구체, 자연과 사회는 분리되지 않습니다. 아무리 작은 집이라고 하더라도, 명상의 장소이며 자연과 만나는 장소인 마당이 없는 집은 없습니다. 고작 돌멩이 몇 개에 불과할지라도 그건 자연 그 자체일 뿐, 특정의 상징이 아닙니다. 우리는 대상들 서로서로를 떼어놓는 거리, 이 같은 떨어짐에 상응하는 거리를 먼저 생각하지 않습니다. 공간은 절대 비어 있지 않습니다. 항상 의미를 지니고 있습니다. 간격을 지각하기 위해서는 우리 몸 전체를 던져야 합니다. 주택, 도시, 세계를 포함하는 일련의 장소, 일련의 대상은 각각 중심을 지니고 있습니다. 중심은 도처에서 볼 수 있으며, 도처에서 중심에 도달할 수 있습니다. 자신이 있는 곳, 그 장소를 점유하고 있는 사람은 모든 것을 볼 수 있고, 새로이 모습을 나타내는 모든 것을 발견할 수 있습니다. 그와의 관계를 통해서 모든 의미가 정해집니다. 이 중심은 중성적입니까? 비어 있습니까? 부재의 장소입니까? 아닙니다. 신성한 것, 지식, 힘이 그곳을 점유하고 있으며, 그곳에 모습을 드러냅니다. 겉으로 보기에만 비어 있을 뿐입니다. 중심을 강조하고 중심에 형이상학적인 가치를 부여한다고 해서 중심을 둘러싸고 있는 것의 가치가 떨어지는 것이 아닙니다. 자연, 신적인 것, 그리고 사회적 삶, 사회적 관계, 개별적이고 사적인 삶, 인간 현실의 모든 면은 나름대로의 장소를 지니고 있으며, 이 장소들은 구체적인 방식으로 서로 연결되어 있습니다. 신적인 것, 지식, 권력의 초월성을 이야기하기 위해 높은 곳을 향해서 중심이 옮겨가며, 사생활은 몸짓을 포함하여 수평한 곳, 제일 낮은 바닥에 정착한다고 해도, 이는 반대가 아닙니다. 질서가 모든 것을 감싸고 있습니다. 도시 공간은 바로 이러한 이유 때문에 사원과 궁궐을 향해서 대로를 지니고 있으며, 이어서 광장과 중간 정도의 길, 말하자면 이동과 통과, 상업과 교환의 장소가 자리하며, 그 다음으로는 주택으로 통하는, 꽃들이 활짝 핀 작은 골목들이 이어집니다."

여기서 서양의 지각과 매우 다르면서 그에 못지않게 현실적인(인류학과는 그저 간접적인 연관만을 맺고 있을 뿐이며, 민속학과는 더더구나 무관하다) 동양식 지각을 재구성한다기보다, 동양적 지각으로부터 하나의 틀을 도출해내는 것이 훨씬 흥미로울 것이다. 역설적으로 종교적, 정치적 공간은 이미 합리적인 공간인 탓에, 수천 년 동안 함축성 있는 호소력을 유지해왔다. 가장 넓은 층, 즉 사원이나 궁궐, 정치나 행정을 위한 건물들처럼 '공적인 공간'을 알파벳 G(global), 주거와 주거 공간, 즉 주택이나 아파트 등의 '사적인 공간'을 P, 그리고 경로, 상업 장소 등 통과를 위한 장소를

M으로 표시한다고 하면, 다음과 같은 도식을 얻을 수 있다. G-M-P는 다음과 같은 방식으로 배치된다.

$$
G \left\{ \begin{array}{l} g \\ m \\ p \end{array} \right.
$$

$$
M \left\{ \begin{array}{l} g \\ m \\ p \end{array} \right.
$$

$$
P \left\{ \begin{array}{l} g \\ m \\ p \end{array} \right.
$$

이를 풀어서 기술하자면, '사적인 공간' P는 출입구, 문지방, 접대 장소, 가족들이 머무는 장소, 구석진 장소, 침실 등을 포함한다. 그리고 이들 각 장소마다 다시 출입구, 중심 지점, 구석 지점 등을 포함하고 있다. M 층위는 대로와 광장, 중간 크기의 길, 주택으로 이어지는 작은 골목길 등을 포함한다. G 층위는 넓게 트인 방들과 기관의 본사, 접근이 용이한 통로, 유력자, 사제, 왕자, 대표들을 위한 장소 등을 포함한다. 전체를 이루는 각 요소들은 또다시 같은 방식으로 구성된다. 각 층위에 포함된 각각의 장소는 열림/닫힘, 낮음/높음, 대칭/비대칭 등의 고유한 특성을 지닌다.

자, 이제 다시 동양 철학자의 말을 들어보자. 그는 이제 본격적으로 활기를 띠고 이야기를 계속한다. 그는 변호를 하는 것이 아니라 고발한다. 말하자면 서유럽을 상대로 논고를 펼치는 중이다. "당신들의 거리나 광장, 대로는 우스꽝스러운 이름을 달고 있습니다. 거리나 광장, 대로와는 아무런 상관도 없으며, 일반 사람들과 사물과도 아무런 상관이 없는 이름들이죠. 장군들이나 전투 이름이 상당수입니다. 기표와 기의 사이에 아무런 상관관계가 없습니다. 당신네 도시들은 합리적인 공간을 산산조 각 내버렸습니다. 당신에게 제시한 틀, 당신 방식대로 정리한 그 틀은 서 양이 이 분야에서 발견할 수 있는 것들 중에서 제일 나은 것이 되겠죠. 그런데 그 틀이라는 게 무엇에 토대를 두고 있습니까? 일련의 변화, 하 나의 구조에 토대를 두고 있습니다. 당신네들이 보유한 뛰어난 학자들 중의 한 명이 격자나 반격자로 만들어진 복합적인 공간이 나무나 직선처 럼 단순화된 공간보다 실천적인 우월성을 지니고 있음을 간파했습니다. 이 틀이 왜 그런지를 보여줍니다. 당신은 지금 구체적인 논리, 의미의 논 리를 손에 들고 있는 겁니다. 선물이니 받아주십시오. 이론적이면서 동 시에 실천적이고, 일상적이면서 비일상적이며, 정신적이면서 사회적이 고, 건축적이면서 도시계획적인 담론을 채택하십시오. 당신들의 조상들 이 그랬던 것처럼 말입니다. 그러니까 골 족이 아니라 그리스 사람들처 럼 하란 말입니다! 그와 같은 담론은 도시를 의미하는 것이 아니라, 도 시 담론 그 자체가 될 테니까요. 절대적인 것에서 나온 거라고요? 그게 왜 안 됩니까? 그것도 당신들이 사용하는 기호처럼, 죽은 게 아니라 어 디까지나 살아 있는데요. 해독된다고요? 아니, 그보다는 발생되었다고 하는 편이 훨씬 낫습니다!"

반박. "아니, 그건 너무 성급하군요! 당신 말대로라면, 태곳적부터 동 양은 서양이 놓친, 혹은 서양이 결코 파악하지 못한, 사회를 이루고 사는 인간들의 말과 행위 사이의 관계라는 비밀을 알고 있다는 말이 될 수 있 습니다. 당신 이야기대로라면, 동양은 서양이 기호의 사용과 분석을 통 해서 고갈시킨 종교와 정치적인 것, 사회적인 것의 융합, 그 필수적인 융 합을 간직하고 있다는 말입니다. 요컨대 당신은 당신의 경험과 사고에 서 출발해서, 에르빈 파노프스키[Erwin Panovsky, 독일 태생의 미국 역사학자 로, 도상학 분야에 지대한 영향을 끼쳤다. 특히 그의 저서 《고딕 건축과 스콜라 사상》

은 프랑스 사회학자 부르디외가 하비투스(habitus)라는 개념을 정립하는 데 직접적인 영향을 주었다―옮긴이)가 중세에 대해서 자신의 작업 방식, 즉 삶의 방식과 공간, 기념물, 사고, 문명 등을 동시에 아우르는 것이라고 이름 붙인 것과 유사한 무언가를 도출해내고자 하는 것 같습니다. 당신은 하나의 틀, 장소와 그 장소의 점유, 주민들의 경로에서 그들의 몸짓에 이르기까지를 모두 내포하고 설명해줄 수 있는 심층적인 구조를 제안하고 있습니다. 그 틀이라는 것이, 사실 틀을 만들려고 시도하는 그 순간부터 상당히 복잡해진다는 점을 우선 지적하고 싶습니다. 자, 여기 Gg라고 하는 공간이 있다고 합시다. 폐쇄적이고 높은 곳에 위치하며, 대칭적인 공간입니다. 이 공간은 개방적이며, 역시 높은 곳에 위치하고 대칭적인 Gm이라는 다른 공간과 구별되며, 폐쇄적이고 이보다 낮은 곳에 위치하면서 비대칭적인 Gp라는 공간과도 구별됩니다. 이런 식으로 얼마든지 계속할 수 있겠죠. 이렇게 만들어지는 조합은 너무 많아서 컴퓨터로도 다루기 어렵습니다. 당신은 이것이 구체적인 현실에 부합된다고 생각하십니까? 이를테면 일부는 공개되고, 일부는 예식을 위한 공간으로 쓰이며, 또 다른 일부는 사제들, 명상수행자들을 위한 공간으로 쓰이는 교토의 한 사원 현실에 부합됩니까? 나는 당신의 도식이 반복 속의 변별성이라는 매우 중요한 점을 잘 포착하고 있다고 생각합니다. 당신이 제시한 정원의 예는 의미심장합니다. 정원은 여러 가지 다양한 맥락에서 볼 때 같은 정원이면서 같지 않습니다. 여기서는 왕실 정원, 즉 접근이 불가능한 신성한 장소인가 하면, 저기에서는 축제를 위해 개방된 공공장소이며, '사적인' 고독의 장소, 명상의 장소 혹은 거쳐가는 장소일 수도 있습니다. 항상 소우주이며, 상징적인 예술 작품, 대상이면서 동시에 장소인 정원은 기능 자체로 축소되지 않으면서도 다양한 '기능'을 가지고 있습니다. 당신들에게 정원은 서양을 피폐하게 만드는 '자연-문화'의 대립을 제거해줍니다. 정원은 자기 것으로 만들어진 자연을 보여줍니다. 정원은 전적으로 자연, 즉 대우주의 상징이면서, 또한 전적으로 문화, 즉 삶의 방식의 투사입니다. 그렇습니다. 하지만 유추라는 강박관념에 항복하지 맙시다. 당신은, 우리가 말했듯이, 합리적인 생각을 지니고 있습니다. 어떤 생각이냐고요? 당신은 공간을 담론으로 이해하고 싶으십니까? 담론은, 각축장에서 땅을 나눠먹듯이, 의미의 최소 단위인 원자들, 다시 말해서 각각의 방, 정원을 포함한 주택, 거리 등으로 해체될 수 있습니다. 이렇게 되면 공간은 사회적 관습에 의해서 결정되는 글쓰기에 근접할 수 있습니다. 당신이 생각하는 공간, 추상적이면서 동시에 구체적인 그 공간엔 문제가 있습니다. 바로 그 공간이 권력의 공간이라는 점입니다.

내포하면서 동시에 내포되는 것, 그건 신성한 것과 제왕적인 것, 지식과 권력, 이것들이 결합하고 혼동된 겁니다. 당신은 이것을 서양에 도입하고 싶은 겁니까? 우리는 정치권력이 공간과 시간을 만든다는 사실을 인정하기가 어렵습니다. 서양적인 용어를 빌려 말하자면, 이 같은 극단적인 헤겔주의는 아름답긴 하나 용납할 수는 없습니다. 국가라고요? 우리에게 국가는 현재에도 앞으로도 힘과 결탁한 지혜가 될 수 없습니다. 당신의 도식이 지배의 끔찍한 도구가 될까봐 두렵군요. 당신은 서양 사람들이 하듯이 그것을 학문적인 형식주의로 포장하려 하고, 우리 서양 사람들은 당신의 그 같은 노력에서 공간-시간 전체에 대한 전제적인 정의를 발견하게 됩니다!"

2.14　　　형식과 기능에 관한 분석에서는 축적이나 비례, 크기, 층위에 대한 고려는 잠시 미루어둘 수 있다. 구조 분석에서 이를 취급하면 된다. 따라서 전체와 부분, 마이크로와 매크로의 관계는 구조 분석에서

다루게 된다. 방법론적으로, 또 이론적으로 볼 때 이 분석은 다른 두 가지 분석을 폐기처분하는 것이 아니라 보완한다. 전체(글로벌)를 정의하고, 그것이 하나의 논리, 즉 전략과 상징주의(다시 말해서 상상적인 것)를 내포하고 있는지를 밝혀내는 것이 구조 분석의 몫이다. 전체와 부분의 관계는 조응이나 환유, 은유처럼 일반적이고 잘 알려진 범주의 영역에 속하지만, 구조 분석은 특별한 범주를 도입한다.

이미 앞에서 특별한 범주를 도입하는 구조 분석의 예를 든 적이 있다. 기념물적인 공간의 생산이 바로 그 예라고 할 수 있다. 고대 시대는 육중한 총체들을 낳았다. 고대 그리스인들의 사고와 실천은 무게와 무게와의 싸움을 통해서 단일성의 효과를 얻어냈다. 수직적인 힘, 위로 치솟거나 아래로 떨어지는 그 같은 힘은 전체적인 양감의 지각을 파괴하기 않으면서 서로 중립화되고 균형을 이룬다. 육중한 양감의 사용이라는 똑같은 원칙을 가지고 로마인들은 상반되는 하중, 버팀목, 지지대 등 매우 복잡한 작업 방식을 채택했다. 이렇게 함으로써 이들은 곧이곧대로 드러나는 무게가 주는 힘, 육중함의 효과를 얻었다. 중세에 들어오면 대립되는 힘을 사용하는, 이보다 덜 직접적인 방식이 가다듬어진다. 균형과 균형의 효과가 수평으로의 확대를 통해서 얻어진다. 육중함보다는 가벼움, 비상(飛上) 같은 것이 단연 우세하게 작용한다. 현대로 넘어오면 중세 건축의 연장선에 있다고 할 수 있는 무중력, 즉 무게 없음이 승승장구한다. 따라서 구조 분석은 기둥, 궁륭, 아치 등 명확하게 규정되는 공간적인 구조를 생산하는 명확하게 규정되는 힘들과 이 힘들 간의 물질적인 관계를 살핀다.

분석적인 개념들이 건축적인 공간의 생산과 관련하여 아직도 통용되는 고전적인 용어들에 부응한다고 말할 수 있는가? 예를 들어 형태와 형태 분석은 구성에, 기능은 구축에, 구조는 비례·축적·리듬·'기둥 양식' 등에 어울린다고 과연 말할 수 있겠는가? 어느 정도까지는 그렇다! 비트루비우스에서 비올레르뒤크(Viollet te Duc)에 이르는 '고전적인' 문헌들을 현대적인 언어로 번역하기 위해서라면 이 정도 부합하는 것으로 충분하다. 하지만 이보다 더 깊이 들어가려 한다면, 더 이상은 부합하지 않게 된다. 맥락과 자재, 설비 등을 망각하는 처사가 되기 때문이다. 이를테면 '구성'은 이념과 무관하지 않고, 구축이란 사회적 관계에 달려 있으며, 기술력은 비례와 리듬, 공간적인 배치에 영향을 끼치고, 그것으로 말미암아 이런 것들이 모두 달라질 수 있음을 망각하게 한다는 말이다.

그리스인들은 전적으로 합리적인 단일성을 발견했을 것이라는, 상당히 널리 퍼져 있는 가설로 말하자면, 역사적으로 볼 때 '형태-기능-구조'는 흩어져 있었으며, 이를 재결합할 필요가 있었다면, 이 가설은 제법 그런 대로 구미가 당기는 가설이라고 할 수 있다. 하지만 이 가설은 새로운 문제의식, 즉 평범한 건물과 관련한 문제의식은 고려하고 있지 않다. 그리스인들이 찾아냈다고 하는 그 유명한 단일성은 특히 사원이나 경기장, 시민을 위한 광장 등의 기념물과 밀접한 관련을 맺고 있다.

공간과 관련한 문제의식, 다시 말해서 공간의 생산이라는 문제의식은 기념물이나 공공건물 같은 고전적인 건축물에만 국한되는 것이 아니다. 이는 주거지나 주거 환경 등 '사적인 것'과도 관련이 있다. 특히 사적인 것과 공적인 것의 관계와 밀접하게 연관을 맺고 있다. 오늘날엔 글로벌, 즉 총체적이라고 하는 것이, 형태적이 되었건 기능적이 되었건, 구조적이 되었건, 하여간 부분적인 분석이 독립적으로 고려하는 이 두 가지 용어는 물론 이들 간의 관계까지도 모두 포함한다. 이는 서양에서 통용되는 '고전적'이라고 하는 용어나 개념이 바뀌어야 함을 의미한다. 동양이 서양에게 이 점에 대해서 한 수 가르쳐준다는 사실, '아시아적인 생산양식'이 서양보다 '사적인 것', 주거 공간을 중요하게 고려하고 있다는 사실은 이상하지 아니한가? 어찌되었건 사적, 공적, 기념물, 일반 건물 등과 같은 용어들이 패러다임 속에 편입되는 것은 분명하다.

따라서 형태적, 기능적, 구조적, 이렇게 세 가지 분석이 사회적 공간 해독을 가능하게 한다는 주장은 신중하게 받아들여야 한다. 이와 같은 '틀'이 본질적인 것을 간과할 수 있기 때문이다. 따라서 틀을 구축하고 이를 이용하되, 유보적인 입장을 견지해야 한다.

앞에서 의미론적, 기호학적 범주(메시지, 코드, 독해, 글쓰기 등)는 기왕에 생산된 공간에 대해서만 이용될 뿐, 공간의 생산에 대해서는 효과적일 수 없음을 증명해보고자 했다.

기호(기표-기의), 상징과 의미, 가치(가치를 부여하는 것-가치를 부여받는 것, 가치를 떨어뜨리는 것-가치가 떨어진 것), 대상 지시적인 것과 대상이 지시되지 않은 것 등의 근본적인 몇몇 관계는 공간 내부에 적용된다. 의미작용을 하는 공간이 존재하는가? 물론이다. 기의가 기표 안에 들어 있는가? 여기서나 혹은 다른 곳에서나, 기표와 기의의 관계에는 괴리나 왜곡, 유동성, 부조화, 대체(이를테면 그리스식 열주가 파리의 증권거래소나 은행의 파사드를 장식하고, 광장 또는 광장이라고 주장하는 것이 대도시 주변 교외의 신도시에 등장하는 식) 등이 있을 수 있다. 이러한 경우들은 무엇을 의미하는가? 그것들이 원래 의미하는 것으로 보이는 것, 혹은 의미하고자 하는 것이 아닌 다른 것을 의미한다는 데에는 의심할 여지가 없다. 다른 것이라고 하면, 특별히 자본주의는 자본주의적 공간 외에 다른 공간을 생산할 능력이 없다는 사실, 그러한 생산을 은폐하고자 하는 노력, 최대 이익을 추구한다는 표시를 감추려는 노력 등을 들 수 있다. 의미작용을 하지 않는 공간들도 존재하는가? 그렇다. 중성적이고 빈 공간들, 혹은 지나치게 장식적인 공간들이 거기에 해당된다. 이러한 공간들은 때로는 기표 이하의 의미를 담고 있거나 때로는 지나치게 많은 의미를 담고 있다. 지나치게 많은 의미를 담고 있는 공간들은 독해가 불가능하며, 그 안에 내포된 메시지들을 제대로 파악하기가 어렵다. 예를 들어 자본주의 부동산 개발자들에 의해서 생산된 공간들의 경우, 기호(복지, 행복, 스타일, 예술, 부, 힘, 번영 등)가 남발하다 보니 원래의 의미, 즉 수익성이라는 의미를 지워버릴 뿐 아니라 아예 모든 의미를 제거해버린다.

하나의 공간은 독해 가능하며, 코드도 해독 가능하다고 할 때, 이는 물론 가능하며, 단언컨대 지당한 말이다. 그럴 경우 코드화, 메시지, 독해, 혹은 독해자들의 존재를 전제로 한다. 어떤 코드들에 의해서 독해 가능한가? 철학적 혹은 문학적인 독해에서 늘 그렇듯이, 여기서도 마땅히 코드들이라는 복수가 사용되어야 마땅하다. 이 코드들에 이름을 붙이고, 그러한 코드들이 몇 개나 되는지를 우선 밝혀내야 하지만, 만일 그것이 불가능하다면, 적어도 왜, 어떻게 이러한 불가능성을 규정할 수 있으며, 그 불가능성이 지니는 의미는 과연 무엇인지를 제시해야 한다.

롤랑 바르트[32]에 의하면, 하나의 텍스트를 읽기 위해서 우리 각자는 다섯 개의 코드를 사용할 수 있다. 우선 인식의 코드. 산마르코 광장에 도착할 때, '에고(Ego)'는 총독이나 종탑 등 베네치아에 관해서 약간의 지식을 지니고 있다. 일단 그곳에 도착하면, 그의 기억들이 마구 솟아난다. 그렇게 되면 '에고'는 다른 의미를 생산하게 되고, 베네치아라고 하는 주어진 텍스트(물질화된)를 거의 '기능'의 개념, 기능적 분석에 가까운 방식으로 읽게 된다. 거의! 그는 궁궐이나 감옥, 한숨의 다리 등이 현재 무엇에 소용되는지, 과거엔 무엇에 소용되었는지 이해하게 된다. 이와 동시에 '에고'는, 사자, 남근(종탑) 등 비록 바다에 도전하던 특정 시기에 만들어진 것으로 기억되지만, 그 가치만큼은 현재는 물론 항구적으로 통용되는 몇몇 상징들도 보게 된다. 이와 같은 인상들은 인식과 혼합되며, 이에 따라 또 다른 코드, 다시 말해서 상징주의라고 하는 새로운 독해 방식이 도출된다. '에고'는 감동을 억누를 수 없다. 예전에도 이곳에 왔었거나 이곳을 꿈꾸었거나 혹은 책을 읽었거나 영화(예를 들어 〈베니스에서의 죽음〉)를 보았을 수 있다. 이 경우 주관적이고 개인적인 코드가 독자적으로 도출되며, 이 새로운 코드는 푸가 음악 같은 방식으로 장소들을 읽어나간다. 주제(장소, 즉 광장이나 대저택 같은 곳)는 여러 성부로 표현되며, 각 성부가 분리되거나 합해지는 법 없이 엮인다. 순수하고 단순한 경험적인 사실(거리 포석, 대리석, 카페의 의자 등)과 대면하면서 예상치 못했던 의문들, 즉 진실과 환상, 아름다움과 메시지, 감정을 움직이기 때문에 순수하다고 할 수 없는 이와 같은 구경거리들의 의미 같은 질문들이 대두되는 것이다.

의미론적 · 기호학적 연구는 점점 더 다원화된다. 처음엔 엄격한 방식에 따라 기표-기의를 구분하는 것으로 만족하던 이론은 차츰 두 개의 코드를 구축한다. 더도 덜도 아닌 두 개의 코드, 즉 명시적(1차적, 글자 그대로의 해석, 기의) 코드와 암시적(2차적, 수사학적) 코드다. 후자의 경우, 엄격한 과학성을 신봉하는 언어학자들은 덜 엄격하다는 이유를 들어 코드로서의 자격을 거부한다. 그 후 개념들(메시지, 코드, 독해)은 점차 유연해졌으며, 엄격한 단일성보다는 복수성이, 차이가 일관성보다 우세한 입장에 놓이게 되었다. 하지만 이 차이란 어느 정도까지 갈 수 있으며, 또 무슨 차이를 말한단 말인가?

여러 개의 코드가 있을 수 있다고 말했다. 이는 중요성이나 관심도에 있어서 동일하며, 분석에 의해서 귀납적으로 도출된 코드들이다. 왜 하필이면 다섯 개의 코드인가? 어째서 여섯 개나 일곱 개, 열 개, 열두 개는 될 수 없단 말인가? 이러한 코드들을 선별하는 기준은 무엇이며, 하나의 코드에서 다른 코드로 넘어가게 만드는 기준은 또 무엇이란 말인가? 이 경우 그 어떤 잔재도 남지 않는가? 언어적 기호로 되어 있건 비언어적 기호로 되어 있건, 텍스트 독해는 빠짐없이 완벽하게 이루어질 수 있는가? 만일 독해에서 누락되는 잔재가 있다면, 이는 분석이 무한히 지속되어야 함을 의미하는 것은 아닌가? 그게 아니라면 다른 코드, 그것도 아니라면 비(非)코드를 사용해야 함을 의미하는가?

여기서 추구하는 시도는 이중적인 잔재가 있음을 보여준다. 우선 독해 가능한 것-보이는 것의 **내부에 있는** 잔재인 몸이다. 자기 나라가 아닌 다른 나라, 처음 가보는 도시에 도착하는 '에고'는 우선 자신의 몸으로 이 낯선 곳을 경험한다. 냄새와 맛, 그리고 그가 자동차를 타고 낯선 곳을 지나가려고 고집하지 않는 한, 두 다리와 두 발로 그곳과 만나게 된다. 또한 각기 다른 느낌을 주는 각종 소음과 목소리를 청각을 통해 발견한다. 그뿐 아니라 낯선 곳에 처음 도착하는 사람의 눈엔, 시각을 통해서 그곳에서 일어나는 일들이 각인된다. 요컨대 공간은 몸을 통해서 지각되며 체험되고 생산된다. 다음으로는 독해 가능한 것-보이는 것을 **넘어서는** 잔재인 권력이다. 권력은 합법적 혹은 불법적, 헌법에 명시된 혹은 명시되지 않은 여러 개의 권력으로 나뉘고, 제도와 관료주의를 통해 여러 곳으로 분산되며 해독되지 않는다. 권력엔 코드가 존재하지 않는다. 왜냐? 국가는 기왕에 존재하는 코드를 이용한다. 이 코드들을 강요하기 위해 다른 코드들을 만들어내기도 하며, 기존의 코드들을 바꾸기도 한다. 말하자면 코드를 마음대로 조종하는 것이다. 권력은 하나의 논리 속에 스스로를 가두지 않는다. 권력은 다양한 자원을 가지고 있기 때문에 한층 더 광대한 전략을 수립할 수 있다. 권력의 기표와 기의는 폭력, 즉 죽음이라는 것으로 일치한다. 신, 왕자, 아버지, 수호성인, 문화재의 이름으로 행해지는 폭력? 죽음? 이 같은 질문은 부차적인 것에 지나지 않는다.

공간에 **관한** 제안이나 일반적인 개념(메시지, 코드, 독해 가능성 등)으로부터 출발해서 성찰을 거듭하면, 공간 **안에** 있는 것을 파악하거나 정의할 수 있다고 생각하는 것은 환상에 지나지 않음을 알게 된다. 물질과 공간을 재현으로 축소시켜버리는 이러한 환상은 유심론 혹은 관념론 같은 이름으로 널리 알려져 있다. 정치권력, 즉 국가적인 공간을 괄호 안에 넣어버리고 사물만을 생각하는 사람들이 보편적으로 범하는 실수가 바로 이같은 환상 아니겠는가? 사물의 목록 작성, 분류, 코드의 해독 등의 과정은 기술의 차원을 벗어날 수 없다. 경험주의는 세련되건 투박하건, 논리 위주이건 사실 위주이건, 하여간 공간이라는 개념을 전제로 하며, 이 개념은 열거(그리 많지 않는 숫자의 코드를 포함하여)는 물론 무한히 지속되어야 하는 분석이 주는 우유부단에도 반기를 들어올림으로써 경험주의를 거부한다. 공간의 해독이라고? 그렇다. 일치와 유추, 공간적 실천과 공간의 이론에 있어서 어느 정도의 단일성을 제시함으로써 **재현 공간**에서 **공간 재현**으로 이행하기 위해서는 공간의 해독이 필요하다. 과정으로서의 코드 해독은 무수히 많은 방식으로 해독될 수 있는 공간의 다양성이 즉각적으로 드러나기 때문에 한층 더 제한적으로 다가온다.

물질로서의 공간만을 놓고 보더라도 벌써 다산과 불모, 우호적과 적대적 등 무수히 많은 패러다임적 대립 항을 생각해볼 수 있다. 공간이 지니는 물질이라는 첫 번째 층위에서는 농업-목축업 등의 활동이 최초의 망을 형성한다. 다시 말해서 원초적인 장소와 그 장소 표시, 그 장소에 이르는 단계 등이 진행방향/방위, 대칭/비대칭의 이중적인 제한과 더불어 제시된다. 종교의 공간인 절대 공간은 말과 글, 허가된 사항과 금지된 사항, 접근 가능한 것과 배제되는 것, 충만한 것과 빈 것 사이에 매우 뚜렷한 변별적인 기능을 도입한다. 때로는 자연에서 하나의 공간이 떼어져나와 존재와 사물로 포화 상태를 이룸으로써 완성되며, 때로는 자연으로부터 빈 상태로 남아 있는 공간, 초월성과 존재-부재를 상징하는 공백의

공간이 떨어져 나오기도 한다. 이렇게 되면서 안-밖, 열림-닫힘, 유동
적·고정적 등의 대립 항이 패러다임에 첨가되면서 한층 더 복잡해진다.
역사적 공간 안에서 장소들은 서로 대립하면서 점점 더 강하게 자신을
드러낸다. 한 도시에서 성곽은 '곡선적인 것-직선적인 것', '열린 것-닫
힌 것'이라는 형태적인 대립에 비해 훨씬 물질적이며 급격한 분리를 확
립한다. 이러한 분리는 하나 이상의 의미작용을 뜻하며, 다양한 의미작
용 이상을 내포한다. 성벽으로 둘러싸인 도시는 행정적으로 농촌을 지
배하고 보호하며 착취한다는 의미까지도 지니기 때문이다. 이 모든 의
미는 대부분의 경우 붙어 다닌다.

　다양화된 장소들은 때로는 대립하고 때로는 서로 보완하거나 닮는다.
이렇게 되면 비슷한 장소(isotopie), 다른 장소(hétérotopie), 아직까지 생겨
나지 않은/않을 장소(utopie), 즉 절대적 장소, 신성한 장소, 가능한 장소
등 **토피**(topie)로 끝나는 여러 장소들의 분류가 가능해진다. 하지만 무엇
보다도 가장 변별적인 대립은 **지배를 받는** 공간(espace dominé)과 **전유된** 공
간(espace approprié)의 대립이다.

2. 15　　　　지배를 받는 공간과 전유된 공간의 대립에 대해 언급하기
에 앞서서, 침전물들(통시적인 것과 공시적인 것)의 관계에 대해서 짚고 넘어
가야 할 필요가 있다. 어떤 공간도 완전히 사라져서 없어지지는 않는다.
아무런 흔적도 남기지 않고 사라지지는 않는다는 말이다. 고대 도시 트
로이(또는 트로이아)나 수사(고대 엘람 왕국의 수도. 현재 이란의 슈시—옮긴이), 렙
티스마그나(고대 로마의 가장 아름다운 도시 중 하나로, 현재 리비아의 수도 트리폴
리에서 동쪽으로 약 130킬로미터 정도 떨어진 곳에 위치했다—옮긴이) 같은 곳에도,
그곳에 차례로 들어섰던 도시들의 흔적이 층층이 남아 있다. 만일 그렇

지 않다면 상호 침투(공간, 리듬, 대립 항들의 상호 침투)란 불가능할 것이다. 그러나 새로이 첨가되는 것은 그 이전부터 존재해왔던 것을 장악하고 조정한다. 각각의 시기, 각각의 층은 자신만의 고유한 조건을 자신들의 시대, 자신들의 층을 넘어서도록 간직한다. 이는 은유의 효과인가? 그렇다. 하지만 환유의 효과도 포함되어 있다. 층층이 쌓인 공간들은 그 자체로서 또 하나의 전체(전부)를 이루기 때문이다. 이 같은 용어들은 과정을 설명한다기보다 제시한다. 이와 같은 개념들을 이용함으로써 우리는 자연-공간(물리적이고 생리학적인 공간)이 어떻게 해서 종교적·정치적 공간 속에서 사라져버리지 않을 수 있었는지, 종교적·정치적 공간이 역사적 공간 속에서 사라져버리지 않을 수 있었는지, 또한 이들 모두가 몸과 대상들, 감각적 기관과 생산물(대상성)들이 공존하는 실천적·감각적 공간 속으로 사라져버리지 않을 수 있었는지를 기술할 수 있다. 우리는 변화, 이동, 대체 등을 기술할 수 있다. 대상으로서의 자연(이 한 조각의 흙덩어리, 이 한 그루의 나무, 이 언덕)은, 그것을 둘러싼 사회적 공간이 대상들로 메워지고, 자연의 대상물이나 생산물에 공통적으로 적용되는 대상성에 의해 파악되는 것과 대조적으로, 자연적인 맥락 속에서 지각될 수 있다.

자, 이제 **지배하는** 공간과 **지배받는** 공간에 대해서 생각해보자. 이 공간은 기술과 실천에 의해서 변화된(매개된) 자연적인 공간을 가리킨다. 현대에는 이러한 예가 얼마든지 눈에 띈다. 다시 말해서 그대로 드러난다. 이를테면 콘크리트 포석이나 고속도로 등이 가장 손쉬운 예이다. 지배적인 공간은, 이렇게 말을 해도 된다면, 전적으로 지배적이다. 기술에 의해서 그렇다는 말이다. '지배하는 공간'은 아득한 역사 속에서, 역사적 공간에서 시작하여(정치권력과 더불어 시작되었으므로) 이제 그 정점에 도달한다. 한편, 요새와 성벽 같은 군사적 건축물, 방파제와 관개수로 같은 시설 등 지배받는 공간을 보여주는 전형적인 예는 무수히 많다. 작품이라기보다 노역의 결과물이며, 아직 현대적이고 산업적인 좁은 의미에서의 '생산물'이라고 하기 어려운 지배하는 공간은 장인의 계획에 따른 결과물이다. 이렇게 말하면 모든 것이 간단해 보인다. 하지만 모든 개념엔 설명이 필요한 법이다. 하나의 공간을 지배하기 위해서 기술은 이전부터 존재하던 공간에 하나의 형태를 도입하며, 이때 직선적이거나 사각형인 형태(그물 무늬, 바둑판무늬)가 가장 빈번하게 도입된다. 고속도로는 풍경과 지역에 폭력을 행사한다. 날선 칼처럼 공간을 절단하기 때문이다. 지배받는 공간은 일반적으로 닫혀 있고 살균처리되어 있으며, 비어 있다. 이러한 공간의 개념은 전유와 불가분의 관계에 있는 개념과 대비될 때에만 완전한 의미를 갖는다.

마르크스에게 **전유**란 소유와는 뚜렷하게 구별된다. 하지만 그는 이 개념을 완벽하게 설명하지 않았다. 그의 설명만으로는 이 개념의 정립이 요원할 정도다. 이 개념은 인류학적·철학적 의미에서 '고유한 것'의 개념과 확실하게 구별되지 않는다. 더구나 마르크스는 '인간에게 고유한 것'을 찾는 노력도 계속했다. 그가 보기에 인간에게 고유한 것은 웃음도, 놀이도, 죽음에 대한 인식도, 주거하기(habiter)도 아니었다. 그는 인간에게 고유한 것은 (사회적) 노동이며, 노동은 언어와 분리 불가능하다고 주장했다. 그뿐만 아니라 마르크스는 지배와 전유를 구분하지 않았다. 노동과 기술은 물질적인 자연을 지배하면서 이를 인간을 위해, (사회적) 인간의 필요에 부응한다는 단 하나의 이유를 들어 이를 전유한다. 노동과 기술은 이를 위해 자연을 변화시킨다. 자연은 적에서, 신통치 않은 어머니(어머니 대지)에서 '재화'로 변모한다.

공간에 대한 비판적인 연구만이 이 개념을 제대로 설명할 수 있다. 한 집단의 필요와 가능성을 위해 변화된 자연적 공간에 대해서 우리는 이 집단이 이를 **전유한다**고 말할 수 있다. 소유(사유재산)는 전유에 필요한 하나의 조건 내지는 전유 활동의 한 우회적인 표현에 불과하며, 이는 예술품에서 가장 극단적으로 나타난다. 전유된 공간은 예술품과 유사하지만, 그렇다고 해서 예술품의 시뮬라크르, 즉 모방품은 아니다. 전유된 공간은 건축물, 즉 기념물이거나 일반 건물인 경우가 흔하다. 하지만 늘 그런 것은 아니다. 하나의 지역, 하나의 광장, 하나의 거리에 대해서도 역시 '전유'되었다고 말할 수 있다. 이 같은 공간들은 무수히 많으며, 이것들이 어떤 이유로, 어떻게 해서, 누구에 의해서, 누구를 위해서 그렇게 되었는지를 설명하기란 쉽지 않지만, 그럼에도 그 공간들은 **전유된** 공간이라고 말할 수 있다.

농민들의 집과 마을은, 마치 중얼중얼 내뱉는 혼잣말처럼 다소 불명확하지만, 그런대로 그것들을 짓고 그곳에서 사는 사람들의 삶을 이야기해준다. 그것들이 그 삶의 표시를 간직하고 있는 한 그렇다. 이글루, 열대지방의 초가집, 일본식 가옥 등은 노르망디식 주택이나 프로방스식 주택과 마찬가지로 표현적인 특성을 지닌다.[33] 주거 공간은 하나의 집단(가족, 이때의 가족은 대개 대가족일 경우가 많다)과 하나의 공동체(카스트 또는 계급 등으로 나누어진 공동체이며, 이로 인하여 공동체는 분열되려는 경향을 보인다)를 포함한다. 사적 공간은 공적 공간과 구별되지만 분리되지는 않는다. 가장 이상적인 경우 외적 공간, 다시 말해서 공동체의 공간은 지배받는 공간이며, 내적 공간, 즉 가족 공간은 전유된 공간이다.[34] 이것은 직접적인 공간적 실천의 모범 사례라고 할 수 있으며, 예술 작품과 실상 매우 가깝다. 그렇기 때문에 이와 같은 공간이 불러일으키는 매력이나 환희가 설명될 수 있다. 전유는 가족이나 마을, 도시 등 부동적인 하나의 집단에 의해 완성되는 것이 아니다. 시간이 그 안에 포함된다. 전유는 **시간**과 삶의 리듬이라는 변수를 고려하지 않고서는 이해되지 않는다.

지배받는 것과 **전유된** 것은 함께 붙어 다닐 수 있다. 아니, 그래야만 할 것이다. 하지만 역사(축적의 역사)란 말하자면 이 둘을 분리시키는 역사, 이 둘 사이의 모순을 드러내는 역사라고도 할 수 있다. **지배하는** 것이 늘 승리를 거둔다. 애초엔 지배라고는 존재하지 않는 전유가 있었을 뿐이다. 움막이나 이글루, 농가 등이 그러하다. **지배**는 군대와 전쟁, 국가, 정치권력 등의 역할과 더불어 점차 그 세가 강화된다. '지배받는 것과 전유된 것' 사이의 대립은 담론 차원에만 국한되지 않는다. 이는 단순히 의미의 대립에 머무는 것이 아니다. 이 대립은 모순을 낳고 갈등으로 가득 찬 움직임을 낳으며, 이는 지배라는 용어가 승리를 거둘 때까지, 또 다른 용어인 전유가 극단적으로 축소될 때까지 계속된다. 그러나 전유는 완전히 사라지지는 않는다. 오히려 그 반대다. 실천과 이론, 양자가 모두 전유의 중요성을 천명하고, 이의 복권을 요구하기 때문이다.

몸이나 섹슈얼리티도 마찬가지다. 폭력적인 기술과 극단적인 시각화를 포함하는 엄청난 힘에 의해 지배를 받음으로써 몸은 파편화되고, 스스로 소유권을 포기한다. 고대 시대와 그 이후로 이어지는 기간 동안 몸을 중시하는 문화와 기술이 몸을 **전유했다**. 운동과 체조 등은 이 '몸에 관한 문화'의 한 패러디, 모방에 지나지 않는다. 인공적으로 '피부 그을리기'나 태양광에 수동적으로 살갗을 태우는 행위 등은 더 말할 나위도 없다. 몸의 재전유(réappropriation)는 공간의 재전유와 연결되어, 유토피아적이든 현실적이든, 현재 진행되는 모든 **기획**이 진부함을 탈피하고자 한다면, 반드시 고려해야 하는 중요한 요소다.

성과 섹슈얼리티로 말하자면 이보다는 훨씬 복잡하다. 지금까지 매우 허약한 맥락이나 지극히 제한적인 몇몇 사람들(예를 들어 아랍 문명 시대의 안달루시아에 살던 사람들)을 예외로 친다면, 제대로 된 성의 전유가 있어왔던가? 성의 전유는 번식과 쾌락의 기능을 분리시킬 것을 요구하는데, 사실 이 둘의 분리는 상당히 미묘하기 때문에, 대단한 성과를 내고 있는 학문적 연구(피임약)에도 불구하고 아직 제대로 밝혀지지 않은 탓에 지나치게 조심스러운 맥락에서만 어렵게 이루어지고 있다. 생물학적 '기능'과 인간적인 '기능'은 기능성으로 정의될 수 없으며, 한쪽이 다른 한쪽을 제거해버리지 않는 한 구별하기가 어려워 보이는데, 어째서 그런지, 어떻게 해서 그렇게 되는지는 알려지지 않고 있다. 모든 것은 '자연'이 관능과 고통을 제대로 구별하지 못하는 것처럼 진행된다. 인간의 분석 능력은 하나를 뺀 나머지 하나를 실현하고자 추구함으로써 이 둘을 해체시켜 중성적인 것으로 만들거나, 쾌락을 마약이나 에로티시즘, 독해-글쓰기, 텍스트 등의 코드화된 과정에 의해서 얻어지는 예상 가능한 상태로 제한시켜버릴 위험을 안고 있다.

쾌락의 공간은, 진정한 **전유**의 공간으로서 현재까지는 존재한다고 할 수 없다. 과거에 나타났던 몇몇 예가 잠시 희망을 주는 듯했으나, 그 결과가 욕망에 부응한다고는 할 수 없었다.

전유는 이와 매우 근접하지만 뚜렷하게 구분되는 또 다른 실천 방식인 전용(轉用)과 혼동되어서는 안 된다. 기존의 공간은 궁극적인 목표(형태와 기능, 구조를 좌우하는 존재 이유)를 달성한 다음 비어 있다가 다른 것으로 전용될 수 있다. 다시 말해서 처음 용도와 다른 용도로 재전유될 수 있다. 최근에 일어난 유명한 재전유의 예로, 1969년부터 1971년 사이의 짧은 기간 동안의 파리 중심부 레알 지역을 들 수 있다. 원래 식료품 공급을 위한 도심지 시장이었던 레알 지역은 이 기간 동안 파리 지역 젊은 이들을 위한 만남과 축제, 놀이의 공간으로 변했다.

공간의 전용과 재전유는 중요한 의미를 지니며, 새로운 공간의 생산을 위한 교육 자료가 될 수 있다. (자본주의) 생산양식이 위협받거나 재생산(생산수단의 재생산)으로 기우는 어려운 시기엔 새로운 창조(생산) 시도보다 전용이 훨씬 설득력을 얻을 수 있다. 이 경우 공동체들은 형태적으로는 이전에 형성된 공간, 즉 공동체적인 삶을 위해 생산되지 않은 공간에 정착한다. 형태적인 부조화가 공동체적 삶을 위한 시도의 대부분을 실패로 이끌 수도 있다.

이론적으로 말하자면, 전용을 생산과 대립시키는 것은 무의미하다. 이론적인 사고는 전용이 아니라 생산을 목표로 삼으며, 생산에서 의미를 찾을 수 있다. 전용이란 결국 창조가 아니라 재전유에 불과하기 때문이다. 전용이란 지배에 대한 잠정적인 종지부일 뿐이다.

공간 건축술

3.1　전통적인 철학적 사고(형이상학)가 사변적인 결의에 따라 존재론으로 정립한 형태적 추상의 정점에는 '그 자체'로서의 공간이 자리한다. 스피노자는 《에티카》[1]의 서두에서부터 이 절대 공간을 절대적 존재, 즉 신의 성질 또는 존재 방식으로 규정했다. 그런데 '그 자체'로서의 공간, 무한으로 정의되는 그 공간은 내용물이 없으므로 어떠한 테두리도 지니지 않는다. 이 공간은 형언할 수 있는 형태도 없고, 진행 방향도 없으며, 방위도 지니지 않는다. 그렇다면 인식이 불가능한가? 아니다. 구분이 불가능하다.(라이프니츠)

　라이프니츠가 스피노자와 데카르트에 대항해서 벌인 논쟁, 뉴턴과 칸트가 라이프니츠에 대항해서 벌인 논쟁에 대해서, 오늘날 수학자들은 두 경우 모두 라이프니츠의 손을 들어주었다.[2] 대부분의 철학자들은 다짜고짜로 절대 공간을 상정하는데, 이 절대 공간에는 하나의 공간이 포함할 수 있는 모든 것, 즉 형상(figure), 관계, 비례, 수 등의 모든 것이 들어있다. 이들에 대항해서 라이프니츠는 '그 자체로서의 공간'은 '아무것도 아닌 것'이 아니며, '무엇인가'도 아니며, 사물들의 총합이나 그 총합이 지니는 형태는 더더욱 아니라고 주장했다. 그는 구분이 불가능한 것이라고 생각했다. 거기에서 '무엇인가'를 구별할 수 있으려면 중심축과 출발점, 오른쪽, 왼쪽, 다시 말해서 중심축의 진행 방향과 방위를 도입해야만 한다. 라이프니츠는 관찰자와 측량이 실재적인 것을 구성한다는 '주관주의적' 주장을 택한 것일까? 아니, 오히려 그 반대다. 라이프니츠는 **공간을 점유해야** 한다는 점을 강조한 것이다. 무엇이 공간을 점유하는가? 몸. 보편적인 몸, 즉 육체성이라는 추상으로서의 몸이 아니라 분명하게 한정된 몸, 몸짓을 통해서 빙빙 돌거나 공간을 나누거나 진행 방향을 제시할 수 있는 몸이 공간을 점유한다. 라이프니츠에게 공간은 **절대적으로 상대적**이었다. 다시 말해서 그는 공간은 완벽한 추상성을 겸비함으로써 수학적 사고에 있어서 근원이 되며(따라서 초월성으로 간주되기 쉽다), 구체적인 성격(몸은 어디까지나 공간 안에서 존재하며, 물질적인 실존을 표현한다)마저 지닌다고 생각했다. 몸은 어떻게 공간을 '점유하는가?' '점유하다'는 은유적인 용어는 익숙한 공간, 즉 이미 특화된, 이미 '점유된' 공간에서 차용한 용어이다. '이용 가능한 공간'과 '공간의 점유'라고 하는 두 가지 표현의 결합은 보기보다 덜 명백하며 덜 단순하다. 은유가 사고를 대체하는 것은 아니다. 공간을 점유한다고? 우리는 공간이 텅 빈 상태로, 오로지 형태적인 고유성만 부여받은 채, 미리 존재하고 있지 않다는 점을 잘 알고 있다. 절대 공간에 대한 비판과 거부는 공간을 물질이나 몸 같은 내용물이 들어와서 채워가는 용기(容器)로 보는 재현을 거부하는 것과 다르지 않다. 이와 같은 재현에서 용기(형태적인 것)와 내용물(물질적인 것)은 서로에게 **무관심할** 뿐 뚜렷한 차이를 드러내지 않는다. 그 어떤 사물이라도 용기가 의미하는 그 어떤 장소의 '집합' 속에 들어올 수 있다. 용기와 내용물이 서로의 외부에 떨어질 때, 무관심은 분리가 된다. 빈 용기는 분리가능하며 분리된 대상들을 받아들인다. 이렇게 되면 분리는 내용물의 부분으로도 확산될 수 있다. 파편화가 사고를 대체하며, 반성으로서의 사고는 점차 희석되다가 마침내 나열하는 행위 속으로 자취를 감춘다. 이렇게 해서 '분리의 논리'가 형성되고, 분리를 위한 전략을 정당화한다.

따라서 이와는 반대되는 가설이 필요하다. 행동하는 역량과 에너지를 지닌 몸은 공간이 될 수 있는가? 의심할 여지없이 그렇다. 하지만 이는 점유가 공간성을 '만들어낸다'는 의미, 몸과 몸의 공간 사이, 공간에 펼쳐놓기와 공간 점유 사이의 직접적인 관계라는 의미에서 그렇다는 것은 아니다. **생산하기**(물질에 대한 결과, 도구나 대상)에 앞서서, 스스로를 생산(양분을 취함으로써)하고 **재생산하기**(다른 몸을 만들어냄으로써)에 앞서서 각각의 생명체는 하나의 공간이며, 자신의 공간을 가지고 있다. 생명체는 그 공간에서 생산하고 그 공간을 생산한다. 몸은 그 공간에서 스스로를 만들어내며 그 공간의 생산물이다. 이는 매우 주목할 만한 관계이다. 생명체는 사용 가능한 에너지와 더불어 자신의 공간을 창조 내지는 생산한다. 반대로, 공간의 법칙, 즉 공간에서의 구분 가능성은 생명체의 법칙이며, 생명체가 에너지를 펼쳐놓는 법칙이다. 이것이 바로 헤르만 바일(Herman Klaus Hugo Weyl, 독일의 수학자. 20세기 초반의 현대 수학을 대표하는 수학자로, 그의 업적은 순수수학의 정수론에서 물리학 영역에 이르기까지 광범위하게 응용된다—옮긴이)이 대칭에 관한 그의 저서에서 주장하는 내용이다.[3] 무기적 혹은 유기적 자연에서 대칭(하나의 면 또는 하나의 축을 중심으로 한 대칭), 즉 쌍방향성 또는 이원성, 오른쪽 또는 왼쪽, 반사, 회전 대칭(공간 안에서)의 존재는 몸의 외부와 관련 있는 특성이 아니다. '순수한' 수학적 용어들(사상(寫像), 연산, 변환, 함수 등)로도 표현 가능한 이러한 특성들은 철학자들이 말하는 것처럼 물질로 이루어진 몸에 부과되는, 미리 만들어진 사고가 아니다. 몸과 에너지의 배치는 움직임을 통해, 다시 말해서 공간의 법칙에 따라 공간을 생산하고 스스로 공간을 만든다. 이는 미립자나 행성, 결정체[4]나 전기장,[5] 세포 분열,[6] 조개, 또는 저자가 가장 비중을 둔 건축 형태 등에 공통적으로 적용된다. 이것이 추상성에서 구체성으로의 이동 경로이며, 이는 양자 간의 상호적인 **내재성**을 보여준다는 점에서 매우 중요하다. 이 경로는 정신적인 것에서 사회적인 것으로 이끌기도 한다. 공간의 생산이라는 개념은 이제 더욱 큰 힘을 얻게 된다.

이처럼 강력하게 설득력 있는 주장은 사회적 공간으로의 확대를 가능하게 한다.(하지만 여기에는 약간의 유보와 신중함이 뒤따라야 한다.) 공간 안에서 공간적 실천(사회적이며, 한정하는 동시에 한정되는 실천)으로 작용하는 힘(생산력)에 의해 생산된 특별한 공간이 있다고 하자. 그러한 공간은 '고유한 특성'(쌍방향성, 대칭)을 포함하며, 이 특성들은 인간의 정신이나 초월적인 정신이 아닌 공간의 '점유' 그 자체가 지니는 특성들이다. 이때의 '점유'는 유전자적으로, 다시 말해서 생산 과정의 순차적인 연속에 따라 이해해야 마땅하다. 그렇다면 예로부터 내려오는 자연이라는 개념은 어떻게 되는가? 그 개념은 변화한다.

공간과 공간이 내포하는 것 사이에 존재하는 상호 내재성 관계가 해체되면, 반성적인 사고는 신비스러운 특성들과 힘을 개입시킨다. 생물학적·공간적 현실에서 기인하는 것〔한마디로 자기분화적(automorphique) 혹은 생물분화적인(biomorphique) 것〕은 합목적성이라는 기호를 지닌다. 대칭은 우선 수학에 능한 신에 의해서 계산된 다음, 신의 의지 또는 권능이 담긴 지시에 의해서 물질적으로 실현된 것으로 여겨진다. 자신이 꽃이라는 걸 모르며, 자신이 아름답다는 걸 모르는 꽃은 n차수의 대칭으로 이루어져 있다. 어떻게 그럴 수가 있단 말인가? 자연을 자연스럽게 만드는(스피노자) 자연 혹은 수학자 신(라이프니츠)은, 장미를 계산한 것을 보니 틀림없이 그것을 알고 있다! 데카르트와 그를 추종하는 학파들과 더불어 이와 같은 연산을 수긍하는 데 주저함이 있는 사람들이라면, 이 계산을 (인간 정신이든 다른 무엇의 정신이든) '정신'이라는 것에서 기인한다고 간주할 수도 있다. 이들도 여전히 신의 행위나 이데아의 초월적 행위(헤겔)가 아니라면 어떻게 궁극성이 실현될 수 있는지의 문제에 대해서는 지나치게 파고들지 않는다. 무엇으로, 어떻게 해서 있는 그대로의 자연은 수학적일 수 있는지의 문제를, 학문적·이념적 파편화를 추구하던 철학자들은 도저히 해결할 수 없도록 만들어버렸다. 조개나 촌락, 성당 등이 지닌 아름다움 앞에서 이것들을 바라보는 자는 어안이 벙벙해진다. 어쩌면 이것들은 (아마도) 하나의 적극적인 '점유', 즉 공간의 점유를 물질적으로 보여주는 것에 불과할 수도 있다. 프랑수아 자코브(François Jacob, 프랑스의 생물학자. 유전학 분야의 연구 업적으로 1965년 앙드레 르로프, 자크 모노와 함께 노벨의학상 공동 수상―옮긴이)가 유기체적 단일성을 설명하기 위해 도입한 '앵테그롱(intégron)'이라는 것이 결국 철학적·이념적·학문적 수단, 다시 말해서 신의 섭리를 대신하는 대체물은 아닌지 의심하게 된다.[7]

출발점을 달리하면, 어떻게 자연 속에서 자연의 법칙이기도 한 공간의 법칙에 따라 발생이 이루어지는지를 납득할 수 있다. **그 자체로서의** 공간 (점유하는 것이면서 동시에 점유당하는 것, 모든 장소의 총합)은 유물론적으로 인식된다. 그 자체로서의 공간은 **그 자체로서의** 차이를 내포한다. 그러므로 이러한 차이의 발생과 관련한 몇몇 난점을 피할 수 있다.(차이의 기원이 되는 원래의 모습 또는 원조를 찾아내야 한다거나 경험주의적 비판에 대한 유물론적 비판으로 치부되는 난점) 조개의 형태는 합목적성이나 '무의식적' 사고 혹은 초월적으로 우월한 결정에서 기인하지 않는다. 조개와 조개껍질의 시, 이들의 은유적인 역할[8]은 신비스러운 창조적 권능과 결부되는 것이 아니라 몇몇 특정 조건의 지배를 받는(어느 정도의 규모, 한정된 일부 물질이라는 환경 등) 에너지들이 직접적으로 분배되는 방식과 결부된다. '자연과 공간'의 관계는 자연성 혹은 신성 등의 외부적 권능의 매개를 내포하지 않는다. 공간의 법칙은 공간 안에 존재하며, '안과 밖'이라는 기만적으로 명확한 관계에 의해 해결되지 않는다. 사실 '안과 밖'이라는 관계는 공간 재현에 불과하다. '한 마리 거미는 노동을 하는가?'라고 마르크스는 물었다. 거미는 지능을 가지고 있는가? 아니, 거미는 지능인가? 거미는 자신이 무슨 일을 하는지 알고 있는가? 거미는 생산하고 분비하며, 공간을 점유하고, 자기 나름대로의 방식으로 공간을, 즉 거미줄의 공간, 자신의 전략과 필요가 담긴 공간을 만들어낸다. 우리는 거미의 공간을 분리되어 있는 대상들, 이를테면 거미의 몸, 분비샘과 발, 거미줄이 걸리는 사물, 거미줄을 구성하는 실, 거미가 잡고 싶어 하는 파리 등에게 점유당한 추상적인 공간과 같은 방식으로 생각할 수 있는가? 아니다. 만일 그렇게 한다면, 그것은 거미에게 분석적인 지능과 담론의 공간, 종이의 공간을 부여하는 것이며, 결과적으로 '말도 안 돼! 그건 그저 자연이고 본능이며, 거미에게 작용하는 신의 섭리일 뿐이야. 이 거미줄이라고 하는 감탄할 만한 결과물, 거미줄의 균형과 구성, 뛰어난 환경 적응력 등은 거기에서 나오는 거라니까!'라는 반론이 터져 나오게 만드는 시도일 뿐이다. 거미는 자신의 몸의 연장이라고 생각하면서 거미줄을 짜는가? 그렇다. 물론 이 말에는 비판이 뒤따라야 하지만, 그럼에도 '그렇다'가 답이다. 거미줄에는 대칭과 비대칭, 공간적인 구조(접점, 망, 중심과 주변 등) 등이 담겨 있다. 그런데 거미는 이러한 구조를 알고 있었을까? 우리가 생각하는 지식이라는 방식으로 알고 있었을까? 십중팔구 그렇지 않을 것이다. 거미는 생산한다. 아무 생각 없이? 물론 거미도 '생각을 한다'. 하지만 우리와 같은 방식으로 생각하지는 않을 것이다. 거미의 '생산'은 그 특성상 언어적인 추상성보다는 조개나 질레지우스가 말한 꽃에 더 가깝다. 공간의 생산, 우선 몸의 생산은 분비를 통한 주거지 생산에 이른다. 주거지는 주거지인 동시에 도구이며 수단이다. 전통적인 용어를 사용한다면, 우리가 '감탄할 만하다'고 인정하는 법칙에 따라 그렇게 된다. 자연과 계산, 유기적인 것과 수학적인 것, 생산하는 것과 분비하는 것, 내부적인 것과 외부적인 것, 이것들은 서로 분리될 수 있는가? 이에 대한 답은 의심할 여지없이 '아니다'이다. 거미(인간들의 집단도 다르지 않다)는 이미 각도에 따라 움직이며 (진행) 방향을 잡는다. 거미는 씨실과 날실, 대칭과 비대칭을 엮는다. 거미는 자신의 몸을 벗어나는 곳으로 자신의 고유한 몸, 자신의 몸이 자신의 생산 활동과 재생산 활동과 맺는 관계를 구성하는 **이원적인** 특성을 확장시킨다. 거미에게는 왼쪽과 오른쪽, 높은 곳과 낮은 곳이 있다. 헤겔식의 **지금 여기서**는 사물성으로 환원되는 것이 아니라 관계와 움직임을 포함하게 된다.

이렇게 되면 생명체(거미나 조개 등)에게 있어서 기반을 이루는 장소, 공간을 가리키는 것들은 우선 몸에 의해서 그 **자격을 얻는다**고 말할 수 있다. '타자'는 자아 앞에 존재하는 것이다.(하나의 몸 앞에 다른 몸이 있다.) 이는 폭력 혹은 사랑이 아니면 뚫고 들어갈 수 없다. 요컨대 에너지 소비, 즉 공격이나 욕망의 대상인 것이다. 그런데 '타자'도 역시 힘없는 살덩어리이며, 접근 가능하고 대칭인 하나의 몸인 한, **외부적인 것**은 또한 **내부적인 것**이기도 하다. 그 후 시간이 흘러 인간이라는 종에 이르면, 지시대상들이 수량화된다. 오른쪽과 왼쪽, 높은 곳과 낮은 곳, 중심과 주변(이름으로 지시되었건 아니건)은 행위 중인 몸에서 기인한다. 성격을 부여하는 것은 몸짓만이 아니라 몸 전체인 것처럼 보인다. 몸에 의해 성격을 부여받은 공간은 바꿔 말하자면 몸을 위협하거나 몸이 좋아하는 것에 의해서 한정됨을 의미한다. 한정엔 몸짓, 흔적, 표시, 이렇게 세 가지 측면이 있을 수 있다. 몸짓이라고 하면 넓은 의미의 몸짓을 뜻한다. 이를테면 자신이 축이 되어 도는 것도, 위치 포착이나 그 기준점을 바꾸어놓게 되므로 몸짓이라고 할 수 있다. 우리는 '행동'이라는 용어보다는 몸짓이라는 용어를 선호하는데, 몸으로 하는 행위에는 하나의 목적, 하나의 끝(합목적성이 아닌)이 있기 때문이다. 움직이는 거미, 껍질을 열고 나오는 조개는 몸짓을 하고 있는 것이다. 몸짓이 있고 난 다음 흔적과 표시가 뒤따른다. 이 같은 '개념'을 거미는 그 상태 그대로 지니고 있지 않지만, 어쨌거나 '모든 것은 마치 ……한 것처럼' 이루어진다. 우선 표시는 배설물, 소변, 침 등 살아 있는 생명체가 지니고 있는 것을 통해서 이루어진다. 성적(性的) 표시는 일찌감치 나타나는데, 누구에게 결부시켜야 하는가? 아니, 무엇에 결부시켜야 하는가? 정서적인 표시로서의 성적 표시는 뒤늦게 나타나며 이를 지닌 종은 얼마 되지 않는다. 의도적인 것도 뇌와 손과 더불어 뒤늦게 나타난다. 하지만 동물의 삶에 있어서 흔적과 표시는 아주 이른 시기부터 중요한 역할을 수행한다. 장소들은 표시되고, 다시 주목의 대상이 된다. 처음엔 토포스(topos)가 있었다. 그 전에, 그러니까 로고스(Logos)가 나타나기 한참 전에, 살아 있는 것의 명암 속에서 **체험된 것**은 이미 내적인 합리성을 지니고 있었다. 체험된 것은 인지된 공간과 몸의 투사, 분열, 이미지, 방향성을 재현하는 공간에 대한 사고에 앞서서 생산했다. '나'에 의해서, '나'를 위해서 지각된 공간이 편차나 단절, 긴장, 잠재적이며 뒤로 미루어진 접촉으로 제시되기 훨씬 전부터. 공간이 아득한 가능성의 환경, 잠재성의 장소로 간주되기 전부터. 모든 것을 분리하는 분석적 지성에 앞서서, 지식에 앞서서 몸의 지능이 존재했다.

시간은 공간과 구별되지만 공간으로부터 분리되지는 않는다. 나무에 새겨진 나이테는 나무의 나이를 말해준다. 마찬가지로 조개의 나선도, 공간 안에서 '놀라울 정도로' 구체적으로, 복잡한 수학적 연산만이 추상적인 언어로 '번역할 수 있는' 법칙에 따라, 조개의 나이를 알려준다. 시간은 필연적으로 지역적이다. 이는 장소와 그 장소가 갖는 시간 사이의 관계를 내포한다. 분석에 의해서 오로지 '시간성'에만 부여되는 현상들, 이를테면 성장이나 성숙, 노화 등도 사실 하나의 추상인 '공간성'으로부터 분리되지 않는다. 공간과 시간은 서로 다르며, 분리 불가능한 것으로 나타나고 제시된다. 시간에 있어서의 순환은 대칭으로 무장한 공간의 순환적인 형태에 부응한다. 아마도 선적인 시간의 과정(이를테면 기계의 움직임처럼 반복적인 과정)은 축의 구성(축을 따라 작업이 반복될 수 있다)에 부응할 수 있다. 어찌되었든 공간적인 것-시간적인 것의 분리와 이와 같은 분리의 사회적 실현은 매우 나중에 나타나는 현상들이다. 이는 공간 재현과 재현 공간이라는 양분을 초래한다. 예술은 재현 공간을 통해서 단일성을 유지하거나 이를 회복시키려 시도한다.[9]

이제 우리는 **이원성**이라는 것이 어떻게, 어느 정도까지 살아 있는 물질적 존재의 **단일성**을 형성하는지 짐작할 수 있다. 살아 있는 물질적 존재는 자신 안에 타자를 품고 있다. 그것은 대칭이며, 따라서 이중적이다. 더구나 이중으로(선대칭, 회전 대칭) 이중적이다. 이는 다시 순환적으로, 선적으로 반복되면서 공간과 시간 안에서 양분된다.

우리가 '생산적'이라고 말할 수 있는 행위에 의해서 생명체의 주위로 행동주의자들이 '행동의 장(champ comportemental)'이라고 이름 붙인 장(場)이 구성된다. 이 장은 관계의 망, 자신의 공간적 환경에서 이 환경과 더불어 움직이는 생명체에 의해서 투사되고 실현되는 망으로 구축된다. 그러므로 이 같은 **투사**로부터 오른쪽-왼쪽 대칭, 높은 곳과 낮은 곳의 대립 등의 공간적 결정이 이루어진다.

이와 동시에 생명체는 처음부터 내부적인 공간을 형성한다. 일찍부터, 계통발생이나 개체발생에 있어서 세포들은 안쪽으로 휘어진다. 그렇게 되면 공간이 생겨나는데, 이 공간은 처음엔 단순하다가 점차 복잡해지며, 처음엔 상대적으로 단순한 액체가 이를 채우다가 점차 액체의 종류가 다양해진다. 이 공간과 인접한 세포들은 벽, 즉 침투 가능한 혹은 불가능한 막을 형성한다. 그때부터 외부 공간은 내부 공간 또는 환경과 대립하게 되며, 이것이 생물학적 존재의 역사상 최초로 등장하는 결정적인 차이다. 이 내부 환경은 점점 더 큰 역할을 하게 된다. 이렇게 해서 생산된 공간은, 발생학자들이 '낭배(囊胚)'라고 이름 붙인 최초의 단계에서 출발해서 점차 다양화된 형태와 구조, 기능을 갖게 된다.

하나의 담장이 안과 밖을 분리하며, 생명체를 '독자적인 몸'으로 형성한다. 하지만 매우 상대적인 이 담장은 논리적이고 추상적인 분리에 불과하다. 담장에 해당되는 막에는 크고 작은 구멍들이 나 있어서 투과가 가능하기 때문이다. 따라서 안과 밖의 교환은 멈추는 것이 아니라 오히려 점점 증대되고 다양화된다. 이를테면 에너지(영양분, 호흡, 배설물)나 정보(감각기관)의 교환이 활발하게 이루어진다. 생명체의 역사에서 안과 밖의 상호작용은 끊임없이 다양화되고 강화된다.

이처럼 상대화되고, 일반화나 체계화로부터 비켜서 있는 '담장, 닫기'라고 하는 개념은 조작의 역할을 할 수 있다. 이 개념 덕분에 우리는 자연적인 삶과 사회적인 삶에서 일어나는 일들을 이야기할 수 있다. 사회에서 '닫기'는 절대화되는 경향이 있다. 소유권(사적), 즉 도시, 민족, 혹은 민족국가라는 공간 안에서의 위치를 규정하는 것은 바로 닫힌 경계선이다. 이 극단적인 경우를 제외한다면, 외피로서의 모든 공간은 안과 밖을 구별한다. 하지만 이는 어디까지나 매우 상대적이며, 안과 밖은 언제나 막을 통해서 서로 통한다.

3. 2　　　역학적 관점에서 보자면, 생명체는 주위에서 (여러 다양한 수단을 동원해서) 에너지를 포획하는 장치로 정의할 수 있다. 생명체는 열

을 빨아들이고 호흡하며 양분을 얻는다. '정상적으로' 생명체는 사용 가능한 초과 에너지를 보유하고 이를 유지한다. 다시 말해서 직접적인 필요나 공격에 대비하기 위해서 필요한 양보다 많은 에너지를 보유하고 있다는 말이다. 그렇기 때문에 생명체는 주도적인 입장(결정론의 지배를 받지 않지만 그렇다고 해서 우연에만 의존하지는 않는다)을 취할 수 있다. 이 초과분의 에너지, 잉여 에너지로 우리는 삶과 생존(최소한의 생명 현상)을 구분할수 있다. 포획된 에너지는 무한히 저장되거나, 언제까지고 축적된 상태를 유지할 수는 없다. 만일 그렇게 된다면 생명체는 퇴화할 것이다. 에너지는 본질적으로 소모되며, 소모되기는 하되 **생산적으로** 소모된다. 이때의 '생산'이 고작 놀이나 아무런 이유 없는 폭력에 불과하다고 해도 사정이 달라지지는 않는다. 에너지는 항상 결과를 유발하는데, 그것은 피해일 수도 있고, 현실 변화일 수도 있다. 에너지는 공간을 변형시키거나새로운 공간을 만들어낸다. 살아 있는(생명을 지닌) 에너지는 초과 상태일경우에만 사용 가능한 잉여분, 즉 남아돌고 소모할 수 있는 여분이 있을때에만 활동하는 것으로 보인다. 이 경우 에너지는 낭비되어야 한다. 이폭발적인 낭비는 생산적인 소비와 구별되지 않는다. 놀이나 투쟁, 전쟁, 성(性) 등은 동물적인 삶이 시작된 이후 늘 함께 간다. 생산, 파괴, 재생산이 서로 교차된다.

에너지는 축적된다. 이는 명백한 사실이다. 하지만 이처럼 에너지가축적되는 기제, 특히 그로 인한 결과를 인지하기란 쉬운 일이 아니다. 에너지의 소비는 언제나 '지나치거나', 심지어 '비정상적'으로까지 보인다. 하지만 가능성의 세계를 열어주는 이 잉여분의 에너지를 갖지 못할 경우, 생명체는 잉여분의 에너지를 가질 경우와는 아주 다른 방식으로 현재라는 시간 속에서 반응할 것이다.

바꿔 말하면, 일부 합리주의나 천박한 기능주의가 내세우는 **경제 원칙**

이라고 하는 것이 생물학 혹은 '생물 분화'라는 관점에서 볼 때 충분하지 않다는 말이다. '경제 원칙'이란 말하자면 에너지와 에너지 소비의 희귀성을 이용하는 저급한 원칙으로서, 생존의 차원에 위치한다고 말할 수 있다.

이와 반대되는 가설, 즉 낭비, 놀이, 투쟁, 예술, 축제, 에로스의 필요성을 주장하는 가설(지지를 얻고 있는 가설)은 '경제 원칙'의 합리주의와 그것이 추구하는 천박한 생산 제일주의(최소한, 즉 '필요'를 충족시킬 수 있을 정도로만 소비하라)에 반대하는 철학자들의 입장과 궤를 같이한다. 과도, 잉여, 즉 일탈의 가설은 스피노자에서 출발해서 실러, 괴테를 거쳐 마르크스(마르크스는 이따금씩 '프롤레타리아적' 금욕주의라는 우회적인 표현을 사용하긴 했지만, 금욕주의라면 질색이었다)에 이르는 일련의 학자들이 추구한 노선이라고 할 수 있다. 이 입장은 니체에 와서 그 정점에 도달한다. 니체는 심리 기제로 빠져버린 프로이트의 생체 에너지 이론보다 훨씬 앞서나갔다. 정신분석가들에게 있어서 '에로스와 타나토스', '쾌락의 원칙과 현실 혹은 수익의 원칙', '생의 충동과 죽음의 충동' 등과 같은 대립은 변증법적 성격을 모두 상실하고 대부분의 경우 유사 개념의 기제 또는 에너지 희귀성의 은유로 변해버렸다.

생명체가 에너지를 포획하고 이를 소비하며 남아도는 에너지를 낭비한다고 하면, 이는 우주가 그렇게 하도록 허용하기 때문이다. 실존의 디오니소스적 측면(무절제, 취기, 죽음까지도 무릅쓰는 위험)은 나름대로의 자유를 누리며 가치를 갖는다. 생명체는, 즉 몸 전체는 놀이와 폭력, 축제, 사랑의 가능성을 포함한다.(그렇다고 해서 이것들의 실현이나 이를 위한 동기부여를 의미하지는 않는다.)

아폴론적인 것과 디오니소스적인 것을 분리한 니체는 생명체와 그 생명체가 공간, 자신의 공간과 타자의 공간과 맺는 관계에서 폭력과 안정,

즉 과도함과 균형, 이렇게 두 가지 관점을 취했다. 이러한 구분은 충분하지는 않을지라도 중요한 의미를 갖는다.

생명체는 에너지 포획과 포획한 에너지의 '경제적인' 사용으로 축소될 수 없다. 생명체는 아무거나 덥석 포획하지 않으며, 포획한 것을 아무렇게나 소비하지 않는다. 생명체에게는 나름대로의 먹잇감, 주변 환경, 적들이 존재한다. 바꿔 말하면, 생명체는 자신의 공간을 지니고 있다. 생명체는 자신의 **공간 안에서** 산다. 생명체는 그 공간을 구성하는 요소(식물군, 동물군 혹은 생태, 그런 대로 안정적인 생태계)로서 **공간의 일부**라고 할 수 있다. 이 공간 안에서 생명체는 정보를 얻는다. 처음엔, 그러니까 인간 사회에 의해서 추상이라고 하는 것이 발명되기 전엔, 공간의 내용물이 공간의 형태와 분리되지 않았던 것처럼, 정보라고 하는 것이 물질성과 분리되지 않았다. 말하자면 세포는 물질화된 정보를 받아들였던 것이다. 그런데 이와 같은 현상[10]을 발견한 자들은 생명체, 즉 세포와 세포들의 집합을 정보의 수용, 다시 말해서 미세(微細) 에너지로 축소시키려는 체계적이고 철학적인 경향을 지니고 있었다. 이들은 에너지적인 것, 다시 말해서 **대량** 에너지를 받아들이고 이를 저장하는 공간으로서의 생명체를 소홀히 하고 이를 배제했다. 이들은 자기 조절 현상을 선호했으며, 무절제와 과도함, 결핍, 소비 등을 구분하지 않았다. 생물학이 기술하는 이중적인 조절 체계(유기물질과 촉매)에 따르면 프로그램을 벗어나는 것은 아무것도 없는 것처럼 보였다. 에너지 이론이 정보와 관련된 것, 관계와 관련된 것, 상황과 관련된 것을 모두 소홀히 하는 대신 칼로리로 측량 가능한 물질적인 에너지만을 취한 것이 사실이다.

사실상 자신과 자신의 공간과의 관계에 있어서 생명체는 두 가지 유형(이 두 가지는 분리되지 않는다)의 에너지, 즉 미세 에너지와 대량 에너지를 사용한다. 생명체는 엄청난 양의 에너지를 저장할 수 있으며 이를 폭발적으로 사용할 수 있는 장치(근육, 성기, 사지)들과 아주 미약한 자극, 즉 에너지를 거의 소모하지 않으면서 정보를 받아들이는 장치(감각, 뇌, 감각기관)를 결합한다.[11] 이렇게 해서 이제 이중적인 구성이 나타난다. 아니, 다시금 나타난다. 생명체는 정보 기계도, 욕망하는 기계도, 죽이는 기계도, 생산하는 기계도 아니며, 이것들을 모두 포함한다.

생명체가 주변에서 포획한 에너지와 생명체를 위협하는 에너지는 계속 움직인다. 이들 에너지는 '흐름'을 이룬다. 반면, 사용 가능한 에너지를 포획하기 위해서 생명체는 안정적인 장치들을 보유하고 있어야 한다. 생명체는 공격에 대항해서 자기 방어를 통해 반응한다. 이때 생명체는 지키고 보호해야 할 경계를 정한다. 그 경계란 다름 아니라 자신의 몸이다.

따라서 잉여 에너지의 축적과 그 사용은 '생명체'와 그 생명체가 자신, 이웃, 주변, 그리고 세계를 포함하는 자신의 공간과 맺는 관계라고 하는 개념을 구성한다. 생산적으로 에너지를 낭비하는 것은 하나의 의미를 지닌다. 소비가 '생산적'으로 간주될 수 있으려면 그것이 세계에서 무엇인가를, 아무리 작은 것이라고 할지라도 바꿔놓아야 하며 그것으로 족하다. 이렇게 해서 생산이라는 개념은 해체되는 것이 아니라, 한층 생생해지며 새로워진다. 놀이는 작품 또는 노고의 산물이며, 놀이 공간은 점차 진행되면서 스스로 규칙을 만들어가는 활동의 생산물이다. 그뿐만 아니라 생산적인 에너지는 생명체가 자신과 맺는 관계를 내포하며, 반복이라는 특성으로 규정되는 재생산의 형태를 취한다. 즉 세포(분열과 증식), 행위, 반사가 계속해서 되풀이된다. 그것이 바로 성적(性的) 재생산이 아니겠는가? 성적 재생산이란 자연이 시도한 수많은 형태의 재생산 중 하나일 뿐이며, 몇몇 계통에서 특별히 성공을 거두었기 때문에 선호될 뿐이다. 성적 재생산과 더불어 생산적인 에너지가 지니는 불연속적이며 폭발적인 특성이 지속적인 생산, 출아번식, 세포증식을 압도하게 되었다.

잉여 에너지는 '정상적인' 에너지와 마찬가지로 자신과의 관계, 즉 에너지를 축적하는 몸과의 관계, 그리고 주변, 즉 공간과의 관계, 이렇게 두 가지의 이중적인 관계를 지닌다. 모든 '존재'〔종(種), 개체, 집단 등〕의 삶에는 사용 가능한 에너지가 넘쳐서 폭발 지경에 이르는 순간이 있게 마련이다. 그럴 때 이 에너지는 스스로를 향할 수도 있고, 무상으로 우아하게 밖으로 표출될 수도 있다. 그런가 하면 자연에서는 파괴적이거나, 자기 파괴적, 혹은 이유 없는 폭력, 자살 등의 결과를 낳는 경우도 드물지 않으며, 특히 인간에게서는 이 같은 경향이 자주 관찰된다. 니체의 뒤를 이어 모든 종류의 과도함은 에너지 과잉에서 비롯됨을 이해한 조르주 바타유는 이 같은 무절제에 관한 사고를 무절제하게 확대시켰다. 그 결과 '죽음의 충동'은 제대로 된 조명을 받지 못하고 부차적인 위치로 밀려났다. 프로이트 이후 정신분석학자들이 이른바 병적이라고 일컬어지는 경향과 충동의 증세에 대해서 진행한 연구들은, 이를테면 에로스와 타나토스, 나르시시즘, 사도마조히즘, 자기 파괴, 에로티시즘, 불안, 신경증, 정신병 등의 용어로 지칭되는 분야에서는 매우 정확한 사실들을 밝혀냈다. 하지만 원초적인 경향에만 집착한다면 이론의 소지가 많다. 언제나 좌절당하기만 하는 삶에 대한 긍정에 대립되는 무화(無化)시키는 힘을 지칭하는 죽음의 본능 혹은 죽음의 충동이라는 개념과, 어쩔 수 없이 그런 과잉 상태에 따른 생명 에너지의 반동이라는 주장 사이에는 근본적인 차이가 있다. 공간 안에 에너지의 '부정적인' 면, 즉 에너지가 소비되고 배분되며 퇴화되어야 하는 이유를 상정해야 한다고 하더라도, 죽음이나 자기 파괴는 어디까지나 원인이 아닌 결과에 해당된다. '죽음의 충동'은 근본적인 에너지의 비생산적인 사용, 오용, '잘못된' 사용이라고 말할 수 있다. 변증법적으로 볼 때, '죽음의 충동'은 이 에너지에 내재하는 갈등 관계에서 비롯된다. 이 관계는 단순히 방어 기제나 균형 기제, 그리고 그 기제의 실패로 축소될 수 없다. 유쾌한 염세주의는 나름대로 의미를 지닌다.

3.3　　　　앞에서 살펴본 바에 따르면, 스피노자가 말했듯이 공간의 '각 부분은 모든 부분의 외부'라고 할 수 있다. 각각의 부분에 근원과 원조(어원적인 특성), 유한함을 지닌 부분, 분할, 요소 등이 있다는 점에는 의심의 여지가 없다. 형태, '반사', 또는 형태 내부에서 그 형태를 구성하는 것의 복제라는 개념, 다시 말해서 구성적인 이중성(반사의 대칭과 회전의 대칭, 대칭을 표시해주는 비대칭 등)을 동반하는 대칭의 개념은 한정된 공간, 즉 테두리와 경계선을 지닌 하나의 몸을 내포한다. 에너지의 이 같은 분할과 재분할만으로는 충분하지 않다는 건 어느 모로 보나 명백하다. '흐름'이라는 것이 있어서, 무한한 공간에서 순환하며 보급된다. "무한성이야말로 근원적인 사실이다. 그러니 어디에서 유한성이 오는지를 설명해야 한다."[12] 이러니 우리의 사고는 현기증에 사로잡힌다. "아무런 지지대도 없이 인류는 몸을 똑바로 세우고 지탱해야 한다. 이는 예술가들이 짊어져야 하는 거대한 임무"라고 니체는 덧붙였다. 니체는 그러나 상상적인 것에 그 어떤 절대적이고 보편적이며 전적인 우선권도 부여하지 않았다.

무한함과 유한함을 놓고 볼 때, 혹시 무한함은 유한함에 대한, 유한함은 무한함에 대한 환상은 아닐까? 신기루 현상은 아닐까? 반사 혹은 굴절은 아닐까? 각 부분의 내부 또는 외부가 아닐까? 시간은 그 자체로서 부조리다. 공간도 마찬가지다. 상대적인 것과 절대적인 것은 서로가 서로를 반사한다. 이 두 가지는 시간과 공간처럼 끊임없이 서로에게 상대방을 보낸다. 이 두 가지는 반사와 굴절이라는 하나의 법칙과 하나의 현실을 공유하는 이중적인 표면이며 이중적인 외양이다. 비록 미미할지는 모르겠으나, 각각의 차이에 부여된 최대한의 차이이다. "모든 형태는 주체에 속한다. 이는 거울에 의한 표면 장악이다."[13]

3.4   이렇듯 표면, 이미지,[14] 그리고 거울을 만들어내면서 반사는 관계의 표면을 꿰뚫고 심층, 즉 반복과 차이의 세계로 파고든다. 복제(대칭)는 반복되지만 그때마다 차이를 생산하며, 이 차이는 공간을 구성한다. 이때 복제를 같은 수의 반복(1과 1과 1······)으로 간주할 것인가, 아니면 일련의 연속된 숫자로 간주해야 할 것인가? 아니다. 오히려 그 반대로 생각해야 할 것이다. 복제와 대칭-비대칭은 고전적인 (계열체적, 선적) 개념으로는 축소 불가능한 원인 개념을 도입한다. 거울이 '실재적'(매순간 대상들 가운데 일어나는 것)이라면, 거울 속에 있는 공간은 상상계이며, 상상계의 소재지는 '자아'(루이스 캐럴)이다. 그러나 반사의 거울이 상상적으로 존재하는 생명체 안에서, 상상이 주는 효과는 실재적이며, 너무도 실재적이기 때문에 고등동물들의 구조까지 결정하기도 한다.[15] 거울 면에서 몸의 왼쪽 부분이 오른쪽 부분을 반사함으로써 반사적 대칭이 결정되고 이를 다시 회전 대칭이 완성시키는 것처럼 모든 것은 진행된다. 척추를 중심으로 하는 삶이 완성되는 것이다.

  사회적으로 말하자면 공간은 이중적인 '본질', 다시 말해서 보편적(모든 사회에서)이고 이중적인 '실존성'을 지닌다. 한편으로, 사람들(대상이 되는 사회 구성원 각자)은 공간을 기준으로 삼으며, 공간 **안에** 스스로를 위치시킨다. 또한 각자는 직접성과 동시에 대상성을 지닌다. 각자는 중심에 위치하여 스스로를 가리키며, 스스로를 가늠하고, 스스로가 척도로 작용한다. 말하자면 '주체'인 것이다. 사회적 **지위**는 안정성을 유지한다. 즉 하나의 지속적인 상태이며 그 상태에 의거해서 다른 것이 결정된다는 의미에서, 하나의 역할과 기능, 즉 한 개인과 한 공적 인물을 내포한다. 여기에 하나의 장소, 사회에서의 위치, 직위가 덧붙여진다. 이와 동시에 공간은 매개자(중간자)이기도 하다. 각 평면, 불투명한 각각의 테두리를 통해서 '사람들은' 다른 것을 노린다. 이는 사회적 공간을 오로지 빛으로 점유된, '있음'과 영향력만으로 채워진 투명성으로 간주하려는 태도로 이어진다. 그러니 한편으로 공간은 불투명성, 몸과 대상, 결과를 야기하는 행위, 끓어오르는 에너지, 감추어져서 들어갈 수도 없는 장소, 점착성, 블랙홀 등을 포함하고 있으며, 다른 한편으로는 일련의 대상, 연속적으로 이어지는 몸을 보여줌으로써 각자는 이를 통해서 또 다른 것, 보이지 않는 것에서 보이는 것, 불투명성에서 투명성으로 움직이면서 나타나는 것들을 발견하게 된다.[16] 대상들은 서로에게 닿아 있고 서로를 만지며, 후각을 통해서, 청각을 통해서 서로를 느낀다. 또한 시각과 시선을 통해서 서로를 바라본다. 공간 각각의 윤곽, 각각의 표면이 거울과 거울 효과를 제공하는 것처럼 모든 것이 진행된다. 다시 말해서 각각의 몸 안에 나머지 세계를 반사하고 몸을 세계로 반사하는 것처럼 반사, 색깔, 빛, 형태 등이 늘 새롭게 되풀이되는 반복을 통해서 주어진다. 장소의 변화, 위치와 테두리의 변화만으로도 하나의 대상이 그림자에서 조명 속으로, 모호한 상태에서 밝은 상태로, 암호 같은 상태에서 암호가 해독된 듯한 명확한 상태로 들어오는 데 충분하다. 몸의 움직임도 이와 같은 목표를 추구할 수 있다. 이렇게 해서 감각의 두 장이 만나게 된다.

자연적·사회적 공간이 지니는 이와 같은 이중성을 모르고서 어떻게 언어를 이해할 수 있겠는가? '자연'은 대상과 테두리로서만 인지 가능하다. 그나마도 몸을 돋보이게 하는, 자연적인 어둠과 모호함 속에서 조명의 세계로 몸을 끌어내주는 밝게 빛나는 전체 속에서 가능하다. 끌어내주되 아무렇게나 끌어내는 것이 아니라 일련의 연속, 질서, 분절을 통해서 끌어내야 한다. 자연적 공간이 있는 곳이라면, 나아가서 사회적 공간이 있는 곳이라면 불투명성에서 환한 조명으로, 암호 같은 상태에서 해독된 암호의 상태로 이동하는 움직임은 끊임없이 계속된다. 이 움직임은 공간의 존재를 입증하는 방식을 이룬다고도 할 수 있다. 끊임없이 계속되는 암호 해독 활동은 객관적이면서 동시에 주관적이다. 그렇기 때문에 해독 활동은 해묵은 철학적 대립을 넘어설 수 있다. 암호 해독은 공간의 감추어진 부분(사물의 내면적인 부분과 지각의 장을 벗어난 사물)이 일반적으로 금지되어 있는 상징, 기호, 단서, 신성한 것-저주받은 것, 드러내 보이는 것과 감추어진 것 등과 일치할 때 한층 활기를 띤다. 따라서 이 끊임없는 움직임은 주관적이라거나 객관적, 혹은 의식적이라거나 무의식적이라고 잘라 말할 수 없으며, 공간과 그림자, 공간 안에서의 신기루 작용을 통해서 **의식을 만들어낸다고**, 즉 메시지들의 체험 내재성을 만들어낸다고 말할 수 있다.

공간, 나의 공간이라고 하는 것은 내가 직조의 일부가 되어 형성된 맥락이 아니다. 나의 공간은 우선 **나의 몸**이며, 나의 몸을 그림자처럼, 반사된 상처럼 따라다니는 나의 몸의 타자이기도 하다. 다시 말해서 나의 공간은 나의 몸을 건드리고 나의 몸에 닿으며 나의 몸을 위협하거나 선호하는 것과 다른 모든 몸 사이에 놓인, 움직이는 중간지대이다. 그러므로 앞에서 이미 사용한 용어를 사용하자면, 거기에는 거리감과 긴장감, 접촉, 단절이 있다. 하지만 공간은 이 같이 다양한 의미 효과들을 통해서 **복제**와 메아리, 반향, 중복 등으로 구성되어 희한한 차이를 만들어내며, 그 차이로 인해서 생겨나는 깊이 속에서 체험된다. 얼굴과 엉덩이, 눈과 살, 내장과 배설물, 입술과 치아, 구멍과 남근, 굳게 쥔 주먹과 펼쳐진 손, 혹은 옷을 입은 것과 벗은 것, 열린 것과 닫힌 것, 외설스러움과 친근함 등의 대조가 바로 그 차이라고 할 수 있다.[17] 이 같은 대조, 결합/분리는 논리나 형식주의와는 아무런 상관이 없다.

그렇다면 반(反)거울, 불투명하고 맹목적인 반(反)체험이 없이 거울과 신기루만이 있을 수 있는가? 그렇지 않다. "거울, 불안감의 소산."(트리스탄 차라) "나, 파편으로 일그러진 거울."(조르주 바타유) "거울로부터 영감이 튀어 오르게 하려면 인물의 상을 지워야 한다."(폴 엘뤼아르) 거울, 거울.[18] 이 순수하면서 불순하며, 거의 물질적이어서 비현실적인 표면은 자아 앞에 자신의 물질적인 모습을 보여준다. 거울의 표면은 말하자면 자아의 반대되는 모습, 자아의 부재와 이 '다른' 공간에 대한 자아의 내재성을 솟아나게 한다. 거울에 투영된 자신의 대칭성 앞에서 '자아'는 이 '타자'와 자신이 일치한다고 믿는다. 그러나 사실상 거울은 왼쪽이 오른쪽에 위치하는 반대되는 이미지를 제시한다. 이 같은 반사작용은 극단적인 차이를 만들어낸다. 이는 자아의 몸을 끈질긴 유령으로 변화시키는 반복인 셈이다. 그 결과 같은 것이 절대적인 타자, 절대적으로 다른 것이 되며, 투명성은 불투명성과 같아진다.

3.5 나의 몸 안에 추상적인 동시에 구체적인 생산의 법칙이 내재하고 있다면, 거울의 표면은 이를 드러나게 한다. 이를 해독하는 것이다. 거울의 표면은 나와 나, 나의 몸과 나의 몸에 대한 의식 사이의 관계를 보여준다. 이 그림자(반사)가 주체(일부 정신분석학자들과 심리학자들이 믿는 것처럼)로서의 나의 통일성을 구성하기 때문이 아니라, 거울이 주체로서의 나를 나의 **기호**로 변화시키기 때문이다. 이 유리로 된 장애물, 비생산적인 거울의 표면은 현실적인 상상계 한가운데에서 나는 누구인지를 반복적으로 말하며 이를 드러낸다. 거울은 나를 의미한다. 추상화, 얼마

나 마력적인 추상화인가! 나를 알기 위해서 나는 나를 나로부터 떼어낸다.[19] 현기증이 느껴지지 않는가! '자아'가 자신의 이미지로의 움직임, 자신의 이미지에 대한 도전을 통해서 재탈환되지 않으면, '자아'는 나르키소스(그리스 신화에 등장하는 인물. 연못에 비친 자신의 모습을 보고 사랑에 빠진 나머지 입을 맞추려다가 그것이 자신의 반사된 모습인 것을 알고 자살한다―옮긴이)가 되고, 앨리스(루이스 캐럴의 대표작 《이상한 나라의 앨리스》에 등장하는 여주인공―옮긴이)가 된다. '자아'를 되찾을 수 없는 위기에 처하게 된다는 말이다. 가상의 공간이 자아를 삼켜버리며, 차가운 표면이 자아를 공허함, 모든 실체, 몸의 온기로부터 벗어난 부재 속에 붙잡아놓는다. 이렇듯 거울은 가장 확실하게 단일화된, 그러면서 동시에 가장 분리된 형태와 내용의 관계를 제시한다. 형태가 지니는 강력한 현실성과 비현실성, 형태가 내용을 배제하거나 포함하는 방식은 물론 내용이 지니는 축소 불가능한 힘, 불투명성, **나의 몸**('나의 의식'의 내용물)과 **다른** 몸들을 보여준다. 얼마나 많은 대상이 이러한 이중성, 즉 과도기적이면서(다른 사물로 변화할 수 있으면서) 동시에 그 자체로서 의미를 지니는 목적 또는 '목표'가 되는 특성을 지니고 있는가! 거울은 이처럼 많은 대상 중에서도 특별하다……. 그러나 일부 정신분석 광신자들처럼 '자아'에 의한 거울에 비친 대상, 즉 '자아'의 상의 소유가 곧 자아의 소유라는 구실을 내세워, 모든 특성을 일종의 거울 효과라고 정의하려는 자들은 일반적으로 '문화'라고 하는 것이 용인하는 바보짓의 한계마저도 넘어서는 것이다.

하긴 거울 효과를 체계적으로 일반화하려는 주장은 그다지 많이 눈에 띄지 않는다. 거울 효과는 몸의 언저리를 둘러싸고 어느 정도까지는 훌륭하게 수행할 수 있는 역할이 있다.

거울은 많은 대상들 중의 하나이지만 다른 어느 대상과도 같지 않은 특별한 대상이다. 사라져가면서 매혹하는 대상이기 때문이다. 거울을 통해서 거울 안에는 다른 대상들이 자신들의 공간과의 관계에서 드러내는 특성이 집결된다. 즉 거울은 공간 안에 놓여 있으면서 공간에 대한 정보를 제공하며 공간에 대해 말하는 대상인 것이다. '그림'과 짝을 이루는 거울은 그림처럼 자신을 특화시키는 특성, 즉 비어 있으면서 가득 차 있는 틀을 제공한다. 처음엔 자연적인 삶에 의해서 생산되고, 이어서 사회적인 삶에 의해서 생산된 공간에 거울은 진정으로 이중적인 공간성, 즉 근원과 분리로서 볼 때 상상적이며, 공존과 차이로서 볼 때 구체적이면서 실천적인 이중성을 보여준다. 많은 철학자들과 철학자가 아닌 사람들(이를테면 레닌 같은)이 거울, 영상, 반사를 통해서 사고를 정의하고자 시도했다. 이들은 행위와 상징을 혼동했다. 실천적인 실현에 앞서서, 물질적인 제작에 앞서서 거울은 마술적으로, 신화적으로 존재했다. 물의 표면은 어두운 것을 빛으로 가져다주는 의식의 표면을, 물질적인(구체적인) 암호 해독을 상징했다.

이 책에서 택한 방향 속에서 일반적으로 '정신적인 것(psychique)'〔프시케(psyché)와 관련된 것〕으로 간주되는 몇몇 관계들을 찾아내서 이를 발전시키고자 한다. 우리는 이 관계들을 (몸-주체와 거울-대상이라는 두 가지 물질과 함께 주어진) **물질적인 것으로** 설정하고자 한다. 그러나 동시에, 반복적이며 변별적인 좀더 '심오하고' 더욱 일반적인 관계의 경우로 설정하여 뒤에서 더 상세하게 다룰 것이다. 이러한 관계로는 어떤 것들이 있는가?

> a) **대칭**(평면대칭과 축대칭), 복제, 반사(réflection), 그리고 대칭과 상관관계에 있는 비대칭.
>
> b) **신기루**와 신기루 효과: 영상, 표면-깊이, 드러난 것-은폐된 것, 불투명성-투명성.
>
> c) **언어**, '성찰', 잘 알려진 대립, 즉 함의하는-함의된, 가치를 부여하는-

가치를 부여받은, 담론에 의한 굴절.

d) 자신과 타자, 몸, 추상, 이타성(異他性), 변질(소외)에 대한 **의식**.

e) **시간**, 반복적이고 변별적인 것의 직접적인(체험된, 즉 맹목적이고 '무의
식적인') 연결.

f) 이중적으로 한정된 **공간**: 가상의-현실의, 생산된-생산적인, 물질적-사
회적, 직접성-매개성(주변과 과도기), 병합-분리 등.

그림자들의 왕국에 뒤늦게 상서롭고 불길한 명쾌함을 선사하는 상징
과 기호의 왕국이 펼쳐진다. 상징과 기호는 무엇보다도 우선 숨겨져 있
으며, 이때 숨겨졌다고 함은 물질적인 의미에서 숨겨졌음을 말한다. 동
굴이나 움집 등의 저주받은 곳과 거룩한 곳, 성소, 성막(聖幕) 등의 장소
에 숨겨져 있다. 기호의 진실과 진실의 기호는 같은 수수께끼, 즉 이탈리
오타이인(로마 시대 이전 고대 이탈리아 남부에서 그리스어를 쓰며 살던 종족—옮긴
이)과 로마인들의 '문두스(mundus)', 심연, 구멍이라는 수수께끼 속에 숨
겨져 있다. 이는 또한 기독교인들의 유해를 보관하는 곳, '비밀스러운
곳(crypte)'이라고 불리는 지하 납골당과 기도소의 수수께끼이기도 하다.
몸과 불투명한 몸의 수수께끼, 그것으로부터 진실이 환한 빛 속으로 솟
아나온다. 몸은 그림자 왕국을 환하게 밝힌다.

특별하다고 할 것조차 없는 성(性)의 경우에도 혹시 이와 비슷한 말을
할 수 있지 않을까?

a) 남성과 여성이라는 대칭(비대칭)이 가능하며,

b) 전위(轉位)된 환상(투명성, 불투명성)의 효과, 즉 타자가 투명하게 보인
다. 그것도 모호함과 어둠 속에서 환하게 비쳐 보인다고 믿는 환상, 다
시 말해서 스스로를 욕망으로 알아차리지 못하는 욕망이 존재한다.

그 결과 의지(권력)가 개입하여 욕망을 제쳐두고 인식-몰이해의 대립으로 몰아간다.

c) 쾌락의 좌절과 파편화를 예고하는 이와 같은 욕망의 좌절은 분리를 야기하며, 이때의 분리는 결코 '반사'〔같은 것과 다른 것의 관계, 즉 각자가 타자에 도달할 수 있다고 믿으면서 자신을 따라가며, 자신이라고 믿으면서 타자를 따라가는 관계를 지칭하기 위해서는 반사라는 용어가 상(reflet)이나 성찰(réflexion)이라는 용어보다 적합하다〕를 배제하지 않는다.

d) 이렇게 되면 이제 상대적인 사랑으로 돌아가게 만드는 절대적인 사랑에 대한 절절한 향수(nostalgie), 실망시키게 마련이며 육체 없이는 인지 불가능한 '순수한' 사랑에 대한 향수가 생겨난다. 향수는, 더 가까이 있지만 그렇다고 해도 실망스럽기는 마찬가지인 성취를 통해서 애초의 경향과 긴장을 전복시킨다. 향수란 의견의 대립이며 그로 인한 원한이다. 바로 거기에 거울의 상상적인 면이 있다. 분신을 분리시키는 것이다. 분리된 각자는 이 상상적인 공간 안에서 자신의 특성을 상대방의 특성과 혼합한다.

복제라는 사고가 여기서 멈추지 않는다는 건 두말할 필요도 없다. 이 지점에 거울의 상과 신기루 이론의 출발점이 위치한다. 복제 이론은 특히 가상적 · 현실적인 복제 놀이, 배우, 관객, '등장인물', 텍스트, 작가가 서로 혼동됨이 없이 만나는, 시선과 신기루 개입의 전형적인 예라고 할 수 있는 연극 공간으로 확장될 수 있다. 연극이라는 놀이를 통해서 몸은 '현실적인' 공간, 즉 직접적으로 **체험된** 공간(무대, 객석)에서 **지각된** 공간, 무대도 아니며 공적인 공간도 아닌 제3의 공간으로 진행한다. 가상적이면서 현실적인 이 제3의 공간, 이것이 바로 연극적 (고전적) 공간이다.

이것은 공간 재현인가, 재현 공간인가? 두 가지 모두 아니다. 그리고 두 가지 모두이기도 하다. 연극적 공간은 **공간 재현**, 즉 공간의 **개념**에 부응하는 무대 공간(고대 극장, 엘리자베스 시대 극장, 이탈리아 극장)을 내포한다. 하나의 작품, 하나의 시간을 품는 재현 공간, 매개적이며 체험된 공간은 이렇게 연극이라는 놀이에서 형성된다.

3.6　　　유전 과정을 통해서 다양한 사회의 공간이 세워지는 기초와 토대를 도출해내는 일은, 얼핏 보기에 반투명해 보이는 이 '현실' 탐사의 시작에 불과하다. 여기서 지나치게 명쾌한 현실을 제시함으로써 오히려 혼란을 초래하는 공간 재현을 떼어내는 일이 필요하다.

위에서 **신기루 효과**와 신기루 효과의 전제가 되는 조건을 대충 살펴보았는데(이를 제대로 깊이 있게 발전시키지는 않았다), 이 효과는 매우 특별하다(평범한 것 속에 특별한 것을 도입함으로써)고 할 수 있다. 그런데 이러한 효과들은 스스로를 거울을 통해 바라보는, 스스로에게 자신을 드러내보이거나 나르시시즘 속으로 빠져드는 자아를 깜짝 놀라게 하는 효과만으로 축소되지는 않는다. 하나의 풍경이 지니는 힘은 그것이 구경거리로 제시된다는 점이 아니라, 각자(그것을 느끼는 사람)에게 거울과 신기루처럼, 환상에 불과하면서 동시에 현실인 하나의 이미지, 놀라울 정도로 속임수에 빠져버린 주체(자아)가 일시적으로나마 스스로에게 부여하는 하나의 이미지로 작용한다는 점에서 기인한다. 이것은 또한 하나의 그림, 특히 그림 속에 도시 풍경을 제시함으로써 즉각적으로 하나의 작품(베네치아)으로 여겨지는 그림이 지니는 힘이기도 하다. 이는 관광이라는 환상, 즉 작품에 참여하고 이를 이해한다는 환상을 불러일으키는데, 그 까닭은 사람들이 이미지를 수동적으로 수용하기 때문이다. 이렇게 되면 구체적인 작품, 만들어진 생산물, 생산적인 활동, 이 모든 것이 간과되고 잊혀버리게 된다.

신기루 효과는 그 파장이 훨씬 길어질 수 있다. 현대에 오면, 절대적인
정치적 공간이 확고해질수록 투명성은 기만적이 되고, 새로운 삶에 대한
환상이 강화된다. 지금 삶이라고 했던가? 삶은 바로 여기, 아주 가까운
곳에 있다. 팔을 뻗기만 하면, 일상생활 속에 삶이 있다. 아무것도 일상
으로부터 삶을 분리할 수 없다. 삶은 저기, 거울의 반대편에서 놀라운 모
습으로 전개된다. 모든 조건은 완벽하게 구비되어 있다. 도대체 무엇이
부족하단 말인가? 말하기(말과 글쓰기)? 몸짓? 특정 장애물(이를테면 이념,
지식, 억압적인 기관, 종교, 연극성, 학교, 구경거리 등)을 파괴하는 특정 사항에
대한 공격?

새로운 삶에 대한 환상은 참인 동시에 거짓이며, 따라서 참이지도 거
짓이지도 않다. 다른 삶을 영위할 수 있는 조건이 실현된다거나 다른 삶
이 예고된다고 하면, 이는 참이다. 그러나 예고가 임박과 일치한다거나,
즉각적으로 가능함은 아득히 먼 것, 불가능한 것과 별개라고 한다면, 이
는 거짓이다. 조건들을 구비한 공간은 이 조건들이 가능하게 해주는 것
을 금지시키는 공간과 일치한다. 투명성은 착각을 일으키게 하며, 설명
되어야 할 필요가 있다. 그런데 투명성이란 본래 설명이 필요 없는 것이
아니겠는가. 전방위적인 혁명(물질적, 경제적, 사회적, 정치적, 심리적, 문화적,
성적)이 가까워지고 있으며, 현재와 아주 근접해 있는 것처럼 느껴진다.
그런데 사실 삶을 바꾸기 위해서는 공간을 바꿔야 한다. 절대적인 혁명
이라니, 그것은 절대적인(정치적인) 공간의 거울을 통해서 보이는 우리의
이미지와 신기루에 불과하다.

3. 7　　　사회적 공간(espace social)은 **사회화된** 공간(espace socialisé)이

아니다.[20] 자연, 생물학, 생리학(욕구, '물리적인' 삶) 등 사회보다 앞서서 존재하는 것의 '사회화'에 관한 이론은 보편적이 되고자 하지만, 사실상 하나의 이념을 요약하는 것이나 다름없다. 또한 '반응적인(réactif)' 신기루 효과이기도 하다. 이를테면 자연적인 공간이 있어서 이를 지리학에서 기술하고, 그 후 이 공간이 사회화된다고 믿는 것은 관념론자로 하여금 때로는 이러한 공간의 상실이 애석하다는 생각을 갖게 하고, 때로는 사라져버린 공간은 사라져버렸기 때문에 전혀 중요하지 않다는 식의 생각에 사로잡히게 만든다. 하나의 사회가 변화할 때, 그 같은 동요를 빚어내는 자재는 역사적으로(유전자적으로) 앞서 존재하던 다른 사회적 실천으로부터 기인한다. 순수한 상태의 자연적인 것, 원래적인 것은 절대 되찾을 수 없다. 그렇기 때문에 근원에 대한 철학적 성찰이라는 난제가 등장하는 것이다. 처음엔 비어 있다가 차츰 사회적 삶으로 채워지는 공간은 이처럼 '자연' 혹은 인간 현실의 영점(零點) 상태로 간주할 수 있는 애초의 '순수성'이라는 가설에서 출발한다. 비사회적인 것의 사회화를 가능하게 하는 빈 공간, 정신적, 사회적 공백이 있다는 가설은 하나의 **공간 재현**이라고 할 수 있다. 우리는 이러한 공간 재현이 실천적인 한정(노동, 놀이)이나 생물–사회학적인 한정(젊은이, 어린이, 여자, 활동 인구 등)에 의해 배치된 사회적 주체에 의해 '체험된' 공간으로 변한다고 생각할 수 있다. 이러한 재현은 '이해 당사자들'로 간주되는 개인 또는 집단이 거주하며 삶을 영위하는 공간을 성찰 대상으로 만들어낸다. 역사적인 것으로부터 생겨난 현실적인 공간에 대해서 우리는 그 공간이 **사회화되었다**(socialisé)기보다 **사회화시킨다**(socialisant)(무수히 많은 망을 통해서)고 말할 수 있으며, 그렇게 말하는 편이 훨씬 적절하다.

노동의 공간은 노동이라고 하는 실체에 의해서 점유된 공간이라고 말할 수 있는가? 아니다. 노동의 공간은 사회 전체적인 맥락에서, 그 공간을 형성하는 생산관계들에 따라 생산된다. 그렇다면 자본주의 사회에서 노동의 공간은 무엇으로 형성되는가? 기업, 농장, 사무실 등의 **생산 단위**로 형성된다. 이러한 단위들을 연결하는 다양한 망들도 역시 노동의 공간을 구성한다. 이러한 망들을 관리하는 기관들은 노동을 조절하는 기관들과 일치하지 않는다. 그러나 이 두 부류의 기관들은 갈등과 모순으로부터 완전히 자유로울 수는 없지만 어느 정도의 일관성을 유지하는 정도로는 서로에게 부응한다. 따라서 노동의 공간은 생산을 위한 노동의 몸짓(반복적)과 행위(연속적)일 뿐 아니라 점점 더 노동의 분업(기술적, 사회적)의 공간, 그리고 그에 따른 시장(지역적, 국가적, 세계적)이라는 공간이 되어가며, 소유 관계(생산수단의 소유와 경영)의 공간이 되어간다. 이는 노동의 공간에 가해지는 테두리와 경계선은 오로지 추상적인 사고에 있어서만 의미를 지닌다는 말이다. 다시 말해서 노동의 공간은 상호 침투하는 망 중의 망, 공간 중의 공간으로서, 상대적인 존재에 머물 수밖에 없음을 의미한다.

사회적 공간은 결코 이중성에서 벗어날 수 없다. 삼중적인 한정이 이중적이고 이항 대립적인 한정보다 우세하고 이를 포함하는 경우라고 할지라도 사정은 다르지 않다. 사회적 공간은 언제나 다른 방식으로 스스로를 보여주며, 다른 방식으로 재현된다. 사회적 공간은 언제나 **행위의 장**(실천적인 계획과 의도에 당면하여 이 같은 계획이 전개되는 영역을 모두 개방함으로써)이면서 동시에 **행위의 매체**(에너지가 분출되며 에너지의 표적이 되는 모든 장소의 총체)가 아닌가? 사회적 공간은 또한 **현실적**(주어진)이면서 동시에 **잠재적**(가능성의 환경)이지 않은가? 사회적 공간은 **양적**(측량 단위를 통해서 측량 가능하며)이면서 동시에 **질적**(구체적인 범위로, 그 안에서, 에너지는 새롭게 재생되지 않을 경우 고갈되어버리며, 그 안에서 거리라고 하는 것은 다리의 피곤함이나 활동 시간 등으로 측정된다)이지 않은가? 사회적 공간은 **자재들의 결합**이면서 동시에 **설비**(연장들, 일반적으로 연장과 사물을 효과적으로 사용하는 모든 과정)의 총체가 아닌가?

따라서 사회적 공간은 대상성으로 제시되는 것 같아 보이지만, 사실상 활동(걷기, 말이나 자동차, 배, 철도, 비행기 등을 이용한 이동 등)을 위해서만 사회적으로 존재한다.

한편으로 사회적 공간은 동등한 진행 방향을 제공하지만, 다른 한편으로는 특정 방향에 훨씬 큰 가치를 부여한다. 모서리나 회전(왼쪽은 '서툰', '불운한' 등을 의미하며, 오른쪽은 '곧은', '바른' 등을 의미한다)에 있어서도 마찬가지다. 한편으로 공간은 동질적이고 합리적이며, 허가되거나 지시된 행위에 개방적이고자 하면서, 다른 한편으로는 개인 혹은 집단에 대해 금지, 비밀스럽고 신비함, 신망과 신망 없음 등을 나타내기도 한다. 하나의 중심적인 위치 매김에 방사선적 분산으로 화답하고, 하나의 중심을 향한 집중에 여러 곳으로의 분산 파급 등으로 응수한다. 물질적인 형태, 즉 분자적인 혹은 원자적인 형태에서와 마찬가지로, 사회적 에너지는 분산되고 배분되며 일정 장소에 집중되거나 주변에서 동요한다. 그렇게 되면 사회적 공간에서는 집중성, 격자성, 직선, 곡선 등 푯말 세우기나 방향 잡기에 필요한 방식, 다시 말해서 물질적이면서 동시에 형태적인 토대가 만들어진다. 사회적 공간은 이와 같은 이중성으로의 축소만으로 정의되지 않는다. 이러한 이중성은 오히려 자재 면에서 서로 매우 다양한 방식으로 실현된다. 훗날 지리적 공간이라고 불리는 자연 공간에서 여정은 단순히 선적(線的)인 흔적에 의해서 표시된다. 도로와 오솔길은 말하자면 분리 막에 난 구멍들로서 이 구멍들은 점점 확대되어, 서로 충돌함이 없이 위치(단계, 특별한 장소)를 정립시키며 경계를 형성한다. 이 구멍들을 통해서 그 구멍들을 이용하는 지역적인 특성이 강조되며, 인간의 자취를 담은 유동성, 즉 가축 떼나 인간의 이동이 점점 더 밀도 있게 진행된다.

　이러한 시간-공간적인 활동과 한정은 사회적 현실의 **인류학적** 층위에 부응한다고 할 수 있다. 우리는 이 층위를 푯말 세우기, 방향 잡기로 정의했다. 이와 같은 활동은 농업과 목축업 중심의 고대 사회에서는 지배적이었으나, 그 후 점차 부차적이며 종속적으로 변모한다. '인간'은 끊임없이 자신의 공간에 푯말을 세우고 표시를 하며 상징적인 동시에 실천적인 흔적을 남긴다. '인간'은 그의 공간에서 중심으로 간주되는 자신의 몸, 혹은 다른 몸(천체와의 관계, 각도 관련 지각을 가다듬어주는 모서리 조명을 통해서)에 대비해서 끊임없이 진행 방향을 바꾸거나 회전 방향을 바꾼다.

　'원시인'(이를테면 가축 떼를 몰고 이동하는 목동)이 선(직선 혹은 곡선)이나 각도(예각, 둔각), 측량 단위(잠재적으로라도)를 염두에 두었으리라고는 생각하지 말아야 한다. 이들에게 있어서 표시는 동물들에게서와 마찬가지로 어디까지나 질적이었다고 말할 수 있다. 그렇다면 진행 방향은 어떻게 되는가? 진행 방향은 은혜롭거나 저주스러운 것으로 나타났다. 또 표시는? 표시는 정감이 깃든 대상들로 훗날 '상징적인 것'이라고 명명된다. 현장에서의 사고는 추억으로 연결되거나 잠재적으로 가능한 행위와 연결된다. 오솔길과 도로 망은 그 망으로 인해 연장되는 몸의 공간만큼이나 구체적인 공간을 형성한다. 시간-공간적인 진행 방향이 각종 실재적 또는 가상적 '피조물', 위험한 '피조물' 또는 호의적인 '피조물들'이 들어차 있다거나 없다거나 하는 식이 아니라면, 다른 어떤 식으로 우리의 목동에게 제시될 수 있을 것인가? 이렇듯 상징적이며 실천적이라고 규정된 공간은 갖가지 관련 신화와 이야기들을 지니고 있다. 망과 경계선은, 기하학적 공간이라기보다는 오히려 거미줄에 훨씬 가까운 구체적인 공간을 형성한다. 우리는 이미 계산이라고 하는 매우 복잡한 방식으로 자연이 생명체 또는 생명체의 연장선상에서 생산해놓은 것을 재현한다는 사실을 잘 알고 있다. 우리는 또한 상징주의와 실천은 분리되지 않는다는 사실도 잘 알고 있다.

각종 **경계선들**의 관계는 경계선과 이름 붙여진 특별한 장소(이를테면 목동의 경우 그가 가축들을 집합시키는 장소, 대부분의 경우 막힌 장소와 샘물, 사용 가능한 초지의 한계선, 자신에게는 출입이 금지된 이웃의 영역 등) 사이의 관계와 더불어 틀림없이 가장 중요한 문제이다. 따라서 푯말이 붙어 있으며 방향성을 지닌 모든 사회적 공간은 장소들의 망과 포개지는 관계를 내포하며, 이 관계란 다음과 같은 특성들을 포함한다.

a) 접근 가능하며 정상적인 사용이 가능한 공간으로, 정해진 규칙과 실제적인 사용법 등이 마련된 공간.

b) 경계선, 금지 조항, 상대적으로 금지된 공간(이웃, 친구) 혹은 절대적으로 금지된 공간(이웃, 적).

c) 안정적이거나 일시적인 주거지.

d) 흔히 통과나 만남, 관계 또는 교환의 장소이며, 금지된 장소이기도 한 접합선. 이때 금지란 대개 특정 순간의 의식에 따른 금지를 가리킨다. 전쟁이나 평화의 선포 같은 것이 이러한 의식에 해당된다. 경계선과 접합선(마찰선)은 경우에 따라 다른 방식으로 제시된다. 상대적으로 정착했다고 볼 수 있는 농민, 약탈과 전투를 일삼는 종족, 규칙적으로 유목하거나 가축을 몰고 이동하는 유목민 등으로 나타날 수도 있다.

사회적 공간은 자연으로부터 산, 높은 곳, 천상의 존재, 동굴 등과 같은 3차원적인 특성을 취한다. 물이 있는 표면, 수로, 들판 등도 여기에 해당되며, 이것들은 높이와 깊이를 분리시키거나 결합시켜주는 역할을 한다. 이러한 것들은 **코스모스**(Cosmos)의 재현이라는 형태로 가다듬어진다.

감춰진 지하 장소라고 할 수 있는 동굴들도 마찬가지다. 이는 어머니 대지와 관련된 신화의 재현이라는 형식으로 가다듬어진다. 목동에 의해 지각된 동서, 남북, 고저, 전후 등은 추상적인 재현과는 아무런 상관이 없다. 이것들은 관계이면서 동시에 특징이다. 특별한 성격을 부여받은 공간은 시간으로, 또는 명확하게 정의되지 않은 측량 단위(발걸음, 피곤함)나 몸의 부분(팔꿈치, 엄지손가락, 발, 손바닥 등) 등으로 평가된다. 사고하고 행동하는 자의 몸을 중심의 이동에 의해, 움막이나 돛, 좀더 시간이 경과한 후로는 사원이나 교회 등의 사회적인 대상이 대체한다. '원시인'은 집단의 구성원으로서, 그 자신이 시간에 의해 조절된 공간을 점유하는 자로서 공간을 위치시키며 그 공간에 대해서 말한다. **그는 스스로를 공간 안에서 추상적인 환경에 놓인 여러 지점들 중의 하나로 보지 않는다.** 이러한 식의 지각은 아주 오랜 시간이 지난 다음, 도면과 지도 등을 통해 추상적인 공간이 등장한 다음에나 나타난다.

3.8　　　　출발점이나 도착점으로는 몸이 있다. 우리는 벌써 여러 차례에 걸쳐 우리의 몸을 만나지 않았던가. 그런데 그 몸이란 어떤 몸인가?

몸은 서로 닮았지만, 닮은 점보다는 다른 점이 훨씬 많다. 황소가 끄는 쟁기에 매달려 땅을 가는 농민의 몸과 전투용 혹은 행진용 말에 올라탄 번쩍거리는 기사의 몸 사이에는 무슨 공통점이 있단 말인가? 이들의 몸은 (거세당한) 황소의 몸과 말의 몸이 다른 것만큼이나 서로 다르다! 이 두 가지 상황에서, 짐승은 인간과 공간 사이에서 **매개**(수단, 도구, 중간자) 역할을 한다. 이 두 가지 매개의 차이점은 공간의 차이점과 무관하지 않다. 다시 말해서 밀밭은 전쟁터와는 아주 다른 세계인 것이다.

우리는 출발점으로 어떤 몸을 선택 혹은 재선택할 것인가, 발견 혹은 재발견할 것인가? 플라톤의 몸인가, 토마스 아퀴나스의 몸인가? 지성을 떠받치는 몸인가, 습성을 중시하는 몸인가? 영광스러운 몸인가, 비천한 몸인가? 아니면, 추상 중에서도 추상이라고 할 수 있는 '육체성'으로서의 몸인가? 대상으로서의 몸(데카르트식 몸)인가, 주체로서의 몸(현상학과 실존주의의 몸)인가? 파편화되었으며, 이미지나 단어로 세부사항까지 조율된 재현된 몸인가? 아니면, 몸에 대한 담론에서 출발해야 하는가? 어떻게 하면 담론의 살인적인 추상에서 벗어날 것인가? 만일 추상에서 출발한다면, 어떻게 추상을 제한하고 이 제한을 뛰어넘을 것인가?

노동의 분업이라는 가혹한 실천에 의해서, 관계기관에 의해서 무참하게 짓밟힌 '사회적 몸'으로부터 출발해야 하는가? 하지만 무슨 권리로, 또 이념이라는 잣대 없이 어떻게 몸 자체를 정의한단 말인가?

앞에서 몸이 우리의 분석 과정에 처음 등장했을 때, 그때의 몸은 철학적인 주체도 대상도 아니었으며, 외부 환경과 대립하는 내부 환경으로서, 중성적인 공간으로서, 또 이 공간을 부분별로 또는 파편별로 점유하는 기제로서가 아닌 '공간적인 몸'으로서 제시되었다. 공간에 의해서 생산된 생산물로서의 공간적인 몸은 직접적으로 대칭, 상호작용, 행위의 상호성, 축과 평면, 중심과 주변, 구체적인 대립, 다시 말해서 시간-공간적인 대립 등 공간이 지니는 특성을 고스란히 전달받는다. 몸이 지니는 이 같은 물질성은 하나의 장치를 구성하는 부분이라는 사실에서 기인하지 않으며, 공간과 무관한 채로 공간을 점유하기 위해 분산되는 자연에서 기인하지도 않는다. 이 물질성은 공간과 그 공간에서 움직이며 사용되는 에너지에서 비롯된다. '기계'로 친다면 이중적인 기계라고 할 수 있다. 한편으로는 대량 에너지(음식, 신진대사)에 의해서 작동하며, 다른 한편으로는 미세 에너지(감각과 관련된 정보)에 의해서 작동한다는 의미에서 이중적이다. '이중적인 기계'는 여전히 기계라고 할 수 있는가? 변증법적인 전개는 데카르트적으로 지극히 추상적이며, 역시 추상적인 방식으로 가다듬어진 공간 재현 속에 위치하는 기계라는 개념을 구체화시킨다. **이중적인**(double) 기계는 **이원적인**(duale) 구조 속에서의 상호작용을 전제로 한다. 이중적인 기계는 놀라운 효과를 포함하며, 일원적이고 일방적인 기제나 정의를 배제한다. 미세 에너지를 방출하고 수신하는 장치는 감각기관, 구심성-원심성 통로(신경)나 뇌 등에 위치한다. 대량 에너지 관련 기관은 주로 근육이며, 특히 생식기는 에너지가 폭발적으로 축적되는 지점이다. 이처럼 유기적인 몸의 구성은 직접적으로 공간 구성(조직)과 연결된다. 이 총체에 내재하는 경향, 즉 에너지를 포획하고 저장하며 이를 축적하고, 갑자기 소비하는 경향들 사이에 어찌 갈등 관계가 없을 수 있겠는가? 공간을 탐사하고 이를 침범하는 경향 또한 마찬가지다. 몸의 시간적 · 공간적 현실(이는 실체도, 총체도, 기제도 아니며, 하나의 흐름도, 닫힌 체계도 아니다)에 내재하는 갈등은 인간에게 있어서 인식과 행위, 뇌와 생식기, 욕망과 필요 사이의 갈등에서 그 정점에 달한다. 정점이라면 사다리의 가장 높은 단계? 가장 낮은 단계? 가치의 문제는 위계질서를 설정할 때, 서열을 정할 때에만 의미를 지니므로, 이렇게 다짜고짜로 묻는 것은 아무런 의미가 없다. 아니 **의미를 상실한다.** 위계질서와 더불어 우리는 서양적인 로고스, 즉 유대교-기독교주의 전통 속으로 들어가게 된다. 후에 일어나게 될 해체는 오로지 언어, 단어와 이미지, 장소들의 파편화에서만 기인하는 것은 아니다. 이는 변증법적 총체라고 할 수 있는 생명체에 내재하는 대립으로부터 기인하는 측면도 많다. 아니 특히 그렇다고 할 수 있다. 미세 에너지가 모이는 지점들(뇌, 신경, 감각기관)이 반드시 대량 에너지 집약지점인 생식기와 일치하는 것은 아니다. 오히려 그 반대다. 생명체는 그의 연장, 즉 생명체가 도달할 수 있고 생산해 내는 공간(요즘 유행하는 용어로 말하면 '환경'. 하지만 이 용어는 자연적인 물질성 속으로의 수동적인 편입만으로 활동을 축소시키는 경향이 있다)과 한꺼번에 고려될 때에만 의미와 존재 이유를 부여받는다. 모든 생명체는 자신의 '환경', 즉 자신의 공간 속에서 자신이 생산하는 변화 속에서 스스로를 반사하며 굴절한다.

발견되고자 스스로를 내어주는 몸은 다시금 스스로를 은폐하고 감추었다가 다시 살아나고, 다시 살아난 스스로를 보여주기도 한다. 몸의 역사는 혹시 공간의 역사와 관계를 맺고 있지는 않을까?

단점들뿐만 아니라 강점, 승리와 더불어 제공되는 몸은 정상과 비정상 사이, 건강과 병적인 상태 사이의 뚜렷한 구분, 사실상 매우 이념적이며 천박한 그 구분들을 용케도 피해나간다. 우리가 관습적으로 '자연'이라고 명명하는 것, 번식을 규칙으로 여기는 그 자연 안에서 쾌락과 고통은 구분될 수 있는가? 이는 확실하지도, 명백하지도 않다. 구분이라는 것은 인간이라는 종(種)이 인식과 예술의 도움을 받아 만들어내며 흔히 왜곡되곤 하는 아주 대단한 작품이 아닐까? 분리에는 매우 엄청난 대가가 따른다. 분리될 수 없으며, 되어서도 안 되는 것을 갈라놓아야 하기 때문이다.

계속해서 몸이 제공하는 것들의 목록을 작성해보자. 감각적인 공간은, 그다지 합당한 용어 같지는 않지만, 하여간 토대, 기초, 근본 혹은 배경이라고 할 수 있는, 후각이라는 감각을 지니고 있다. 향유와 그 반대되는 것이 있다면, '주체'와 '철학자처럼 말하기 위해서 필요한 대상' 사이에 내밀함이 있다면, 그건 틀림없이 냄새와 장소 안에 있을 것이다. "그들은 앞으로 나아간다. 해를 거듭하면서 곰의 발톱과 순록의 뿔에 의해서 잘리고 부러진 키 작은 자작나무들의 숲을 가로지른다……. 나무 등걸에 난 상처 위에서 눈과 태양, 새똥의 흔적을 발견할 수 있다. 우리는 깊은 뿌리에서 올라오는 수액의 외침, 전기처럼 짜릿하고 편집증적인 곤충들의 울음소리, 썩어가는 숲 속에서 썩어가는 나무의 부름을 들으며,

곰팡 슬어 괴로워하는 나뭇가지들과 하늘과 대지 사이로 고약한 냄새를 뿜어내며 부러지는 나뭇가지들의 군무를 본다. 그곳에서는 썩어가는 고 깃덩어리, 구역질나는 냄새를 풍기는 똥, 오염된 피라고 할 수 있는 인간 의 부패보다 훨씬 친근한 숲의 악취가 숨을 쉰다. 꺼져가는 생명, 더 이 상 생명이 아니며, 그 사실조차 모르는 생명보다 악취를 풍기는 것은 없 다. 고맙소, 철학자 양반들!……"21

강력하고 끔찍한 악취들에 대한 보상으로 자연은 향료, 온갖 진귀한 꽃들의 향기, 향수 등을 제공한다. 그런데 도대체 왜 간단한 위생과 소독 작업만으로 단숨에 제거해버릴 수 있는 이 같은 공간에 대해 길게 언급 해야 한단 말인가? 홀과 더불어 이를 인류학적 또는 '문화적' 사실로 간 주해야 할 것인가? 몇몇 '현대인들'이 냄새를 싫어하는 게 사실이라고 해서, 이것을 세제 산업의 원인과 결과라고 간주해야 할 것인가? 이 문 제에 대한 답을 찾는 일은 문화인류학자들에게 맡겨둔다고 하더라도, 현 대 세계 도처에서 냄새가 사라지고 있는 것만은 사실이다.

대대적인 세탁, 다시 말해서 자연적인 향기와 악취가 온갖 종류의 탈 취제로 인하여 자취를 감추는 현상은 이미지화하기, 구경거리로 만들기, 담론화하기, 글쓰기-독해하기 등이 좀더 거대한 시도의 일부분에 지나 지 않음을 보여준다. 어떤 사람(이 어떤 사람은 바로 유년기를 벗어나지 않은 어 린이 각자라고 할 수 있다)이 냄새를 통해서 장소나 사람, 사물을 구별하는 습관을 가지고 있다고 할 때, 그는 수사학에는 그다지 재주가 없을 수도 있다. 과도기적 대상, 다시 말해서 주관성으로부터 탈피해서 '타자'에게 도달하기 위해서 욕망이 잠시 머무는 대상은 우선 후각적인 것에서 찾아 진다. 에로스의 대상도 마찬가지다.

냄새는 코드로 해독되지 않는다. 냄새는 목록으로 작성되지도 않는 다. 냄새의 목록은 시작할 수도 마무리할 수도 없다. 냄새는 삶과 죽음이라는 근본, 토대에 대해서 알려준다. 냄새에 있어서는 그 어떤 변별적인 대립도 불가능하다. 시작되는 삶과 끝나가는 삶 정도의 대립만이 예외일 뿐이다. 수신센터와 그 주변 사이에 직접적인 연결, 즉 코와 후각 사이에는 다른 어떤 통로도 없다. 정보와 그에 대한 갑작스러운 응답 반응이라는 직접적인 자극 사이에서 후각은 동물성으로 찬란하게 빛난다. '문화', 이성, 교육, 청소된(깨끗한) 공간 등이 이를 위축시키기 전에 반응이 이루어지는 것이다. 당연히 받을 것을 요구하는 위축된 기관을 끌고 다니는 것은 병적 징후가 아닐까?

자신이 꽃이라는 사실을 모르는 장미, 자신의 아름다움을 모르는 장미(안젤루스 질레지우스)는 자신이 감미로운 향기를 발산한다는 사실도 알지 못한다. 비록 꽃은 이미 열매에 의해 희생될 운명을 타고난 처지이지만, 사라질 운명이 지니는 찬란함을 제공한다. 꽃은, 자연이면서 '의식하지 않는(inconscient)' 계산이자 계획인 삶과 죽음이라는 묶음을 스스로에게 부과한다. 자연이 제공하는 폭력이자 관용인 냄새는 의미하지 않는다. 냄새는 그 자체이며, 직접성, 하나의 장소를 점유하고 그 장소로부터 주변으로 확산되어 나오는 것으로서의 강력한 개별성인 자신을 말한다. 자연적인 악취와 향기는 표현한다. 흔히 산업 생산이라고 하면 악취를 풍기는데, 바로 그 같은 산업 생산이 향수를 생산한다. 우리는 이 향수가 '의미작용'을 하기를 원하며, 따라서 여자, 신선함, '뤼뱅의 나라'[뤼뱅(Lubin)은 1798년에 설립된 프랑스의 향수 회사로, 수백 종이 넘는 향수를 생산하면서 '뤼뱅의 나라'로 오라는 식의 광고를 했다—옮긴이], '글래머(glamour)' 등의 각종 단어들과 광고성 담론이 기의에 합류한다. 하지만 하나의 향수는 에로틱한 상태를 생산하거나 생산하지 않을 뿐, 거기에 대해서 말하지 않는다. 향수는 하나의 장소를 찬미하거나 그대로 놓아둔다.

맛은 냄새나 촉각(입술, 혀)과 뚜렷하게 구분되지 않는다. 하지만 맛은 두 가지씩 짝을 이루어 제시된다는 점에서 냄새와 다르다. 이를테면 달다-쓰다, 짜다-달다, 이런 식이다. 따라서 맛은 코드가 될 수 있으며, 일정한 코드에 따라 생산될 수 있다. 요리책은 실천의 규칙, 즉 맛을 생산하는 규칙을 만들 것을 종용한다. 그런데 맛은 하나의 메시지를 구성하지는 않으며, 코드화가 가능하다고 해서 자신들이 내부적으로 지니고 있지 않은 한정까지 더해주지는 않는다. 예를 들어 단맛이 곧 쓴맛으로 연결되는 것은 아니다. 다만 달콤한 씁쓸함과 씁쓸한 달콤함은 독자적인 매력을 지닌다. 단맛은 신맛과도 대립하고 쓴맛과도 대립한다. 그렇다고 해서 신맛이 쓴맛과 일치하는 것은 아니다. 여기서 사회적 실천은 자연이 한꺼번에 주는 것을 분리한다. 말하자면 향유를 생산하려 하는 것이다. 서로 다른 맛의 대립은 그것이 차가움-따뜻함, 바삭거림-물렁거림, 매끈함-거침 등 촉각에서 기인하는 다른 특성들과 연결 지어질 때 한층 강화된다. 이렇듯 '요리', 즉 끓이기, 졸이기, 굽기 등 불과 차가움을 조절하는 기술이라고 이름 붙여진 사회적 실천에 의해서 '인간적'이라고 말할 수 있는 의미를 지닌 하나의 현실이 부상한다. 물론 여기서 인본주의는 아무런 상관이 없다. 전통적인 인본주의는, 반대말이 되어버린 현대적인 의미에서의 인본주의와 마찬가지로, 향유라고는 거의 알지 못한다. 그저 단어로서 만족할 뿐이다. 몸의 중심에는 아무리 노력해도 도저히 축소할 수 없는 단단한 핵, 변별적이지 않지만 무관심하지도 않고 미분화된 것도 아닌 무엇인가가 있다. 이는 바로 원래 공간에 존재하는 냄새와 맛의 은밀한 조합이다.

이는 분명, 철학자들의 우아한 말투를 흉내 내자면, 몸을 매개로 하는 공간과 자아의 공존 이상의 것이 있음을 말해준다. 공간적인 몸이 사회적인 몸이 되어 이미 존재하던 '세계' 속으로 들어가는 것이 아니다. 공간적인 몸은 생산하고 재생산한다. 공간적인 몸은 자신이 재생산하거나 생산한 것을 지각한다. 공간적인 몸은 자신 안에 자신의 고유한 특성과 공간적인 한정을 지니고 있다. 공간적인 몸은 그것을 지각하는가? 실천적이고 감각적인 것 안에서 오른쪽과 왼쪽은 사물들 속으로 투사되고 그것들 위에서 표시되어야 한다. 공간 안에 축과 지침판, 진행방향과 방위, 대칭과 비대칭이라는 이중적인 한정을 도입해야 한다. 공간의 **측성화**(latéralisation) 조건과 원칙은 몸속에 내재되어 있다. 그렇다고 하더라도 측성화를 실현해야 한다. 그래야만 오른쪽과 왼쪽, 높은 곳과 낮은 곳이 서로를 지시하고 표시가 되어 선택(몸짓, 행위 등을 위한 선택)이 가능해진다.

토마티스(Alfred Tomatis)[22]에 의하면, 청각은 지각된 공간의 측성화에 결정적인 역할을 한다. 공간은 자신을 바라보는 것과 마찬가지로 자신의 소리를 듣는다. 시선에 자신을 드러내기 이전에 이미 소리를 듣는다. 두 귀가 지각하는 것이 반드시 일치하지는 않는다. 이 차이는 어린아이에게 경각심을 주며, 자신이 받아들이는 메시지에 물리적인 강도와 볼륨을 부여한다. 따라서 듣는다는 것은 공간적인 몸과 외부적인 몸이 위치한 곳을 이어주는 매개 역할을 한다. 귀라고 하는 유기적 공간은 우선 아이와 아이 어머니와의 관계에서 발생하며 멀리 있는 소음, 목소리까지 확장된다. 청각 장애는 측성화, 외부 공간 지각, 내부 공간 지각(실독증 등) 장애 등을 야기한다.

완전하고 완벽하게 동시적인 동질적 공간은 구분 불가능할 것이다. 그 같은 공간은 항상 생겨나고 항상 해결되는 대칭적인 것과 비대칭적인 것 사이의 갈등적인 요소로부터 벗어날 것이다. 여기서 우리는 현대에 있어서 건축적이고 도시계획적인 공간은 동질성이라는 특성을 지닌다는 사실을 지적할 수 있다. 기하학적인 것과 시각적인 것의 혼돈과 융합의 장소로서 건축적이고 도시계획적인 공간은 물리적으로 불편함을 생산한다. 그곳에서는 모든 것이 비슷비슷하다. 위치 결정이나 측성화가 불가능하다. 기표와 기의, 표시, 단서 등은 뒤에 첨가된 것이다. 말하자면 장식적인 것이다. 그렇기 때문에 사막 같은 느낌, 불편함을 더한다.

유추라는 관점에서 보자면, 이러한 공간은 과거 전통철학적인 공간(데카르트적인 공간)과 유사하다. 이것은 불행하게도 백지에 그려진 공간, 제도 책상 위에서 그려진 공간이다. 면들이 있고, 이 면들을 적당히 분할하고 높이 쌓아올리고 모형으로 만들어 투사하는 공간이기도 하다. 이 공간을 의미론적이거나 기호학적인 언어적 공간으로 대체하면 상황은 한층 심각해진다. 편협하고 무미건조한 합리성은 공간의 토대와 기초, 즉 완전한 몸, 뇌와 몸짓 등을 송두리째 제거해버린다. 이러한 합리성은 공간이 지적인 재현의 투사, 즉 독해 가능하며 보이는 것이기에 앞서, 무엇보다도 먼저 소리 듣기와 움직이기(몸짓과 물리적인 이동)로 이루어져 있음을 망각한다.

뇌를 메시지 수신 기계로 동화시키는 정보 이론은 뇌라는 기관이 지니는 특별한 생리와 뇌가 몸에서 차지하는 역할을 고려하지 않는다. 몸과 함께 몸속에서 고려되는 뇌는 단순히 기억하는 기계 또는 암호를 해독하는 기계가 아니다. 뇌는 욕망하는 기계는 더더욱 아니다. 몸 전체가 공간을 구성하며 공간을 생산한다. 그리고 그 공간 안에 메시지, 암호, 암호 해독, 해독된 암호들이 있으며, 내려야 할 결정들도 있다.

물리적인 공간, 실천적·감각적 공간은 이렇듯 후천적인 지적 지식의 투사에 대항해서, 지식에 의한 축소에 대항해서, 스스로를 재현하며 재구성한다. 절대적인 참, 지고지순의 명쾌함이 지배하는 공간에 대항해서 지하세계의 것, 측면적인, 부수적인 것, 미로처럼 복잡한 것, 어쩌면 자궁적인 것, 여성적인 것을 복권시키는 것이다. 비-육체의 기호에 대항해서 육체의 기호를 내세운다. "말기에 들어선 서양에서 몸의 역사는 다름 아닌 몸의 반항의 역사이다."[23]

그렇다. 살점을 지닌 몸(공간적·시간적)은 항거하며, 이 항거는 근원적인 몸, 과거의 몸, 즉 인류학적인 호소가 아니라 현재의 몸, '우리의' 몸을 위한 항거다. 영상에 의해 무시당하고 흡수되어버리며 산산조각난 몸. 아니 무시당한다는 표현으로는 부족하다. 아예 제거되었다는 표현이 훨씬 적절하다. 이는 혁명을 대체하는 정치적인 항거가 아니며, 사고나 개인, 자유의 항거도 아니다. 이것은 가장 기본적이고 세계적인 항거로, 이론적인 근거를 추구하는 것이 아니라 이론을 통해서 자신의 근거를 되찾고, 이를 인정받기 위한 항거다. 특히 이론을 향해서 더 이상 앞길을 막지 말라고, 더 이상 근거를 무시하지 말라고 요구하는 항거다. 이러한 탐사는 자연이나 '자발성이라는 허구'의 나락으로 되돌아가려는 것이 아니다. 어디까지나 각종 왜곡, 축소 또는 확대 적용, 언어적 수사, 유추와 동어 반복 등에 의해서 배제되었던 '체험된 것'에 대한 탐사이다. 의심할 여지없이 사회적 공간은 금지의 장이다. 금지와 그 보완물인 각종 지시 규정 등이 이 공간을 메우고 있다. 그렇다고 해서 이러한 사실로부터 일반적인 정의를 도출해낼 수 있는가? 아니다! 공간은 '아니오'의 공간이기만 한 것이 아니라 몸의 공간이기도 하며, 따라서 '예'의 공간, 삶의 공간이기도 하다. 그러니 비판적인 이론만 문제되는 것이 아니라, **뒤집어진 세계를 전복시키는**(마르크스), **의미를 반전시키고, 율법 판을 깨뜨리는** 파괴(니체)의 문제이기도 하다.

몸의 공간으로부터 공간 속의 몸, 불투명성(따뜻함)에서 투명성(차가움)으로 옮아가는, 이 이해하기 어려운 과정은 몸을 슬쩍 은폐하거나 부인하려 든다. 어떻게 이러한 요술이 가능하며, 어떻게 그 요술이 여전히 자행되고 있는가? 근거를 사라지게 하는 작업은 도대체 어디에 근거를 두고 있는 것일까? 어떠한 힘이 자아에서 타자로, 아니 자아에서 자신의 복제인 타자를 통해 자신으로 향하는 일부 경로에서 '정상적으로' 일어나는 일들을 사용해왔으며, 지금도 여전히 사용하고 있는가?

'내 몸' 안에 있는 자아가 나타나고, 스스로를 드러내기 위해서는 자신의 주위에 왼쪽과 오른쪽을 표시하며, 진행방향을 표시하는 것만으로 충분할까? '자아'가 다른 몸들과 대상들을 위치시킴으로써 타자들을 지시하기 위해서는 '내 몸'이라고 말하는 것으로 충분할까? 그렇지 않다. 더구나 자아가 '내 몸'이라고 말하기 위해서는 언어와 담론을 특정 방식으로 사용할 필요가 있다. 이것만 하더라도 결코 간단한 일이 아니다. 담론의 사용, 언어의 개입을 위해서는 어떠한 조건이 충족되어야 하는가? 자아와 그 분신의 코드가 가능하려면 어떠한 조건이 요구되는가? 중간지대(intervalle)의 코드화?

자아가 나타나기 위해서는 자아가 스스로를 드러내야 하며, 자신의 몸이 추상적인 세계로부터 **빠져나왔다고**, 즉 그로부터 벗어났다고 여겨야 한다. 세계의 먹잇감이며, 수천 가지 위협에 노출된 자아는 스스로 몸을 피한다. 자아는 방어를 통해서 스스로를 격리시키며 접근을 금지한다. 자연에서 자아는 스스로 약하다고 생각하기 때문에 울타리를 세운다. 자아는 스스로가 강해지기를 원한다. 허구라고? 그야 물론이다. 요술 같은 일이다! 요술 같은 이 작업은 명칭보다 앞서는가? 혹은 그 반대로 명칭이 먼저이며 그 뒤를 따르는가?

공격에 대비하기 위한 허구적이며 실제적인 울타리는 강화될 수 있다. 방어 반응은 강력한 갑옷〔빌헬름 라이히(Wilhelm Reich, 오스트리아 태생의 정신분석가, 정신과의사. 미국으로 건너가 성의학의 발전에 기여했으나 기이한 행동으로 감옥에서 생을 마감했다—옮긴이)가 이를 잘 보여준다〕을 만들어내기도 한다.[24] 서양이 아닌 다른 문명에서는 다른 방식으로 대처한다. 몇몇 매우 문명화된 몸의 사용법은 끊임없이 '주변'의 변이, 공간의 공격으로부터 몸을 **빼내려는** 경향을 보인다. 이는 시간적·공간적이며 실천적이고 감

각적인 몸의 겸손한 요구에 대한 동양적인 대응방식으로, 언어화를 통해
표면을 단단하게 만드는 서양적인 방식과는 대조적이다.

몇몇 상황에서는 격차, 중간지대, 간격, 즉 요술적이면서 실제적인 매
우 특별한 공간이 생산된다. 그 특별한 공간이 혹시 무의식은 아닐까?
무의식이란 아마도 모호한 자연 혹은 실체성(소망하고 욕망하는 실체), 언어
의 원천 혹은 언어로 이루어져 있는 것은 아닐까? 무의식이란 혹시 이
간격, 둘 사이에 놓인 부분이 아닐까? 그 부분과 더불어, 공간을 점유하
고 그곳에 도입되며 그곳을 지나가는 모든 것을 뭉뚱그려 지칭하는 것은
아닐까? 그런데 둘 사이라니, 무엇과 무엇의 사이란 말인가? 자신과 자
신, 몸과 몸의 자아(혹은 스스로를 형성하려는 자아와 몸). 이는 기나긴 학습
여정, 미성숙하거나 조숙하며, 가정적으로나 사회적으로 성숙하기 위해
매진해야 하는 어린아이가 겪는 형성과 분리를 통한 오랜 학습 과정 동
안에만 일어날 수 있다. 그런데 이 간격 사이에 무엇이 끼어드는가? 언
어, 단어, 기호, 추상처럼 필요하면서 운명적이며, 반드시 있어야 하지만
위험한 것들이 끼어든다. 말하자면 단어들의 먼지와 때가 머무는 죽음
과 같은 간격이다. 이곳으로 끼어드는 것들은 체험에서 벗어난 의미, 살
점이 달린 몸을 벗어나는 의미를 슬며시 건네준다. 단어와 기호는 은유
화, 즉 자아 밖으로 물리적인 몸을 끌어내기를 가능하게 만든다. 아니, 이
를 도발하고 지시한다.(서양의 경우 그렇다는 말이다.) 분리할 수 없을 정도로
마술적이며 동시에 합리적인 이 작업은 영혼과 육체를 **분리**(언어적)시키
고 **환생**(경험적)시키거나, 뿌리 뽑았다가 다시 심기, 추상적인 영역으로의
공간화에서 특정한 영역으로의 자리매김 등의 이상한 움직임을 끌어들
인다. 이것이 생명의 초기, 그 후로는 시나 예술, 재현 공간에서 보이는
혼합(여전히 자연적이면서, 이미 생산된) 공간(espace mixte)이다.

3.9　　　　순환적인 것과 선적인 것을 분리하는 분석적인 사고로는 몸을 파악할 수 없다. 성찰 작용을 통해서 해독해내고자 하는 단일성은, 몸이 지닌 대표적인 비밀인 불투명성 속으로 들어가버린다. 몸은 시간과 필요, 욕구 같은 순환적인 것과 사물, 물질적이며 추상적인 도구의 몸짓, 걸음걸이, 포획 같은 선적인 것을 하나로 묶어준다. 몸은 하나에서 다른 하나로 끊임없이 옮겨 다니는 가운데, 사고된 것이 아닌 체험된 차이 속에서 존재한다. 반복적인 것 속에서 차이를 포착해냄으로써 반복적인 것을 통해 새로운 것을 발명해내는 것이 바로 몸이 아닌가? 반면, 분석적인 사고는 차이를 배제하기 때문에 반복적인 것이 어떻게 새로운 것을 만들어내는지 인지할 수 없다. 인식은 자신이 몸의 불행과 시련을 야기한다는 사실을 인정하지 않는다. 중간 지대, 즉 체험된 것과 지식의 사이에 도입된 인식은 그곳에서 죽음의 작업을 완수한다. 빈 몸, 지나가는 통로로서의 몸, 사물과 유사한 기관들의 집합체로서의 몸, 팔다리가 모두 따로 떼어진 몸, 기관 없는 몸, 병적이라고 여겨지는 이러한 증세들은 재현과 담론이 낳은 병폐이며, 이는 현대 사회의 이념과 모순(특히 자유방임적이면서 동시에 억압적인 것이 공존하는 모순)에 의해 한층 악화된다.

산산조각난 몸, 몸의 파편화, 아니 더 정확하게 말해서 자아와 몸의 잘못된 관계는 오로지 언어에서만 기인하는 것일까? 기능에 따른 위치 매김으로 해체되는 몸, 전체(주관적, 객관적)로서의 몸에 대한 포기는 어릴 때부터 몸의 부분부분을 따로 떼어내서, 각각에 서로 아무런 관계가 없는 명칭을 붙여주는 데에서 기인하는가? 그 때문에 몸의 부분들(남근, 눈 등)은 재현 공간에서 해체되고, 마침내 병적으로 살아가게 되는 것일까…….

이러한 이론은 몸을 인정하지 않으며, 몸을 경멸하고 몸을 악마에게 주어버리던가 시체안치소에 던져버리는 기독교(아니, 유대교-기독교) 전통과 노동의 분업을 노동자는 물론 비노동자의 몸 내부로까지 철저하게 밀고나간 자본주의를 동시에 정당화한다. 최초의 학문적·생산적 체계 중의 하나라고 할 수 있는 '테일러 시스템'(미국의 기계 기사 프레더릭 테일러가 《과학적 관리 원칙》이라는 저술을 통해서 주장한 공장 노동의 관리 방식. 그는 노동자들의 동작과 시간을 연구함으로써 생산성 향상을 가져올 수 있다고 주장했으며, 그가 세운 이 원칙들은 포드 자동차 회사에서 가장 활발하게 적용되었다—옮긴이)은 몸의 전체로부터, 엄격하게 선적으로 통제되는 결정론에 복종하는 특정 움직임만을 취한다. 몸짓으로까지 특화가 확산된 이러한 노동 분업은 몸을 해체했다가 다시 취합할 수 있는 부분들로 파편화하는 데 있어서 확실히 담론만큼이나 중요한 역할을 한다고 말할 수 있다.

점차적으로 이론적인 사고의 영역으로 들어가게 된 자아와 몸의 관계는 매우 복잡하고 다양하다. 자아와 몸의 독자적인 관계(전유와 전유의 실패)는 지구상에 존재하는 사회, '문화', 어쩌면 개인의 수만큼이나 다양하다고 할 수 있다.

자아와 몸의 실천적 관계는 자연이나 공간처럼 다른 몸과 자아의 관계를 결정하며, 그 역도 성립한다. 곧 공간에 대한 관계는 몸과 의식을 포함하는 타자와의 관계를 반영한다. 전체로서의 몸은 담론을 포함하되 담론만으로 축소되지 않는 실천에 의거하여 분석되고, 스스로를 자기분석하며 자리매김하고 파편화된다. 노동이 놀이나 제의적인 몸짓, 에로티시즘적인 몸짓과 분리될 때, 상호작용과 간섭은 이에 비례해서 더욱 비중이 커진다. 현대 산업, 도시 생활과 더불어 추상화는 몸과의 관계를 지시한다. 자연이 점차 멀어지면서 전체로서의 몸을 회복시켜주는 것은, 대상에서도 활동에서도 아무것도 없다. 서양의 전통과 몸에 대한 무지함의 관계는 이상할 정도로 현실화된다. 이러한 왜곡을 담론의 탓으로만 돌리는 것은, 전통은 물론 추상화된 '실재적' 공간까지도 모든 비난으로부터 벗어나게 만들어주는 것과 다르지 않다.

3.10   몸의 창조적인 능력에 대해서는 더 이상 길게 말할 필요조차 없다. 몸은 늘 이것을 입증하고 공간 안에서 사용해왔다. 다양한 리듬이 서로에게 스며든다. 몸과 그 주변에서는 물의 표면이나 액체의 흐름 속에서처럼 여러 리듬들이 공간과 연결된 상태로 서로 만나고 교차하며 포개진다. 이 리듬들은 기본적인 자극이나 에너지들을, 그것들이 몸 안에서 분산되건 몸 표면에서 분산되건, '정상적이건' 과도하건, 외부 행위에 대한 반응이건 폭발적인 특성에 의한 것이건, 하여간 절대 자신의 밖으로 내보내지 않는다. 이 리듬들은 여러 경향으로 산재해 있거나 욕망으로 응집된 필요와 관계를 맺고 있다. 이 리듬들을 어떻게 열거할 수 있겠는가? 몇몇 리듬들은 즉각적으로 드러난다. 이를테면 호흡, 심장, 갈증, 허기짐, 졸음 등이다. 그런가 하면 드러나지 않고 은폐되는 리듬들도 있다. 성이나 번식, 사회적 삶, 사고의 리듬들이 여기에 해당된다. 어떤 리듬은 표면에 머물러 있는가 하면, 어떤 리듬은 깊숙한 곳에 은폐되어 있다.

   리듬 분석을 통하면, 리듬을 구체적으로 분석할 수 있을 뿐 아니라 리듬의 활용(전유)도 발전시킬 수 있다. 리듬 분석은 매개를 통해서만 드러날 수 있는 리듬, 즉 간접적인 효과와 표현을 새롭게 발견할 수도 있다. 리듬 분석이 궁극적으로 정신분석을 대체할 수도 있다. 더 구체적이고 더 효과적이며, (몸과 공간적 실천의) 전유 교육에 좀더 접근해 있기 때문이다. 리듬 분석은 생명체와 생명체의 외부적·내부적 관계에 적용될 수 있는 원리와 법칙, 즉 보편적인 리듬학의 탄생을 가능하게 해줄 수도 있다. 리듬학, 다시 말해서 리듬에 대한 인식은 우선적으로 무용과 음악, '리듬 세포', 그것들의 효과를 연구의 장으로 삼을 수 있다. 리듬 안에서는 반복과 중복, 대칭과 비대칭이 분석적인 사고에 의해서 분할되고 고정된 채 한정된 틀에 갇히지 않는 방식으로 상호 반응한다. 다(多)리듬적인 몸은 이와 같은 조건에서만 이해되고 전유된다. 리듬은 진폭, 사용되고 순환되는 에너지, 주파수 등에 따라 달라진다. 리듬은 '창공'에서 파장들이 그러하듯이 몸 안에서 강력함, 기다림의 힘, 긴장, 행위 속에서 교차하며, 이와 같은 차이를 수송하고 재생산한다.

리듬이 어떻게 순환적인 것과 선적인 것을 발전시키는지에 대해서는 음악이 잘 보여준다. 음악에서 음표의 길이와 박자는 선적인 특성을 지니는 반면, 각기 다른 음들의 집단, 다시 말해서 선율과 화음은 순환적인 (한 옥타브는 12개의 반음으로 나뉘며, 옥타브 안에서는 같은 음과 간격이 반복되어 나타난다) 특성을 지닌다. 마찬가지로 무용수와 무용수를 바라보는 자의 이중적인 코드(손뼉을 치거나 혹은 다른 몸짓을 통해서)에 의해서 조직되는 몸짓인 무용에서도 풍부한 연상을 이끌어내는 몸짓(패러다임)이 반복되며, 이것들이 제의적인 몸짓으로 연결된다.

우리는 공간 안에서 이루어지는 연속의 관계, 객관적인 관계인 리듬에 대해서 무엇을 알고 있는가? 흐름이라는 개념은 정치경제학(에너지, 물질 등의 흐름)에서만 '충분'하다. 이 개념은 공간의 개념에 종속된다. '충동'이라는 개념은 근본적이며 분리된 리듬이라는 개념을 정신 구조적인 용어로 옮겨놓은 것이다. 우리는 무엇을 살고 있는가? 주관적으로 느낀 리듬을 살고 있다. 여기서는 적어도 '체험된 것'과 '인지된 것'이 서로 접근한다. 자연의 법칙, 즉 우리 몸의 법칙은 하나가 되며, 아마도 이른바 사회적 현실의 법칙 또한 그렇다고 말할 수 있다.

하나의 기관은 고유한 리듬을 지니지만, 리듬은 기관을 지니고 있거나 그 자체로서 하나의 기관이 아니다. 리듬이란 상호작용이다. 리듬은 장소를 포함하고 있지만, 그 자체로 장소는 아니다. 리듬은 사물이 아니며, 사물의 집합체도 아니고 단순한 흐름도 아니다. 리듬은 그 안에 자신의 법칙, 즉 규칙성을 지니고 있다. 이 법칙은 공간, 리듬의 공간, 공간과 시간의 관계로부터 온다. 모든 리듬은 하나의 공간적·시간적 현실을 보유하고 점유한다. 이 리듬은 여러 학문을 통해서 밝혀졌으며, 물리적인 현실(파동)과 관련해서는 제어가 가능하기도 하지만, 생명체, 기관, 몸, 사회적 실천 등과 관련해서는 전혀 알려진 바가 없다. 하지만 사회적 실천은 일별, 월별, 연도별 리듬으로 구성되어 있다. 이러한 리듬은 자연적인 리듬에 비해서 훨씬 복잡할 확률이 매우 높다. 선적으로 반복하는 사회적 실천이 순환적인 실천의 반복을 지배하는 상황, 즉 리듬이 지닌 어느 한 면이 다른 면에 비해서 지배적인 상황은 심한 동요를 가져올 수 있다.

리듬의 매개(여기서 매개라는 말은 수단, 환경, 중개라는 세 가지 의미를 동시에 내포한다)를 통해서, 몸의 연장인 활기찬 공간이 형성된다. 공간과 공간의 이중성의 법칙(대칭과 비대칭, 방향성과 방위 등)이 어떻게 리듬감 있는 움직임의 법칙(규칙성, 확산, 상호침투)과 상응하게 되는가, 이 문제는 현재까지 답을 얻지 못한 상태다.

3.11   흔히 무의식이라고들 말하지만, 따지고 보면 무의식이 아니라 의식이다! 의식과 그 의식이 내포하고 있으며 '자의식'으로 가두고 있는 의식의 분신, 즉 의식의 복제! 무의식이란 복제, 반복, 신기루로서의 의식이다. 이 말은 무엇을 의미하는가? 우선 무의식을 실체화하거나, 의식의 상부 또는 하부에 박제화하려는 시도 또는 노력은 머지않아 보잘것없는 이념의 나락으로 떨어지게 되어 있다.[25] 의식은 스스로의 존재를 모르지 않는다. 만일 의식이 스스로의 존재를 모른다면, 그런 의식은 무엇에 대한 의식이겠는가? 본질적으로, 그 정의로 보아도 자신에 대한 의식, 즉 자의식은 스스로를 복제하며 스스로를 반복하는 동시에 대상들을 '반사한다'. 의식은 스스로를 인식하는가? 그렇지 않다. 의식은

자신의 조건이나 법칙(만일 그런 것이 존재한다면)을 알지 못한다. 이런 관점에서 본다면, 의식과 언어와의 유추가 가능하다. 언어 없이는 의식이 불가능할 뿐 아니라, 말을 하거나 글을 쓰는 사람은 누구나 언어(자신이 사용하는 언어)의 조건이나 법칙을 알지 못하지만, 그 언어를 아무 문제없이 사용한다. 그렇다면 의식의 '지위'는 어떻게 되는가? 인식과 무지 사이에는 중간지대 역할을 할 수도, 통로를 막아버릴 수도 있는 매개인 몰이해, 바꿔 말하자면 **제대로 이해하지 못하는 상태**가 존재한다. 자신이 꽃임을 알지 못하는 꽃처럼, 서양 사상에서 그토록 떠받들어온(데카르트에서 헤겔에 이르기까지, 아니 헤겔 이후의 철학에서도 계속되었다) 자의식은 자연적(물리적), 실천적, 정신적, 사회적 조건을 **제대로 이해하지 못한다**. 어린아이 때부터도 '의식적인 존재'라는 의식은 자신이 대상, '타자' 속에서 한 일에 대해서, 도구적인 대상과 담론이라는 특별한 생산물을 통해서 심의하고 숙고한다는 사실을 알고 있음은 이미 오래전부터 널리 정설이 되었다. 의식은 의식이 **생산해낸** 것을 통해서(이를테면 어린아이는 막대기를 가지고 놀면서 '존재하기' 시작한다. 즉 막대기를 가지고 사물들을 건드리고 망가뜨려가면서 존재감을 느끼기 시작한다는 말이다) 그 안에서 숙고한다. 의식적인 존재는 폭력과 결핍, 욕망과 필요, 적절하게 혹은 부적절하게 표현된 인식이 뒤죽박죽 혼합되어 있는 가운데에서 숙고한다.

따라서 이런 의미(하지만 이는 완전히 언어 그 자체의 방식이라는 의미는 아니다)에서 본다면, 의식은 스스로를 제대로 이해하지 못한다. 그렇기 때문에 인식의 여지가 생긴다. 의식에 대한 인식은 스스로 인식의 대상이 되어야 하는 까닭에, 한편으로는 완벽한 인식, 투명성(이데아, 신성, 절대적 지식), 다른 한편으로는 심연, 신비, 불투명성, 무의식이 존재한다는 식의 오해를 낳게 된다. 방금 무의식이라고 했던가? 이 용어는 참도 거짓도 아니다. 이 용어는 이유 있는 환상, 신기루 효과처럼 참이면서 동시에 거짓이다.

사람들(심리학자, 정신분석가, 정신과 의사)은 자기들 편한 대로 무의식에 모든 것을 갖다 붙인다. 이를테면 신경과 뇌에서 의식의 조건, 행위와 언어, 기억과 망각, 몸과 몸의 고유한 역사 등 이 모든 것이 무의식이 될 수 있는 것이다. 무의식을 물신화하려는 경향은 무분별(inconscience)의 이미지에 내재적이다. 그렇기 때문에 무의식과 관련하여 존재론, 형이상학, 죽음의 충동 등이 대두되는 것이다.

하지만 무의식이라는 용어는 분명 의미를 지니고 있다. 이 용어가 개개 인간 존재를 형성하는 매우 독특한 과정을 가리키기 때문이다. 이 과정이란 복제, 중복, 공간적인 몸의 다른 층위에서의 재개, 언어와 허구적·실제적 공간성, 반복과 경이, 세계(자연적 세계, 사회적 세계)의 학습, 추상화로 자연을 지배하는 '현실', 그러나 권력에 의한 추상화라는 추상화 중에서도 가장 고약한 추상화에 의해 지배받는 '현실'의 타협적인 전유 등을 모두 아우른다. 허구적이면서 실제적인 시련의 장소이며, **문화**라고 하는 '빛나는' 총체의 어두운 이면인 이 '무의식'은 전문가들이 생각하는 것처럼 아무거나 되는 대로 집어넣는 헛간과는 거리가 멀다.

수면. 철학에서 수면은 얼마나 수수께끼 같은 현상인가! 코기토가 어떻게 잠들 수 있단 말인가? 코기토는 시간이 종말을 맞이하는 순간까지도 깨어 있어야 마땅하다. 적어도 파스칼은 그렇게 생각했고 그렇게 말했다. 수면은 출산 이전의 삶을 재생산하며 죽음을 예고한다. 하지만 수면이라는 휴식은 충만감을 지니고 있다. 몸은 하나로 모이며, 정보 수집 기제를 침묵하게 하고 에너지 창고를 다시 채운다. 몸은 스스로를 닫으며, 이 순간은 나름대로의 진실과 아름다움, 선함의 순간이다. 다른 많은 순간들 중의 한 순간인 이 순간은 매우 시적(詩的)이다. 그런데 여기서 한 가지 역설이 등장하는데, 바로 허구적이며 실재적인 공간, 언어와는 분명히 다르지만 같은 체계에 속하는 공간, 사회적 학습보다는 수면을 세심하게 지키는 파수꾼인 '꿈의 공간'의 등장이다. 일반적으로 꿈은 욕망의 공간이며 충동의 공간이라고들 하나, 그보다는 오히려 흩어지고 깨진 리듬들의 집합, 욕망이 다시금 모습을 드러내는 상황들의 시적인 재창조라고 말하자. 꿈의 공간은 실현되기보다는 예고된다. 비록 에로틱한 꿈이 꿈꾸는 자의 쾌락과 실망 때문에 끊어진다고 하더라도, 꿈의 공간은 쾌락의 가상적인 지배가 이루어지는 향유의 공간이다. 꿈의 공간은 이상하고 낯설지만 가장 가까운 공간이며, 채색되어 있는 경우가 극히 드물고 음악 소리가 들리는 경우는 더욱 드물지만, 육감적이고 감각적인 공간이다. 꿈의 공간은 일상적이거나 시적인 공간이라기보다 자신을 위해서 자신을 영상으로 만드는 연극적인 공간이다……

꿈속에 등장하는 특화된 시각적 공간은 거대한 군중과 대상으로서의 사람, 사물, 몸을 포함한다. 이들은 장소와 그 장소가 지니는 지역적 특성으로 인하여, '주체들'과의 관계로 인하여 각양각색의 모습을 띤다. 도처에 각별히 선호되는 대상들이 있어서 기대와 관심을 끌면, 나머지 대상들은 무관심 속에 묻혀버린다. 알려진 대상들이 등장하는가 하면, 전혀 알 수 없는 것들도 있고 잘못 알려진 것들도 있다. 몇몇 대상들은 연결고리 역할을 한다. 임시적이고, 과도기적인 이들 대상들은 다른 대상들에게로 향한다. 특혜를 부여받은 대상인 거울은 과도기적인 기능도 지닌다.

여기 창문이 하나 있다고 하자. 이 창문은 단순히 시선이 통과하는 공백에 불과한가? 그렇지 않다. 또 시선이라고 하면, 누구의 시선을 말하는가? 비-대상인 창문은 대상이 되지 않을 수 없다. 과도기적 대상으로서의 창문은 안에서 밖으로, 밖에서 안으로라는 두 가지 의미를 지닌다. 이 두 가지는 구별되며 눈에 띈다. 창문은 밖(밖에서 보자면)에서와 안(안에서 보자면)에서 서로 다른 방식으로 끼워져 있다.

이번엔 문이 하나 있다고 하자. 이 문은 벽에 난 구멍에 불과한가? 그렇지 않다. 문은 틀을 이룬다. 틀이 없어도 문은 하나의 기능, 즉 통행을 가능하게 한다는 기능을 수행하겠지만, 그 기능을 제대로 수행할 수는 없다. 무언가가 부족하기 때문이다. 기능이란 무언가 다른 것, 기능적인 것보다 더 많은 것, 더 나은 것을 원한다. 틀이 있음으로써 문은 하나의 대상이 된다. 틀과 더불어 문은 작품이 된다. 이때의 작품이란 그림이나 거울과 그다지 거리가 멀지 않은 작품을 말한다. 과도기적이며 상징적이고 기능적인 '문'이라는 대상은 하나의 공간, 이를테면 하나의 방이나 거리라는 공간을 마무리한다. 또한 '문'이라는 대상은 이웃한 '방'으로 들어갈 것을 기대하게 하거나, 집 전체(혹은 아파트)를 예고하기도 한다. 출입문에 있는 문지방, 혹은 계단은 또 다른 과도기적 대상으로, 전통적으로 거의 제의적인(이를테면 문턱을 넘는다는 표현은 시련을 통과한다는 비유적인 의미를 동반한다) 중요성을 지닌다. 이렇게 볼 때 대상들은 (과도기적, 기능적 등) 범주에 따라 자발적으로 분류가 가능하지만, 그 분류는 어디까지나 잠정적인 분류에 불과하다. 언제라도 범주 자체가 바뀔 수 있으며, 대상들이 범주를 바꿀 수도 있기 때문이다.

여기서 한 가지 획을 그을 수 있다. 감각적 혹은 실천적·감성적 공간에서 특화된, 또는 실천적·사회적 공간, 다시 말해서 특정 사회의 실천적·사회적 공간 사이의 분절이다. 사회적 공간은 중성적인 공간에 하나의 이념을 투사함으로써 정의될 수 있는가? 아니다. 이념은 특정 활동의 위치를 정해준다. 이를테면 이곳은 신성한 곳, 저곳은 그렇지 않은 곳 등으로 정해준다는 말이다. 사원, 궁궐, 교회 등은 다른 곳이 아닌 바로 이곳이어야 한다는 식이다. 이념은 공간을 생산하지 않는다. 이념은 공간 안에 있으며, 공간에 포함되어 있다. 그렇다면 누가 사회적 공간을 생산하는가? 생산력과 생산관계가 사회적 공간을 생산한다. 새로운 질서가 나타나기 전까지 하나의 사회를 만들어가는 교육, 행정, 정치, 군사 활동 등의 다양한 활동을 포함하여 보편적인 사회적 실천을 형성하는 것이 사회적 공간을 생산한다. 그러므로 모든 자리매김에 이념을 갖다 붙여서는 안 된다. 사회적 '위치', 높은 곳, 낮은 곳, 정치적 '왼쪽', 오른쪽은 자리매김으로 통할 수 있지만, 이는 단순히 이념에서만 기인한 것이 아니라 공간이 지니는 상징적인 고유성, 다시 말해서 공간의 실천적 점유에 내재한다고 보아야 한다.

　사회적 공간 안에 자리한 감각적 공간은 무엇으로 이루어지는가? '무의식적으로' 연극화된 장치, 즉 장애물 계주, 그림자, 반사, 거울, 메아리 효과 등 담론이 함유하면서 직설적으로 지시하지 않는 모든 장치로 이루어진다. 반사적인 대상, 과도기적인 대상들이 손과 몸을 위해서 만들어진 연장들(간단한 막대기에서 복잡한 기계에 이르기까지)과 이웃한다. 몸은 언어에 의해서 깨져버린 스스로의 이미지에 대해서 단일성, 몸과 결합하고자 하는 단일성을 얻게 될 것인가? 반드시 그래야만 하며, 그 이상이 필요하다. 우선 호의적인 공간, 즉 파편화되지 않은 '존재들', 동식물들로 충만한 자연적 공간(이러한 공간이 부족하다면 건축이 나서서 이를 재생산해야 한다)이 필요하다. 그 다음으로는 사용 가능한 자재와 설비를 이용하는 효과적이고 실천적인 행동이 뒤따라야 한다.

　그런데 항상 편차가 나타날 수 있으며, 이는 은유나 환유를 통해서 극복된다. 언어는 실천적인 기능을 보유하고 있으나, 지식을 가려둠으로써 이를 은폐한다. 공간의 유희적인 면은 언어에 의해서 포착되지 않으며, 오로지 아이러니와 유머를 통해서만 드러난다. 대상들은 리듬, 기준점, 중심과의 연결점 역할을 한다. 대상들의 고정성은 상대적일 뿐이다. 시선과 언어, 몸짓에 의해서 거리는 무효화되거나, 반대로 심화된다. 멀어지고 가까워짐, 있고 없음, 사라지고 나타나기, 현실과 외관 등이 휴식을 제외하고는 중단 없이 연극적으로 얽히고설키며, 스스로를 연루시키고 서로를 설명하는 것이다. 감각적 관계는 있는 그대로의 사회적 관계를 반영하지 않는다. 오히려 그 반대로 이를 숨긴다. 감각적·관능적(실천적·감각적) 공간에서, 엄밀한 의미의 사회적 관계, 즉 생산관계는 보이지 않는다. 이것들을 우회하기 때문이다. 따라서 이를 해독해야 하지만, 정신적 공간에서 나와 사회적 공간으로 들어가는 암호 해독은 매우 어려운 과제다. 감각적·관능적 공간은 보이는 것-해독 가능한 것 사이에 정착하려는 경향이 있는데, 이는 사회적 실천(이를테면 노동, 노동의 분업, 노동의 조직 등)이 지니는 지배적인 특성을 제대로 알지 못하기 때문이다. 감각적·관능적, 유희적 공간은 자신들도 알지 못하는 사이에(놀이는 쉽게 공간을 전유한다) 사회적 관계를 포함하고 있다. 이 공간에서 사회적 관계는 대립과 대조, 연속적인 배열을 통해서 나타난다. 이 공간에서는 오른쪽, 왼쪽, 높은 곳, 낮은 곳, 중심과 주변, 표시되고, 방향성을 지닌 곳, 가까운 곳, 먼 곳, 대칭과 비대칭, 우호적, 적대적 등의 특성이 오래도록 지배적이다. 또 한 가지, 부성과 모성, 즉 남성적인 장소와 여성적인 장소의 존재도 잊지 말아야 한다. 그리고 이들의 상징도 명심해야 한다. 공간의 패러다임을 작성하는 일이야말로 지금까지 우리가 추구해온 목표 중의 하나다. 여기서 또 한 가지, 몸과 이웃해서, 관계와 경로의 망을 통해서 몸을 연장시키는 여러 가지 다양한 대상들의 존재를 잊지 말아야 한다. 이러한 대상들 중에는 리듬에 따라 몸을 연장(항아리, 찻잔, 칼, 망치, 포크)하거나 몸으로부터 떨어지게(농민들이나 장인들의 연장) 함으로써 자기들의 영역을 형성하는 도구나 연장이 포함되어 있다. 이러한 사회적 공간은 (역시) 말과 글쓰기의 장소로 정의될 수 있으며, 이 공간은 때로는 자신을 드러내고 때로는 감추며, 때로는 참을 말하고 때로는 거짓을 말한다.(거짓은 참과의 연결점 또는 근거로 작용한다.) 향유는 이 세계에서도 지속된다. 말하자면 특별한 대상을 찾아 이를 향유하는 행위 속에서 대상을 파괴한다. 향유는 도피다. 거울 놀이와 다르지 않다. 충만함과 실망이 중첩된다. 이 놀이는 끊임없이 계속된다. 자아는 분신에서 스스로를 알아보거나, 제대로 알아보지 못한다. 이와 같은 오해는 듣기, 기다림으로 이어진다. 시각적인 것과 밝음의 물결이 들리는 것과 만져지는 것 위로 넘실거린다.

이 단계에서는 아직 생산의 공간이나 공간의 생산이 이루어지지 않는다. 감각적·관능적 공간은 하나의 층, 퇴적 작용 과정에 생겨난 하나의 층, 사회적 공간의 상호 침투에서 형성된 하나의 층에 불과하다.

생산의 일반적인 특성은 이미 검토되었다. 대상이 되었건 공간이 되었건, 생산물들은 최대한 생산 활동의 흔적을 지운다. 생산에 참여한 노동자 또는 노동자들의 표시는 '노동자'가 사용자이며 소유자일 때, 다시 말해서 수공업 장인이나 농민일 때에만 가치를 지닌다. 대상들은 **완성된다**. 대상들은 **마무리되고** 완벽해진다.

이 같은 진실은 새로울 것도 없다. 다시 한 번 반복할 뿐이다. 이 사실은 중요성을 지닌다. 흔적을 없애는 일은 노동자로부터 그가 생산한 생산물을 빼앗는 작업에 매우 유용하다. 이에 대해서 흔적의 제거는 전이, 대체라고 하는 대대적인 작업을 용이하게 한다는 사실을 다시 한 번 확인시킴으로써 보편적인 의미를 부여해야 하는가? 따라서 이러한 흔적제거가 신화, 신화화, 이념을 가능하게 할 뿐 아니라 모든 지배와 권력의 토대를 이룬다고 말할 수 있겠는가? 만일 그렇다면 이는 지나친 일반화가 될 것이다. 공간에서는 그 어떤 장소도 사라지지 않는다. 하지만 생산물에서 생산적인 노동의 은폐는 매우 커다란 중요성을 갖는 것이 사실이다. 사회적 공간은 사회적 노동의 공간과 일치하지 않는다. 그렇다고 해서 향유의 공간, 비노동의 공간도 아니다. 생산되었거나 작업된 대상은 노동의 공간에서 그 노동의 공간까지도 포함하는 사회적 공간으로 이동한다. 이는 노동의 흔적을 지움으로써만 가능하다. 잘 알다시피, 상품이란 바로 이렇게 해서 만들어진다.

3.12　　　　사회적 공간의 한 층위 혹은 한 구역에서는 일련의 몸짓이 진행된다. 넓은 의미에서 볼 때, 이러한 몸짓의 개념은 노동을 위한 몸짓(농민, 수공업장인, 산업노동자)을 포함한다. 이보다 훨씬 좁고 명확한 의미에서 보자면, 기술적인 몸짓과 생산적인 행위는 포함되지 않고, 오로지 특화된 활동과 장소(노동, 전쟁, 종교, 사법 등 요컨대 제도화되고 코드화되었으며 위치 매김 되어 있는 모든 몸짓)를 벗어난 '시민적인' 삶의 몸짓과 행위만을 포함한다. 어떠한 경우이건 몸짓의 총체는 몸 전체에 움직임을 주고 몸 전체를 행동하게 만든다.

　몸(각각의 몸)과 몸 사이의 공간, 즉 몸을 만드는 **자재**(유전, 대상)와 몸이 사용 가능한 **설비**(태도, 조건, 이른바 전형)를 구비한 몸 사이의 공간을 생각해보자. 이러한 몸들의 앞에 혹은 주변에 자연-공간과 추상-공간이 있으며, 이 두 공간은 분석을 통해서 분리 가능하지만 실제로는 분리되지 않는다. 각자는 자신의 몸을 자신의 공간 안에 위치시키고 자신의 주변을 지각한다. 각자가 사용 가능한 에너지가 이곳에서 확산되고자 할 때, 다른 몸들은 활성화되었건 무기력하건, 장애물이 되거나 위험이 되는가 하면, 협력자가 되기도 하고 보상이 되기도 한다. 각자는 자신이 속한 수많은 망과 원래부터의 이중적인 형성, 즉 팔, 다리, 손 등의 움직임과 몸통을 중심으로 하는 회전, 머리를 중심으로 하는 원형, 나선형, 8자형 등 각종 움직임을 관장하는 평면과 축에 따라 움직인다. 이 같은 설비들에서 출발한 몸짓은 소속과 집단(가족, 부족, 마을, 도시 등)과 활동을 내포하며, 동시에 몇몇 자재도 내포한다. 이와 같은 활동을 위해서 사용 가능한 대상, 물질로 이루어진 실제적인 대상이면서 동시에 상징적이며 정서를 지닌 대상들이 여기에 해당된다.

우선 손을 보자. 손은 눈이나 언어에 비해 절대로 덜 복잡하고, 덜 '풍부하다'고 할 수 없다. 손은 만지고 쓰다듬으며 움켜쥐고, 부수고 때리고 죽일 수 있다. 만지기를 통해서 물질이 드러난다. 자연과 분리되고, 자신이 건드린 것을 자연으로부터 분리시키지만, 나름대로의 방식으로 몸과 몸의 리듬(선적으로 반복적인 망치, 순환 운동을 하는 도자기를 빚는 물레)을 연장시키는 손은 자재를 변화시킨다. 근육의 노력은 노동의 반복적인 몸짓 혹은 놀이의 반복적인 몸짓을 통해서 에너지를 대량으로 움직이게 한다. 또한 손은 접촉, 즉 만지고 쓰다듬는 촉각을 통해서 사물에 대한 정보를 탐색하는 동안엔 에너지를 미세하게 사용한다.

사회적인 몸짓이 사용하는 주요 설비는 따라서 **분절된** 움직임이라고 할 수 있다. 팔다리는 매우 섬세하고 복잡한 방식으로 분절되어 있다. 예를 들어 손가락이나 손, 손목, 팔 등은 무수히 많은 부분으로 나뉘어져 있다.

적지 않은 이론가들이 자연과 문화를 분리하면서, 분절되지 않은 것과 분절된 것 사이에는 단절이 있다고 주장했다. 이를테면 고함이나 울음, 고통이나 쾌감의 표출, 충동적이고 동물적인 삶을 분절된 단어, 언어, 담론, 행위 등과 대립시켰다. 그런데 이는 육체적인 몸짓이라는 매개를 망각하는 것이다. 몸짓은 충동이라기보다 분절되고 연속적이라는 점에서 (이렇게 말해도 된다면) 언어의 근원이 아닐까? 몸짓은 노동 속에서, 또 노동 밖에서 연속으로 이어지는 몸짓으로서, 언어와 몸짓에 관한 활동을 '분절하는' 뇌의 발달에 기여하지 않았을까? 유년기에 이미 어린아이의 몸 속에는 언어 이전의 몸짓, 다시 말해서 구체적으로 실천적인 몸짓, '주체'인 어린아이가 감각적인 대상과 맺는 최초의 관계가 존재하지 않았을까? 이러한 몸짓은 몇 개의 범주로 분류될 수 있다. 파괴하기(생산하기에 앞서서), 이동시키기, 연속으로 이어가기, 한군데로 모으기(폐쇄적인 연결체로서) 등이 이와 같은 범주에 해당될 수 있다.

가장 세련된 몸짓이라고 할 수 있는 아시아 국가들의 무용은 모든 분절(손가락 제일 끝부분까지도)을 움직이며, 각각의 부위엔 상징적(우주적) 의미가 부과된다. 가장 덜 복잡한 몸짓이라고 해서 의미를 지닌 총체, 다시 말해서 코드화되고, 해독 가능한 총체를 형성하지 않는 것은 아니다. 여기서 우리는 '코드'라고 말할 수 있는데, 몸짓을 연속적으로 이어가려는 의도가 분명하게 드러나며, 제의적이고 의식적인 면을 지니고 있기 때문이다. 이러한 총체는 언어와 마찬가지로 상징적인 몸짓, 기호로서의 몸짓, 몸짓 기호를 포함한다. 상징은 그 자체로서 의미를 지닌다. 기호는 하나의 기표를 하나의 기의와 대응시킨다. 기호는 즉각적인 또는 지연된 행동, 공격적일 수도, 정서적일 수도, 에로틱할 수도 있는 행동을 요구한다. 공간은 지연된 행위로부터 그 행위를 예고하고 준비하며, 의미하는 몸짓을 분리하는 중간지대로 지각된다. 몸짓은 대립(빠름과 느림, 뻣뻣함과 부드러움, 평화로움과 난폭함 등)과 제의적인(코드화된) 규칙에 따라 이어진다. 몸짓은 (몸이) 표현하는 것과 (다른 것들에게, 몸과 의식에게) 의미하는 것이 자연과 문화, 추상적인 것과 실천적인 것이 분리될 수 없는 것만큼이나 분리 불가능하다는 점에서, 하나의 언어를 형성한다. 위엄으로 충만한 태도는 대칭의 중심이 되는 면과 축이 몸의 움직임을 적절하게 조절하도록 하며, 그 결과 움직임을 보존하면서 이동하는 몸은 꼿꼿한 자세, 이른바 조화롭다고 하는 몸짓을 유지한다. 반대로, 겸양과 굴욕은 몸을 바닥 쪽으로 낮추고 납작하게 만든다. 결과적으로 패배한 자는 몸을 굽히며, 신앙심을 가진 자는 무릎을 꿇고, 죄를 지은 사람은 고개를 떨어뜨리고 몸을 바싹 엎드린다. 그런가 하면 인자함과 관용은 중도적으로 몸을 약간 숙이는 정도로 표현된다.

두말할 필요 없이 이러한 코드는 하나의 사회에 속한다. 이러한 코드들은 소속을 명시한다는 말이다. 하나의 사회에 속한다는 것은 그 사회가 지니는 코드를 알고 이를 사용함을 의미한다. 이를테면 예절이나 정중함, 애정, 토론, 협상, 전쟁 선언(동맹 코드는 지지를 통해서 불손함, 모욕, 공개적인 적대감 코드 등을 보완한다) 등에는 고유의 코드가 존재한다.

몸짓 연구(la gestuelle)[26]에서 장소와 공간이 갖는 중요성은 강조할 만하다. 높은 곳과 낮은 곳은 의미를 지닌다. 다시 말해서 바닥, 발, 하반신, 머리, 그리고 머리카락, 가발, 갈기, 모자, 파라솔 등 머리를 뛰어넘는 것으로 이어진다. 오른쪽과 왼쪽(서양에서 왼쪽은 암울한 기호이며 어두운 의미를 지닌다)도 마찬가지다. 장중한 소리, 날카로운 소리, 낮은 소리, 높은 소리, 센 소리, 약한 소리 등 목소리와 노래도 이 같은 상징주의와 의미를 한층 강화한다.

몸짓 연구는 이념을 육화(肉化)하며, 실천과 연결 짓는다. 몸짓 연구와 더불어 이념은 추상의 테두리 안에 머물러 있을 필요 없이 몸짓(주먹을 위로 쳐들기, 십자가 성호 긋기)을 통해 행동으로 구현된다. 몸짓 연구는 공간 재현과 재현 공간을 이어준다. 적어도 사제들이 신성한 장소에서 모방을 통해 우주의 창조주인 신의 몸짓을 보여주는 종교 의식을 비롯한 몇몇 특별한 경우엔 그렇다고 할 수 있다. 다른 한편으로, 몸짓은 가구, 의복, 각종 도구(취사용, 노동용), 놀이, 주거용 장소 등 공간을 채우고 있는 대상들과 관계를 맺는다. 이것만 보더라도 몸짓의 복합성을 알 수 있다.

몸짓에는 거의 무제한이라고 할 수 있는, 따라서 정의가 불가능한 복수 코드가 들어 있는가? 이 난감한 문제에 대해서는 지금 당장이라도 설명할 수 있다. 범주를 결정하는 데에는 수많은 코드가 개입한다. 이를테면 일상적인 몸짓과 축제의 몸짓, 우정에 따른, 혹은 적대감에 따른 의식의 몸짓, 소수에 국한된, 혹은 다수의, 즉 운집한 군중들의 몸짓 코드 등이 그 예에 해당된다. 그런가 하면 다른 코드로 넘어가기 위해 하나의 코드를 중단시킴으로써 하나의 코드나 하위 코드에서 다른 코드로 넘어가는 것을 가능하게 해주는 몸짓이나 기호 등도 있지 않을까? 물론이다.

그렇다면 '하위 코드'와 일반 코드로 나누어 생각해볼 필요가 있다. 이는 제대로 그렇게 할 수만 있다면 종류와 양식에 따른 분류를 가능하게 해주기 때문에, 언제까지고 무제한적으로 코드라는 총체를 늘여나가는 수고를 덜어줄 수 있다. 그러니 비교적 새로운 이 개념들(코드화, 코드해독, 메시지, 암호 해독)에 '오컴의 면도날(rasoir d'Occam) 원리'(14세기에 활동한 영국 출신 프란체스코파 수도사이자 스콜라철학자 윌리엄 오컴의 이름에서 따온 원칙으로, 존재는 필요 이상으로 수를 늘려서는 안 된다는 내용을 담고 있다―옮긴이)를 적용하도록 하자! 특히 담론의 하위 코드에 불과할 뿐인 공간의 코드를 생각해내는 일만큼은 피하도록 하자. 그럴 경우 구축된 공간을 담론 일반 또는 담론의 한 양태에 포개놓는 결과를 가져올 것이기 때문이다. 몸짓 연구는 이를 금지한다.

이러한 배려는 몸짓의 합리화가 아닌, 몸짓 연구와 공간 사이의 관계 규명을 목표로 삼는다. 어째서 동양인들은 낮은 가구들과 더불어 바닥 쪽으로 몸을 굽히며 생활하는가? 어째서 서양인들은 모서리에 각이 진 경직된 가구, 긴장된 자세를 요구하는 가구들을 지니고 사는가? 어째서 이러한 태도와 (공식적으로 정형화되지 않은) 코드들을 분리하는 경계는 종교와 정치의 경계와 일치하는가? 몸짓의 다양성은 언어의 다양성만큼이나 오묘하다. 어쩌면 사회적 공간의 연구가 이와 같은 의문에 답을 줄 수 있을지도 모른다.

조직된, 따라서 제례화되고 코드화된 몸짓은 '물리적' 공간, 즉 몸의 공간에서만 전위되는 것이 아니다. 이러한 몸짓들은 공간을 만들어낸다. 이 공간은 몸짓에 의해서 몸짓을 위해서 생산된 공간이다. 몸짓의 이어짐은 명확하게 정해진 부분들, 반복적이면서 동시에 반복을 통해서 새로운 것을 만들어내는 부분들의 공간적인 분절과 연결에 부응한다. 이를테면 수도원의 회랑과 그곳에서 산책하는 수도사들의 장중한 걸음을 생각해보라. 이렇게 해서 생산된 공간은 다(多)기능적(아고라)이다. 매우 엄격하게 정해진 일부 몸짓(스포츠, 전쟁)은 아주 일찍부터 경기장이나 무기고, 야영장 등의 특화된 장소를 생산해냈다는 예외가 있긴 하지만, 대부분의 공간은 다기능적이다. 이들 사회적 공간들 중의 대다수는 그곳에서 생산되는 몸짓과 그 몸짓을 생산하는 몸짓에 따른 리듬을 지닌다.(보폭이나 팔꿈치, 발 크기, 손바닥 크기, 엄지손가락 등.) 일상적인 미세 몸짓은 공간을 생산한다.(보도, 복도, 식사를 하는 공간.) 가장 엄숙하게 제의화된 거대 몸짓도 공간을 생산하기는 마찬가지다.(성당의 성가대 주변 회랑, 단상.) 몸짓의 공간과 상징성을 보유한 특정 세계의 개념이 만나면, 엄청난 창조력이 발휘된다. 예를 들어 수도원 회랑이 그런 경우이다. 자, 이런 예를 만날 수 있다는 건 굉장한 행운이다. 몸짓의 공간이 정신의 공간, 즉 신학적 관조와 추상의 공간을 바닥에 딱 붙여놓는 것이다. 몸짓의 공간은 정신과 추상의 공간으로 하여금 스스로를 표현하고 상징화하며, 명확하게 정해진 집단으로 하여금 명확하게 정해진 사회 안에서의 실천 속으로 들어가도록 하는 것이다. 이러한 공간 안에서, 충만함의 자기 관조와 초월적인 무한의 관조 사이에서 갈팡질팡하던 삶은 평온과 불만을 기꺼이 감내하는, 체념으로 이루어진 행복감을 맛본다. 관조자들의 공간, 통과 장소이자 집합 장소인 회랑은 무한의 신학에 유한하고 특화된, 엄격하고 정형화된 특화가 아니라 하나의 질서, 하나의 규칙에 대한 귀속감으로 인하여 사회적으로 개별화된 장소를 연결해준다. 회랑의 기둥과 기둥머리, 조각 등의 의미론적 변별성이 관조를 즐기며 휴식을 취하는 관조자들의 발걸음에 의해서 규정되는 경로를 점철한다.

'영적' 교환, 즉 상징과 기호의 교환의 몸짓이 고유한 기쁨과 더불어 공간을 생산했다면, 물질적 교환의 몸짓도 이에 못지않게 생산적이었다. 정치적 토의, 상업적 협상, 거래 등은 저마다 적합한 공간을 필요로 했다. 상인들은 세월이 흘러감에 따라 자기들 나름대로 매우 활동적이고 독창적이며 생산적인 집단을 형성했다. 오늘날 자본과 더불어 전 지구로 확산된 상품의 세계는 억압적인 자태를 보이는 탓에 저마다 그 세계를 질타하고 범죄시하며, 모든 병폐의 근원으로 매도할 정도다. 그런데 상인들과 이들이 취급하는 상품들은 여러 세기 동안 농경 사회와 도시 국가 등을 필두로 하는 과거 사회 공동체가 주는 제약에 대항해서 자유와 희망, 새로운 지평을 상징했음을 잊어서는 안 된다. 이들은 부와 곡물, 향신료, 직물 등 없어서는 안 될 소비물자들을 가져왔다. 당시 '상업'은 소통을 의미했다. 재화의 교환은 사상과 쾌락의 교환을 동반했으며, 이는 서양(유럽 또는 아메리카)보다 동양에 훨씬 많은 흔적을 남겼다. 상인들과 그들의 몸짓이 자신들의 장소를 만들어냈을 때 최초로 생겨난 상품의 공간은 그러므로 아름다움이 결여되었다고는 볼 수 없다. 주랑(柱廊)과 바실리카 회당, 시장 등의 아름다움이 바로 그 증거다. 또한 관능의 공간은 권력, 지식, 지혜 혹은 교환의 공간보다 훨씬 더 드물었을까?

어린아이나 어른, 커플이나 가족, 집단 또는 군중 등의 '공간 근접성(proxémies)'은 이처럼 수많은 창조가 이루어지는 현상을 설명하기에는 미흡하다. '공간 근접성(에드워드 홀)과 이웃이라는' 인류학적 개념은 '몸짓 연구'와 비교해볼 때 지나치게 엄격하다(축소적이다).

3.13   이항 대립, 층위별, 차원별 대립을 통한 구조적 구분이 세계성-전체성을 관통하며 이를 정의하는 데 일조하는 도도한 변증법적 움직임을 망각하게 해서는 안 된다.

첫 번째 계기: 공간 안에 놓인 사물(대상). 여전히 자연을 존중하는 생산은 공간에서 몇몇 파편들을 선택하고, 이 파편들이 담고 있는 내용물들과 함께 이를 활용한다. 사회에서는 농업이 지배적이며, 궁궐, 기념물, 농가, 예술품을 생산한다. 시간은 공간과 분리되지 않는다. 자연을 대상으로 하여 이루어지는 인간의 노동은 자연을 더 이상 신성하지 않게 만들어버리는 반면, 종교적이고 정치적인 건축물 안에 신성한 요소들을 집중적으로 모아놓는다. 형태(사고, 행위)는 내용과 분리되지 않는다.

두 번째 계기: 선사 시대로부터 역사 시대, 즉 **축적**(부, 지식, 기술), 교환을 위한 생산, 돈과 자본을 위한 생산으로 이어지는 몇몇 사회가 태동된다. 처음엔 예술 같은 양상을 취하던 인공이 자연보다 우월해지며, 형식과 형태적인 것은 내용과 분리된다. 추상화와 기호들이 그 자체로서 최초이자 최후의 진실로 부상한다. 그 결과 철학적이고 과학적인 성찰이 사물이나 대상 없는 공간, 사물이나 대상의 우위에 있는 공간, 수단이자 매개로서의 공간을 낳는다. 사물의 바깥에 있으며, 형식으로 인식되는 공간은 실체(데카르트적 공간) 혹은 이와 반대로 '순수한 선험적인 것'(칸트)으로 대두된다. 공간과 시간은 분리되는데, 공간이 축적이라는 실천을 통해 시간을 복속시킨다.

세 번째 계기: 공간과 상대화된 사물들은 다시 만나고, 공간에 대한 사고는 공간에 사물을 되돌려주며, 특히 시간을 제일 먼저 돌려준다. 사실 '그 자체로서의' 공간은 파악할 수 없고 사고할 수 없으며, 인식할 수 없다. '그 자체로서의' 시간, 즉 절대적인 시간 역시 인식할 수 없다. 그런데 시간은

공간 안에서, 공간적 실천을 통해 사회적으로 인식되며 구체적으로 실현된다. 이와 마찬가지로 공간도 시간 안에서, 시간에 의해서 인식된다. 차이 속에서의 통일, 다른 것 속에서 같은 것(역도 성립한다)이 구체화된다. 그러나 자본주의와 실천을 통해서, 공간과 시간의 관계와 관련하여 한 가지 문제가 발생한다. 자본주의적 생산양식에서는 사물을 생산하는 것, 즉 장소에 투자하는 것으로부터 시작한다. 그렇게 되면 사회적 관계의 재생산이 문제가 되며, 실천 속으로 도입되어 이를 변화시킨다. 자연 또한 재생산되어야 하며, 전 세계적인 차원(같은 규모로 자본주의의 정치적 공간을 생산해야 한다)에서 공간을 생산하면서 이를 제어해야 하는데, 이때 새로운 관계의 생산을 막기 위해서는 생산 시간을 줄여야 한다. 재생산이 사물의 생산이 아닌 새로운 관계의 생산을 방해하는 일에 종지부를 찍게 될 시간이 다가오는 것은 아닐까? 새로운 관계는 무엇으로 이루어지는가? 아마도 시간과 공간의 알려져 있으면서도 새로운 통합, 오래도록 무시되고 분리되어왔으며, 경우에 따라 어떤 때에는 공간에, 어떤 때에는 시간에 대해 베풀어졌던 특혜에 의해 대체되어왔던 통합으로 이루어지게 될 것이다.

이러한 움직임은 매우 추상적으로 보인다. 실제로 그렇다! 이 책의 지금 이 부분에서는, 마르크스의 저작이나 적어도 그의 저작의 일부에서도 그렇듯이, **가상적인 것**에 대한 성찰이 실재(현실)에 대한 인식을 인도하며, 과거의 선례와 조건들을 조명하기 위해 이들에 대해서 반응한다. 이 세 번째 '계기'에 들어서면, **현대성**은 현대성이 안고 있는 무수한 모순들과 더불어 드러나기 시작한다. 이와 유사한 방식으로 마르크스는 함의와 결과까지 곁들여 '상품의 세계'와 세계 시장의 확장을 고려했다.(내내 출판되지 않았다가 최근에야 출판된 《자본론》의 한 부분.) 그의 이 같은 고려는 당시로서는 역사(축적의 역사)가 예고한 하나의 가상현실에 불과했다.

이와 같은 방식은 지나친 일반화라고 지탄받아 마땅할 것인가? 아니다. 이는 극단적인 사고, 하나의 가설을 극단으로 밀고가는 사고라고 말할 수 있다. 오늘날 **생산한다**는 것은 결국 이런 물건, 저런 상품, 사물이나 작품을 생산하는 것이 아니라 **공간을 생산하는** 것이다. 이와 같은 입장은 과거의 선례, 즉 과거의 생산력과 생산 형태에 대한 인식에 작용한다. 이 방식은 말하자면 일종의 '압박 공격'이라고 할 수 있다. 이를 통해서 극단적인 가설을 정립할 수 있다. 상품(세계 시장)은 모든 공간을 점유할 것이다. 교환 가치는 전 지구에 자신의 법칙을 강요할 것이다. 어떤 의미에서 보자면, 세계 역사란 결국 상품의 역사가 아닐까? 극단적인 가설은 장애를 발견하게 해주고 반대되는 의견을 정립해준다. 공간에 관해서도 다르지 않다. 궁극적으로 국가는 자신만의 공간, 즉 정치적 절대성을 생산할 것인가? 아니면, 민족-국가와 그 국가의 정치적 절대 공간이 세계 시장 속으로 사라지는 광경을 목격할 것인가? 자기 파괴에 의해서? 몰락의 초월을 통해서? 두 가지 중 하나일까? 두 가지 모두일까?

3. 14   지난 수천 년 동안, **기념물성** 속에는 앞에서 드러내보인 **공간성**, 지각된 것, 인지된 것, 체험된 것, 다시 말해서 공간 재현, 재현 공간의 모든 계기들, 후각에서부터 말에 이르기까지 각각의 감각에 고유한 공간, 몸짓과 상징이 총망라되어왔다. 기념물 공간(espace monumental)은 사회의 구성원 각자에게 자신의 소속감과 자신의 사회적 얼굴의 이미지를 제공한다. 요컨대 기념물적 공간은 개인화된 거울보다 훨씬 '진정한' 집단 거울이라고 할 수 있다. 인정 효과(effet de reconnaissance)는 정신분석학자들이 말하는 '거울 효과'와는 또 다르게 큰 힘을 발휘할 수 있다. 각

자에게 고유의 위치를 부여하면서 모든 계기를 그러모으는 이와 같은 사회적 공간에 대해서 그 힘과 지혜를 수락하는 한, 각자는 자기에게 할당된 몫을 차지하며, 모두는 이 공간 전체를 소유한다. 기념물은 '합의'를 구현한다. 실제로 합의를 실천적이고 구체적으로 만든다는 말이다. 기념물적 공간 안에서 억압과 고양은 거의 분리될 수 없다. 좀더 정확하게 말하면, 억압은 거기에서 고양으로 은유화된다. 대성당이라는 공간을 분석해보라. 재현, 인상과 연상[27](인식의 코드, 개인적인 감정의 코드, 상징적인 코드, 해석의 코드)의 분류를 추구하는 기호학에 의해서 정립된 코드화는 기념비성을 낱낱이 파헤칠 수 없다. 도저히 그럴 수 없다. 생산이 이루어진 다음에 진행되는 분류와 코드화 체계 속에 편입될 수 없는 잔재, 축소할 수 없는 것들이 언제나처럼 가장 중요한 본질이다. 이런 것들은 도가니 속에 남은 다이아몬드에 비유할 만하다. 대성당이라는 기념물적 공간의 활용은 성당의 문턱을 넘어서는 자를 사로잡는 모든 의문에 대한 답을 함축하고 있다. 그자는 자신의 발자국 소리와 노래 소리를 들으며, 타오르는 향 냄새를 호흡하고, 과오와 속죄의 세계를 접한다. 그는 이념을 받아들이며, 상징을 해독해가며 관조한다. 그는 자신으로부터 출발하여 총체적 공간에서 총체적 존재를 경험한다. 하나의 사회를 파괴하기 위해서, 모든 시대의 정복자들이나 혁명가들은 어떤 방법을 택했는가? 그들은 기념물에 불을 지르거나 마구잡이로 부수며 이를 파괴했다. 때로는 기념물들을 원래의 용도와는 다른 용도로 전용했다. 어느 곳에서나 기념물의 사용은 교환의 코드보다 훨씬 뿌리 깊고 광범위한 영향력을 행사했다.

가장 아름다운 기념물들은 지속적인 자태로 스스로를 부각시킨다. 거대한 장성(長城)은 영원히 지속될 것으로 보이기 때문에 기념비적인 아름다움을 지닌다. 시간에서 벗어난다는 말이다. 기념물성은 죽음을 초월하며, 따라서 몇몇 사람들이 '죽음의 충동'이라고 일컫는 것도 초월할 수 있다. 겉모습이면서 현실인 이 같은 초월성은 축소 불가능한 기념물의 토대가 된다. 시간으로부터 벗어난 듯한 자태는 죽은 이를 추모하는 기념물이라고 하더라도, 아니 그럴 경우 더욱 불안을 극복하게 해준다. 이러한 기념물은 예술의 극치라고 할 수 있다. 형태는 죽음 그 자체를 덮어버림으로써 의미를 부정한다. 타지마할에서 왕비의 묘는 우아함, 순백, 꽃 장식으로 치장되어 있다. 한 편의 시 또는 비극만큼이나 기념물은 시간 앞에서 느끼는 공포, 죽음을 대하면서 맛보는 불안감을 장엄함으로 변모시킨다.

하지만 기념물이 지니는 '지속성'은 완벽하게 환상을 주지는 못한다. 이른바 현대적인 용어로 말하자면, 기념물적 지속성은 흠잡을 데 없는 신뢰감을 획득하지 못한다. 지속성은 물질적으로 실현된 겉모습을 통해서 가혹한 현실을 대체한다. 지속적이라니, 이는 결국 지속적이고자 하는 의지에 불과하다. 기념물의 불멸성은 하나의 표시, 즉 힘의 의지를 떠받친다. 오직 가장 세련된 형태로 나타난 의지, 권력의 의지, 의지를 위한 의지만이 죽음을 극복할 수 있다거나 극복했다고 믿도록 해준다. 지식은 심연 앞에서 실패하고 만다. 기념물과 창조주적인 건축가의 개입을 통해서 죽음의 공간은 스스로를 부정하며, 몸의 연장이되 종교적인 것과 (정치적) 권력과 지식의 결합체를 위해 봉사하는 삶의 공간으로 탈바꿈한다.

기념물적 공간을 정의하기 위해서는,[28] 기호학이라는 학문(코드화)과 상징주의적 설명을 제한해야 한다. 제한한다는 말은 '거부하다', '배척하다'를 의미하지 않는다. 기념물이 의미작용, 즉 의미를 부여하는 하나의 방식에서 기인하는 것이 아니어서 그렇다기보다, 기념물이 언어나 담론, 혹은 언어 연구를 위해 정립된 범주나 개념으로 축소될 수 없기 때문이다. 공간적 작품(기념물, 건축 작업)의 경우 운문이 되었건 산문이 되었건, 하여간 문자로 이루어진 텍스트와는 **또 다른** 복잡성을 안고 있다. 기념물의 경우 텍스트가 아니라 텍스처(texture), 즉 직조가 문제(이미 앞에서 언급되었던 차이)되기 때문이다. 직조에 대해서라면 우리는 이미 그것이 각종 망으로 연결된, 상대적으로 매우 광대한 공간이 대상이 되며, 기념물들이란 이 공간의 요지, 구심점 혹은 접합점이 된다는 사실을 알고 있다. 사회적 실천 행위들은 담론을 통해서 말해지지만 독해되지는 않는다. 음악 작품과 마찬가지로 기념물은 하나의 (혹은 여러 개의) 기의를 가지는 것이 아니라 **의미의 지평**을 보여준다. 다시 말해서 명확하게 규정된, 혹은 규정되지 않은 무수히 많은 기의들이 하나의 행동에 의해서, 또 하나의 행동을 위해서 한동안은 특정 의미가, 다른 시기에는 다른 의미가 전면으로 부상하는 식의 변화 가능한 위계질서를 이루는 것이다. 하나의 기념물이 지니는 사회적, 정치적 기능은 사회를 구성하고 제도화하는 다양한 '체계'와 '하위 체계', 코드와 하위 코드를 관통한다. 이 기능은 전체에 대한 전유를 추구한다는 점에서 상위 코드에서 기인한다고 할 수 있으며, 그 때문에 코드와 하위 코드의 한계를 넘어선다. 사회적 실천 속에 폭력과 죽음, 부정성, 공격성의 흔적이 남아 있을 경우 기념물은 이러한 흔적들을 지워버리며, 폭력과 공포를 통합하는 평온의 힘, 확실성으로 이를 대체한다. 이렇게 해서 기호가 지니는 죽음의 **계기**(요소)는 기념물적 공간에서 일시적으로 자취를 감춘다. 공간에서의 작업에 의해서, 공간에서의 작업 안에서 사회적 실천은 다른 '의미작용적인 실천', 문학적 텍스트를 포함하는 다른 예술의 한계를 극복한다. 하나의 합의, 심오한 동의가 실현된다. 그리스 연극은 비극과 희극, 즉 도시 안에 거주하는 시민들의 존재, 그들과 그들의 영웅, 신과의 합의를 전제로 한다. 연극적인 공간에서 음악, 합창, 가면, 계단 등은 모두 언어, 배우들에게로 수렴한다. 공간적인 행위는 갈등을 해결하지는 못하더라도 (일시적으로) 극복하며, 일상적인 걱정과 근심에서 집단적인 기쁨으로 옮아가도록 도와준다.

그런데 기념물이 위용을 잃거나 노골적으로 드러난 압제나 억압에 의해서만 이를 되찾게 될 경우, 상황의 전복이 시작된다. 주체(도시, 주민)가 흩어지게 되면, 기능을 갖춘 건물이 우위를 점한다. 마찬가지로 도시 안에서 주민들에게 주거지가 주거보다 우세하게 작용한다. 건물이라고 하면 우선 창고, 병영, 헛간, 관계의 집 등을 꼽을 수 있다. 건물은 사회적 실천의 모든 요소(형태적, 기능적, 구조적)를 한데 모으는 대신에 하나의 기능, 하나의 형태, 하나의 구조만을 지닌다. 그렇기 때문에 직조, 즉 도로, 지하, 주변 등의 짜임새가 헝클어지면, 합의가 아닌 폭력이 발생한다. 형태와 기능으로 이루어진 장소들이 기념물적 중심에 의해서 수렴되고 전유되지 않기 때문이다. 이렇게 되면 전체적인 공간엔 폭발적인 폭력의 부하가 걸리고 만다.

기념물과 건물 사이의 역학 관계가 바뀐다. 기념물에 대한 건물의 관계는 축제에 대한 일상성의 관계, 작품에 대한 생산물의 관계, 체험에 대한 지각의 관계, 돌에 대한 콘크리트의 관계와 같다. 여기서 앞에서 이미 살펴본 것만큼이나 광대한 새로운 변증법적 움직임이 그려진다. 건물과 기념물 사이의 모순을 어떻게 벗어나고, 어떻게 극복할 것인가? 어떻게 하면 건물들의 기념물성을 파괴하고 그보다 한 층위 높아진 단일성 속에 이를 다시금 회복시킬 것인가? 이 같은 변증법적 초월이 없다면, 상황은 천박한 상호작용과 '요소들' 간의 혼합, 공간적 혼돈 속에서 지지부진 상태를 면치 못할 것이다. 주거지와 더불어 건물은 정면과 내부 정비라고 하는 기념물의 기호를 받아들이고 있다. 부유층의 주거지는 피상적으로 '사회화'된다. 궁궐이나 귀족들의 대저택을 본떠서 영접 구조, 음료수를 마시기 위한 바, 만남과 에로티시즘의 장소(등받이 없는 긴 의자 등)를 구비하는 식이다. 그런가 하면 도시(파편화된)는 도시용 가구, 즉 노상(路上) 시설(mobilier urbain), '디자인', 인위적인 환경 정비 등을 통해서 역시 피상적으로 '사유지화'된다. 이는 모순을 해결하고 갈등 상황을 창조적으로 뛰어넘는, 3분법적인 변증법적 움직임이라고 할 수 없다. 이는 양자가 심각하게 대립하다가 결국 틀어져버리는 나머지 혼돈의 진흙탕 속으로 빠져드는 침체적인 대립 구조일 뿐이다.

3.15　　　그렇다고 해서 기념물의 개념이 고갈되는 것은 전혀 아니다. 우리는 몇몇 오류를 피하기 위해서 부정적인 방식을 강조함으로써 기념물을 정의해보도록 할 것이다. 기념물은 상징의 집합체(모든 기념물은 때때로 매우 고풍스럽고 이해 불가능한 상징을 포함하고 있다)나 기호의 연속체(각각의 기념물은 기호로 이루어져 있다)로 인식될 수 없다. 기념물은 비록 '대상성(objectalité)', 즉 자재의 거친 성질, 혹은 반대로 부드러운 성질로 말미암아 사회적 대상으로서의 지위가 매순간 드러난다고 해도, 하나의 대상이나 다양한 대상들의 집합체가 아니다. 기념물은 조각이나 형상도 아니며, 물질적인 몇몇 과정이 일궈낸 결과물도 아니다. 필수불가결하며 문턱과 문, 틀 등에 의해서 표시되는 '안-밖'의 대립은 자주 과소평가되는 경향이 있지만, 그것만으로 기념물적 공간을 정의하기에는 충분하지 않다. 기념물적 공간은 그곳에서 이루어지는 일, 그리고 결과적으로 그곳에서 이루어질 수 없고, 이루어져서는 안 되는(지시와 금지, 무대와 무대 아닌 곳) 일에 의해서 결정된다. 비어 있는 것이 충만한 것이다. 이를테면 성소, 대성당의 내부 공간, 중앙 홀 등을 상상해보라. 반면, 충만함은 같은 장소에서 거의 다른 장소가 된 것처럼(hétérotopique), 공백으로 바뀔 수 있다. 둥근 지붕과 천정이 좋은 예다. 타지마할은 이렇듯 충만한 둥근 윤

곽선과 곡선을 극적인 여백으로 전환시킨다. 음향, 몸짓의 움직임, 거대한 제의로 통합된 요소들, 무한으로 개방된 단절, 서로 연결된 의미작용 등 모든 것이 하나로 합해진다.

정서적인, 따라서 몸과 관련된 층위, 대칭과 리듬으로 연결되는 층위는 기념물적 공간의 고유한 특성으로서, 대부분의 경우 종교적 · 정치적 총체에 내재하는 상징, 정돈된 상징으로 포개진다. 공간의 사용을 위해, 구속적인 지시에 따라 구성요소들, 즉 첫 번째 층위(정서적이고 육체적이며, 체험되고 말해지는 층위)를 구성하는 요소들과 두 번째 층위(지각되는 것, 즉 사회적 · 정치적 의미작용)의 요소들, 세 번째 층위(인지되는 것, 이를테면 글, 사회 구성원들을 '합의' 속에 하나로 모이게 하며 이들에게 '주체'의 지위를 부여해주는 것)의 요소들이 분산된다. 기념물적 공간은 끊임없이 사적인 말을 공적인 말, 즉 담론이나 설교, 강론, 호소, 연극화된 말로 이동시킬 수 있다.

시인이 시를 통해서 살아가는 방식(사랑하기, 느끼기, 생각하기, 향유하기, 혹은 고통스러워하기 등)을 말한다고 할 때, 기념물적 공간은 시에 있어서의 입구와 거실과 유사하다고 말할 수 있다. 하지만 기념물적 공간은 독백에 해당되는 시나 다른 문학적 텍스트에 비해서 연극을 위한 텍스트, 다시 말해서 대화에 비유할 때 훨씬 쉽게 이해된다.

기념물적 공간은 시선을 위한 조형적인 특성만 지닌 것이 아니다. 기념물적 공간은 청각적인 특성도 지니며, 만일 그렇지 않다면 기념물성에 무언가가 결여되었다고 보아야 한다. 침묵은 종교적 건물 안에서라면 그 자체로서 음악성을 지닌다. 수도원의 회랑이나 대성당 안에서 공간은 귀를 통해 측정된다. 각종 소음이나 목소리, 노래 소리는 반향을 일으킨다. 이는 기본적인 소리들과 음색들이 이 공간에서 하나로 어우러지는 것과 같은 이치다. 문자로 쓰인 텍스트를 음성으로 구연하는 것도 이와 비슷하다고 할 수 있다. 건축적 양감은 공간을 점유하는 각종 리듬들

(계단, 제의적인 몸짓, 행렬 등) 사이의 조화와 이들의 음악적인 울림을 보장해야 한다. 이렇게 해서 이 층위에서, **보이지 않는 것**의 층위에서, 몸들은 서로를 되찾을 수 있다. 메아리가 청각적인 거울로서 존재를 반사하지 않는 곳에서, 하나의 대상은 무기력함과 활기참 사이의 매개 역할을 부여받는다. 예를 들어 큰 종, 작은 종(자신을 흔드는 바람을 포획하는 종), 낙수, 졸졸 흐르는 시냇물, 때로는 잡혀온 새들이나 짐승들이 그와 같은 역할을 한다.

우리는 기념물적 공간에서 일부 정신분석학자들과 언어학자들이 기본적으로 분석하는 두 가지 단계를 다시 만날 수 있지 않을까?

a) 전위(déplacement), 즉 환유. 부분에서 전체로 옮아가기, 인접성.
b) 응축(condensation), 즉 대체, 은유, 유사성.

틀림없이 어느 정도까지는 가능하다. 사회적 공간, 공간적 실천의 공간, 어느 정도 코드화된 생산과 노동, 비노동의 사회적 관계의 공간, 이 공간은 기념물적 공간 안에 응축된다. 러시아 건축가들에 의해서 1920년부터 1930년 사이에 제시된 '사회적 응축 장치(condensateur social)'라는 개념은 보편적인 효력을 갖는다. 공간적 직조의 '고유성'은 성소, 왕좌, 대통령의 의자 등 하나의 지점을 중심으로 집중된다. 이렇듯 각각의 기념물적 공간은 대체라는 장치를 통해서 종교적인 것과 정치적인 것이 상징적으로 자신들의 속성, 즉 권력의 속성을 교환함으로써 사회의 은유적, 형이상학적 실현 매체가 된다. 이렇게 되면 성스러운 것의 힘과 힘의 성스러움이 서로에게 옮겨지며, 서로 그만큼 강화된다. 공간을 구성하는 장소들의 수평적인 연결은 수직적인 포개짐, 즉 권력의 장소에 도달하기 위해 필요한 경로를 밟아가는 위계질서를 대체한다. 꽃병, 의자, 의복 등 일상의 실천에서 선택된 각각의 대상은 전위를 통해서, 꽃병은 성스러운 꽃병, 의복은 제의용 의복, 의자는 권위의 의자로 변하면서 기념물적 공간으로 이동한다. 소쉬르 학파가 제시한 기표를 기의로부터, 대상을 욕망으로부터 분리시키는 벽은 성스러운 것을 세속적인 것으로부터 분리시키고, 기념물적 공간의 지시를 벗어나는 몸짓을 억압하기 위해, 요컨대 외설적인 것을 배제하기 위한 사회적 요구가 원하는 곳으로 이동한다.

그렇다. 하지만 이런 말들을 아무리 늘어놓아도 설명되는 것이라고는 별로 없다! 이런 말들은 모든 '기념물성'에 들어맞지만, 어떤 권력이 작용하는지에 대해서는 말해주지 않는다. 무대에서 보여서는 안 되는 것(obscène)은 그 자체로서 의미작용을 하는 과정이 아니라 사회적 실천의 일반적인 범주에 해당된다. 무대로부터 배제되는 것은 공간에 의해서 말없는 가운데 말해진다.

3. 16   사회적 공간(여기서는 기념물적 공간)의 복합성은 분석 과정에서 차이들을 해방시킴으로써, 차이들을 열거함으로써 드러난다. 단순해보이던 것이 복잡함을 드러내는 것이다. 복잡함은 기하학적으로 대상화된 공간(정사각형, 직사각형, 원, 곡선, 나선 등)이나 정신적 공간(논리적 내재와 일관성, 명사와 술어가 연결되기 등)에 깃들어 있지 않다. 복잡함은 특히 서로를 전제로 삼고 제안하며, 포개지는 공간적 실천의 지각과 재현의 층위에서 비롯된다. 기념물, 아니 일반 건물, 혹은 단순한 오두막집에 들어서는 것과 같은 일련의 행위가 발화, 절, 일련의 문장과 같은 언어보다 덜 복잡하다고 할 수 없다. 그런데 이 복잡성은 경로와 담론 사이의 유추와 상관관계에도 불구하고 어느 한 가지에 의해서, 같은 형태로 정의될 수 없다. 요컨대 이 복잡성은 다르다.

a) **특이성**(singularité)의 층위는 몸(각각의 몸과 몸의 결합)의 주변에 위치한
다. 이 층위는 호의적 · 적대적, 여성적 · 남성적 등 대립되는 특성을
지닌(정서적) 장소로 몸을 연장한다. 이 특성들은 특정 장소에 의해서
발현되면서 이들 장소에 상징적인 힘을 부여한다. 이 층위는, 때로는
전복시켜가면서 대칭-비대칭의 법칙에 복종한다. 이런 식으로 할당
된(가치가 부여된) 장소들은 정신적 공간으로 분산되지 않으며, 분리되
지 않는다. 무엇이 이 장소들을 이어주는가? 기호학적 차이인 리듬들
이다.

b) 이 층위는 또 다른 하나의 층위인 **일반성**(généralité)의 층위, 다시 말해
서 사회적 실천의 층위에서 변화를 통해서 재조정된다. 정치적 말, 질
서와 지시의 공간, 대개 종교적 상징의 속성을 지니며 이따금씩 단순
히 힘과 폭력 상징의 속성을 지니는 공간으로 변한다. 활동의 공간, 따
라서 성별, 나이, 소속 집단, 노동 분업의 공간, 그러므로 공동체(마을,
도시)의 공간이 된다. 이 공간에서 리듬과 몸, 말은 대부분 문자를 사
용해서 지시된 공존원칙에 복종한다.

c) 다시 특이성의 층위가 등장한다. 하지만 이때의 특이성은 명확하게 규
정되고 허가되었거나 금지된 공간 안에서 집단, 특히 가족에게 부여된
개별성(particularité)으로 변화된 특이성이다.

3.17   이 같은 분석은 기념물로서의 시에 대립되거나 첨부된 세
계에 대한 산문을 건물의 문제로 돌아오게 한다. 자본주의적 공간의 동
질적인 모태로서 건물은 권력에 의한 통제의 대상과 상업적 교환 대상을
자신의 지배 속에서 성공적으로 결합시킨다. 건물은, 뒤에서 상세하게
살펴보겠지만, 사회적 (경제적 · 정치적) 관계의 난폭한 응축을 통해서 움

직인다. 건물은 축소하는 방식으로 공간의 패러다임을 포함한다. 공간의 패러다임에는 지배-전유(기술적 지배를 선호), 작품-생산물(생산물을 선호), 직접-매개(기술적인 설비에서 건설 사업의 자금 조달자에 이르는 매개와 매개자를 선호) 등이 포함된다. 건물은 예를 들어 향유와 고통, 사용과 노동 같은 대립과 의미심장한 가치들을 축소시킨다. 난폭하게 응축된 사회의 속성이 19세기 이후 행정 건물, 학교, 역, 시청, 경찰서, 관공서 등에서 쉽게 눈에 띈다. 활동의 전위 또한 응축만큼 중요성을 지닌다. 각종 '시설들'은 효율로 충만하다. 기업이 노동의 장소인 것처럼, 시설들은 여가, 운동, 놀이 등의 활동을 특화된 장소에 위치시키고 '엄수'한다. 시설들은 그 자체로서의 사회적 공간, 다시 말해서 자본에 의해 경제적으로 경영되며, 사회적으로 부르주아 계급에 의해 지배되며, 정치적으로는 국가에 의해 관리되는 공간 안에서, '통사적으로' 각 활동들 간의 접목을 실행한다.

총체적(global) 공간은 새로운 분석의 지평을 열며 마무리되려고 하는 **건축술**(architectonique, 잡다한 인식을 학적 체계로 통일하는 방법과 지식 체계의 기술—옮긴이)에 속할 것인가? 아니다. 몇 가지 이유 때문에 그렇게 될 수 없다. 우선 총체적 공간은 변증법적 움직임에서 비롯된다. 이러한 움직임은 이항 대립, 대조와 보완, 신기루 효과와 복제처럼 총체적 공간을 결속하며 그 공간에 동화된 요소들만으로 축소될 수 없다. 이 요소들은 필요하기는 하지만 그것들만으로는 충분하지 않다. 총체적 공간은 3분법적 갈등과 합병의 관계에 따라 움직인다. 이러한 합병의 가장 중요한 핵심을 상기할 필요가 있다. 자본주의는 프롤레타리아와 부르주아 계급, 임금과 이윤, 생산적 노동과 기생 상태 등의 이항 대립에 의해 분석되거나 설명되지 않는다. 자본주의는 세 가지 요소, 세 가지 관계, 세 가지 계기를 내포한다. 토지, 노동, 자본, 즉 지대, 임금, 이윤, 이렇게 세 가지이며, 총체적 통합에서는 이를 가리켜 잉여가치라고 한다.

또한 총체적 공간은 다른 방식으로 존재하며, 부분적인 효과 외에 다른 효과도 포함한다. 언어와 마찬가지로 총체적 공간은 소통의 효과(기념물과 건물, 거리 광장 사이의 공간) 외에도 폭력과 설득, (정치적) 합법성과 불신이라는 상호 모순적인 효과도 행사한다. 권력의 표시나 지시의 흔적을 보유하는 총체적 공간은 앞에서 언급된 건축적(기념물-건물), 도시적 층위에 효과적으로 작용한다. 총체적 공간은 주민들에 의해서, 주민들을 위해서, '사적인' 것에서조차도 주민들이 '공적인' 것을 용납하고 인내하는 한, 스스로 의미작용을 하고자 한다.

여기에 대해서는 또 다른 분석들이 필요하다.

절대 공간에서 추상 공간으로

4

4.1 앞에서 논의했던 내용을 정리해보자. 처음엔 생물학적 형태였다가 차츰 인류학적 형태로 변해간 사회적 공간은 이러한 즉각성에서 벗어나려는 경향을 보인다. 그렇지만 아무것도 완전히 사라지지는 않는다. 남아 있는 것은 흔적이나 추억, 잔존물에 의해서만 정의될 수 있다. 공간에 있어서 이전의 것은 이후에 오는 것의 실현 매체가 되어 남게 된다. 사회적 공간이 지니는 이 같은 조건은 그 공간 내에서 고유한 지속성과 현실성을 지닌다. 일차적 자연이 어떤 의미에서는 완전히 동화되어 인위적이라고 할 수 있는 이차적 자연, 즉 도시적 현실 속에 남아 있는 것도 그와 같은 이치에 의해서다. **건축술**은 '층(層)'이니 계(系), 침전물 같은 일부 은유적 용어들이 단적으로 표현하는 이와 같은 집요함을 기술하고 분석하며 드러내보인다. 건축술은 민족학, 민족지학, 인문지리학, 인류학, 선사·역사학, 사회학 등 파편화되고 전문화된 학문 속에 산재된 것들을 모두 포함하며 하나로 집결시키려는 학문이다.

이런 식으로 인지된 공간은 말하자면 '유기적' 공간이라고 할 수 있다.

집단 간의 관계, 각 집단 구성원들의 관계, '사회'가 자연과 맺는 관계 등의 즉각성 속에서 점유된 공간은 현장에서 사회의 조직, 구성 관계 등을 직접적으로 드러낸다. 이러한 관계들은 추상화시킬 여지가 매우 적으며, 성별, 나이, 혈통, 그리고 정신적으로는 말이라고 하는 개념을 동반하지 않은 '이미지'의 층위에 남아 있게 된다.

인류학[1]은 이러저러한 특정 '원시인' 집단에 의해서 점유된 공간이 어떻게 사회 구성원들 간에 존재하는 위계질서에 부합되며, 이를 끊임없이 현실화하는지를 보여주었다. 하나의 원시 사회를 이루는 구성원들은 자신들이 그렇게 하고 있다는 사실조차 알지 못하면서 이 사회의 규범에 복종한다. 다시 말해서 이들은 그것이 규범이라는 사실조차 알지 못한다는 말이다. 이들은 공간적으로 규범을 생활화한다. 즉 규범을 무시하지도 잘못 알지도 않으면서, 이 규범들을 즉각성 속에서 생활화하는 것이다. 이 사실은 프랑스나 이탈리아, 터키 등의 농촌에서도 예외 없이 적용되는데, 물론 시장이나 사회적 추상(이를테면 돈 같은 것), 정치권력 등 다른 곳, 먼 곳으로부터 전해진 것의 개입을 제대로 관찰할 경우라면 확인할 수 있다는 말이다. 가까운 영역, 즉 이웃의 지시와 먼 영역, 즉 국가의 지시는 더 이상 일치하지 않는다. 이 두 질서는 서로 만나거나 통합된다.[2] 이렇게 해서 '건축술적' 결정은, 그로 인하여 이루어지는 공간처럼 한 사회에서 점점 더 과격하게 변해가면서도 결코 사라지지 않으며 끈질기게 남는다. 이렇듯 감추어진 지속성은 공간적 현실에서만 생산되는 것이 아니라 재현에서도 생산된다. 이전에 존재하던 공간은 공간의 지속적인 배치를 용인하지 않을 뿐 아니라 또한 각종 이미지나 신화적 이야기를 동반하는 **재현 공간**도 용인하지 않는다. 사람들은 많은 혼동을 야기하는 문화라는 단어를 사용하여 이것을 '문화적 모델'이라고 부른다.

인식은 '삶'을 연구한다는 명목 하에 체험된 것을 축소하는 공간의 재현에서 출발하면 곧 함정에 빠지게 된다. 공간 재현과 재현 공간의 결합, 파편화되고 불확실한 결합이 인식의 **대상**이고, 이 '대상'은 **주체**를 내포하는 동시에 설명한다. 주체는 공간적 실천 안에서 체험된 것, 지각된 것, 인지된 것(알게 된 것)을 두루 만난다.

'우리의' 공간은 이렇듯 역사의 후기 침적물, 축적, 수량화의 기저에서 규정된다(규정한다). 이것은 뒤늦은 재현에 **따라 공간 안에** 깃들어 있는 특성이 아니라 **공간의 속성**이다. 이것은 '문화' 또는 '문화적 모델'을 형성하는 속성인가? 이런 말들은 우리가 진행하고자 하는 분석에 거의 보탬이 되지 못한다.

고유한 발생 기원과 시기를 지니는 이러한 속성들은 일정한 공간적 토대(유적지, 교회, 사원, 성 등)에서 지속되며, 이러한 공간적 토대가 없어지면 곧 사라져버린다. 자연은 비록 배제되고 조각나고 구획화되었을지라도, 여전히 더 이상 축소될 수 없는 모든 것의 가장 근본적인 토대로 남아 있다. 요컨대 자연은 상대적인 것들 가운데에서 절대적인 것으로 남는다.

로마와 로마인들로부터 주술적이고 종교적인 총체들, 다시 말해서 저주를 내리거나 축복을 내리는 남성적인 신, 여성적인 신, 대지를 관장하거나 지하 세계(죽음의 세계)를 관장하는 신, 각종 제례와 형식주의에 복종하는 신들로 가득 찬 공간을 이어받은 기독교 전통은 이것들을 현대성으로 이끌었다. 창공과 천체, 인간들이 거주하는 대지의 중심에 지중해가 놓여 있다는 고대의 공간 재현은 쇠락했다. 반면, 죽은 자의 땅, 지속적인 힘 또는 대지의 힘, 깊이와 고도 등의 재현 공간은 살아남았다. 예술은 여전히 회화, 조각, 건축을 막론하고 여기서 영감을 얻는다. 중세 시대에 문화(현대적인 의미에서는 비문화(l'in-culture))란 8음절 서사시집이나 원탁의 기사 이야기에 등장하는 서사적 공간, 꿈과 실재가 적당히 혼합된 공간, 말을 탄 기사들이 출몰하며, 십자군 원정이 벌어지고, 힘겨루기 대회, 전쟁, 그리고 축제가 혼재된 공간을 지니고 있었다. 이 공간은 조직적이고 법률적이며, 끊임없이 소소한 지역의 신들에게 호소하는 로마 문명의 공간과 혼동되지는 않지만, 그렇다고 해서 확연하게 구별되지도 않는다. 한편, 신화와 전설, 숲과 호수, 대양으로 이루어진 서정적인 공간은 17세기 이후 민족국가가 등장하면서 생겨난 관료주의적이고 정치적인 공간과 필적한다. 서정적인 공간은 이 같은 공간을 보완해주는 셈이었다. 말하자면 관료주의적, 정치적 공간의 '문화적' 이면인 셈이었다. 이 낭만적인 재현 공간은 낭만주의와 더불어 로마 문명을 전복시켰으며, 서양 최초의 대대적인 농지 개혁을 이루어낸 게르만 야만족으로부터 전파되었다.

현재의 형태를 '역사적인' 매개를 통해 즉각성과 결부시키는 것은 역순으로 이를 재생산하는 것이라고 할 수 있다. 재현 공간과 그것이 내포하는 상징주의 사이에는 갈등이 드물지 않다. 특히 그리스-로마 전통(유대교-기독교 전통)의 상상계(imaginaire를 상상적인, 상상계라고 옮기면 어근 격이며 영상을 뜻하는 image의 의미와 쉽게 연결 지어지지 않는다. 그 때문에 영상계라는 또 다른 선택지를 놓고 고민했으나, 결국 아쉽지만 국내에서 훨씬 사용빈도가 높은 상상계로 옮기기로 했다. 하지만 이 책의 독자들은 상상계라는 말 속에서 항상 영상, 즉 시각적인 것을 놓치지 말아야 할 것이다—옮긴이)와 자연의 낭만적인 영상 사이에서는 자주 갈등이 일어난다. 이 같은 갈등은 합리적인 것과 상징적인 것 사이의 갈등에 더해진다. 오늘날까지도 도시 공간은 한편으로는 환상과 몽환으로 가득 찬 성스럽고 저주받은 장소, 남성성 또는 여성성에 바쳐진 장소, 다른 한편으로는 이성적이고 국가적이며 관료주의적이고, 퇴색되었다가 다시금 다양한 순환과 다양한 형태의 정보에 의해 회복된 기념물성으로 가득 찬 장소라는 이중적인 양상으로 나타난다. 따라서 상대적인 것(실재) 속에서 (외견상) 절대적인 것을 찾아내는 이중적인 독해가 요구된다.

상대적인 것 속에서 절대적인 것을 찾아내는 노력의 대표적인 예로 예술의 판타지를 생각해볼 수 있다. 이는 공간 재현 중에서 현실적이고 가까운 것을 가장 먼 것, 즉 자연, 상징, 재현 공간으로 보내는 것과 다르지 않다. 건축가 가우디는 로트레아몽이 시를 통해서 했던 것처럼, 건축을 통해서 정신착란이라는 시련을 표현했다. 그는 통상적으로 용인되는 논리와 분류에 의거해서 바로크적인 것을 극단으로 몰고 간 것이 아니다. 조소적인 신성화(성스러움을 조롱거리로 만든다는 의미에서) 장소인 '사그라다 파밀리아 성당(Sagrada Familia)'은 자연의 고대적 공간으로 근대적 공간을 부식시킨다. 고의로 공간의 코드화를 단절시키고, 자연과 우주의 다산성이 뜻하지 않게 출현함으로써 놀라운 의미의 '무한화'와 현기증을 촉발한다. 수용 가능한 상징주의의 한도 내에서, 일상적인 의미작용을 넘어서 신성화하는 힘이 기능한다. 이 힘은 국가의 힘, 교회의 힘, 예술가의 힘, 신학에서 말하는 신성의 힘도 아니다. 이 힘은 초월적인 신성에 감히 비견할 수 있는 자연성의 힘이다. 현대화된 이단의 모습은 공간 재현을 심하게 동요시키며, 이를 야자수와 새싹이 신을 말하는 재현 공간으로 변모시킨다. 이렇게 되면 신성화와 연결된 고통스럽고 에로틱하며 신비스러운 향유, 기쁨의 이면이며 반대가 되는 향유에 잠재적 에로티시즘을 부여할 수 있게 된다. 외설, 즉 무대에서 보여서는 안 되는 것은 근대적인 '실재'이며, 이는 연출가인 건축가 가우디와 그의 연출에 의해서 그렇게 정해졌다.

도시가 확장되고 번창해나가는 가운데 **주거지는** (생물학적, 사회적, 정치적) **재생산 가능성**을 보장한다. (자본주의) 사회는 더 이상 자신의 구성요소들을 하나의 전체로 만들거나, 기념물 근처에 모든 것을 집중시키려 하지 않는다. 사회는 일반 건물들과 하나가 되려고 시도한다. 생산과 재생산을 관리 감독하는 국가의 통제 하에서, 고대의 기념물을 대체하는 주거지는 건조하면서 동시에 허구적인 우주적 **자연성**(공기, 물, 태양, '녹지대')을 **생식력**, 즉 가정 또는 가족 단위, 생물학적 재생산으로 치환한다. 전환 가능하고 교체 가능하며, 상호 교환 가능한 이러한 공간들은 자연(사실 이러한 공간들은 자연에 참여하는 동시에 자연을 배제하며 파괴한다)에 '참여'하는 정도에 따라 차이가 난다. 생식 능력에 의해서 자연성과 연결되는 가족적 공간은 의미작용과 동시에 사회적(공간적) 실천을 보장한다. 무수한 분리와 차별에 의해서 깨어진 사회적 단일성은 보편화된 재생산을 위해, 보편화된 재생산에 의해 가족 단위의 층위에서 재구성된다. 친숙성(가족과 일상생활)의 상징적 공간, 유일한 '전유 공간'이 우세를 보이면서 생산관계의 재생산은 사회적 연결의 균열 속에서, 균열에 의해서 왕성하게 기능한다. 이는 **친숙한** 일상적 실천 속에서 **공간 재현**(지도와 설계도, 교통과 통신, 이미지나 기호를 통한 정보)에서 **재현 공간**(자연, 다산성)으로 끊임없이 옮겨감으로써만 가능하다. 공간 재현에서 재현 공간으로의 이동, 일종의 진자운동은 뚜렷하게 두드러지는 이데올로기를 대체하면서 이데올로기적인 역할을 수행한다. 공간은 무매개적 의식을 회피하려 들기 때문에 훨씬 더 함정에 빠지기 쉽다. 어쩌면 '사용자들'의 수동성도 바로 그런 연유에서 비롯될 수 있다. '엘리트'만이 함정을 간파하고 거기에 빠지지 않는다. 각종 항의와 비판이 지니는 엘리트적인 성격 역시 같은 맥락에서 이해될 수 있다. 어쨌거나 그러는 동안 공간의 사회적 통제로 인한 중압감은 일상적인 것의 친숙함을 거부하지 않는 사용자들에게 가해진다.

하지만 이 같은 친숙함도 해체된다. 절대적인 것과 상대적인 것도 분리되려는 경향을 보인다. 굴절되고(되거나) 물신화되었는가 하면, 신성화되고 세속적이면서, 권력의 알리바이와 무력함, 향유의 허구적 장소로서의 친숙성은 이처럼 모순으로 가득 찬 상황에 언제까지고 저항을 계속할 수가 없기 때문이다.

공간에서 집요함은 따라서 이중의 이데올로기적 환상(불투명성-투명성)을 가능하게 할 뿐 아니라 이보다 훨씬 복잡한 방향 전환이나 대체를 야기한다. 사회적 공간이 적어도 **부분적으로는** 의도적인 의미작용, 일련의 코드 또는 코드의 중첩, 형태의 내포 등으로 나타나거나 설명되는 것도 이 때문이다. 변증법적인 움직임은 서로 맞물려 있는 분류와 코드화, 논리적 함의들을 상위 분류화, 상위 코드화한다. 여기서 문제되는 것은 '무매개성-매개'와(또는) 절대적인 것-상대적인 것 사이의 움직임이다.

상징과 상징주의는 매우 자주 언급되기는 하지만, 대부분의 경우 제대로 논의되지 못하고 있다. 몇몇 상징들, 아니 모든 상징은 상징이 되기 전에 물질적이고 구체적인 존재였음을 상기할 필요가 있다. 이를테면 미로는 원래 군사적, 정치적 구축물로서, 복잡하게 뒤얽혀서 그곳에 들어서는 적군들은 길을 잃고 우왕좌왕하게 만들기 위한 것이었다. 궁궐이자 요새, 대피소이자 보호 방책으로서의 미로는 그 후 상징적인 의미(자궁)를 지니게 되며, 그보다 더 시간이 흐른 뒤에는 '현존-부재'의 변조라는 의미까지도 부여받았다. 한편, 황도대(黃道帶)로 말하자면, 목동이 거대한 초원에서 바라보는 지평선, 즉 이동 과정, 방향 등을 재현하는 것이라고 할 수 있다.

절대 공간은 애초부터 근본적으로 상대적인 무엇인가를 포함하고 있다. 그런가 하면 상대 공간은 절대적인 것을 내포하고 있다…….

4.2　　　　따지고 보면 절대 공간은 농경-목축 공간의 일부를 요람으로, 다시 말해서 근원(이런 용어를 써도 좋다면)으로 삼고 있다. 말하자면

붙박이 농민들과 떠돌이 또는 반떠돌이 목동들이 이름 붙이고 일구어놓은 일련의 장소들이 절대 공간의 근간을 이룬다고 할 수 있다. 이 한 조각의 공간이 주인이나 정복자의 행위에 따라 새로운 용도를 부여받는다. 이렇게 되면 이 조각은 초월적이고 신성하며(신성한 권력에 의해 표시되었다는 의미에서), 주술적이고 우주적인 곳으로 간주되기 시작한다. 그런데 여기서 한 가지 역설이 생겨나는데, 그와 같은 공간이 여전히 자연의 일부로 지각된다는 사실이다. 아니, 보통의 자연이 아니라 그 이상, 신비스러움을 간직하고 있으며 신성하고 저주받은 곳이라는 특성으로 말미암아 자연의 신비한 힘이 머무는 곳이 되어버리는 것이다. 실상은 그곳에 가해진 정치권력의 행위가 그곳으로부터 자연적인 맥락을 제거해버리며, 이로 인해 자연과 분리되었다는 사실만이 그 장소가 지니는 특별한 의미임에도 불구하고 그렇게 되니 역설이 아닐 수 없다.

공간의 중심이며 따라서 시간의 중심이기도 한 이 유기적 정합성의 핵은 그럭저럭 '조화로운' 방식으로 벌써 상당히 늘어난 인구를 주변으로 분산시킨다. 사실 핵과 주변의 조화란 상황에 따라 우연히 '역사적인' 운에 따라 얻어지는 것이다. 이와 반대로 종교적, 정치적 중심은 대부분의 경우 도시-농촌(도시적 공간-농업적 공간) 사이의 갈등 관계를 보여주는 표시를 간직하고 있다. 중심 공간에 종교적, 주술적 특성을 부여해주는 금지와 보호 의식이란 이 장소에 가해지는 위협에 의해서 생겨나는 것이다.

도시는 주변 농촌에 의존해서 살아간다. 도시는 토지, 그리고 토지에서 이루어지는 노동으로부터 얻는 결실에 대해 조세를 걷는다. 도시는 주변 농촌과 비교해볼 때 이중적인 성격, 즉 농촌 사회의 잉여 생산물을 포획하는 집단이면서 동시에 행정력과 군사력으로 농촌 사회를 보호해주는 집단으로서의 성격을 띤다. 때로는 이 두 가지 특성 중에서 어느 한 가지 특성이 우세하게 나타나고, 때로는 나머지 특성이 강세를 보이기도 한다. 도시는 농촌 공간을 자기 것으로 만들면서 때로는 모성애적인 현실(창고를 채우고 양식을 비축해두며, 거래 상대방이 필요로 하는 만큼의 잉여 생산물을 판매하여 이익을 남긴다)을, 때로는 부성애적 또는 남성적인 현실(착취하면서 보호하고, 보호하면서 착취한다. 또한 권력을 쥐고 있는 도시는 감시하고 규제하며, 때로는(특히 동양의 경우) 농업을 조직하고 제방을 쌓는다거나 관개나 배수 작업 등의 대규모 토목공사를 도맡는다)을 드러낸다.

이렇듯 도시, 도시 공간은 자신이 때로는 매우 힘들게 관리하는 농촌 공간과 공생 관계를 맺고 산다. 그러다 간혹 농민들이 동요하기도 한다. 반면 목동들에 관해서는, 도시는 그들이 완전히 유목을 하건 반붙박이로 생활하건 간에 통제하는 데 애를 먹었다. 다시 말해서 유목민들이야말로 잠재적인 정복자들이라고 할 수 있었다.

도시국가(국가로서의 도시)는 고정된 중심을 정립하고 스스로 중심, 즉 특권적인 장소가 되며, 자신의 표시를 받아들이는 주변으로 에워 쌓인다. 이렇게 되면 기존에 존재하던 광활한 공간은 말하자면 신의 지시에 복종하게 된다고 할 수 있다. 그런데 도시는 자연적인 것과 신적인 것, 저주를 내리거나 축복을 내리는 대지의 권능을 포함하여 자신의 주변을 에워싼 것들을 모두 결속시키는 중심으로 기능한다. 우주의 이미지(이마고 문디(imago mundi))로서의 도시 공간은 자신이 확보하고 있으며 그 자체로 내포하고 있는 농촌 공간에 투영된다. 이와 같은 관계 속에는 이미 경제적, 종교적, 정치적 한정 외에도 일종의 상징주의, 이미지와 반사라고 하는 측면이 더해진다. 즉 도시는 자신의 복제, 반향, 메아리를 통해서 자신을 지각하며, 높은 망루에 올라가서 스스로를 내려다봄으로써 성문에서, 종탑에서 스스로가 일구어낸 풍경, 즉 자신의 작품 속에서 자신의 존재를 확인하는 것이다. 거기에 가장자리 장식을 더하면 **직조**가 완성된다.

시민 단합의 수호자이며, 따라서 영역 내에 사는 모든 사람들을 포함하여 도시 구성원들 사이의 관계의 수호자인 절대 공간은 이들을 한곳에 밀집시킴으로써 분산된 모든 힘들을 자기 안에 품는다.(아니, 품는 것 같아 보인다.) 죽음의 힘은 삶의 힘에 앞서는가 뒤서는가? 이는 모호한 질문에 불과하다. 이 두 가지 힘은 서로를 동반하기 때문이다. 단일성은 산 자와 죽은 자를 산 자들끼리 결합하듯이 결합시킨다. 특히 모든 부의 집중이 이루어지는 도시가 왕이라는 형태로 구체화되는 경우라면 이러한 경향이 더욱 짙어진다. 그러므로 절대 공간은 무엇보다도 죽음의 공간이다. 죽음이 살아 있는 자들에게 갖는 절대적 권능, 그 권능의 일부를 유일 군주가 장악한다. 그러므로 무덤 또는 장례 기념 건축물의 공간은 형태적인 아름다움과 공포를 자아내는 내용물이라는 이중적인 성격을 지닌 절대 공간에 속한다. 형태적인 아름다움은 위엄 있고 멋은 있으나 속은 비어 있는 호화로운 영묘(靈廟)로 이어진다. 반면, 공포를 자아내는 정치적 내용물은 귀신들린 장소, 살아 있는 망자들로 가득 찬 장소를 낳는다. 기독교식 공동묘지가 가장 좋은 예라고 할 수 있다. 불멸성을 민주화했다는 점이야말로 기독교식 공동묘지가 갖는 장점이라고 할 만하다.

모든 사회의 곳곳에서 절대 공간은 위협과 상벌, 그로 인한 감정적 동요를 통해서 지성이 아닌 육체에 호소하는 의미를 담고 있다. 이 공간은 인지된 공간이 아니라 '체험된' 공간, 다시 말해서 공간 재현이라기보다 재현 공간이라고 할 수 있다. 이 공간은 인지되는 순간 고유한 특성이 약화되고 급기야는 사라져버린다.

이 공간은 여러 차원을 보유하는데, 이때의 차원들이 추상 공간(이를테면 유클리드 공간)의 차원과 일치하는 것은 아니다. 왼쪽, 오른쪽 등의 방향성은 상징적 가치를 지니는데, 그중에서 특히 높다, 낮다 같은 방향성이 중요하게 간주된다. 여기에는 표면, 높이, 깊이 이렇게 세 가지의 서로 다른 층위가 있다. 바꿔 말하면, 인간이 노동을 하며 지배하는 대지, 나락과 심연, 꼭대기와 높은 곳 등으로 나뉜다. 이 층위들은 절대 공간에서 다양한 방식에 따라 배치된다. 높은 곳, 수직성 등은 특권적 의미를 부여받으며, 때로는 전체(지식, 권력, 의무)로서의 의미까지도 지니지만 이 같은 의미는 사회에 따라, '문화'에 따라 차이가 있을 수 있다. 어쨌거나 전체적으로 볼 때 수평적 공간은 복종, 수직적 높이의 공간은 권능, 지하 공간은 죽음을 상징한다. 이처럼 칼로 무 써는 것 같은 단언은 의미를 갈구하는 경향에 딱 부러지게 대응한다. 그런데 사실 여기에다 애매함이라는 개념을 더해서 이를 완화시킬 필요가 있다. 어디에서도 죽음은 '순수한' 무(無), '순수한' 권력, '순수한' 복종, '순수한' 지식, '순수한' 지혜라고 말할 때처럼, '순수한 죽음'으로 지각되지 않는다. 그렇기 때문에 절대 공간이라는 개념마저도 수정되어야 마땅하다. 의미를 약간 완화시킨다고 해도 절대 공간은 본질적인 특성을 고스란히 간직한다. 이 공간을 에워싸는 것들에게 있어서 절대 공간은 **진실한 공간**, 즉 진실의 공간, 진실이 갑작스럽게 모습을 드러내는(이 진실들은 외관, 즉 다른 시간과 다른 공간들을 파괴한다) 공간이다. 텅 비었건 가득 차 있건, 이 공간은 자연의 힘처럼 사회적 에너지를 담는 용기인 동시에 이를 자극하는 매우 활성화된 공간이다. 신화적이며 가까이에 있는 이 공간은 시간, 주기를 생성한다. 그 자체로 볼 때 '절대적으로', 이 절대 공간은 어느 곳에도 위치하지 않는다. 이 공간은 모든 장소의 결집이며, 상징적인 존재감만을 지닐 뿐이므로, 아무런 장소도 소유하지 않는다. 따라서 이 공간은 언어라고 하는 허구적·실재적 공간이나, 마술이라도 부린 것처럼 공간에서 (허구적으로) 빠져나온 정신적 공간에 접근하며, 정신적 공간의 내부에서 '주체' 또는 '자의식'이 형성된다. 주로 성직자 계급이 절대 공간을 즐겨 사용한다. 성직자 계급은 축성(祝聖)하며, 형이상학적으로 말하자면 축성은 어떤 공간이라도 본래부터 신성한 공간과 동일시한다. 성소는 비록 아주 작은 사원, 오막살이 같은 교회에 딸렸을지라도 절대 공간**이다**. 묘지는 신이나 왕을 모시고 있지 않을 때에는 탄생의 공간, 죽음의 공간, 망각의 공간처럼 보이는 것으로 만족한다. 절대 공간, 다시 말해서 종교적이면서 동시에 정치적인 공간은 종교적 제도를 내포하고 있으며, 이에 따라 이 공간은 **동일시**와 **모방**이라는 중대한 두 가지 과정에 종속된다. 각각 상상계와 반사적 사고라는 형태로 발전하는 이 두 가지 정신적 범주는 공간적인 형태로 나타난다. 절대 공간의 물질적인 확장은 이 두 과정을 통해서, 성직자 계급과 성직자 계급이 장악하고 있거나 시녀 노릇을 하는 정치권력의 이익을 위해서 진행된다.

의례상으로 어떤 장소에라도 갖다 붙일 수 있으며, 따라서 떼어낼 수도 있는 '절대적'이라는 속성은 특별한 표시를 필요로 한다. 절대성은 여러 형태를 만들어내며, 여러 형태가 절대성을 수용한다. 우주의 축도라고 할 수 있는 네모(만다라)나 원, 구, 삼각형, 또는 십자가처럼 신성한 원칙이 깃들어 있는 특정 건물 등……

그리스식 절대 공간은 그 안에 아무런 내용물도 품고 있지 않다. 사원(예를 들어 파르테논 신전)은 주랑〔또는 프로나오스(pronaos)〕, 나오스(naos) (또는 신상 봉안소), 내진(內陣) 또는 신성, 즉 사고의 은밀한 거처 등으로 나뉜다. 각각의 면이 있을 뿐 파사드라고 딱히 지칭할 만한 것은 존재하지 않는다. 건물을 쭉 둘러가며 프리즈(frise, 고전 건축에서 기둥머리가 받치고 있는 세 부분 중 가운데—옮긴이)가 조각되어 있다. 이곳에 도착하는 사람들은 신전 주변을 돌아볼 수는 있지만, 사실 신전이란 그것을 하나의 전체로 지각하는 사고 작용에 의해서가 아니라면 파악할 수 없는 '대상'이다. 따라서 그 의미까지도 더불어 생각해야 한다. 곡선들은 직선 같아 보이는데, 이는 의도된 효과라고 할 수 있다. 원기둥들의 윤곽이며, 기둥 위에 놓인 수평부는 곡선을 이루지만, 모든 것을 똑바로 바로잡으려는 우리 눈의 경향 때문에 '거의 드러나지 않는다'. 그리스인들에게 곡선은 직선 속에 흡수되며, 따라서 직선은 경직성을 벗어버리고 부드러워지지만, 항상 이성에 응답한다. 이처럼 곡선을 직선으로 수정하려면 매우 정교한 계산이 필요하기 때문이다.[3]

지각되고 인지되며, 태양의 빛과 이해의 빛으로 환하게 드러나는 건물은 말하자면 우주의 축도였다. 이것은 비어 있거나 사고에 의해 점유되어 있었다. 아고라(광장)도 마찬가지였다. 광장은 종교적이고 정치적인 절대 공간의 일부를 이루었다. 광장은 말하자면 절대 공간을 집약해놓은 것이었다. 광장은 우선 비어 있어야 했다. 그래야만 **에클레지아**(ecclesia, 자유 시민들의 집회)가 그곳에서 열릴 수 있었다. 이에 비해서 연단이나 사원, 뱃부리 모양의 장식물, 후세에는 감옥에 이르기까지 각종 국가적 기념물에 의해서 점유된, 다시 말해서 온갖 대상과 사물이 가득 들어찬 로마의 포럼(forum, 로마 도시 광장. 시민들이 모여서 자유롭게 연설, 토론하는 장소—옮긴이)은 말하자면 그리스식 공간을 부정하는 공간이었다.

다른 경로를 통해서 도달하긴 했지만, 여기서 다시금 그리스식 '기적'을 풀어낼 열쇠를 제공하는 하나의 생각이 태어나서 전개되기 시작한다. 바로 **단일성**이라는 생각이다. "그리스인들에게 건축과 예술은 하나이면서 동일한 것이었다. 그들에게 형태와 구조는 밀접하게 연결되어 있었다"고 비올레르뒤크는 지적한다. 반면, 로마식 공간에서는 분열되고 분리된다. "로마인들에게 건축이라고 하면, 그 건축이 갖는 형태를 의미한다." 이를테면 교회당이나 공동 목욕탕의 경우, 건물은 기능을 충족시키기 위해 배치되었다. 건축물의 용도는 면의 배치, 장식(벽돌이나 잡석, 바꿔 말해서 시멘트와 일종의 콘크리트로 만들어진 육중한 건축물의 표면에 덧붙여지는 장식)에 따라 달라진다. 반면, 그리스인들이 고안해낸 '기둥 양식〔柱式〕'(도리아식, 이오니아식, 코린트식)은 구조 그 자체**였다**. '기둥 양식'이라는 개넘 속에는 이미 구조가 포함되어 있으므로, 그리스 건축물에서 겉으로 드러나는 외관과 내적 구성(구조)은 따로 떼어서 생각할 수가 없었다. 외관은 품고 있는 내용을 밖으로 전달하는 것이다. 건축 기술자 입장에서 예술과 건축에 대한 헤겔의 사고를 전개시키는 비올레르뒤크는 그리스 신전에서 '기둥 양식'만을 따로 분리해내는 것은 신전 전체를 파괴하지 않고서는 불가능하다고 말한다. 기둥 양식은 장식이 아니며, 기둥도, 기둥머리도 장식이 아니기는 매한가지다. "그리스의 기둥 양식은 기능을 고려했을 때 가장 합당하다고 생각되는 형태를 부여받은 구조라고 할 수 있다. 로마인들은 그리스인들의 기둥 양식에서 마음대로 붙였다 떼었다 이리 옮기고 저리 옮기고 다른 것으로 바꾸어버릴 수도 있는 장식적인 요소만을 취했다."⁴

그 결과 서양에서 절대 공간은 매우 경직된 형태를 지니게 되었다. 엄격하게 측량되고 텅 빈 채 폐쇄적이며, 로고스와 코스모스, 즉 이성과 우주의 합리적 단일성을 형성하는 형태로 굳어졌다는 말이다. 이 공간은 정치적 종교, 즉 도시 국가라는 표지 하에 단순하고 체계적이며 조리 있는 원칙, 다시 말해서 일관성 있는 안정이라고 하는 정신적이면서 사회적인 법칙을 포함한다. 이는 적절한 자재를 사용함으로써 시간을 지배하는 기념물을 통해서 구현된다. 자재들이 이루는 객관적인 질서(수직적 압력과 물리적 양감)는 자연적이면서 동시에 합리적인 균형을 보장한다.

그리스인들의 정신이 공간을 지각하고 이를 가공한 결과를 놓고 볼 때, 그리스인들은 본질적으로 조각가들이었다. 헤겔이 말했듯이, 그리스인들은 처음에는 나무, 그 후로는 차츰 돌 같은 재료를 자연에서 구했으며, 여기에 집회를 갖는다거나 피신하거나 몸을 보호하는 따위의 사회적 추상을 구체적이며 실제적으로 의미를 부여할 줄 아는 사람들이었다. 신과 영웅, 왕과 우두머리들을 재현하고 상징화할 수 있도록 자연을,

즉 공간(헤겔은 공간을 정신적, 사회적 행위의 외부에 위치하는 것으로 간주했다)을 가공하는 것이야말로 그리스 예술이 지니는 의미라고 할 수 있다. 그리스 예술 중에서도 특히 비유기적인 조각(건축), 유기적인 조각(조각가의 작품)의 경우가 여기에 해당된다.

여기서 우리는 서양의 근간을 이루는 원칙을 발견할 수 있을까? 그렇다. 하지만 어디까지나 부분적으로만 그렇다. 형태와 기능, 구조의 단일성이라는 원칙은 이들 각각으로 하여금 나머지 것들로부터 떨어져 나올 수 있는 권리를 배제한다. 그런데 로마인들은 그리스인들이 하나로 묶은 것을 분리했다. 로마인들은 정치적인 것, 종교적인 것이 수학적 합리성과 결합함으로써 형이상학적으로(영원히) 내포할 수 있었던 그리스적인 공간 속에 차이, 상대적인 것, 다양한, 따라서 세속적인 지향점들을 다시금 첨가했다. 아름답고 진실하며 선한 그리스의 폴리스는 정신적인 것과 사회적인 것을, 우월한 상징주의와 즉각적인 현실을, 사고의 공간과 행동의 공간을 동일하게 여겼다. 그랬기 때문에 결국 타락할 수밖에 없었다. 니체가 간파했듯이, 그리스의 최정상은 쇠락의 길을 가리켰다. 그렇다면 내적인 단일성보다 훨씬 구속력이 강한 외부적 원칙의 지배를 받던 로마의 다양성은 발전을 가져왔는가? 우리는 그러리라고 추측할 수 있다.

그리스적인 공간의 **하비투스**(habitus, 존재 방식, 일반적인 태도, 정신적 경향을 의미하는 라틴어. 우리말로는 흔히 '습속'으로 옮긴다―옮긴이), 사회적인 것과 정신적인 것이 분리되지 않는 이 **하비투스**는 형태, 기능, 구조라고 하는 본질적인 개념의 정립을 가능하게 하는가? 철학이 분명한 개념 정립에 참여하고 있으며, 철학자들이 이를 담당하고 있는 것을 보니 확실히 그렇다고 할 수 있다. 플라톤보다 아리스토텔레스가 이 분야에 있어서는 좀 더 적극적이다. 이를테면 플라톤에게 있어서 단일성은 존재론적 초월성 속에서 찬란하게 빛난다. 하지만 아리스토텔레스에게 오면 단일성은 담론과 분류, 정합성의 이론이 된다. 하지만 일단 정립되고 나자 이 개념들은 바로 분리된다. 인지된 것은 체험된 것으로부터 분리되고, **하비투스**는 **인투이투스**(intuitus, 직관적 통찰―옮긴이)로부터 분리됨으로써 전제되어오던 단일성은 깨진다. 반면, 로마식 **인투이투스**에 의하면 형태와 구조, 기능이 각각의 사물 안에서 물질적(필요)이면서 동시에 재판 관할권적(민간의) 원칙, 다시 말해서 사회적 관습을 정착시키는 원칙에 종속됨으로써(공중목욕탕보다 더 좋은 예는 없다), 단일성에는 틈이 생기게 된다. 로마식 공간은 사물들로 혼잡하지만(포럼이 좋은 예) 생산적이다. 그리고 훨씬 자유롭다. 곡선이 현저하게 많이 사용되었다는 사실이 이를 증명해준다. 법과 권리, 소유, 도시국가의 단일성은 인지되기보다 체험되고 지각된 것이기 때문에, 되돌릴 수 없는 분열은 미연에 방지할 수 있다. 로마에서 필요는 거부할 수 없는, 거의 전적(全的)이라고 할 수 있었다. 공중목욕탕은 빌라와 마찬가지로 자유로운 (그리고 부유한) 시민들의 신체와 정신이 요구하는 모든 것을 포함하고 있었다.

노예들 덕분에 도시국가가 성립할 수 있었다는 주장은 맞는 말이다. 하지만 마르크스주의를 자처하는 역사철학의 한 분파는 오직 이 한 가지 사실에만 근거하면서, **노예주의적** '생산양식'을 전부인 것처럼 제안하는데, 이럴 경우 아테네, 로마 같은 도시국가나 로고스-코스모스, 로마법 등의 역할을 제대로 설명할 길은 막혀버린다.

그리스인들의 공간의 발명과 알파벳, 알파벳을 사용하는 표기법, 그리고 그래픽, 계산법, 기하학 등의 여러 발명품 사이에는 관련이 있는가? 어쩌면 그럴 것이다. 하지만 이는 어디까지나 **하비투스**의 부수적인 측면에 불과하다. 또 그리스가 이루어낸 창조를 우주론적 공간의 창조로만 한정짓는 것은 부당하며 지나친 억지가 아닐까? 절대 공간은 언제나 다양한 형태를 만들어낸다. 이와 관련하여 일부 형태는 이성의 결과물로, 다른 일부 형태는 신화나 정신착란의 결과물로 간주하기란 거의 불가능한 일이다. 그리스식 로고스-코스모스에 미로가 응수하며, 미로가 지니는 상징주의는 (국지적인 차원에서) 근원적 신비, 모성애적 원칙, 포용, 시간적 주기 등을 복권시킨다.[5]

요약하자면, 절대 공간(종교적이며 정치적인 공간)은 사원, 궁궐, 추모 또는 장례 기념물 등의 신성하고 저주받은 장소들, 다시 말해서 특권적이며 특별한 표시를 간직한 장소들로 이루어진다. 따라서 '금지'도 매우 많다. 극단적인 경우 이 공간은 아주 단순하게 표시되고 암시되며, 통고될 수도 있다. 이를테면 돌멩이 하나, 깃대 하나(세워진 깃대가 보여주는 수직성은 공간의 한 지점에 지고한 존엄성을 부여한다), 구멍 하나, 단순한 고랑 하나가 표시의 전부일 수도 있다. 일반적으로 절대 공간은 테두리 안에 위치하며, 나름대로 의미를 지니는 정해진 형태(사각형, 곡선, 구, 삼각형 등)를 부여받는다. 관찰 대상이 되는 사회의 모든 것은 이 같은 장소들과의 관계에 의해서 자리매김되고 지각되며, 해석된다. 따라서 이 공간은 단순히 여러 장소들과 기호들의 집합으로 간주되어서는 안 된다. 만일 절대 공간을 그런 식으로 분석한다면, 이는 완전히 오산이다. 절대 공간은 분리될 수 없게 결합되어 있는 정신적, 사회적 공간이며, 그 공간은 관찰 대상이 되는 집단(우선 도시국가)의 모든 존재를 **포함하며**, 반드시 그런 식으로 이해되어야 한다. 이러한 공간 안에는 '환경'이나 총체적인 직조에서 뚜렷하게 구분되는 특별한 '지역'은 없다. 기표는 기의와 구분되는가? 만일 이 질문이 **인텔렉투스**(intellectus, '이해하다'를 뜻하는 라틴어 동사 intellegō에서 파생된 명사로 '지성'을 의미한다—옮긴이)가 야기하는 차이를 의미하는 것이라면, 확실히 그렇지 않다. 숨겨진 공간, 즉 성소나 궁궐 같은 공간은 그 공간이 지배하는 공간적 질서에 의해서 완전히 '드러난다'. 정치적 기의는 종교적 기표 안에서 주어진다. 그것을 가려낼 수 있는가? 아니다. 상징주의와 기호는 이 단계에서는 아직 분리되지 않는다. 공간의 코드를 그에 결부된 시간을 통해서 '해독'하는 작업은 행위를 통해서, 제례 의식을 통해서 이루어진다. 그리스식 행렬이나 '이론' 등이 여기에 해당된다. 의례적이며 몸짓에 의거하는, 따라서 무의식적이지만 실재적인 코드 해독이 공간과 그 이미지의 사용에 개입한다. 파르테논 신전을 향해서 올라가는 그리스인에게는 제발 자신의 감정, 인식, 종교, 국적 등에 따라 제멋대로 주어진 광경을 '읽거나', '해독하는' 관광객의 태도를 부여하지 말라. 서구의 개벽 무렵에만 하더라도 시간은 공간적 코드를 내포하고 있었으며, 공간 또한 시간적 코드를 포함하고 있었다. 즉각적으로 체험되고 지각되던 작품에 대해서 탐미주의적 해독이나 감정과 체험된 것을 도덕으로 합병하려는 방식의 해독은 당시만 해도 전혀 들어설 여지가 없었다. 여기서 **인투이투스**와 **하비투스** 같은 개념을 사용하는 것은, **인텔렉투스**에 의해서 훗날 등장한 개념을 그 같은 개념이 등장하기 이전 시대를 관찰하는 데 사용하는 것을 금하기 위해서, 즉 오해와 무지를 피하기 위해서다.[6] 시간이 공간과 분리되지 않을 때, 공간의 의미는 시간 속에서 즉각적으로(지성의 매개 없이) 찾아진다.

절대 공간은 사적 공간(가족과 개인)을 지배하지 않는다. 그렇다면 절대 공간은 사적 공간에 많은 자유를 부여하는가? 절대 공간은 공적인 것과 사적인 것의 차이를 인정하지 않는다. 절대 공간은 이른바 사생활이라고 하는 삶이 종교적이거나 정치적으로 독자적 지위(가정)를 가질 때에만 사적 공간을 포함한다. 결국 주택 혹은 주거지가 그럭저럭 소박하게 신성한 장소나 비천한 장소를 중심으로 모여 살 수 있는 정도의 미미한 자유만이 부여되었다고 볼 수 있다.

이런 관점에서 볼 때도 로마식 공간 조직은 더욱 다양한 양식으로 전개되었다. 하지만 그로 인해서 어떤 대가를 지불해야 했을까?

4.3   시인들은 나락이나 심연, 그리고 그것의 필연적 파생물인 정상, 꼭대기 같은 것들을 부풀려서 노래하기를 즐겼다. 서양 문화의 태동기에 단테는 비교할 수 없이 강력한 힘으로 깊이와 높이(지옥과 천국)라는 주제를 다루었다. 반면, 그는 표면과 표피적인 것은 대수롭지 않게 취급했다. 표면과 표피적인 것은 니체에 와서야 비로소 복권되었다. 어두운 것과 밝은 것, 악마적인 것과 신성한 것의 대조는 빅토르 위고의 뛰어난 수사에서 그 정점에 달한다. 공간과 언어 사이의 이러한 관계는 지금까지도 잘 알려지지 않은 무수한 부침을 겪어왔다.

철학자들 중에서는 하이데거가 《존재와 시간(Sein und Zeit)》에서 최초로 문두스(Mundus), 즉 세계를 연구 대상으로 삼았다. 문두스는 이미지이자 상징이며 신화라고 할 수 있다. 그리고 장소이기도 하다. 그는 '세계'를 역사학자나 인류학자, 사회분석가로서가 아니라 철학자의 입장에서 연구했다.

문두스. 고대 이탈리오타이 마을은 이 신성하고 저주받은 곳을 에워싸고 있었다. 문두스는 하나의 구멍으로, 온갖 오물을 버리는 일종의 공동 쓰레기 하치장이었다. 사람들은 이곳에 쓰레기, 배설물, 사형수, 아버지가 '들어올리지(양육하지)'(아기가 태어난 후 아버지가 바닥에서 들어서, 자신의 머리 위로 추켜 올리지 않았다는 의미. 이는 생물학적인 1차적 출생에 이은 2차적 출생, 즉 사회적 출생을 의미하는 동작) 않기로 결정한 신생아에 이르기까지 그야말로 모든 것을 버렸다. 구멍이라고 하면 당연히 **깊이**라는 의미를 지닌다! 이 구멍은 도시, 즉 빛과 토지, 영토로 이루어진 바닥 위의 공간을, 숨겨져 있고 비밀스러운 지하 공간, 즉 다산성과 죽음, 시작과 종말, 출생과 장례의 공간에 이어준다. 훗날 기독교 시대가 열리고 나서부터는 묘지와도 이어진다……. 말하자면 통과 장소인 것이다. 이곳을 통해서 죽은 영혼들은 대지의 깊숙한 속으로 들어가며, 태어나기 위해서는 이곳을 통과해서 지상으로 나간다. 출생과 무덤이라는 시간의 장소, 어머니이며 자양분을 제공하는 대지의 질(膣), 깊은 곳으로부터 이어지는 어두운 복도, 밝은 빛의 세상을 향해 열려 있는 동굴, 숨겨진 힘이 머무르는 강어귀, 그림자의 입. 이렇듯 '문두스'는 두려움을 자아내며 동시에 영광을 찬미한다. 여기서 쓰레기 하치장이라는 더할 나위 없는 최대의 불결함, 삶과 죽음이라는 더할 나위 없는 최고의 순수함, 다산성과 파괴, 공포와 매혹이라는 상반되는 성질이 동시에 발현되는 곳으로서의 문두스가 지니는 모호함이 드러난다. 말하자면 '문두스는 더럽다(Mundus est immundus)'(라틴어 'mundus'는 '세계', '장식' 그리고 '깨끗한'의 복합적 의미를 갖는다. 'immundus'는 '더러운', '순수하지 않은'이라는 뜻이다. 따라서 이 문장은 여러 의미로 해석될 수 있으나 중세에서는 인간은 더러움에서 태어났고 순수하지 않은 세계에서 순수하게 남아 있는 것은 힘들다는 의미로 사용되었다─옮긴이)는 것이다.

공간의 정신분석은 이처럼 이상하면서 강력한 현존-부재의 상태를 고려할 수 있는가? 물론 그럴 수 있다. 하지만 뒤늦은 이성적 합리화보다는 서서히 진행되는 '역사적인' 분비 작용, 다시 말해서 이탈리오타이들이 그들의 두려움을 구덩이 속에 던져서 모을 때마다 나름대로의 고유한 의식과 신화를 간직하면서 층층이 쌓여가는 해석의 창고를 떠올려야 하지 않을까? 빈 공간이 중심, 그것도 '세계'라는 개념의 중심이 된다는 것은 심리적인 단 한 가지 요소의 작용만으로 설명하기에는 너무도 이상하다. 이 재현 공간이 은닉하고 있는 미래를 고려한다면 더욱 그렇다!

로마. 이 도시는 지하 세계의 힘들을 정화한다. 로마는 매우 예리한 재현 방식을 통해서 이 힘들에게 도전장을 내밀었다. 영원한 도시 로마는 군사적, 법적, 정치적 질서 속에 자연을 형상화함으로써 이를 동화시켰다. 로마 시민이며 병사, 가장인 아버지는 도시 공간 속에, 재현과 현실 속에 여성성을 위한 자리를 할애했다. '문두스'가 로마적임, 즉 로마의 정체성을 형성하는 데 중요한 역할을 담당했다면, 그것은 상반되면서 필연적인 효과, 즉 아버지의 형상을 통해서라고 말할 수 있다. 아버지는 지배한다. 아버지는 아버지의 본질, 즉 우두머리, 정치적 병사, 법이며 권리(승리를 결산하는 과정에서 패배자들에게 강요되는 법, 즉 약탈물의 분배, 장소의 재분배, 특히 토지의 재분배 등)가 된다. 파테르-렉스(Pater-Rex, 문자 그대로는 아버지-왕을 나타내는 라틴어로, 로마의 왕을 의미한다―옮긴이)는 세계를 어쩔 수 없이 따르는 것이 아니라 자신의 권력과 법 치하에서 세계를 손질한다. 자신의 권력과 법이란 다른 사람들의 '존재'에 의해 제한을 받는 것이 아니라, 같은 권력을 공유하는 다른 사람들의 법에 따라 제한되는 **소유와 유산, 사용하고 남용할 수 있는 권리**(Jus utendi et abutendi)를 말한다. 파테르-렉스, 훗날 임페라토르(Imperator), 즉 법관이며 사제인 황제가 되는 로마의 왕은 공간을 자신의 주변에 재배치한다. 말하자면 이것이 권력의 공간이다.

서구 사회(이 사회의 이데올로기와 함께)를 생산하게 될 공간적(사회적)이고 정신적인 배치는 이렇게 해서 생겨난다. 다시 말해서 (로마식의) 권리, 법이라는 개념, 유산과 법적, 정신적 부성(父性)이 탄생하는 것이다.

부성이 자신의 법칙(la Loi)을 모성에 부과하면, 추상은 사고의 법칙으로 부상한다. 아버지의 토지와 재화, 자식, 하인, 노예, 여자에 대한 지배는 추상화를 등장시키며, 이를 전제로 한다. 여성성에 해당되는 것으로는 즉각적인 것, 즉 생명(초기에는 농업 생산과 분리 불가능할 정도로 연결되어 있었다)의 재생산, 쾌락, 고통, 대지, 그리고 심연이 있을 수 있다. 아버지의 권능은 문자와 비문, 돌에 의해서 자연에 가해지는 기호의 법칙과 따로 떼어서 생각할 수 없다. 여전히 중요하게 여겨지는 모성(혈연관계)으로부터 부성이 지배하는 시대로의 이행은 정신적, 사회적 공간의 형성을 내포한다. 이와 동시에, 사유재산의 한계와 소유주의 지위를 동시에 규정하는 추상적 원칙에 따른 토지의 사유재산권과 그 분배가 이루어진다.

로마. **도시**(Urbs)와 **세계**(Orbs). 이 고대 도시는 '이마고 문디(imago mundi)', 즉 세계의 상(像)으로서 스스로를 파악하고 지각한다. 로마는 자신의 주변에 산재해 있는 것들을 한곳으로 결집시키고 집중시킨다. 자연 속에, 하나의 지구 속에 주변과의 관계에 의해 결정되고 지각되는 위치와 더불어 삽입되어 있는 로마는 공간 재현의 한 본보기를 보여준다. 시민들이 생각하는 것은 이러저러한 특정 공간이 아니라 그보다 훨씬 광대한 무엇이다. 말하자면 시민들이 공간 전체, 즉 대지와 세계에 대해서 갖는 재현을 의미한다. 도시국가 로마 안에는 반대로 재현 공간들이 형성된다. 이를테면 여자와 하인, 노예, 어린아이는 자기들 나름대로의 시간과 공간을 갖는다. 자유 시민, 즉 정치적 병사는 공간적으로 통합되고 도시국가 안에서 형상화된 세계의 질서를 상상한다. 한편, 도구적 공간인 군사 기지는 이와는 또 다른 배치(철저히 대칭적이며, 카르도[cardo, 남북으로 뻗은 도로. 카르도 막시무스(cardo maximus)라고도 하며 기둥들이 늘어선 열주 도로—옮긴이]와 데쿠메누스(decumenus, 동서로 뻗은 도로—옮긴이)가 중심축이 된다)를 따른다.

로마의 기반은 전래되어오는 믿음대로라면, 특별하게 정해진 의식에 따라 축성되었다. 로마의 건립자[레무스(Remus)]는 쟁기를 가지고 원을 하나 그려서 자연에서 공간 하나를 떼어낸 다음 그 공간에 정치적 의미를 부여했다. 이러한 기반에서는(세부적인 사항으로 넘어가자) 모든 것이 상징적이며, 또 모든 것이 실제적이다. 실재와 의미가 서로 포개지며, 즉각적인 것과 추상적인 것도 마찬가지다.

로마의 공간에서 모든 것은 마치 '인투이투스'가 공간의 이해와 축조를 이끄는 것처럼 진행된다. **세계와 도시**(Orbs et Urbs). 로마의 공간은 기하학적으로 만들어진 공간이 아니라 순환적인 공간이었다. 여기서 기인하는 공간적, 법률적 합리성은 로마 문명을 보여주는 가장 본질적이며 구체적인 창조물—즉 궁륭, 아치, 원형[원형 경기장, **시르쿨루스**(circulus)], 그리고 로마식 토가(toga, 고대 로마의 길고 펑퍼짐한 옷—옮긴이)에까지—속에서 지속적으로 추구된다. 특히 토가는 몇몇 시대엔 동그란 천에 머리를 집어넣을 수 있도록 달랑 구멍을 하나 뚫은 형태로 만들어졌다. '인투이투스'는 '하비투스'와 대조를 이루지만, 여기서는 지성의 본질에 속하는 이론적인 직관이 아니라 (공간적) 재현에 의해서 동기부여되는 (공간적) 실천을 가리킨다고 하겠다.

로마에서 공간의 형성을 이해하고 싶은 여행객이라면 대리석으로 이루어진 로마에만 관심을 쏟지 말고 벽돌로 축성된 로마에도 관심을 가져보라. 아무리 풍부한 의미를 지니고 있다고 해도 콜로세움과 포럼만 둘러보지 말고, 판테온도 세심히 조사해보라. 판테온이라고 해도 대리석 파사드에만 너무 많은 시간을 할애하지 말고 그 내부도 찬찬히 살펴보라. 이 유명한 기념물의 내부는 말하자면 도시 안에서 천상의 힘을 향해 열려 있으며, 모든 신들을 영접하고 모든 장소들을 내포하는 세계를 재생산해놓은 형국이다. 로마의 여행객은 안내책자 따위는 접어두고 이 공간의 구축 방식을 분석해보아야 한다. 곡선의 놀라운 뒤엉킴, (버팀 기둥이건 아니건) 아케이드형 장식의 교차 등을 주목하라. 공간을 만들어내는(생산하는) 이미지, 이것이 바로 로마가 우리에게 제공하는 것이다. 그런데 공간이라니, 무슨 공간? 특화된 공간, 특화된 권력의 공간을 말한다. 정치적 공간은 행위(평화, 합법성, 법제화를 이루어내는 물질적 폭력)에 의해서만 세워지는 것이 아니다. 그러한 공간의 발생은 실천, 이미지, 상징 등과 건물, 도시, 위치 매김 된 사회적 관계의 축조 등을 내포한다.

여기서 나타나는 역설은 이러한 **인투이투스**가 점차 복잡해지고 고갈되면서 **하비투스**가 된다는 사실이다. 돌 속에, 다시 말해서 도시 속에, 부성의 법칙 속에, 제국 속에 통합된 공간 재현은 재현 공간으로 변한다. 공간 재현은 되찾은 문두스, 즉 한층 심화된 지하 심연과 지옥 속에서 솟아난다. '토대'로 간주되는 이 같은 재현 공간은 훗날 기독교의 근간이 된다. 장기간에 걸친 로마 제국과 도시의 쇠락 과정을 통해서 그렇게 되어간다. 천재적인 타지인(他地人, barbare: 고대 그리스인들이 그리스어가 아닌 다른 언어로 말하는 자들을 지칭하던 barbaros에서 유래한 이 말은 로마 시대에 들어와서 그리스-로마가 아닌 지역 출신자들을 가리키는 말로 사용되었다. 처음엔 어디까지나 중성적인 의미로 쓰이던 이 말은 점차 자기가 아닌 남에 대한 경멸적인 함의를 담게 되었다—옮긴이) 아우구스티누스(Aurelius Augustinus)와 더불어. 문두스는 더럽다.

로마와 로마 문명을 요약해보자면, 다음과 같은 분석이 가능하다.

a) 이중적인 **공간적 실천**. 민간 도로와 군사 도로는 도시국가 로마와 그 로마의 지배를 받는 농촌을 이어준다. 로마의 도로는 도시, 즉 시민과 원로원이 '오르비스 테라룸(orbis terrarum)'(문자 그대로는 '세계의 무대'라는 뜻—옮긴이)의 한가운데에 자리한 정치적 중심임을 확인시켜준다. 도시에서 세계로 가는 황제의 가도가 시작되는 문은 복속당한 영토와 지배자의 신성한 영역을 분리하면서 출구와 입구 역할을 한다. 한편 '사생활'이라는 또 다른 축, 법률적으로 '정치적' 사회를 구성하는 일부분이면서 역시 법률적으로 소유권을 인정받는 로마의 집은 명확하게 규정되어 있는 필요에 부응한다.[7]

b) 이중적인 **공간 재현**. 세계와 도시는 개방과 내포(아치와 궁륭)으로 이루어진 그 출입구가 원형의 순환적인 공간을 함축하는 반면, 군사 기지는 수직으로 교차하는 **카르도**와 **데쿠메누스**와 더불어 철저하게 격자형

의 폐쇄적이며 고립되고 요새화된 공간을 형성한다.

c) 이중적 **재현 공간**. 남성적, 군사적, 권위적, 법률적 원칙이 지배하는 가운데 파종과 죽음의 장소, '문두스'인 대지 속에 통합되고 '심연화된' 여성적 원칙은 부인되지 않으며 동화되어 공존한다.

이 세 가지 한정은 총체적인 단일성 속에서 지각된 것, 인지된 것, 체험된 것에 각각 부응한다. 역사를 통해서 가다듬어진 공간적 실천 속에서, 공간적 실천에 의해서 **인투이투스**는 **하비투스**로 변모한다. 공고히 되다가 결국 와해되는 것이다. 이 과정이 진행되는 동안이나 모두 끝난 후에 **인텔렉투스**, 즉 비트루비우스의 작품, 또는 다양한 다른 담론(키케로나 세네카)에서 나타나는 인지된 것이 개입한다. 이 세 가지 용어가 명시하거나 암시하는 것은 원래의 인투이투스가 거의 체계의 수준으로 고착되어가는 상호작용, 즉 궁륭과 궁륭들의 얽힘, 아치, 수로 등을 통해서 공간의 생산에 개입한다는 점이다. 로마 문명에서 공간의 조직, 공간에 대한 사고, 공간의 생산은 거의 함께 보조를 맞춰간다. 이때 지배적으로 드러나는 특징은? 로고스가 아닌 법의 지배다.

4.4   기독교는 '문두스는 더럽다'는 말장난(이에 못지않게 유명하면서 제법 복잡한 '로고스'와 '말(Verbe)'에 관한 말장난과 결합된)에 의지하여 연명한다. 한편, 그 후에 등장하는 기독교 사회 철학은 아우구스티누스적인 시간과 공간의 분리(주체와 대상의 분리)를 화두로 삼되, 공간을 평가절하하는 태도를 보인다.[8]

좀더 근대로 가까이 오면 마르크스의 영향으로, 때로는 경제를 역사와 융합(이른바 역사적 유물론)하는가 하면, 때로는 경제를 역사와 대립시켜가면서 경제적인 것을 과대평가하는 경향을 보였다. 따라서 경제적인 것의 조건이자 기반으로서의 역사를 제대로 알지 못하는 추세가 지속되었다. 그렇다면 그리스에 기원을 둔 로고스와 논리학은? 또 로마에서 발생한 권리와 법은? 어떤 이들은 이를 물신화하고, 어떤 이들은 이를 신용하지 않으면서, 이런 사항들의 지위는 결국 미확정인 채로 남아 있었다. 하지만 이념으로만 그치지 않았던 이런 사항들은 실천을 낳았다. 논리학은 지식의 구성요소이며, 법은 실천의 구성요소이기 때문이었다. 이것들을 인류학이나 순수하고 단순한 역사성으로 치부해버리면 된다고 주장할 수도 있겠으나, 그건 쉬운 일이 아니다. 확정되지 않은 이 같은 지위는 반사적 사고를 통해 공간이 고려된다면 명확하게 정립될 수 있을 것이다. 이때의 공간이란 순수하게 정화되고 내용물을 다 비워버린 추상 공간이 아닌 '실재' 공간으로 이해해야 한다. 다시 말해서 구체적인 양태를 포함하는 공간이라는 말이다. 논리학과 법은 원래 공간을 조직하는 형태, 공간 재현과 재현 공간을 함의하며 포함하는 형태가 아니었던가?

이는 여러 면에서 놀라운 상황이 아닐 수 없다. 이제 결승점에 도달한 전통을 계승한 '우리' 서양인들, '우리가' 이제 겨우 특징지을 수 있는 하나의 사회, 문화, 문명(자본주의? 유대교-기독교? 아니면 두 가지 모두? 비(非) 육체의 문화? 모순되게도 자유방임적이면서 동시에 억압적인 사회? 관료주의적으로 지도되는 소비사회?)의 막바지에 도달한 '우리'는 근본적으로는 우리를 집요하게 물고 늘어지는 로마적인 세계보다 그리스적인 로고스와 코스모스에 더 가깝다고 느끼는 이 상황은 분명 놀랍다.

그리스의 폴리스는 아크로폴리스, 아고라와 더불어 시노에키스모스 (synoecismos, 마을의 군집)의 언덕에서, 밝은 빛 가운데에서 탄생했다. 바다는 풍성한 자원과 더불어 멀리 떨어져 있지 않았다. 미지의 것, 멀리 있는 것, 위험하기는 하지만 얼마든지 접근 가능한 것들이 서로 분리하기 어려운 호기심과 상상력, 사고를 자극했다.

여기서도 다른 곳에서도, 훗날의 수사학은 하나의 만남과 실천으로부터 기인하는 것을 수수께끼 같고 놀라운 것으로 만들어버렸다. 그리스의 도시는 지하 세계의 힘들을 몰아내지 않았다. 그리스의 도시는 지하 세계의 힘들 위에 우뚝 올라섰다. 때로는 이 힘들을 포획했다.〔엘레우시스(Eleusis), 그리스 아티카 지방 엘레우시스만 연안에 있는 도시―옮긴이.〕시민-도시 거주자들에게 재현 공간과 공간 재현은 일치하는 일 없이 동시에 일어나고 서로 조화를 이룬다.[9] 세계의 질서, 도시의 질서, 집의 질서는 물리적 공간, 정치적 공간(도시와 도시의 영토), 도시 공간(도시 내부)이라는 세 가지 층위 또는 부분과 단일성을 이룬다. 단순하고 동질적인 단일성이 아니라, 차이와 위계질서를 내포하는 구성과 비례의 통일성을 말한다. 그 때문에 지식과 힘, 사회적 이론과 실천 등은 공통의 척도 속으로 편입된다. 마찬가지로 시간, 일반적인 날과 축제의 날의 리듬은 공간의 조직, 즉 집안의 제단, 아고라(시민들의 집회를 위해 마련된 열린 공간, 정치적 중심)의 평의회, 신전, 경기장 등의 조직과 조화를 이룬다.

역사적으로 존재했던 모든 사회는 여성의 중요성을 축소했으며, 여성성의 영향력을 제한했다. 그리스 사회에서 여성은 남편의 사유재산으로서, 말하자면 씨를 뿌리기 위해 남편에 의해서 경작되는 밭에 불과했다. 그리스에서 여성은 집안에 위치 매김 되었다. 바꿔 말하자면, 여성의 공간은 제단이나 난로, 원형의 폐쇄적이고 고정된 공간(omphalos, 옴팔로스는 그리스어로 '배꼽'. 그리스 신화에서 제우스가 세상의 중심을 알고 싶어 두 마리 독수리를 세상에 보냈는데 서로 다른 방향으로 날아가서 세상을 돌아 그 중심에서 만나게 했다. 그 장소가 '델포이'였는데, 이를 제우스가 옴팔로스라 불렀고, 돌을 놓아 표시했다. 그리고 이곳을 신탁을 받는 장소로 보았다―옮긴이), 어두운 구덩이의 최후의 혼적인 화덕 주변 정도로 한정되었다. 사회적 지위 또한 공간성(공간적 실천)에서 분리 불가능한 두 가지 양상, 즉 상징적, 실천적 지위와 마찬가지로 제한되었다.

그러므로 지하 세계는 사라진 것이 아니었다. 낮에는 제우스와 이성이 어두운(지옥의) 세력을 제압했다. 지옥 세계의 깊은 곳에서는 제우스에게 패배한 타이탄(Titan, 그리스 신화에 등장하는 거대하고 강력한 신의 종족으로 우라노스와 가이아의 아들들과 딸들을 가리킨다. 막내아들 크로노스가 주동이 되어 아버지 우라노스에 반기를 들고 세상을 지배했으나, 크로노스의 아들인 제우스 역시 아버지 크로노스에게 반기를 들고 싸우게 되고, 이 거인족의 전쟁에서 제우스 쪽이 승리를 거두면서 티탄들은 지하 세계에 감금되었다—옮긴이)들이 분을 이기지 못하고 심하게 동요했다. 망자들의 나라에서는 망령들이 레테 강의 물을 마셨다. 그리스 정령은 지하 세계가 있어야 할 장소를 한정했고, 이를 특화시켜서 고유한 이름을 붙여주었으며, 양떼들이 풀을 뜯는 지표면이나 산, 농작물을 가꾸는 농촌, 각종 재화를 실은 배들이 물결을 헤치고 나아가는 바다에 가두어두었다. 로마에서처럼 이를 지배하거나 동화시키는 것이 아니라 그리스의 정령은 이를 따로 떼어놓았으며, 있어야 할 자리(델포이나 바쿠스 축제)를 지정했다. 이러한 이미지들의 의미는 문학작품 속에서는 찾아지지 않는다. 오히려 의례나 신화적인 이야기들(헤시오도스에서 플라톤에 이르기까지)이 사회적 공간에서 통용되는 이미지와 상징들을 사용하는 편이다. 개념적인 합리화는 정확하게 말해서 그리스 문명이 막바지 길로 접어든 다음에야 뒤늦게 (철학과 더불어) 이들의 작품 속에 등장한다.

4.5　　　대부분의 사회는 이와 비슷한 길을 밟아간다. 그렇다면 어

디에서 차이가 나는가? 여러 사회가 남성성에 근거한 원칙과 그 지배에 대해서 다양한 지위와 다양한 외적 표현 양식을 보이는 것은 어떠한 연유 때문인가? 보다시피 아테네에 의해서 형성된 그리스와 로마에 의해서 형성된 이탈리아가 한쪽은 로고스(논리학과 지식)를 생산하여 이를 전파하고, 다른 한쪽은 법을 생산하여 전파할 정도로 전혀 다른 사회가 되지 않았는가.

이 정도의 의문이라면 얼마든지 자연스럽게 받아들일 법한 정신분석은 과연 어떤 답을 제시할 수 있는가? 오이디푸스적 도식, 다시 말해서 삼각관계의 도식은 지나치게 기계적이며 동질화된 설명만을 제공한다. '오이디푸스 삼각형'은 사실 도처에서 발견된다. 물론 삼각 구조는 상당한 설득력을 발휘한다. 하지만 그것이 거의 불변의 항수에 해당되는 구조라고 한다면, 도대체 어떻게 해서 그처럼 전혀 다른 결과를 가져올 수 있단 말인가?

이 책에서는 이 문제를 다른 식으로 생각해볼까 한다. 몸의 연장으로서의 사회적 실천을 시간 속에서 공간이 태동하는 과정, 따라서 생산물로 간주되는 역사성의 과정을 통해서 탐구함으로써 접근해보고자 한다.

그런데 이렇듯 역사를 탐구하는 과정에서 혹시 야수적인 수컷 본능(virilité)과 남성성(masculinité)을 구분할 필요는 없을까? 로마에서는 남성적인 덕목, 즉 군인과 행정가의 덕목이 군림했다. 반면, 그리스는 수컷 본능이 팽배한 사회였다. 수컷 본능은 끊임없이 적에게 도전하고 친구들과 경쟁을 벌이며, 때로는 노골적으로 때로는 교묘하게 성과를 지향하고 이를 삶의 목표로 삼는다. 또한 **남보다 뛰어나게 되는** 것을 최우선의 목표 삼으면서도 사소한 일 때문에 방해받으며, 장기적인 관점에서 결정을 내려야할 때에는 일을 그르치고 마는 특성을 지닌다. 이러한 특성은 우주적인 차원, 즉 신의 차원으로 승화되었을 때에도 경쟁적인 소집단을 형성하는 양태로 나타난다.

수컷 본능과 경쟁심과 관련해서 그리스인들은 두 가지의 사용 방식, 즉 논쟁적인 방식과 투기적인 방식을 구분했으며, 하나는 좋은 것, 나머지는 나쁜 것으로 치부했다. 투기라고 하는 나쁜 사용 방식은 적을 파괴하라고 부추기는 반면, 좋은 방식은 적의 가치를 인정하면서 적보다 나아질 것을 종용한다.[10] 정의의 여신 디케는 도전과 반발이라는 이 두 가지 면을 구분하는 반면, 휴브리스(Hubris, (그리스 비극에서) 천벌을 받아야 할 정도의 신에 대한 불손. 이것은 그리스 비극의 주인공을 신과의 갈등으로 끌어들여 몰락으로 유도한다—옮긴이)는 구분하지 않는다. 로마와 로마인에 대해서 언급할 때 본래적 **인투이투스**와 궁극적인 **하비투스**를 구분해야 한다면, 그리스인들에 대해서는 위의 두 가지를 구분해야 한다.

그리스적 공간의 기원이 되는 이미지는 이미 충분히 형성되어 있으며, 사람이 살고 있는 공간이다. 중심, 즉 집의 중심, 폴리스의 중심 등이 선택받은 언덕 위, 볕 잘 들고 샘물이 풍부한 좋은 위치에 보기 좋게 배치되어 있는 행복한 이미지가 그리스적 공간의 기원이다. 공간적으로나 사회적으로 서열화를 추구하는 그리스 도시는 데메(dèmes, 아테네를 둘러싼 지역을 가리키는 아티카의 한 구성 단위—옮긴이)와 귀족 가문, 마을, 장인과 상인 집단들을 하나의 단위 속에 포함시키기 위해서 규정된 공간, 즉 폴리스를 사용했다. 수단이면서 동시에 목적이며, 인식인 동시에 행동이며, 자연적인 동시에 정치적인 이 공간은 사람과 기념물로 채워졌다. 중심은 집결시키는 역할을 했으며, 이 중심이 바로 아고라였다. 아크로폴리스의 제일 높은 곳에는 신전이 자리함으로써 공간적 · 시간적 공간을 완성했다. 신전은 아무것도 본뜨지 않았다. 신전은 그저 '바위투성이의 계곡에 서 있을 뿐'이었다. 신전은 신전과 신의 주변으로 출생과 사망, 불행과 번영, 승리와 패배(하이데거) 등 관계의 단일성만을 펼쳐보이며 집결시킨다. 여기에는 장식적인 것도, 기능적인 것도 없었다. 공간과 돌의 크기, 양감의 기하학, 구성 등은 서로 분리되지 않았다. 들보와 상인방(上引枋)은 꾐대, 지주와 더불어 공간의 조직과 양감의 분배를 이끈다. 여기서 '기둥 양식'의 필요성과 중요성이 대두된다. (도리아식, 이오니아식, 코린트식) 기둥들이 '기둥 양식'을 형성한다. '기둥 양식'들은 건축의 일부인 동시에 장식의 일부이기도 하다. **코스모스**, 즉 우주는 고귀한 이마 위에 얹혀 있는 아름다운 머리카락처럼, 선한 것과 아름다운 것을 굳이 구분하지 않으면서 찬란하게 배열된다.

차이라고? 차이는 **생산되었다**. 하지만 그 자체로 인지되고 재현되는 방식으로 생산된 것은 아니다. 차이는 결코 지식이나 일련의 진술, 지식의 핵과 연관을 맺고 있건 아니건 간에 인식론적인 탐구의 장을 구성하는 요소가 되지 못했다. 그렇게 되었다면 그것은 훗날, 그나마도 간접적인 방식을 통해서 그렇게 되었을 뿐이다. 인지된 차이란 두 용어가 같은 사고, 같은 지적 행위 속으로 비교되어 들어오게 된다는 이유 하나만으로도 이미 **축소된** 차이가 아니겠는가? 이러한 행위가 행동에 앞서서 일어난다고 하더라도, 그리고 그 실천적인 행동이 지적 행위를 실현하는 것이라고 하더라도, 이때의 차이는 **귀납적인** 차이일 뿐이다.

코스모스와 세계 사이에서 차이는 이른바 '역사적'이라고 하는 과정을 통해서 만들어지며, 문제가 되는 이들 용어 각각은 서로를 무시하거나 제대로 알지 못한다. 훨씬 후에야 공간에 관한 하나의 이미지 또는 개념이 아래나 위(심연이나 정상) 둘 중의 하나에서 영감을 얻어 만들어지며, 두 가지 중에서 어느 한쪽 방향을 강조함을 확인할 수 있다. 분명 그렇다. 하지만 상대되는 이미지라고 해서 나머지 하나에 반대해서, 그것과 달라지기 위해서 만들어지는 것은 아니다. 차이는 자발적으로 만들어지며, 그렇기 때문에 생산된 차이와 일반적으로 **축소되게** 마련인 **귀납적인**

차이를 구분할 수 있다.

4.6　　　　절대 공간은 어떤 양식으로 존재하는가? 이 공간은 허구적인가, 실재적인가?

이런 식의 질문은 그에 대해 답하는 것이 불가능함을 내포하고 있다. 이거냐 저거냐 양자택일을 해야 하는 입장에 놓이면, 언제까지고 두 개의 상반되는 용어 사이에서 망설이기 마련이다. 허구라고? 물론 그렇다! 도대체 '절대적' 공간이 어떻게 구체적인 존재를 지닐 수 있겠는가? 현실이라고? 그 또한 물론이다! 그리스나 로마의 종교적 공간이 어떻게 정치적 '현실성'을 갖지 않았다고 말할 수 있단 말인가?

절대 공간은 정신적 존재감, 따라서 '허구적' 존재만을 갖는다. 하지만 절대 공간은 사회적 존재감도 지니고 있다. 그러므로 매우 특별하고 강력한 '현실'로서 존재한다. '정신적인 것'이 '사회적인' 활동의 연쇄작용 속에서 실현된다. 허구가 사원이나 도시, 기념물, 궁궐 등에서는 현실로 변하기 때문이다. 위의 질문은 '실재'와 '허구'를 대비시킨 진부하고 때늦은 범주들을 이탈하거나 초월하는 작품들의 존재를 모르거나 잘못 알고 있다고 말할 수 있다. 이를테면 신전은 신전 주변을 에워싸는 모든 것들과 더불어 허구적인가, 실재적인가? 사실주의자라면 돌 조각만을 볼 것이고, 형이상학자라면 신에게 바쳐진 신성한 장소만을 볼 것이다. 그런데 그 외에 다른 것은 과연 없을까?

절대 공간은 사라지지 않았다. 그렇다면 절대 공간은 오로지 교회나 묘지에만 남아 있는가? 아니다. 자아는 로고스라는 높은 곳(卅) 위에 올라앉아 있지 않을 때면 대체로 자기의 '세계', 구멍 속에 몸을 숨기고 있기 마련이다. 자아의 음성은 대체로 악취를 풍기지만 이따금씩 영감도 풍기는 동굴로부터 퍼져 나온다. 그렇다면 이것은 말의 공간일까? 역시 허구적이며 실재적인 그 공간은 항상 사이, 즉 육체의 공간과 공간 속의 육체(금지) 사이의 중간지대로 끼어든다. 누가 말을 하는가? 어디에서, 어떤 장소에서 말을 하는가? 이 질문은 점점 익숙해지면서 기호의 치명적인 추상화가 이루어지며, 추상화가 스스로를 초월하고자(몸짓이나 음성, 춤, 음악 등을 통해서) 안간힘을 쓰는 절대 공간, 정신적 공간이라는 역설을 무시해버리게 된다. 말은 공간 안에 있고, 그 안에 없다. 단어들은 공간에 대해서 말하며, 공간을 감싼다. 공간에 관한 담론은 공간의 진실을 내포하는데, 공간의 진실이란 공간 안에 위치한 장소로부터 나올 수 없으며, 상상적이며 실재적인 어떤 장소, 다시 말해서 '초실재적(surréel)'이면서 구체적인, 게다가 개념적이기도 한 어떤 장소로부터 나온다!

자연으로부터 벗어났으되, 나무나 돌로 된 조각품처럼 자연적인 특성을 갖추고 있는 이러한 장소는 혹시 예술의 공간은 아닐지?

4.7   정치적 권력과 토지, 토지 소유권으로 특징지어지는 도시 국가-제국이 오랜 쇠퇴기를 거치는 과정에서, 도시(Ville)는 자취를 감추게 된다. 농장 소유주(라티푼디움)에 속하는 **빌라**(Villa)는 이제 더 이상 신성한 장소가 아니었다. 대저택은 농업-목축업 공간에서 코드화된, 합법적인 공간적 실천, 즉 토지 소유라는 사회적 실천을 실현한다. 대저택은 물질적인 생산 단위 안에서 로마 사회의 전반적인 특성(법적 원칙에 따른 구성)을 (창의적이지는 않으나 상당히 세련된) 미적 취향과 삶의 여유와 더불어 모두 결집시켜 보여준다. 이는 고전시대에 등장한 키케로나 플리니우스를 비롯한 문필가들의 글에서 이미 드러난다. 공간 안에서의 다양성, 사적인 것의 합법적인 우세 등은 그리스적인 질서의 상실, 형태-구조-기

능의 단일성 원칙의 퇴조, 건축물 사이에 장식적인 부분과 기능적인 부분, 양감과 면적 처리의 분리, 따라서 축조와 구성, 건축과 도시적 현실 사이의 분리 등을 보여준다. 이런 관점에서 볼 때 로마식 빌라(동로마 제국 시대와 그 쇠퇴기)는 서구 유럽의 찬란한 미래를 약속해주는 새로운 공간을 생산하는 것으로 보인다. 이것이 쇠퇴기를 통해서 로마가 영속할 수 있었던 비결이다. 빌라는 우리의 많은 마을과 도시를 낳은 것뿐만이 아니었다. 로마식 빌라는 공간에 대한 개념을 제안했으며, 그 특징은 후에 발현된다. 예컨대 구성요소들의 해체와 그로 인한 실천적 다양성, 사유재산이라는 단일하면서 추상적인 원칙에의 복종, 법적이기 때문에 '체험된 것'보다 우월하고 외부적인 까닭에 소유주에게조차 체험하기엔 불가능한 이 원칙을 하나의 공간 안에 병합시키는 것 등이 대표적인 특징이라고 할 수 있다.

이렇게 해서 로마적인 것은 종점(20세기에 와서야 사실상 종점에 도착했으니, 이 시점에서는 아직도 아득히 먼 앞날의 일이다)을 향해서 나아간다. 족쇄에서 풀려난 사유재산권 원칙은 비생산적이라고 할 수 없었다. 하나의 공간을 생산했기 때문이다. 수세기에 걸친 국가의 침묵은 공식적인 역사에서나 대부분의 역사가들에 의해서 역사적 실존의 공백으로 이해된다. 하지만 이것은 완전한 오산이다! 로마의 지배를 받았던 골(Gaule) 지역을 포함하는 서양에서는 건축 기술, 관개 수로와 댐 건설 기술, 대규모 도로 건설, 농업 기술의 비약적 향상(이 분야에서는 골 족의 기여도 컸다), 그리고 (사유)재산권 등 로마의 가장 소중한 유산들이 보존되고 있다. 사유재산권이라는 권리에 대해서는 화폐나 상품 못지않게 많은 비난이 가해지고 있다. 하지만 그것은 그 자체로는 전혀 나쁠 것이 없다. 소유권을 통해 공간을 지배함으로써, 우주가 되었건 세계가 되었건 하여간 자연의 관조에는 자연히 종지부를 찍게 되었으며, 이는 해석하기가 아니라 변화시키기를 본질로 삼는 지배 행동으로 가는 길을 보여준 것이었다. 소유권에 의해서 지배되는 사회에서 소유권은 막다른 골목에 이르게 되는가? 만일 그것만 따로 떼어놓고 본다면, 그리고 그 권리가 절대적으로 추구된다면, 분명 그럴 것이다. 그런 관점에서 보자면, 타지인들의 등장은 긍정적인 효과를 가져왔다고 할 수 있다. 이들은 소유권이라는 신성불가침의 원칙을 파괴함으로써 오히려 이를 풍요롭게 만들었기 때문이다. 더구나 이들을 받아들이고, 이들에게 정착할 기회를 제공하여 빌라의 활용도를 높이며, 새로 개척한 식민지 갈로로망 지역의 피지배민들을 영주로 승격한 마을 공동체의 우두머리들에게 복속시킴으로써 이들의 노동력을 제공받을 수 있었다. 공간을 놓고 볼 때, 이 타지인들은 농업-목축업 시대만큼 오래된, 그중에서도 농업보다는 목축업 경향이 지배적이었던 시대의 표시들을 되찾아냄으로써 공간을 새롭게 손질했다.

로마 제국의 말기, 그러니까 중세 초기, 뚜렷한 공백 속에서 절대 공간을 밀치고 로마의 종교적, 정치적 공간을 세속화하면서 새로운 공간이 자리 잡기 시작했다. 이윽고 이 공간은 역사적 공간, 축적의 공간으로 변화되어갔다. 이렇게 해서 경우에 따라 영주의 영지 또는 마을로 변한 '빌라'는 지속적으로 **장소**, 즉 토지에 고정된 하나의 시설을 지칭하는 용어로 굳어졌다.

4.8   신학(아우구스티누스의 신학)에 의해서 한층 복잡해진 세계의 이미지는 로마 제국과 로마라는 국가의 쇠퇴기, 라티푼디움 시대, 외지의 혁신가들과의 극적인 만남의 시대를 두루 관통했다. 기원후 1000년 무렵은 어떠했을까? 이러한 관점에서 본다면, 기원후 1000년 무렵은 무엇보다도 수확이 많은 시대였다고 말할 수 있다. 뚜렷한 공백기 한가운

데에서 다른 무엇인가가 싹텄다. 당대인들은 불안 속에 빠져버렸다. 그들은 오로지 과거만을 바라보았기 때문이다. 이미 변화된 공간은 앞으로 나타나게 될 탄생의 요람이요, 출생지였다.

기독교는 어떤 분파의 가르침을 따르던 간에 예외 없이 묘지를 중요하게 여긴다. 신의 도장이 찍힌 신성한 장소인 로마, 예루살렘, 콤포스텔라 등은 모두 무덤이다. 예수의 무덤이 있고, 베드로 성자의 무덤이 있으며, 야고보 성자의 무덤이 있는 곳이다. 성궤나 성유골, 죽음으로 인하여 성스러움을 부여받은 물건들이 있는 성지를 향해서 신자들은 대대적으로 순례의 길에 오른다. '세계'가 지배한다. 이를테면 이 종교는, 이런 용어를 사용해도 무방하다면, 죽음을 코드화한다고 말할 수 있다. 기독교는 죽음을 의례화하고 이를 의전화하며, 의식을 통해 성대하게 만든다. 수도원에서 수도승들은 '세계'에서 죽어가면서 죽음을 관조할 수 있을 뿐인데, 이로써 '세계'는 완성된다. 본질적으로 **지하 동굴 같은** 종교는 이 같은 지하 장소, 즉 교회당의 지하 납골당 주변을 배회한다. 각 교회나 수도원의 아래쪽에 위치한 납골당은 축성을 받은 인물, 신화적인 또는 역사적인 인물의 유골을 보관하고 있다. 축성을 받았거나, 신화적인 또는 역사적인 인물이라는 용어는 자신들의 목숨을 바쳐서 증언을 했으며, 지하 납골당, 고대의 황천과는 전혀 관계가 없는 '깊은 곳'에 누워서 여전히 증언을 계속하는 순교자들을 가리킨다. 성인의 존재는 납골당 내부에 '세계', 즉 지하 세계와 동일시되는 절대 공간에 퍼져 있는 삶과 죽음의 힘을 응축한다. 이 음침한 종교는 로마, 즉 로마라는 도시와 국가의 종말에 동행한다. 기독교는 그다지 생산적이지 못했고, (수도원 주변을 제외하고) 농업이 퇴화하고 기근의 위협이 상존했으며, 다산성은 불가사의한 힘들에게로 돌려지던 농업 사회에 부합되었다. 이러한 상황에서 어머니 대지와 잔인하며 선의를 베푸는 매개자인 아버지 신 사이의 통합이 이루어진다. 납골당과 묘지는 성스러운 인물들의 기호와 재현을 포함하고 있다. 이곳에는 조각들이 거의 없거나 전혀 없다.(그렇게 보인다.) 언제나 회화들만 있다. 이곳에 있는 회화들은 아무도 보지 못한다는 점에서 주목할 만하다. 아주 이따금씩(성자의 축일) 촛불을 밝혀들고 납골당에 들어오는 성직자만 그 그림들을 볼 뿐이다. 이 순간이 되면 이미지들은 생기를 되찾고 죽은 자들이 모습을 드러낸다. 납골당의 그림은 전혀 시각적이라고 할 수 없다. 따라서 그 그림들의 존재는, 훗날 마련된 범주들에 의거해서 사고하면서 이 범주들을 과거의 사실에 투영하는 사람들에게는 도저히 풀 수 없는 난제인 셈이다. 그림이 도대체 어떻게 보이지 않을 수 있단 말인가. 어떻게 어둠 속에 묻혀만 있을 수 있단 말인가? 라스코 동굴 벽화와 생 사뱅 납골당 벽화는 도대체 무엇 때문에 존재한단 말인가? 이 그림들은 말하자면 보이기 위해서 그려진 것이 아니라 그곳에 있기 위해서, 그곳에 그림들이 있다는 사실을 사람들이 알도록 하기 위해서 존재한다. 강력한 지하 세계의 힘을 이용해서 죽음을 제압하기 위해 그려진 지하 세계의 덕목을 응축하는 마술적인 이미지, 죽음의 기호, 죽음과의 대결의 흔적인 것이다.

교회. 교회를 로마에 본부를 두고 있으며, 사제를 통해서 마을과 도시, 수녀원과 수도원, 대성당을 비롯하여 기타 모든 개별 '교회' 안에 뿌리를 내리려는 하나의 총체로만 생각하는 것은 편협하기 이를 데 없는 생각이며, 완전히 판단 착오라고 할 수 있다! 교회는 '세계', 즉 허구적·실재적 어둠의 공간인 '세계'에서 살고 있으며, 그 세계에 사로잡혀 있다. 지하 세계는 시골 마을의 보잘것없는 사제의 자리에서부터 교황의 자리까지 여기저기에서 뚫고 들어온다. 지하 세계가 지표면을 뚫고 올라옴으로써 비로소 '세계'가 솟아오른다는 말이다. 이 '세계', 죽어가면서 투쟁을 벌이는 종교의 세계는 지표면 아래에 누워 있으며, 그곳에서 요동쳐왔다. 이 공간, 즉 기독교의 공간을 클레르보의 베르나르(Bernard de Clairvaux, 시토파 베네딕트회에 들어가서 수도원을 창설한 프랑스의 성직자—옮긴이)라는 강력한 인물이 12세기에 점령한다. 마술적이고 신비주의적이며, 허구적이고 실재적인 단일성만이 두 명의 왕을 지휘하고 교황에게 "내가 당신보다 더 교황이다"고 말했던 그런 천재의 영향력을 제대로 간파했다. 다른 무엇인가가 움트려 하는 시기에 클레르보의 베르나르는 죽음의 기호의 공간, 절망적인 관조, 금욕주의에 다시금 가치를 부여했다. 엄청난 수의 군중이 그의 주변으로 몰려들었다. 몰려든 것은 군중만이 아니었다. 그의 초라한 침상이 그의 공간의 상징이었다.

12세기에는 무슨 일이 일어났는가? 역사가들의 공통된 의견에 의하면, 그 무렵에 역사가 오랜 휴지기 끝에 다시 재개되었다고 한다. 그때가 되어서야 비로소 근대 시기를 열게 될 '요인들'이 서서히 마련되기 시작했다는 것이다! 굉장한 '서스펜스'가 아니겠는가! 역사가 보여준 오랜 인내심에 역사가들의 인내심이 화답한다. 역사가들은 새벽의 여명 속에서 토론을 벌이며 차츰차츰 얽히고설킨 사실들 혹은 원인들의 실타래를 풀어가기 시작했다. 신중한 이 역사가들[11]은 12세기에 나타난 굵직굵직한 움직임들에 대해서 혁명이라는 용어를 사용하기를 주저한다. 이들은 특히 사회의 전반적인 지위를 바꾸어놓는 도시 혁명과 맥락을 같이하며 노예적인 삶의 조건에 반기를 든 농민 혁명('농노들의 혁명')을 연구해야 하는 입장이었기 때문에 더욱 그 같은 미온적인 입장을 보였다. 누가 덕을 보게 될 것인가? 수혜자는 물론 왕과 왕의 권위, 처음엔 봉건주의적이다가 점차 군사력에 기반을 두게 된 국가가 될 것이다. 그렇다고 해서 예고된 것이 당장 현실이 되어 나타나는 것은 아니었다. 어떠한 우연과 결단력의 만남이 클레르보의 베르나르, 쉬제(Suger de Saint-Denis, 프랑스의 성직자, 정치가—옮긴이), 아벨라르(Pierre Abélard, 프랑스 출신 신학자이자 성직자이며, 중세 철학 논쟁에서 빼놓을 수 없는 대표적 철학자이기도 하다—옮긴이)같이 예외적으로 특출한 인물들의 등장을 가능하게 만들었는가? 당시에 벌어졌던 사건들이 발생한 장소, 요람을 지각하지 못한다면, 후세의 사람들이 어떻게 그 태동을 느낄 수 있겠는가? 당시에 도시들이 다시금 중요성을 띠게 되었다는 사실에 대해서는 아무도 이의를 달지 않는다. 그런데 이 도시들은 무엇을 도입했는가? 무엇을 생산했는가? 바로 새로운 공간이다. 이 대답으로 시간(역사적 시간 또는 그렇게 여겨지는 시간)만을 고려했을 때 직면하는 방법론적, 이론적 어려움을 면할 수 있을까? 아마도 그럴 것이다. 중세 도시들의 부상은 그것이 함축하는 의미, 결과와 더불어 고려되어야 한다. 중세 도시들의 부상은 도시 주민들을 먹여 살릴 만한 잉여 생산물이 농촌에 있었음을 전제로 한다. 도시가 시장으로 조직되고, 장인들이 농업 노동을 통해서 얻어지는 자재들(양털, 가죽 등)을 취급하게 되었음을 전제로 한다는 말이다. 이렇게 되면서 도시 공동체 내부에 공동체적인 개념의 동업자 조합이 만들어진다. 물론 당시 동업자 조합의 구성원들은 프롤레타리아, 즉 '노동자들'과는 아무런 공통점이 없었지만, 그래도 이들 조합의 출범과 더불어 '사회적으로', 사회를 위해서, 다시 말해서 도시를 위해서 생산을 할 수 있는 노동자 집단이 무대의 전면에 등장했다고 말할 수 있다.

교황권은 방어에 나섰으며, 반격을 가해서 이따금 승점을 올리기도 했다. 하지만 로마 교회가 계승자임을 자처하는 제국 국가를 거대한 교회 국가로 대체하려는 교황의 원대한 야심은 무산되고 말았다. 이미 민족 국가들이 태어날 움직임을 보이고 있었던 것이다. 수도원 문화는 점점 더 멀어져갔다. 결국 사라지는 것은 절대 공간이었다. 절대 공간은 잘게 쪼개져서 와해되어버렸다. 그렇다면 무엇이 새로 태어나는가? 정치적, 종교적 공간, 죽음의 기호와 비육체의 공간에서 해방된 세속화된 삶의 공간이었다.

중세의 도시 풍경은 이전 공간, 다시 말해서 '세계'의 공간을 전도시킨다. 이를테면 이 공간에서는 끊어진 선들과 수직선들이 난무한다. 공간은 지면으로부터 도약하며, 조각들이 세워진다. 지하 '세계'의 불길한 유토피아에 대항해서 행운을 가져다주며 환하게 빛나는 유토피아를 선언한다. 새로운 공간은 더 이상 견디기 어려운 가혹한 힘을 위해 봉사하는 것이 아니라 합리적인 권력의 강화에 일조한다. 거대한 성당들은 무엇을 말하고 있는가? 거대한 성당들은 이전 시대의 종교적 건축물과 비교해볼 때, 공간의 전도를 웅변적으로 말해준다. 거대한 성당들은 흩어져 있는 공간의 의미를 중세 도시 주변에 집중시킨다. 거대한 성당들은 엄밀하다기보다 기운찬 의미에서 **지하 동굴을 벗어난다**. 이 성당들은 납골당과 납골당의 비밀스러운 공간을 건너뛰는 것이다. 새로운 공간은 예전 공간을 '해독'하는 것으로 만족하지 않고 이를 딛고 올라선다. 새로운 공간은 빛으로 환하게 빛남으로써, 높이 솟아오름으로써, 예전 공간으로부터 해방된다. 이렇게 되면서 일부에서 '백색 커뮤니케이션'[12]이라고 부르는 것이 결정적으로, 단호하게 우세해진다. 그 반대, 즉 성스럽다기보다 저주를 받은 쪽에 가까운 검은 커뮤니케이션은 그렇다고 해서 완전히 자취를 감춘 것은 아니다. 검은 커뮤니케이션은 사회의 지하를 이루는 지역, 감춰진 장소에서 정면으로 마주하는 커뮤니케이션으로부터 벗어난 곳에 자리매김하게 된다.

여기서 클레르보의 베르나르, 쉬제, 아벨라르로 이루어진 경이적인 3인 체제가 활성화되어 이처럼 대대적으로 진행되는 움직임에 제동을 건다. 뛰어난 '반응력(réactif)'을 지닌 베르나르는 권력자들은 물론 대중의 귀를 잡아끌 줄 아는 인물이었다. 국정(왕권과 군대, 영토라는 요소를 갖추고 있었으므로 민족국가로 간주함에 손색이 없었다) 책임자였던 쉬제는 정치로 할 수 있는 일들을 인식하고 이를 실현했다. 이단아였던 아벨라르는 원리를 찾고자 애쓰는 동시에 체계를 토대부터 흔들어대는 잠재성의 극단에 위치한 인물이었다. 외관상 실패한 듯 보임에도 가장 유능한 면모를 지녔던 그는 이단자를 벌하기 위해 연애 계책을 세울 정도의 끈질긴 괴로움을 당했으나, 훗날 '가장 근대적인' 인물로 인정받게 된다.

생 사뱅 교회의 납골당에는 상징적인 것이 된 '육신의 잔해'와 성인들〔성 제르베(Gervais)와 성 프로테(Protais)〕을 그린 이미지들이 보관되어 있다. 다른 사람들의 귀감이 되는 성자들의 삶과 순교 장면을 담은 그림들이다. 그런가 하면 성당의 궁륭에는 성화, 즉 구약과 신약의 내용을 담은 그림이 그려져 있다. 벽화로 채워진 궁륭은 납골당 공간과는 반대되는 이미지를 지닌다고 할 수 있다. 궁륭은 지하 세계가 보관하고 있는 것을 공공연히 해독하고 있다. 생 사뱅 교회는 이미지의 상호성을 통해서 '세계'가 솟아오르는 순간을 보여주는 셈이다.

파노프스키는 자신의 저서 《고딕 건축과 스콜라 사상》에서, 12세기가 제시하는 다양한 양상들 간의 연관 관계를 설명하기 위해 헤겔식의 **시대정신**(Zeitgeist), 즉 이제는 진부해진 시간의 정신에 호소하는 것만으로 만족하지 못한다. 건축과 철학 사이에 유사성이 있다는 생각은 그 자체만으로는 전혀 역설적이지도, 새롭지도 않다.[13] 파노프스키는 기술과 상징이 비옥하게 만나는 지점을 결정하는 것,[14] 사실 이것만으로도 비올레르뒤크의 합리적인 해석, 다시 말해서 (사회적, 역사적 과정에 대한 상당히 앞선 분석에도 불구하고) 기계적이고 기술 지상주의적이며 기능 위주의 해석을 훨씬 뛰어넘는 것이지만, 그는 이보다 한층 더 나아간다.[15] 뾰족한 아치의 교차나 반(半)아치형의 걸침벽, 버팀벽은 분명 성당을 만드는 데 필요한 조건이기는 하지만, 그것들만으로는 대성당을 설명할 수 없다. 하늘로 향하는 영혼의 비상이나 새로운 세대의 젊은 열정도 불충분하기엔 마찬가지다. 파노프스키는 심지어 철학과 건축 사이에 (유추 이상의) 상동 관계가 있음을 보여주기까지 한다. 각각 나름대로 완전한 분야를 이루는 철학과 건축은 상대방과 더불어 일체가 되며, 각각의 분야는 이 일체의 표현이며 설명이라는 것이다. 이는 마치 신앙을 이성으로 설명하는 것과 같은 이치라고 할 수 있다. 어느 분야가 우선하는가? 물론 철학이다. 둘 사이에는 분명 우선하는 것이 있다. 스콜라 사상은 정신적인 습관, 즉 **하비투스**를 생산했으며, 따라서 존재 이유, **존재 양식**(modus essendi)에서 유래하는 **작업 방식**(modus operandi)도 생산했다. 건축가의 **하비투스**는 진리의 단일성, 이성과 신앙의 단일성을 공표〔그 절정은《신학대전(La Somme théologique)》이다〕하는 섭리에서 직접적으로 비롯된다.[16] 고딕 교회의 공간적 배치는 이 대작(大作)의 구성과 일치한다고 할 수 있다. 아니 이를 '재생산'하고 있다고 하는 편이 더 적절하다. 이를테면 반대되는 것들의 타협, 3분법적 전체, 각 부분이 상동인 부분들의 체계에 따라 이루어진 조직의 균형 등이 좋은 예에 해당된다.[17] 파노프스키에게 있어서 추상적인 재현(상동 관계에 있는 부분들의 단일성. 이 단일성조차도 사실 신성과 유사한 것으로, 하나가 셋으로 이루어졌거나 셋이 하나를 이룬다)으로부터 정신적 공간, 즉 사변적인 구축(《신학대전》)을 이끌어내고, 정신적 공간으로부터 사회적 공간, 즉 성당을 이끌어내는 것은 아무런 문제도 되지 않는다. 그가 이렇게 해서 만들어내고, 생산 혹은 재생산하는 것은 바로 신의 행위 그 자체이다. 지고한 신앙심을 가진 사람만이 아무런 거리낌도 느끼지 않을 수 있다. 그리고 이는 하나의 개념을 모든 내용과 문맥, 즉 **생산**이라는 맥락에서 떼어낸 채로 고려하는 오용의 아주 좋은 예이다. 학문적이고자 하는 개념의 도입(구조적 유사성, '하나의 사회와 하나의 시대에 고유한 상징적 표현의 기하학적 장소에 대한 연구'[18])으로 사고를 생산하는 신의 행위와 동일시하는 것이 가능해진다. '창조하다'는 용어를 '생산하다'는 용어로 바꾸면 이와 같은 희한한 대체도 용납될 것이며, 그와 동시에 가장 얼이 빠지고 가장 손쉬운 이상주의, 유심론 등은 얼마든지 가능해질 것이다! 하지만 그렇게는 안 된다.

파노프스키는 단일성 원칙을 도출해내고자 했다. 그렇다면 어째서 **인투이투스**가 아닌 **하비투스**란 말인가? 또 그가 내세운 하비투스가 과연 토마스 아퀴나스가 인류를 위해 '존재 방식'이라고 정의한 그 하비투스, '사용하고 향유하는 힘',[19] 따라서 사람과 하나가 되는 특성(그렇기 때문에 '갖다, 소유하다'는 의미의 'habere'와 거주하다는 의미의 'habitare'가 연결되어 있다)을 지닌 그 하비투스와 같은 의미일까? 그렇다면 **하비투스**는 습관(habitude)과는 구별되어야 할 것이다. 하나의 교리가 기적을 일으키지 않는 바에야 어떻게 하비투스와 여러 가지 개별적인 체계, 즉 글쓰기, 예술, 음악 등을 동시에 만들어낼 수 있는 **작업 방식**을 포함할 수 있단 말인가? 이 같은 유심론적 횡설수설은 단일성, **생산**이라는 매우 구체적인 직관을 은닉하고 있다. 파노프스키가 도출해내려는 것, 아니 그의 저술에서 얻어지는 것은 다름이 아니라 '시각적 논리'[20]라는 사고이다. 그는 시각적 논리라는 것으로 무엇을 의미하는가? 종교적 건축물은 높이 솟아오름으로써 빛을 발한다. 교회당의 중앙 홀은 더 이상 로마네스크 양식으로 지어진 교회의 나지막하고 어두운 자태를 지니지 않게 된다. 벽은 이제 모든 무게를 지탱할 필요 없이 점점 가벼워진다. 중심 기둥들은 작은 기둥들, 리브(둥근 천장에 있는 갈빗대 모양의 뼈대—옮긴이)들과 더불어 궁륭을 향해 치솟는다. 채색 유리창이 설치된다. 이 채색 유리창은 예술로 승화된다. 이런 것이 전부가 아니다. 그가 주장하는 '시각적 논리'는 스콜라 철학의 정신이 형태를 통해서 기능을, 언어를 통해서 사고를 설명하는 이중적인 해명을 용납할 뿐 아니라 이를 요구한다는 의미도 지닌다.[21]

그러나 파노프스키는 자신의 생각을 끝까지 밀고 나가지는 않는다.

모든 것이 환하게 드러나도록 하라. 이것이 바로 '시각적 논리'가 지시하는 바이다. 모든 것이라고? 그렇다. 감춰져 있던 모든 것, 세계의 비밀 등 그야말로 모든 것. 심지어 악마와 죄악까지도. 식물이나 동물 등의 자연적 존재까지도. 생명체까지도. 빛 가운데로 솟아오르면서 육체는 이제 복수를 시작한다. 비육체의 기호[22]는 육체, 살아 있는 신, 즉 예수 그리스도의 부활한 육체까지도 포함하는 모든 육체의 기호에 복종한다. 이는 '세계'의 새로운 약속으로, 이로 인하여 세계는 로고스, 코스모스와 더불어 대명천지에 그 모습을 드러낸다. 이는 그리스적 사고, 즉 플라톤과 아리스토텔레스의 재발견을 부추긴다. 아득히 먼 곳에 있는 것 같았던 육체의 부활이 중심 주제로 부상한다. 이것이야말로 최후의 심판(물론 최후의 심판은 두려움을 전파하고 죽음과 지하 세계에 대해서 말하기를 멈추지 않는다)에서 말하는 내용이 아니겠는가. 지하 세계가 표면으로 솟아오르며, 지표면이 더 높은 창공을 향해 올라가 공간을 점령한다. 이렇게 되면서 기둥머리와 정면을 장식하는 조각들이 기하급수적으로 늘어난다. 무게로부터 해방된 지표면은 육체를 찬양하는(비록 죄악이라는 생각이 도처에서 정신을 부패와 더러움, 그리고 '세계'로 잡아끈다고 할지라도) 일에 치중한다. 조각은 그리스 시대에 그랬던 것처럼 가장 기본적인 예술, 선구자적인 예술이 된다. 반면, 회화는 조명을 위한 예술(스테인드글라스)로서만 존엄성을 인정받는 신세가 되었다.

이러한 창조적 힘을 '사고의 과정', 즉《신학대전》이 전개하는 과정을 '근본적으로 변화'시킬 수 있게 해주는 '건축적 구성'에만 한정시키는 것은 너무 환원적인 도식이기 때문에 놀라움을 자아낸다.[23] 이는 스콜라 신학의 근대화를 이룩하며, 서양에서 일어나는 중세의 혁명에서 혁신적이고 체제 전복적이며 규범적인 것들을 거북한 입장에 놓이도록 한다는 이중적인 이점을 지니고 있다. 앞에서 시각적 논리에 대해서 언급했다.

그렇다. 어둠 속에서 끌어내어 밝은 빛 가운데 놓는다. 이것은 고딕 건축이라는 테두리를 훨씬 넘어서서 도시와 정치 행위, 시와 음악, 사고 등의 영역으로 확대된다. 아벨라르의 역할, 그의 생각과 삶의 의미는 '시각적 논리'보다 훨씬 더 나아가는 육체의 반란에서부터 출발해서 제3의 인물, 즉 성령의 개입을 통해 육체와 정신의 화해를 기대할 수 있을 때 비로소 제대로 이해할 수 있다.

그렇다면 도대체 무엇이 문제인가? 생산, 공간의 생산이 관건이다. 관념적(idéel)이고 이상적인(idéal) 공간, 정신이 깃드는 장소만이 아니라 사회적, 정신적 공간의 생산. 그 같은 공간의 돌연한 출현. 이전 공간에 대한 해독이 문제가 된다. 사고와 철학은 이제 표면으로 떠오르고 깊은 곳에서 솟아오른다. 그리고 또한 삶, 공간을 가진 사회 전체도 해독된다. 텍스트 분석[24]을 본떠서 공간의 유전자형과 표현형을 구분한다면, 공간 유전자(génospatial)는 바로 **이** **(공간의 돌연한)** **출현**에서 도출될 것이다.

일드프랑스 지역에서 시작해서 서양 전역으로, (상대적으로) 놀라운 속도로 확산되는 매우 독창적이고 혁명적인 결과를 초래할 수도 있는 이 같은 '생산'은 솔직히 '시각적인 것'을 향해 진행된다고 보는 것이 정확하다.

이를 확실하게 보여주며, 충분히 증명해보일 만한 증거로는 점점 부각되는 파사드의 중요성을 들 수 있다. 세심하게 배려되고 정교하게 다듬어진 이 파사드들은 교회의 요구, 즉 율법과 신앙, 성서에 따른다. 살아 있는 벌거벗은 육체에 할애된 자리는 매우 제한적이다. 고작 아담과 이브 정도에 불과하다. 여성의 육체는 금욕 수행 중이거나 심판을 받은 여인의 육체가 아니면 거의 등장하지 않는다. 파사드는 어디까지나 위엄을 세우기 위해 정비된다. 파사드는 교회당의 입구로 밀려드는 대중을 위해 교회와 왕, 도시가 연합해서 일궈낸 권력을 천명한다. **밖**이 **안**을 드러내 보이며, 이를 가시적으로 만들기 위한 중세 건축가들의 노력에도 불구하고, 파사드는 그것이 존재한다는 사실만으로도 이와 같은 합일을 깨뜨린다.

밝은 공간의 생산, 그와 같은 공간의 부상은 13세기까지만 하더라도 글쓰기[25]나 '구경거리로 만들기'[26]에 종속되지 않았다. 하지만 파노프스키의 주장은 그것이 정확한 한 매우 위협적인 태도라고 간주할 만하다. 시각화는 전략에 의해서 전면으로 돌출된다. 시각화는 한편으로는 추상화, 기하학, 논리학과 충돌하고, 다른 한편으로는 권력과 충돌한다. 사회적 공간은 불안하게 만드는 요소들과 놀라운 효과들을 재료 삼아 이미 연금술적인 처방을 취하기 시작했다. 물론 구체적인 실현과 물신화, 활력과 그로 인한 소외를 갈라놓는(효과적으로 갈라놓지 못하는) 경계선만큼은 여전히 건너지 않았다. 그 경계선은 어디까지나 예감될 뿐이다. 기호가 부려대는 부정적이고 치명적인 마술, 이를테면 하늘을 나는 새를 회화 속에 고정시키는, 말하자면 사냥꾼의 일격을 모방하는 마술이 여전히 승승장구한다. 또 다른 마술, 즉 죽음의 영역에서조차 삶을 부활시키는 언어의 마술, 상징주의의 마술(성령의 입김, 예언자적인 새, 창조적 몸짓) 등은 강력한 시각화 추세 앞에서 뒷걸음질 친다. 조각은 3차원적인 공간에서 회화보다 웅변적이다. 하지만 조각은 더도 덜도 아닌 단 한 번, 일격으로 말한다. 번복의 여지가 없다.

수직성, 첨탑이 지니는 정치적 오만함, 봉건성 등은 이미 눈과 남근의 동맹을 예고한다. '무의식적'이기 때문에 한층 더 효험이 좋은 동맹이 아니던가.

남근은 잘 보인다. 반면, 세계의 형상인 여성의 성기는 감춰져 있다. 위엄, 힘, 다산성의 상징인 남근은 높이 솟아오름으로써 시야에 호소한다. 눈이 특권적인 권위를 지니는 공간에서 남근적인 것은 특권을 받거나 생산을 한다. 시선은 신의, 아버지의, 우두머리의 눈이다. 시선이 시선을 위해 봉사하는 모든 것을 독점하는 공간, 이러한 공간은 동원 가능한 수단에 의해서만 제한을 받는 힘과 폭력, 권력의 공간이다. 삼위일체적인 신, 왕의 공간인 이 공간은 더 이상 비밀스러운 기호들의 공간이 아니라 글쓰기와 역사적인 것의 공간이다. 따라서 군사적 폭력의 공간이며, 그렇기 때문에 남성적 공간이다.[27]

4.9　　　비(非)축적적이며 비(非)역사적인 총체, 다시 말해서 잉여물을 사치스럽게 탕진하는(축제, 기념물, 전쟁 기념 행진, 과시성 행진 등) 사회는 언제, 어떻게 자취를 감추는가? 마르크스에 의해 시작된 축적론은 여전히 미완성인 채로 남아 있다. 원시 축적은 어떻게 가능했는가? 원시 쌓아놓거나 낭비하는 대신 투자하는 능력과 그에 상응하는 합리성(막스 베버)을 제외한다면, 다른 무엇을 함축하는가?

투자를 위한 화폐의 축적과 생산적인 투자는 적절한 기술과 인식이 없이는 생각할 수 없다. 축적 과정에서 나타나는 다양한 양상은 서로 분리되지 않는다. 그러므로 중세에 생산력과 생산의 향상(우선 농업 분야에서의 성장을 생각해볼 수 있으며, 이는 도시의 형성으로 이어진다)이 있었다면, 그것은 도처에 기술이 보급되고 수용되었음을 의미한다. 이는 각종 자료를 통해서도 입증된다.

그런데 제대로 해결되지 않은 문제가 있다. "많은 사회에서, 특히 서양의 고대 사회에서는 상업 경제, 화폐 경제와 더불어 과학적 사고와 지식, 도시 등 축적 과정에 필요한 몇몇 조건이 실현되었다. 그런데 어째서 축적 과정이 곧바로 시작되지 않았으며, 굳이 역사적인 기원을 명시하자면, 중세 유럽에서나 가능하게 되었을까? 그 이전 시대에는 어떤 조건이 부족했던 것일까? 그렇게 되지 못하도록 방해하는 어떤 조건이 있었던 것일까?" 여기에 대해서 이론적인 분석을 충족시킬 만한 답은 아직 찾지 못했다. 노예제도 옹호주의? 끊임없이 벌어진 전쟁? 지나치게 호사스러운 지출? 지배 계급은 물론 로마의 평민 계급에까지 만연했던 기생충 근성? 이러한 역사적 '요소들'은 분명 축적 과정의 금지나 무효화에 일정 역할을 했을 것이다. 하지만 그것만으로는 충분한 설명이 되지 못한다. 그렇다면 영적인 권위를 지닌 교회나 정치 지도자들이 심오한 숙고 끝에 슬기롭게도 이를 금지하기 위한 조치를 취했던 것일까? 이 같은 가설은 사제나 전사, 정치 지도자 등의 특권 계급에게 초인적인 지혜가 있었음을 전제로 할 때에만 가능하다.

답은 다음과 같다. 12세기 서부 유럽에서 부상하여 점점 더 많은 지역(프랑스, 영국, 네덜란드, 독일, 이탈리아)으로 퍼져나간 공간은 축적의 공간, 축적의 요람이며 축적이 탄생한 공간이었다. 왜, 어떻게 해서 그렇게 되었을까? 이 세속화된 공간은 '세계'와 지하 세력을 복속시키는 로고스와 코스모스의 부활에서 비롯된 공간이었기 때문이다. 로고스, 논리학과 더불어 법이 만들어졌으며, (법에 의해서 정해진) 계약 관계가 관습과 일상적인 수탈 행위를 대체했다.

따라서 어두운 '세계'는 점차 희미해지고 이 세계가 야기하는 두려움과 공포도 약화되었다. 그렇다고 완전히 사라진 것은 아니었다. 이 세계는 **헤테로토피아**(Heterotopia), 즉 마법과 광기, 악마적 권력의 장소, 매혹적이지만 **추방된** 장소로 변한다. 훗날 아주 오랜 시간이 지난 후에 예술가들은 이 성스럽고 저주 같은 도발을 재발견할 것이다. 이 도발이 성행할 때 이를 제대로 재현할 수 있는 사람은 아무도 없었다. 이전의 그 '세계'는 여전히 존재하는데도 재현할 수 없었던 것이다. 공간은 숨어 있는 세력들, 선하기보다는 악의적인 세력들로 와글거린다. 각각의 장소는 나름대로의 이름을 지니고 있으며, 각각의 이름은 이 음울한 세력들 중의 하나를 지칭한다. 즉 누멘 노멘(Numen-nomen, 라틴어에서 numen은 장소를 관장하는 정령, nomen은 이름을 의미한다—옮긴이)이 된다. 농업-목축업 시대에서 유래한 이름들은 로마 문명에서도 사라지지 않았다. 로마인들이 지켜오던 수천 가지의 자잘한 토속적 미신들은 주요한 기독교식 저주들과 혼합된 채로 '빌라'에 의해 전파되어오면서 이 과도한 성스러운 것-저주스러운 것을 지표면에 붙잡아두었다. 12세기에 들어와서는 기표의 대대적인 변화, 전이, 전복이 일어난다. 좀더 정확하게 말하자면, 즉각적으로 금지를 의미하던 것이 정서적이고 주술적인 기의가 배제된 채 금지를 의미하는 기표로 옮아갔던 것이다. 그 결과 예전 이름을 박탈당한 곳은 거의 없지만 많은 새로운 이름이 예전 이름 위에 포개짐으로써, 종교적인 특성을 상실한 새로운 지명들의 망이 만들어졌다. 이를테면 샤토뇌프(Château-Neuf, 원래 새로 지은 성을 뜻하며, 프랑스 전역에는 샤토뇌프로 시작하는 지명이 적지 않다—옮긴이), 빌프랑슈(Ville-Franche, 중세 시대의 자유 도시를 뜻하는데, 봉건 제후의 지배권에서 벗어난 부르주아들이 살던 도시를 가리킨다. 프랑스 남부 지역에는 빌프랑슈가 들어가는 지명이 여럿 있다—옮긴이), 에사르(Essart, 개간지를 뜻하며, 이 지명도 프랑스 전역에 여럿 있다—옮긴이), 부아르루아(Bois-le-Roi, 왕의 숲을 의미하며, 프랑스에서 현재 이 지명을 쓰는 곳이 두 군데 있다—옮긴이) 같은 지명들이 이러한 예에 해당된다. 일련의 단어와 기호를 (의미가 배제된) 기표로 차용하는 것을 대단한 전복이라고 할 수 있는가? 분명 그렇다. 기호를 지식의 움직일 수 없는 토대이며 변하지 않는 사회의 기초라고 간주하는 일부 물신주의자들만이 이를 그렇지 않다고 부인할 것이다. 중세의 공간은 개간되는 동시에 해독된다. 사회적 실천(사회적 실천은 스스로 어디로 갈지 알지 못한다)에 의해서 공간은 다른 식으로 사용이 가능해진다. 다시 말해서 공간은 임자가 없는(vacant) 것이지 빈(vide) 것이 아니다. 이렇게 되면 동시에 '리비도(libido)', 즉 아우구스티누스 신학이 지탄했던, **세상을 만드는 세 가지 리비도—지의 리비도**(libido sciendi), **지배의 리비도**(dominandi), **감각의 리비도**(sentiendi): 호기심, 야심, 육욕—가 해방된다. 해방된 리비도는 자기 앞에 열린 공간을 향해서 달려든다. 신성을 박탈당한 공간, 영적이면서 동시에 물질적이며, 지적이고 감각적인 이 공간, 육체의 기호들로 충만한 이 공간에서는 우선 인식의 축적이 이루어지고 이어서 부의 축적이 이루어진다. 명확하게 위치 매김 된 이 공간의 요람은 부르주아 공동체로서의 중세 도시라기보다는 중앙시장(halle)〔그리고 중앙시장이 들어선 곳이면 으레 시립 건축물인 나무종탑(beffroi)도 등장한다〕과 시장이 서는 광장이라고 할 수 있다.

시장 광장이나 중앙시장 같은 장소들과 관련하여 덧붙이건대, 돈을 비천하게 여기며, 상품을 해로운 것으로 간주하는 태도는 한참 후에나 나타나는 경향임을 밝혀둔다. 지금 우리가 다루고 있는 시대에는 교환 가능한 '사물', 즉 지극히 드물긴 하지만 판매를 위해서 생산된 물품은 해방구의 기능을 수행했다. 신성함의 권위를 보란 듯이 실추시키기 때문이었다. 판매를 위해 생산된 물품은 말하자면 헌신의 정신(이른바 시토 공국의 설립자이자 청빈과 금욕, 세속에 대한 경멸을 전파하는 호교론자인 동시에 종교 지상주의자인 '세기의 몽상가' 클레르보의 베르나르가 이 같은 입장의 대변인 격이었다)에 대한 모독이었다.

그때까지만 해도 '발생 상태(in statu nascendi)'에 있던 돈과 상품은 하나의 '문화'뿐 아니라 공간까지도 새로이 제공했다. 시장 광장이라는 공간이 지닌 독창성에 대해서는 종교적, 정치적 건축물의 웅장함에 위축된 나머지 지금까지 충분한 조명이 이루어지지 않았다. 그러므로 이 점만은 확실하게 기억해야 한다. 고대에는 상업과 상인들을 도시 외부적인 요소, 즉 도시의 정치적 구성과는 상관없는 외부인, 주변 요소들로 간주했다. 여전히 토지의 소유가 부의 토대를 이루었다. 중세의 혁명은 상업을 도시 내부로 끌어들였으며, 상업은 그중에서도 변화된 도시의 최중심부에 자리 잡았다. 시장이 들어선 광장은 아고라나 포럼과는 달리 누구나 자유롭게 드나들었으며, 도로망을 통해 (도시가 지배하고 착취하는) 주변 영토로 활짝 열려 있었다. 한편, 기발한 발명품인 중앙 시장은 대성당이나 주랑과는 달리 거래가 이루어지며 관계당국의 통제가 이루어지는 곳이었다. 성당은 이곳에서 멀지 않은 곳에 자리 잡고 있었지만, 성당의 종탑은 더 이상 지식과 권력의 상징으로 추앙받지 못했고, 도시에서 관장하는 나무종탑이 공간을 지배하며, 그와 동시에 시간까지도 지배하기에 이르렀다. 나무종탑에는 머지않아 시계가 장착되었기 때문이다.

이 시기가 지니는 특성을 전복적이라고 평가하기에 주저하는 역사학자들은 이와 같은 과정들이 진행되는 데에서 나타나는 불평등성을 전면에 내세웠다. 해양(지중해 연안)도시들은 비교적 손쉽게 도시 단위의 자유를 획득했다. 프랑스 남부 지역의 오래된 도시들과 플랑드르 지역의 섬유 도시들도 마찬가지였다. 반면, 프랑스의 북부에서는 오로지 폭력을 통해서만 영주들과 주교들로부터 토지 양도, 자치권, 인정서, 도시 헌법 등을 쟁취할 수 있었다. 이 같은 불평등성(폭력 사용 정도의 불평등, 성공 정도의 불평등)은 새로운 공간의 확장 속도가 그만큼 빨랐으며, 범위 또한 매우 넓었음을 입증해주는 증거라고 할 수 있다. 14세기에 들어오면, 마침내 알려지고 인정받는, 따라서 재현이 가능해진 이 공간은 상징적인 도시들, 즉 그때까지도 전적으로 농업과 목축업에만 의존하던 지역, 다시 말해서 상업이 존재하지 않던 지역에 상업을 위한 도시들을 탄생시킨다. 프랑스 남서부의 성곽도시들이 그 좋은 예이다. 평등하고 추상적인 순수한 형태의 상업적 공간인 이들 마을들은 초기에는 한적했으나 점차 유명세를 탔다. 그라나다, 바르셀로나, 피렌체, 쾰른, 브루게 등은 12세기에 진행된 대규모 전복의 뒤늦은 변주라고 할 수 있었다. 그렇더라도 이 도시들은 상업 도시의 '이상형'이며, 세속적이고 민간 주도의 조직, 프로테스탄트 신앙과 자코뱅주의 같은 특성을 비롯한 다양한 함의와 발전 양상과 더불어 이상적인 상업 도시의 재현이라고 불려도 전혀 손색이 없었다.

폭력적인 또는 비폭력적인 다양한 수단을 통해서 중세 시대 동안 형성되는 공간은 교환과 소통의 공간, 다시 말해서 관계망의 공간으로 정의된다. 관계망이라면 좀더 정확하게 무슨 관계망을 말하는가? 우선 육로. 상업과 순례, 십자군의 이동이 이루어지던 육로 망을 가리킨다. 황제의 도로(로마 시대)의 흔적은 여전히 건재하며 많은 경우 물질적인 특성까지도 고스란히 남아 있었다. 따라서 새롭게 형성되어가는 관계망에 대해서, 우리는 그것이 특히 수로를 중심으로 하는 관계망이었다고 평가할 수 있다. 비록 '해상을 통한 제패'가 도처에서 성공을 거두는 것은 아니었을지라도, 항구와 해안 도시들의 역할은 축소되지 않았다. 오히려 그 반대였다. 무게 중심은 지중해 연안에서 서서히 북해와 대서양 쪽으로 옮아갔다. 강, 그 뒤를 이어서 운하들이 육로와 더불어 수로를 형성해나갔다. 강을 따라가는 하천 운수업과 항해술의 역할은 이미 잘 알려져 있다. 강을 따라가는 물길은 이미 형성되어 있거나 형성 중인 지역, 광역, 국내 규모의 시장들(이탈리아, 프랑스, 플랑드르, 독일)을 이어주었다. 이러한 관계망은 생산물과 화폐를 '교환(무역)하는 자들'을 이어주는 추상적이고 계약적인 관계망의 물리적인 복제이자 이를 자연 속에서 비추어주는 거울이라고 할 수 있었다.

이 공간을 관계망만으로 정의하려 든다면, 이는 대단한 판단 착오가 아닐 수 없다. 그렇게 하는 것은 일방적이고 특화된 하나의 학문, 즉 지리학이나 지정학에만 의존하는 함정에 빠지는 우를 범하는 셈이다. 사회적 공간은 다양하다. 사회적 공간은 추상적이고 실천적이며, 즉각적이면서 매개적이다. 종교적 공간은 상업적 공간이 대두했다고 해서 자취를 감추지 않는다. 종교적 공간은 여전히 남아서 앞으로도 상당 기간 동안 말의 공간, 지식의 공간으로 기능할 것이다. 종교적 공간 곁에는, 아니 종교적 공간 내부에는 다른 공간들, 즉 교환과 권력의 공간 등을 위한 장소들이 즐비하다. 공간 재현과 재현 공간은 대립하지만 그렇다고 해서 전체의 단일성을 해치지는 않는다.

중세 시대의 사회적 공간은 매우 놀라운 특성을 지니고 있다. 그 공간에서는 체제와 상태, 지위와 위계질서 등을 구별하기 위해서 (경도, 위도, 혹은 대각선을 따라) 분할하는 사고를 동원해야 할 필요가 없다. 사회적 구축물도 성당과 닮았으므로, 여러 가지 점에서《신학대전》과 같은 부류라고 간주할 수 있다. 피라미드의 정점이 하늘까지 닿지 못하니, 이는 닮은 점이 아니라고 반박할 수도 있다. 그런데 그렇지 않다. 똑같은 환상에 의해서 종탑의 꼭대기는 하늘의 궁륭과 천상의 덕목에 접근하며, 따라서 사회적 피라미드의 정점은 신성에 접근하고, 사고의 정점에 도달한 이성은 신의 은총에서 직접적으로 기인하는 믿음에 손을 내밀며, 시(詩)는 지옥으로 내려갔다가 천국으로 다시금 부상한다고 믿게 만드는 것이다.

맑은, 아니 투명한 사회. 그곳에서는 개인적인 의존 관계가 경제적인 것을 지배한다. 폭력마저도 지고한 극단적 명증성을 지닌다. 각자는 왜, 어째서 자신이 죽는지, 왜, 어째서 자신이 고통을 받는지, 왜 자신이 때로 행복(좋은 시간)을 맛보는지를 잘 안다. 사회 전체가 밝음 속으로 부상하는 것이다. 그런데 불행하게도 어둠을 몰아낸 화폐는 머지않아 불투명성, 가장 꿰뚫어보기 힘든 관계를 끌어들이게 된다.

중세적 공간은 대지 위로 성큼 올라선다. 이 공간은 아직 추상적이지 않다. 추상적이 되려면 아직 멀었다. '문화'의 상당 부분(점점 줄어들기는 하나 그럼에도 끈질기게 존속한다), 다시 말해서 느낌과 재현은 여전히 **비밀스럽게** 남아 있다. 이 비밀스러운 부분은 성스럽고 저주받은 곳, 귀신들이 드나드는 장소, 깊은 곳, 동굴, 어두운 계곡, 묘지, 성소, 지하 세계와 붙어 있다. 스스로를 드러내고자 하는 것들을 밝은 세계로 이끄는 움직임은 지속된다. 해독은 읽고 말해지는 것이 아니라 체험되며, 공포나 기쁨을 불러일으킨다. 해독은 폭력이기보다 설득이다. 콰트로첸토를 통해 회화가 다시금 최고의 지위를 획득하면서 화가들은 비밀스러운 것에서 해독된 것으로의 이행이 자연스럽다고 천명했다. 보이는 것을 그대로 그리는 예술이 아니었다! 인식은 인식으로 남아 있었다. 해독은 텍스트의 이해와는 별반 관계가 없었다. 어둠 속에서 솟아오른 것은 기호로서가 아니라 '그 자체로서' 모습을 드러내는 끊임없는 행위였다.

시간은 공간과 분리되지 않았다. 시간은 공간에게 방향을 제시했다. 이 추세는 공간이 자연(공간-자연)에서 도출되는 리듬을 제어하려는 경향을 보이는 중세 도시가 대두하면서부터 역전의 기미를 보였다. 공간과 시간을 묶어주는 매듭, 이 둘 사이의 연결 고리는 어디에 존재하는가? 그 연결 고리는 이 시기에 습득된 지식을 넘어서는 곳, 하지만 인식 이론의 테두리 안에 있는 곳, 다시 말해서 실천(현실 속에 존재하는 재현과 왜곡 사이의 불일치를 최소한으로 제한함으로써 시간과 공간의 일치를 조절하는 '무의식적' 실천) 안에서 찾아진다. 축제는 공간 안에서 성취되면서 시간을 점철한다. 축제는 나름대로 허구적이며(신화적이며) 실재적인(실천적인) '대상'을 지니고 있으며, 이 대상들은 나타났다가 솟아오르고 내려가는가 하면 자취를 감추었다가 다시 모습을 드러낸다. 태양, 예수, 성인들, 성모 마리아 등이 그 대표적인 대상들이다. 장소와 더불어 사회적 시간도 다양화된다. (중앙시장과 결부된) 상업의 시간은 교회의 시간과 일치하지 않는다. 상업의 시간은 그 시간에 밀착된 공간과 마찬가지로 세속화된다. 마을 공동체의 집회 시간은 사생활의 시간과 일치하지 않는다.

4. 10　　　　16세기 서유럽에서는 결정적으로 중요한 '무엇인가'가 일어났다. 하지만 이 무엇인가는 명확한 날짜로 표시된다거나 제도의 변화, 이를테면 이러저러한 품목의 생산이 증가했다거나 새로운 시장이 나타났다는 식의 경제적인 어떤 '조치' 등으로 확실하게 규정지을 수 있는 사건이 아니었다. 하지만 서양은 분명 동요했다. 경제적, 실천적 비중에 있어서, 사회적 중요성에 있어서 도시가 농촌보다 우월해진 것이었다. 이는 화폐가 토지를 지배하기 시작했다는 말이다. 토지 소유권은 이제 최고로 중요했던 자신의 지위를 상실했다. 사회는 총체적으로 변화했다. 그러나 분야별로, 요소별로, 시기별로, 기관별로 보자면 불평등하게 변화했다.

하지만 어느 곳에서도 완전한 단절은 감지되지 않았다. 장기적인 관점에서 보자면, 수십 년 사이에 모든 것이 바뀌었다고 말할 수 있다. 그렇지만 모든 것은 이전처럼 계속되었다.

공간을 살펴보면 아마도 '이 결정적인 시기에 과연 무엇이 변화했는가?'라는 방법론적이며 이론적인 문제를 해결할 수 있을 것이다. 과도기라고 말하는 사람은 매개를 전제로 한다. 중세 공간과 축적에서 비롯되는 자본주의 공간 사이의 역사적인 매개, 이 매개는 과도기 동안 뿌리내린 도시적 공간, 즉 '도시의 체계'라고 하는 공간에 위치한다. 도시는 도시가 지배하고 통치하며, 착취하고 보호하는 농촌과 분리된다. 물론 완전한 단절은 없다. 갈등으로 얼룩진 단일성은 끈질기게 지속된다. 도시는 소수 지배 집단의 이름으로 영토를 통제하고 관리한다. 높은 첨탑 위에서 '도시인들'은 그들의 밭, 숲, 마을을 굽어본다. 농민들, 갓 개종한

이 이교도들의 '존재'를 도시인들은 마치 환상을 바라보듯이 또는 거부하듯이, 강박관념에 사로잡히거나 무시하는 태도로 지각한다. 요컨대 도시인들에게 농민들이란 동화 속의 요정이거나 공포의 대상이었다. 도시인들은 농민들과의 관계를 통해서, 이들과 거리를 둠으로써 자신들의 자리를 결정했다. 다시 말해서 단일성 속의 이원성, 지각된 거리, 인지된 단일성이 존재했다. 도시는 합리성, 즉 계산과 교환, 상인들의 로고스를 지니고 있었다. 도시는 봉건 영주들로부터 그들의 독점권, 즉 농민들을 보호하고 농민들로부터 잉여 노동을 취하는 권리를 탈취했다. 그러므로 도시적 공간은 쇠락해가는 봉건성과 태동기에 접어든 부르주아 계급, 소수 지배 집단, 장인 공동체 간의 타협이 이루어지는 최적의 장소였다. 이는 공간-자연과 비교해볼 때, **진행 중인** (적극적인) **추상화**, 독창성에 대한 일반성, 개별성을 포함하며 이를 드러내는 '발생 상태의' 보편성이라고 할 수 있다. 무시무시한 수단인 도시적 공간은 이 단계에서는 아직 자연을 파괴하지 않는다. 도시적 공간은 자연을 품으면서 이를 압수해버린다. 시간이 경과한 다음, 다시 말해서 공간적 추상의 두 번째 단계에 접어들었을 때에야 비로소 국가가 뒤를 잇는다. 도시와 도시의 부르주아들은 공간에 대한 통제력을 상실하는 동시에 상업 자본과 은행 자본으로부터 산업 자본으로 넘어가는 경계선에서 발생하는 생산력에 대한 지배력도 상실한다. 이렇게 되면 잉여가치는 더 이상 생산 현장에 의존하지 않고, 주변 경계를 뛰어넘어 점점 더 멀리 떨어진 곳에서 실현되며 분배된다. 경제적인 것은 도시라는 테두리를 벗어나며, 심지어 경계마저 허물어버리지만, 그러면서도 중심으로서, 다양한 타협의 장소로서의 도시를 유지한다.

점점 줄어드는 농촌의 무게(토지의 소유권, 농업 생산의 소유권)와 점점 늘어나는 도시의 무게(상업, 동산의 소유권, 도시 수공업 소유권) 사이에서 상대적인 균형이 찾아지는 드문 순간에 서양에는 새로운 변화가 생겨난다. 도시가 인지되기 시작하는 것이다. 강과 바다의 물길을 따라가는 여행을 통해 가다듬어진 공간 재현이 도시 현실에 적용되기 시작한다. 도시는 이제 글로 써진다. 설계도와 조감도가 무수히 만들어진다. 이렇게 되면서 농촌과 동시에 도시(도시와 도시를 둘러싼 농업적 문맥)에 대해서, 주택과 동시에 주택 단지(cité)에 대해 말하기 위해서 필요한 언어가 조직된다. 곧 **공간의 코드**가 형성되는 것이다.[28]

솔직히 말해서 이 단일 코드라고 하는 표현의 사용은 고대로 거슬러 올라간다. 비트루비우스의 저작에서 이미 발견되기 때문이다. 로마 시대에 활동한 이 건축가의 책들은 자신이 잘 아는 도시국가 내에서 작업하는 건축가의 공간적 실천을 예로 들면서, 사회적 삶의 요소들을 조목조목 일치시키려는 노력이 매우 돋보인다. 비트루비우스의 저술은 소쉬르 이후 '기표-기의'의 관계를 생각하며 이를 자신들의 지식의 중심에 위치시키는 자들의 천진함을 조롱하는 듯한 저자의 노골적인 선언으로 시작한다. "**모든 문제에 있어서, 그런데 그중에서도 특히 건축에 있어서 두 가지 중요한 것이 있다. 바로 의미되어지는 것과 의미를 제공하는 것이다**(Cum in omnibus rebus, tum maxime etiam in architectura haec duo insunt : quod significatur et quod significat)."(I, 7) 기의란 언급되는 사물에 대해서 말하는 내용인 반면, 기표란 사물 안에 들어 있는 내용의 이유를 지식을 통해 드러내보이는 것이라고 비트리비우스는 말한다.[29]

비트루비우스의 저술들은 코드의 모든 요소들을 함축적으로 담아내고 있다. 예를 들어보자.

1) 공간 구성요소에 있어서의 알파벳과 어휘. 물, 공기, 빛, 모래, 벽돌, 돌, 압축재와 블록, 염료, 문과 창문 같은 개폐 관련 부속물 등. 사용해

야 할 자재와 도구의 목록도 첨부되어 있다.

2) 문법과 통사구조. 위에 제시한 요소들을 가지고 통합체, 즉 주택, 대성당, 극장, 사원, 목욕탕 등을 조합 규칙에 따라 구성하는 배치 방식.

3) 문체. 비례와 기둥 양식, 생산하고자 하는 효과 등과 관련한 예술적인 (심미적인) 질서 규정.

비트루비우스식 공간 코드에는 무엇이 누락되었는가? 얼핏 보기에는 누락된 것이 아무것도 없어 보인다. 그가 작성한 일종의 사용 가치에 관한 사전 속에는 모든 것이 담겨 있다. 다만 교환을 상기시키는 구절이라고는 전혀 없다. 우리는 비트루비우스를 출발점으로 삼아 그리스, 로마 등의 고대 도시의 공간적 실천, 즉 공간 재현〔천문학과 지구공간학(géonomie)〕과 주술적이고 종교적인 (점성술적) 재현 공간을 분석해볼 수 있다.[30] 그의 구상은 여기서 훨씬 더 앞으로 나아간다. 구성단위와 형식에 관해서 비트루비우스는 방법론적인 연구, 다시 말해서 어휘와 대상(기의)의 체계화 작업을 시도한다.

그러나 모든 분야를 빠짐없이 총망라하고자 하는 이 공간 기호학 논고에는 여러 세기 동안 본질적인 무엇인가가 빠져 있었으며, 그것은 다름 아니라 바로 **도시성의 효과** 분석과 보고였다. 도시국가라고? 비트루비우스에게 도시국가는 부재-실재를 통해서 위용을 과시한다. 바꿔 말해서, 그는 항상 도시국가에 대해서만 이야기하는데도 실상은 전혀 도시국가에 대해서 이야기하고 있지 않다는 말이다. 그에게 있어서 도시국가는 '공적' 기념물들과 고관대작들의 사유재산인 '사적' 주택들의 집합체 속에서 형체도 없이 녹아버린다. 시민의 공간이라는 패러다임은 거의 등장하지 않고, 그 대신 요소들 간의 연결, 즉 통사적인 사항이 무수히 등장한다. 기술, 경험주의와 더불어 실용적인 것, 기능적인 것이 벌써 우세를 보이는 것이다.

16세기에 들어와서야 비로소 중세 도시의 (농업이 아닌 상업을 기반으로 하는) 성장, **도시 체계**(이탈리아, 플랑드르 지역, 영국, 프랑스, 에스파냐의 지배를 받는 아메리카 등)의 정립 등과 더불어 도시는 하나의 통합체, 즉 **주체**로서 존재하기 시작한다. 국가의 부상에 직면하여 쇠퇴가 임박해졌을 때, 도시가 비로소 스스로의 존재를 드러내기 시작한 것이다. 도시는 자연, '세계', '농촌 동물'(마르크스)과 인공, 후천적 습득, 고대 문명을 기원으로 삼는 '도시 동물' 사이의 갈등을 조화롭게 극복할 가능성을 보여주는 담론의 원칙이 된다. 이 특별한 순간에 도시는 나름대로의 의미와 목표(내재적인 동시에 초월적인 도시의 '궁극성'은 도시가 시민을 먹여 살린다는 점에서 지상에 뿌리를 내리고 있으며, 도시 중의 도시인 로마가 신의 국가의 이미지로 작용한다는 점에서는 천상에 닿아 있다)를 지닌 역사의 매체가 된다. 르네상스 시대의 도시는 영토와 더불어 조화로운 전체, 대지와 하늘 사이의 매개로 인식된다.

도시성의 효과는 구성과 양식의 단일성이라는 면에서 건축적 효과와 연관을 맺고 있다. 16세기와 17세기에는 '행동–시간–공간'의 그리스적 단일성이 와해되면서, 갈릴레오 갈릴레이를 필두로 '인간'은 '세계'와 '우주'에서 자신의 장소를 상실한다.³¹ 그러나 '다시 태어나는' 존재는 도시에 계속 자리한다. 공간적 실천과 실천으로서의 건축은 서로 연결되며 서로에게 말을 건다. 이제 건축가는 효율적이며 건축은 '도구적'이 된다. 르네상스의 도시는 더 이상 '연속적인 내레이션'처럼, 다시 말해서 하나의 건물 옆에 하나의 건물, 하나의 마을 옆에 하나의 도로, 하나의 광장 옆에 하나의 광장을 덧붙이는 식으로 발전해나가지 않는다. 대형 건물 하나하나, 그에 딸린 부속건물 하나하나가 정치적으로 계획된다. 혁신에 의해 전체가 변화하며, 각각의 '대상'은 마치 외부에 존재하던 요소처럼 전체적인 짜임새 속으로 들어온다.³² 훗날 산업화와 국유화에 따라 도시가 분열되면서 나타나는 '중심-주변'의 대립은 이 시기에는 아직 보이지 않았다. 지배적인 경향은 건축적 효과와 도시성의 효과[33]의 단일성 속에서 나타나는 '안-밖'의 대립, 농촌의 빌라와 도시 시민용 주택의 대립이었다. 바야흐로 건축가 팔라디오(Andrea Palladio, 이탈리아 르네상스 시대의 건축가. 비트루비우스의 저서를 연구하여 당대 최고 권위의 건축가가 되었다. 저술로 《건축 사서(四書)》를 남겼다―옮긴이)의 시대였다. 실체론적인 환상에 의해서건 자연주의적인 환상에 의해서건, 때때로 사람들은 르네상스 시대의 도시 공간을 '유기적'이라고 표현했다. 르네상스 시대의 도시가 자연적인 궁극성에 의해서 정의되는 생명체와 유사한 단일성, 다시 말해서 전체가 세부사항들을 종속시키는 특성을 지니고 있다는 것이다.

그런데 이 단일성은 도시적 공간에서 '목적 없는 궁극성'과 더불어 나타나는 한, 오히려 고대 도시에 어울린다. 유기적이라고? 이 개념은 출생에서 퇴화에 이르는 자발적인 성장, 맹목적인 발전을 직설적으로 보여주며, 암시적으로 내포한다. 중세 도시는 그 안에 거주하는 부르주아들과 더불어 '유기적으로', 따라서 '맹목적으로' 발전하는가? 어쩌면 그럴 수도 있다. 하지만 그건 어디까지나 정치권력, 즉 왕족 등 소수 지배 집단의 권력이 개입하기 전까지만 그렇다. 정치권력이 개입하면 공간은 바뀐다. 정치권력이 '모든 것'을 제어한다면, 그것은 하나의 세부사항이 권력을 바꿀 수 있음을 정치권력이 알고 있음을 의미한다. 유기적인 것은 정치적인 것에 자리를 내어준다. 하지만 이 단계에서는 아직도 추상적으로 분리된 '기능적인 것'이 대두되지 않는다.

많은 '실증주의적' 정신의 소유자들에게는 유기적으로 인지된 사회적 현실의 '필요'와 '기능'보다 더 분명하고 더 경험적으로 입증 가능한 것은 없다. 그런데 사실상 이보다 더 불투명한 것도 없다! 누구의 필요인가? 누구에 의해서 진술된 필요인가? 무엇에 의해서 충족되거나 채워지는 필요란 말인가? 로마 황제 디오클레티아누스(Diocletianus, 284~305년에 로마 제국을 통치하면서 위기에 빠진 제국의 통치 체제를 효율적으로 재정비한 황제─옮긴이)의 온천장은 외견상 목욕탕이라는 '필요'와 '기능'에 부합한다. 하지만 그보다 더 목욕탕과 다른 것도 없다. 모름지기 온천장은 매우 다기능적이기 때문에 '사적인' 필요보다는 '사회적' 필요, 즉 또 다른 도시적 삶에 훨씬 부합한다.

파사드와 원근은 짝을 이룬다. 원근은 파사드를 늘어놓으며 파사드로 만들어진 면 위에 장식과 그림, 쇠시리 등을 배치한다. 또한 원근은 지평선, 파사드가 이루는 선들과 더불어 멀어짐을 구성한다.

파사드는 놀라움을 자아낸다. 사실 생명체의 인상을 결정하는 것은 비록 인위적이며 의도적으로 꾸몄을지라도 얼굴, 즉 파사드가 아니겠는가? 파사드에 대해서 언급하는 사람이라면 누구나 '오른쪽'과 '왼쪽'(대칭), '위-아래'를 언급하며, '앞-뒤', 보여주는 것과 보여주지 않는 것을 언급한다. 또한 사회적 공간 안에서 공격과 방어라는 필요에 의해서 생명체 내에 뒤늦게 나타나는 비대칭으로 연장되기도 한다. 그러니 이렇게 장식적이며 장식에 의해서 위엄을 보여주는, 따라서 눈속임에 지나지 않는 파사드를 경멸적으로 평가하지 않을 수 있겠는가? 하지만 많은 경우 파사드는 다른 식으로 취급되었다. 이를테면 표정을 담은 전면, 얼굴, 이상적인 관객을 향하는 것이 아니라 현재 눈앞에 있는 상대방을 향하는 것으로 지각되어왔던 것이다. 그런데 전면이나 얼굴과의 유추에 의해서 파사드는 말을 하고 지배하기 시작했다. 이윽고 사람들은 파사드가 전체를 만들어내며, 공간의 (구조화된) 내부 배치를 주도하면서 내포하는 동시에 감추는 기능까지도 주관하기를 원하게 되었다. 이러한 '관점화'에 따르면 **모든 것이 파사드다**. 결국 관점은 주택, 건물 등을 구성하는 요소들의 배치를 주관한다. 역으로, 모든 요소들은 관점을 형성할 수 있도록 늘어서며 한데로 모인다. 회화, 건축 등 다양한 예술 형태들 간의 유추는 자연스러워 보인다. 채색된 표면으로서의 회화는 특권적인 의미를 부여한다. 즉 그것은 그것을 바라보는 자의 쪽으로 향해 있다. 또한 회화는 자기 안에 사물과 인물을 끌어 모은다. 회화는 말하자면 얼굴이며 파사드이다. 회화는 자기에게로 다가오는 사람, 대중을 향한다. 초상화는 누군가가 초상화를 바라보기 전, 바라보는 동안, 바라보고 난 후에도 바라보고 있다. 화폭, 채색된 벽은 얼굴을 지닌다. 얼굴은 보인다. 얼굴과 파사드는 기부, 애정, 열정이라고 인정된다. 파사드의 효과는 지배적일 수 있는가? 물론이다. 표정은 얼굴이 지닌 특성이다. 따라서 숨기기도 마찬가지다. 이로부터 여러 덕목이나 격언이 생겨났다. "체면을 차리다……." 이 같은 특권의 지배를 받는 것은 비단 건물들만이 아니다. 예절이나 일상생활, 각종 의례와 축제도 마찬가지다.

교황의 도시 로마는 파사드가 주도하는 공간의 대표 격이다. 그곳에서는 모든 것이 얼굴이며 파사드이다. 쉽게 이해할 수 있는 상호성의 원칙에 따라, 파사드는 원인인 동시에 결과라고 할 수 있다. 각각의 건축물, 각각의 궁궐, 각각의 교회는 파사드의 주도권을 강요한다. 기념물은 모두 파사드에서 비롯된다. 공간의 구성은 전체로 확대되며, 각각의 세부 요소를 만들어낸다. 상징주의는 하나의 대상이 아닌 유기적인 전체로 제시되는 대상에 의미를 부여한다. 로마의 성 베드로는 교회 그 자체이다. 교회 전체가 몸이며 얼굴로서 꽁꽁 묶인 제물이다. 위엄 있는 돔은 교회의 머리를 재현하며, 기둥은 몸통에 해당되는 광장에 모인 신자들을 끌어안는 그 거대한 몸의 팔이다. 머리는 생각하고, 팔은 끌어안고 감싼다. 지나친 일반화라는 지탄을 받을까 염려할 필요 없이, 우리는 파사드와 얼굴의 문화에 대해서 말할 수 있다. 이는 철학자들이 즐겨 사용하는 '주체'보다도 훨씬 구체적인 원칙이 아닐 수 없다. 가면이나 옷 등 각종 보조물 또는 보충물을 거느린 얼굴은 사는 방식을 결정한다.

이 가설은 상당히 매력적이다. 이 가설은 중심 개념, 즉 생산의 개념 대신 이데올로기적인 우회를 할 수도 있다. 하나의 제도가 처음으로 발생한 장소, 즉 근원적인 공간을 상실하고, 따라서 위협을 받게 되면, 그 제도는 '유기적'이라고 일컬어진다. 제도는 자연화한다. 즉 스스로를 몸으로 보이고 나타나는 것이다. 도시, 국가, 자연, 사회 등이 어떤 이미지를 제시해야 할지 갈피를 잡지 못하고 우왕좌왕하면, 대표자들은 몸, 머리, 팔다리, 혈액, 신경 등의 손쉬운 재현에 의존하는 경향을 보인다. 물리적 유추, 유기적 공간은 이렇듯 실추해가는 지식과 권력의 원군이 된다. 유기적 기관은 이데올로기와 마찬가지로 단일성에 회부되고, 단일성의 이쪽 혹은 저쪽에서 부인할 수 없게 사람들에게 알려져 있으며, 의심할 여지없이 누구나 인정하는 것으로 간주되는, 합법화하고 정당화하는 근원에 회부된다. 유기적 공간은 근원 신화를 내포한다. 유기적 공간은 변화의 발생과 변화에 대한 연구를 지속성의 이미지, 신중한 진화주의로 대체한다.

파사드와 파사드 효과는 변화무쌍한 역사를 보여준다. 이 역사는 바로크, 이국주의, 매너리즘 시대 등을 모두 관통한다. 그러다가 부르주아 계급과 자본주의의 출현과 더불어 이 원칙은 완전하게 만개했다. 완전할 뿐 아니라 모순적인 방식으로 발전했다. 그 예로, 파시즘은 혈통과 인종, 민족, 절대적 민족국가 등을 통해서 사회적 삶에 유기적 환상을 강요했다. 그 과정에서 파사드가 활용되었으며, 민주주의의 패러디라고 할 수 있는 교외 주택, 즉 앞과 뒤, 얼굴과 외설스러운 부위를 지닌 개인 주택이 여기에 대항했다.

4.11　　　　12세기부터 19세기까지, 전쟁은 축적의 언저리를 맴돌았다. 전쟁은 말하자면 축적된 부를 탕진하는 일이었다. 그와 동시에 전쟁은 부의 성장에도 일조했다. 전쟁이란 항상 파괴를 위해서 생산력을 증대시키고 기술을 향상시켰기 때문이다. 백년 전쟁, 이탈리아 전쟁, 종교 전쟁, 30년 전쟁, 루이 14세가 네덜란드와 치른 전쟁, 신성로마제국과 치른 전쟁, 혁명으로 인한 전쟁, 제국을 위한 전쟁 등 투자를 위한 영토 확장을 염두에 둔 이들 전쟁은 사실 가장 규모도 크고 이익도 많은 투자였다. 자본주의적인 축적의 공간은 활기를 띠며 점점 채워졌다. 이러한 활성화를 우리는 역사라고 하는 감탄할 만한 이름으로 부른다. 이 같은 활성화에 대해서는 왕조의 존망, 이념, 열강들의 야심, 민족국가의 형성, 인구 팽창 등 온갖 이유를 들어가면서 설명할 수 있다. 이렇듯 우리는 정확한 연대나 난마처럼 얽힌 이유들을 찾기 위한 끝없는 분석과 연구에 들어가게 된다. 그런데 이 복잡다단한 얽히고설킴의 장소인 공간 자체가 이미 다른 것들만큼 설득력 있는 원칙이나 설명을 제공하지는 않을까?

산업은 농촌의 공동체적 전통이 밀려난 곳, 도시적 제도가 전쟁으로 초토화(그렇다고 해서 도시와 '도시적 체계' 사이의 연관성이 완전히 사라져버린 것은 아니다)된 곳에서 뿌리를 내렸다. 이 공간에서는 탈취와 약탈로 이룬 부가 쌓여갔다. 이것이 바로 국가 산업주의의 공간이다.

요약해보자. 자본주의 이전에는 폭력이 경제 외적인 역할만을 수행했다. 그러던 것이 자본주의와 세계 시장의 도래로 말미암아 폭력은 이제 축적이라는 면에서 경제적인 역할을 수행하게 되었다. 경제적인 것이 지배적이 된 것은 바로 이런 이치 때문이다. 경제적인 관계가 힘의 관계와 일치하기 때문이 아니라, 이 두 가지가 분리되지 않기 때문이다. 여기서 다음과 같은 역설이 발생한다. 전쟁의 공간은 여러 세기를 지나는 동안 사회적 공백으로 전락한 것이 아니라 오히려 풍성하고 가득 찬 공간,

즉 자본주의의 요람이 되었다는 사실이다. 이 점은 매우 주목할 만하다. 이로 인하여 세계 시장의 형성, 대양과 대륙의 정복, 그에 따른 에스파냐, 영국, 네덜란드, 프랑스 등 유럽 국가들의 약탈이 이어졌다. 머나먼 원정은 막대한 경비는 말할 것도 없고 달성해야 하는 목표와 환상을 필요로 한다. 물론 이 두 가지는 서로를 배제하지 않는다! 역사적 과정의 중심은 어디에 위치하는가? 이 창조적이면서 재앙에 가까운 힘들이 발산하는 지점, 그 힘들이 활활 타오르는 용광로는 오늘날까지도 유럽, 유럽 중에서도 가장 산업화된 곳, 가장 성장에 발목이 잡혀 있는 곳인 영국, 프랑스 북부, 네덜란드, 루아르 강과 라인 강 사이의 지역이다. 부정적인 것과 부정성(négativité), 이 철학적 추상은 우리가 그것을 사회적, 정치적 공간 안에서 생각하기만 한다면 구체적인 형태를 띠게 된다.

마르크스로부터 영감을 얻은 적지 않은 역사가들은 이 같은 폭력에 대하여 경제적으로 설명하고자 했다. 이들은 훗날 만들어진 도식, 즉 제국주의 시대에나 어울릴 도식을 그보다 훨씬 이전 시대인 과거에 투영했다. 이들은 어떻게 해서 경제적인 것이 지배하게 되었는지, 다시 말해서 (잉여가치, 부르주아 계급, 국가 같은 다른 요소들과 더불어) 자본주의를 규정하는 것이 무엇인지를 파헤치려는 노력은 하지 않았다. 이들은 역사적인 것이 그에 해당하는 범주들과 더불어 일정 시기 동안 지배하다가, 19세기에 들어와서는 경제적인 것에 예속되었다는 마르크스의 사상을 충분히 이해하지 못했다고 할 수 있다.

역사에 대한 '경제학적' 설명을 '전쟁학적' 도식으로 대체하자는 것인가? 꼭 그렇지는 않다. 전쟁은 부당하게도 파괴적이고 나쁜 원칙, 창의적인 좋은 원칙과 대립하는 원칙으로 분류되어왔다. 경제학자들은 경제적인 것을 긍정적이고 평화적이며 '생산적인 것'으로 간주하는 반면, 역사학자들은 전쟁을 오만이나 야심, 무절제 등 불행하게 만드는 열정에 의해서 야기되는 심술궂고 고약한 행동으로 치부했다. 지금도 여전히 세를 확장 중인 이 같은 변명적인 사고로 말미암아 자본주의 축적에서의 폭력, 즉 생산력으로서의 전쟁과 군대가 차지하는 역할은 도외시되었다. 하지만 마르크스는 잠깐에 불과하지만 매우 역동적인 태도로 이 점에 주목했다. 전쟁은 무엇을 생산하는가? 서유럽을 생산했다. 역사와 축적, 투자의 공간이며, 경제적인 것이 승리를 쟁취한 제국주의의 근간으로서의 서유럽을 생산한 것이다.

이 공간, 이 이상한 몸 안에서의 삶은 폭력이다. 폭력은 잠재적이거나 준비 중이거나 하면, 맹위를 떨치기도 하고 스스로의 먹이가 되기도 하며, 성난 파도처럼 전 세계에 몰아치는가 하면, (로마에서 유래한) 아치나 성문, 광장, 대로 등에서 자축하기도 한다.

대지와 물로 이루어진 이 공간, 전쟁에 의해서 생산되고 유지되어온 서유럽이라고 하는 이 공간에서 전쟁은 파괴적이며 동시에 창조적인, 즉 모순적인 힘을 발휘했다. 라인 강, 북해, 플랑드르 지방의 운하들은 알프스 산맥, 피레네 산맥, 들판과 산만큼이나 전략적인 중요성을 차지해왔다. 17세기 프랑스에서 활약했던 튀렌 자작(Vicomte de Turenne, 프랑스의 유명한 가문인 투르도베르뉴 집안 출신의 뛰어난 군인으로 프랑스가 낳은 여섯 명의 원수 중 한 명—옮긴이), 전략가 보방(Sébastien Le Prestre de Vauban, 루이 14세 치하에서 원수에 임명된 프랑스의 군사 공학자. 프랑스의 주요 요새를 건설했고 전쟁에서 최초로 참호를 사용했다—옮긴이), 공학도 리케(Pierre-Paul Riquet, 프랑스의 공학도이자 사업가로, 프랑스 남부 가론 강과 지중해를 잇는 운하를 건설했다—옮긴이)의 행동에서는 동일한 합리성이 관찰된다. 흔히들 이 프랑스적인 합리성을 데카르트 철학과 결부시키곤 한다. 이 합리성은 다소 유동적이며 불확실한 공통점은 지니지만 사회적 실천이 이데올로기와 구분되는 것처럼 데카르트 철학과 구분된다.

일개 병사에서부터 오성 장군, 농민에서 황제에 이르기까지 역사를 만든 사람들은 모두 축적을 원했을까? 분명 그렇지는 않을 것이다. 역사적 시간에 대한 분석이 이루어지던 시기에 비해서, 그 역사적 시간이 해체되어가는 오늘날엔 훨씬 섬세하게 동기, 이유, 원인, 목적, 결과 등을 구분해야 하지 않을까? 오만과 야심만 하더라도 하나 이상의 동기가 된다. 당시의 대결은 왕조 간의 경합이라는 양상을 띠고 있었다는 점도 고려할 수 있다. 한편, 결과로 말할 것 같으면 이는 '사후' 평가라는 속성을 벗어날 수 없다. 결국 교조주의에 의해 강요된 역사적인 진실에 비해 훨씬 수긍이 갈 만한 변증법적인 선언, 즉 인간은 스스로 역사를 만들지만 정작 자신들은 그런 사실을 알지 못한다는 유명한 마르크스의 생각에 다다르게 된다.

특화된 공간에 대해 총괄적으로 이해한다고 해서 세부 요소들을 다루지 않아도 되는 것은 아니다. 이 시기에는 도시의 찬란한 번영과 쇠퇴가 이어졌다. 16세기에 사회가 심하게 동요했음을 우리는 잘 알고 있다. 공간과 시간은 도시화되었다. 다시 말해서 상품과 상인들의 시간과 공간, 즉 측량 단위, 회계 장부, 각종 계약과 계약 당사자들이 승리를 쟁취했다는 말이다. 교환 가능한 재화를 생산하고, 이를 운반하고 판매하여 돈을 받고, 자본을 배치하는 시간이 공간을 측량했다. 하지만 시간을 규제하는 것은 공간이다. 새롭게 태어나는 상품과 화폐, 자본의 움직임은 생산되는 장소가 있음을 전제로 하며, 운반을 위해서 반드시 있어야만 하는 배나 수레, 항구, 창고, 은행, 환전 사무실 등을 필요로 하기 때문이다. 따라서 도시는 스스로를 인정하고 자신의 이미지를 획득하게 된다. 도시는 스스로에게 형이상학적인 이미지, 즉 우주의 중심이자 응집으로서의 '이마고 문디'를 부여할 필요가 없다. 자신의 모습을 되찾은 도시는 스스로를 써나간다. 각종 지도가 만들어진다. 이 단계에서 지도는 아직 축소적이라고 할 수 없으며, 오직 도시 현실을 시각화하는 역할만 할 뿐이다. 이 단계에서 지도는 회화 상태, 즉 조감도 상태이므로, 아직 신적인 차원이 완전히 제거되지 않은 상태이다. 도시는 마치 전쟁터처럼 원근 속에서 조망되며, 이는 자주 포위전 양상을 띤다. 전쟁은 여전히 도시 주변을 맴돌고 있기 때문이다. 말하자면 도시는 정복되고 강간당하며 약탈당하는 대상이다. 동시에 도시는 부의 장소이기도 하다. 요컨대 도시는 위협을 가하고 위협을 당하는 '대상'인 동시에 축적의 주체, 즉 역사의 주체이다.

갈등을 통해서, 갈등 때문에, 갈등에도 불구하고, 도시들은 찬란한 영화를 누린다. 생산물의 지배가 시작되는 가운데 작품은 지고한 품위에 도달한다. 이 예술작품은 회화, 조각, 장식융단은 물론 도로와 광장, 궁궐, 기념물, 다시 말해서 건축을 총망라하는 수천, 수만 개의 예술작품을 포괄하는 것이다.

4.12   국가에 관한 여러 이론들은 때로는 국가를 정치 귀재들의 작품으로, 때로는 역사의 결과물로 간주한다. 국가를 역사의 결과물로 간주하는 이론의 경우, 개별 학문 분야의 전문가들이 이루어놓은 업적(법학, 정치경제학, 정치 조직 그 자체 등)에서 출발하여 확대해가는 방식을 취하지 않으면서 일정 수준의 일반화에 도달한다면, 그 이론은 헤겔주의와 만나게 마련이다.

마르크스도 국가론을 정립하지는 않았는지 자문해볼 만하다. 그는 독일의 노동운동가 라살레(1848년 2월 22일자 편지)와 엥겔스(1848년 4월 5일자 편지)에게 한 약속을 지키지 못했다. 변증법적 사고의 이론과 마찬가지로 그는 국가론도 제시하지 않았다. 그 이론은 단편적인 단상이나 (중요한) 암시 형태로, 그러니까 미완성인 채로 남아 있다. 마르크스는 평생 동안 헤겔의 이론에 대항해서 싸웠다. 그는 말하자면 헤겔의 이론을 난도질했다. 그는 헤겔의 이론에서 여러 조각을 들어내고는 다른 내용으로 대체했다. 이를테면 절대적인 것으로 군림하는 국가적, 정치적 합리성 대신 산업적, 사회적 합리성을 제시했으며, 국가란 사회의 본질이나 완성이 아닌 상부구조이고, 노동자 계급은 국가의 소멸을 초래하게 될 변화의 받침대라는 식이었다.

헤겔적 사고가 지니는 빈약함뿐만 아니라 헤겔주의에 대한 비판이 지니는 빈약함은 공간의 역할과 아울러 폭력의 역할을 제대로 이해하지 못했다는 점에서 비롯되는 것은 아닐까? 헤겔에게 있어서 공간은 역사적 시간의 끝에 있으며, 공간의 주인은 국가였다. 공간은 합리적인 것과 실재적인 것을 동시에 완성시키는 것이었다. 한편, 폭력으로 말하자면, 헤겔은 폭력을 자신이 세운 사고의 범주 속에 포함시켰다. 투쟁, 적극적 부정성, 전쟁, 모순의 표현 등이 같은 범주 안에 포함되었다. 그런데 마르크스와 엥겔스는 경제적 토대, 노동자 계급, 경제적으로 지배하는 계급의 '발현' 없는 '순수하고' 절대적인 폭력은 있을 수 없다고 주장했다. 국가란 물질적 자원과 생산력에 반향을 일으키는 목표, 생산관계에 호소하지 않고는 성립될 수 없다. 그렇다. 폭력은 폭력의 개입 없이 역사적으로 만들어진 후세를 낳는다. 마르크스와 엥겔스는 헤겔과 마찬가지로 축적(마르크스는 해적선과 사략선(私掠船)의 노략질, 16세기의 금 거래 등은 고려했다)의 한가운데에서 폭력이 정치적·경제적 공간을 생산해내고 있음을 보지 못한 것이다. 이 공간이야말로 근대 국가의 요람이며 탄생지이다. 이 공간, 즉 축적의 공간 안에서 국가의 '전체주의적 소명'이 구상되고, 정치적 실존이 다른 모든 형태(이른바 '사회적' 또는 '문화적' 형태)의 실천보다 우위에 놓이며, 따라서 그 안으로 정치적 실존을 집중시키고 이를 활용함으로써 **주권**, 즉 국가의 주권을 천명하려는 경향이 나타난다. 그러므로 이 공간 안에서 허구적이며 실재적인, 추상적이며 구체적인 '존재', 즉 국가가 형성된다. 국가는 힘의 관계(내부적 구성요소들과의 관계, 동종, 즉 경쟁 관계에 있으면서 잠재적으로 적이 될 수도 있는 다른 국가와의 관계)에서 비롯되는 제한 외에 다른 제한이라고는 알지 못한다. 잘 알다시피 군주국가에게 **주권**이라는 개념은 교회나 교황, 봉건 영주들에게 대항해서 스스로를 주장할 수 있는 권리를 부여해준다. 이 개념은 국가와 정치인들을 '정치 사회'로 만들었다. 이 '정치 사회'는 시민 사회, 각종 집단과 계급을 지배하고 추월하는 것이다. 마르크스가 그랬듯이, 국가와 헌법이 생산의 관계, 계급, 그리고 그로 인한 모순들의 외부에 존재할 수 없음을 입증한다고 하더라도, 국가는 주권과 더불어 모든 모순들 위에 세워지며, 제약을 통해서 이 모순들을 해결할 권리를 보유한다. 국가는 완력에 호소하는 것을 정당화하며, 폭력을 사용할 권리를 독점한다고 주장한다.

주권이란 '공간'을 의미하며, 그중에서도 (잠재적인 또는 맹위를 떨치는) 폭력이 행사되는 공간, 즉 폭력에 의해 정립되며 형성되는 공간을 의미한다. 16세기부터 축적은 마을, 도시, 영지, 공국 등 중세 시대에 유지되어왔던 소규모 공동체의 틀을 모두 와해시켰다. 오로지 폭력만이 기술과 인구, 경제, 사회의 가능성을 현실화한다. 국가의 주권은 국가의 군사적인 지배가 미치는 공간 전체로 확산되며, 이러한 공간들은 대부분의 경우 파괴된 다음에 군사적인 지배를 받는다. 국가는 곧 제국으로 바뀐다. 이를테면 카를 5세의 제국, 합스부르크 제국, 차르의 제국, 나폴레옹의 제국, 비스마르크가 전략가로 활약했던 제국 등을 예로 들 수 있다. 제국주의 발생 이전에 탄생한 이 제국들은 자신들이 제대로 통제할 수 없을 정도로 광대해진 공간으로 말미암아 분해되고 만다. 말하자면 자신들이 이룩한 성공의 희생자가 되는 셈이다. 한정된 영토를 근거로 세워진 민족국가는 도시국가(도시국가는 그래도 19세기까지 명맥을 이어갔다. 베네치아나 피렌체의 경우를 보면 알 수 있다)나, 군사적 영향력을 제대로 행사하기에 역부족이었던 제국보다 우월한 입장을 유지할 수 있었다. '중심과 주변'의 관계는, 아직 전 지구적이라고까지는 할 수 없는 규모에서도 이미 중심성과 국가 권력의 한계, '주권 중심'의 취약함을 드러낸다.

모든 국가는 폭력에 의해서 잉태되며, 국가 권력은 한정된 공간에 가해지는 폭력에 의해서만 지속될 수 있다. 이러한 폭력은 자연, 즉 활용 가능한 자원이나 부, 영토 등을 차지하려는 목적에서 비롯된다. 동시에 폭력은 자연에게 영토나 사람들이 지닌 원래의 가치와는 어울리지 않는 법칙과 행정 구획, 정치적 원칙 등을 강요함으로써 모든 자연에 폭력을 가한다. 이와 동시에 폭력은 축적의 합리성, 관료주의의 합리성, 군대의 합리성 등으로 대표되는 합리성을 정립한다. 단일성, 물자 조달, 기능 제일주의, 수량 지상주의 등은 경제 성장을 가능하게 하며, 이는 폭력에 의거하여 지구 전체를 장악할 때까지 확산된다. 본래적인 폭력, 폭력에 의한 지속적인 창조(전쟁과 피에 의한 창조라고 비스마르크는 말했다), 이것이 바로 국가의 특징이다. 그러나 폭력은 고립될 수 없다. 폭력은 정해진 공간, 즉 지배 계급이 민중들과 민족성에 대해 행사하는 헤게모니의 공간 안에서 법제, 문화, 인식, 교육 등 사회적 실천의 여러 양상을 종속시키고 전체화하는 자본의 축적이나 합리적이며 정치적인 **통일**의 원칙으로부터 분리될 수 없다. 각각의 국가는 성취, 아니 그보다 더 나아가서 개화의 공간, 통일된 사회, 그러므로 동질적인 사회라는 공간을 생산한다고 주장한다. 그런데 사실상 국가적이고 정치적인 행동은 모든 수단을 통해서 동질적인 사회를 강화하면서 실제로는 계급과 계급 분파 사이에, 그들이 점유하는 공간 사이에 **갈등 관계**를 제도화한다. 대관절 국가란 무엇인가? 하나의 틀, 권력의 틀이라고 전문가인 '정치학자들'은 말한다.

일부 소수(계급, 계급의 분파)의 이익이 일반의 이익인 것처럼 보이도록 하는 결정을 내리는 권력의 틀이라는 말이다. 그렇다고 하자. 하지만 거기에 '공간적'인 틀을 덧붙여야 한다. **공간적 틀**, 그것이 지니는 힘을 감안하지 않는다면, 국가는 그저 합리적인 단일성이 되고 만다. 다시 말해서 헤겔주의로 되돌아가고 마는 것이다. 공간과 공간의 생산이라는 개념만이 권력의 틀(현실과 개념)을 구체적인 것으로 만들어준다. 중앙 권력은 이 공간 안에서 모든 다른 권력보다 우위에 설 수 있으며, 모든 다른 권력을 제거할 수 있다. 주권 국가임을 선언한 하나의 민족국가가 다른 모든 민족성을 멀리하고 때로는 이를 짓밟을 수 있는 것도 이 공간 안에서이며, 국가 종교가 다른 모든 종교를 금지할 수 있는 것도, 권력을 쥔 계급이 계급 간의 차이를 말살할 수 있는 것도 모두 이 공간 안에서이다. 국가가 아닌 제도(대학, 세제, 사법)와 그 제도가 지니는 효율성의 관계는 공간 개념을 통해서 재현되어야 할 필요가 없다. 그러한 제도가 행사되는 공간은 국가적, 정치적 **공간 안에서** 법령이나 시행 규정에 의해 정의된다. 반대로, 이 국가적 틀과 틀로서의 국가는 자신들이 이용하는 **도구적** 공간 없이는 인지될 수 없다. 국가나 정치권력의 새로운 형태가 나타날 때마다 매번 공간을 새롭게 분할하고, 공간과 그 안에 있는 사물이나 사람들에 대한 견해와 관련하여 새로운 행정적인 분류가 등장한다는 것은 너무나 당연한 말이다. 이 같은 새로운 형태는 공간에게 자신을 위해 봉사하도록 지시한다. 공간이 **분류적이 되면** 비판적이지 않은 일부 지식은 이러한 '현실'을 그대로 인정하며, 더 이상 의문을 품지 않고 그대로 받아들인다.

공간(정치적 공간과 공간의 정치)에 대한 검토는 국가(시민들의 '공공복지'의 담지자, 시민들의 갈등의 공정한 심판으로 정의되는 국가)에 관한 '자유주의적' 이론과 ('일반 의지'와 통합적 합리성을 통해 권력의 중앙집권화, 관료주의적 · 정치적 체계화, 기구의 존재와 중요성을 정당화하는) '권위주의적' 이론 사이의 대립을 극복시켜준다.

추상 공간의 생산에 관여하는 구성요소들에는 일반적인 '은유화'가 더해져야 한다. 일반적인 **은유화**는 역사적인 것, 축적과 관계되는 것에 적용되고, 그것들을 폭력이 합리성의 비호를 받으며 통합적 합리성이 폭력을 정당화해주는 공간으로 이동시킨다. 그렇게 되면 동질화는 본래 모습 그대로가 아니라, '합의', 의회 민주주의, 헤게모니, 국익 우선주의 등의 은유를 통해서 나타나게 된다. 또는 기업 정신이라는 탈을 쓰고 등장할 수도 있다. 지식과 권력, 공간과 권력에 관한 담론 사이에서 교환은 증대되고 적법화되어간다. 말하자면 매우 특별한 '피드백'이 이루어지는 것이다.

이렇게 해서 공간 안에 자본주의적 **삼위일체**, 즉 '토지-자본-노동'의 삼위일체가 정착한다. 이 삼위일체는 삼중적인 제도 공간 안에서만 추상적으로 남을 수 있고, 결집될 수 있다. 삼중적인 제도 공간이란 첫째, **총체적**이고 그렇게 유지되는 주권의 공간, 여러 제약이 존재하기 때문에 물신화되고 차이를 축소하는 공간, 둘째, 위치나 지역성이라는 개별성을 분리하고 해체하며, 특정 장소에 위치 매김 함으로써 통제와 협상을 가능하게 만드는 **파편화된** 공간, 셋째, 비천한 장소에서부터 고귀한 장소까지, 금지된 장소에서부터 주권을 행사하는 장소에 이르기까지 철저하게 **서열화된** 공간을 가리킨다.

그런데 지나치게 서둘러서 목표를 향해 가다 보니 여러 단계를 건너뛴 감이 없지 않다.

4. 13　　　　　라블레(François Rabelais, 르네상스 시대에 활약한 프랑스 출신 의

사, 문필가, 인문주의자. 판타지와 풍자, 그로테스크한 이미지, 유머가 넘치는 작품으로 유명하며,《가르강튀아와 팡타그뤼엘》이 대표작이다—옮긴이)의 작품들은 독해 가능한 것과 독해 불가능한 것, 나타나기와 숨기기 사이의 놀라운 관계를 잘 보여준다. 말해지는 것은 나타나기, 갑작스러운 출현으로 파악된다. '보인 것'(외견의 반대)은 보는 것이나 보이는 것이 아니라, 밤이면 보이지 않다가 날이 밝아오면서 모습을 드러내려고 하는 것을 말한다. 말은 글로 쓰이기 무섭게 사물의 이 같은 탄생을 예고하며 이를 주재한다. "이 상자를 열면서, 그 안에서 값을 매길 수 없는 경이로운 약을 발견하게……"[34] 만인의 눈에 보인 내용물은 무엇인가? 그것은 기억과 망각 속에 숨어 있던 과거 전체이다. 그와 동시에 육체적인 현실 또한 현실화된다. 생명체가 거기에, 저 깊숙한 곳에서 표면으로, 은신처에서 탁 트인 곳으로 옮겨가는 통로처럼 거기에 있다. 라블레는 "겉으로 드러나지 않는 글자들을 읽는 기술을 발휘하는 안경의 도움을 얻어" 마술 같은 말로써 어두운 디오니소스의 왕국에서 아폴론의 세계로, 육체가 머무는 납골당과 동굴 같은 곳에서 꿈과 이성의 환한 빛 속으로 올라오게 한다. 가장 즉각적인 경험, '신체적인' 시련이 가장 고귀한 인식의 교훈으로 작용한다. 세계의 부상은 로고스의 구체적인 실현과 더불어 계속된다. 텍스트는 다른 텍스트나 콘텍스트(contexte)가 아닌 비텍스트(non-textes)를 지시한다. 그런 까닭에 이 뛰어난 언어 창조자는 '단어를 옮기는 자들', 즉 사고를 말장난이나 색채로 바꿔놓는 자들을 공격하기에 이른다. 라블레는 이집트적인 지혜와 상형문자에 호소한다. "그것들(상형문자들)은 듣지 않은 사람은 이해하지 못하기"[35] 때문이다. 이는 시각적인 것에 대항하여 듣기와 이해력에 대한 진정한 요구이다.

데카르트와 그 추종자들에게 있어서, 신은 휴식을 취하지 않는다. 창조는 언제나 계속된다. 스피노자와 라이프니츠가 데카르트에게서 다시 취하고, 그것을 말브랑슈가 어처구니없을 만큼 극단적으로 몰고 간 이 주장은 무엇을 의미하는가?

a) 물질적인 세계, 즉 공간은 신의 생각 속에서 유지되고 그 생각 속에 포함되어 있는 동안에만 존재할 수 있다. 그것은 신의 생각에 의해 **생산되어**, 문자 그대로 끊임없이 분비되는, 무한의 유기적 거울이다.

b) 공간의 법칙, 즉 수학적 법칙은 신에 의해서 결정되었고, 신에 의해서 유지된다. 아무것도 그 법칙을 벗어날 수 없으며, 수학적 계산은 자연 속에 군림한다. 신에 의해서 생산된 공간과 공존하기 때문이다.

c) 자연 속에는, 비록 기본 요소들(**자연**)은 지극히 단순하지만, 언제나 끊임없이 새로운 것이 생겨난다. 그렇기 때문에 거기에는 단 하나의 공간, 즉 기하학적 공간만 있을 뿐이다. 신의 행동은 인간의 행동과 마찬가지로 레이스 짜는 여자의 몸짓처럼 진행된다. 한 가닥의 실을 끌어당겨서 엄청나게 복잡한 형상을 만들어가는 것이다. 이 진지한 은유는 데카르트[《성찰(Méditations)》]에게서 직접 가져다 쓴 것이다. 데카르트가 자연의 모든 것은 형상과 움직임에 불과하다고 말할 때, 우리는 그 말을 은유로 받아들여서는 안 되며, 어디까지나 문자 그대로 받아들여야 한다. 신이 생산하고 신이 주관하며, 신이 작업한다. 비록 그러느라 유한한 존재들처럼 신도 기운이 빠지는 것은 아닐지라도 말이다.

공간 문제에 있어서 생산적인 노동은 신의 본질이라는 영역 속으로 이동되었다. 데카르트적인 사고에 따르면, 신은 노동과 자연의 초월적 단일성을 나타낸다. 인간의 활동은 신의 창조적 활동을 모방한다. 한편으로는 자연의 주인이 되는 장인들의 노동이 있고, 다른 한편으로는 인식, 즉 더 이상 고대와 중세적인 의미로서의 관조가 아니며, 이론적인 사고의 데카르트적인 형태로 헤겔과 마르크스에게서 변형되어 나타나는 (생산적) 창조 과정에 대한 인식이 있다. 인식의 시간은 동질성의 논리학적 법칙에 따라 신의 시선, 즉 생각하는 '주체'의 시선 아래에서 형성되는 공간의 질서를 지배한다.

시각적인 것(기하학-시각-공간적인 것)의 우선권은 투쟁없이 인정받았던 것이 아니다.

18세기에는 음악이 매우 중시되었다. 선도적인 예술로서 음악은 물리적, 수학적 발견에서 출발했다. 음악은 푸가에서 소나타로, 대규모 오페라로, 교향곡으로 발전해나갔다. 음악은 조화라고 하는 막연한 울림을 지닌 사고를 탄생시켰다. 음악적 논쟁은 군중을 동요시켰다. 이러한 논쟁들은 철학적인, 따라서 보편적인 파급력을 지녔다. 그 결과 철학자들이 음악을 논하고 음악을 들었으며 음악에 대해서 글을 썼다.

18세기에 이미 정치화되었으며, 회화와 기념물적 건축(베르사유 궁전) 등에 힘입어 시각적이고 기하학적으로 된 공간은 이제 음악의 공격까지도 감수해야 했다. 육체와 육체의 기호들이 비육체와 비육체의 기호들에게 가하는 복수도 시작되었다. 흔히 이 복수를 '18세기의 유물론'이라는 천박한 이름으로 부른다. 다른 감각이나 감각기관에 대한 시각적인 것의 우월성은 디드로(Denis Diderot)로 말미암아 타격을 입는다. 디드로는 맹인도 맹인이 아닌 사람만큼 많은 것을 알 수 있고, 많은 생각을 지니고 있고 '정상적으로' 살 수 있음을 증명해보였다. 이에 따라 디드로는 시각이 어디에 소용되는지, 혹시 꼭 필요해서 유용하다기보다는 있으면 좀더 쾌적하게 되는 사치품은 아닌지 자문하기에 이르렀다. 이 철학적 비판은, 18세기에 음악을 둘러싼 논쟁, 코스모스와 세계를 하나로 묶어주는 강력한 개념, 즉 조화의 부상을 두고 벌어진 대대적인 논쟁과 연관 지을 때 비로소 그 파급력을 제대로 이해할 수 있다.

4.14   추상 공간에 대해서 우리는 벌써 여러 가지를 알고 있다. 폭력과 전쟁에 의해서 생산된 추상 공간은 정치적이며, 국가에 의해서 창설되었고, 따라서 제도적이다. 얼핏 보기에 추상 공간은 동질적으로 보인다. 그런데 사실상 추상 공간은 자신들에게 저항하며 자신들을 위협하는 모든 것, 요컨대 차이들을 싹 쓸어버리는 힘의 도구로 쓰인다. 이러한 힘은 지나가는 길에 있는 모든 것을 짓이겨 가루로 만들어버린다. 이러한 힘에게 있어서 동질적 공간은 말하자면 대패나 불도저, 탱크 역할을 한다고 볼 수 있다. 이 같은 도구적 동질성은 환상에 불과하며, 공간에 대한 경험적 기술은 도구적인 특성을 그대로 받아들임으로써 동질성을 인정한다.

반면, 비판적인 분석은 이 동질성에서 단번에 적어도 **세 가지** 양상 또는 요소〔이 용어들은 사실 음성 분석에서 차용한 용어인 '형성음(formant, 악기·목소리에 특유의 음색을 주는 특정 주파수대)'으로 일컬어져야 마땅한 것을 지칭한다〕를 구분해낸다. 이 '형성음들'은 서로가 서로를 내포하고 감추어준다는 특별한 성질(하지만 이 특징은 다른 곳에서도 찾아진다)을 지니고 있다. 이항 대립 관계에 있는 두 용어의 경우에는 이런 일이 발생하지 않는다. 왜냐하면 이런 두 용어는 대립하면서 서로를 거울처럼 반사함으로써, 말하자면 서로를 번쩍이게 함으로써, 상대방을 은폐하는 대신 상대방의 기표가 되기 때문이다. 그렇다면 위에서 말한 **세 가지** 요소들은 무엇인가?

a) **기하학적 요소**. 추상 공간은 철학적 사고에 의해서 '절대적'으로 간주되어온 유클리드 공간을 가리킨다. 따라서 이 공간은 오랫동안 기준이 되는 공간(공간 재현)이었다. 이 유클리드 공간은 **동위성**(isotopie, 동질성)에 의해서 정의된다. 동위성이란 이 공간의 사회적, 정치적 용도를 보장해주는 특성이라고 할 수 있다. 공간-자연에서 시작하여 모든 사

회적 공간을 동질적인 유클리드 공간으로 환원함으로써 이 공간은 무시무시한 힘을 지니게 된다. 일단 이러한 환원이 이루어지면, 다른 종류의 환원, 이를테면 3차원적인 것을 2차원적인 것으로 환원하는 일도 쉽사리 가능해진다는 점을 고려할 때 그 힘은 한층 더 강력해진다. 예를 들어 백지 위에 약간의 그림을 그려 넣은 것에 불과한 설계도나 지도, 각종 그래픽디자인 또는 영상물을 생각해보라.

b) **광학적(시각적) 요소**. 파노프스키가 고딕 성당에 대해서 밝혀낸 '시각화의 논리'라는 전략은 사회적 실천 전체를 장악했다. 글쓰기(마셜 맥루한)와 구경거리로 만들기(기 드보르)는 이러한 논리가 지니는 두 가지 계기 또는 양상, 즉 은유적인 양상(글쓰기와 표기법, 부수적인 활동이 본질적인 것, 즉 실천의 모델이나 중심이 되는 양상)과 환유적인 양상(눈, 시선, 보이는 사물이 더 이상 세부사항이나 부분으로 남아 있지 않고 전체로 변하는 양상)과 연관이 있다. 시각적인 것이 다른 감각들을 제치고 우위를 점하는 과정에서 미각, 후각, 촉각, 그리고 청각에서 비롯되는 것은 점차 희석되다가 마침내 선, 색, 빛 앞에서 자취를 감추고 만다. 이렇게 되면 대상과 그 대상이 제공하는 것의 일부가 전체인 것처럼 여겨진다. 이 정상적인(정상화된) 남용은 글로 쓰인 것이 지니는 사회적 중요성 때문에 정당화된다. 동화 작용, 흉내 내기에 의해 사회생활에서 모든 것은 눈을 통한 메시지의 해석, 텍스트의 독해가 된다. 시각적이 아닌 인상, 예를 들어 촉각이나 근육을 통한 (리듬) 인상은 상징적이며, 시각적인 것으로의 이행 과정에 있는 인상일 뿐이다. 손으로 만지고 느낀 대상은 시각에 의해서 지각된 대상의 '유동대리물(類同代理物)'에 불과하다. 청취에 의해서, 청취를 위해서 태어난 조화는 영화나 회화 같은 이미지 예술이 지닌 거의 절대적인 우위와 더불어 시각적인 것으로 옮아간다.

그런데 시선은 '대상'을 먼 곳, 수동적인 상태로 밀어 넣는다. 보이기만 하는 것은 하나의 이미지, 얼음 같은 차가움으로 축소된다. 이를테면 거울 놀이가 일반화되는 것이다. '보기'와 '보인 것'이 뒤섞이면서 함께 무기력의 나락 속으로 떨어진다. 이 과정이 끝나면 공간은 강력하고 공격적이며 억압적인 시각화를 통해서만 사회적 존재감을 지니게 된다. 이렇게 되면 본격적으로 시각적 공간이 된다. 상징적으로 그런 것이 아니라 실제로 그렇다는 말이다. 시각적인 것의 우세는 일련의 대체와 전위를 야기한다. 이를 통해서 시각적인 것이 몸 전체를 차지하게 되고 이를 대신하게 되는 것이다. 그러므로 우리는 보여지지 않은 것(보이지 않는 것)은 제대로 볼 수 없으며, 그럼에도 그에 대해서 점점 더 의견을 개진하며 점점 더 많은 글을 쓰게 된다.

c) **남근적인 것**. 추상 공간에서 생명체를 완전히 절멸시킬 수 없고, 또 이 공간을 이미지와 과도적 대상으로만 채울 수 없다. 이 공간은 진정으로 꽉 찬 물체, '절대적으로' 대상적인 것을 요구한다. 남근적인 것이 바로 여기에 부합한다. 은유적으로 말해서, 남근적인 것은 힘과 남성적 생식력, 남성적 폭력성을 상징한다. 여기서도 부분이 역시 전체로 간주된다. 남근적인 난폭함은 추상적이 될 수 없다. 왜냐하면 남근적인 난폭함은 정치권력의 난폭함이며, 경찰, 군대, 관료주의 등의 제약 수단이 지니는 난폭함이기 때문이다. 남근적인 것은 수직성을 선호하며 솟아오른다. 남근적인 것은 남성 우월주의를 천명하며, 이는 곧 공간이 지향하는 방향이고, 이 같은 공간적 실천을 낳는 과정(은유적이며 환유적인 이중 과정)의 종착점이기도 하다.

추상 공간은 동질적**이지 않다**. 추상 공간은 동질성을 목적이자 의미, '표적'**으로 삼는다**. 추상 공간은 이를 강요한다. 추상 공간은 그 자체로서 다수이다. 기하학적인 것과 시각적인 것은, 방식은 다르지만 똑같은 효과를 추구하면서 서로를 보완하며 대립한다. 이때의 효과란, 한편으로는 '실재적인 것'을 다른 아무런 특성을 지니지 못한 '설계도', 공백으로 축소하고, 다른 한편으로는 얼음같이 냉정하고 순수한 시선 아래서 펼쳐지는 거울, 이미지, 순수한 구경거리로 평면화하는 것이다. 남근적인 것으로 말하자면, 이것은 이 공간 안에 '무엇인가'가 있어야 하기 때문에, 파괴적인 힘 안에서 공백이 아닌 충만을 기의로 삼는 기표가 있어야 하기 때문에, 다시 말해서 충만이라는 환상을 제공하기 위해, 신화를 간직한 '대상'으로 공간을 채우기 위해 등장한다. 이 같은 공간의 사용 가치는 오로지 정치적이다. 우리가 그에 대해서 마치 특정한 목표와 행동 수단을 겸비한 '주체'인 것처럼 이야기하는 것은 사실상 정치적인 주체 그 자체로서의 권력, 그 자체로서의 국가가 있기 때문이다.

그러므로 추상 공간을 동질적인 것으로 인지하는 것은 결과를 원인으로, 목표를 이유로 간주하는 재현이라고 할 수 있다. 이와 같은 재현은 실제로는 이미지, 거울, 신기루에 불과한데도 개념이라는 환상을 준다. 그러한 재현은 논박함으로써 이의를 제기하는 대신 **반사한다**. 이와 같은 사변적인 재현은 무엇을 반사하는가? 목적했던 결과를 반사한다. "커튼 뒤에는 아무것도 볼 것이 없다"고 어디에선가 헤겔이 조롱 섞인 투로 말했다. '우리' 스스로가 그의 뒤로 비집고 들어가 보지 않는 한 그럴 것이다. 보기 위해서는, 과연 볼 만한 무엇인가가 있는지를 알기 위해서는 누군가가 있어야 하기 때문이다. 공간 안에, 공간의 뒤에는 알려지지 않은 실체라고는 아무것도 없으며, 수수께끼 같은 것도 전혀 없다. 하지만 투명성은 기만적이며 모든 것은 감춰져 있다. 요컨대 공간은 함정이다. 함정은 정확하게 투명성 속에 머물고 있다. 결과적으로, 반사 작용이나 이미지와는 전혀 다른 무엇인가가 있다. 커튼을 들어 올린 다음 공간 안으로 비집고 들어가보면, 우리는 거기에서 벌어지는 권력과 지식의 유희를 지각할 수 있다.

겉보기(이 겉보기야말로 공간의 힘이다)에는 동질적으로 보이지만, 추상 공간은 전혀 단순하지 않다. 우리는 거기에서 우선 구성적 이원성을 발견할 수 있다. 추상 공간은 두 개로 나뉜다. 결과이면서 그 결과를 담는 용기, 생산되면서 동시에 생산하는 것, 한편으로는 공간 재현(기하학적 동질성)이면서 다른 한편으로는 재현 공간(남근적인 것)인 것이다. 형성음들의 우연적인 일치라고 하는 전제는 이러한 이원성으로 이중성을 가린다. 한편으로 이 공간은 여전히 실천적인 행동의 장이면서, 다른 한편으로는 이미지, 기호, 상징들의 집합체이다. 한편으로는 비어 있기 때문에 무한하면서, 다른 한편으로는 이웃 관계, 근접성, 정서적 거리와 한계 등으로 채워져 있다. 따라서 체험된 것이면서 동시에 재현된 것이며, 실천의 표현이면서 동시에 그 실천을 가능하게 해주는 매체이고, 어느 하나가 자극하면 다른 하나가 제약을 가하는 식이다.(물론 이 '양상들'이 반드시 동시에 나타나는 것은 아니다.) 하지만 곧 지각된 것, 인지된 것, 체험된 것이라는 세 가지 용어, 즉 실천과 재현(둘로 나뉜 재현)이 대두된다.

개인들의 위치 포착은 사회적으로 완성된다. 개인들에게 있어서 노동의 도구와 장소들(여기에는 당연히 도정도 포함된다)에 대한 위치 매김은 기능의 위계질서에 따른 상징과 기호의 재현을 배제하지 않는다. 오히려 그 반대로 서로가 서로를 내포한다. 삶의 방식의 실현 매체는 이 삶의 방식을 내포하면서 동시에 이를 조절한다. 생산(노동)과 관련한 지위(위치 매김)는 생산 세계(노동의 분업)에 있어서의 지위와 기능은 물론 기능과 노동의 위계질서까지도 **포함한다.** 동일한 하나의 추상 공간이 이익을 위해 봉사하며, 장소의 위계질서를 조직함으로써 특정 장소를 선호할 수도 있고 차별(일부)을 조장할 수도 있으며, 통합(나머지)을 부추길 수도 있다. 전략은 이러저러한 수단과 자원을 동원함으로써 이러저러한 특정 대상에 도달하기 위해서, 여러 개의 '표적'을 설정할 수도 있다. **노동의 공간**은 이처럼 생산 활동, 생산양식에 있어서의 위치라고 하는 보완적인 양상도 지닌다. **공간** 안에서 사물과의 관계는 **공간에 대한** 관계[공간 안에 있는 사물들은 그 자체로 공간의 '특성들'을 은폐한다. 특정 상징에 의해서 가치를 지니게 된 공간은 **환원된**(동질화된) 공간이기도 하다]도 내포한다.

이렇듯 **공간적 실천**은 장소, 지역적인 것과 총체적인 것의 관계, 이러한 관계의 재현, 행위와 기호, 보편화된 일상적 공간, 상징들(우호적이거나 적대적일 수도 있으며, 축복을 내리거나 저주를 내릴 수도 있고, 허가되었거나 특정 집단에게는 금지되었을 수도 있다)로 이루어진 특권적인 공간을 동시에 규정한다. 이는 정신적이거나 문학적인 '장소', 철학적인 '토포스'가 아니라 정치적, 사회적 장소의 문제라고 할 수 있다.

그렇기 때문에 총체적인, 즉 공간 전체와 관련 있는(교환과 소통, 도시화, 공간의 '가치화') 몇몇 현상들이 분할, 파편화, 축소, 금지 등과 동시에 일어난다. 말하자면 **질서의 공간이 공간의 질서 속에 숨어 있는 것이다.** 위치 매김된 권력의 행동인 조작적인 과정들로부터 겉보기에는 매우 단순한 공간의 논리가 도출된다. 공간의 혜택을 받는 사람들이 있으며, 공간으로부터 배제된, 즉 '공간을 갖지 못한' 자들이 생겨난다. 이러한 상황은 사실상 전혀 다른 이야기임에도 불구하고 공간의 특성이나 규범으로 간주된다. 어떻게 이런 일이 가능한가? 어떻게 추상화가 그 같은 능력과 효율성, '현실'을 은닉할 수 있단 말인가? 이 절박한 질문에 대해서는 현재 진술 중이며 입증 중인 다음과 같은 답변을 제시할 수 있다. **추상화와 그것의 실천적 (사회적) 사용에는 폭력이 내재되어 있다.**

추상화는 흔히 물체들, 사물들의 구체적인 '현존'에 대립하는 '부재'로 간주된다. 하지만 이는 완전히 틀린 생각이다. 추상화는 약탈을 통해서, 파괴(파괴는 때로 창조에 선행한다)를 통해서 이루어진다. 기호는 '잠재성'이나 이른바 무의식적이라고 하는 힘에 의해서가 아니라, 그 반대로 추상화를 자연 속에 강제적으로 도입함으로써 치명적인 무엇인가를 지니게 된다. 폭력은 합리성을 벗어나는 곳에 개입하는 힘, 합리성의 외부 또는 그것을 초월하는 힘에서 비롯되는 것이 아니다. 폭력이란 행동이 합리적인 것을 실재적인 것 속에 도입하는 순간에 이미 외부로부터, 두드리고 자르며 분할하고 목적을 달성할 때까지 공격을 반복하는 도구에 의해서 발현된다. 공간이란 도구적이다. 도구 중에서도 가장 일반화된 도구라고 할 수 있다. 산책자가 자연적인 것을 발견하며 관조하는 농업적 공간은 사실 자연에 가해진 최초의 강간의 결과물이라고 할 수 있다. 폭력은 우리가 '역사'라고 명명한 것이 진행되는 동안 전개되는데, 우리는 앞에서 자주 망각되곤 하는 이 측면을 강조하면서 역사를 요약한 바 있다.

여기서 축약해서 기술한 과도기에는 이렇다 할 뚜렷한 경계가 있었을까? 남근적·시각적·기하학적 공간은 어느 순간엔가 다른 식의 지각, 또는 지각의 형태를 제압했던 것일까?

우리가 비록 혁명적인 비전을 옹호하는 입장이라고 할지라도, '득이 되는' 결과를 오로지 대대적인 혁명의 덕분으로만 돌리기란 쉬운 일이 아니다. 프랑스 대혁명으로부터 민족, 국가, 개인주의, 법(근대적 의미의 법, 다시 말해서 수정되고 '동화된' 로마법), 합리성, 군복무의 의무, 무급 군인, 끝나지 않는 전쟁 등이 상호 모순적으로 생겨났다. 정치 당국에 대한 고대의 공동체적인 감독 체제의 잔재가 사라졌음도 간과할 수 없다. 부르주아 계급, 자본주의도 역시 대혁명의 산물임을 잊어서는 안 된다. 요컨대 대혁명으로 일반화된 폭력이 생겨난 것이다.

혁명의 직간접적 결과 중에서 우리는 결정적으로 남근적-시각적-기하학적 **추상 공간**이 형성되었다는 사실을 꼽을 수 있다. 물론 이 결과가 그 자체로서 드러나지 않는다는 건 두말할 필요도 없다. 나폴레옹 법전의 그 어떤 조항도 이를 명시하지 않았다. 하지만 헤겔이 말했듯이, 가장 창조적인 시기는 과거에도 그랬고 지금도 역시 그렇지만, 가장 동요가 심한 시기였다. 생산이 이루어진 다음에는 목록 작성과 정형화가 이어진다. 때로는 행복도 찾아오지만, 행복은 역사의 '여백'에만 기록될 뿐이다. 추상 공간의 탄생과 정형화에는 특정한 연대를 붙일 수 없다. 이는 딱히 규정된 사건이나 제도가 아니었기 때문이다. 하지만 분명한 건 20세기 끝에 그 모든 것이 이미 이루어졌다는 사실이다. 이러한 형성 과정은 '무의식'과 '의식'에서 통용되는 범주들과 그러한 개념들에 기초한 책임 전가를 극복할 때에야 비로소 제대로 파악될 수 있다. 은유의 사용처럼 '의식적인' 것은 없다. 은유란 담론에, 그러니까 의식에 내재하기 때문이다. 그런가 하면 분석이 그 과정(단어와 개념들)에서 드러나는 **내용**을 고려할 때처럼 '무의식적'인 경우도 없다. 여기서는 텍스트 비판, 세심하고 점진적인 '자료체(corpus)'의 형성이 중요한 역할을 할 수 있다. 낭만주의는 과도기, 즉 추상 공간성에서 이보다 훨씬 즉각적인 지각으로 넘어가는 과정을 제대로 알지 못한 채, 이 시기를 체험하지 않았던가? 이보다 훨씬 노골적인 다른 갈등들 속에 묻혀서 잊혀져왔던 이와 같은 갈등이 줄곧 낭만주의를 관통했던 것은 아닐까? 그러면서 낭만주의에 활력을 불어넣었던 것은 아닐까? 짧은 단서를 찾아볼 수 있다. 낭만주의적인 일부 시(詩)가 혹시 이 같은 경계가 되지는 않았을까? 그런 시들이 바로 경계에 세워진 문, 아니 적어도 기념비적인 그 문을 치장하는 장식은 아니었을까? 예를 들어 빅토르 위고의 시는 시각적인 것, 남근적인 것, 신성화된 기하학적인 것의 승리를 부추기고 있지는 않은가? 위고라는 '견자(見者, visionnaire)'는 심연과 깊이, '어둠의 입구'를 환기시킨다.

그는 목청껏 말한다. 그는 밝은 빛이 깜깜한 어둠에 승리를 거두기를 소망한다. 그는 로고스의 승리를 기원한다. 이 모든 시각적 은유는 떠들썩하게 제시된다. 눈(신의 눈, 영원한 아버지의 눈)은 무덤 안에 자리 잡는다. 피리 소리가 레이스를 절단한다. 피 흘리는 돼지가 먼지 속에서 신음하다가 솟아오르더니, 영원의 저울 위에 몸을 단다. "피 흘리는 돼지와 신은 서로 마주 본다." 시선의 승리. 바보짓인가 천재성인가? 사실 이는 잘못된 딜레마이다. 얼마나 서사적인 어조인가! 시각과 시력, 밝음과 하늘이 승리를 쟁취한다. 자, 이제 이들은 적을 어떻게 처리할 것인가? 이들은 적을 흩어놓는다. 밤 속에서 사는 석양의 존재들, 공기의 정령, 죽은 조상, 악마 등은 새벽이 밝아오면 기운을 잃고 사라진다. 그런데 그 새벽빛은 어떤 빛인가? 어떤 그림자 속으로 사라져버리는가? 어떤 과학이 이들을 사라지게 하는가? 영원한 여름의 수확자인 신 앞에서.

우리는 여전히 경계를 건너지 못했는가?

모순 공간

5.1　　　공간의 과학(기하학, 위상학)이 존재한다면, 공간의 모순이
란 있을 수 없다. 사회적 공간 자체의 구성적 이원성(이원적인 특성)이 존
재한다면, 공간의 모순이란 있을 수 없다. 이원성은 갈등이라고 할 수 없
다. 오히려 그 반대다. 공간이 하나의 장소 또는 일관성 있는 장소의 총
체라고 한다면, 공간이 **정신적** 현실을 지니고 있다는 말이 맞는다면, 공
간의 모순이란 있을 수 없다. 헤라클레이토스에서 헤겔, 마르크스에 이
르기까지, 변증법적 사고는 시간과 밀착되어 있다. 모순이라고 하는 것
들은 역사(일반적인 역사) 안에서 부딪히는 힘과 힘의 역학 관계를 말한다
(표현한다).

　투명한 공간, '순수하고' 중성적인 공간에 대한 환상(철학에서 기인하지
만, 서양 문화 전반에 확산되어 있는 환상)은 매우 서서히 해소될 뿐이다. 다양
한 성찰들(역사적, 물리학적, 생리학적, 언어학적 성찰 등)이 이미 그 복합성을
보여주었다. 사회적 공간은 '순수한' 정신적 형태에 첨부되는, 그렇다고
해서 외재적이며 쓸데없이 추가된 내용처럼 원래의 것과 분리되는 것이

아닌, 뚜렷하면서도 변별적인 '특징들'을 포함하고 있다. 이러한 특징들의 분석을 통해서 무엇이 공간을 (정신적) 추상화 속에 침잠시키는 대신 구체적인 (현실적인) 존재를 부여하는지 알 수 있다.

5.2   그렇다면 '다원적', '다중적', '다용도적' 공간이라는 생각을 도입하기만 하면 되지 않을까? 아니다. 우리의 분석은 이보다 훨씬 더 멀리까지 나아가야 한다. 우선 좀더 설명적인 용어로 다시금 질문을 제기해보자. 공간의 논리학이 존재하는가? 만일 존재한다면, 그것을 어떻게 정의할 수 있는가? 그것의 사정거리는 어느 정도인가? 한계가 있다면, 어떤 한계일 것인가? 만일 그렇지 않다면, 정확하게 어느 지점에서 더 이상 축소할 수 없는 논리적 형태가 시작되는 것일까? '순수한' 형태에서 출발하는 사고는 어디에서 장애를 만나며, 그 장애란 무엇인가? 불투명성과 밀도인가? 복합성인가? 감각적 내용물과 축소 불가능한 실천인가? 분석의 모든 공격에 저항하는 잔재인가?…….

공간에 관한 데카르트적 개념에 대한 비판, 현대 철학으로도 이어지는 그 비판은 공간 논리 비판을 필연적인 결과로 이끌어오지는 않는다. 사실상 데카르트적 공간은 '인투이투스'에 제공된다. 완전히 정의되어 있으며, 자의식처럼 성숙한 성인으로 태어난 주체, 따라서 '실재'와 '현실'에서 약간 분리되어 있는 주체는, 신의 개입으로 기적적으로 '대상', 즉 공간을 장악한다. 이 공간은 지적 구축이나 감각적인 것의 구상에서 비롯되는 것이 아니라 초감각적 순수, 무한이라는 덩어리에서 주어지는 것이다. 데카르트적 직관과는 반대로, 논리학은 '대상'을 구성하는 관계의 망을 규정할 뿐이다.

현대적인 사고에서는 실재적인 것의 모든 분야를 논리학과 결부시키려는 노력, 아니 일관성과 응집성, 균형과 조절에 대한 논리적인 주장에서 출발하여 영역을 결정하려는 움직임이 활발하게 제시되고 있다. 이를테면 미리 논리적인 것과 그 한계를 규정짓지 않고, 생명체의 논리, 사회적인 것의 논리, 시장과 상품의 논리, 권력의 논리 등을 전개해나가는 것이 그 좋은 예라고 할 수 있다. 그런데 이렇게 되면 결과적으로 논리학 자체의 기반이 흔들리게 된다.

5.3 논리적인 관계란 포함-배제, 결합-분리, 함축-설명, 반복 (itération)-재반복(réitération), 회귀(récurrence)-되풀이(répétition) 등을 가리킨다. 종합적 판단, 개념, 개념의 연관 등의 명제는 서로를 내포하며, 내포에서 기인하거나 서로를 배제한다. 이러한 논리적인 관계는 그보다 앞서서 제시된 '현실'이나 '진리'를 전제로 하지 않는다. 우리는 이 관계를 기하학적 형상을 통해서 재현할 수 있다. 이를테면 가장 큰 원들은 가장 작은 원들을 포함하는데, 이 원들은 개념들을 상징한다. 이러한 재현은 전적으로 형식적이기 때문에 없어도 상관없는 관계들의 예시에 불과하다. 논리적 관계는 형상들의 관계, 집합의 관계, 집단의 관계(결합법칙, 치환법칙)의 (필요 충분한) 이유를 포함하고 있다.

실천 공간과 공간 실천 안에 내포-배제, 함축-설명의 관계가 포함되어 있다는 사실엔 의심의 여지가 없다. '인간 존재'는 자기 앞이나 주변에 그림이나 구경거리, 또는 거울을 가지고 있듯이 사회적 공간(그가 속한 사회)을 가지고 있는 것이 아니다. 인간 존재는 자신이 공간을 가지고 있으며, 그 공간 안에 자신이 들어 있다는 사실을 잘 알고 있다. 인간 존재는 단순히 시각, 관조, 구경거리만을 지니고 있는 것이 아니라 공간 안에서 움직이며 스스로의 위치를 결정한다. 말하자면 그는 공간의 일부인 것이다. 이런 관점에서 볼 때, 인간 존재는 서로가 서로를 내포하는 일련의 관계 속에 놓여 있다. 이렇게 이어지는 관계가 바로 사회적 실천을 설명해준다. 인류학적으로 볼 때, 다시 말해서 이른바 고대 사회 또는 농업 사회에는 육신(근접)이 있고, 주거와 '주거용 방'이 있으며, 이웃, 공동체(촌락, 마을), 부속지(경작지, 초원, 목초지, 숲, 삼림, 사냥터) 등이 있다. 이를 넘어서면 이상한 것, 이상한 사람, 적대적인 것의 공간이었다. 반면, 안쪽에는 육체의 기관, 감각의 기관이 자리했다. '원시인' 혹은 (그렇다고) 여겨진 자나 마찬가지로, 비생산적이고 순종적이라는 이유로 아주 단순한 존재로 잘못 여겨졌던 어린아이는, 자기 몸이 놓인 공간에서 출발해서 공간 속에 놓인 자기 몸으로 옮겨가야 했다. 그리고 이 같은 과정을 통해서 공간의 지각과 인지로 이행했다. 이 책에서 시도한 분석에 의하면, 이러한 연속적인 행위는 객관적인 '특성', 즉 내포와 배제 위에 포개지는 물질적 대칭과 복제를 출발점과 도착점으로 삼는다. 내포는 배제를 포함하고 있다. 다양한 이유 때문에 금지된 장소(성스럽고-저주받은 곳, 헤테로토피아)들이 있는가 하면, 허락되고 추천되는 장소들도 있으며, 이는 축복과 저주를 대립시킴으로써, 이들을 중성적인 것과 구별함으로써 공간의 부분과 분할에 극적인 성격을 부여한다.

이러한 관계들은 서로 내포된 직사각형, 정사각형 등의 형상으로 재현될 수 있다. 그러나 이들 중의 일부는 서로를 배제하며 서로의 바깥쪽에 위치한다. 원을 사용해도 유사한 재현이 가능하다. 이로써 이른바 경계 분할과 방사 집중적인 형태의 중요성을 이해할 수 있으며, 그로 인해서 원기둥과 육면체의 중요성도 이해할 수 있다. 이것들의 중요성을 이해한다는 것은 곧 그 중요성을 제한한다는 것을 의미한다. 이는 앞에서 이른바 '역사적'이라고 하는 과정 중에서 형태를 장악한 것에 의해 형태가 변화해가는 것을 제시하면서 이미 설명되었다.

반복(되풀이)과 그로 인한 결과(요소들의 결합, 전체 속에서 추론되는 차이)의 주제는 많은 연구들에서 발견된다. 우리는 이 연구들을 통해서 내포된 것에서 출발하거나 내포하는 것에서 출발하는 방법, 포함되어 있는 가장 작은 집합에서 출발하거나 이해 가능한 가장 광대한 집합에서 출발하는 방법 등의 두 가지 방법으로 기술할 수 있고, 따라서 두 가지 방식으로 파악할 수 있는 논리적 구조를 발견할 수 있지 않을까? 이렇게 할 경우 잔재라고는 없는 명료함을 얻을 수 있다. 두 가지 중에서 한 가지 과정은 부분, 즉 공간 속에 들어 있는 대상들(가사와 노동이라고 하는 일상생활의 도구뿐만 아니라 그것을 품고 있는 용기, 즉 실천적 삶에 의해서, 또 실천적 삶을 위한 흔적을 지니고 있는 오두막집, 움막, 주택, 건물, 거리와 광장 등)을 열거할 것이다. 이렇게 되면 매우 구체적인 순서에 따라 목록을 작성할 수 있다. 반면, 나머지 기술 방식에 따르면, 공간 전체, 총체적 사회의 구성 관계가 드러날 수 있다. 내포되고 설명되는 공간에 대한 이 두 가지 방식이 정확하게 일치하는 지점에서 우리는 공간 내부의 부분에 의해서 이루어지는 변화와 전체로서의 공간(사회적이며 동시에 정신적이고, 추상적인 동시에 구체적인 공간)의 발생을 동시에 파악할 수 있다.

　이러한 가설이 '순수한' 추상에 국한되지 않는다는 사실은 인류학을 통해서도 확인되었다. 마을 공동체(도곤 족, 보로로 족, 또는 바스크 족)나 도시 공동체(고대 그리스나 근대 도시)에 대해서 우리가 알고 있는 사실들은 서로 내포하는 지면과 용적, 얽히고설킴, 형상에 의해서 재현 가능한 다소 복잡한 기하학적 형태 등을 보여준다. 이곳에는 많은 물건이나 가구들이 있으며, '방', 피난처, 가정집이 있고, 이보다 특별한 고유명사 또는 보통명사로 이름이 붙여지거나 지시되는 훨씬 넓은 **장소**들이 있다. 이런 장소들은 논리적·수학적 집합이 지니는 일반적인 특성을 지시하며, 실천에 있어서 밖에서 안으로, 안에서 밖으로 등의 다양한 경로를 가능하게 하는 이원성을 지니고 있다.

그렇기 때문에 현대 인류학에서는 공간을 분류 작업의 수단으로, 내용과는 독립적인 작업에서 출발하는, 다시 말해서 사물 그 자체에서 출발하는 사물의 분류법(분류학, 계통학)으로 취급하는 경향이 두드러진다. 이같은 경향은 이러한 과정(정신적인 것과 사회적인 것을 동일시하는 태도)을 가족,[1] 교환, 소통, 도구와 대상 그 자체에 적용하려는 시도와 일치한다. 여기서 자족적인 '순수한' 지식에는 명확한 제한이 가해진다. 즉 순수한 지식은 대상에 내포되어 있는 분류로 이루어진다는 것이다. 이 같은 가설은 불명확한 메시지(여기서는 사회적 공간)를 해독하는 코드로서만 제시되는 것이 아니라 '대상'의 제거로 제시된다.

5.4　　　　　이처럼 내용물을, 그것을 담고 있는 (형식적) 용기로 환원하는 것은 즉각적으로 이의를 야기한다. 스스로 규범이 되려 하는 과정에서 대번에 차이를 제거해버리기 때문이다. 기술적인 접근이 서로의 차이점을 서로의 바깥에 버려둠으로써 이 차이들은 알려지지 않은 개별성으로 전락해버린다.

환원주의를 극단으로 밀고 가면 시간은 공간으로 환원되고, 사용 가치는 교환 가치로, 대상은 기호로, '실재적인 것'은 세미오시스(semiosis, 의미의 생산을 비롯하여 기호와 관련된 모든 형태의 활동을 가리키는 용어. 좀더 좁은 의미로는 해석체를 매개로 하는 기호의 중개 작용을 뜻함. 미국 출신 논리학자 퍼스(Charles Sanders Peirce)가 최초로 사용한 이 용어는 일반적으로 소쉬르의 의미작용과 거의 같은 뜻으로 사용된다—옮긴이)의 영역으로 환원된다. 이러한 환원은 또 다른 환원을 동반한다. 즉 변증법적 움직임을 논리학으로, 사회적 공간을 (순수하게 형식적인) 정신적 공간으로 환원해버리는 것이다.

그런데 무슨 권리로 유클리드적(기하학적) 공간, 텅 비어 있고 그것을 채우는 것에는 무관심한 그 공간과 명확하게 규정되는 특성들을 지닌 시각적 공간을 뒤섞을 수 있으며, 이 두 공간을 행위들이 이루어지며 대상들이 자신들의 자리를 차지하는, 형태적으로 특화되고 서열화된 장소들을 포함하는 실천의 공간과 동일시할 수 있단 말인가? 사람과 사물, 행위와 상황들이 깃들어 있을 뿐 무기력한 공간 환경이라는 주장은. 세월이 흘러감에 따라 '상식'이자 '문화'가 되어버린 데카르트적 도식(사물이 사고의 '대상'으로 확장되는 도식)과 일치한다. 철학자들과 인식론자들에 의해서 정립된 정신적 공간은 투명한 장소, 논리적 환경으로 형성된다. 이렇게 되면 사회적 공간을 성찰한다고 믿게 된다. 하지만 사회적 공간은 실천의 본산이며, 실천이란 개념의 적용만으로 이루어지는 것이 아니다. 실천은 몰이해, 맹목, 시련의 체험까지도 두루 포함한다.

공간의 논리학은 존재하는가? 그렇기도 하고 아니기도 하다. 어떤 의미에서는 수학 전체가 공간의 논리학을 형성한다고 할 수 있다. 하지만 라이프니츠가 드러낸 것과 같은 '순수하게' 인지된 공간은 구성요소도 형태도 지니고 있지 않다. 이 공간의 부분들은 구별해낼 수 없다. 그렇기 때문에 이 공간은 거의 '순수한' 정체성에 근접하며, 순수한 정체성이란 '순수하게' 형식적이기 때문에 비어 있는 상태라고 할 수 있다. 그 공간을 한정하기 위해서는 내용을 집어넣어야 한다. 어떤 내용? 부분들을 구분할 수 있으며, 구분된 부분들 안에 질서, 즉 시간을 부여할 수 있는 행위가 그 내용이 되어야 한다. 그렇게 하지 못할 경우 사고될 수 있는 차이는 없고, 차이에 대한 사고만이 있을 뿐이다. 상징 논리학은 앞, 뒤, 왼쪽, 오른쪽, 대칭, 비대칭 등에 의존하지 않으면서 형성될 수 있는가? 루이스 캐럴이 증명해보였듯이 그럴 수 없다.[2] 이 천재적인 논리학자는 순수한 형태로부터 시작해서, 확실한 이유와 중요성에 따라 단계별로 순차적으로 도입된 다양한 내용물들로 점철된 길을 밟아나갔다. 그는 단어, 기호, 복제, 그림자, 놀이(앨리스, 거울 등) 등의 매개를 통해서 정신적인 것을 사회적인 것과 연결 지었다. 매개물들이 점유하는 거리는 상당하고, 축소가 불가능하지만 인지(재현)는 가능했다. 논리학은 순서나 차원, 층위의 혼동을 주재하는 것이 아니라 이들을 구분함으로써 구체화된다. 논리학은 은유의 작용을 알림으로써 이를 거북하게 만든다. 은유 중에서 가장 고약하고 위험한 것은 정신적 공간을 백지에 비교하는 은유로, 정신적인 것과 사회적인 것이 그 백지 위에 자신들의 변이나 변수를 마음대로 쓸 수 있다고 암시하는 것이다. 이러한 은유는 높은 평가를 받는 많은 저자들[3]에게서 찾아볼 수 있으며, 이는 철학이나 철학자들[4]의 성찰에서 차용한 것이었다. 이들 저자들에게서는 사회적 공간이 어떻게 정신기하학적 공간(중성적이고 비어 있으며, 백지 같은 공간)으로 대치되며, 기술 지상주의, 정신 지상주의, 또는 현상학적인 것이 어떻게 사회적 공간의 분석을 전이시키는지 관찰할 수 있다. 공간 이론가인 노르베르그 슐츠(Christian Norberg-Schulz, 노르웨이 출신 건축가, 역사가, 건축 이론가. 포스트모던 건축의 이론 정립에 공헌했다—옮긴이)는 중심을 어떻게 정의하는가? 그에게 중심은 백지 위에 연필이 닿는 지점을 의미한다. 공간에 푯말 세우기는 장소를 기억하고 인정(주관적)하려는 목적과 의미만을 지닌다. 그는 인류학자 홀의 **근접성**과 유사한 개념인 **고유 공간**(Eigenraum)을 구성한다.[5] 이에 따라 객관적인 공간과 공간에 대한 주관적인 이미지, 즉 정신적인 것과 사회적인 것이 일치한다.

이 같은 기술을 따라가다 보면, 모든 것이 뒤죽박죽 섞여버리거나, 그게 아니면 인지된 것, 지각된 것, 체험된 것 사이의 골, 다시 말해서 공간 재현과 재현 공간 사이의 골이 자꾸만 깊어진다. 그런데 이론적으로 중요한 문제는 매개를 찾아냄으로써 이들 사이의 간극을 줄이는 것이다.

이렇게 해서 우리는 **공간적 환상**의 중요성을 강조하게 된다. 공간적 환상은 기하학적 공간 그 자체, 시각적 공간〔이미지와 사진뿐 아니라 지도(plans)와 구상(dessins)의 공간〕그 자체, 사회적 공간(실천과 체험) 그 자체에서 생겨나는 것이 아니라 이들의 충돌에서 비롯된다. 한 공간에서 다른 공간으로 넘나들거나 한 공간이 다른 공간을 대체하는 과정에서 생겨난다는 말이다. 그 결과 시각성은 기하학적인 것으로 간주되며, 시각적인 것이 지니는 투명성(가독성)은 논리적·수학적 이해 가능성과 혼동된다. 그 역도 성립한다.

  이렇게 되면 추상 공간에 대한 잘못된 인식과 이 공간의 (객관적) 허위를 동시에 비난하게 된다. '상식'으로 보자면, 대상들을 거울에 비친 구경거리적인 추상으로 축소하는 시각적인 것을 학문적인 추상과 이를 위한 분석적인 전개, 따라서 축소적인 추상과 혼동하게 된다. 축소-일반화는 흑판 위나 제도판 위에서, 백지에 그리는 그림이나 도식 등을 통해서, 글쓰기나 내용 없는 추상을 통해서 전개된다. 모든 추상화가 그렇듯이, 이러한 작업은 수학자들의 공간이 강력한 행동의 수단이 될 수 있다는 점에서, 다시 말해서 물질에 대한 지배, 따라서 파괴를 초래할 수 있다는 점에서 한층 더 심각한 결과를 초래한다. 시각적인 것은 따로 떼어놓고 본다면 그 자체로서의 육체와 자연적인 에너지를 아름답게 승화시키고 해체시키는 것으로 충분하다. 그런데 이들의 결합은 불안한 힘을 부여한다. 순수한 시선의 무력함을 기술적인 조작자들과 학문적인 추상의 힘이 보상해주기 때문이다.

  이러한 분석은 정치경제학을 생산 활동에 대한 인식으로 복권시킬 때에만 의미를 지닐 수 있다. 그러나 이때 문제되는 것은 공간 안에 있는 사물들에 대한 정치경제학이 아니다. 공간(그리고 공간의 생산)의 정치경제학이 이제는 낡아버린 학문을 대체해야 한다.

여기서 비약적인 발전을 거듭하는 기술, 미친 듯이 팽창하는 인구, 위협받고 있는 생태 등은 공간을 전면에 부각시키려는 이 연구에 다른 종류의 논거를 제공하게 되므로 잠시 제쳐두자. 공간에 대한 문제의식을 환기시키지 않고서, 어떻게 인간이 우글거리게 되는 미래의 현상(우리가 사는 세계의 몇몇 지역에 도래하게 될 현상)을 환기시킬 수 있겠는가? 말이 나온 김에 이러한 접근 방식은 어디까지나 실천에 토대를 두며, 그 토대가 건축이나 이른바 '도시계획'이라고 부르는 것에 한정되지 않는다는 점에서, 그 토대는 경제적인 것과 정치적인 것을 고려하는 순간부터 총체적인 관점에서 파악되는 사회적 실천으로 확대된다는 점에서, 철학이나 철학적 태도와는 뚜렷하게 구분된다는 점을 강조할 필요가 있다.

이 단계에서 우리는 무엇을 확고하게 획득했다고 볼 수 있는가? 적어도 몇몇 명제에 대해서는 그렇게 말할 수 있다. 정신적인 것과 사회적인 것을 결합시키기 위해서는 두 가지를 구분한 다음 매개를 재구축해야 한다. **공간의 개념은 공간 안에 있지 않다.** 마찬가지로 시간의 개념은 시간 속에 있는 시간이 아니다. 이 점은 철학자들도 이미 오래전부터 잘 알고 있다. 공간 개념의 내용물은 절대 공간(그 자체로서의 공간)이 아니다. 개의 개념은 짖지 않는다! 공간이라고 하는 개념은 가능한 모든 공간, 추상적이거나 '실재적'이거나, 정신적이거나 사회적인 모든 공간을 명시하며 암시한다. 공간의 개념은 특히 재현 공간과 공간 재현이라는 두 가지 양상을 포함한다.

그런데 인식론자로서의 철학자들이 수학자들의 본을 따서 공간을 구축했다는 사실로부터, 다시 말해서 인식을 정리하는 데카르트적 공간이 대두함에 따라 혼동이 초래되었다. 그렇게 되자 철학자들은 마치 공간 개념이 (정신적) 공간을 만들어내는(생산하는) 것처럼 행동했다. 그러다 보니 사고는 (정신적인 것과 사회적인 것 사이의) 단절이냐, 혼합이냐, 혼동이냐의 딜레마 속에 빠져버렸다. 혹은 논리학, 수학, 인식론과 실천 사이에 있는 심연 속에 빠져버렸다. 또 한편으로는, 사회와 사회적인(공간적인) 것, 상품, 자본, 부르주아 계급, 자본주의 생산양식 등을 체계화하는 가차 없는 논리가 자리 잡았다. 요컨대 잔재라고는 인정하지 않는 논리가 대두된 것이다.

결국 '진짜(실제의) 공간'이 '공간의 진실'을 대체했으며, 따라서 실제적인 문제들(관료주의, 권력, 지대, 이윤 등)을 대체하게 되었다. 이것은 복잡한 사실들로 인한 혼돈을 줄여준다는 인상도 심어주었다. 이렇게 해서 사회적 공간을 기획입안자, 정치가, 행정가들이 정의내리게 될 우려가 생겨났다. 말하자면 **건축 공간**(사회적, 지어진 건물)을 **건축가의 공간**(정신적)으로 정의하는 상황이 벌어진 것이다.[6]

5.5   1910년 무렵, 아카데미의 화가들은 여전히 '표현적인' 방식으로 '아름다운' 형상, 즉 (자기의 감정과 화가의 감정을 말해주는) 감동적인 얼굴들, (관객과 화가의 욕망을 말해주는) 욕망을 자극하는 누드 등을 그려냈다. 이와 반대로, 전위적 회화는 자신들이 그렇게 하고 있다는 분명한 의식조차 없으면서(이들에게 개념이란 생소하고 낯선 것이었다) 의미 있는 것과 표현적인 것을 분리했다. 이 부류의 화가들은 근대 세계에서 '주체의 위기'의 발단을 경험적으로 예리하게 지각했다. 이들은 (회화적) 실천을 통해서 새로운 사실(모든 지시 대상들의 소멸과 연관된)을 깨달았다. 의미 있는 것만이 '주체', 즉 개별화된 작가, 예술가, 심지어 관람객과 분리될 수 있으므로 소통이 가능하다는 사실이었다. 이는 회화적 대상인 그림이 객관적 현실(객관적 현실의 지시 대상, 즉 전통적인 공간과 시간, 상식, 자연과의 유추에 의해 정의되는 '실재적인 것'이 사라진다) 모사, 또는 주관적인 감동이나 감

정과 관련을 맺고 있는 '표현성'으로 이루어지지 않는다는 것을 의미했다. 화가들은 화폭 위의 '대상'에게 최후이며 최악의 모욕을 가했다. 아무렇지도 않게 화폭을 부수고 해체시켰던 것이다. '주체'와 '객체' 사이에서 분리가 한 번 일어나자 거기에는 아무런 제한도 없었다. 이로 인해서 전혀 다른 것이 탄생하게 되었다.

가장 권위 있는 해설가들[7]에 따르면, 혁신은 1907년에 시작되었다고 한다. 이때 피카소가 그림 그리는 새로운 방식을 발견했다. 그는 화폭 전체를 지평선이나 원경 없이 채워넣었고, 화폭을 그려진 형상이 차지하는 공간과 그 형상을 둘러싼 공간으로 분할했다.[8] 같은 시기에 마티스는 화면의 리듬감을 완벽하게 처리하는 문제로 고심하던 반면, 피카소는 화면에 강력한 구조를 부여했다. 훗날 평가하듯이, 피카소는 구조화보다 훨씬 더 나아가서 색채와 리듬, 원경 등보다 선과 면으로부터 얻어지는 대립을 극단으로 밀고나감으로써 화면을 '변증법화'했다. 피카소는 화폭의 표면만을 분할한 것이 아니었다. 그는 대상까지도 분해함으로써 3차원(깊이)을 그려진 화면으로 환원하는 동시에, 다양한 관점에서 본 사물을 동시에 보여줌(분석적 큐비즘)으로써 3차원을 복권시켰다. 이는 지시대상(유클리드 공간, 원근과 지평선 등)의 객관화된 종말이며, 동질적인 동시에 깨어진 공간, 구조를 통해서 끌어 잡아당기는 공간, 대립(패러다임)에서 출발하되 화폭을 부수는 데까지 나아가지는 않으며 서서히 윤곽을 잡아가는 변증법화, 윤곽을 잡아가는 변증법화를 대체하는 사물의 절대적인 시각화를 동시에 보여준다고 할 수 있다.

표현적인 것과 의미 있는 것의 분리, 기표의 해방은 엄청난 결과를 초래한다. 이러한 일이 단순히 회화에서만 일어난 것이 아니기 때문에 그 파급력은 더욱 크다. 이 책에서는 그 시기에 회화와 공간 사이에 존재하던 특별한 관계 때문에 회화를 중점적으로 다루었다. 기표의 해방은 의미 있는 것 자체로도 확장된다. 의미 있는 것 안에서 기호(기표)와 그 기호가 지시하는 것(기의)은 분리된다. 기호는 이제 더 이상 '대상'이 아니라 화폭 위에 놓인 대상에 가해진 처리 과정, 즉 하나의 목표에 따라 그 대상을 분할하고 분리하며 동시화하는 과정을 의미한다. 한편, '기의'는 여전히 건재하지만 숨겨져 있다. 그러므로, 그렇기 때문에 특히 염려스럽다. 기의는 쾌락이나 기쁨, 평화로움을 주는 것이 아니라, 지적 흥미와 더불어 어쩌면 불안감마저 조장한다는 말이다. 무엇 앞에서 이런 느낌이 드는가? 산산조각이 난 이 세계의 깨어진 형상들, 해체된 공간, 자신의 추상화, 자신의 분석 결과와 혼동되기 때문에 가혹한 '현실' 앞에서 불안감이 느껴지는 것이다. 화면에서 보는 현실은 이미 추상이며 궁극적으로 분석이기 때문이다. 주관적인 것, 표현적인 것을 대체하는 것은? 현대 사회에서 점점 기세등등해지고 있으며 존재를 황폐화시키는 폭력이 그것을 대체한다.

피카소의 경우는 전혀 단순하지 않다. 그의 경우는 특히 그를 추앙하는 자들의 진부한 칭송에 편승하기보다 매우 특별한 열외, 즉 별도의 경우로 취급해야 한다. 피카소가 ('공산주의자'이지만) 부르주아 세계에서 인정받고 따라서 보편적인 영광을 얻은 ('공산주의자'이기 때문에) 혁명적인 예술가라는 주장은, 아주 거친 어리석음에서 기인한다. 그것은 '공산주의 세계'는 결코 그를 인정하지 않았다는 사실만 보더라도 알 수 있다. 피카소는 세계를 정복하지 않았으며, 세계에 의해서 간택을 받지도 않았다. 애초에 그는 기존 세계가 내포하고 있으며 기다리고 있던 '통찰력'을 제시했을 뿐이다. 다만 그는 위기가 시작되는 순간, 모든 기준이 와해되는 순간, 폭력이 대두되는 순간에 이를 포착했던 것이다. 뿌리를 내리기 시작하는 세계 시장이 최초로 그 모습을 드러내는 계기가 된 제국주의나 세계대전과 더불어 그는 이를 포착했다. 또한 피카소는 바우하우스와 더불어 동시에 이 사실을 간파했다. 요컨대 그는 추상 공간과 더불어 이를 포착한 것이다. 그가 원인이 되었기 때문이 아니라 그것을 분명하게 의미했기 때문이다.

피카소의 공간은 현대성의 공간을 예고한다. 그렇다고 해서 그가 그것을 생산했다는 의미는 아니다. 거침없는 시각화, 눈의 독재, 남근적인 것의 독재, 즉 공격적인 남성의 성욕, 황소, 지중해의 정력적인 남자, 패러디와 자기 비판에까지 이른 (번식력에서는 의심할 여지없이 기막힌) '마초'. 몸, 특히 여자의 몸을 수천 가지 방식으로 고문하고 희화화하는 피카소의 잔인함은 지배적인 공간, 눈과 남근의 공간, 요컨대 폭력의 지시에 따른 것이다. 이 공간은 스스로를 고발함으로써만 스스로를 인정할 수(드러낼 수) 있다. 진실을 말하는 위대한 예술가로서 피카소는 예술을 소모하고 활성화시킴으로써(모든 것이 소진된다) 공간의 변증법화를 간파하고 이를 준비했다. 그는 자신이 모순을 찾아내서 드러내보인(이 모순들은 그의 작품 속에서 보이고 암시된다) 조각난 공간으로부터 새로운 (차이의) 공간이 대두할 것을 간파했던 것이다.

5.6　　　　같은 시기에 건축가 프랭크 로이드 라이트는 공간을 폐쇄시키며 안과 밖, 내부와 외부를 분리시키는 벽을 제거하기 시작했다. 벽은 하나의 평면으로 환원되었으며, 이 평면은 다시 투명한 막으로 환원되었다. 집 안으로는 빛이 쏟아져 들어왔고, 각 '방'에서 자연을 관조할 수 있게 되었다. 이렇게 되자 벽의 두께와 무게라는 물질성은 건축에서 더 이상 중요한 역할을 하지 않게 되었다. 자재는 공간을 감싸는 것에 불과하며, 곧 이 공간을 채우는 빛에게 우월성을 양보하게 되었다. "건축은 추상화, 시각화, 형식적 공간화로 나아가려는 철학, 예술, 문학, 사회

전체를 관류하는 움직임에 의해서 비물질화되는 경향이 있다."[9]

하지만 처음엔 실현되지 않았던 탈구가 곧 이루어진다. 벽이 무게를 지탱하지 않게 되자(벽-커튼), 내부 공간이 해방된다. 파사드가 사라지면 서(파시스트 시대가 되면 성대함과 난폭함이 한결 더 증대되어, 이제까지보다 훨씬 기념물적인 성격을 띤 파사드가 다시 나타난다), 길의 해체가 이루어진다. 외적 공간의 와해(파사드, 건물의 외부)는 르코르뷔지에의 글이나 건축 작품 속에서 확연하게 눈에 띈다. 작가는 이를 '자유'라고 주장한다. 내부 설계에 대한 파사드의 자유, 외부에 대한 버팀 구조의 자유, 구조에 대한 층과 아파트 배치의 자유. 그러나 실제적으로는 공간의 파괴이며, '주거 기계'와 인간-기계의 주거지처럼 인지된 건축물 전체의 동질성, 서로가 서로에게서 분리되고 도로, 도시 등 도시계획화된 전체를 해체시키는 요소들의 분열이다. 르코르뷔지에는 합리화함으로써 이념화한다. 그 반대일 수도 있다. 태양과 녹지 등 자연에 대한 이념(담론)은 당시 모든 사람들에게, 그중에서도 특히 르코르뷔지에게는 기획의 의미이자 내용물이었다. 자연은 이미 멀어지고 있었다. 자연은 더 이상 좌표로 기능하지 않았으며, 따라서 자연의 이미지는 열광하게 만들었다.

5.7　　　　예술가들이 공간(건축적 공간, 도시계획적 공간, 총체적 공간)의 원인이나 이유라는 생각은 예술사가들의 순진함에서 비롯된다. 이들은 사회적인 것과 사회적 실천은 제쳐두고 작품만을 들여다보기 때문이다. 이 점은 충분히 강조할 필요가 있다. 이로 인해서 예술사뿐만 아니라 현대 사회와 현대 사회의 공간에서 **방향 전환**이 이루어지기 때문이다. 화가들이 바우하우스의 건축적 공간을 마련했다는 것은 확실하다. 그런데 어떻게 준비했단 말인가? 피카소와 거의 같은 시기에 클레, 칸딘스키 같

은 대가들은 그들 나름대로 새로운 회화 방식을 고안해냈을 뿐 아니라 또 다른 '공간성'을 발명해냈다. 특히 클레의 경우 이 방면에 있어서는 피카소보다 훨씬 앞서 나갔다고도 할 수 있다. (화폭에 그려진) 대상은 자신을 둘러싸고 있는 것, 화폭 전체 공간과의 감도 높은 관계, 그러니까 독해 가능하고 가시적인 관계 속에서 지각된다. 피카소의 경우도 마찬가지지만, 클레와 더불어 공간은 '주체'로부터, 다시 말해서 감정적인 것, 표현적인 것으로부터 떨어져 나온다. 공간은 의미 있는 것으로 제시된다. 하지만 피카소는 눈과 붓에 의해서 분석된 대상의 다양한 면을 화폭 위에 동시에 투영했다. 반면, 클레에게 있어서 눈의 안내를 받아 그려진 화폭 위에 투영되는 사고는 진정으로 대상을 위치 매김 하면서 주변을 맴돈다. 이렇게 해서 대상의 주변은 가시화된다. 그러므로 공간 속의 대상은 공간의 제시와 관계를 맺게 된다.

화가들이 공간의 사회적, 정치적 변화를 드러냈다면, 건축은 권력과 국가를 위해서 봉사했으며, 이로써 건축은 세계적인 차원에서 개혁적이면서 동시에 보수적임을 드러냈다. 마치 혁명이나 되는 것처럼〔아니, 이보다 더 나아가서 건축을 통한 반(反)부르주아 혁명이라는 편이 어울린다!〕 열렬한 환영을 받았던 바우하우스는 르코르뷔지에와 마찬가지로 같은 시기에 러시아 구성주의자들에 의해서 시도되었던 국가 사회주의적 건축 요구와 별반 다르지 않은 국가 자본주의적 건축 요구를 표현했다.(다시 말해서 이 요구들을 공식화하고 실현했다.) 사실 러시아 구성주의자들은 서유럽 동료들에 비해서 훨씬 풍부한 (유토피아적) 상상력을 보여주었다. 그런데도 이들은 자신들의 나라에서 반동주의자라는 비난을 받은 반면, 같은 시대 바우하우스에서 활동한 자들은 체제 전복자들로 통했다. 반세기 동안이나 지속되어온 이러한 오해는 지금도 완전히 해소되지 않았다. 이념과 유토피아는 지식, 의지와 분리 불가능할 정도로 뒤엉켜서 여전히 건재하다. 태양과 빛 등 되찾은 자연 속에서, 삶의 경외라는 분위기 속에서 금속과 유리로 된 건물들이 많이 세워졌다. 거리 위, 도시 현실 위에서. 곧음(각, 선)에 대한 열광과 더불어. 권력의 질서, 남성의 질서, 한마디로 도덕적인 질서가 정착하게 된 것이다.

어쨌거나 이 시기, 즉 제1차 세계대전을 전후로 하는 시기의 왕성한 창조력은 제2차 세계대전 무렵의 불모성과 큰 대조를 이루고 있음은 부인할 수 없는 사실이다.

5.8 같은 시기에 이른바 '선진' 국가(산업국가)에서는 고전적인 철학의 테두리를 벗어나는 곳, 혹은 그것을 뛰어넘는 곳, 엄밀한 의미에서의 미학적인 작품을 벗어나는(그리고 '현실'과 접목하려고 모색하는) 곳에서 공간에 대한 성찰이 파편화되기 시작했다. 대략 요약해보자면, '문화적' 공간에 관한 주장들이 등장하기 시작한다. 그리고 이 주장들과 적어도 외견상으로는 대립되는 행동의 공간에 관한 주장들도 대두된다. **행동주의**(behaviorisme, 19세기로부터 계승된 인본주의가 아니다)는 문화인류학에 맞서 싸우다가 미국에서 양자가 결합한다.

민속학자들과 인류학자들(이들 중에서 특히 위에서도 인용한 바 있는 마르셀 모스, 프리처드, 라포포트를 다시 한 번 꼽아야 하겠다)은 가장 멀리 떨어져 있는 곳, 인적이 뜸한 오지 사회 관찰에서 얻은 섬세한 분석을, 역사, 도시, 산업 기술과의 관계와 대비시켜가며 현재와 미래 속에 투영했다. 그들은 민속학의 틀 안에서 농민들이나 부족 사회의 거주지를 묘사하는 데 그쳤지만, 거기에서 새로운 영감을 얻었다. 그들은 (자본주의적) 근대성을 우회하면서, 유추를 통해 사고하고 모방을 통해서 재생산하려는 경향인 미메시스(mimesis)를 자극함으로써 성공을 거두었다고 할 수 있다. 문화적 공간 이론은 공간의 문화적 모델로 탈바꿈한다.

이 정적인 이해에 또 하나의 정적인 이해가 대립한다. 바로 체험된 공간이 일정 수의 조건화와 동일시되며, 여기에 대한 반사로 정의될 수 있다는 이해이다. 이 같은 이론은 무미건조하고 메마른 추상화, 즉 문화를 전면에 내세우지 않는다는 이점을 지닌다. 심지어는 문화적인 것을 '재현 공간'으로 밀어 넣어버림으로써 이념적인 것과 형이상학적인 것의 관계에 대해 간접적인 방식으로나마 질문을 던지기까지 한다. 반면, 이이론은 자본주의적 행동주의와 그 맞수인 사회주의적 행동주의(파블로프의 이론)가 공통적으로 지니는 모든 약점 때문에 고전을 면치 못한다. 본질적으로 환원적일 수밖에 없는 이 이론은, 새로운 삶을 위해서는 새로운 공간을 창조해야만 하는 필요성(그렇다고 해서 새로운 삶을 창조하기 위해서는 새로운 공간만 발명하면 된다는 말은 아니다!)을 간과함으로써 발명이라는 요소를 아예 제거해버린다.

5.9 앞에서 살펴본 내용으로부터 데카르트적인 명백함과 반대되는 것이 도출된다. 즉 추상 공간은 추상적인 방식으로는 인지될 수 없다는 것이다. 추상 공간은 '내용'을 가지고 있다. 하지만 추상은 그 내용이라는 것을 실천 속에서만 포착할 수 있다. 실천이 이를 **취급하기** 때문이다. 추상 공간의 내용은 추상적 형태가 축소해버리는 것처럼 보이지만 사실은 분석을 통해서 명백하게 드러나는 모순들로 이루어져 있다. 어떻게 이런 일이 가능한가? 하나의 공간이 어떻게 동질적이면서 동시에 조각날 수 있단 말인가? 단일하면서 동시에 파편화되었다니, 과연 있을 수 있는 일인가? 이렇게 된 것은 우선(이는 공간에 내재하는 '기표-기의'의 관계와는 아무런 공통점이 없다) '공간의 논리', 겉으로 드러나는 공간의 일

관성과 의미작용은 추상화에 내재하게 마련인 폭력을 은폐하고 있기 때문이다. 연장 일반(도구란 본질적으로 천연 자원을 자르고, 썰고, 강간하며, 가혹하게 다룬다), 기호 일반에 내재하는 폭력은 합리적이고 명백한 것처럼 보이는 도구적 공간에도 내재할 수밖에 없다. 그런데 여기서 분석을 멈춰서는 안 되며, 더 진전시켜야 한다.

이러한 개념들이 '문화'에 깊이 파고든 오늘날 교환 가치, 상품, 화폐, 자본이 구체적 추상이며, (우리가 적잖게 언급했던 언어나 공간과 마찬가지로) 사회적으로 존재하는 형태라는 사실을 이해하기란 어렵지 않다. 그런데 그러한 형태들이 사회적으로 존재하기 위해서는 내용을 필요로 한다. 자본은 어쩔 수 없이 분할되어 여러 가지 자본으로 분화되려는 속성을 지니고 있다. 분할되긴 하되 단일성을 유지하거나 단일성을 형성하기를 멈추는 것은 아니다. 자본이 기능(자본 시장)하기 위해서 단일성은 반드시 필요한 조건이기 때문이다. 상업 자본, 산업 자본, 은행 자본, 금융 자본 등으로 분할된 자본들은 서로 갈등한다. 하지만 자본이 지니는 형태적 단일성은 이러한 파편화 속에서도 유지된다. 요컨대 형태는 '파편들'을 포함하면서 지속되는 것이다. 형태는 사회적 '실재'라는 겉모습, 즉 단일성, 자본을 제공한다. 이질성, 갈등, 모순 등은 그 자체로 모습을 드러내지는 않는다. 부동산과 동산, 토지와 화폐 등으로 분할되는 소유권도 마찬가지다. 한편, 시장으로 말하자면, 우리가 이미 잘 알고 있는 시장의 파편화는 시장이라는 개념 자체의 일부를 구성한다고 할 수 있다. 상품 시장(마르크스주의에 대한 일방적인 해석이 선호하는 시장), 자본 시장, 노동 시장, 대지(垈地) 시장(건축, 주거의 시장, 따라서 공간의 시장), 작품, 기호, 상징, 인식 등의 시장(예술품)의 존재가 이를 잘 보여준다.

추상 공간은 (논리적인 것과 변증법적인 것을) **분리하고** (모순을 일관성으로) **환원하며**, 환원으로 인한 잔재들(예를 들어 논리와 사회적 실천)을 마구잡이로

혼합하는 사고를 통해서만 **추상적으로** 파악된다. (사회적 외견이 아니라) 도구로 간주되는 추상 공간은 우선 자연의 장소이며, 자연을 통제하고, 그로 인해서 궁극적으로는 자연의 장소를 파괴하기에 이른다. 이 추상 공간은 지표면에, 이 지표면의 위아래로, 점점 더 광대하고 촘촘한 (사회적) 관계망을 만들어가는 실천의 증대에 부합한다. 또한 이 공간은 **추상 노동**(마르크스는 일반적인 노동을 이렇게 정의했다. 즉 교환 가치 및 일반적으로 상품의 일반적인 형태를 생산하는, 사회적 평균 노동이라고 정의했다)에도 부합한다. 추상적 노동은 정신적 추상 또는 인식론적인 의미에서의 학문적 추상(개념을 실천과 분리시켜 이를 분류, 정리하고 절대적 지성으로 정립시키는 것)과는 아무런 관계가 없다. 추상 공간은 교환 가치와 가치 형태 그 자체로서 **사회적으로** 존재한다. 이 공간이 지니는 '특성'을 열거하기 위해서는, 우선 이 공간을 사용 가치를 흡수하려는 경향을 지닌 교환 가치(그리고 그것이 내포하는 호환성을 포함)의 환경으로 간주해야 한다. 그렇다고 해서 정치적 사용을 배제하는 것은 아니다. 국가적 지배, (군사적) 폭력의 공간인 이 공간은 또한 전략이 전개되는 공간이기도 하다. 이 공간의 (제한적) 합리성은 기업의 합리성과 다소간의 공통점을 지니고 있다.(그렇지만 노동의 기술적 분업을 사회적 분업과 동일선상에 놓을 수는 없다.) 이 공간에서는 축적과 성장, 계산, 예측, 프로그래밍 등을 함축하는 상품의 세계가 전개된다. 바꿔 말하자면, 동질화 경향이 이전의 의미작용을 제거하는 의미론적 공백이라는 수단과 더불어 압력과 억압을 통해 작용하는 공간이 바로 이 공간이다.(그렇다고 해서 세계적인 차원으로 인한 복잡화, 메시지와 코드, 각종 조작의 다양화를 막을 수는 없다.) 역사를 통해서 이루어지는 대규모 은유화와 축적 과정을 통해서 이루어지며, 몸을 몸 밖으로 **추방하는**(소외의 역설적인 형태) 환유화는 궁극적으로 이 추상 공간에 도달한다. 이처럼 대대적인 과정은 물리적 진실(몸의 존재)에서 글쓰기, 기획, 시각적인 것, 시각적인 것에 있어서 평면화의 우위로 이끈다. 그러므로 추상 공간은 비대해진 분석적 지성과 국가, 관료주의적 국가의 존재 이유, '순수한' 지식, 권력에 대한 담론 등을 동시에 포함한다. 모순을 은폐함으로써 자신을 감추는 '논리'를 내포하는 추상 공간, 즉 관료주의의 공간은 그 안에서 구경거리와 폭력('순수한' 구경거리와는 대립적인)을 결합시킨다. 마지막으로 이 공간은 데카르트로부터 헤겔에 이르는 철학자들이 관념세계('물리적 실체')와 정치적인 것, 지식과 권력을 융합시킴으로써 정립해온 공간과의 구분이 쉽지 않다. 그 결과 매우 권위적이고 난폭한 공간 실천을 낳는다. 바로 지금의 파리를 만든 도시계획가 오스만식 공간 실천이며, 뒤이어 바우하우스와 르코르뷔지에에 의해서 코드화된 공간 실천, 즉 분산시키고 분리하며 격리하는 분석적 정신의 효율성을 극대화하는 방식을 가리킨다.

따라서 동질화 공간은 전혀 동질적이지 않다. 이 공간은 다층적이고 다원적인 나름대로의 방식에 따라 산재해 있는 파편들이나 요소들을 포함하면서 강제적으로 단일화한다. 역사적으로 이 공간이 귀족과 부르주아 계급(대지 소유권과 화폐의 소유권) 사이에서 이루어지는 사회-정치적 타협의 공간으로 보인다고 할 때, 이 공간은 극도의 추상이라고 할 수 있는 금융 자본과 프롤레타리아의 이름으로 이루어지는 행동 사이의 갈등과 더불어 유지된다.

5.10　　　　이 같은 직조(짜임) 속으로 좌표의 와해를 반영하는 전위적 예술가들에 의해서 정립되는 공간이, 모든 것을 정당화하고 동기를 부여하는 실행 중인 이데올로기로서 개입한다. 이 예술가들은 지배적인 사회적 실천의 공간 안에서 대상을 **제시한다**. 이와 동시에 건축가들과 도시계획가들도 빈 공간, 원초적인 공간, 파편적인 내용을 수용하는 용기(容

器), 흩어져 있는 사물, 사람, 거주지를 받아들이는 **중성적인** 환경을 행동 이념으로서 끌어들인다. 요컨대 일관성이라는 이름으로 비일관성이, 응집성 속에서 분리와 해체가, 안정적인 것 속에서 유동적인 것과 일시적인 것이, 외견상의 논리와 효율적인 조합 가운데에 갈등 관계가 존재하는 것이다.

이러한 추상 공간은 이 외에도 여러 특성을 지니고 있다. 이를테면 추상 공간은 욕망과 필요가 분리되었다가, 그럴듯하기보다는 어딘가 부족한 상태로 다시 결합하는 공간이다. 추상 공간은 중산층이 포진하여 자리를 잡아가는 중성적 공간이다. 사회적으로나 정치적으로 부르주아 계급과 노동자 계급이라는 양 극단의 중간에 위치하기 때문이다. 이 공간은 이들의 '발현'이라기보다 오히려 대대적인 전략이 이들에게 지정한 공간이다. 이들 계급은 자신들이 구하는 것, 즉 자신들의 '현실'을 비추어주는 거울, 즉 안심시키는 재현, 다시 말해서 자신들이 이름이 붙어 있는 확실한 자리를 차지하고 있다는 사회적 세계의 이미지를 그 공간에서 찾는다. 하지만 실제로 이들은 불확실한 갈망과 너무도 확실한 필요로 말미암아 이 공간 안에서 조종당하고 있다.

또한 전략이 전개되는 추상 공간 안에서는 패션, 스포츠, 예술, 광고, 이념으로 바뀐 섹슈얼리티 등으로 대표되는 미메시스에 관한 유희와 논란이 진행되기도 한다.

5.11　　　　이 추상 공간, 대용화(代用化, 몸을 자기의 바깥으로, 관념적-시각적인 것 속으로 이동시킴으로써 몸을 변화시키는 것)의 공간은, 또한 성(性)과 관련한 이상한 대체의 공간이기도 하다. 자연적인 관계로서의 성관계는 상호성을 내포한다. 이 관계는 관계 이후 추상적인 정당화 또는 합법화

로 이어질 수 있으며, 이렇게 되면 자연적인 관계가 사회적인 현실('문화적'이라고 왜곡된)로 변한다. 물리적인 상호성은 계약적인 상호성, 관계당국을 증인과 보증인으로 삼는 '약속'이라는 형태로 합법화된다. 그런데 이와 같은 과정이 진행되는 동안 최초의 관계는 중대한 변화를 겪는다.

자연을 냉정한 추상, 쾌락 부재로 대체해버리는 대체의 공간은 (허구적인 동시에 실재적이며 상징적이고 구체적인) 거세의 정신적 공간이다. 이 공간은 여자의 이미지가 여자의 자리를 차지하고 몸이 파편화되고, 욕망이 부서지며, 삶이 조각나는 **은유화**의 공간이다. 추상 공간에서는 남근적 고독과 욕망의 자기 파괴가 지배한다. 성의 재현이 성 자체를 '섹슈얼리티'라는 이름으로 대체하며, 이에 대한 변호가 이에 대한 평가절하를 은폐한다.

자연성이라는 지위를 상실한 성은 육체의 '문화'를 주장해보지만, 이미 성은 성의학자들이 지정한 '성감대'와 번식을 위한 '생식기관'처럼 특별한 장소와 기관을 지닌 위치 매김, 명시, 특화로 되어버렸기 때문에 부질없는 짓에 불과하다. (문화도 자연도 아닌) 섹슈얼리티는 코드화되고 해독된 하위 체계, 즉 '실재적인 것'과 '영상적인 것', 욕망과 불안, 필요와 좌절 사이의 매개로서 지배를 당하는 것으로 보인다. 특화된 장소들로 파편화된 공간의 추상 속에서, 육체 또한 파편화되며 산산조각이 난다. 이미지에 의해서, 광고에 의해서(이를테면 스타킹 광고를 위해서는 다리, 브래지어 광고를 위해서는 가슴, 화장품을 위해서는 얼굴, 이런 식이다) 재현된 몸은 욕망을 분해하며, 그것(재현된 몸)은 불안과 욕구불만과 국소적인 욕구에 대한 불충분한 충족에 예정된다. 추상 공간에서, 추상 공간이 작용하는 한에 있어서, 몸의 죽음은 상징적이면서 동시에 구체적인 이중의 방식으로 완성된다. 폭력의 결과라는 관점에서 보자면 구체적이고, 생명체의 파편화라는 관점에서 보자면 상징적이다. 여자의 몸은 특히 교환 가치,

상품의 기호, 상품 그 자체로 변한다.

성과 섹슈얼리티, 쾌락과 향유는 여가를 위해 마련된 도시나 휴양지, 눈이 가득한 설원, 태양이 가득한 해변처럼 특별한 장소에서 즐기는 '여가'와 동일시된다. 이 같은 여가의 공간은 에로티시즘을 부여받는다. 다시 말해서 가공의 축제를 위해 마련된 밤의 공간이 된다는 말이다. 에로스는 놀이나 마찬가지로 소비자이면서 동시에 소비된다. 기호를 통해서? 그렇다. 구경거리를 통해서? 그렇다. 추상 공간은 남근을 고립시킴으로써, 남근을 몸 밖으로 밀어냄으로써, 남근을 공간(수직성) 안에 고정시킴으로써, 남근을 눈의 감시 하에 놓음으로써 이중적으로 거세 콤플렉스를 야기한다. 시각적인 것과 담론적인 것은 기호의 세계 안에서 서로를 강화시킨다.(서로의 맥락이 된다.) 셸스키(Helmut Schelsky, 독일의 사회학자. 제2차 세계대전 이후 1970년대까지 독일에서 가장 영향력 있는 사회학자로 이름을 날렸다—옮긴이)의 표현대로, '상업적 테러리즘'의 채찍 아래서? 그렇다. 하지만 무엇보다도 위치 매김에 의해서, 총체적으로 동질화된 형태 속에서 파편화되고 특화된 공간에 의해서 그렇게 된다. 몸의 추상화는 파편화와 (기능적) 위치 매김에 의해 완성된다.

동질적이면서 게토(ghetto, 처음에는 베네치아에서 유대인 거주 구역을 지칭하는 용어로 등장해서 유럽 각 도시의 유대인 거주지를 가리키게 되었으나, 현재는 대도시의 소수민족 거주 지역을 지칭하는 용어로 정착했다—옮긴이)로 구성되어 있으니 참으로 이상한 공간이다. 투명하면서 거짓스러운 덫에 걸린 공간. 가식적으로 진실하며 '진술한' 공간, 즉 허위의식의 대상이 아니라 오히려 그 반대로 허위의식을 만들어내는(생산하는) 장소이자 환경인 공간. 어찌되었건 구체적이고 성공적이라고 할지라도 상징이 되어야 하는 전유(전유임을 제시해주는, 전유를 실제로 **드러내주는** 상징을 낳아야 한다)는 그 공간에서 **기의로 작용하므로** 결국 헛된 것이 되어버린다. 이 같은 딜레마가 있다는 사실을 인정하고 나면, 그에 따른 함축과 결과는 거의 무한정으로 발견된다. 이 공간은 내용물을 지시하는 대신 은폐함으로써(부정함으로써) 많은 것을 **포함한다.** 이 공간은 특화된 상상계, 즉 다른 사물로부터 기인하는 것으로 보이지만 실제로는 그 내용물을 이루는 몽환적인 이미지, 상징들을 포함한다. 이 공간은 지위, 규범, 위치 매김된 서열, 서열화된 장소, 이 장소들과 연관된 역할과 가치 등 기존 질서로부터 파생된 재현들도 두루 포함한다. 이러한 '재현'은 그것들을 받치고 있으며 효율성을 만들어내는 공간 내부에서, 공간을 통해서 강요하고 지시한다. 이 공간에서는 끊임없이 재현(이념으로서의 재현은 아무런 효율성을 지니고 있지 않다)이 사물, 행위, 상황 등을 대체한다. '기호의 세계'란 기호와 이미지(대상으로서의 기호, 기호로서의 대상)에 의해서 점유된 공간만을 의미하지 않는다. 이는 자아가 자연과 물질, 심지어는 사물(상품)의 '사물성'과도 아무런 관련을 갖지 못하며, 오직 기호에 의해서 한 겹 입혀지고, 기호에 의해서 제거되어버리는 사물들의 공간이다. 기호의 받침대로서의 '나'는 다른 기호의 받침대들과만 연결된다.

동질화시키며 깨어진 공간은 매우 정교한 방식을 통해서 부문별 모델로 파편화된다. 이 부문들은 이른바 체계적이라고 하는 객관적인 분석을 통해서 얻어지는 것으로 보인다. 참고로, 체계적이라고 하는 객관적 분석은 여러 가지 집합이나 하위 집합, 부분 논리들을 밝혀내는(경험적으로 그렇게 하는 것으로 보인다) 것을 가리킨다. 이를테면 무작위적으로 운송 시스템, 도시 시스템, 3차 산업 부문, 학교 교육 부문, 노동과 그에 부합하는 시장(노동력 시장), 그리고 관계 기구와 조직, 자본 시장과 은행 시스템 등을 꼽을 수 있다. 그 어떤 사회적 대상도 저마다 응집성 또는 시스템으로 대두됨에 따라, 사회는 점점 더 시스템과 하위 시스템으로 끝없이 쪼개진다. 사람들은(기술관료가 되었건 전문가가 되었건, 자신은 이념에서 벗어났다고 믿는 관념론자들) 이러저러한 매개변수들을 고립시킴으로써 이러저러한 변수들의 집합을 구축할 수 있다고 믿는다. 이들은 별다른 검사 과정도 거치지 않고 이러저러한 체제의 논리적 일관성과 실천적 응집성을 가정한다. 조금만 분석해보면(이를테면 '도시 시스템'은 어떠어떠한 특정 도시에 한해서만 제한적으로 형성되어 있는가? 아니면 도시 일반을 재현하는가?) 이러한 가정은 여지없이 무너지게 될 것이다. 이렇듯 이들은 현실의 특별한 기제, 즉 현실의 '실재적인' 양상을 파악할 수 있다고 주장하며, 이 기제를 따로 떼어내기만 하면, '실재적인 것'의 그 같은 양상을 떼어냈다는 사실에 의해서 이를 발견할 수 있다고 강변한다. 이렇게 되면 동어반복이 학문으로, 이념이 전문화로 둔갑한다. 그런데 '모델화', '모의실험', '체계적' 분석은 그것들이 함축하고 있는 가정, 즉 변수들의 고립과 전체의 구축 아래 하나의 공간이 놓여 있다는 가정을 전제로 삼는다. 이 공간은 모델의 검증을 가능하게 한다. 모델은 이 공간에서 실행에 옮겨지기 때문이다. 이는 어느 정도까지, 다시 말해서 그로 인한 혼돈이 발생하기 전까지는 성공할 수 있다.

5.12   시각-공간적인 것(이것을 기하학적 공간이나 광학적 공간, 또는 자연적인 즉각성의 공간과 혼동해서는 안 된다는 점은 앞에서 이미 지적했다)은 사실상 엄청난 환원과 **축소** 능력을 지니고 있다. 역사와 역사적 폭력을 계승했다고는 하나, 이 공간은 이전 공간, 즉 자연과 역사의 공간의 축소를 허용한다. 다시 말해서 '자연적' 풍경의 파괴와 도시 풍경의 파괴를 의미한다. 이러한 주장은 파괴적인 사건이나 결정 또는 그런 사건이나 결정보다 훨씬 은밀하게 숨어 있는, 그래서 훨씬 더 중요한 전위나 대체가 있음을 가리킨다. 도시 안에 위치한 광장, 통행으로부터 비켜나 있는 만

남의 장소인 광장(예를 들어 파리의 보주 광장)이 교차로(예를 들어 파리의 콩코드)로 바뀌면, 만남의 장소로서는 버림받게 되며(예를 들어 팔레루아얄), 이럴 경우 도시적인 삶은 뚜렷하고 심각하게 쇠퇴하고 대신 추상 공간, 통행의 원자들(자동차들)이 휘젓고 다니는 공간이 득을 보게 된다. 오스만 남작이 어떻게 파리의 유서 깊은 공간을 파괴하고 대신 전략적 공간, 즉 그와 같은 목적을 위해서 예정되고 예정에 따라 분할된 공간을 만들어냈는지에 대해서는 이미 여러 차례 언급했다. 비평가들은 어쩌면 이렇게 해서 거의 죽음에 이르게 된 공간의 질(質)에 대해서는 충분히 강조하지 않았던 것 같다. 이 공간은 샛길과 도로라는 **이중적인** 망, 질적으로 보기 드문 고도의 복잡성을 내포한다. 거의 전적인 시각화(극단으로까지 밀고 간 '시각적 논리')와 '사회의 논리', 즉 국가 관료주의적 전략 사이의 합류는 가능한가? 그것은 불가능해 보인다. 진실이기엔 너무 아름답다는 말이 이런 경우에 잘 들어맞는다. 그런데 이러한 합류가 실제로 이루어진 곳이 있으니 바로 오스카르 니에메예르(Oscar Niemeyer, 브라질의 건축가. 르코르뷔지에와 함께 뉴욕의 UN 빌딩 건축에 참여했으며, 브라질의 수도 브라질리아 건축으로 세계적인 명성을 얻었다—옮긴이)의 작품인 브라질리아이다. 브라질리아에서 이 같은 합류는 매우 주목을 받았다.[10] 이 공간엔 기술 지상주의적, 국가적, 관료주의적 사회가 너무도 충실하게 투영되어 있기 때문에 차라리 우스꽝스러울 정도다.

이미 축소를 겪은 유클리드 공간에 다시금 축소가 공격한다. 하긴 이는 이미 잘 알려진 사실이다. 그로 인하여 그 공간은 문자 그대로 납작해져서 표면, 즉 설계도로만 남게 된다. 결합과 해체를 통해서 평면화하는 단계를 다시 한 번 상기할 필요가 있다. 보는 사람, 볼 줄만 아는 사람, 그리는 백지에 선을 그릴 줄만 아는 사람, 왕래하는 사람, 자동차로 왕래할 줄만 아는 사람들은 조각으로 잘라진 공간의 절단에 일조한다. 이들은 서로가 서로를 보완한다. 왕래하는 사람은 (자동차로) 진행하기 위해서 바라보되 자신한테 소용이 되는 것만 본다. 그는 자신이 진행해야 할 (물질화되고 기계화되고 기술화된) 경로만을 기능적 유용성이라는 단 하나의 관점, 즉 신속성, 독해 가능성, 용이함이라는 면으로만 지각한다. 더구나 볼 줄만 아는 사람은 잘못 보게 된다. **독해 가능성**을 위해서 날조된 공간의 **독해**는 일종의 중복법에 해당된다. '순수하면서' 꾸며진 투명성이기 때문이다. 그러니 일관성 있는 활동, 더 나아가서 일관성이 있기 때문에 설득력이 있는 담론의 기회가 뒤따르게 된다고 해도 특별히 이상할 것도 없다. 투명성의 효과란 논리라면 사족을 못 쓰는 애호가들에게는 기분 좋을지 모르겠으나, 결국 덫을 놓고-덫에 걸리는, 제 꾀에 제가 넘어가는 아주 좋은 예에 해당되지 않을까? 우리는 이를 입증해보이고자 시도했다. 공간은, 이를테면 우리가 모터 달린 엔진의 운전자에 대해서 집단이 공유하는 상식과 교통 법규에 따른 신호 해독 능력, 시야 범위 안에서 이동하는 것을 돕는 눈이라고 하는 신체 기관 등을 갖춘 인간을 설정하는 것처럼, **추상적인 주체**의 지각에 의해서 정의된다. 이렇게 되면 공간은 축소된 모습으로만 보이게 된다. 부피는 넓이에게 자리를 내주고, 전체는 고정된 경로를 따라가 설치되며 이미 설계에 반영된 시각적 기호 앞에서 자취를 감춘다. 도저히 생각하기 어려운, 그래서 불가능해 보이는 매우 독특한 혼란이 공간과 표면 사이에 새로이 태동하는 상태 속에서 생겨난다. 표면은 공간적 추상을 정의하며, 반은 허구적이고 반은 실재적인 물리적인 존재감을 선사한다. 추상 공간은 이제 충만한 공간(자연과 역사 속에서 충만했던 공간)의 모방품이 되어버린다. 경로는 구체적인 존재들 사이에서 이루어지는 도시적인 활동, 만남, 전이의 흉내 내기 체험이며, 흉내 내기 몸짓(산책, 방랑)이 된다.

자, 그렇다면 어떻게 해야 공간이 이미지로, 기호로, 결합-분리된 정보로 분산되는 것에서 벗어날 수 있을까? 마찬가지로 추상화되는 경향이 있는 '주체'를 위해서 말이다. 공간은 거울처럼 반사하는 '주체'로서 스스로의 모습을 드러낸다. 하지만 루이스 캐럴을 본떠서 '주체'는 거울의 반대쪽으로 들어가 체험된 추상이 된다.

5.13 지금까지 줄곧 문제가 되고 있는 이 추상 공간 안에서 위에서 언급한 내용보다 절대로 덜 중요하다고 할 수 없는 대체가 일어난다. **주거하다**가 **주거지**로 대체되는 것이다. 주거지는 기능적 추상화로 특징지어진다. 지배 계급은 추상 공간이 형성되어감에 따라 이를 독차지한다.(추상 공간의 형성은 지배 계급의 정치적 행동에서 비롯되지만, 그와 혼동되지는 않는다.) 지배계급은 추상 공간을 권력의 도구로 사용한다. 그렇다고 해서 생산의 조직, 생산수단, 이윤 등의 다른 사용들을 소홀히 하지는 않는다.

시적인 표현으로서의 **주거하다**(횔덜린은 "인간은 시인으로 주거한다"고 말했다)는 말이 여러 세기 동안 귀족들에게만 의미를 지닌 말이었음을 잊어서는 안 된다. 귀족이나 사제 같은 '거물들'을 위해 봉사하는 건축가들은 종교적 기념물, 궁궐, 요새 등을 지었다. 이미 쇠퇴기에 접어들었으며 머지않아 (상층) 부르주아 계급에 의해 모방되는 귀족의 개인 대저택에는 화려하고 웅장한 외양을 갖춘 방들이 마련되어 있었지만, 이런 방들은 도로나 광장, 대로변 같은 통행로로부터 멀찌감치 떨어져 있었다. 이 같은 방들은 정면 계단이 있는 앞뜰에 면해 있었다. 귀족은 예식 때가 아니면 남을 보거나 남들에게 보이는 것에 괘념치 않았다. 귀족은 자기 자신이기만 하면 되었다. 따라서 궁궐이나 대저택의 본질은 내부 배치에 좌우되었으며, 화려한 가운데에도 유기적이고 자연적인 면모를 간직하고 있었다. 또한 그래서 매력적이었다. 파사드의 중요성은 어디까지나 부차적이고 파생적인 것에 불과했다. 파사드랄 것이 아예 없는 경우도 자주 눈에 띄었다. 앞뜰을 향해 나 있는 기념물적인 엄격한 자태의 현관, 웅장한 입구가 정면을 대신했다. 집안 식구들은 내부 공간에서 활동했다. 부인과 자녀, 다양한 여러 촌수의 친척 등 영주는 가족들 사이에서 생활했으며, 가족들 또한 시중드는 사람들과 함께 생활했다. 내밀함(사생활) 같은 것은 찾아보기 힘들었다. 다시 말해서 내밀함이란 당시에 아무런 의미가 없었다. 부르주아 계급과 귀족의 부르주아 계급화는 내밀함과 동시에 파사드를 고안해냈다. 하지만 마구간, 부엌 등의 '부속건물'은 주인들이 주거하는 장소와는 뚜렷하게 구분되었다. 주인들의 자존심과 오만함, 필요와 욕망 등은 전유된 장소에서 과시되었던 것이다.

부르주아의 아파트는 귀족의 개인 대저택을 모방하고 있으나, 모방을 통해서 공간의 새로운 점유 방식이 드러난다. 거실, 식당, 흡연실, 카드놀이방 등의 성대한 방은 넓이, 장식, 가구 등 모든 면에서 정성을 기울여야 할 대상이었다. 이러한 방들은 귀족의 주거지에서와는 전혀 다른 방식으로 배치되었다. 도로, 문, 유리창, 발코니 등을 향해서 배치된 것이다. 이때부터 이미 보이는 것과 시각적인 것이 압도적인 우위를 점하기 시작했기 때문이다. 남의 눈에 보이고 남을 보기 위해서 만들어진 파사드는 조각, 난간, 쇠시리 등으로 장식되었으며, 발코니 주변으로 설계되었다. 파사드들의 인접성과 도열은 도로의 지속성을 보장한다. 도로는 이미 통행로의 기능만으로 축소되었다. 하지만 도로는 여전히 대단한 중요성을 지니고 있었다. 건축가는 파사드를 설계하고 잘 꾸밈으로써 도로를 활기차게 만들며 도시 공간을 창조하는 데 한몫 거들었다. 원근법적인 합리성이 도로와 대로, 광장과 공원의 배치를 주관했다. 이미 유기적인 특성은 상당히 상실했지만, 공간은 그래도 다소간의 단일성은 유지했다. 부르주아적 건물은 아직 성냥갑 같은 형태는 아니었다. 한편, '기능'(먹고 마시기, 잠자기, 사랑하기)들은 숨어들었다. 엄격하게 평가해서 상스럽고 천박한 것으로 여겨졌던 이들 기능은 부엌, 욕실, '화장실', 침실 등 길고 어두운 복도를 따라가거나 보잘것없고 별도 잘 들지 않는 안뜰에 면하도록, 요컨대 집의 뒤쪽 후미진 곳에 배치되었다. 지배적인 관계, 즉 '밖-안'의 관계에서 밖이 우위를 점했다. 에로스는 자취를 감추었는데, 이는 참으로 역설적이다. 접대용 방과 사생활용 방이라는 이중적 구조를 보여주는 내밀함 속으로 사라져버린 것이다. 공간의 정신분석은 부르주아적 공간 내부에서 에로틱한 것의 여과, 리비도적인 것의 억압, 중간 휴지(休止), 검열이 작용하고 있음을 보여준다. 시중을 드는 사람들, 즉 하인들은 지붕 밑에서 주거한다. 주거 공간은 (귀족 사회에서는 무시되었던) 도덕적인 엄숙함, 친밀함, 부부성(생식능력)이 지배했으며, 이러한 분위기에는 '내밀함'이라는 그럴 듯한 이름이 붙여졌다. '안-밖'의 관계에서는 늘 밖이 우위를 점했는데, 이는 오로지 보는 것과 보이는 것만이 중요했기 때문이다. 하지만 에로스가 죽음을 맞이하는 안은 기만하고, 기만당하는 방식으로 가치를 획득한다. 두꺼운 커튼은 밖으로부터 안을 고립시키고, 발코니로부터 거실을 분리하며, 이로써 내밀한 것을 보존하며 알린다. 이따금씩 커튼이 열리면 파사드는 활기를 띤다. 축제가 벌어지는 것이다. 다른 곳에서는, 아니 다른 곳의 분위기를 내기 위해서 누드화나 조각 등 흔히 '예술품'이라고 부르는 것들이 첨가되어, 자연의 봉인(封印) 또는 방종의 터치를 가미하지만, 결과적으로는 이 두 가지를 훨씬 효과적으로 거부하는 효과를 낳음으로써 전체는 완성된다.

공간의 체험은 이론 밖에만 있는 것은 아니다. 일상적 체험을 즉각적으로 이론으로 정립하기 위하여, 그것(일상적 체험)을 강조하는 것은 확실히 진부하기 짝이 없다. 계단과 층계참에 의해서 보장되던 층간의 접촉을 와해시키면서 여유 있는 사람들이 건물의 높은 층을 차지하는 결과를 낳은 엘리베이터의 단점을 기술해본들, 얼마 못가서 밑천이 바닥나게 마련이다. 하지만 이론은 개념을 정립한다는 이유로 체험된 것을 제쳐두어서는 안 된다. 오히려 그 반대다. 체험된 것은 이론적인 것의 일부를 이루며, 인지하는 것과 체험하는 것 사이에는 분리(차별이나 구분이 아니다)가 존재한다. 부르주아화된 공간의 분석은 추상 공간의 이론을 검증한다. 아니 그보다 더 나아가서 체험된 것과 인지된 것을 결합시킴으로써 추상의 내용을 보여주며, 이와 동시에 감각적인 것과 이론적인 것을 하나로 묶는다. 말하자면 감각들이 이론가가 되면서, 이론이 감각적인 것의 의미를 드러내는 것이다.

노동자 계급을 위해서 '상승 기조'의 자본주의, 즉 '아름다운 시절'(고도의 이윤율과 맹목적이면서 신속한 축적을 동반하는 경쟁 시대)의 자본주의는 무엇보다도, 누구나 잘 알듯이 도심 주변의 빈민가를 생산했다. 상승 기조의 자본주의는 빠른 속도로 전통적인 관계, 즉 부르주아 계급은 아래쪽, 노동자들과 하인들은 지붕 밑 방에 사는 방식이 유지되던 건물 공간을 파괴했다. 단칸방으로 이루어진 빈민굴은 처음엔 어두운 복도 끝이나 안뜰에, 때로는 지하에 자리 잡았으나, 차츰 도심 주변, 교외로 밀려났다. 그야말로 부르주아 계급의 '아름다운 시절'이었던 것이다.

여기서 **주거지**는 그것이 함축하는 내용과 더불어 정의될 수 있다. 주거지란 주거할 수 있는 최소한의 용적(이는 단위 치수와 동선 계산을 통해서 수치화된다), 역시 최소한의 설비, 최소한의 프로그래밍된 환경을 일컫는다. 실제로 이런 방식의 접근법을 통하여 정의되는 것은 **최소 관용 한계**(seuil inférieur de tolérabilité)라고 할 수 있다. 훗날 20세기에 들어서면서 빈민가는 점차 종적을 감춘다. 교외 공간에 들어선 소형 단독 주택들은 부자들의 주거지와 가난한 자들의 다락방이 대조를 보인 것처럼 인근의 '공동주택 단지'와 뚜렷한 대조를 이룬다. '최저 생계비(minimum vital)' 경험은 여기서도 여전히 유효하게 작용한다. 소형 단독 주택과 신흥 공동주택 단지는 **최소 사회성 한계**(seuil inférieur de sociabilité)에 접근한다. 이 한계를 넘어서면, 모든 사회생활이 불가능하기 때문에 생존 자체가 불가능해진다. 보이지 않는 내부 경계가 공간을 갈라놓기 시작한다. 하지만 이 공간이란 총체적인 전략과 단일한 권력의 지배를 받는 공간이 아닌가. 이 경계는 지역, 광역, 국가, 세계라는 층위만을 갈라놓는 것이 아니다. 이 경계는 인간이 인간의 '가장 초보적인 표현', 즉 생존을 위해 필요로 하는 최소한의 공통분모로 축소되는 지대, 인간이 안락하게 몸을 눕힐 수 있는 지대, 그리고 여유 시간과 여유 공간, 즉 가장 본질적인 사치를 누릴 수 있는 지대를 구분한다. 방금 경계라고 말했는데, 지나치게 무력한 이 단어는 본질을 은폐한다. 말하자면 동질성 안에 나타나는 단층선, 비록 눈에는 보이지 않지만 매우 들쭉날쭉한 형상을 지닌 '실재하는' 사회적 공간을 그리는 선을 가리키기 때문이다.

층위의 서열화, 각종 변수와 차원의 배치 전반에 확산된 이미지는 이러한 현실을 감춘다. 이 이미지는 논리적인 함축, 형식적인 결합-해체로 구체적인 관계, 즉 동질적·파편적 관계를 대체한다. 흔히 공간에 대해서 마치 공간이 단위 치수와 설계, 구성과 점유 밀도, 형태적인(형식적인) 것과 기능적인 것, 도시계획적인 것, 건축적인 것 등의 요소들을 비교적 조화로운 방식으로 '조직하는' 것처럼 이야기하곤 한다. 근시나 사시보다 훨씬 심각한 선천적인 결함을 타고난 눈이 보는 것을 기술하는 공간에 대한 담론, 이 담론은 이념적인 왜곡을 통해서 실재적인 것의 의미를 **빼돌린다**. 여기서 이데올로기적인 왜곡은 물론 그 상태 그대로 제시되지 않으며 오히려 비이데올로기적인(이념을 초월하는) 것으로 위장한다. 이를테면 심미적인 것과 심미주의, 합리성과 합리주의 등으로 위장한 것처럼 보인다.

고전적인 합리성(데카르트적 합리성)은 얼핏 보기에 공간의 행정적인 구분과 분할에 집착한다. 관료주의적으로 추진되는 단일성 속에서 파편화하고 조각내며 분리하는 **구획정리**는 분류를 시도하는 합리적인 능력과 혼동된다. 실제로 '현장에' 기능을 흩어놓는 기능의 분배는 차이를 감안하는 분석 활동과 혼동된다. 그런데 이는 사실상 도덕적 정치 질서를 은닉한다. 이와 같은 조건들을 조절하는 힘, 곧 사회적 · 경제적 소속감은 로고스, 다시 말해서 합리적인 것에 대한 '합의'에서 비롯된다. 고전적인 합리성은 기술적, 기술 지상주의적 합리성으로 심화된다. 이렇게 되면 고전적인 합리성이 그와 완전히 반대되는 것, 즉 조각난 실재의 부조리로 변해버린다. 국가 자본주의가 쓰고 있는 국가-관료주의적(국가 사회주의적이 아닌 경우라면) 질서라는 가면은 '현장에서' 스스로를 드러내는 동시에 스스로를 감춘다. 국가-관료주의적 질서는 기능적, 구조적 가시성이라는 투명성 속에서 스스로의 이미지를 흐릿하게 만든다. (국가의) 존재 이유의 단일성은 병렬되고 겹겹이 중첩되는 일종의 퍼즐, 각각의 조각이 하나의 '작전'에 해당되는 수없이 많은 행정적 분할을 품고 있으면서 이를 은폐한다.〔간단히 구획정리 예정지구(ZAD), 구획정리 대상지구(ZAC), 도시계획 우선지구(ZUP) 등만을 예로 들겠다.〕

그러므로 추상 공간은 본질적으로 특출하게 억압적이지만, 내재적인 억압은 때로는 축소를 통해서, 때로는 (기능적) 위치 매김을 통해서 서열화나 차별, 예술 등 다양한 양상으로 나타나는 만큼 매우 교묘한 방식으로 작용한다. (멀리서) 보기, (분리한 것을) 관조하기, '관점'과 '전망'(최선의 경우)을 정리하기 등은 전략의 결과물을 심미적인 대상으로 바꾸어놓는다. 일반적으로 추상적인, 다시 말해서 비구상적인 이러한 예술품들은 말하자면 단역 역할을 한다. 이것들은 환경을 죽이는 '주변' 공간을 감탄할 정도로 완벽하게 형상화한다. 이는 하수도와 교통로에 관한 도시 계획을 보완해주는 모형과 조감도상의 도시계획에 아주 잘 부합한다. 이런 도시계획에서는 창조자의 시선이 자기 의향대로, 자기 마음대로 '부피'에 고정되어 있다. 그런데 눈이란 '사용자들'의 사회적 실천도, 그것이 자체로 포함하는 이데올로기도 알지 못하기 때문에, 겉보기에는 명석해보여도 실상은 그렇지 못하다. 그럼에도 눈은 구경거리를 주재하고, 무슨 일이 있어도 파편화된 조각들을 하나로 끌어들이는 단일성을 형성하는 데 앞장선다.

5.14   공간의 균열은 분리된 두 개의 내용물이 각각 하나의 형태(조직)를 추구하려 할 때 갈등을 낳는다. 예를 들어 **기업**과 기업의 공간에 대해서 생각해보자. 많은 경우에 기업은 광산촌, 공장 인근 마을, 때로는 도시처럼 이 기업을 위해서 일하며 이 기업이 분산시킨 주거 밀집 지역으로 에워싸여 있다. 이 주거 밀집 지역은 기업의, 다시 말해서 기업 경영자(자본주의자)들의 전적인 통제 속에 놓이게 된다. 그러므로 노동자들은 그들을 자유노동자, 장인, 마르크스적인 의미에서의 '프롤레타리아'로 만들어주는 지위, 즉 노동력(신체를 가진 노동자나 자연인으로서의 인간이 아닌)을 구입하는 자본주의자에게 할애해준 노동 시간을 제외한 나머지 자유 시간을 가진 자로서의 지위를 상실하는 경향이 있다. 자본주의적 기업이 노동자들을 완전한 의존과 복종 상태에 두는 섬들을 만들어낸다고 할 때, 이 섬들은 '자유', 즉 개인의 자유와 자본 자체의 자유(상업 자본, 산업 자본)가 전개되는 공간인 바다 한가운데에 고립된 섬들이라고 할 수 있다. 그런데 이 섬들이 서로 결합하면 (경제적인 것과 정치적인 것이 융합하는) 전체주의적 자본주의가 지배하는 천이 짜이는 셈이다.

대도시 공간은 기업에서 출발해서는 인지될 수 없다.(그렇기 때문에 도시는 아무리 **큰 규모**의 기업을 염두에 둔다고 하더라도 이 같은 모델을 통해서 경영될 수 없다.) 대도시 공간에서 '자유' 노동자라고 하는 지위(이 용어가 지니는 추상적으로 철학적인 의미에 가해지는 유보와 한계를 모두 감안할 때)는 당연히 지켜져야 할 철칙이다. 그 덕분에 노동자들은 다른 계층과 공존할 수 있다. 노동의 사회적 분업은 대도시에서 기술적 분업을 지배한다. 이를 통해서만 도시에서는 노동력의 재생산과 생산관계의 재생산이 가능하며, 다양한 시장(우선적으로 소비재의 시장)으로의 접근이 허용된다. 이는 도시가 지닌 기능의 일부이다. 바꿔 말해서 **자유**는 모순을 낳으며, 이 모순은 공간의 모순이기도 하다. 기업은 전체주의적(권위적, 자발적으로 파시스트적)인 사회를 추구하는 경향이 있다. 반면, 도시적인 것은 폭력에도 불구하고, 아니 폭력을 통해서라도 민주주의(물론 제한적 민주주의를 의미한다)를 유지한다.

5. 15　　　　추상 공간의 의미작용은 주로 금지로 이루어져 있다. 권유와 자극제(소비는 예외)도 중요한 부분을 이룬다. 그렇긴 하지만 사회적 질서의 부정적인 토대라고 할 수 있는 금지가 단연 승승장구한다. 대표적인 구성 요건적 억압의 상징으로는 박물관이나 상점의 진열장에 들어 있는 대상, 즉 시선에 노출은 되지만 사용은 금지된 대상들을 꼽을 수 있다. 수동적이며 일반적으로 '무의식적인' 금지의 수용을 통해서, 얼마나 많은 경로가 거북한 순간(교회나 사무실, '공공' 건물, '생소한' 장소에 들어가기 등)에서부터 시작되는가. 대부분의 금지는 보이지 않는다. 철문과 철책, 울타리, 해자(垓字) 등은 분리의 극단적인 형태일 뿐이다. 좀더 추상적인 기호와 기표들이 틈입자들로부터 엘리트의 공간, 부자 동네, '특권적'

장소들을 보호한다. 금지란 소유권의 이면이자 소유권을 싸고 있는 덮개이며, 사유재산권이라는 체제 하에 놓인 공간의 부정적인 전유라고 할 수 있다.

공간은 지정된(알려진, 특화된) 장소, 금지된 장소로 쪼개진다. 공간은 노동을 위한 공간, 여가를 위한 공간, 낮의 공간, 밤의 공간 등으로 분리된다. 몸, 성, 쾌락은 하루가 끝나갈 때, 하루 온종일 '정상적인' 활동이 진행되던 기간 동안엔 유효하던 금지가 해제된 다음에야 비로소 존재감을 얻는다. 몸, 성, 쾌락은 이 부차적이고 파생된 존재감을 밤에, 특화된 장소(파리의 경우 과거에는 피갈과 몽마르트르였다가 이어서 몽파르나스, 샹젤리제로 옮아간다), 특화되기는 했으나 어디까지나 세련되게 정제된 구경거리와 자재들로 축소되어버린 곳에서 얻을 수 있다. 이러한 장소, 이러한 시간 동안 성(性)은 모든 권리를 누리는 것으로 보인다. 그렇지만 사실상 모든 권리란 현금의 액수만큼만 자신을 드러낼 권리에 불과하다. 공간의 결렬은 심화된다. '축제'를 위한 동네는 밤이 되면 휘황찬란하게 빛나는 반면, '업무'를 위한 동네는 텅 빈 죽음 속으로 빠져든다. 밤이 되면, 휘황찬란한 조명 아래에서 금지는 돈으로 거래되는 유사 일탈에게 자리를 내준다.

5.16   이 '동질적이며 쪼개진' 공간은 어떻게 지탱되는가? 도저히 양립할 수 없는 두 개의 상반되는 특징을 동시에 지니는 이 공간은 어떻게 유지되는가? 논리적인 관점에서는 '양립할 수 없는' 이 두 가지 특성은 해체되지 않으면서 전략의 전개를 도울 수도 있는 하나의 '전체'를 형성할 수 있는가?

앞에서도 이미 약간 다른 방식으로 제기되었던 이 질문에 대해서는 답도 이미 제시되었지만, 그래도 다시 한 번 생각해보자. 답은 **그 자체로서의** 공간, 사물로서의 또는 사물의 집합체, 사실과 사실의 연관성, '주변' 또는 '환경'으로서의 공간에서 찾아지지 않는다. 이런 방향에서 답을 찾으려 하는 것은 중성적인 공간, 사회적 실천에 선행하거나 그 외부에 존재하는, 따라서 정신적이고 물신화된(객관화된) 공간으로 회귀하는 것이나 마찬가지다. 오직 행위만이 파편들의 집합을 동질적인 전체 속에서 지탱하고 유지할 수 있다. 오직 행동만이 흩어지는 것을 움켜쥘 수 있다. 주먹을 꽉 쥠으로써 모래가 흘러내리는 것을 막을 수 있는 이치와 같다.

행정 기구들의 정치적 권력과 정치적 행동은 '실체'로서도 '순수한 형태'로서도 인지될 수 없다. 그것들은 현실과 형태를 이용할 줄 안다. 공간의 착시적인 투명성은 결국 자신이 지탱하는 것 속에서 투명하게 나타나면서 동시에 자신이 지탱하는 것의 뒤로 숨어버리는 권력의 투명성을 말한다. 바로 이것이 정치적 권력의 행위이다. 정치적 권력의 행위는 투명성을 통제함으로써, 또 투명성을 통제하기 위해서 파편화를 야기하기 때문이다. 이 같은 파편화(분산, 격리, 분리, 위치 매김)는 스스로를 강화함으로써만 유지되는 속성을 지닌 권력의 손아귀를 벗어날 수도 있다. 이러한 (악)순환은 정치적 권위가 지니는 점점 더 강경해지는 속성을 설명해준다. 본래 정치적 권위는 어디에서 행사되건 '압력-억압-탄압'이라는 순환 과정을 밟는다. 국가적 · 정치적 권력이 도처에 편재하는 것도 이 때문이다. 국가적 · 정치적 권력은 도처에 있으나, 어느 곳에서는 희박하게, 어느 곳에서는 집약적으로 존재한다. 종교나 신학에서 신의 권력도 다르지 않다. 공간은 경제적인 것을 정치적인 것에 통합시킨다. '중앙에 놓인' 지대는 '문화적', 이념적, 그 외 다른 분야에서도 영향력을 행사하면서 도처에서 빛난다. 정치적 권력은 정치적 권력이라는 자격으로 공간을 생산하는 것이 아니다. 정치적 권력은 (자신에게 맡겨진) 사회적 관계의 재생산 장소와 주변으로서의 공간을 재생산한다.

권력의 공간에서 권력은 본모습대로 나타나지 않는다. 즉 권력은 '공간의 조직' 아래에 감춰져 있다. 권력은 생략하고 교묘하게 피하며 제거한다. 무엇을? 반대하는 모든 것을 생략하고 피하며 제거한다. 내재적인 폭력을 통해서 그렇게 한다. 숨어 있는 폭력만으로 충분하지 않다면, 노골적으로 드러나는 폭력을 동원해서라도 그렇게 한다.

5.17   이제 마르크스와 그의 생각과 관련해서, 또한 학문으로서, 그리고 이데올로기로서의 정치경제학과 관련하여, 이 책에서 추구해온 목표를 명확히 해야 한다.

마르크스의 사상을 복원하고 전체적으로 재조명함으로써, 그것을 도착점이나 결론이 아닌 출발점으로 간주함으로써, 그 사상에 대해서 적절한 거리를 둘 수 있다. 이는 마르크스의 사상을 결정적인 이론으로, 다시 말해서 교조주의적으로 받아들이지 않고, 이론의 한 계기로, 한 과정으로 파악함을 의미한다. 이 말은 (여기서라고 반복하지 못할 이유가 있겠는가?) 두 가지 실수가 존재한다. 오늘날 우리가 피해야 할 두 가지 환상이 존재한다는 말이다. 하나는 마르크스의 사상을 하나의 체계로 간주하고, 그것을 확고하게 정립된 지식 속으로 편입하려는, 다시 말해서 그 사상에 인식론적 기준을 적용하려는 태도다. 나머지 하나는 그와 반대로 급진적인 비판, 다시 말해서 이의 제기라는 명목으로 이의 제기를 위해 준수되어야 할 원칙에 대해서마저도 이의를 제기할 정도로 마르크스의 사상을 파괴하려는 태도다. 말하자면 하나는 기정사실화된 '현실'에 토대를 둔 절대적 지식의 존재를 주장(역사적으로 볼 때 헤겔에서 시작된 주장)함으로써 절대적 지식이 누리는 권위에 굴복하는 실수이고, 나머지 하나는 지식을 아예 토대에서부터 내려침으로써 파괴와 자기 파괴의 현기증에 굴복하는 실수이다. 그런데 오늘날에는 마르크스주의를 상대성 원리의 물리학이 뉴턴 물리학을 대하던 식, 그러니까 역사적인 발생이나 교육적인 발제에 있어서뿐만 아니라 발전에 있어서도 내재적인 방식으로 꼭 필요하며 본질적인 사고의 한 계기로 보아야 하지 않을까? 그럴 경우 국가 이론(헤겔식)을 국가에 대한 급진적인 비판 이론(마르크스)과 갈라놓는 정치적 불연속성(단절)이라는 문제가 발생한다.

오늘날 우리는 마르크스의 저작에서 정점을 찍었던, 탄생에서 쇠락으로 이어지는 정치경제학의 운명을 복원할 수 있다. 이 짧지만 매우 극적인 역사는 이른바 경제적이라고 하는 '현실', 다시 말해서 생산력의 성장(자본의 원시적인 축적)으로부터 분리될 수 없다. 경제 사상의 쇠퇴는 성장과 그 성장을 정당화하고 자극하는 이데올로기의 어려움, 즉 정치적 경험주의와 성장 문제 해결을 위해 제시된 해결책들이 추구하는 실용주의에서부터 시작되었다.

이 역사를 정리해보기에 앞서 몇몇 개념들을 다시 한 번 살펴보는 것이 좋겠다. 예를 들어 몇몇 뛰어난 영국인들을 필두로 **사회적 노동**이라는 개념을 정립하는 데 기여한 사람들, 그중에서도 특히 헤겔이나 마르크스를 중심으로 하여 살펴보자. 사회적 노동은 매우 많은 우여곡절을 겪었다. 현실과 개념은 당시 태동 중이던 산업과 더불어 부상했다. 현실과 개념은 반대 방향으로의 노력과 결과에도 불구하고 이론과 실천에서, 다시 말해서 학문에 있어서나 사회에 있어서 위치를 확고히 했으며, 결과적으로 중심적인 현실과 개념이 되었다. 현실로서, 개념으로서, 이데올로기로서의 생산적인(산업적인) 노동은 도덕적, 예술적 '가치'를 창출했다. 그러자 생산, 생산성은 사회적인 동력인 동시에 역사철학과 당시 새로이 부상하는 학문인 정치경제학과 연결된 세계의 구성 근거가 되었다. 그러다가 낙후되기 시작했다. 노동에서 기인하는 가치와 개념은 마모되기 시작했다. 성장에 관한 이론이며 모델 제시 학문으로서의 정치경제학은 와해되었다.

이와 유사한 현상이 19세기 중엽에도 이미 발생했다. 그러나 이때 마르크스는 그때까지 아무도 예상하지 못했으며 경제 전문가들로서는 이해하기 힘든 방식, 그러니까 총체적인(시간, 역사, 사회적 실천) 구상이라는 명목 하에 기존 정치경제학에 자신만의 고유한 비판을 가미하는 식으로 정치경제학의 도약을 이끌었다. 이 도식은 오늘날 널리 알려져 있다. 어쩌면 지나치게 널리 알려져 있다는 느낌마저도 든다. 이 도식이 지니는 창의적('생산적'이라는 표현을 선호하는 사람들도 있을 것이다. 왜 아니겠는가?) 역량이 그로 인해 피해를 볼 우려가 있기 때문이다. 창조적 능력은 하나의 개념이 당시에 지배적인 경향을 동요시키는 순간과 그 개념이 기존에 정립되어 있던 지식, 공공 영역, 문화, 교육 속으로 도입되어 지배적인 경향을 만들어 배포하기 시작하는 순간 사이에 발현된다. 마르크스와 마르크스주의도 마찬가지였다. 이 도식은 여전히 강력한 힘을 지닌다. 지식에 대한 비판과 비판적인 지식 없이 지식이란 있을 수 없다. 학문으로서의 정치경제학은 '실증적인' 학문, 실증적이기만 한 학문이 아니다. 정치경제학은 정치경제(여기서 정치경제란 경제적인 것과 정치적인 것, 그리고 이른바 이 둘의 단일성 내지는 종합을 의미한다)에 대한 비판이기도 하다. 생산의 인식은 생산에 대한 비판적인 분석을 내포하며, 이를 통해서 **생산관계**라고 하는 개념을 그림자 속에서 이끌어낸다. 생산의 관계란 일단 도출되면, 자신이 몸담고 있던 생산적인 사회적 노동, 생산이라고 하는 막연한 전체에 반응한다. 이때부터 생산관계를 포함하긴 하지만 이와 일치하지는 않는 새로운 개념, 즉 **생산양식**이라는 개념이 형성된다. 생산관계와 생산양식 사이에는 마르크스가 완전하게 발견하지 못했고, 정확하게 구상하지 못한 어떤 연관이 있다. 그러므로 그의 후계자들은 이 공백을 채우려고 시도했다. 그들은 과연 성공했는가? 이는 또 다른 문제다.

어쨌거나 이 사안에 있어서, 개념이며 현실로서의 **토지**는 어떤 역할을 했는가? 초기 중농주의자들 사이에서 결정적인 역할을 했던 토지는 급속하게 중요성을 상실할 운명이었던 것으로 보인다. 농업과 농업 노동은, 양적인 관점(생산된 부)이나 질적인 관점(토지 생산물에 의해서 충족된 필요)을 구분할 것 없이 산업 노동 앞에서 삽시간에 사라져버리게 되었다. 농업 자체도 산업화될 수 있었고, 또 그렇게 되어야만 했다. 게다가 토지는 하나의 계급(귀족, 지주, 봉건 영주)에만 속했다. 부르주아들은 이 계급을 말살시키거나 자신에게 복종시킴으로써 토지가 지닌 모든 중요성을 제거해버려야 했다. 마지막으로, 도시가 농촌을 지배하게 되었다. 대립 상황의 종결(지양)을 준비하면서.

토지와 노동, 농업 생산물, 토지 소유와 임대 수입, 자연 자체의 문제에 대해서 우리는 경제 전문가들(여기에는 물론 맬서스와 리카르도, 마르크스가 포함된다)의 망설임을 복원해볼 수 있다.

마르크스는 《자본론》에서 자본주의적 생산양식과 부르주아 사회를 이항 대립적(변증법적) 도식을 통해서 분석하고 제시하려는 의도를 드러냈다. 이를테면 '자본과 노동'을 대립시키고, '부르주아와 프롤레타리아'를 대립시키는 식이었다. 이는 '이윤과 임금'의 대립을 함축한다. 이 이항 대립은 그 형식으로 인하여 감수할 수밖에 없으며, 그 결과로 형성되는 얼마든지 이해 가능한 갈등의 움직임과 더불어 역사로부터 비롯되는 세 번째 요소, 즉 토지, 지주 계급, 토지 임대 수입, 당시 통용되던 형태로의 농업의 사라짐을 전제로 한다. 더 일반적으로 말하자면, 이처럼 갈등을 속성으로 하는 (변증법적인) 이항 대립을 전면에 내세우는 것은 역사적인 것을 경제적인 것(현실, 개념)에 종속시키며, 그 결과 경제적인 것에 의해서 역사적인 시간에서 비롯된 많은 형성물(특히 도시), 즉 자본주의에 앞서서 존재하던 것들의 해체나 흡수를 전제로 한다. 이 같은 도식 속에서 사회적 실천의 공간은 눈에 띄지 않는다. 시간은 미미한 역할을 할 뿐이다. 도식 자체는 정신적인 추상 공간 안에 위치한다. 시간은 사회적 노동의 단위로 축소된다.

그런데 마르크스는 이 환원적 도식(그런데 많은 마르크스주의자들과 교조주의자들 전부는 이 환원적 도식을 고집했으며, 이를 보완하는 대신 오히려 더 악화시켰다)에 대해 저항감을 느끼지 않을 수 없었다.[11] 이러한 저항감은 어디에서 오는가? 여러 방향에서 온다고 할 수 있으며, 무엇보다도 대상이 되는 현실, 즉 토지 자체에서 비롯된다. 세계적인 차원에서 보자면, 대지 소유권이나 대지 소유권이 지니는 정치적 중요성, 농업 생산의 특수성 등은 전혀 사라질 기미를 보이지 않는다. 그러니 결과적으로, 이윤이나 임금과 비교할 때, 대지 임대 수입의 중요성도 사라지지 않는다. 게다가 지하와 그곳에 존재하는 천연자원, 그리고 지상과 창공이라는 공간의 중요성도 점차 커지고 있다.

여기서 《자본론》이 지니는, 복원하기 매우 어려운 '목차 구성'의 독자성이 드러난다. 《자본론》의 말미에 가면, 대지와 그 소유에 관한 성찰들(광산과 광물, 물과 삼림은 물론 목축과 건축, 건축용 대지 등의 지하 소유권)이 대단한 설득력을 가지고 다시 등장한다. 이와 동시에 토지 임대 수입 관련 이론도 비록 미완성인 채로 남아 있지만, 놀랄 만한 중요성을 띠고 다시금 다가온다. 마침내, 그리고 이 점이 특히 주목할 만한 점이 될 텐데, 마르크스는 **3원론적인** 도식을 제안한다. 자본주의적 생산양식과 부르주아 사회에는 두 가지가 아니라 **세 가지** 요소, **세 가지** 양상 또는 '요인'이 존재하는데, 바로 토지(어머니 대지), 자본(아버지 자본), 그리고 노동(노동자)이다. 다시 말해서 임대 수입, 이윤, 임금의 세 가지라고 할 수 있다. 이 **세 가지** 요소들의 관계를 밝혀내고 설명해야 한다.[12] 분명 세 가지 용어라고 말했다. **두 가지**(임금과 자본, 부르주아 계급과 노동자 계급)가 아니라 **세 가지**라는 점을 강조할 필요가 있다. 토지는? 토지는 농업만을 가리키는 것이 아니라 지하와 그 안에 들어 있는 자원까지도 포함한다. 토지는 하나의 한정된 영토와 연결된 국가-민족이기도 하다. 또한 토지는 절대적인 의미에서의 정치와 정치적 전략을 말한다.

미완성 저작인 《자본론》은 여기서 끝난다. 왜 그럴까? 후세 사람들은 미완성의 이유에 대해 여러 가설을 제시하는데, 마르크스의 와병설은 극히 부분적인 이유에 불과하다.

이제 다시 이 모범적이고 불완전한 저술로 돌아가지 못할 이유가 어디에 있겠는가? 그 저술의 수용을 강요하기 위해서가 아니라 질문을 제기하기 위해서라도 그렇게 할 필요가 있다. 오늘날 자본주의, 아니 더 일반적으로 성장은 전체 공간, 그러니까 **대지**(이미 19세기에도 예견할 수 있었던 것처럼 도시와 농업을 모두 흡수하고, 이와 동시에 여가와 같은 새로운 부문을 탄생시켰다), **지하**, 즉 바다 속과 땅 속에 에너지 혹은 천연자원 형태로 숨겨져 있는 자원들, 그리고 **지상**, 즉 용적, 높이 올라가는 건축물의 용적은 물론 산과 행성들의 공간, 이 모든 것을 아우르는 전체 공간으로 확대될 때에만 가능하기 때문이다. 공간, 대지, 토지는 산업 생산에 의해서 사라지거나 완전히 흡수되지 않았다. 오히려 그와 반대로 자본주의에 편입되어 자본주의의 연장으로서, 특수한 요소 또는 기능으로서의 존재감을 부각시키고 있다. 이때 연장이라고 하면 적극적인 연장이라는 의미로서, 자본주의적 생산양식과 관계 속에서의 생산력의 도약, 생산의 새로운 방식을 가리킨다. 이러한 연장(생산과 생산력의 연장)은 기존 공간 전체의 점유와 새로운 공간의 생산과 무관하지 않은, **생산관계의 재생산**을 동반한다.

자본주의는 기존의 공간, 즉 대지를 모두 차지했을 뿐 아니라 자신의 공간을 생산하려는 경향을 보인다. 어떻게? 도시화를 통해, 그리고 도시화에 의해서 세계 시장에 압력을 가함으로써 가능하다. 재생산과 반복의 법칙 하에서 공간과 시간 안에 존재하는 차이를 제거하고 자연과 자연적인 시간을 파괴함으로써 가능하다. 세계 시장에서 통용되는 물신화된 경제적인 것과 그것이 결정하는 공간, 절대적인 위치에 오른 정치적인 것은 자신들의 고유 기반, 즉 토지, 공간, 도시, 농촌 등을 파괴할 위험을 안고 있지는 않은가? 그리고 그 결과 스스로를 파괴하게 되는 것은 아닐까?

이처럼 자본주의가 공간으로 확장됨에 따라서 야기되는 몇몇 새로운 모순들은 **재현**을 낳았으며, 이는 곧 대중화된다. 이 재현들은 모순을 가림으로써 문제(공간의 문제의식)를 회피하거나 우회한다. 우선 오염 문제가 심각하다고 지적할 수도 있을 텐데, 그런 문제는 항상 있어왔다. 인간 집단, 즉 마을이나 도시는 언제나 자연 속에 쓰레기들과 잔재들을 버려왔다. 하지만 자연과 사회의 공생 관계는 변화를 거듭한 나머지 급기야 확실히 단절되어버렸다. 이것이 바로 쓰레기, 연기 등 익숙한 현상을 은유적으로 표현하는 '오염'이라는 말이 뜻하는 것, 은폐하는 것이다. 환경이라고 하는 이 말이야말로 대표적인 환유이다. 부분(대상과 기호, 기능과 구조가 대충 점유한 공간의 파편)에서 전체, 즉 텅 비어 있으면서 중성적이고 수동적인 '주변'으로 간주되는 전체로 바로 넘어가는 것이기 때문이다. 누구의 환경인가? 무엇의 환경인가? 이처럼 통찰력 있는 질문에 대해서 똑 부러지게 제시되는 답이라고는 없다.

앞에서 이미 언급되었던 이 사실들을 여기서 다시 한 번 짚어보는 것도 유용해보인다. 왜냐? 사람들은 이데올로기에 마법적인 기원과 힘을 부여하는 경향이 있기 때문이다. 현실에 대한 단순한 '반사적' 반영이라고 할 수 있는 부르주아 이데올로기는 이 현실과 현실이 지니는 생산관계를 재생산하는 능력을 지닌 듯하다. 어떻게? 모순을 드러냄으로써? 그렇다. 그런데 그뿐 아니라 **반사적인 것에 맞서서** 민족과 민족주의를 대두시킴으로써 그렇게 한다. 모름지기 유사 이론은, 그 이론이 설명한다고 주장하는 내용을 가까이에서 찬찬히, (국가-민족의 발생으로부터) 역사적인 맥락을 짚어가면서 검사해보면 부조리함을 드러내게 마련이다. 마르크스의 3원론적 이론에서, 이데올로기와 정치적 실천은 유리되지 않는다. 권력은 전체를 유지하며 대지, 노동, 자본을 따로(때로는 결합하고 때로는 분리하여) 재생산한다.

정치경제학 비판은 마르크스에게 있어서 훗날 생산 지상주의가 도외시한 파급력과 의미를 지니고 있다. 마르크스는 지식으로서의 정치경제학의 개념 정립을 추구했다. 정치경제학이라는 학문은 생산과 생산력에 대한 인식이라고 자처한다. 그런데 그렇게 말하면서, 그런 학문을 연구한다고 하면서 경제학자들은 오히려 독자들을 기만하고 스스로를 기만했다. 이들은 무엇을 기술했는가? 희귀성의 조건과 임시방편을 제시했다. 이들은 직접적으로 또는 간접적으로, 냉소적으로 또는 위선적으로 금욕주의를 가르쳤다. 16세기보다 훨씬 앞서서, 어쩌면 아득한 중세의 저 깊은 곳에서, 어쩌면 그보다도 훨씬 이전에 로마 제국과 유대-기독교주의의 쇠락과 더불어 서양 사회는 실제로 살기, 즉 체험보다 축적을 선택했던 것인지도 모른다. 서양 사회는 이 같은 파열과 모순을 야기했으며, 이 같은 비극은 향유하기와 축적하기 사이에서 서양 사회를 우왕좌왕하게 만들었다. 시간의 깊이 속에 은폐되어오던 이와 같은 근본적인 선택이 있고 나서 여러 세기가 지났을 때, 정치경제학은 이를 합리화했다. 정치경제학은 사회적 실천에서 경제적인 것, 다시 말해서 이윤에 의한, 이윤을 위한 축적, 즉 확장된 의미로의 축적에 대한 집착이 승리를 쟁취하면서 학문으로 탄생했다.

마르크스에 따르면, 경제학자들이란 어떤 사람들인가? 그에 의하면 경제학자들은 (상대적) 결핍, 그리고 고전적인 의미의 희귀성과 잠재적인 풍요 사이에 위치하는 과도기에 관한 전문가들이다. 이들은 (상대적) 희귀성을 연구하며 '재화'의 부당한 분배에 기여한다. 이들이 추구하는 유사 학문, 이념 그 자체라고 할 수 있는 이 학문은 하나의 실천을 내포하며 이를 은닉한다. 이들은 희귀성 자체를 인식한다. 이는 희귀성의 한 표현이 아니라, 비록 제대로 정립되지는 않았다고 하나, 생산의 불충분이라고 하는 데 대한 구체적인 의식이었다. 마르크스가 생각하는 정치경제학은 이와 같은 의미를 지니고 있었다. 아니, 그보다 경제는 이런 의미에서 정치적이라고 하는 편이 한결 잘 어울린다. 경제는 정치가, 정치권력이 이 같은 결핍을 재분배하도록 해준다. 구체적인 생산의 관계는 이렇게 해서 분배와 소비를 만들어낸다. 이 같은 '분배'는 자유, 평등, 심지어 우애와 정의라는 가면 아래에서 이루어진다. 법은 이것들의 규칙을 명문화한다. "가장 엄정한 법은 가장 부정한 법이다(Summum jus, summa injuria)." 법과 정의는 불의를 조직하고, 평등은 불평등을 은폐한다. 불평등은 명백하지만, 여기에 대항하기란 어려운 일이다.

자발적이건 그렇지 않건, 의식적이건 아니건, 경제학자들은 가치 법칙의 (자연발생적, 무조건적) 결과를 완성시킨다. 다시 말해서 이들은 공간의 (국가적) 테두리 안에서 산업 부문에 따라, 자본주의적 생산양식과 이를 통제하는 국가의 방식에 따라, 특정 사회(예를 들어 영국 사회, 프랑스 사회 등)가 지니는 노동력과 생산 능력을 재분배한다. 이런 자격으로 경제학자들은 하나의, 또는 여러 개의 추상 공간을 구축하며, 이 안에서 그들은 자신들이 고안해낸 '조화로운' 성장 모델을 위치시키고 제안한다. 이는 이미 마르크스 시대에 바스티아(Claude Frédéric Bastiat, 프랑스의 정치가이자 경제학자, 자유사상가—옮긴이)가 채택한 방식으로, 그는 후대에 비해서 그다지 더 거칠다고도 할 수 없는 방식을 구사했다. 경제학자들은 정신적 공간, 즉 모델들의 공간에서 사회적 공간으로 이행하는 데 성공하지 못했다. 경제학자들은 상당 기간 동안 무시할 수 없을 정도로 비중 있게 사회의 경영에 참여해왔다. 그런 까닭에 사회의 경영도 성장(확대된 의미에서의 축적)을 추구하는 경향을 보였는데, 이는 전적으로 부르주아 계급의 통제 하에서 본질적인 생산관계를 유지해가면서, 특히 이 상황이 지니는 부정적인 면을 모두 긍정적이고 건설적인 것으로 보이도록 하는 가운데 이루어졌다.

이 기간 동안 '자연의 재화'나 '원소들(물, 공기, 빛, 공간)'은 이것들을 정치경제학에서 제외시키려는 의도에서만 언급되었다. 이것들은 얼마든지 구하기 쉬운 풍성한 것이었으므로 교환 가치가 없다는 이유에서였다. 이것들의 '사용'은 아무런 가치도 동반하지 않았다. 이것들은 사회적 노동에서 기인하는 것이 아니었다. 다시 말해서 생산되는 것이 아니었다.

그런데 그 이후 무슨 일이 일어났는가? 오늘날엔 무슨 일이 일어나고 있는가? 예전엔 희귀재였던 것이 (상대적으로) 풍부해지기도 하고, 그 반대의 경우도 눈에 띈다. 사정이 이러다 보니, 이렇게 표현하면 어떨지 모르겠지만, 오랫동안 교환 가치에 의해 평가절하되었던 사용 가치가 전위되고 재평가된다. 예전엔 유럽에서 소중한 양식이며 노동 그 자체의 상징이었던 빵〔예를 들어 '오늘도 우리에게 일용할 빵(양식)을 주시옵소서', '땀 흘려 일한 대가로 먹고 산다' 등의 표현을 떠올려보라〕은 그 상징적인 가치를 상실하기에 이르렀다. 산업화된 선진국에서는 농업 분야에서 상당 기간 동안 상시적인 과잉생산이 이루어졌으나, 이는 때로는 은폐되고 때로는 공표되었다. 곡물 비축, 보조금이 지급되기도 하고 되지 않기도 하는 생산 면적 제한 등의 조치가 이를 입증해준다. 그렇다고 해서 식량 부족 또는 아예 노골적인 기근으로 고통 받는 수천, 수억만 명의 이른바 저개발국 국민의 고통이 덜어지는 것은 아니다. 많은 일상 생활용품들도 선진국에서는 마찬가지 처지에 놓여 있다. 오늘날엔 구닥다리로 만들어버리는 일이 조직화되고 있으며, 낭비는 경제적인 순기능을 가지고 있고, 유행이 '문화'와 더불어 그런 식으로 기능화되고 구조화된 소비에서 막대한 영향력을 행사하고 있음을 모르는 사람은 없다. 이는 곧 정치경제학의 퇴조로 이어진다. 무엇이 정치경제학을 대체할 것인가? 시장조사, 마케팅, 광고, 수요 조절, 심의위원회가 진행하는 투자 예측 등이 될 것이다. 조작 관행(이는 정치 선전과 너무도 잘 어울린다)은 이념이나 마찬가지로 '학문' 따위는 얼마든지 무시할 수 있다. 인간을 대상으로 하는 조작은 인식보다는 정보를 필요로 한다.

변증법적 운동에 의해서 이른바 소비 사회에서 새롭게 창출된 산업 생산물의 (상대적) 풍요는 이와 반대되는 현상, 즉 새로운 희귀성을 동반한다. 이 변증법적 운동은 이제까지 그 자체로 전혀 분석되지도, 제시되지도 않았다. 전면에 내세워진 실체(장해, 오염, '환경', 생태계, 자연 파괴, 자원 고갈 등)가 이를 은폐했기 때문이다. 이를테면 이 같은 실체들이 이데올로기적 알리바이를 제공했기 때문이라고 할 수 있다. '새로운 희귀성'은 점점 확대되고 있으며, 매우 특이한 위기(들)를 초래할 우려도 없지 않다. '자연'에서 얻어지기 때문에 예전엔 풍부했으며, 생산된 것이 아니기 때문에 아무런 가치가 없었던 재화가 희귀해지기 시작하는 것이다. 이것들은 가치를 부여받는다. 이것들을 생산해야 한다. 이것들은 사용 가치와 더불어 교환 가치를 지니게 된다. 이 재화들은 '원소들'로 이루어지는 '기본적인' 재화들이다. 매우 완성도 높은 기술을 사용하는 가장 현대적인 도시계획 기획에서는 공기, 빛, 물, 심지어 대지까지 모든 것이 생산된다. 모든 것이 인위적이며 잔뜩 기교를 부린다. 자연은 몇몇 기호와 상징만을 남기고는 자취를 감춰버린다. 아니, 자연은 아예 이 상징들을 통해서 '재생산'되는 정도에 그칠 수도 있다. 도시적 공간은 자연적 공간으로부터 분리되지만, 생산 능력 덕분에 새로운 공간을 창조해낸다. 자연적 공간은, 적어도 일부 사회-경제적 조건에서는 희귀재가 된다. 역으로 희귀성은 공간화되고 위치 매김 된다. 희귀해지는 것은 토지와 밀접한 관계를 맺는다. 이를테면 대지에서 얻는 자원. 지하에서 얻는 자원(석유), 대지 위에서 얻는 자원(공기, 빛, 용적 등)과 거기에 의존하는 식물, 동물, 에너지 생산 등이 이에 해당된다.

'원소들'은 공간의 사회적 요소가 되는 '덮개 공간(espace enveloppe)' 가운데에서 지점이나 위치 등의 자연적인 한정을 상실한다. 이 원소들은, 자연이라고 하는 고갈되지 않는 저수지에서는 더 이상 직접적으로 퍼올리는 것이 불가능해졌으므로, 가치(사용 가치, 교환 가치)를 부여받게 된다. 이러한 요구, 이러한 현실적인 과정은 아직은 요원하지만 언젠가는 맞닥뜨릴 산업 저장고(광물 등)의 잠재적인 고갈만큼이나 중요성을 갖는 것이 아닐까? 일상적인 산업 생산의 경우 공간과의 관계는 채굴 지점 또는 천연 자원 생산지, 기업 단지, 판매 지점 등으로 구분되어 오랫동안 매우 국지적으로 유지되어왔다. 오직 생산물의 유통망만이 더욱 광범위한 공간적 현실을 보유했다. '원소들'이 생산되거나 재생산될 경우, 공간과 생산 활동과의 관계는 변할 수밖에 없다. 이를테면 상류(예를 들어 물과 각종 수자원)일 때와 (도시 공간에서) 생산 작업이 끝나는 하류일 때 각각 다른 식으로 공간과 관계를 맺게 되는 것이다. 중간 단계일 때도 물론 달라진다.

'원소들'은 궤도(생산, 분배, 유통)의 회로 속으로 들어온다. 이들은 그때부터 부의 일부가 되며, 그 결과 정치경제학의 지배를 받게 된다. 그렇다면 이때의 정치경제학은 여전히 고전적인 정치경제학인가? 새로운 결핍은 공간과의 관계가 바뀌었기 때문에 예전의 희귀성과 동등하다고 할 수 없다. 새로운 결핍은 공간 전체에 위치하며, 이러한 경향은 점점 더 강화된다. 국지적인 성격을 띤 산업 생산이 우선 편입되고, 이어서 자본 주의의 연장에 의해서 전적으로 점유되는 이 공간에서는 기본적인 자재(원료, 에너지)의 생산 혹은 재생산이라고 하는 새로운 요구가 나타난다. 그러면 무슨 일이 발생하는가? 새로운 요구는 자본주의에 대해서 자극을 주고 동화시키는 역할을 하는가, 아니면 비교적 먼 장래에 모든 것을 해체하는 역할을 하는가?

기하학적 또는 지리적 공간으로 간주되는 공간으로 말하자면, 우리는 그 공간의 희귀성에 대해서 말할 수 있는가? 아니, 그럴 수 없다. 공간의 사용 가능성, 바꿔 말해서 빈 공간은 거대하다. 공간의 상대적 결핍이 일부 사회(특히 아시아)의 특성인가 하면, 다른 사회(아메리카 대륙)는 이와 반대로 인구와 기술의 팽창을 위해 제공되는 거대한 공간을 가지고 있다. 공간-자연은 모든 방향으로 열려 있다. 기술의 발달로 깊은 바다 속이나 사막, 산꼭대기, 필요하다면 행성 사이에 위치한 우주 공간 등 원하는 곳 어디에나 원하는 모든 것을 지을 수 있다.

공간의 결핍은 매우 확실한 사회-경제적 특성을 지닌다. 이 결핍은 지극히 한정적인 곳, 즉 **중심**의 인접 지역에만 국한되어 나타난다. 중심들은 역사적으로 형성된 중심성, 즉 구(舊)도시 속에서 유지되거나 그곳을 벗어난 곳, 즉 신도시에 들어서게 된다.

일반적인 중심성, 특히 도시의 중심성이라는 문제는 쉬운 문제가 아니다. 이 문제는 공간의 문제의식 전체를 관류하고 있다. 이 문제는 사회적 공간에만 국한되지 않고 정신적 공간에도 관여한다. 중심성의 문제는 이 두 공간을 주체와 대상, 지적인 것과 물질적인 것(관념적인 것과 감각적인 것) 사이를 갈라놓던 철학의 해묵은 구분, 분열, 분리를 뛰어넘을 수 있는 방식으로 이어준다. 그러면서 새로운 구분과 차이를 도입한다. 중심성은 추상 공간 분석에서 수학적 토대를 지닌다. 그 어떤 '점'도 축적의 지점이 될 수 있다. 그 점 주변에는 무한히 많은 점들이 존재한다. 그렇지 않다면 공간의 지속성은 보장될 수 없다. 동시에 각각의 점 주위로 하나의 면(이왕이면 사각형)과 중심까지의 거리(ds^2)를 극소량씩 변화시킴으로써 이 면의 변주들이 그려지고 분석된다. 그 결과 각각의 중심은 충만함과 텅 빔, 무한과 유한 등 이중적으로 인지될 수 있다.

질문을 제기하고 이를 해결하기 위해서는 변증법적인 방법에 호소해야 할 필요가 있다. 이 방식은 더 이상 역사적 시간과 시간성 분석에 토대를 둔 헤겔이나 마르크스의 방식이 아니다. 변증법적 중심 또는 중심성의 변증법을 받아들여야 한다면, 그것은 공간과 변증법 사이에 연관이 있기 때문이다. 다시 말해서 역사적 시간 속에 존재하는 모순을 함축—설명해주지만, 그렇다고 해서 이 모순으로만 그치지 않는 공간의 모순이 존재함을 의미한다. 역으로, 모순(현실적 갈등)이라는 개념이 시간성 및 역사성과 구분된다면, 그리고 이 개념이 공간으로 확장된다면, 중심성의 변증법적 움직임은 가능해진다. 이 움직임은 (국지적인) 중심의 논리적인 특성을 발전시킨다.

이 움직임은 무엇으로 이루어지는가? 첫째, (정신적, 사회적) 중심성은 하나의 공간 안에 공존하는 것의 집합과 만남으로 이루어진다. 그렇다면 무엇이 이렇게 공존하는가? 이름을 붙일 수 있고, 헤아릴 수 있는 모든 것이 공존한다. 따라서 중심성이란 형태, 그 자체로서는 비어 있지만, 대상, 자연적이거나 인위적인 존재, 사물, 생산물과 작품, 기호와 상징, 사람, 행위, 상황, 실천적 관계 등의 내용물을 불러들이는 **형태**이다. 이렇게 본다면 중심성이란 논리적 형태에 상당히 접근한다. 따라서 중심성의 논리가 있을 수 있다. 형태는 동시성을 내포하며, 그로부터 기인한다. 하나로 모일 수 있는 모든 것의 동시성이며 따라서 축적될 수 있는 모든 것의 동시성이기도 하다. 사고 행위 또는 사회적 행위 속에서 하나의 지점 또는 이 지점 주변으로 모일 수 있는 모든 것의 동시성을 가리킨다. 중심성의 일반적인 개념은 국지적인 것을 총체적인 것과 이어준다. 니체와 니체 이후 몇몇 이론가들(조르주 바타유 같은)이 취한 현대적 사고의 지향 속에서 중심, 발생원은 희생의 장소, 축적되어 소모되기를 원하는 에너지가 폭발하는 장소이다. 각각의 시대, 각각의 생산양식, 각각의 개별 사회는 자기만의 중심성을 만들어냈다(생산했다). 이를테면 종교, 정치, 상업, 문화, 산업의 중심들이 바로 거기에 해당된다. 각각의 경우에서 정신적 중심성과 사회적 중심성은 정의내리기 나름이다. 또한 이 중심성이 종말을 고하게 되는 조건, 즉 분열, 폭발, 찢어짐의 과정도 정의내려야 한다.

중심성은 이동한다. 이미 오래전부터 우리가 잘 알고 있었듯이, 그리고 최근의 연구(베르낭)가 이를 재차 확인하고 발전시켰듯이, 그리스 도시들의 중심성은 끊임없이 이동했다. 지도자들과 전사들이 자신들의 원정에 대해서 논의하고 전리품을 나누던 반원형의 구역에서 신전으로, 신전에서 정치 집회의 장소(곧이어 주랑과 인접 회랑을 거느린 상업 집회의 장소로 변모)인 광장으로 옮아가는 식이었다. 이는 도시 공간과 도시 생활의 시간(리듬) 간의 복잡한 관계를 함축한다. 근대의 대도시에서도 마찬가지며, 19세기와 20세기에 파리라는 도시의 중심성이 어떤 식으로 이동했는지를 간단하게 몇 줄로 요약할 수도 있다. 이를테면 대로(프랑스 제2제정 시기 오스만 남작에 의해 파리가 정비되었는데 이때 생겨난 '대로'들을 말한다―옮긴이)에서 몽마르트르, 몽파르나스, 그리고 샹젤리제 등으로 이동해간 것이다.

이와 관련하여 현대 사회에서는 어떤 새로운 점이 발견되는가? 중심성이 전체성을 띤다는 점일 것이다. 중심성은 더욱 우월한 정치적, 국가적, '도시적' 합리성을 정의한다고 주장한다.(이는 함축적일 수도 있고, 그렇지 않을 수도 있다.) 이는 바로 기술 지상주의의 추종자들, 기획입안가들이 정당화하려는 내용과 일치한다. 이들은 변증법 따위는 무시하며, 이 같은 중심성은 공간에 내재적인 폭력에 의거하여 주변적 요소들을 추방한다. 중심성, 아니 중앙화는 의식적일 수도 아닐 수도 있는 전략 외에 다른 철학은 가지고 있지 않은 채 '전체적'이고자 하며, 실제로 '전체적'이 된다. 한편으로는 전복적이며 다른 한편으로는 관용적인(관용은 분산, 체제 완화 등의 여러 이름으로 포장된다) 상반된 추세에도 불구하고, 중앙은 부와 행동 수단, 인식, 정보, '문화'를 축적한다. 요컨대 모든 것을 축적한다. 이러한 능력과 권력 위에 중앙은 지고한 권력, 권력의 집중이라고 할 수 있는 결정권을 첨가한다. 결정 체계는 합리적으로 여겨지나, 이는 잘못된 생각이다.

역사를 통해서 볼 때, 중심성은 항상 사라지게 마련이었다. 전위, 분산, 전복 등에 의해서 그렇게 되는 것이다. 중심성은 때로는 지나침, 포화 상태에 의해서, 때로는 결점에 의해서 소멸하기도 한다. 결점 중에서도 특히 중요한 특성이라고 할 수 있는 반대자를 추방하는 결점은 결국 스스로에게 부메랑이 되어 돌아오기도 한다. 또한 하나의 과정이 다른 과정에 대해서 배타적으로 작용하는 것은 아니다. 이를테면 고대 로마는 포화 상태와 주변의 공격을 두루 겪었다.

'중심성-주변성'의 운동은 지극히 복합적이라고 할 수 있다. 이 운동은 논리학과 변증법을 이중적인 한정 속으로 끌어들인다. 논리학(형식논리 또는 응용논리)에서 출발할 경우 변증법을 배제하게 된다. 하지만 모순은 결코 제거할 수 없다. 반대로 변증법, 즉 모순 이론에서 출발할 경우에는 논리학, 즉 일관성과 응집성을 과소평가하게 된다. 이것들은 완전히 배제되지는 않는다. 중심성은 응용논리(전략)를 낳는다. 하지만 그 응용논리마저도 정체성을 상실하고 폭발할 수 있다.

　여기서 중심성과 그것이 지니는 변증법적 운동은 우선 공간의 회귀성과 관련하여 비중을 얻게 된다. 한정적인 영역에 사회를 구성하는, 따라서 권력에 의하여, 또 권력을 위하여 사용 가능한 요소들을 결집시키는 '결정을 내리는 중심'을 형성하려는 경향은 대상이 되는 공간의 회귀성을 중심 지점 주변에 유지하려 든다. 공간의 부족은 과거 또는 현재에 나타나는 다른 부족 현상과 비교해볼 때 매우 독창적이면서 새로운 특성을 지닌다. 역사의 진행 과정에서 생겨났기 때문에 자연발생적이라 할 이 부족은 실상은 중심의 결정에 의해서 요청되고 조직된다고 볼 수 있다. 공간의 부족은 과거의 풍요 또는 잠재적인 풍요와 실질적인 결핍 사이에 모순을 야기한다. 이 같은 모순은 공간 전체에 동화되어 있는 생산관계의 외부에 있다고 할 수 없으며, 따라서 그 생산관계의 재생산에서도 외적인 것은 더더욱 아니다. 결정의 중심은 생산관계의 유지를 노골적인 목표로 삼고 있기 때문이다. 이와 동시에 이는 공간**의** 모순(단순히 역사와 역사적 시간에 의해서 만들어졌던 고전적인 모순처럼 공간 **안에** 존재하는 모순이 아니라는 말이다)이기도 하다. 그렇다면 공간 **안에**(시간에서 기인하는) 있는 모순과 갈등은 사라졌는가? 분명 그렇지 않다. 그 모순과 갈등은 그것들이 함축하는 내용, 그것들이 부추기는 전략과 전술, 특히 계급 갈등과 더불어 여전히 건재한다. 공간**의** 모순이 이것들을 감싸고, 이것들을 전제로 하며, 이것들 위에 쌓이며, 이것들을 한층 높은 단계로 끌어올려 재생산하고 증폭시킨다. 이러한 전위에 이어 새로운 모순들이 그 위에서 주목을 끌고 관심을 돌림으로써 예전의 모순들을 말살시키거나 심지어 흡수해버리는 것처럼 보인다. 하지만 이는 어디까지나 겉모습일 뿐이다. 오직 변증법적인 분석만이 공간 **안의** 모순과 공간**의** 모순 사이에 존재하는 정확한 관계, 즉 어떤 모순이 약화되고 어떤 모순이 강화되는지를 밝혀낼 수 있다. 마찬가지로 공간 내부에서 사물의 생산은 사라지지 않으며, 그것이 공간의 생산에 직면하여 제기하는 문제(생산, 생산을 경영하고 통제하는 수단의 소유)도 사라지지 않는다. 그러나 '원소들'의 생산을 포함하여 이 마지막 문제는 사물의 생산에서 기인하는 문제들을 확대함으로써 이를 덮는다. 응축과 중심성은 예전의 모순을 심화시키고 변형시키면서 이를 집결시킨다.

공간은 막대한 규모로 표시되고 탐사되며 알려지고 인정받는다. 공간을 점유하고 채우며, 사람을 끌어들이고 처음부터 끝까지 변화시킬 가능성, 즉 생산 기술에 의해 차츰 파괴되어가는 원료로서의 본질을 지닌 공간을 생산할 가능성은 점점 커진다. 아니, 그 정도에 그치는 것이 아니다. 가까이 있거나 멀리 떨어진 장소에서 비롯된 인식과 정보들을 한 지점에 모으고 이를 통제할 수 있다. 정보와 정보과학은 거리를 사라지게 하며, 공간(시간) 안에 산재된 물질성 따위는 무시한다는 식의 표현이 훨씬 더 적절하다. 중심성 이론은 전혀 새로운 이 같은 **집중** 능력, 예전엔 오직 뇌, 그중에서도 특히 천재의 뇌만이 소유하고 있었던 가공할 만한 능력을 내포한다. 정신적 중심성과 사회적 중심성은 두 가지를 결합시켜주는 매개, 두 가지를 결합시키는 것을 가장 본질적인 기능으로 삼는 매개, 즉 정보(이 같은 관점에서 볼 때, 정신적인 것과 사회적인 것의 결합을 실현하지 않고서는 인식을 파고들 수 없는)를 지니고 있다. 그런데 바로 이 순간에 공간은 파편화된다. 공간은 좀더 비싼 값어치를 지니기 위해, 도매 또는 소매를 위해, 중심들 주변으로 인위적으로 희귀화된다. 요컨대 문자 그대로 산산조각 나는 것이다. 사람들은 공간을 '택지', '구획' 등으로 판매한다. 그 결과 공간은 실질적으로 차별 환경이 되어버리며, 사회 구성요소들을 주변으로 분산시키는 환경이 되어버린다. 구획화한 학문은 정치경제를 필두로 공간을 분할하며, 각각의 학문은 고유의 공간을 형성한다. 이로써 정신적이며 추상적인 것은 사회적 실천과 힘겹게 맞서게 된다. 분할 자체가 학문이 되며 지식의 도구는 이미 지식으로 간주된다. 단일성을 회복해야 한다고들 말하면서 학제간 또는 복수 학문의 융합 과정에서 애타게 단일성을 모색해보지만, 이미 산산조각 난 상황에서 이를 얻는 데 성공하는 경우란 없다. 분석적인 정신은 분할 도구, 자르는 도구를 사용하는 데에는 뛰어난 재능을 보인다. 단일성은 결코 되찾아지지 않는다. 구획화된 학문들은 자신들의 방법론, 자신들의 인식론, 자신들의 프로그램, 자신들의 이념을 바꾸는 대가를 지불하고서야 다시금 중심을 되찾을 수 있다.

이러한 조건 속에서 이제 더 이상 고전적인 정치경제학의 지배를 받지 않는 '경제적인' 과정이 진행되며, 따라서 경제학자들의 추측을 방해하게 된다. '부동산'('건축'과 더불어)은 부차적인 순환 경로, 오래도록 산업자본과 금융자본에 비해서 뒤처져 있던 곁가지 상태에서 벗어나 전면으로 나선다. 물론 이와 같은 현상은 나라에 따라, 시기에 따라, 맥락에 따라 **불균등하게** 진행된다. 불균등 법칙(성장과 발전)은 세계화되거나 세계화(세계 시장)를 주재하므로, 사라지는 것과는 관계가 멀다.

자본주의에 있어서 부동산은 오랫동안 별반 중요성을 인정받지 못했다. 토지와 건축용 대지가 역사적인 계급의 잔존자들에게 속했을 뿐 아니라, 이 곁가지 생산 분야가 장인들이 운영하는 수공업 기업들에 점유되어 있었기 때문이었다. 그런데 이 곁가지 분야의 상황은 도처에서 변화하기 시작했으며, 산업국가에서 이 같은 경향이 두드러졌다. 자본주의는 대지를 장악했고, 부동산을 **동산화했으며,** 이를 통해 이 부문은 **중심**이 되어갔다. 왜냐? 신생 부문이므로 포화 상태나 예전 산업의 발목을 잡는 어려움 등의 각종 족쇄에서 비교적 자유로웠기 때문이었다. 자본은 이제 고전적인 유형의 생산, 즉 생산수단(기계)이나 소비재 생산을 떠나 공간의 생산으로 몰려들었다. 이 과정은 '고전적인' 부문이 조금이라도 하강 기미를 보일 때마다 가속화되었다. 유리한 부문으로의 자본의 유출은 자본주의의 허약한 자기조절 기제를 망가뜨릴 수 있다. 그렇게 되면 국가가 개입하기 시작한다. 하지만 그렇다고 해서 다른 순환 경로를 전제로 하되, 조직 자본주의의 중심적인 활동을 전위시키는 경향이 있는 독자적인 부문으로서의 공간의 생산이 사라지지는 않는다. 왜냐하면 공간만이 이 조직적인 (제한적이긴 하지만 실재적인) 능력이 전개되도록 해줄 수 있기 때문이다.

결국 '부동산' 부문에는 곧 경고가 떨어진다. '개발'과 구분하기가 쉽지 않은 생산과 투기로서의 '부동산'은 활성화, 방향타, 보조기기 등 요컨대 부차적인 기능과 지배적인 기능 사이에서 오락가락한다. 이렇게 되면 부동산은 **부문화**(sectorialisation)(총체적인 현실로서의 경제)의 **보편적 불균등**(성장) 속으로 편입된다. 그렇지만 부동산은 평균 수익률 저하 경향에 대한 투쟁이라는 본질적인 기능은 유지한다. (민간 또는 공공) 건설은 예외적인 경우를 제외하고는 과거에도 현재에도 평균을 훨씬 웃도는 이익을 가져다주었다. '부동산'에 투자하기, 다시 말해서 공간의 생산에 투자하기는 불변자본과 비교했을 때 가변자본의 비율이 우세함을 내포한다. 건설 분야에서 자본의 유기적 구성은, 엄청난 투자와 기술적 진보에도 불구하고 미약한 상태이다. 이 분야에서는 중소기업들이 여전히 다수를 차지하며, 토지 조성과 대규모 토목공사는 엄청난 노동력(특히 외국인)을 필요로 한다. 그렇기 때문에 대대적인 잉여가치를 창출해야 하며, 이는 가치 총액을 증가시킨다. 하지만 이 중의 일부는 건설회사와 개발업자, 투기자들에게 돌아간다. 한편, 생산물의 지나치게 느린 노쇠화로 자본의 순환이 지체됨에 따라 나타나는 어려움들은 다양한 방식을 통해서 타개하게 된다. 공간의 동산화(動産化)는 점점 격렬해지며, 급기야 예전의 공간이냐 새로운 공간이냐의 구분 없이, 공간의 자기 파괴에 이르고 만다. 투자와 투기는 멈출 수 없고 심지어는 속도를 늦추는 것조차 불가능해진다. 빠른 템포의 원무, 지옥 같은 순환이 계속되는 것이다.

공간 전략은 군사적, 정치적 계획이 아니라고 하더라도, 수없이 많은 위험을 안고 있다. 공간 전략은 즉각적인 이익을 위해서 미래를 파괴하며, 프로그래밍되었다고는 하나 여전히 불확실한 미래의 이름으로 현재를 파괴한다.

공간의 생산을 가능하게 하기 위하여 공간을 현금화(동산화)하는 것은 엄격한 조건을 충족하기를 요한다. 공간 현금화(동산화)는 알다시피 토지로부터 시작된다. 이 토지를 우선적으로 전통적인 형태의 소유, 항구성, 세습 등에서 벗어나도록 해야 한다. 여기에는 소유자에 대한 (토지) 양도(토지 임대료) 및 난관이 있기 마련이다. 그 다음 현금화(동산화)는 지하와 지상의 공간으로 확장된다. 공간 전체에 **교환 가치**를 부여해야 하는 것이다. 교환 가능성은 공간이라는 재화를 설탕 자루나 석탄 포대와 유사한 상품으로 만들어버린다. 교환 가능성은 하나의 재화가 다른 재화와 비교 가능할 것을 요구하며, 심지어는 같은 부류의 모든 재화와 비교가 가능하기를 원한다. '상품 세계'는 고유한 특성을 가지고서 공간에서 생산된 사물과 재화 및 그것들의 유통에서부터 공간 전체로 확대된다. 이 공간 전체는 이렇게 해서 사물, 화폐의 (외관상) 자율적인 현실이라는 지위를 얻게 된다.

교환 가치(마르크스는 고전 경제학자들에 이어서 생산물-사물들에 대해서 이를 입증했다)는 화폐로 표현된다. 예전에는 땅을 팔거나 빌렸다. 그런데 오늘날엔 용적을 사거나 (빌려주기보다) 판다. 아파트, 숙소, 방, 건물의 층, 테라스, 다양한 설비(수영장, 테니스장, 주차장 등) 등이 여기에 해당된다. 교환 가능한 각각의 장소는 이렇듯 공급과 수요, 가격 형성(가격은 더구나 '생산 비용', 즉 생산을 위해 필요한 사회적 노동의 평균 시간과 탄력적인 관계를 맺고 있다) 등으로 이어지는 일련의 상업적 조작을 형상화한다. 여기서도 다른 곳에서와 마찬가지로 다양한 요인들이 이 같은 관계를 동요시키며 복잡하게 만든다. 특히 투기적 요인이 대표적이다. '가격의 진실'은 희미해진다. 가격은 가치와 생산 비용으로부터 점차 멀어진다. 각종 법칙(가치의 법칙, 수요와 공급의 법칙, 또는 비마르크스적인 용어로 표현하자면 경제적 효용과 이윤의 법칙)의 작용은 변질된다. 속임수가 법칙이나 규칙으로 자리 잡으며, 전술로 작용한다.

필수불가결한 비교 가능성은 거의 동일한 '단위 공간'의 생산을 통해서 달성된다. 이 같은 사실을 누가 모르겠는가? 이렇게 되어가는 세태에 대한 놀라움은 점점 줄어든다. 오히려 이 같은 사실을 지극히 '자연스러운 일'로 받아들이는 것이다. 하지만 이 같은 사실은 거의 설명되지 않거나 제대로 설명되지 않고 있으며, 이 사실이 풍기는 '자연스러움'에 대해서는 반드시 명확한 설명이 필요하다. 동질성은 승승장구한다. 하나의 숙소에서 다른 숙소로, 하나의 '단위 공간(cellule)'에서 다른 단위 공간으로 넘어가면서 우리는 '자기 집'('사용자'의 말)에 돌아온 것처럼 느낀다. '모듈(module)' 이론과 실천은 '모델'로 간주되는 단위 공간의 생산을 무한히 반복 가능하도록 만들었다. 공간은 재생산 가능한 것으로서 생산되고 재생산된다. 수직성, 원래 대지의 바닥면과 그것이 지니는 개별성에 대비해서 용적이 누리는 독립성은 문자 그대로 생산(르코르뷔지에는 필로티와 기둥 등을 이용해서 맑은 공기와 태양 아래 집을 짓겠다는 구실로 대지와 용적을 분리하는 건축을 실현했으며, 이로써 추상 속에서 용적을 생산했다)된 것이다. 이와 동시에 용적은 마치 면적처럼 시간이 무시된 채, 면을 층층이 쌓아올리는 방식으로 취급되었다. 그렇다면 이 높이 솟아오른, 수직화되고 시각화된 추상 속에서 시간은 사라져버리는가? 완전히 사라지지는 않는다. 하지만 앞에서도 여러 차례 언급한 '필요'는 시간이라는 굴레를 통해서, 아니 시간이라는 여과 장치를 통해서 공간을 통과해야만 한다. 사실 솔직히 말해서 필요란 결과이지 이유가 아니다. 말하자면 2차적 생산물이라는 말이다. 교환 가능성과 그로 인한 (규범이라는 이름으로 불리는) 제약들은 면적과 용적뿐만 아니라 경로에도 해당된다. 모든 것은 설계도와 그림 위에서, 이른바 그림으로 그려진 기획 상에서 몸과 몸짓의 '그래픽적인 종합'에 의해 정당화된다.[13] 건축가들과 도시계획자들에게는 익숙한 이 그래픽 아트(설계도, 분할, 입면도, 인물들과 형상들이 그려진 시각적 투시도 등)는 재현하고자 하는 **현실을 축소하는** 기능과 더불어 개입한다. 여기서 현실이라고 하는 것조차도 사실은 하나의 주거지(소형 주택 또는 '대규모 공동주택 단지')에서 용인되는, 다시 말해서 강요되는 하나의 '생활 방식'에 불과하다. 정상적인 생활 방식, 즉 규범화된 생활 방식을 가리킨다는 말이다. 이와 동시에 몸에 대한 언급(모뒬러(Modulor), 주거지의 구조와 크기를 인식하는 데 사용되는 표준화된 인간 신체의 실루엣. 그는 '훌륭한 비례는 편안함을 주고 나쁜 비례는 불편함을 준다'고 하여 사람의 신체에 따라 팔을 벌리고 움직일 때 최소한의 공간 안에서 불편함이 없도록 하기 위해 수치를 정한 것이다—옮긴이), 형상, 광고용 수사 등이 이런 식으로 생산된 공간, 더 이상 허구적일 수 없는 그 공간을 문자 그대로 '자연화'한다.

외견상 드러나는 건축 기획의 객관성과 이따금씩 발휘되는 공간 생산자들의 선의에도 불구하고, 객관적으로 볼 때 용적은 대지, 즉 공간에 대한 배타적인 소유 방식으로 축소되어 취급된다. **건축된 공간은 외견상으로만 대지로부터 분리된다.** 이와 동시에 이 공간은 텅 빈 추상, 기하학적인 동시에 시각적인 추상으로 취급된다. 정말로 고르디우스의 매듭(아무리 애를 써도 해결하기 어려운 문제 또는 대담한 방법을 동원하지 않으면 해결되지 않는 문제를 뜻하는 비유—옮긴이)이라고 할 만한 이 연결 관계(실재적인 결합과 외견상의 분리)는 실천이면서 이념이다. 이론가들이 아닌 실무자들은 스스로 알아차리지 못하면서 매번의 몸짓으로 구체화시키는 이념이다. 이른바 개발 계획의 해결책이라고 하는 것들은 따라서 일상생활에 자연적인(정상적인) 동시에 기술적인 요구 사항, 도덕적인 필요성(공중도덕에 따르는 요구)인 것처럼 제시되는 교환 가능성이라는 제약을 가한다. 마르크스로부터 금욕주의를 조직한다는 비난을 받았던 경제적인 것이 또다시, 언제나처럼 도덕 질서와 결합한다. '사유' 재산은 사생활을 야기하며, 사생활이란 결핍을 의미한다. 이는 사회적 실천에서 억압적인 이데올로기를 함축하며, 그 역도 성립한다. 그 결과 이들은 서로를 은폐하게 된다. 공간들의 호환성은 엄격한 양화(量化)를 동반하며, 이 양화는 흔히들 환경, 매개 공간, 경로, 설비라는 용어로 명명하는 '주거지' 주변으로도 확장된다. 이른바 자연적인 개별성은 이와 같은 동질성 속으로 사라져버린다. 장소는 물론 몸, 즉 '사용자들'의 몸도 마찬가지다. 양화는 겉으로 보기에는 기술과 관련된 것이고, 현실에 있어서는 재정과 관련된 것이고, 사실로 말하면 도덕과 관련된 것이다.

사용 가치는 사라지는가? 공간에 분산되어 있는 파편들의 동질화, 이것들의 상업적 호환성은 교환과 교환 가치의 절대 우위를 초래하는가? 또 교환 가치는 위엄과 '품격'의 기호, 체제에 내재하는 차이, 한 장소가 중심과 맺는 관계에 의해 조절되는 차이들을 통해서 정의되는가? 그 결과 기호의 교환이 사용 가치를 흡수해버리고 생산, 즉 생산비용에서 기인하는 실천적 고려를 월등히 능가하게 되는가?

아니다. 공간 구매자는 계속해서 사용 가치를 구매한다. 어떤 가치? 공간 구매자는 다른 것과 호환 가능하며, 광고 담론과 다소간의 '기품'을 지닌 기호들에 의해서 의미론적으로 강조되는 주거 용적만을 구매하는 것이 아니다. 공간 구매자는 자신의 주거지와 각종 장소, 즉 상업, 노동, 여가활동, 문화, 결정 등의 중심을 이어주는 거리를 구매한다. 여기서 시간이 다시금 전면으로 등장한다. 정책으로 입안된 동시에 조각으로 잘라진 공간이 자체로서의 시간을 제거해버린다고 하더라도 그렇다는 말이다. 물론 사람들(건축가, '개발업자', 또는 사용자)은 기호, 즉 위엄이나 행복 또는 '생활양식'의 기호들과 더불어 주어진 장소의 단점을 보완한다. 기호는 추상임에도 불구하고, 다시 말해서 기호가 지니는 구체적인 **무의미함**(insignifiance)과 **의미과잉**(sursignifiance)(기호들은 의미, 즉 보상을 주장한다)에도 불구하고, 구매되고 판매된다. 기호의 가격은 실재적인 교환가치에 첨가된다. 말하자면 사람들은 일과표를 구매하고, 이 일과표는 한 공간의 사용 가치를 형성하는 셈이다. 일과표는 유쾌함과 불쾌함, 시간의 상실과 절약, 즉 기호와는 다른 무엇인가, 곧 실천을 포함한다. 공간의 소비는 매우 특별한 성격을 지닌다. 공간의 소비는 공간 안에 있는 사물들의 소비와 다르다. 하지만 이는 단순히 기호와 의미의 차이가 아니다. 공간은 시간을 담고 있다. 그런데 그 시간을 자른다. 다시 말해서 떼어낸다. 하지만 시간은 축소를 허용하지 않는다. 공간을 통해서 사회적 시간은 생산되고 재생산된다. 하지만 이 사회적 시간은 고유의 특성과 결정, 예컨대 반복, 리듬, 주기, 활동 등과 더불어 다시금 도입된다. 공간을 시간과 분리해서 인지하려는 시도는, 강제로 시간을 공간 안에 도입하고 공간으로부터 시간을, 규정된 일과표와 금지로 축소된 시간을 지배하려는 노력으로서, 이는 모순을 더할 뿐이다.

5. 18   공간 생산의 범주와 개념을 정립하기 위해서는, 사회적 노동과 생산이라는 개념을 비롯하여 마르크스의 다른 개념들까지도 전반적으로 다시 짚어보아야 한다. 상품이란 무엇인가? 구체적 추상이다.

추상이라고? 그렇다. 하지만 사물로서의 고유한 성격에도 불구하고 추상으로 간주되는 것이 아니라, 그와 반대로 존재하는 동안 물질성, 사용, 생산 활동, 충족시키는 필요로부터 분리된 사회적 '사물'로서 간주되는 추상이다. 상품은 그 자체로 존재하는 동안 또 하나의 구체적 추상인 화폐에만 연결된다. 구체적이라고? 그렇다. 그것이 지니는 실천적 힘에 의해서 그렇다. 상품은 사회적 '거기 있음'이며, 대상이라는 철학적 개념으로 환원해버릴 수 없는 '물체'이다. 상품은 가게나 보관소, 창고, 또는 저장고에 숨어 있다. 하지만 상품은 자연이 지니는 것과 유사한 신비함 따위는 전혀 가지고 있지 않다. 상품의 신비함이라고? 상품의 신비함이라면 그건 전적으로 사회적 신비함을 의미한다. 그것은 화폐와 소유, 한정적인 필요, '수요-화폐-충족'이라는 궤도의 신비함이다. 상품은 드러나 보이기만을 요구한다. 상품은 가시적이며 독해 가능한 것으로, 가게의 진열장, 상점의 판매대에 나타난다. 상품은 전시되는 것이다. 한 눈에 드러나므로 아무도 상품을 기술하지 않으며, 자연이나 상상계의 '존재'처럼 해독할 필요도 없다. 하지만 모습을 드러내면, 상품의 신비함은 한층 짙어진다. 누가 상품을 만들었는가? 누가 구입할 것인가? 판매는 누구에게 이익을 가져다주는가? 상품은 누구에게, 무엇에 소용되는가? 화폐는 어디로 갈 것인가? 상품은 이와 같은 질문에 대답하지 못한다. 상품은 그저 거기에 있다. 비교적 매력적인 맥락 속에, 노출적으로 보잘것없는 상점에서부터 화려한 백화점에 이르는 여러 장소에서 시선 앞에 놓여 있다.

상품은 기나긴 회로와 교환망을 따라 엮인다. 상품의 언어, 상품의 세계가 존재한다. 따라서 상품의 논리와 전략도 존재한다. 이 같은 세계, 이 같은 담론, 이 같은 논리에 대해 마르크스는 그 발생과 전개 과정을 보여주었다. 상품은 인간 사회에서 아주 초기에, 역사보다 훨씬 앞서서 태어났다. 그렇지만 제한된 범위에서 통용되었으며, 물물교환이나 기부 등과 공존했다. 상품은 계속 성장했다. 고대 도시국가와 특히 중세 도시에서 괄목할 만한 성장을 이루었다. 이렇게 되자 상품은 상업 자본을 만들어냈으며, 이는 바다와 멀리 떨어진 대륙의 정복으로 이어졌다. 세계시장이라는 윤곽도 이렇게 해서 그려지기 시작했다. 이러한 역사적 토대 위에서 산업 자본이 형성되었다. 이로써 상품은 한 단계 도약을 이룩했으며, 세계, 즉 공간을 정복했다. 세계 시장은 날로 번창한다. 구체적 추상인 세계성이 실현되는 것이다. 급기야 '모든 것'(전체성)을 팔고 사게 된다. 마르크스는 상품과 상품의 분석에 대해서 '신학적 미묘함'이라고 표현했다. 미묘함이라고? 그렇다. 추상은 가히 가장 놀라운 복잡성의 경지에까지 올라간다. 신학적이라고? 그렇다. 구체적 추상은 마치 결정된 '존재들'(인간 집단, 계급의 분파)의 힘처럼 움직인다. 사물로서의 상품은 **공간 안에** 있으며, 하나의 장소를 점유한다. 교통망, 판매망, 구매망(화폐의 회로와 자본의 이동) 등 세계적인 차원의 연결고리(교환망)가 형성되고 분절된다. 잠재적으로 무한한 수량의 상품을 엮음으로써 상품의 세계는 공간에 대한 제안과 행위들을 촉발한다. 심지어는 공간의 개념까지도 제시한다. 결국 상품의 연결고리, 회로, 망은 정상에서 교환의 신인 금에 의해서 연결되어 동질성을 획득한다. 교환 가능성은 호환성을 내포한다. 하지만 각각의 장소, 각각의 고리는 하나의 사물에 의해서 점유되며, 그 사물의 개별성은 같은 장소에서 부동화되어 지속될 때 확실하게 드러난다. 가령 상하기 쉽고 더러움을 타는 물질이라거나 무겁고, 소유주(상인)가 충분히 보호해주지 않으면 손상될 위험이 있는 사물이라는 식의 개별성을 생각해볼 수 있다. 개별성으로 구성된 동질성, 상품의 공간은 이런 식으로 정의되니, 새로운 역설인 셈이다. 이는 더 이상 공간 재현, 재현 공간이 아니라 실천이다. 사용(소비)은 언제나 지역적인 의미를 지닌다. 교환은 세계적 공간(회로와 망)을 점유하나, 소비는 여기 또는 저기에서 일어나는 것이다. 이러저러한 일과표 상에서 누군가는 쾌락을 시도한다. 사용 가치는 실재적인 부를 형성한다. 이는 잘 알려지지 않은 사용 가치의 중요성을 복원시키는 데 일조한다. 교환과 사용, 순환의 세계성과 생산, 소비의 지역성 사이의 패러다임의 (타당한) 대립은 여기서 공간화를 통해 변증법적 모순으로 바뀐다. 이렇게 정의된 공간은 **추상적·구체적** 특성을 지닌다. 모든 구성요소들의 교환성을 통해서만 존재한다는 점에서 추상적이며, 사회적으로 실재하고 그 자체로서 그렇게 국지화한다는 점에서 구체적이다. 공간은 따라서 **동질적이지만 깨어 있다**고 말할 수 있다.

사회적 사물인 상품과 상품의 세계는 이들의 사회적 실존보다 훨씬 구체적인 진실을 은폐해서는 안 된다. 우리는 여러 종류의 시장이 여러 층위(지역적, 광역적, 국가적, 세계적)에 존재하고 있음을 잘 알고 있다. (물질적) 상품 시장, 노동 시장, 자본 시장, 계약 시장(토지, 건축용 대지), 기호와 상징을 취급하는 작품시장 등 시장은 이렇듯 다양하다. 서로 다른 이들 시장은 단일성, 즉 강력한 의미에서의 세계 시장을 형성한다. 이 시장들은 연결되어 있지만 뚜렷하게 구분된다. 공간들이 앞에서 이미 밝혀낸 법칙(작은 운동이 중첩되고 구성되는 물리 법칙과 유사한 비전략적인 공간의 구성 법칙)에 따라 상호 침투함으로써 이 시장들은 혼합되지 않으면서 층을 이룬다. 그중에서 마지막에 제시한 두 가지 시장은 바로 상품과 화폐의 막강한 정복력을 상징한다. 대지는 자본주의 이전 시대에 존재하던 소유권과 관련 있고, 작품은 생산된 것이 아니므로, 오랫동안 자본주의의 바깥 지대에 위치해왔다는 점에서 그렇게 말할 수 있다.

상품과 상품이 내포하는 내용(교환망, 통화, 화폐)은 사회적(실천적) 존재의 구성요소처럼 공간의 형성자로 인지된다. 상품은 '그 자체로서', 다시 말해서 따로 떼어놓고 보았을 때 세계적 차원에서조차도 사회적으로 (실천적으로) 존재할 수 있는 능력을 지니고 있지 못하다. 그렇기 때문에 상품은 **추상**, 사물일 수밖에 없다. '상품의 세계'는 독자적으로 존재할 수 없다. 존재하기 위해서는 노동이 필요하다. 상품은 생산 활동에서 비롯된다. 모든 상품은 **생산물**(노동 분업, 기술, 에너지 소비의 생산물, 요컨대 생산력이 낳은 생산물)이다. 그렇기 때문에 그 개념은 구체성에 도달하기 위해서 공간화를 필요로 한다. 상품에도 역시 공간이 필요하다.

5. 19　　마르크스주의, 마르크스 사상, 이른바 '마르크스주의적'이라고 하는 범주, 개념, 이론의 역설적인 운명. 마르크스는 죽었다고 적는 순간 마르크스주의는 다시금 비상했다. 그의 글은 어떠한가? 그의 글은 사람들이 처음에 생각했던 것보다 훨씬 풍부하고 어수선하며, 심지어 모순적이기도 하지만, 늘 새로운 의미를 제공한다. 그중에서 몇몇 글은 이제는 꺼져버린 것으로 보이던 사상의 불씨를 되살려냈다. 이를테면 마르크스가 1844년에 쓴 《경제학-철학 수고》가 1930년대에 돌풍을 일으켰던 것처럼, 몇 년 전에는 《정치경제학 비판 요강》이 그러했다.

　현대 사회의 각 시대는 '자신의' 마르크스주의를 지니고 있으며, 아마 각 나라도 그럴 것이다. 반면, 마르크스적 사조는 철학 만능주의, 역사 만능주의, 경제 만능주의 등의 막다른 길에 봉착했다. 역으로, '이론적 지위'에 대한 개념들은, 물론 그 개념들(이를테면 소외의 개념)에 대해서는 지속적으로 질문을 제기해볼 필요가 있겠지만, 모호한 것들을 명확하게 설명해주는 사상으로서 영광스러운 길을 개척해나갔다.

　오늘날 현대 사회의 과학기술적 변화는 마르크스 사상의 재성찰을 불가피하게 만든다. 이 책에서 제시하는 입장은 다음과 같다. "모든 마르크스주의적 개념은, 그가 주장한 이론의 중요한 계기 어느 것 하나 빠짐없이, 하나 높아진 층위에서 다시 계승되어야 한다. 반면, 마르크스 자신에 의해서 제시된 그대로의 개념과 그 개념들의 이론적 연계는 목표를 상실했다. 마르크스주의적 개념의 재개는 공간을 충분히 고려함으로써 최적의 방식으로 발전될 수 있다……."

5.20　　　마르크스에게 **자연**은 여러 생산력 중의 하나였다. 오늘날에 와서는 마르크스 자신은 도입하지 않았던 구분, 즉 자연의 **지배**와 **전유** 사이에 구분이 필요하다. 기술에 의한 지배는 비(非)전유, 즉 파괴로 나아가려는 경향을 보인다. 그렇다고 해서 반드시 파괴로 이어진다는 의미는 아니다. 다만 지배와 전유 사이에는 갈등이 있다는 말이다. 이 갈등은 공간에서 전개된다. 지배받는 공간이 있고, 전유된 공간이 있다.

그런데 그것이 전부가 아니다. 자연은 오늘날 원천이며 자원, 즉 에너지의 원천(필수불가결하고 거대하지만 그렇다고 무제한적이지는 않다)으로 대두된다. 자연은 마르크스가 활동하던 시대에 비해서 훨씬 명확하게 사용가치의 원천으로 대두되고 있다. 자연의 파괴로 나아가는 경향은 무자비한 기술에서만 기인하는 것이 아니다. 이 경향은 주어진 장소들에 호환성이라는 특성과 기준을 강요하려는 경제 의지에서도 비롯된다. 이는 장소들의 개별성을 축소하며 심지어는 아예 제거해버리기도 한다. 좀더 일반적으로 말하자면, 노동의 생산물은 모두 잘 알다시피 교환 과정에서 상품이 된다. 이렇게 되면 상품의 물질적 개별성과 그것들이 충족시키는 필요는 보류 상태에 놓인다. 소비에 선행하는 교환 회로가 멈추는 순간, 생산물의 물질성과 필요, 따라서 산업과 사회적 노동의 생산물에 (물질적, 즉각적) **자연**을 가미해주는 것이 덧붙여진다. 원천이며 자원으로서의 자연은 자신에게 붙여진 개념을 **공간화한다**. 마르크스에 의해서 오래 도록 사용되다가, 그 후에 망각된 생산적 소비라는 개념의 경우가 특히 여기에 해당된다. 생산적 소비는 항상 에너지, 노동력, 장치 등의 물질적 또는 자연적 현실을 사라지게 만든다. 다시 말해서 생산적 소비는 사용 한다. 이는 사용이며 사용 가치에 해당된다. 그리고 동시에 생산한다.

이를테면 기계에 대해서 생각해보자. 마르크스는 기계, 즉 작업장에 놓인 연장이나 연장의 집합, 노동자들과 연장들 사이에서 이루어지는 노 동의 분업과는 다른 장치인 기계의 중요성을 입증한 최초의 사람들(마르 크스는 찰스 배비지의 연구를 활용했다) 중 하나였다. 기계는 자연 에너지(처음 엔 물이었다가 곧 증기로 바뀌고, 이어서 전기가 등장한다)를 받아들이고 이를 이 용해서 생산과 관련된 일련의 조작을 수행한다. 노동자는 연장을 다루 는 대신 기계를 사용한다. 여기서 생산 과정의 매우 급진적이면서 모순 적인 변화가 일어난다. 즉 노동은 분업화되고 부분화되는 반면, 기계는 더 거대하고 일관성 있으며, 더 통일적이고 생산적인 전체로 조직화된다 는 점이다.

기계는 도시가 아니라 농촌에서 탄생했다. 물레방아나 베틀 같은 농 촌의 발명품들이 기계의 원형이다. 이들 최초의 기계는 에너지(수력 등) 와 취급하는 물질(양털, 면화 등)에 따라 점차 완성도를 높여갔다. 처음부 터 기계는 전적으로 새로운 무엇인가가 나올 잠재력을 품고 있었다. 이 무엇인가란 생산 과정의 자동화와 이에 따른 새로운 합리성, 궁극적으로 는 노동의 종말을 뜻한다.

산업화, 시장의 확대, 상품의 세계, 경제적인 것과 자본주의의 중요성 등과 더불어 역사적 도시는 도처에서 공격을 받으면서 다른 것에게 자리 를 내어준다. 폐쇄적인 울타리, 즉 동업자 조합, 지역의 소수 지배집단, 제한된 시장, 통제 하에 놓인 영토 등의 장벽은 점차 해체된다. 기계는 투자자본의 증대와 더불어 계속 발전해나간다. 이 과정을 설명할 때 용인되는 시대 구분(구식 그리고 신식 기술, 전근대 시대와 공학 시대)은 과거에 일어난 일에 대해서 정확하고 완전한 개념을 제공하지 못한다. 자본주의 이전의 도시가 근본적으로 기계 이전 사회였다면, 그 도시는 기계의 등장이라는 공격을 어떻게 견뎌냈을까? 자본주의 이전 도시는 다양한 진입장벽들과 더불어 사라졌어야 마땅할 것이다. 하지만 도시는 여전히 건재했으며, 사라지는 대신 오히려 확장되고 변형되었다. 이미 도시 전체가 하나의 거대한 기계요, 로봇이었기 때문이다. 다시 말해서 도시는 자연 에너지를 포획하여 이를 생산적으로 소비했던 것이다. 여러 세기가 흘러가는 동안 도시의 내적, 외적 장치들, 즉 생산적 소비의 기능, 형태, 구조 등은 변화를 거듭했다. 비교적 단순한 의미에서의 역사는 도시에서 이와 같은 공간적 장치들의 성장과 발전, 그리고 하수도, 상수도, 배수구, 조명, 교통, 에너지 조달 등에 필요한 연결 장비의 설치에서 비롯된다. 도시의 생산력은 요소들의 인접성과 결합(시간이 흘러감에 따라 작업장보다 제조업체에 가깝게 접근했으나, 그렇다고 그렇게 축소되지는 않았다) 덕분에 끊임없이 성장해왔다. 도시는 일찍부터 기계와 로봇의 몇몇 특징을 지녀왔으며 이(기계와 로봇)를 앞질러왔다. 도시는 하나의 기계이며, 기계보다 훨씬 나은 무엇, 즉 특정 사용, 다시 말해서 사회적 집단의 사용에 의해 전유된 기계이다. 이차적 자연, 생산된 공간으로서 도시는 사용의 중요성을 비롯하여 자연의 몇몇 특성도 간직(도시 자체의 폭발에도 불구하고)하고 있다.

자본주의의 확대와 더불어 **고정**(불변의) **자본**이라는 개념은 더 이상 기업의 연장 일반, 건물, 원료만을 지시하는 것이 아니므로, 반드시 다시 생각되어야 한다. **고정 자본은 사회적 부를 측정한다.**(마르크스) 고정 자본은 당연히 공간 내부의 투자(고속도로, 비행장 등), 모든 종류의 설비로 확장된다.

지상의 공간에 표지를 설치하는 레이더망이 어째서 고정 자본이 될 수 없단 말인가? 레이더망은 과거의 도로, 운하, 철도 등이 막연하게 예고한 새로운 유형의 수단이라고 할 수 있다. 교통망은 사람들과 사물들을 교환의 회로 속으로 실어 나르기 때문에, 지식을 전 지구의 사회적 현실 속으로 투자하기 때문에, 생산적으로 소비된다고 할 수 있다.

고정 자본의 이 같은 확장은 변동 자본의 확장 또한 가능하게 만든다. 더구나 이는 일부의 예측과는 반대로 인식과 기술이 생산에 접목됨으로써 엄청난 노동력, 즉 숙련되지 않은 노동자들의 대대적인 이동(택지 조성, 건설, 관리)을 가져오기 때문에 매우 놀라운 방식으로 이루어진다. 이렇게 되면 가장 현대적인 산업에서 자본의 유기적 구성이 차지하는 높은 비율 때문에 고민하던 자본주의는 필요한(노동자 계급이 노동력으로서 스스로를 재생산하는 데 필요한) 노동 시간과 노동력을 줄일 기회를 잡게 된다. 이 기회를 통해서 사용 가능한 사회적 시간이 엄청나게 늘어나며(여기서 여가, 이른바 '문화적'이라고 하는 교육, 그 외 이 같은 현상에 기생하는 교육 등의 역할이 증대된다), 거대한 잉여 생산물, 자본 과잉(유동 자본) 등이 발생한다. 공간의 생산만이 자본주의의 생존을 보장하지는 않는다. 공간의 생산은 이전에 존재하던 공간으로서의 자본주의의 확장과 분리할 수 없다. 말하자면 이 모든 사실들의 종합(공간적 실천)이 자본주의의 생존을 보장해 주는 것이다.

마르크스가 **유기적 구성**에 대해서 내린 정의는, 그가 기능과 구조를 밝혀냈던 다른 평균치들, 즉 평균 사회적 노동, 평균 이윤율 등에 덧붙여지는 사회-경제적 평균치를 드러낸다. 그런데 이론은 자본의 유기적 구성 평균치를 감안하는 순간 사회적 공간과 결합한다. 더 이상 이론은 추상 공간에서 전개되지 않는다는 말이다. 이 평균치는 한정된 공간, 즉 산업의 한 부문이라거나, 국가나 대륙 등의 대규모 경제적 단위가 점유하는 공간 등과 연관 지었을 때에만 의미를 지닌다. 이 평균치는 기업 차원에서는, 특정 기업의 자본이 지닌 유기적 구성을 사회적 평균치와 비교해 볼 때를 제외하고는, 아무런 의미도 지니지 않는다. 반면, 이 개념은 세계적 차원에서는 비로소 충분한 역량을 발휘한다. 각 나라, 각 민족의 차원에서 본 평균치를 포함하는 전 지구적인 유기적 구성이 존재하기 때문이다. 이 개념은 공간화됨으로써 구체적으로 변한다.(그 역도 성립한다. 개념은 구체적으로 변함으로써 공간화된다.) 여기서 한편으로는 마르크스가 정의한 경제적인 것과 그에 대한 비판, 다른 한편으로는 (국가와 국가의 영토를 지배하는 권력에 대한 비판도 포함하는) 공간의 정치경제학 사이에 분절이 이루어진다. 이런 식으로 전개된 이론을 이용하며, 불평등한 유기적 구성의 단위들 사이의 관계를 이해하고 불평등으로 인한 결과를 특화시키는 일이 가능하다. 그로부터 가치, 잉여가치, 따라서 자본과 자본 시장 내부에 존재하는 모순, 그중에서도 특히 통화의 어려움을 통해서 드러나는 모순들이 초래된다.[14] 수탈당하고 착취당하며 지배당하고, 다양한 방식(경제적, 사회적, 정치적, 문화적, 학문적)으로 '보호받는', 이른바 저개발 국가들의 성장과 발전을 저해하는 장애 요소들은 한층 더 악화된다. 이와는 대조적으로 선진국들은 다른 나라들을 노동력의 원천, 사용 가치라는 자원(에너지, 원료, 여가를 위한 양질의 공간. 이를테면 현재의 에스파냐를 생각해보라)으로 이용한다.

공간 전체가 근대화된 자본주의적 생산양식 속으로 편입된다. 이 공간은 잉여가치 생산을 위해 이용된다. 대지, 지하, 대기, 지상의 풍부한 빛 등이 생산력과 생산물로 편입된다. 도시 조직, 즉 소통과 교환을 위한 수많은 망이라고 하는 이 조직은 생산수단의 일부가 된다. 도시와 다양한 시설(우체국, 역은 물론 보관소, 창고, 교통, 그 외 각종 서비스 등)은 고정 자본이다. 노동 분업이 공간 전체('노동 공간', 즉 기업의 공간뿐만 아니라)로 침투한다. 공간 전체는 산업용 지대와 건물, 기계, 원료, 노동력 등과 마찬가지로 생산적으로 소비된다.

동시에 잉여가치의 실현은 더 이상 생산 장소와 이웃한 영토 내에서, 지역적 은행 체제를 통해 성취되지 않는다. 잉여가치의 생산은 세계적 은행 망을 통해서, 금융 절차와 기관 사이의 추상적 관계(장부 처리) 속에서 이루어진다. 잉여가치의 실현은 **탈영토화한다**. 이렇게 되면 도시적 공간은 잉여가치 창출에서 누려오던 예전의 역할을 상실하지만, 그래도 에너지나 노동력, 상품, 자본 등의 **흐름**에 있어서 환승역 역할은 유지한다. 경제는 실제로 흐름과 망의 연결로 정의된다. 여기서 연결이란 기관들에 의해서 비교적 합리적으로 보장되며, 이 제도들이 영향력을 지닌 공간적인 테두리 안에서 프로그래밍된 연결을 가리킨다. 사실 각각의 흐름은 하나의 출발점과 종착점, 그리고 경로로 정의된다. 각각의 흐름은 그 자체로 정의될 수도 있지만, 다른 흐름과 접합되었을 때 비로소 효과를 발휘한다. 따라서 에너지 흐름의 사용은 원료의 흐름을 요구한다. 흐름들은 하나의 공간 안에서 조절된다. 한편, 잉여가치의 분배로 말하자면, 이는 공간적으로, **영토 내에서**, 나라와 부문의 **권력 관계**에 따라, 지도자들의 전략과 노하우에 따라 이루어진다.

5.21　　　마르크스에 따르면 도구, 기계, 건물, 원료, 요컨대 불변 자본(일상적인 자본주의 용어로는 투자라고 한다)은 죽은 노동(travail mort)을 상징한다. 과거의 지나간 활동이 거기에 집결되며, 미래의 새로운 활동 조건이 된다. 인식의 노동을 포함하는 현재의 노동은 과거에 이루어진 결과를 취합하여 여기에 활기를 불어넣는다. 자본주의에서는 죽은 것이 산 것을 장악한다. 바꿔 말하면, 생산수단은 자본가 개개인과 계급으로서

의 부르주아지에 속한다. 생산수단은 이들에게 노동자 계급을 장악하는 수단, 즉 그들을 일하게 만드는 수단이 된다. 새로운 사회는 여기서나 다른 곳에서나 거꾸로 된 세상을 전복함으로써만 정의될 수 있다. 어떻게 하면 산 것이 죽은 것을 장악할 수 있는가? 이 질문에 대해서는, 공간의 생산 안에서 산 노동(travail vivant)은 '무엇인가'를 생산하며, 이 무엇인가는 사물도, 단순한 도구도, 단순한 상품도 아니라고 대답할 수 있다. 공간 안에서는 그 자체로서의 필요와 욕망이 다시 대두되어 생산하기와 생산물을 활성화시킬 수 있다. 놀이의 공간, 향유의 공간, 지혜의 건축 또는 쾌락의 건축 공간 등이 있으며, 있을 수 있다. 공간 안에서, 공간을 통해서 작품은 생산물을 관통할 수 있으며, 사용 가치가 교환 가치를 지배할 수 있다. 전유를 통해 거꾸로 된 세계를 전복하고, (잠재적으로) 지배를 지배할 수 있으며, 상상적인 것과 유토피아적인 것이 실재적인 것을 통합할 수 있다. 천성을 바꾸는 제2의 천성은 천성을 파괴하지 않고도 그 천성을 대체하고 그 위에 겹쳐서 놓일 수 있는 것이다. 죽은 것이 계속해서 산 것을 장악할 경우, 파괴와 자기 파괴의 위협이 따른다. 동시발생적인 자본주의와 부르주아 계급은 이 같은 장악(지식 내부에서 이는 '환원'이라는 이름으로 불린다)을 기반으로 추상화만을 실현한다. 즉 추상화의 장소이자 원천인 추상 공간 속의 화폐, 상품, 자본 그 자체, 다시 말해서 추상 노동(일반적인 노동, 일반적인 교환 가치의 창출)을 의미한다.

5. 22　　　자, 이론적인 맥락을 깨뜨리지 않으면서 범주들을 하나씩 동시에 살펴보자면, 사회적 공간은,

　　a) 원초적 자연과 동등한 자격으로 **생산력** 중의 하나로 나타난다. 사회적

공간은 이 원초적 자연을 이동시키고 대신한다.

b) 특권적인 생산물로 나타난다. 사회적 공간은 때로는 거대한 상품으로
서 단순히 소비(이동, 여행, 관광, 여가)되는가 하면, 때로는 도시의 주거
밀집지역 내에서 대규모 생산 장치로서, 기계와 마찬가지로 **생산적으로
소비된다.**

c) '개발 계획'(도시와 도시의 주거 밀집지역은 더 이상 작품이나 생산물에 그치
지 않고, 주거지나 노동력 관리를 통한 생산수단으로 기능한다)을 통해서 사
회의 통제를 가능하게 하는 **정치적 도구**인 동시에 **생산수단**임이 입증된다.

d) 생산관계와 소유권(대지와 공간의 소유권, 장소의 서열화, 자본주의, 계급
구조, 실천적 요구에 따른 망의 조직)의 재생산을 가능하게 한다.

e) 실질적으로, 본래의 모습대로 제시되지 않는 제도적, 이념적 상부구조
의 집합체라고 할 수 있다. 요컨대 상징주의, 의미와 의미과잉, 또는
반대로 외견상의 중성성, 무의미성, 의미론적 박탈, 공백(부재) 등을 한
데 아우르는 집합체이다.

f) 잠재성을 내포한다. 이는 예술적 방식에 따른 작품과 재전유의 잠재성
이다. 그리고 무엇보다도 스스로를 벗어나 공간 내부로 강제 이동되어
저항하며, 결과적으로 또 다른 공간(반(反)문화의 공간이나 반(反)공간 또
는 대안 공간 등을 생각해볼 수 있으며, 이는 기존의 '실재적인' 공간에 비해서
유토피아적 공간이라고 할 수 있다) 기획을 강제하는 몸의 요구에 따르는
잠재성이다.

5.23   이제 공간은 에너지, 물, 빛, 일부 식물이나 동물 자원 등과
같이 점점 희귀해져가는 자원 발굴 연구에 따라 다시 조직된다. 이렇게
되면 대대적인 갈등을 통해서, 교환 가치에 대한 사용 가치의 복권이 (잠

재적으로) 이루어진다. 공간의 생산은 사용 가치의 원천으로서 새롭게 부여되는 '자연'(사물의 물질성)의 중요성을 동반한다. 오랜 기간에 걸쳐서 잉여 교환(사회적 잉여 생산물)의 일부를 소비해오던 공간의 생산이 우세해지는 동시에 사용 가치의 복권이 이루어진다. 사용 가치의 복권은 대대적인 차원에서 이루어지며, 이는 정치를 관통하지만 정치적 전략으로 전락하지는 않는다. **마르크스에게 자연은 진정한 부**(그는 진정한 부를 교환 가치를 통해서 측정 가능한, 다시 말해서 화폐로, 통화로 환산 가능한 자산과 구별했다)이다. 이러한 사상은 임의적으로 특별한 의미의 근거지로서의 2차적 공간(생산물)과 1차적 공간, 즉 원료이며 생산의 모태인 자연의 공간을 분리하지 않는 한, 깊이 있고 진정한 것으로 남아 있을 수 있다. 궁극적인 재화는 시간-공간이다. 존재의 생존을 보장하는 것은 시간-공간이 내포하고 있으며, 따라서 시간-공간이 처분할 수 있는 에너지이다.

자본주의는 오로지 대지에 의존해서만 세력을 공고히 한 것이 아니며, 자본주의 이전에 이루어진 역사적 형성을 자본주의에 통합시킴으로써만 발전이 가능했던 것도 아니다. 자본주의는 법률적이고 합법적인 허구, 즉 배타적인 전유나 사유재산으로 환원 불가능할 것으로 보이는 것(자연, 토지, 생명 에너지, 욕망, 필요)의 소유권을 포함하는 모든 형태의 추상을 이용한다. 공간을 다양한 목표를 위해 이용할 수 있는 수단으로 간주하는 공간적 계획은 지극히 효과적으로 드러난다. 많은 나라에서 어느 정도 성공을 거둔 '보수적 근대화'라는 것도 도구적 공간의 사용을 전제로 하지 않는가?

이제까지 살펴본 희귀성, 중심성, '부동산의 동산화(현금화)'에 대한 지적 사항들은 공간의 정치경제학의 밑그림에 불과하다. 그러니 여기서 그것을 좀더 전개시키지 못할 것도 없지 않은가? 공간의 정치경제학은 그보다 훨씬 강력한 이론, 즉 공간의 생산 이론에서 비롯된다. 공간과 공간에 관한 문제의식에 집중하려는 이 연구는 추상적인 성장 모델을 제시하는 '고전적인' 정치경제학을 대체하는 인식이 될 수 있는가? 틀림없이 그럴 수 있다. 하지만 그러기에 앞서서 이 이론의 '긍정적인' 면과 '부정적인 면', 다시 말해서 비판이 일치한다는 점을 명시해야 한다. '상품 세계'라고 하는 추상은 영토적으로(유통과 망), 정치적으로(중심과 주변) 정의되는 세계 시장이 없이는 인지될 수 없다. 철학자들에 의해서 잘못 일반화된 경제학 개념인 유통은 여전히 잘못 알려져 있다. 유통의 결합과 마찬가지로 유통은 그 복합성으로 말미암아, 컴퓨터를 통한 분석이나 프로그래밍이 불가능하다. 추상적 경제의 물신화는 추상적 경제 공간의 물신화로 변화한다. 상품이 된 공간은 공간 안에서 상품의 특성을 극단으로 밀고 나간다.

이 공간의 체험을 이론적인 인식으로 정립하기 위해서는, 이미 알려져 있는 예전 주제들을 가다듬어가면서 새로운 범주들을 도입하는 것이 적절하다. **공간-덮개**의 분석은 시장(지역 차원, 국가 차원, 따라서 세계 차원)에서부터 설명되어야 하며, 망과 흐름의 이론과 결합되어야 한다. 마르크스 이후 모호해지고 왜곡된 **사용 가치** 이론은 복합적인 방식으로 복원되고 전면으로 부각될 것이다.

왜, 어떻게 해서 세계 시장(전 지구적인 차원에 있어서 일정 단위)은 공간의 분열을 초래하는가? 점점 증가하는 국가-민족, 차별화되는 광역, 다민족국가와 초국가적 기업(이들 기업들은 이 희한한 분열을 저지하기도 하지만, 사실상 분열 현상을 넘어서기 위해서 이를 이용한다)이 이러한 분열 양상을 보여주는 예라고 할 수 있다. 얽히고설킨 모순들은 어떤 공간, 어떤 시간을 향해 진행하고 있는가?

현재와 같은 조건이라면, 우리는 어느 대목에서 잉여가치가 창출되는지 거의 알고 있다. 하지만 어디에서 이 가치가 실현되는지는 아직 잘 알지 못하며, 그것이 어떻게 분배되는지에 대해서는 훨씬 더 무지하다. 은행망과 금융망이 가치가 창출된 곳(기업, 나라)으로부터 아주 멀리 떨어진 곳에서 그것을 분배한다는 정도만 알고 있을 뿐이다. 한편, 항공 교통(항공-정치)과 최신 산업(정보, 여가, 석유 탐사 외에 다양한 산업), 다국적기업의 개입 등으로 인하여 공간의 재조정이 진행 중이다. 그 결과 공간-덮개는 변화하며, 교란된 상호작용은 균형을 되찾기(피드백) 위한 모색을 시도한다.

분석적이고 비판적인 이 연구가 막바지에 이르면, 시간-공간의 관계는 추상적인 분리로부터, 그리고 서로 다르지만 연결되어 있는 이 용어들 간의, 마찬가지로 추상적인 혼돈에서도 벗어나게 될 것이다.

공간의 모순에서 차이의 공간으로

6.1   추상 공간 내부에 존재하는 모순들을 열거해봄으로써 모순적 공간의 이론을 정리해보자. 첫눈에 보기에는 단일한 것으로 보이는 백색의 빛이 스펙트럼으로 분광되는 것과 마찬가지로, 이 공간도 여러 요소로 분석될 수 있다. 이러한 인식 행위는 동질적이고 일관성 있어 보이며, 그런 것처럼 제시되고 행동하는 것에 내재하는 갈등까지도 드러낸다.

우선 첫 번째 모순으로 **양-질**의 모순을 들 수 있다. 추상 공간은 숫자로 측정된다. 이 공간은 기하학적 공간으로서 수량화가 가능할 뿐 아니라, 사회적 공간으로서 양적인 조작의 대상이 된다. 각종 통계나 프로그램, 예측 등은 실제적인 효율성을 지니기 때문이다. 양적인 것에 대한 노골적인 또는 은근한 편향으로, 질적인 것이 소멸되거나 양적인 것 속으로 흡수되어가는 경향이 대세처럼 자리 잡는다.

그렇지만 질적인 것은 양적인 것 속으로 흡수되지 않는다. 사용이 교환 속에 흡수되지 않는 것과 마찬가지 이치다. 질적인 것은 공간적으로 나타난다. 일반적으로 사람들은 어떤 순간엔가 역사적으로 자본이 축적되어온 장소, 즉 생산과 생산물의 공간, 시장의 공간, 흐름이 이루어지는 공간, 국가가 통제하는 공간, 요컨대 엄격하게 수량화된 공간과 일치하는 **소비의 공간**을 떠난다. 이 순간이 되면 사람들은 **공간의 소비**(비생산적인 소비)로 향한다. 그런데 이 순간이란 어떤 순간인가? 출발, 즉 휴가를 위해 떠나는 순간이다. 이 순간은 처음엔 우연이었다가 필연으로 자리 잡았다. 이렇게 되면 '사람들은' 질적인 공간을 요구하기 시작한다. 이때의 질이란 태양, 눈 덮인 산, 바다 등이다. 자연적이건 자연을 흉내 낸 것이건, 그런 건 그다지 중요하지 않다. 구경거리나 기호로는 충분하지 않다. 물질성, 자연성이 그 자체로 요구되며, (외견상으로나 실재적으로) 즉각적으로 손에 넣을 수 있어야 한다. 오래된 이름, 영원히 지속되며 자연적이라고 주장할 수 있는 특성 등이 요구되는 것이다. 공간의 질과 사용이 어느 정도까지는 우위를 차지한다. 경험적으로 말해서, 이는 신자본주의와 신제국주의가 자신들의 지배를 받는 공간을 생산을 위해, 생산에 의해 착취하는 공간으로, 소비를 위해, 소비에 의해 착취하는 공간으로 나누어 갖는 것을 의미한다. 관광과 여가는 건설과 부동산 투기, 전면적인 도시계획(물론 농업과 식량 생산 자본주의로의 동화 등도 꼽을 수 있다)을 보완하며, 대규모 투자를 끌어들이고 수익을 낳는 부문이다. 지중해 연안 지역이 산업 위주의 유럽을 위한 여가 공간이 되면서, 이와 동시에 산업이 이 공간을 침투한다. 태양이 작열하는 곳에 펼쳐지는 여가 도시를 향한 향수가 과도하게 산업화된 지역에 사는 도시인들의 마음을 사로잡는다. 결국 모순이 두드러진다. 도시인들은 '공간의 질'을 되찾고 싶어 하는 것이다.

여가를 위해 마련된 공간에서 몸은 반은 허구적이고 반은 실재적인 사용권을 일부 회복한다. 하지만 이러한 권리라고 해봐야 고작 허망한

'몸의 문화', 자연적인 삶의 흉내 내기 정도에 그치고 만다. 그래도 비록 불완전하다고는 할지라도, 몸의 복원은 욕망과 쾌락의 복원을 부른다. 소비는 필요를 충족시키며, 여가와 욕망은 비록 재현 공간(정지된 일상의 삶이 다른 삶, 풍요롭고 단순하며 자연적인 삶에 자리를 내어주는 장소)에서 인위적으로 합쳐지는 데 불과할지라도 하나가 된다. 그 결과 필요와 욕망은 서로 대립한다. 한정된 필요에 한정된 물체가 부응한다. 그러나 욕망에 부합하는 물체란 없으며, 물체 대신 욕망이 전개될 수 있는 공간, 즉 해변, 축제의 광장, 꿈의 장소들이 욕망에 부합한다.

필요와 욕망의 변증법적 연결(단일성 내부의 모순)은 그러므로 새로운 모순으로 발전되어간다. 해방-억압의 모순이 대표적이다. 이러한 움직임은 중산층만을 지지 기반과 실현 매체로 삼으며, 중산층은 이른바 하층 계급에게 그들의 소비 모델을 제공하므로, 이 경우 모순 속에 놓인 미메시스는 자극제 역할을 할 수 있다. 예술과 예술가들에게서는 치열한 투쟁이 전개되는데, 정작 투쟁의 주인공들은 자신들이 벌이는 투쟁, 즉 육체와 비육체의 투쟁, 육체의 기호와 비육체의 기호들의 투쟁이 지니는 본질적인 특성(다름 아닌 계급투쟁!)을 제대로 이해하지 못한다.

정신적 공간, 다시 말해서 축소, 압력, 억압, 조작과 회유의 공간, 자연과 몸을 파괴하는 공간은 자신의 은밀한 적을 해소하지 못한다. 아니, 해소하지 못하는 정도가 아니라 오히려 이를 부추기고 부활시킨다. 이는 심미주의와 합리주의의 사이쯤에 놓여 있는 모순보다 훨씬 정도가 심각하다.

6.2   앞에서 언급한 '양-질'의 모순은 (이항적) 대립이 아닌 3분법적 움직임으로 정의된다. 즉 소비 공간에서 여가를 통한, 그리고 여가

공간에서의 공간의 소비로, 또는 일상적인 것에서 축제(꾸민 것이건 아니건, 흉내 낸 것이건 '진정한' 것이건)를 통해 비일상적인 것으로, 노동에서 노역의 중단 또는 (반은 허구이고 반은 실제인) 문제제기를 통해서 비노동으로 이어지는 식이다.

또 다른 (이항적) 대립은 움직임을 고정시키는 것으로 매우 타당해 보인다. 다름 아닌 이념에 의해서 구조가 된 생산-소비의 대립으로, 이는 '생산적 소비'라는 용어를 통해서 표현되는 변증법적 갈등을 은폐하지 못한다. 이런 식으로 파악된 움직임은 통상적 의미에서의 소비, 즉 사물의 재생산을 필요로 하는 소비에서 **생산의 공간**으로 옮아가며, 이 생산의 공간이란 흐름이 지나가는 곳으로, 흐름에 의해 마모되고 소비된다. 그리고 생산의 공간에서 다시 국가 권력에 의해 통제되며 공간 내부에서의 재생산 가능성, 이를 위해서 파편화된 공간의 재생산 가능성에 의해 보장되는 재생산의 공간으로 넘어간다. 신자본주의 또는 조직 자본주의와 더불어, 제도적 공간은 창조의 모방품들로 은폐된 반복적인 것과 재생산 가능한 것에 토대를 두고 있다. 하지만 이 관료주의적 공간은 자신에게 고유한 조건, 자신이 만들어낸 결과물과 갈등을 빚게 된다. 이처럼 점유되고 통제되며 재생산 가능한 것을 지향하는 공간은 자연, 경관, 지역, 광역, 국가, 세계 등 재생산 불가능한 것으로 둘러싸인다.

6.3　　　　　가장 중요한 모순은 어디에 위치하는가? 전 지구적인(세계적인) 차원에서 공간을 인지하고 취급하는 것과 수많은 단계와 과정에 의해 그 공간을 파편화하는 것 사이에 위치한다. 가장 광범위한 층위에 수학과 논리, 전략 등이 자리 잡는다. 이것들은 도구적이며 동질적 또는 동질화하는 공간 재현을 가능하게 한다. 이처럼 물신화되고, 인식론에 의

해 정신적 공간의 지위로 승격한 공간은 추상적 단일성의 우월성이라고 하는 하나의 이념을 내포한다. 그렇다고 해서 파편화가 실행되지 않는 것은 아니다. 전문화된 학문과 기술이 거드는 덕분에, 행정적 분할은 물론 쪼개 팔기(토지 필지 분양)도 성행한다.

이와 같은 모순의 확실성은 한편으로는 파편화되어 '도매' 또는 '소매'로 판매되는 공간이 지니는 분말적인 특성과 다른 한편으로는 공간을 지배하는 정보학, 즉 컴퓨터 한 대(필요하다면 이미지와 문서들을 재생산할 수 있는 다른 종류의 기계 장치와 결합하여)가 하나의 국지적인 장소에서 물리적 또는 사회적 공간과 관련된 무한에 가까운 정보를 결집시켜 동시에 처리하는 학문의 특성을 감안한다면 한층 뚜렷해진다.

'동질적·파쇄적(fracturé)'이라는 이중적인 특성은 이를 이항적인 관계(대조, 대립)로 재현할 때 왜곡되는 경향을 보인다. 이 두 용어의 내재성(단일성)과 모순성에 대해서는 아무리 강조해도 지나치지 않다. 이 동질적인 공간은 구분과 차이를 제거하는데, 그중에서도 특히 이 공간이 가시적이고-독해 가능한 것으로 무차별성으로 축소하고자 안과 밖의 차이를 없앤다. 동시에 이 똑같은 공간은 노동 분업, 필요, 기능 등에 의해서 관용의 한계(너무 작은 용적, 연결의 부재 등)조차 넘어설 정도로 산산조각으로 깨지고 분쇄된다. 공간을 분쇄하는 과정은 이미지 속에서 몸(특히 부분으로 분리되었으되, '기관 없는' 여성의 몸!)을 조각내는 방식과 유사하다.

따라서 이쪽에는 흠집 없는 유리가 있고 저쪽에는 깨진 유리나 거울이 있는 것이 아니듯이, 한쪽에는 총체적인 공간(인지된 공간), 다른 쪽에는 파편화된(체험된 공간) 공간이 있는 것이 아니다. 공간은 전체적인 동시에 깨져 있고, 총체적인 동시에 분쇄되어 있다. 마찬가지로 공간은 동시에 인지되고, 지각되며, 체험된다.

'중심-주변'이라는 모순은 '총체성-부분성'이라는 모순에서 기인한다. 이 모순은 총체성-부분성이라고 하는 모순에 내재하는 움직임을 특화시킨다. 모든 총체성은 중심성의 정립을 촉발한다. 공간 안에 있는 '모든 것'의 집중은 중심을 보유한 권력에 공간의 모든 요소들과 계기들을 종속시킨다. 밀도, 집중도는 중심의 '고유한 특성'이다. 중심의 주변으로는, 제약의 매개물이라고 할 수 있는 각 공간과 중간 지대가 규범과 '가치'로 채워진다.

6.4　　　　교환 가치와 사용 가치의 대립은 처음엔 단순한 대조 또는 불일치에 불과하다가 차츰 변증법적으로 변한다. 교환이 사용을 흡수한다는 것을 입증하려 든다면, 그것은 움직임을 정적인 대립으로 대체하려는 불완전한 방식에 지나지 않는다. 사용 가치는 공간 내부에서 교환 가치와 첨예한 갈등을 이루면서 재등장한다. 사용은 '소유권'이 아닌 '전유'를 함축하기 때문이다. 그런데 전유 자체는 시간(들), 리듬(들), 상징과 실천을 함축하고 있다. 하나의 공간이 기능화될수록 그 공간은 그 공간을 단일 기능화함으로써 이를 조종하려는 '중개인들'의 지배를 받으며, 따라서 전유와는 거리가 멀어진다. 왜냐? 공간이 **체험된** 시간, 즉 다양하고 복합적인 사용자의 시간 밖에 놓이기 때문이다. 그런데 공간을 구입하려는 자가 정작 사고자 하는 것은 무엇인가? 바로 시간이다.

그러므로 일상적인 것은 '사용-교환(가치)'의 모순 없이는 이해할 수 없다. 그런데 자원, 공간적 상황, 전략 등 사용 가치를 최대한으로 복원시켜주는 것은 바로 공간의 정치적 사용이다.

그렇다면 이는 공간의 사용에 대한 인식(학문)으로 이어질 수 있는가? 아마도 가능할 것이다. 하지만 리듬 분석, 재현적이고 규범적인 공간에 대한 효과적인 분석과 연결되어야 가능할 것이다. 그와 같은 인식은 이를테면 '공간-분석' 같은 이름을 부여받을 수 있는가? 분명히 그럴 수야 있겠지만, 무엇 때문에 그렇지 않아도 이미 너무나 긴 전문분야 목록을 더 길게 만들겠는가?

6.5 　　　가장 중요한 모순은 마르크스가 자본주의 분석 초기에 밝혀낸 모순, 즉 생산력과 생산(소유권)의 사회적 관계 사이에 존재하는 모순과 일치한다. (공간에서) 사물 생산의 층위에서 둔화되어버린 이 모순은 그보다 높은 층위, 즉 공간의 생산 층위에서 심화되어야 한다.

기술적으로, 학문적으로 의심할 바 없는 많은 가능성이 열린다. 사회가 아닌 하나의 '사회'는 여러 형태의 공간을 발명하고 창조하며, 생산할 수 있다. 그런데 소유권과 생산의 관계는 이러한 가능성을 금지한다. 다시 말해서 꿈이나 상상, 유토피아나 공상과학을 통해서 인지되는 경향을 보이는 이 같은 공간들을 가차 없이 깨뜨려버린다. 실천적인 가능성은 축소적인 과정을 통해서 잘 알려진 진부함, 즉 소형주택과 대규모 공공주택단지(다소간의 환상을 간직한 채 주거하는 한 개의 성냥갑 또는 층층이 쌓아 올린 수천 개의 성냥갑)로 귀착된다.

이 근본적인 사실을 힘주어 강조할 필요가 있다. 어째서 근본적인가? 마르크스의 사상이 약화되고 온갖 종류의 정치적 행태에 의해서 제멋대로 유용되고 있기 때문이다. 어떤 이들은 산업화된 나라에서 '사회주의'가 성장과 축적, 다시 말해서 공간 내부에서 사물의 생산을 계속하기를 원한다. 그런가 하면 '극단주의', 혁명적 행동주의 또는 '극좌파'라는 이름으로 자본주의의 생산양식과 그에 부속된 모든 장치들을 파괴해야 한다고 주장하는 사람들도 있다. 전자가 '객관주의자'라면, 후자는 '의지주의자'(따라서 주관주의자)인 셈이다.

부르주아 계급은 생산력의 성장을 적극적으로 밀고 나갈 때 가히 혁명적인 역할을 주도한다. 마르크스가 보기에 대규모 산업은 과학과 기술과 더불어 세계를 전복시킨다.(이 점을 놓치면 마르크스 사상 전체를 놓치는 것이다.) 그런데 생산력은 공간 내부에서의 사물의 생산에서 공간의 생산으로 이행함으로써 하나의 단계를 뛰어넘었다. 혁명적인 활동이라면, 다른 척도도 있겠지만 이 **질적인 도약**, 즉 **질에서의 도약**이 궁극적으로 초래하는 결과까지 밀고 나가야만 한다. 이렇게 되면 양적인 성장을 문제 삼게 되는데, 이는 양적인 성장을 저지하려는 것이 아니라 그것이 지닌 잠재성을 도출해내기 위해서라고 할 수 있다. **의식적인** 공간의 생산은 '거의' 목표에 도달했다. 하지만 경계를 완전히 넘어서지는 못하고 있다. 이 새로운 생산양식이 공간을 쪼개 팔기, 새로운 공간의 흉내 내기로 대체되는 한 경계를 넘어설 수 없을 것이다.

6.6　　　　공간에 내재하는 폭력은 역시 이 공간에 내재하는 지식과 갈등을 빚는다. 권력, 즉 폭력은 자신이 해체시킨 것을 분리된 상태 그대로 유지한다. 역으로 권력은 필요한 것이라면 혼돈 속에서 결합시켜 이를 유지하기도 한다. 그 때문에 지식은 '실재적'이라고 간주되는 권력의 효과를 대상으로 삼는다. 말하자면 지식은 권력의 효과를 그대로 승인하는 것이다. 지식과 권력, 인식과 폭력의 맞대결이 없는 것과 마찬가지로, 손상되지 않은 공간과 조각난 공간의 대치도 없다. 지배받는 공간에서 구속과 폭력은 여기저기, 곧 도처에 존재하며, 권력 또한 편재한다.

지배받는 공간은 현장에서 군사적, 정치적(전략적) 장치들과 모델들을 실현한다. 그런데 사실은 그 이상이다. 권력의 행위를 통해서 실천적 공간은 스스로의 내부에 규범과 구속을 보유하고 있다. 권력보다 훨씬 표현적인 공간은 권력의 이름으로, 때로는 아무 이름도 없이 억압한다. 구속과 약정, 지시의 총합인 사회적 공간은 규범적·억압적 효과를 획득하며, 이 효과는 도구적으로 대상성에 연결된다. 사회적 공간이 지니는 규범적·억압적 효과에 비하면, 자체로서의 이념과 재현의 효과는 아무것도 아니다. 시민 차원의 평화와 합의, 비폭력의 흉내 내기가 공간-함정을 점유한다. 그렇다고는 해도 법과 부성(父性), 생식능력 관련 기관들 역시 이 지배하고, 지배받는 공간에 스며든다. 논리학과 기호논리학(logistique)은 잠재적인 폭력을 은폐한다. 사실 잠재적인 폭력은 행동하기 위해 굳이 스스로를 드러낼 필요가 없다.

공간적 실천은 삶을 규제하고 통제할 뿐 삶을 만들어내지는 않는다. 공간은 '그 자체'로서는 아무런 권력도 지니지 않으며, 공간의 모순은 그 자체로서의 공간에 의해 결정되는 것이 아니다. 사회의 모순(사회에 있어서 이것과 저것 사이의 모순, 이를테면 생산력과 생산관계의 모순)이 공간의 모순을 만들어내며, 공간 내부에, 공간의 층위에 모습을 드러낸다.

6.7   앞에서 제시한 분석에서 밝혀진 모순들은 외견상 추상적인 개념과 이론의 차원, 다시 말해서 사실이나 경험과는 무관한 차원에서 인식되었다. 그런데 실상은 그게 아니다. 이러한 인식은 사실들과 부합한다. 무수히 많은 경험을 농축해놓은 것이기 때문이다. 모순은 가장 열렬한 실증주의자들에게조차 맨눈에도 드러난다. 하지만 경험주의는 이것들을 '모순'이라고 부르기를 거부한다. 경험주의는 비논리, 기능장애만을 인정한다. 경험주의는 이러한 진술에 이론적인 형태를 부여하기를 거부하며, 따라서 사실들을 논리적으로 연관성을 갖는 집단으로 묶을 뿐이다.

자동차 소유자들(개인)은 그들 각자에게는 비용이 별로 들지 않지만 공동체는 그것을 유지하기 위해 막대한 경비를 지불해야 하는 공간을 보유하고 있다. 사정이 이렇기 때문에 자동차의 숫자는 자꾸 늘어나기만 하며, 자동차 제조사들은 '로비'를 벌여 이 공간을 끊임없이 확장해줄 것을 요구한다. 공간의 생산적 소비(특히 잉여가치의 생산)는 지원금을 따내고, 엄청난 신용대출을 얻어내게 된다. 말하자면 회전문 시스템, 즉 고약한 폐쇄 회로의 대표적인 예라고 할 수 있다. 낙천주의자들은 이것이 '조절 장치' 기능을 수행한다고 주장한다. 사실 이러한 '체제'는 연쇄 효과를 수용하기만 한다면 사회를 자가 조절할 수 있다. 그렇다고 치자. 한편, '녹색 공간', 즉 나무들이며 교차로가 아닌 광장, 도심 안의 공원 같은 공간은 '공동체' 전체에 어느 정도의 멋을 더해준다. 그런데 누구에게 비용을 물려야 하는가? 어떤 방식으로, 누구에게 요금을 내라고 요구한단 말인가? 그 어느 특정인에게도 이익을 안겨주지 않는(물론 모두에게 즐거움을 준다) 이 같은 공간은 사라져가는 경향이 있다. 비생산적 소비는 투자를 촉발하지 않는다. 오직 멋만을 생산하기 때문이다. 반면, 다양한 무기와 장비의 소비는 로켓과 미사일을 포함하여 전혀 비생산적이라고 하더라도 어마어마한 액수의 투자를 촉발한다.

모순적인 과정은 결국 닳음과 퇴화 쪽으로 이행하며, 심지어는 주차장, 고속도로, 차고 등의 확장과 식목 공간, 나무의 개체 수, 사유지 공원 등의 면적 감소라는 대표적인 두 과정을 통해 도시 공간 파괴에 도달할수도 있다. 모순은 공간의 생산적 소비(잉여가치)와 멋의 생산적 소비, 즉 비생산적 소비 사이에 자리 잡는다. 자본주의적인 '이용자들'과 공동체에 속하는 사용자 사이에 자리 잡는다는 말이다. 이 분석은 알프레드 소비(Alfred Sauvy, 프랑스의 인구학자이자 인류학자, 경제사가. 1952년에 '제3세계'라는 용어를 처음 사용한 것으로 유명하다―옮긴이)의 《제로 성장(Croissance Zéro)》

에서 영감을 얻었으며, 여기서 소비는 모순을 들춰내는 작업은 시도하지 않고 있다.

6.8　　　경험적인 설명이 변증법적(갈등적인) 움직임이 나타나기 시작하는 개념화 단계에 이르지 못하는 예는 얼마든지 있다. 다음과 같은 경우도 있다. 빠른 속도로 성장을 거듭하는 광역 또는 나라는 시간이 흘러감에 따라 형성된 역사적 공간, 즉 주택, 궁궐, 군사용 건물 따위는 아무 미련 없이 파괴하곤 한다. 누군가가 그렇게 함으로써 이익을 얻는다면, 작품은 순식간에 사라져버리는 것이다. 그러다가 시간이 지나 가속화되었던 성장이 서서히 종국을 향해 치닫게 되면, 이 나라는 문화적 소비를 위한 공간의 쓰임새, 즉 '문화' 그 자체, 관광과 여가, 전도양양한 관광과 여가 산업 등으로의 용도를 발견하게 된다. 이렇게 되면 이들 나라는 막대한 비용을 들여서 '전성기' 때 파괴해버렸던 것들을 복원한다. 파괴를 주도하던 사업이 아직 미완성 상태라면, 복원보다 '재정비'를 하고 난 다음 옛것을 모방하고 베껴서 '새것'을 만들어낸다. 사람들은 성장이라는 열풍 속에서 파괴해버렸던 것들에 대해 다시금 감탄해마지 않는다. 예전에 사용하던 물체들은 이제 희귀하고 소중한 예술품의 반열에 오른다.

　건축과 건축가들의 공간을 생각해보자. 단, 이 공간에 대한 담론에 대해서는 지나친 중요성을 부여할 필요가 없다. 우리는 건축가가 공간의 한 구간 또는 한 조각을 보유한다고 생각할 수 있다. 그는 이 공간을 하나의 '자료'로 간주하며, 자신의 취향과 기술, 아이디어와 선호에 따라 이를 취급할 것이다. 그는 자신에게 할당된 조각을 받아서 자유로운 가운데 그 조각에 전념할 것이라고 생각한다.

그런데 실제로는 상황이 이런 식으로 전개되지 않는다. (개발업자 또는 관계당국에 의해서) 건축가에게 할당된 몫은 그가 이따금씩 짐작은 하지만 확실하게 잘 알지는 못하는 계산에 달려 있다. 이 공간은 전혀 순진하지 않다. 공간은 전술과 전략의 구실이 된다. 공간은 생산양식의 공간, 즉 부르주아 계급에 의해 경영되는 자본주의의 공간에 불과하다. 공간은 '구획'으로 나뉘어서 존재하며, 주변의 주요 지점에 대해서 억압적으로 배치된다.

건축가의 눈으로 말하자면, 건축가에게 건축하라고 떼어준 조각이나 그가 설계를 위한 밑그림을 그리게 될 백지가 순진하지 않은 것과 마찬가지로 그의 눈도 전혀 순진하지 않다. 건축가의 '주관적' 공간은 매우 객관적인 의미작용으로 채워진다. 시각적 공간은 서류, 또는 서류에 그려진 이미지, 즉 상상력의 적이라고 할 수 있는 '이미지의 세계'로 환원되어버린다. 선 투시도법은 이와 같은 축소를 한층 강조하고 정당화한다. 건축가 그로모르(Georges Gromort)[1]는 오래전에 벌써 상상력을 고갈시키는 이러한 경향이 어떻게 해서 평면으로 구성되고 장식적인 모티브들(쇠시리)로 인위적으로 꾸며진 용적, 즉 정면을 물신화하는지를 입증해보임으로써 이를 거부했다. 파편, 이미지, 보여주고 보이기 위해 만들어지는 파사드로의 축소, 다시 말해서 '순수하게' 시각적인 공간에 동화되려는 이 같은 경향은 공간의 파손을 생산한다. 파사드(보기와 보이기)는 지위와 사회적 수준을 측정한다. 파사드가 달린 닭장(가정이라는 닭장)은 부르주아화한 공간의 유형이자 구성단위가 된다.

건축에 관한 담론에 대해서는 그것이 너무도 자주 권력에 관한 담론을 희화하면서 모방한다고 말할 수 있다. 또한 건축에 관한 담론은 '실재적인 것'을 그래픽을 통해서 '객관적으로' 포착(지식)한다고 믿는다. 이 담론은 더 이상 지시대상, 지평선에 의지하지 않는다. 너무도 쉽게(르코르뷔지에) 정확함, 직각, 곧은 것 일반에 대한 도덕적 담론이 되어버리며, 최악의 추상(기하학적인 것, 구성단위)과 혼합된 자연적인 것(물, 공기, 태양)에 대한 형상화된 호소로 변질되어버린다.

현대 사회 내부에서 이루어지는 공간적 실천에서 건축가는 자신의 공간 안에 정착한다. 건축가는 이 **공간에 대한 재현**을 지니고 있으며, 이는 백지와 평면도, 입면도, 정면투시도, 구성단위 등으로 이루어진 그래픽과 결합한다. 이런 식으로 **인지된** 공간을 이용하는 사람들은 이 공간이 기하학적임에도 불구하고, 아니 기하학적이기 때문에 **진실하다고** 생각한다. 왜냐하면 이 공간은 물체들이 놓이는 환경, 물체 그 자체, 기획이 객관화되는 장소이기 때문이다. 이 공간은 르네상스 이후 줄곧 가다듬어져온 선 투시도법, 즉 고정된 관찰자, 부동의 지각 장(知覺場, champ perceptif), 안정적인 시각 세계로 이루어진 방식을 원조로 삼는다. 지각 장에 의해서 '무의식적으로' 결정되는 건축 기획은 실현 가능성을 주요 기준으로 삼는다. 말하자면 건축 기획이 그 기획을 수용하거나 배제하는 건축적 사고의 장에 투시되는 것을 의미한다. 일부에서는 '이념적'(그런데 어째서 지나친 남용으로 평가절하된 이 용어를 사용하는 것일까?)이라고 말할 수도 있는 무수히 많은 수의 재현이 이 과정을 통과하게 된다. 건축 기획이 타당성 검토의 대상이 되기 위해서는 숫자로 환원될 수 있고, 수익을 가져다줄 수 있으며, 소통 가능해야 한다. 요컨대 '현실적'이어야 한다. 그러므로 선험적으로 가까운 영역과 먼 영역, 주위, '환경', 사적인 것과 공적인 것의 관계 등과 관련된 질문은 아예 배제되거나 최소화될 수 있다. 실천에 의해서 형성된 장은 분할(토지 구획), 특화(기능에 따른 위치 매김) 등을 받아들인다. 아니, 그럴 뿐만 아니라 이와 같은 조작에 수동적으로 노출되어 있는 이 장은 이와 같은 조작에 실효성을 부여해준다. 기능과 사람, 사물을 특정 장소에 분리 배치시키는 노동의 분업, 필요의 분업, 대상(사물)의 분업은 중성적이고 객관적으로 보이는, 아무런 두려움도 비난도 없는 지식의 장소라고 하는 공간적 장에서 이상적인 틀을 발견한다.

이제 '사용자' 또는 '주민'이라고 하는 어설프고 악의적인 용어로 불리는 사람들의 공간을 살펴보자. 사실 이들을 지칭하기 위해서는 명확하게 정해져 있으며, 강력한 암시적 의미를 지닌 단어조차 없는 형편이다. 공간적 실천은 이들을 언어에서조차 소외시킨다. '사용자'라는 말은 상당히 애매하고 수상쩍다. 사용이라니, 무엇의 사용을 말하는가? 우리는 의복, 자동차 등을 사용하는 것처럼 집을 사용한다. 교환 가치와 그것이 함축하는 내용에 대비해볼 때 사용 가치란 무엇인가? '주민'이라고? 이 말은 또 무엇을 가리키는가? 모두이면서 아무도 아니다. (빈곤한) '사용자'와 (소외된) '주민'의 가장 기초적인 요구조차 제대로 **표현하지** 못한다. 반면 그들의 상황을 나타내는 기호는 점점 증가하며 때로는 눈에 확 들어오기도 한다.

사용자의 공간은 재현된(인지된) 공간이 아니라 체험된 공간이다. 전문가들(건축가, 도시계획가, 기획입안가)의 추상 공간에 비해서, 사용자들이 일상적으로 성취하는 수행적 공간은 구체적 공간이다. 다시 말해서 주관적인 공간이다. 계산의 공간, 재현의 공간이 아닌 '주체들'의 공간은 시련과 습득, 결핍으로 점철된 어린 시절을 그 근원으로 삼는다. 회피할 수 없는 성숙 과정, 지루하고 힘든 그 성숙 과정과 애초의 자원과 비축을 고스란히 간직하는 미숙 사이의 갈등이 체험된 공간을 특징짓는다. 그 공간에서는 '사적인 것'이 명확하게 드러난다. '사적인 것'이 비교적 뚜렷하게 드러나되, '공적인 것'에 맞서서 갈등을 이루는 형태를 지닌다.

그렇긴 하지만 매개와 이행이라는 관점에서 구체적인 공간(반은 공적이며 반은 사적인 공간, 즉 만남의 장소, 경로, 통로 등)의 우월성을 인지할 수 있다. 이는 공간의 다양화를 가능하게 해주며, 반면 기능적인 구분은 (상대적)

중요성을 상실한다. 전유된 공간은 **고정된 곳, 반만 고정된 곳, 이동 가능한 곳, 빈 곳** 등으로 구분될 수 있다. 모순들 중에서 덧없는 것과 안정적인 것〔하이데거의 철학적 용어로는 체류(Wohnen)와 방황(Irre, Irrnis)〕사이에 깊어지는 모순이 큰 비중을 차지한다. 이를테면 가사 생산(요리)의 일부를 포함하는 노동이 고정된 장소를 필요로 한다면, 수면은 이 같은 요구를 동반하지 않는다. 놀이도 마찬가지다. 이 점에 있어서 서양은 동양으로부터 교훈(여백, 키가 작고 이동 가능한 가구 등)을 얻을 수 있다.

　서양에서 파사드는 지속적으로 공간을 지배한다. 건물이 육중한 것만큼이나 무거운 가구들도 사적인 공간을 향하는 정면을 지니고 있으며, 이를 통해서 이 공간을 지배한다. 이를테면 거울 달린 옷장, 유리문이 달린 찬장, 길고 낮은 서랍장 등이 좋은 예다. '사적인' 공간의 규합에는 몸의 복원, 공간의 모순을 드러내기 등이 동반된다. 주체들의 장소로서의 이 공간은 '상황적' 또는 '관계적'이라고 형용될 수 있겠으나, 이러한 정의 또는 한정은 그 자체로서의 공간에 내재한다기보다 그 공간이 지니는 사회적 내용에 국한된다고 말할 수 있다.

　몸의 복원, 무엇보다도 우선 감각적·관능적 공간, 말과 음성, 후각과 청각 공간의 복원. 요컨대 비시각적인 것의 복원. 성적인 것과 자체로서의 성만을 따로 고립시키는 것이 아니라 나름대로의 리듬에 따라 나름대로 소비되는 방향성을 지닌 성적 에너지의 공간…….

　하지만 이런 것들은 어디까지나 제안, 방향 표시 화살표일 뿐이다.

6.9　　　추상 공간이 지닌 가장 명백한 역설은, 그 공간이 모순들이 발생하는 장소들의 총체**이며**, 그와 동시에 이 모순들이 전개되고 가리가리 찢어지는 주변 환경**이며**, 겉보기에 그럴듯한 일관성을 대체함으로

써 이 모순들을 은폐하는 도구라는 점이다. 이 때문에 추상 공간은 실천적으로(공간적 실천에서) 예전에 이념이 수행해왔으며, 지금도 여전히 이념을 요구하는 것으로 간주되는 기능을 부여받는다.

1961년에 이미 제인 제이콥스(Jane Jacobs, 미국에서 태어난 캐나다 작가, 시민운동가, 건축·도시계획 철학가. 공동체의 삶에 지대한 관심을 보였던 그 덕분에 북미 지역 대도시의 건축이 획기적으로 바뀌었다—옮긴이)는 미국에서 '도시계획과 재건축'의 실패를 분석했다. 제인 제이콥스는 특히 도로와 인접 지역의 파괴가 어떻게 도시 생활에서 습득된, 혹은 그렇다고 여겨지는 특성들(치안, 접촉, 어린이 교육, 다양한 관계 등)의 상실을 초래했는지 보여주었다.[2] 제인 제이콥스의 분석은 노골적으로 신자본주의를 비판하거나 자본주의에 의해 생산된 공간(추상 공간)에 내재하는 모순을 도출해내는 데까지 이르지는 않았다. 하지만 원래 도시 생활을 창조하거나 재창조하기 위해 사용되던 수단에 의한 도시 생활의 파괴와 자기 파괴의 힘을 설득력 있게 보여주었다.

미국에서 도시의 상황이 지니는 복합성과 불투명성(외견상이건 실재적이건, 여기서 그건 중요하지 않다)은 실천적이고 이론적인 여러 가지 제안들을 탄생시켰다. 이를테면 전문가에게 문제의 실타래를 푸는 과제, 해결책을 발견하기에 앞서 우선 문제점들을 찾아내라는 과제를 맡기는 일이 그 좋은 보기가 된다. 관계당국이 주도하는 '도시계획(city planning)'에 대립하는 '시민 참여 도시계획(advocacy planning)' 가설이 세워진 것도 이와 같은 취지에서였다. 하나의 집단을 형성하는 사용자 또는 주민들이 그들의 입장을 대변해줄 수 있는 언변과 소통 능력을 겸비한 역량 있는 전문가, 즉 변호사와 결합하여 정치적, 재정적 실세들과 협상을 벌이도록 하자는 것이 이 계획의 주축을 이루는 가설이었다.[3]

그런데 이러한 시도는 실패로 돌아갔으며, 로버트 굿맨의 실패 분석은 여러 의미를 지닌다. 당사자들, 즉 관계자인 사용자들이 말을 하지 않는다면, 누가 그들을 대신해서 발언할 것인가? 공간 전문가가 되었건 말 전문가가 되었건, 그 어떤 전문가도, 그 어떤 전문 역량도 그럴 권리가 없다. 도대체 무슨 자격으로, 또 무슨 개념을 적용해서, 어떤 언어를 통해서 그렇게 할 수 있겠는가? 그의 담론이 건축가나 개발업자, 또는 정치가들의 담론과 어떻게 차별화될 수 있겠는가? 그 같은 역할, 그 같은 기능을 수락한다는 것은 소통과, 사용을 대체하는 교환의 물신화를 수락하는 것과 다르지 않다! 그러므로 사용자들의 침묵은 문제가 된다. 오직 사용자들의 침묵만이 문제가 되는 것이다. 전문가라는 사람은 자신을 위해 일하거나 관료주의적, 재정적, 또는 정치적 권력이 내세우는 요구에 부합하는 식으로 일을 할 것이다. 그가 당사자들의 이름으로 이들 세력과 충돌을 불사하게 된다면, 그 자신이 곤경에 처할 것이기 때문이다.

공간에 내재하는 가장 심오한 갈등 중의 하나로, 체험된 공간은 갈등의 표현을 금지한다는 점을 꼽을 수 있다. 갈등을 말하기 위해서는 우선 일반적으로 인지되는 공간, 즉 공간 재현에 빠지지 않으면서 이 갈등을 지각해야 한다. 그러기 위해서는 모순(우선 재현 공간과 공간 재현이라는 두 가지 양상 사이에 존재하는 모순)을 공식화함으로써, 재현 공간과 동시에 공간 재현을 넘어설 수 있는 **이론**이 필요하다. 사회적 · 정치적 모순은 공간을 통해서 실현된다. 그 결과 공간의 모순은 사회적 관계의 모순을 실제적으로 만든다. 바꿔 말해서 공간의 모순은 사회적 · 정치적 이해와 세력의 갈등을 표현한다. 그런데 이 갈등은 공간**의** 모순이 됨으로써 공간 **안에서만** 효력을 발생한다.

6.10   총체성(광범위한, 또는 정보학이나 항공 정책에서처럼 세계적인 차

원에서 공간을 인지하고 취급하는 역량)과 구획화(판매와 구입을 위해 공간을 파편화하기)의 사이에 존재하는 근본적인 모순은 전략적인 차원에서 배가된다. 전략적인 공간 내부에서 자원은 항상 특정 장소에 위치 매김 되어 있다. 우리는 이를 단위(기업의 경우 생산 단위, 가게의 경우 소비 단위)로 센다. 반면, 목표와 '표적'으로 말하자면, 이것들은 총체적이며, 심지어 주요 국가들이나 거대 다국적기업들이 세우는 거시 전략에서는 세계적이다. 차별에 이를 정도로 극단적으로 추진된 분산, 세분화 현상은 전략적인 의도, 바꿔 말해서 동원되는 수단의 양적인 면에 있어서나 궁극적인 목표라는 질적인 면에 있어서 가장 높은 차원에 위치한 힘에 의해 유지되고 지배된다. 분산된 것, 분할된 것은 동질성 속에서 권력의 공간이라고 하는 단일성을 유지한다. 당연히 권력의 공간은 이처럼 통합되고 흩어지며, 하나로 합쳐졌다가 분리되며, 흩어졌다가 하나로 압착되는 역설적인 상태를 유지시켜가며 보유하고 있는 요소들 간의 결합과 연결을 고려한다.

정치권력의 단일성 의지와 차이 요소들의 실제적인 분산이라는 두 개의 극단 또는 양극 사이에 위치하는 서열의 재현은 틀렸다고 볼 수 있다. 모든 것('전체')은 낮은 층위, 즉 하나의 장소, 하나의 장소로 위치 매김이 가능한 '마이크로' 층위, 요컨대 일상적인 층위에 **작용한다**. 착취, 지배, 보호, 억압 등의 모든 것은 분리 불가능한 상태로 거기에 근거하는 것이다. '전체'는 좀더 우월한 의지에 의해 유지되는 분산, 분리에 토대를 둔다. 역사, 그러니까 축적의 역사의 결과물로서 분해와 분리는 피할 수 없으며, 사회적 실천의 계기와 요소들을 서로 갈라놓기 때문에 치명적이라고 할 수 있다. 공간적 실천은 사회적 실천을 파괴한다. 사회적 실천 안에서 공간적 실천은 스스로를 파괴한다.

전략적으로 볼 때, 서로 맞부딪치는 힘들은 압력과 행위, 사건들을 만들어냄으로써 공간을 점유한다. 이 층위에서는 미세한 움직임들 간의 상호 침투 법칙이 지켜지지 않는다.

그렇다고 해서 '마이크로' 층위의 중요성이 영향을 받지는 않는다. 마이크로 층위는 세력들의 대결과 전개가 이루어지는 장소는 아닐지라도 자원과 쟁점을 포함하고 있다. 전략의 쟁점은 언제나 그렇듯이 정치적 수단이나 전쟁 수단 등 가능한 모든 수단을 동원해서라도 공간을 점유하는 것이기 때문이다.

우리는 복합적인 공간을 해독 가능하게 만들어주는 다양한 **분류표**를 고안해볼 수 있다. 가장 광범위한 표라면, 우선 공간 내에서의 대립과 대조를 고려해보는 것이다. 이를테면 **동위체**(isotopie)(동종 공간)와 **헤테로토피아**(이종 공간), 그리고 상징적인 것과 상상적인 것, 즉 자연이나 절대적 지식, 절대적 힘 등의 '관념성'에 의해서 점유된 공간 **유토피아** 등으로 나누어 생각해볼 수 있다. 투박한 분류에 불과하겠지만, 그래도 하나의 역설, 즉 전유가 가장 잘 이루어지는 공간은 바로 상징에 의해서 점유된 공간이라는, 흔히 지나쳐버리기 쉬운 모순이 백일하에 드러난다. 절대적 자연을 상징하는 정원이나 공원, 힘과 지식, 절대적 순수와 단순함을 상징하는 종교적 건축물 등이 여기에 해당된다.

이보다 좀더 유연하고 구체적인 표는 귀속에 따라서 장소를 분류하는 것이다. 예를 들어 사적인 장소, 공적인 장소, 매개적인 장소(통로, 경로) 등으로 구분하는 것으로, 이는 장소의 사용과 사용자들에 따른 분류이다.

세 번째 표는 전략 차원에 위치한다. 이 표를 통해서 공간적 혼돈 속에 다소간의 질서를 부여할 수 있다. 공간의 시장과 시장의 공간 사이, 공간의 정비(기획)와 그 공간을 점유하는 생산력 사이, 정치적 계획과 장애물, 즉 특정한 전략적 의도를 방해하고 이따금씩 공간 안에 반(反)공간을 만들어내는 힘 사이에 분절을 꾀함으로써 질서를 정립할 수 있다는 말이다.

왜 이 같은 방식의 연구를 지속할 수 없는가? 다시 말해서 만족스러운 표가 만들어질 때까지 이 연구를 지속하면 되지 않겠는가? 두 가지 점을 지적함으로써 대답을 대신할 수 있다. 첫째, 분류표의 수를 제한할 방법이 없으며, 많은 표 중에서 어느 하나가 다른 표들보다 우월하다고 판단할 근거가 없다. 둘째, 표라고 하는 개념 자체가, 모델이나 코드라는 개념처럼 의구심을 일깨운다. 이 같은 형식적 지식의 도구들은 모순을 제거하고 일관성을 드러나게 하며, 변증법적 움직임을 논리로 축소시킨다는 아주 분명한 목적을 지니고 있다. 이는 '순수하고', '절대적'이기를 원하며, 자신의 고유한 본질이 권력을 위해 축소하는 것임을 알지 못하는 지식에 내재하는 의도라는 말이다.

6.11   우리는 인식, 그러니까 공간의 생산에 대한 인식에서 출발하여 사회적 공간에 관한 학문, 도시와 농촌을 아우르되 도시적인 것의 비중이 큰 학문을 고려해볼 수 있다.

어떤 용어의 사용이 적합할 것인가? 인식? 학문? 지식? 나는 앞에서 '지식'이라는 용어에 그다지 호의적이라고 할 수 없는 함의를 부여했다. 그것은 이 용어가 한물간, 이제는 역사적인 것이 되어버린, 유통기한이 지난 다른 정복물들과 같이 그저 선반에서 먼지나 뒤집어쓰는 처지가 된 습득물을 지시하기 때문만은 아니었다. 지식이라고 하는 용어의 사용은 경계심을 일깨운다. 임의적인 면이 없지 않기 때문이다. 어쨌거나 각자는 마음 내키는 대로 유통기한 지난 지식, 이미 굳어져버린 지식의 선반에 정리해둘 것과 그렇게 하면 안 되는 것을 결정하면 된다.

이 책에서 용인되는 함의에 따르면, '지식'은 정치적 실천과의 투박한 또는 교묘한 혼합인 권력과 결탁하며, 따라서 다양한 재현과 이념적 객설과도 결탁한다.

한편, 인식은 끊임없이 (인식을 상대적으로 만드는) 자신에 대한 비판을 포함하고, 정치적 쟁점(정치가 문제될 때)과 전략이 서로를 살필 때면 특히 강화되는 존재에 대한 비판을 포함한다. 인식은 총체적인 것을 목표로 삼는다. 이 같은 야심 때문에 인식은 생산이라고 하는 뛰어난 개념에 접목되어 사회적 실천과 연결될 때조차도 철학과 이어지며 철학을 연장한다. 이는 곧 메타철학의 정의이기도 하다. 메타철학이란 철학에 토대를 두면서, 철학을 '실재적인 것', '가능한 것'에도 개방하는 것을 의미한다.

인식은 중요한 계기를 통해서 **구체적인 보편성**을 만들어낸다. 개념(특히 **생산**의 개념)은 필요하지만, 그것만으로는 충분하지 않다. 결국 개념은 자신이 설명하고자 하는 실천을 참조하게 만든다. 개념에 대해서 생각해볼 때 몇몇 질문들, 이를테면 개별 **주체**를 묻거나(누가 생각하는가? 누가 말하는가? 어디에서?), 떼어낼 수 있는 **대상**을 묻는(어떤 장소를 점유하고 있나? 어떤 풍광인가?) 질문들은 의미를 상실한다. 이제까지 전개시켜본 이론적 형태나 내용에 의해서, 다시 말해서 체험된 것, 실천적인 것, 급진적인 비판과의 연결에 의해서 개념들은 이러한 질문들을 피해갈 수 있다.

'학문'이라는 용어는 특화된 장에서, 미리 정해진 방법론을 사용해서 개별적인 구축 작업을 진행하는 것을 가리킨다. 학문은 모든 종류의 특화된 교조주의, 특히 이러저러한 전문 분야에 의해서 사용되는 조작들(조작적이거나 그렇다고 주장하는 개념들)에 대해서 경계를 늦추지 않는다.

공간의 학문은 **사용의 학문**이라고 할 수 있다. 반면, 특화된 전문적인 학문들, 이른바 사회과학이라고 하는 학문들은 교환의 일부를 이루며, 교환의 학문(정치경제학, 사회학, 기호학, 정보학 등 소통과 소통 가능한 것들을 다루는 학문)이라고 할 수 있다. 이렇게 본다면 공간의 학문은 물질성, 감각적 특성, 자연성 등에 가깝다고 할 수 있다. 자연성에 가깝긴 하되, **이차적 자연**, 즉 도시, 도시적인 것, 사회적 에너지 등을 강조한다. 이는 예를 들어 환경 같은 애매모호한 개념들로 이루어진 평범한 자연주의를 난해하게 만든다. 이러한 경향은 **전유**에 대해서 이론적, 실천적 특혜를 부여한다는 점에서, 지배적이고 위압적이기도 한 경향을 전복시킨다. 사용이나 마찬가지로 교환과 지배에 대항하는 것이다.

전용(détournement)에 대해서, 우리는 그것을 지배와 전유, 교환과 사용 사이에 존재하는 매개적인 실천으로 연구해야 한다는 점을 잘 알고 있다. 전용을 생산과 대립시키거나 생산으로부터 분리하는 것은 참된 의미를 제대로 알지 못하는 처사라고 할 수 있다. 전용을 제대로 이해할 수 있으면 공간의 생산이 가능해진다. 뛰어난 예들을 과거의 역사에서 찾아볼 수 있다. 이를테면 기독교는 로마의 바실리카 회당(고대 로마의 포럼에 세워진 공공건물을 가리킨다. 초기 기독교 교회, 후에 로마네스크 및 고딕 건축 양식의 기초가 되었다―옮긴이)을 전용했다. 애초에는 세속적인, 민간의 사회적 건축물로서, 만남의 장소이자 가장 일반적인 의미에서 '상업'의 장소였던 이곳은 후에 종교적, 정치적 기능을 부여받았다. 따라서 바실리카 회당은 스스로 신성해지고, 지하 동굴로서의 제약과 그에 부합하는 요구 조건에 복종함으로써 변신했다. 납골당과 묘지에 부속된 면적은 서서히, 그러나 확실하게 십자가 형태를 취하게 되었으며, 그곳으로부터 어느 날엔가 중세적 동요가 일어나 말씀의 빛(부활하는 로고스) 속으로 솟아났다. 한편, 바실리카 회당의 구조는 기능, 형태와는 아무런 논리적 연관성이 없는 변화를 겪었다. 십자형 첨두 궁륭의 발명은 잘 알려져 있다시피 새로운 시기를 여는 전환점이 되었다.

형태는 소통 가능한 계기, 즉 **지각된** 것과 대략적으로 일치한다. 기능은 실행된다. 제대로 성취되거나 성취되지 않는다는 말이다. 기능은 재현 공간 안에서 **체험된** 것과 일치한다. 구조는 **인지된다**. 구조는 공간 재현을 내포한다. 전체는 공간적 실천 속에 위치한다. 사용을 기능에 의해서만 정의하는 것은 정확하지 않을 뿐 아니라 지나치게 축소적이라고 할 수 있다. 이는 바로 기능주의가 주장하는 바이기도 하다. 형태, 소통 가능한 것, 소통도 사용의 일부를 이룬다. 마찬가지로 구조, 즉 사람들이 사용하며, 너무 사용하여 마모되는 물체의 구조도 마찬가지다. 이러한 범주들의 배타적인, 따라서 축소적인 사용은 동질화 전략에 이용된다. 형식주의는 형태만을 강조하며, 그에 따라서 소통 가능성과 교환에만 역점을 두는 결과를 낳는다. 기능주의는 당연히 기능을 강조하므로, 지배받는 공간에 각각의 기능을 따로 위치 매김 함으로써 다기능성을 배제하기에 이른다. 구조주의는 구조만을 가장 최신 기술의 집약체인 것처럼 간주한다. 그런데 **사용**(usage)이란 각종 교조주의가 분리시켜놓는 이 용어들 모두의 집합체, 이 용어들 모두가 지니는 단일성에 걸맞다고 보아야 한다.

물론 이처럼 다양한 공간의 계기들이나 형성자들 사이에 정확한 균형을 맞출 수 있는 계획이란 아마도 없을 것이다. 모든 계획은 기능이나 형태 또는 구조 등 어느 한 가지 면을 강조하게 마련이다. 하지만 계획을 시작함에 있어서 이러저러한 계기 또는 형성자를 등장시키는 방식이 다른 것들을 사라지게 해서는 안 된다. 오히려 처음에 등장하는 것이 외견이 되어야만, 그 뒤를 이어 등장하는 것들의 실재성이 돋보일 수 있다. 이것이 바로 고전적인 의미에서 예술의 기법, 즉 자체로서는 이미 구식이 되어버린 기술을, 마치 하나의 사상을 다시 취해서 그 철학을 연장시켜나가는 것처럼 계승하고 연장시켜나가는 것이 아니겠는가?

음악 작품은 우선적으로 리듬, 선율, 화음, 이렇게 세 가지 계기로 분석된다. 각각의 계기나 이항 대립은 고갈되게 마련인 반면, 삼항성(triplicité)은 무한한 생산 가능성을 보장한다. 하나의 계기만을 중심으로 구축된 작품들은(예를 들어 선율 연주나 타악 연주만을 따로 떼어낼 경우) 그렇지 않은 작품들에 비해서 소통은 훨씬 수월하지만 너무 단조롭고, 따라서 훨씬 덜 매력적이다. 위대한 고전음악은 이 세 가지 계기의 단일성을 유지하고 있다. 그런데 각각의 음악가, 각각의 작품을 놓고 보면, 세 가지 계기 중의 어느 하나에 집중하고 이를 강조하는데, 이는 뒤에서 다른 계기들을 돋보이도록 하는 효과를 낳는다. 소나타, 교향곡 등의 경우 하나의 곡 안에서 다양한 효과가 순차적으로 사용된다. 강조는 작품의 다른 양상을 짓누름으로써 동질성을 추구하는 대신 다른 양상들을 돋보이게 하고 차별화하는 역할을 한다. 이렇게 되면 하나의 계기에서 다른 계기로 끊임없이 넘나들면서, 정체 상태가 아닌 움직임이 만들어지고 작품은 활기를 띠게 된다. 자재(음계, 장조나 단조, 변조)와 설비(피아노, 현, 금관 등)의 공존은 여러 가능성을 열어주며 차이를 증폭시킨다. 이는 교환과 소통의 이념과 연결되어 있는 축소 지향적인 경향을 전복시킨다.

6.12 지배의 수단으로 이용되는 추상 공간은 그 공간 안에서 태어나서 그 공간을 벗어나려고 하는 것이라면 모조리 억누른다. 이러한 특성만으로 추상 공간을 정의할 수는 없지만, 그렇다고 해서 이 특성을 부차적이라거나 우연적이라고 할 수는 없다. 추상 공간은 치명적인 공간으로, 자신의 태생적인 조건(역사적 조건), 자신만이 지니는 고유한 차이(내부적 차이, 잠재적 차이)를 질식시켜버리고, 그 대신 추상적 동질성을 강요한다. 헤겔주의에서는 역사적 시간성에만 부여했던 이 같은 부정성을 추상 공간은 이중으로, 아니 그보다 훨씬 더 많이 보유하고 있다. 현실 속에서나 잠재성 속에서 나타날 수 있는 모든 차이에 대해서 부정성을 보유하기 때문이다. 추상 공간은 어째서 이처럼 치명적인 능력을 갖는가? 핵의 위험 때문에? 맹위를 떨치는 기술 때문에? 통제할 수 없는 인

구 팽창 때문에? 인식은 멀리하려 하면서 권력은 손에 쥐기 원하는 성장 때문에? 환경 문제 때문에? 그게 아니라면, 이보다 훨씬 애매한 다른 이유 때문에? 이를테면 심연으로 잡아끄는 힘, 즉 종(種)의 파멸이나 지구의 자기 파괴, 죽음의 충동의 확산 때문에?

그런데 과연 원인과 이유를 찾아내는 일이 중요한 것일까? 원인과 이유의 발견에 집착할 경우, 철학자들의 해묵은 사변적 본능은 충족시킬 수 있다. 철학계 최후의 대표들은 이런 식으로 해서 존재론적으로 특혜를 부여받았으며, 설명적인 한 장소로 자신들의 주의와 흥미를 고정시킬 수 있을 것이다. 그들은 지고한 원인이나 이유를 얼마든지 관조할 수 있을 것이다. 하지만 그 지고한 원인이나 이유는 더 이상 존재가 아니라 비존재에 불과하다.

'세계'〔자본주의에 의해서 '다중적으로 결정된(surdéterminé)' 유대교-기독교적, 그리스-로마적 세계〕가 스스로를 사망으로 몰아가는 이와 같은 사망 선고를 형이상학적으로 위치 매김 하기보다는, 그렇게 만드는 **도구**를 분석하는 것이 훨씬 시의적절하지 않겠는가? 원자폭탄이나 자원 약탈, 성장(인구, 경제, 생산성), 그 어떤 위협적 '계기'도 공간이라는 도구를 정의하지 못한다. 위에서 언급한 모든 원인과 이유가 공간 안으로 수렴된다. 공간은 이것들을 모두 품고 수용해서 효과적인 (조작적) 행동으로 변화시킨다. 도구적 공간은, 도구적 공간만이 특화된 효과와 모든 장애의 제거, 모든 차이의 말살이라는 전략적 목표를 가지고 그렇게 할 수 있다.

이 단계에 이르면, 소외 이론은 필요성과 불충분성을 동시에 드러낸다. 소외라는 개념은 한계를 드러낸다. 바로 전적으로 진정(眞正)하며, 그렇기 때문에 부인될 수 없다고 하는 한계이다. 이제까지 기술되고 분석된 상황은 소외 이론이 완전히 옳았음을 확인해주며, 그와 동시에 이 이론을 사소한 것으로 만들어버린다. 그보다 훨씬 큰 위협과 공포 앞에서,

그까짓 소외 일반과 개별적 소외에 대못을 박는 것이 무슨 소용이란 말인가? 소외라는 개념이나 자유 지상주의의 (인문주의적) 이념의 '지위' 정도와는 차원이 다른 것이 문제가 되는 판국인데 말이다.

6.13   이쯤에서 매우 어렵고 미완성 상태인 차이의 이론에 대한 몇몇 계기를 상기해보는 것이 좋을 듯하다.

이 이론은 인식과 인식에 대한 성찰 분야 전체를 아우른다. 이 이론은 **인지된** 것에서 **체험된** 것, 즉 삶이 빠진 개념에서 개념이 빠진 삶으로 이행한다. 또한 논리학에서 변증법으로 이행하며, 이 두 가지의 분절 지점에 위치함으로써 둘을 결합시킨다. 한편으로는 일관성 이론, 따라서 (궁극적으로는 동어반복인) 정체성 이론에, 다른 한편으로는 (궁극적으로는 적대적인) 모순 이론과 맞닿아 있다.

두 가지 구분이 연대적으로 얽힌 가운데 종용된다. 두 가지 구분이란, **최소한의** 차이와 **최대한의** 차이 사이의 구분과, **귀납적인** 차이와 **생산된** 차이 사이의 구분을 가리킨다. 첫 번째 구분은 논리학에서 기인하며, 두 번째 구분은 변증법적 움직임에서 기인한다. 논리적·수학적 집합 안에서, 1과 1(첫 번째 1과 두 번째 1) 사이에 존재하는 차이란, 두 번째 1이 첫 번째 1과 반복에 의한 차이만을 지니므로, 엄밀하게 말해서 최소한의 차이다. 반면, 유한수 기수(基數)와 서수(序數), 초한수(超限數) 기수와 서수의 차이는 최대한의 차이다. **귀납적** 차이는 특정 법칙에 의해 만들어진 전체나 체계 내부에 존재한다. 이 차이는 전체를 구성한다. 그러므로 수의 집합 안에서 반복이나 빈도에 의해서 연속되는 요소들의 차이가 생겨난다. 이를테면 소형주택들이 들어선 교외 지역 내부에 지어진 주택들의 다양성, '시설' 내부에 마련된 특화 공간의 다양성, 유행 일반에 의해서 부추겨지는 의류 부문 유행의 다양성 등이 여기에 해당된다. 반면, **생산된** 차이는 체계의 파열을 전제로 한다. 생산된 차이는 체계의 파열을 통해서 태어나며, 울타리가 와해됨으로써 생기는 균열을 통해서 밖으로 나온다. 넓은 관점에서 보자면, 차이 생산 이론은 최대한의 차이에 토대를 둔다고 볼 수 있다. 이러저러한 전체가 자신이 지닌 틀을 넘어서 자신과는 완전히 **다른** 또 하나의 전체를 만들어내는 식이다. 온전한 것들의 전체가 조각난 것들의 전체를 만들고, 그것은 다시 '측정할 수 없는 것들', 초월적인 것들, 초무한적인 것들의 전체가 된다. 논리적·수학적 계기에서는 생산과 귀납이 존재한다. 반복은 차이를 만들어내는데, 이때 만들어지는 모든 차이가 같은 값을 지니는 것은 아니다. 질적인 것은 양적인 것에서 태어나며, 그 역도 성립한다.

역사적 시간을 통해서 볼 때, 하나의 생산양식 내부에서 귀납된 차이는 처음엔 생산된 차이와 공존하다가, 차츰 생산된 차이가 귀납된 차이를 종식시킨다. 생산된 차이는 생산적이기도 하다. 하나의 중세 사회 내부에서 축적이라는 과정이 진행되는 동안에도, 새로운 생산양식을 예고하는 차이는 이렇게 해서 점점 축적되고 결국 떠들썩한 과도기를 야기하며, 급기야 사회와 기존 생산양식(서유럽)의 파열을 가져온다. 변증법적 움직임을 다룬 고전적인 이론에서, 이 계기는 점진적인 변화(양적 변화)에 의해 준비된 질적 도약이라는 이름으로 불린다.[4] 이 고전적인 분석은 몇 가지 결함과 약점을 드러냈으므로, 이를 감안해서 심도 있게 연구할 필요가 있다.

마지막으로 한 가지 사항을 덧붙이자면, **개별성**은 풍광이나 자원 등의 일차적 자연에서 기인한다. 무시되었거나 제대로 알려지지 않은 이 개별성들은 서로 대립하고 맞선다. 계급, 민족, 국가 간의 투쟁을 내포하며 한층 더 복잡하게 만드는 이러한 투쟁으로부터 그 자체로서의 차이가 생겨난다. 개별성과 차이는 특화, 정통성 등의 혼돈스럽고 위험한 은유를 피하도록 해준다.

차이의 형식 이론은 리듬, 에너지론, 몸(반복과 차이가 만들어지고, 일치하거나 불일치하는 곳)의 삶 등 지금까지 알려지지 않은 것, 잘못 알려진 것의 세계를 향해 열린다.

6.14　　　차이는 동질화의 주변에서, 동질화에 대한 저항으로서, 또는 동질화의 외부 요소(측면적, 헤테로토피아적, 이질적인 것)로서 시작되거나 유지된다. 차이는 우선 **배제된** 것을 의미한다. 이를테면 외곽이나 빈민가, 금지된 장난이 행해지는 공간, 게릴라와 벌이는 전쟁의 공간 등이 해당될 수 있다. 하지만 이러한 차이들이 방어적인 태도를 견지하면서 반격에 나서지 않는다면, 조만간 기존의 중심과 동질화 세력이 이러한 차이들을 흡수해버린다. 그렇게 되면 중심성과 규범성은 궤도를 이탈하는 것에 대한 동화, 회유, 제거 능력의 한계를 드러낸다.

라틴 아메리카 곳곳에 형성된 거대한 빈민가들(파벨라, 바리오, 란초 등)은 도시의 부르주아 구역에 비해서 훨씬 밀도 높은 사회적 삶을 유지하고 있다. 이 사회적 삶은 외형적인 형태를 통해서 보이지만, 투쟁(계급투쟁의 현대적 형태) 과정에서 스스로를 방어하고 공격하는 방식으로만 지속될 수 있다. 가난에도 불구하고 공간의 배치(주택, 벽, 광장 등)는 우려 가득한 찬탄을 자아낸다. 이곳에서 **전유**는 놀라운 수준에 도달한다. 자발적(좀더 격조 있는 전문 용어로는 '무허가'라고 한다) 건축과 도시계획은, 경제-정치 부문 관계당국의 주문을 이행할 때가 아닐 때조차도 사회적 질서를 현장에 옮겨놓는 데 급급한 전문가들이 실행하는 공간의 조직보다 훨씬 우월하다. 이러한 사정은 현장에서 **공간의 놀라운 이원성**으로 표현된다.

이 이원성은 한편으로는 불안정한 균형, 다른 한편으로는 순식간에 피할 수 없게 되어버리는 폭발을 끌어안고 있는 정치권력의 이원성을 반영한다는 느낌을 준다. 하지만 이러한 느낌은 지배 공간이 지니는 억압적이고 동화시키는 능력을 감안할 때 기만적이라고 할 수 있다. 그렇다고 해도 이원성은 그대로 유지된다. 그러나 상황의 전복이 일어나지 않는다면, 지배받는 공간은 쇠락의 길을 걷게 된다. '이원성'은 모순과 갈등을 의미한다. 갈등은 예기치 않았던 차이를 생산함으로써 해소되거나, 귀납적인 차이(지배 공간에 내재하는 차이)만을 남기고 서서히 사라져간다. 갈등을 빚는 이원성, 즉 대립(귀납적 차이)에서 모순으로, 그리고 초월(생산된 차이)로 옮겨가는 이원성은, 특정 이념이 최적이라고 선언한 '균형 상태' 언저리에서 근근이 유지될 수 있을지는 모르겠으나, 언제까지고 지속될 수는 없다.

6.15   변증법적 움직임이 없다면 특정 논리(다시 말해서 특정 전략)가 회전문, 즉 악순환(특정 이념이 역시 '최적'이라고 선언한 악순환)을 초래함으로써 하나의 공간을 만들어내는 일이 가능하다. 로버트 굿맨이 비판적인 방식으로 기술한 회전문도 좋은 예에 해당된다.[5] 미국 연방정부는 휘발유 판매에서 일정 비율을 세금으로 거둬들이며, 이렇게 해서 걷은 엄청난 액수의 돈은 도심 내 또는 도시 간 고속도로(하이웨이, 파크웨이) 건설에 쓰인다. 고속도로의 건설은 석유회사와 자동차회사의 수입을 올려준다. 새로 포장된 도로가 1마일씩 늘어날 때마다 그만큼 자동차의 숫자도 늘어나기 때문이다. 자동차 수의 증가는 휘발유 소비의 증가로 이어지며, 휘발유 소비의 증가는 세수 증가로 연결되는 식이다. 이것이 바로 굿맨이 **'아스팔트의 마술적인 순환'**이라고 이름 붙인 회전문 현상이다. 잠

재적으로 보자면, 자동차와 고속도로는 공간 전체를 점유한다.

'논리'라고 하는 것의 기제, 다시 말해서 전략의 기제는 이런 식으로 파헤쳐진다. 이 연쇄작용은 생산적 소비, 즉 공간의 소비로, 잉여가치와 새로운 공간, 이렇게 두 가지를 생산해내는 생산적 소비를 전제로 한다. 공간의 생산은 실제로는 자본의 의도에 따라 행동하지만, 사회의 각 구성요소들 간의 소통과 모든 사용자의 이익 증대라고 하는 합리적 요구에 부응하는 것처럼 보이는 국가의 개입과 더불어 실행에 옮겨진다. 그런데 실제로는 지배적인 경제 이익을 위해 공격하는 악순환이 자리 잡는 것이다.

6.16   각각의 공간의 전략은 여러 가지 목표를 추구한다. 조종당하면서 동시에 조종하는 추상 공간이 지니고 있는 고유성에 버금가는 숫자만큼의 목표가 있다고 볼 수 있다. 전략적 공간은 불안감을 자아내는 집단, 특히 노동자 집단을 외곽으로 밀어내면서 동시에 중심 주변에 사용 가능한 용적을 희귀재로 만들어버림으로써 나중에 더 값을 올리며, 결정권과 부, 세력, 정보가 집결되는 장소로서의 중심을 조직한다. 또한 헤게모니를 장악한 계급을 위해서 중산층과 '엘리트' 계층에서 연합세력을 발굴하며, 생산과 흐름을 공간적으로 계획한다.

이 같은 사회적 실천의 공간은 분류의 공간, 즉 하나의 **계급**을 위해 봉사하는 **등급**의 공간이 된다. 등급화 전략은 현장에서 헤게모니를 장악한 계급을 제외한 다양한 사회적 계층과 계급을, 서로간의 접촉을 분리시키거나 금지하고, 접촉의 기호(이미지)로 접촉을 대체하며 배치하는 데 있다. 이는 비판적인 두 가지 성찰을 낳는다. 첫째, 특정 지식이 이를 학문의 대상으로 삼음으로써 전략으로 승인해준다는 점이다. 구조주의는 고도의 지적인 동기에서 이와 같은 분류와 등급화에 관심을 보였다. 구조주의는 그것을 통해서 명료함, 주체(생각하는 주체)와 대상(구축된 대상)의 우월한 관계를 발견했던 것이다. 이런 점에서, 아니 비단 이런 점에서뿐만 아니라 지식의 이름으로 이 이념은 권력에 봉사한다. 둘째, '조작적' 등급화, 분류라고 하는 개념은 사적인 공간에서부터 공적인 공간, 가구에서 공간 계획에 이르는 전체 공간을 지배한다. 이 개념은 노골적으로 총체적인 동질성을 위해 봉사하며, 따라서 권력에 봉사한다. 누가 분류하는가? 누가 등급화하는가? 국가, '공적인' 세력, 다시 말해서 정치 세력이 그렇게 한다. 사실 이 같은 조작의 역량은 '공적인' 공간을 '사적인' 공간, 즉 가장 높은 층위에서 대지 소유권과 생산의 다른 수단들을 보유하고 있는 헤게모니를 장악한 계급 또는 헤게모니를 장악한 계급 분파의 공간에 맞춘다. 겉보기에 '사적인' 공간은 '공적인' 공간의 우월성을 본떠서 조직되는 것으로 보인다. 하지만 어디까지나 겉보기에만 그럴 뿐이다. 실상은 그 반대(거꾸로 된 세계, 전복시켜야 할 세계)로 된다. 공간 전체는 민간 기업, 개인 소유권, 가정을 모델로 삼아, 다시 말해서 생물학적 재생산과 생식능력에 맞춰져 있는 생산관계의 재생산에 의거해서 취급된다.

6.17 　　　이러한 공간의 지배 안에서, 미메시스는 맡은 바 역할을 수행하며 나름대로의 기능을 지니고 있다. 모방과 거기에서 파생되는 결과, 유사성과 그런대로 체계적으로 얻어지는 유사하다는 느낌, 닮음과 닮지 않음, 은유와 환유(하나의 용어를 다른 용어로 대체하기, 부분으로 전체를 나타내기) 등을 꼽을 수 있다. 그런데 이 역할은 모순적이다. 아직 확실하지도 않은 하나의 욕망에 이미 공간을 점유하고 있는 모델을 적용하는 것

은 이 욕망에 폭력을 가하는 것이다. 아니 점유자에 대해 반(反)폭력을 가한다는 편이 좀더 적절한 표현일 것이다. 미메시스는 그 구성요소와 구성요소의 변주 형태와 더불어, 반은 허구적이고 반은 실재적인 응집력으로서의 추상적 '공간성'을 정립한다. 우리는 겉으로만 자연을 재생산함으로써, 다시 말해서 자연과 자연적인 것의 기호를 생산함으로써, 이를테면 나무나 관목을 나무나 관목의 이미지, 사진으로 만들어냄으로써 자연을 모방한다. 이렇듯 우리는 강력하고 파괴적인 추상으로 자연을 대체하지만, '이차적 자연' 또는 전유된 자연을 생산하지는 못하고, 둘 사이에 엉거주춤하게 머물러 있다. 원래의 자연으로부터는 거리를 두고 있지만 그래도 나름대로 구체적인 '이차적 자연'은 인위성에서 벗어났다고는 하나, 전혀 '자연적'이라고는 할 수 없다. 미메시스는 인위성, 즉 절대적 우위를 차지하는 시각적인 것, 광학적인 것 속에서 원초적 자연, 즉각적인 것, 육체성을 모방하며 자리 잡는다.

사회적(공간적) 실천에 대해서 우리는 이제 그것이 우선 직관적으로(본래적이고 즉각적이며, 자연적인 즉각성에 가까운 인투이투스 속에서) 이미 분열되어 있는 자연의 일부, 즉 몸과 몸을 형성하는 이원성의 일부를 장악했음을 알고 있다. 그 일부란 구멍이나 심연일 수도 있고, 밝은 빛이 내리쬐는 산이나 언덕일 수도 있고, '세계'이거나 '코스모스'일 수도 있다. 곡선이나 동그라미, 원일 수도, 상승하거나 하강하는 직선일 수도 있다. 우리가 재구축하고자 시도했던 이 교묘한 과정은, 고대 도시국가 시대 때부터 이미 여성성을 통합하는 동시에 이를 배제하고, 공간의 보잘것없는 부분만을 허락함으로써 이를 지배하며, 남자다움이건 수컷다움이건, 여하간 남성 위주의 원칙에 복종하는 '여성성'으로 축소시켜버렸다. 실천은 '하비투스'로 변했다가 다시 '인텔렉투스'로 변한 '인투이투스'에 따라 다양화된 공간을 생산했다. 실천은 즉각성, 즉 감각적이면서 이미 정신적이기도 한 느낌(인투이투스), '순수한' 그리고 '자연적인' 감각으로부터는 이미 벗어나서, 증폭되고 확대되었으며 가다듬어진, 따라서 변화되었다고 할 수 있는 이 느낌으로부터 이와 같은 변신을 만들어냈다. 이렇게 해서 대지로부터 '관념화'에 따른 사회적 공간이 솟아오르게 된다. 그 후 관념화는 끈질기게 추구되어 (기하학적, 시각적, 남근적) 추상 공간을 구축한다. 이 추상 공간은 동질적이고 병적이며, 양식에서 벗어나 규범화되고, 억압적이며 합리화된 정치적 '환경'의 생산이 되어버림으로써 공간성의 한도를 넘어버린다. 국가, 권력, 전략의 '환경'이 되어버리는 것이다. 절대적으로 정치적인 이 '환경', 절대적 정치 공간은 어떻게 되는가? 우리는 이 공간의 은유화, 환유화를 통해서 완전히 동어반복적인 행태에 이르게 된다. 다시 말해서 재생산 가능한 것만 생산하게 되는 것이다. 결국 재생산을 통해서, 과거의 생산을 모방함으로써만 생산을 한다는 말이다. 재생산되는 것만을 생산하는 공간의 생산 능력은 결국 반복적인 것과 반복만을 만들어낸다는 데에서 궁극적인 모순이 찾아진다. 미메시스(흉내 내기, 모방)는 지식과 기술에 토대를 둔 재생산 가능성으로 변하는데, 이는 재생산 가능성이 사회적 관계의 유지(재생산)를 보장하기 때문이다.

6.18   흔히들 말하는 '정치 문제'는 세분화될 수 있다. '정치 문제'는 공간과 마찬가지로 여러 가지 질문, 여러 가지 주장과 문제들을 포함하고 있다. 우선 일반적으로 정치적인 것의 문제, 이를테면 사회적 실천에 있어서 **정치적인 것**의 지위 같은 문제를 생각해볼 수 있고, 정치와 자본주의 생산양식에서 **정치**의 역할의 문제도 포함된다고 볼 수 있으며, **정치가** 또는 국가의 충복, 그들의 교육과 선발(이 표현이 적절한지는 잘 모르

겠으나) 문제도 고려의 대상이 될 수 있다.

국가와 정치에 관한 질문들은 추상적 차원에 머물러 있으며, 따라서 이에 대한 답도 마찬가지다. 바꿔 말해서 이러한 질문과 답이, 국가와 공간 사이의 관계를 짚어보는 질문과 답으로 집중되지 않는 한 정신적 공간에 머무를 수밖에 없다는 말이다.

언제나 실재적인 국가와 공간 사이의 관계는 점점 더 긴밀해진다. 국가의 공간적 역할은 과거에도 현재에도 명백하다. 행정기구나 정치기구 같은 국가 기구는 더 이상 추상적으로 자본의 투자(경제적인 것)에 관여하는 것만으로 만족하지 못한다.(하긴, 언제 만족한 적이 있기는 했던가?) 경제적인 생산 단위와 사회적 활동 단위가 영토 안에 산재해 있는 한 국가만이 이것들을 규합해서 하나의 공간적 단일성, 즉 민족국가(nation)를 형성할 수 있다. 중세 말엽, 서유럽에서는 도시와 도시 체제가 지난 세월의 절대적(종교적) 공간을 세속화된 공간으로 대체했다. 당시에도 이미 단일성은 유지해오면서 실상은 여기저기 산재해 있던 단위들로 구성된 이 정치적 공간은 왕권의 공간, 형성 중이던 민족국가의 공간으로 부상했다. 국가와 공간의 역사적인 관계는 앞에서 벌써 분석한 바 있다.

오늘날 국가와 (관료주의적이고 정치적인) 국가 기구들은 끊임없이 공간에 개입하며, 경제적인 것의 모든 층위와 제도에 개입하기 위해 도구적 공간을 이용한다. 그 결과 사회적(총체적) 실천과 정치적 실천은 공간적 실천 안에서 결합되며, 그렇게 해서 논리적 응집력 또는 일관성을 획득한다. 프랑스의 경우 국지적인 행위가, 관계당국(지방 자치 단체)에 의해서 이른바 본보기적인 계획이나 국토 개발이라는 명분에 따라 주문된 총체적인 행위와 결합된다. 민족국가 차원에서 일어나는 일 가운데 국가와 국가가 제공하는 '서비스'에서 벗어나 있는 것은 아무것도 없다. 국가와 국가가 제공하는 '서비스'는 공간 전체를 뒤덮는다.

국가의 차원에서 생각하고 행동하는 사람들만이 광역적, 지역적 장치와 흐름, 관계망(예를 들어 '노동력의 광맥'을 노동력이 생산적으로 소비되는 장소와 연결해주는 관계망!)을 속속들이 알고 있다.

그렇다고 하더라도 다양한 장소들을 서로 연결해줌으로써, 개별성과 이제 막 태어나기 시작하는 차이는 파괴시키지 않으면서 고립은 종식시키는 관계와 망이 증가함에 따라, 점차 국가가 무력화되는 경향마저 감소되는 것은 아니다. 그렇기 때문에 국가의 간섭을 완화하고 중앙 집중을 해소하여, **기초**부터, 즉 생산 단위(기업)와 국토 단위(도시)에서부터 조직적으로 관리하려는 자들의 요구가 고개를 들기 시작한다. 이러한 요구는 때로는 소리만 크고 실속이 없을 수도 있고, 반대로 확고하게 동기 부여가 되어 있을 수도 있다. 권력의 모든 수단을 구비했으며, 하나의 유일한 중심, 즉 수도에 복종하는 몇몇 부차적인 중심들을 설치하려는 국가적인 시도는 저항을 받게 된다. 지역 권력들(시, 도, 광역)은 쉽게 흡수당하려고 하지 않는다. 국가가 모든 것을 다 하고, 다 알고, 다 경영할 수는 없으며, 고작 자신의 통제를 벗어나려는 것을 파괴하는 데에만 최고로 효과적일 수 있는 형편이기 때문에 저항은 더욱 거세진다. 헤겔식의 절대국가는 자신의 공간 안에서 스스로를 생산하지 못한다. 스스로를 완성하기 전에 스스로를 파괴해버리기 때문이다.

따라서 일종의 '다원주의'가 존속하는데, 이는 권력 간에, 다시 말해서 방어적으로 또는 공격적으로 스스로를 내세우는 계급이나 계급의 분파 등의 집단 사이에 갈등이 발생하지 않는 한 별로 중요하지 않다. 사실 지역 권력과 중앙 권력 간의 갈등은 전 세계적으로 가장 큰 중요성을 지니며, 가장 큰 관심사이기도 하다. 이 갈등은 때로는 다른 것으로 하여금 금지의 문턱을 넘어서게 한다. 미국 자유주의자들처럼 다원주의 그 자체에 기대를 걸어야 하는 것이 아니라, 다원주의를 가능하게 만들어주는 것에 기대를 걸어야 한다.

6. 19   많은 집단들이 일시적 혹은 지속적으로 '새로운 삶'을 창조해내고자 했으며, 이들이 말하는 새로운 삶이란 일반적으로 공동체적 삶을 의미한다. 공동체를 이루려는 시도, 그로 인한 실수와 성공, 실패에 대해서는 혹평하는 자들만큼이나 호평하는 자들도 많았으므로, 이들의 입장을 공정하게 이해하기란 쉽지 않다. 장애가 되고 실패로 이끈 원인의 하나로는 분명 전유 공간 부재, 형태적인 창조의 부재를 꼽을 수 있다. 이를테면 수도원이 되었건 다른 식이 되었건 과거의 공동체들은 향유보다는 관조를 목표와 의미로 삼았다. 수도원 회랑보다 더 '아름다운' 것이 대관절 어디 있단 말인가? 다만 여기에는 한 가지 유보, 즉 그 어떤 회랑도 아름다움 자체, 예술 자체를 위해서가 아니라 세계로부터의 은신, 금욕적인 지혜, 관조 등을 위해서 건축되었다는 사실이다. 그런데 이상하고도 역설적이게도, 관능과 향유를 위한 장소들도 분명 존재한다. 〔하지만 그라나다의 알함브라 궁전과 정원, 루아르 강변의 몇몇 성, 그리고 팔라디오가 지은 몇몇 빌라를 제외하면, 텔렘 수도원(라블레의 《가르강튀아》에 등장하며, '원하는 것이라면 모두 하라'를 유일한 계율로 삼는 수도원―옮긴이), 《천일야화》 속의 궁궐, 샤를 푸리에(프랑스의 공상적 사회주의자―옮긴이)의 꿈처럼 문학이나 허구 속에서나 존재할 뿐, 실제로는 매우 드물다.〕 쾌락이나 즐거움, 토지 재화의 사용 공동체를 위한 건축은 아직도 발명되지 않았다. '누가 사회적 수요를 불러일으켰으며 누가 이를 주문했는가?'라는 질문에 대해서, 향유와 휴식(비노동)이라는 답보다 상업과 교환, 또는 권력, 생산적 노동, 체념과 죽음 등의 대답이 주류를 이룬다.

멀리서나마 발레리 솔라나스(Valérie Solanas, 미국의 급진적 여성운동가이자 작가. 1968년에 앤디 워홀 살인 미수로 복역하면서 유명세를 탔다—옮긴이)가 자신의 《여성 해방 선언(SCUM Manifesto)》에서 보여주는 복수심에 가득 찬 기술이나 분석(깊은 회한에서 영감을 얻은)을 따라가다 보면, 폭력과 슬픔 위에서 남자들이 세운 실패한 공간은 여자들의 공간에 자리를 내주어야 한다는 결론에 도달하게 된다. 전유는 여자들에게로 가야 하고, 여자들에게서 비롯된다. 남성적인 또는 수컷적인 의도는 기쁨이라고는 전혀 없는 지배 또는 죽음이라는 체념에 도달했을 뿐이다.

대부분의, 아니 모든 현대적 공동체는 기존의 공간을 회피하며, 부르주아적 대저택, 반쯤 폐허가 된 성, 농민들의 촌락, 도시 외곽의 소형주택 등 전유되지 못한 공간적 형태 속에서 도약하려는 의지를 상실했다.

어쩌면 새로운 향유의 공간을 발명하는 일은 **엘리트적인** 단계를 거치지 않을 수 없을 것이다. 엘리트는 수량 위주의 소비 모델, 동질화 과정을 배제하고 이를 거부한다. 그런데 엘리트들은 차이를 모방하지만, 그들의 차이란 실상은 모두 매우 닮았다. 반면, '대중들'은 실재적으로 다르며 모호한 가운데(무의식적으로) 차이를 갈구하는 사람들이면서도, 양적인 것과 동질적인 것을 받아들인다. 왜냐? 그들에게는 사람답게 사는 것보다 생존이 우선이기 때문이다!

따라서 엘리트들이 해야 할 역할이 있으며, 그 역할은 바로 대중들에게 '대중화'에 따라서, 양의 엄격한 구속과 기준에 따라서는 사람답게 살기 어려움(불가능성)을 알리는 일이다. 하지만 노동하는 대중들은 이미 노동의 삶 속에서 이러한 어려움을 겪고 있다. 따라서 이러한 인식을 '노동을 벗어난' 전체적인 삶으로까지 확대시키는 것이 필요하다.

엘리트 공동체와 이들이 일반 대중, 노동자 대중과 맺는 관계가 어떻게 되건, 생산력과 조화를 이루는 새로운 공간의 생산은 하나의 사회 집단에서 기인하는 것이 아니라 총체적인 차원, 그러니까 세계적인 차원에서 본 집단들(계급과 계급 분파) 간의 관계에서 비롯된다.

그러므로 공간에 관한 질문이 '반응성' 기질의 사람들(요즘 통용되는 용어로는 반동주의자)이나 '자유주의자', '급진주의자', '진보주의자', '진보적' 민주주의자, 심지어는 '혁명주의자'에 이르기까지 매우 다양한 사람들 사이에 충돌(일반적으로 이러한 충돌은 정치가들에 의해서 손가락질 당한다)을 야기한다고 해도 그리 놀랄 일이 아니다. 반(反)공간을 제안하며, 이 반공간을 실행 중인 전략과 대립시키는 반(反)기획, 반계획을 놓고 이 같은 연합이 이루어지는 현상은 보스턴, 뉴욕, 토론토에서도, 영국이나 일본의 도시들에서도, 요컨대 전 세계에서 관찰된다. '반동주의자들'은 정원이나 공원, 자연과 녹지대, 낡았지만 포근한 자신들의 집, 또 때로는 누추한 집 등 자신들의 특권적인 공간을 방어하기 위해 이러저러한 계획에 반대한다. 그런가 하면 '자유주의자'나 '급진주의자'는 똑같은 계획이 자본주의 일반 또는 특정 금융 집단, 개발업자의 공간 장악을 가능하게 해준다는 이유로 반대에 나선다. 몇몇 개념들(이를테면 학문과 이념의 혼합이라고 할 수 있는 생태학)이 지니는 모호함 때문에 아주 희한한 연합이 성사되기도 한다.

오직 정치적 정당만이 선발과 추구 이념의 동질성을 구성원들에게 강요할 수 있다. 역으로, 다양한 각종 연합은 공간 문제에 대한 정당의 경계심을 설명해준다고 볼 수 있다.

6.20 개인이 되었건 집단이 되었건, 이와 같은 새로운 토대에 기초해서 형성된 각각의 '주체'가 사용과 향유를 학습할 수 있는 공간이 오늘날 막 싹트고 있다. '반사회' 또는 '반문화' 기획은 모호함에서 벗어나지 못한다. 무의식이라는 개념에 버금갈 정도로, 이념은 물론 역사의

결과물, 생활양식, 알려지지 않은 몸의 요구에 이르기까지 아무것이나 닥치는 대로 전부 끌어안는 '문화'의 개념조차 불확실한 판에, 반문화라니, 그건 또 무어란 말인가? 사회라고 하는 말은 정의하기도 어렵거니와, 그 말이 이미 애매한 용어로 낙인찍힌 '자본주의', '사회주의', '공산주의' 등을 가리키는 것으로 사용되지 않으면 그나마 아무런 의미조차 지니지 못하는 판에, 반사회란 또 무엇인가?

교환을 기반으로 세워진 사회에 대항하기 위해서라면, 사용의 우월성을 내세울 수 있다. 양에 맞서기 위해서라면 질이 있다. 반기획이니 반공간이니 하는 것들에 대해서, 우리는 실천을 통해서 그것들이 어떻게 이루어져 있는지 알고 있다. 주민들이 고속도로 건설이나 도시 확장 계획에 반대할 때, 주민들이 '설비', 즉 놀이와 만남을 위해 필요한 빈 광장이라는 시설을 요구할 때, 우리는 반공간이 어떻게 공간적 현실에 도입되는지 지각할 수 있다. 눈과 시선, 양과 동질성, 권력과 오만에 반대해서 '사적인' 것, 기업 수익의 제한 없는 확장에 반대해서 특화된 공간, 편협하게 위치 매김 된 공간에 반대해서 반공간은 도입된다. 물론 **귀납적** 차이, 그러니까 전체보다 앞서서 존재하며 체계로서의 전체에 의해서 야기된 차이, 스스로를 폐쇄적으로('소형주택이 밀집한' 세계와 도시 교외처럼) 만들어야 하는 차이는 체계를 벗어나는 **생산된** 차이, 제한과 체계 내적인 폭력에 의해 체계 내로 **축소된** 차이와 확연하게 구별되지 않을 수도 있다. 또한 반공간과 반기획이 기존 공간에서 벗어나지 않으면서 기존 공간을 모방하고 패러디하며, 표절할 수도 있다.

오직 즉각적으로 국토와 연결되는('지역적' 권력, 시의 권력, 광역 단위의 권력) 행동을 중앙 권력과 대립시키는 것만이 중앙집권화된 국가를 불편하게 만들고, 모종의 다원주의 도입(재도입)을 가능하게 만들 수 있다. 이러한 저항과 반행동은 필연적으로 비교적 자율적인 자주관리 능력을 갖추고 있는 뚜렷한 영토 단위들을 유지시키거나 새로이 부상하게 만든다. 한편, 중앙집권적 국가 입장에서는 이 같은 지역적 자율성을 축소함으로써, 이들의 고립과 약화를 이용함으로써 스스로를 강화시키는 것도 불가피하다. 여기서 매우 특별한 변증법적 움직임이 드러난다. 한편으로는 국가의 강화, 그리고 약화, 더 나아가서 해체, 부패, 다른 한편으로는 지역 세력의 부상, 쇠퇴가 일어난다. 순환 주기, 조만간 흡수되어버릴 모순들에 의해서 이러한 현상은 이어진다. 어떤 방식으로? 경우에 따라서는 국가 기제를 기초 자치 단위에 의해서 제공되고 통제되는 정보 기제로 대체함으로써 이루어진다. 공간의 문제의식을 이렇듯 힘과 사회-정치적 역학 관계라는 관점에서 제시하면, 해괴한 딜레마는 피할 수 있다. 도시는 존재하지 않거나 하나의 체계를 구성한다. 공간은 무기력한 실현 매체이거나 충만하고 온전한 생태학적 현실의 환경이다. 도시적 공간은 하나의 생태적인 영역을 점유하거나 주체가 된다. 기초 자치 단위가 가하는 경제적 압력(노동조합, 노동자들의 요구사항, 파업)만이 잉여가치의 생산을 변화시킨다면, 오직 공간적 실천만이 잉여가치의 분배, 다시 말해서 사회의 집단적 이익, '공공 서비스'가 되어야 할 사회적 잉여 생산 부분의 분배를 변화시킬 수 있다. 기초 단위로부터 전해지는 압력이 이러한 방향으로 효율적으로 실행되기 위해서는 '공동 이익'의 관리자인 국가만을 공격해서는 안 된다. 한 특정 계급의 헤게모니에서 비롯된 국가는 다른 많은 기능보다도 특히 공간을 조직하고 흐름을 조절하며 관계망을 통제하는 기능을 지니고 있으며, 이 같은 성향은 점점 더 강화되어간다. 국가는 이 기능의 원활한 수행을 위해서 잉여가치의 상당 부분을 할애한다. 그러므로 기초 단위로부터의 압력은 도시계획과 건물 건축, 공간 계획을 통제하는 공간 조직자로서의 국가도 문제 삼아야 한다. 기초 단위로부터의 압력은 계급의 이익을 관리하는 동시에 사회 전체의 위에 군림하는 국가를 상대로, 공간 내에서 위로부터 강요되는 전략, 계획, 프로그램에 반공간, 반계획, 반기획을 제시함으로써 공간에 개입하는 능력을 보여주어야 하며, 충분히 그렇게 할 수 있다.

6. 21 '반공간'은 '개혁'과 '혁명' 사이에 정립되어 있다고 간주되는 대립을 넘어선다. 반공간에 대한 모든 제안은, 가장 별 볼일 없는 반공간에 관한 것이라고 할지라도, 기존 공간과 그 공간이 표방하는 동질성, 권력과 기존 질서 앞에서의 투명성이라고 하는 전략, 목표 등을 머리끝에서부터 발끝까지 뒤흔든다. 사용자들의 침묵이 설명될 수 있는 것은 바로 이 대목에서다. 사용자들은 자신들의 아주 미세한 움직임마저도 무한한 결과를 초래할 수 있으며, 자신들이 움직이는 순간, 엄청난 무게로 자신들 위에서 군림하던 질서(생산양식)가 요동치게 될 것임을 예감하고 있다.

이 결과라는 것은 얼핏 보기에는 매우 역설적으로 보인다. 처음에는 종속적이었던 몇몇 일탈 공간이나 파생 공간에서 생산 역량이 관찰되기 시작한다. 특히 여가 공간의 경우 이 같은 현상이 두드러진다. 여가 공간은 처음엔 기존 질서의 통제에서 벗어나는 것 같아 보이며, 그 결과 놀이 공간으로서 거대한 '반공간'을 형성하는 것으로 여겨진다. 하지만 이는 모두 환상에 불과하다! 여가 공간 비판에 대해서는 더 이상의 보충 설명도 필요 없다. 노동과 마찬가지로 소외당하고 소외시키며, 이와 대칭되게 회유하며 회유되는 여가는 '체계'(생산양식)를 통합적으로 구성하며 체계에 의해서 구성된다. 처음엔 노동자 계급의 노획물(유급 휴가, 바캉스, 주말 등)이었던 여가는 곧 산업, 즉 부르주아 계급의 헤게모니를 공간 전체로 확장시키는 신자본주의의 노획물이 된다.

지배받는 공간의 확장으로서 여가 공간은 기능적인 동시에 서열에 따라 배치된다. 여가 공간은 생산관계의 재생산을 위해 봉사한다. 이렇게 통제되며 관리되는 공간은 특별한 제한을 강요한다. 이를테면 특별한 의식과 몸짓(예를 들어 선탠), 담론 형태(웃어야 한다, 웃지 말아야 한다 등)에서부터 공간 모델과 변조(사생활과 가족 형성을 위한 생식능력을 중요시하는 호텔, 방갈로) 등이 모두 여기에 해당된다. 그러므로 이 공간은 성냥갑처럼 납작한 평면을 층층이 쌓아올린 주거 형태를 띠게 된다. 그런데 **이와 동시에** 이 공간에서는 몸이 복수를 시작한다. 아니 최소한 복수가 필요하다고 주장한다. 몸은 자신의 존재를 알리고 **번식자**(무엇의 번식자? 실천과 사용, 따라서 공간의 번식자이며, 그러므로 인류의 번식자가 된다)로서 자신의 존재를 인정받고 싶어 한다. 말하자면 몸은 자업자득 식으로 오랜 기간 부정되어오다가 나중에야 되찾은 유물성의 번식자이고자 한다. 해변은 인류가 자연에서 찾아낸 유일한 향유의 장소이다. 해변에서 몸은 후각과 성(性), 시각에 이르기까지 시각적인 것을 우위에 두지 않고 모든 감각기관을 동원해서, 다시 말해서 몸 전체가 **차이의 장**(場)이 된 것처럼 행동한다. 몸은 노동과 노동의 분업, 노동이 위치하는 장소, 특화된 장소에서 비롯되는 시간, 공간적인 갑옷을 깨고 나온다. 특정한 경향에 따라 몸은 '주체'로서, 또 '대상'으로서 스스로를 확인하는데, 이는 '주체성'(고전적이며 철학적인 의미에서의 주체성)으로서 또는 '대상성'(여기저기로 파편화되고, 시각적인 것과 이미지 등에 의해서 뒤죽박죽이 된 대상성)으로서 확인하는 것보다 훨씬 바람직하다.

　여가 공간 안에서, 또 여가 공간에 의해서 공간과 시간의 교수법이 윤곽을 잡을 수 있다. 물론 잠정적이며 곧 부인될 교수법이지만, 그런대로 하나의 예시 또는 반(反)예시가 될 수 있다. 시간은 사용 가치를 회복시킨다. 암시적이건 명시적이건 노동 공간의 비판은 조각난 몸짓, 무언주의, 장애,

거북함에 대한 비판을 동반한다.

시대에 뒤떨어진 것으로 치부되던 즉각적인 것, 유기적인 것(따라서 자연)으로의 회귀는, 예상치 못했던 차이를 생산한다. 리듬은 음악을 통해서 애매하고 서툴게나마 권리를 되찾는다. 리듬은, 흉내 내기와 미메시스가 진정한 자연적 존재와 공간의 **전유**를 대체했다고 하더라도, 결코 망각되지 않는다. 몸을 통한 호소가 역효과를 가져온다고 하더라도, 이를테면 해변에서 벌어지는 바다와 태양 앞에서의 완전한 수동성을 상정한다고 하더라도 그렇다…….

여가 공간은 사회적인 것, 정신적인 것, 감각적인 것, 지성적인 것, 그리고 일상적인 것과 예외적인 것(축제)의 분리를 뛰어넘으려는 **경향이 있다.**(이는 어디까지나 자신의 길을 찾으려는 이용자의 긴장과 일탈, 경향에 불과하다.)

여가 공간은 공격점과 결별점을 지시한다. 즉 일상적인 것, 도시적인 것, 몸, 반복적인 몸(몸짓, 리듬, 주기)에서 태어나는 차이들이 그러한 지점들이다. 예전의 공간, 즉 기념물성, 노동을 위한, 노동에 의한 위치 매김이 한편에 놓여 있고, 향유와 즐거움의 잠정적인 공간이 다른 한편에 놓여 있다고 할 때, 여가 공간은 이 둘 사이에 놓인 이행 공간으로서, 모순적인 공간의 가장 좋은 예이다. 기존 생산양식은 여가 공간 내부에서 최악의 것과 최선의 것, 기생하는 부수적 결과와 풍성한 가지를 생산한다. 또한 괴물 같은 결과물과 전도양양한 약속(지키지 못할 약속)을 남발한다.

6.22　　　　하나의 도시가 어느 정도까지 말살에 저항할 수 있으며, 하나의 도시를 말살시키기란 얼마나 어려운 일인지를, 파리라고 하는 도시가 잘 보여준다. 각각의 도시 공간에서는 늘 그렇듯이 항상 무엇인가가 진행되지만, 모든 것이 같은 방향으로 진행되는 것은 아니다. 신자본

주의와 중앙집권적인 국가가 자신들의 이익을 위해 이른바 역사적인 부분을 바꾸려 할 경우, 이 역사적 중심에서 멀리 떨어지지 않은 몇몇 구역은 서민화된다. 이를테면 파리의 벨빌 같은 지역에서는 외국인 노동자들과 아프리카에서 건너온 프랑스인들이 이웃해서 살면서, 갈등이 없진 않지만 지역은 활기 있게 유지되었다. 이른바 '엘리트'라고 하는 자들이 마레 지역에 정착하자, 이 엘리트들(지식인, 전통의 또는 신종 전문직 종사자)은 그 지역의 원래 주민들과의 접촉을 소홀히 하지 않았다. 그런 점에서 이들은 파리의 전통적인 '주거' 구역과 교외만을 고집했던 예전의 부르주아 계급과는 차이를 보인다. 마레와 인근 지역은 원래 주민이었던 프롤레타리아, 하층 프롤레타리아들과 더불어 앞으로도 상당 기간 생산(장인, 중소기업)에 종사하게 될 가능성을 배제할 수 없다.

그러므로 파리는 과거 도시의 흥분, 축제와 완전히 결별하지는 않았다. 1968년에도 보았듯이, 이 도시는 여전히 끓어오르는 용광로, 화덕으로 남아 있다. 여기서 고도의 모순이 나타난다. 파리가 대담성, 가능성과 불가능성에의 탐구, 이른바 문화적인 발전, 민중, 인텔리겐차, 학생, 예술가, 문필가 등의 다양한 행동가들이 벌이는 다양한 행동이 가져다주는 세계적인 명성을 유지하기를 원한다면, 정치권력과 헤게모니를 장악한 계급은 이 용광로, 화덕이 간직한 불씨를 꺼서 득을 볼 것이 없음을 알아야 한다. 이와 동시에 정치권력과 경제적으로 지배하는 부르주아 계급은 이 불씨를 두려워하며, 막강한 결정의 중심성을 통해서 이를 짓밟으려 한다.

파리를 비롯하여 도시라는 이름에 합당한 모든 곳에서는 중심성과 기념물성이 결합하여 빚어내는 효과가 여전히 영향력을 행사하고 있다. 이 같은 추세는 정해진 원인에 의해서 공간적으로 야기되는 포함과 배제라는 현상에 근거를 두고 있다. 즉 중심은 주변으로 몰아내고 흩어지게 함으로써만 집합시킬 수 있으며, 기념물은 배제함으로써 사람을 끌어 모을 수 있다. 그렇기 때문에 불가피하게 인종, '문화', 국적 등 예전 시대의 개별성을 축소시킴으로써 차이를 생산해내는 수밖에 없다. 도시적인 것을 움직이지 못하도록 고정시키기란 불가능하다. 도시적인 것을 고정시킨다는 것은 그것을 죽이는 것과 다르지 않다. 하지만 도시적인 것은 그렇게 가만히 당하고만 있지는 않는다. 지배당하고 말살당해도, 도시적인 현실은 다시금 형성되는 경향이 있다. 극단적인 경우에 한해서만 도시적인 현실이 완전히 흩어지고 무력화된다. 이 같은 극단적인 경우는 매우 위협적이지만, 사실 이렇게 되기란 매우 어려운 일이다……. '주민들', '사용자들'의 수동성과 활동이라는 모순은 절대로 완전히 수동성 쪽으로만 기울어지면서 해결되는 법이 없다.

방금 '도시성'에 대해서 언급했는데, 사실 이보다 더 모순된 표현도 없을 것이다. 도시성은 한편으로는 계급 간의 투쟁을 우회시킬 수 있다. 도시와 도시적인 것은 위험한 '요소들'을 분산시킨다. 도시와 도시적인 것은 교통수단이나 '설비'의 개선처럼 비교적 덜 공격적인 '목표들'을 정립할 수 있다. 이와 동시에 도시와 도시 주변은 더 이상 기업이나 사무실 내부로만 한정할 수 없는 행동의 장이 된다. 투쟁의 환경으로서 도시는 또한 투쟁의 쟁점이기도 하다. 권력의 장소에 도달하지 않고, 권력의 장소를 점유하지 않으면서, 예전의 형태에 대한 비판을 내포하는 새로운 정치적 형태〔결과적으로는 형태와 더불어 정치적인 것(정치)의 지위까지도〕를 건설하지 않으면서, 어떻게 권력을 넘볼 수 있단 말인가? 말이 나온 김에 짚고 넘어가자면, 농촌적인 것과 도시적인 것의 사생아적인 타협〔'도농(都農)적인 것'〕이라고 해서, 몇몇 사람들, 특히 그 안에 거주하는 사람들이 믿는 것처럼 지배받는 공간 신세를 피할 수 있는 것은 아니다. 이는 도시적 공간과 농촌적 공간 모두를 퇴화로 이끈다. 갈등의 초월과는 반대되게, 이러한 타협은 이 두 공간을 마그마 속으로 잡아끌어, 국가적 공간에 의해 구조화되는 것이 아니라면, 결국 형태 없는 것으로 만들어버린다.

정치적으로 지배당하는 공간의 전유는 광범위한 정치 문제를 제기하며, 이 문제는 정치적인 것(정치)과 국가에 대한 급진적인 비판, 즉 방법과 과정이야 어떻든 간에 국가의 소멸을 동반하지 않고는 해결되지 않는다. 전유된 것과 지배받는 것의 대립은 이 단계에 도달하면 변증법적 모순이 된다. 공간의 전유, 도시적인 것의 발전, 일상의 은유화는 '도시-농촌' 간 대립적 분열의 초월과 마찬가지로, 국가 및 정치와 갈등을 빚는다.

이렇게 볼 때 국가가 충성스럽거나 충성스럽지 않은 '주체들'에게 강요하는, 지배하고 지배받는 공간은 겉으로 보기에만 폭력이 없는 **국가적 평화**의 공간(로마식 평화가 있듯이, 자본주의 국가에서는 **자본주의적 평화**)이다. 겉보기에는 폭력에서 벗어난 것처럼 보이는 추상 공간은 사실상 폭력을 내포하고 있다. 이러한 운명에서 벗어났다고 믿는 공간들, 즉 도시 교외, 소형주택들과 별장의 공간, 가짜 시골, 자연 흉내 내기 공간도 마찬가지다. 마르크스가 주장한 국가 소멸 이론은 국가에 의한 공간의 관리는 파괴적, 자기 파괴적 불변성의 논리를 내포한다는 중심 사상 덕분에 다시금 현실성을 부여받는다.

6. 23   공간을 공적 또는 총체적 공간(Pu 또는 G), 사적 공간(Pr), 이 두 가지가 혼합된 매개적 또는 중간적 공간(M), 이렇게 서로 얽히고설키며 간섭하는 세 개의 층위로 나누는 분류표가 이쯤에서 어느 정도 흥미로울 수 있다. 이 표는 사회적 공간을 정치사상이 아닌 다른 방식으로 독해하고 규정한다. 정치적 투시도법에 따르면, 공간의 모든 것은 지배를 벗어날 수 없으며 벗어나서도 안 된다. 겉보기만 예외다. 권력은 공간 전

체를 통제하고 싶어 하며, 공간을 '해체되고 분리된', '파편화되고 동질화된' 상태로 유지하기를 원한다. 말하자면 지배하기 위해 분열시키는 것이다. 그런데 세 개의 층위로 공간을 나누는 표는 공간의 요소들을 추상 공간 안에서 분리한 채로 유지하지 않는다는 한 가지 사실만으로도, 이와는 다른 관점을 제시한다. 이 표는 내재적 차이들을 재도입하며, 매우 가다듬어진 동시에 '촘촘한' 공간, 즉 명상이나 고독을 위해 전유된 장소들과 배타적이지 않은 만남의 장소, 통과 장소를 염두에 두고 있다. 이 표는 '마이크로'(건축, 주거하기, 주거지, 이웃)와 '중간'(도시, 도시계획, 도시-농촌 관계), '매크로'(공간 계획, 개발, 국내, 전 지구적, 세계적 영토)라는 층위를 구분은 하되 분리하지 않는 층위 분석과 이어준다. 하지만 이러한 표들은 공간 안에 있는 파편들을 분류하는 데 지나지 않는 반면, 인식은 공간의 생산을 문제 삼는다.

6.24   정치권력은 그 자체로 내재적인 모순을 촉발시킨다. 정치권력은 흐름이나 결집체(agrégat) 같은 일시적인 것을 통제한다. 사회적 공간의 구성자와 형성자의 이동성은 에너지나 원자재, 노동력의 흐름처럼 특히 경제적인 것 자체와 관련해서 증가한다. 통제란 고정된 기관, 결정과 (폭력적이건 아니건) 행동의 중심을 전제로 한다. 게다가 몇몇 본질적인 활동은, 그것이 교육과 관련된 활동이건 놀이와 관련된 활동이건, 지속적인 시설을 필요로 한다. 흐름과 결집체의 이동성은 자연적인 리듬이나 주기와는 아무런 상관이 없다. 그러므로 독창적이고 특화되었으며, 중앙집권적 권력으로는 해결하기 어려운 모순이 일시적인 것과 지속적인 것 사이에서 발생한다. 공간적 형태의 다양성, 실천의 유연성은 다기능, 기능 장애 등 기능의 다양성과 마찬가지로 강화될 수밖에 없다. 그

같은 사이 공간에서 몸은 복수의 길을 헤쳐 나갈 수 있을 것인가? 일차적 자연과 이차적 자연은 어떻게 될 것인가?

6.25 이미지, 기호, 기호와 이미지의 세계는 이런 사이 공간을 점유하려는 경향을 보인다. 행복과 만족의 기호. 자연과 에로스의 기호와 이미지. 역사와 진정성, 스타일의 이미지와 기호. 세계의 기호, 즉 반대편 세계의 기호와 다른 세계의 기호. 마치 새로운 것처럼 소비되는 신○○, 신××, 옛날의 기호, 존경받는 것, 감탄의 대상이 되는 것의 기호. 미래의 이미지와 기호. 도시적인 것의 기호와 이미지.

낡은 '세계'(mundus est immundus)의 종말을 뜻하는 이미지와 기호의 세계는 존재하는 것의 가장자리, 그림자와 빛의 사이, 인지된(추상적) 것과 지각된(독해 가능한-가시적인) 것의 사이에 위치한다. 실재적인 것과 비실재적인 것 사이. 사이 공간, 둘 사이. 체험된 것과 사고 사이. 결국 삶과 죽음 사이라는 익숙한 역설도 가능하다. 이미지와 기호의 세계는 투명성(따라서 순수성)을 위해 전념한다. 투명성이 정신적인 것과 사회적인 것, 공간과 시간, 밖과 안, 필요와 욕망을 일치시킨다고 장담하므로, 안도감을 주기 때문이다. 또한 투명성은 담론의 (되찾은) 단일성, 체계로서의 언어의 단일성, 논리로서의 사고의 단일성 등을 보장해주기 때문이기도 하다. 이미지와 기호의 세계는 진실한 세계를 위해 전념하며, 어쩌면 그렇게 할 권리를 지니고 있을 수도 있다. 하지만 그렇기 때문에 진실한 것(절대적인 것)을 한층 더 위태롭게 만들 수도 있다. 이미지와 기호의 세계는 투명성으로 군림한다. 그런데 사실상 그 세계는 불투명성, 자연성('자연'이 아닌 자연의 기호)으로 이끈다.

이 세계는 함정에 빠져 있는 세계다. 어쩌면 가장 많은 함정을 지니고 있는, 이를테면 함정으로서의 세계다. 전체를 수용하는 용기 역할을 하는 것이 한구석에, 가장자리에 숨어 있는 식이다. 예술과 문화에 대해서 이야기하지만, 사실은 돈과 시장, 교환과 권력이 문제된다. 소통에 대해서 이야기하지만, 사실은 고독이 문제된다. 아름다움에 대해서 이야기하지만, 사실은 브랜드 이미지 문제일 뿐이다. 도시계획에 대해서도 이야기하지만, 사실은 빈껍데기뿐이다.

이미지와 기호의 세계는 현혹시키며, 문제들을 우회하고 깊은 물속에 던져버리는가 하면, '실재적인 것', 다시 말해서 가능한 것은 회피한다. 이미지와 기호의 세계는 공간에 의미를 부여함으로써, 바꿔 말해서 공간적 실천에 정신적 공간, 즉 추상 공간을 대체함으로써, 그러면서도 기호와 이미지라는 추상에 의해 눈속임으로 결합된 공간들을 해체시키지 않는 방식으로 공간을 점유한다. 차이는 차이의 기호로 대체되며, 그 결과 생산된 차이는 귀납적 차이와 기호로 축소된 차이로 진즉부터 대체된다.

그러나 이처럼 이미지와 기호로 이루어진 희미한 공간은 결코 견고할 수 없다. 이 공간은 점차 사라져간다. 이미지와 기호의 공간은 끊임없이 새로운 것을 필요로 하며, 이로 인해 현기증을 일으킨다. 이 세계가 하나의 구멍 속으로, 힘을 주어 벌리기만 하면 되는 조그만 틈 사이로 빠져나갈 것 같은 느낌을 줄 정도다. 누군가가 꼭 필요한 몇 마디 말을 한다거나 몇몇 몸짓을 하는 순간 쓰레기처리장이 가동하기 시작할 거라는 실존적인, 실존주의적인 환상을 가질 수도 있다. 하지만 그런 기대는 하지 말아야 한다! 이미지와 기호로 이루어진 함정의 공간에서는, 환상도 함정의 일종이다. 이미지와 기호로 이루어진 허구–실재인 세계를 해소시키기 위해서는 마법의 주문이나 제례의식을 위한 몸짓, 철학자의 몇 마디 말 또는 예언자의 몸짓 정도로는 충분하지 않다.

이미지와 기호로 이루어진 현혹적이면서 모호한 세계가 장기적으로 효과를 발휘하지 못하는 원인과 이유는 '실재적인 것' 속에서 찾을 수 있다. 노동 분업과의 연계 하에, 그러나 그것과 일치하지는 않는 가운데, 생산물들과 생산적인 조작이 다양화된다. 엄밀한 의미에서 제작 주변 여건의 중요성이 점점 증대하며, 이로 인하여 육체노동과 기업 내부로 국한된 실행 업무의 중요성은 감소한다. 이른바 산업의 '서비스화'가 이루어지기 시작하는 것이다. 예측되거나 촉발되거나, 함축되거나 조작된, 결과적으로 수많은 정보에 의거하여 제시되는 '필요'를 감안하는 생산물에 대한 이해가 비중 있는 역할을 한다. 그러므로 생산물의 이해와 수익성이 첨예하게 대립하며 생산물의 순환주기가 다양화됨에 따라, 생산적인 노동 조직은 점점 더 복잡해진다. '기업을 위한 서비스', 부속 업무 담당 기관, 하청 업무 등이 증가한다. 그 결과 도시적인 중심성(전통적으로 도시라고 부른다)은 생산 과정의 지성화(전통적으로는 생산에 있어서 학문의 역할, 생산력으로서의 인식이라고 표현한다)를 책임지게 된다. 이렇게 되면 관련 집단들, 즉 학자 집단과 산업 집단 사이에 힘, 권력, 권위 등을 대상으로 하는 역학 관계가 발생한다.

공간 안에 있는 사물(이른바 소비재라고 하는 다양한 재화)의 생산 과정은 동질성을 확인시켜주기보다 약화시킨다고 해도 크게 틀리지 않는다. 그러므로 몇몇 특징적인 차이가 두드러지게 나타날 수 있다. 이 같은 차이들은 장소나 상황, 지리적으로 한정된 공간에만 국한되지 않는다. 경제적이라고 표현되는 과정은 다양성[6]을 지향한다. 이는 오늘날 동질화는 경제적인 것보다는 정치적인 것 자체에서 비롯되며, 추상 공간은 권력을 위해 봉사한다는 가설을 입증해준다. 일반적인 공간적 실천, 그중에서 특히 도시화(도시의 분열, 도시적인 조직의 확장, 중심성의 형성)라는 과정은, 산업적 성장만을 따로 떼어냈을 때 드러나는 양적인 결과, 또는 기술적인 양상만으로 정의되지 않는다. '도시'는 하나의 기업 또는 공장보다 훨씬 거대한 생산 단위로 인지되지 않으며, 생산에 종속된 소비 단위로도 인지되지 않는다.

앞에서 제시한 분석으로부터, 사회적 공간(공간적 실천)은 수량화 가능한 활동으로 이루어진, 따라서 순수하고 단순하게 프로그램을 강요하는 재생산의 추상 공간에 비해서 **잠재적으로** 한 단계 높은 자유를 획득한다고 말할 수 있다.

6.26   공간을 연구하면 할수록 우리는 공간을 더 잘 성찰(눈과 지성만이 아니라 모든 감각을 동원해서 온몸으로 그렇게 할 수 있다)할 수 있고, 공간에 영향을 주는 갈등들, 추상 공간의 파열과 다른 공간의 생산을 추구하는 갈등들을 한결 효과적으로 파악할 수 있다.

공간적 실천은 (도시적 또는 생태학적) 기존 체계나 (경제적 또는 정치적) 다른 체계로의 적응을 통해서 정의될 수 없다. 오히려 이와는 반대로, 공간은 자신들의 용도에 맞게 동질적 공간을 우회하는 다양한 집단의 잠재적 에너지 덕분에 연극화되거나 드라마틱해진다. 모호함 덕분에, 필요와 욕망의 동시적인 발현 덕분에, 음악 덕분에, 특화된 생리학적〔성(性)〕, 사회적(이른바 쾌락의 장소) 공간에만 국한되었던 필요와 욕망이 그 공간을 넘어서게 만들어주는 상징과 차이 덕분에, 공간은 에로틱해진다. 때로는 치열하고 때로는 느슨한 불평등한 투쟁이 로고스와 반(反)로고스(가장 넓은 의미, 즉 니체적인 의미에서의 로고스와 반로고스) 사이에서 벌어진다. 로고스는 분류하고 정리하며 지식을 재배하고, 권력을 위해 이를 사용한다. 말하자면 로고스는 목록을 작성하는 셈이다. 니체가 말한 위대한 욕망은 작품과 생산물, 반복과 차이, 필요와 욕망 등의 분리를 뛰어넘고자 한다. 로고스에는 합리성이 자리하고 있으며, 이는 끊임없이 스스로를 드러내고 강화한다. 조직 형태, 산업체의 양상, 체계와 모든 것을 체계화하려는 시도 등이 로고스에 해당된다. 공간을 지배하고 통제하려는 힘, 즉 기업과 국가, 각종 제도와 가정, **기관**, 기존 질서, 동업조합과 구성체 등은 로고스 쪽으로 결집한다. 반대편에는 공간의 전유를 시도하는 힘, 즉 영토적이며 생산적인 다양한 자가 경영 형태, 공동체, 삶을 바꾸기를 원하며, 정치제도와 정당들을 넘어서려는 엘리트들이 결집한다. 정신분석학적 표현(쾌락의 원칙과 현실의 원칙 사이의 투쟁)은 이러한 투쟁에 대한 지나치게 추상적이고 약화된 표현에 불과하다. 혁명이라고 하는 강력한 표현이 경제주의, 생산성 지상주의, 노동윤리처럼 저급한 해석에 대항해서 분연히 앞길을 헤쳐 나간다. 이처럼 최대치의 표현은, 점점 강화되는 생산 과정 자동화라는 중심 사고에 지금까지와는 다른 공간의 생산이라고 하는 사고를 첨가함으로써, 마르크스와 그의 완전 혁명(국가, 민족, 가족, 노동, 정치, 역사 등의 소멸)을 직접적으로 표방한다.

'로고스-에로스'의 변증법적 움직임은 '지배-전유' 사이의 갈등, 한편으로는 기술과 전문성, 다른 한편으로는 시와 음악이 대립하는 모순을 내포한다. 변증법적 모순(이를 다시 한 번 상기할 필요가 있을까?)은 단일성과 동시에 대립이 있음을 전제로 한다. 순수한, 절대적인, 전유의 기미라고는 전혀 감지되지 않는 상태의 기술이나 전문성이란 없다. 하지만 기술과 전문성은 자율적인 역량으로 부상하는 경향이 있고, 전유보다는 지배를 향하며, 질적인 것보다는 양적인 것을 추구한다. 이와 마찬가지로 기술과 어느 정도의 전문성이 빠진 음악, 시, 연극 등은 있을 수 없다. 하지만 전유는 질적인 것 속에 기술을 흡수하려는 경향을 보인다.

그렇기 때문에 공간 안에서는 수많은 왜곡과 괴리가 생겨나는데, 이를 차이와 혼동해서는 안 된다. 가능성이 막혀버리면, 움직임은 정체성으로 퇴화한다. 공간은 또한 허위의식도 만들어내는가? 하나의 이념 또는 여러 개의 이념을 만들어내는가? 추상 공간은 그 안에서 작용하는 힘, 즉 공간을 유지하려는 힘과 공간을 바꾸려는 힘까지 뭉뚱그려서 고려해볼 때, 허위의식과 이념이라는 결과를 초래한다고 말할 수 있다. 물신화되고 가능성을 축소하며, 갈등과 차이를 일관성과 허망한 투명성으로 대체하는 추상 공간은 이념적으로 동기부여된다. 추상 공간은 하나의 이념이나 거짓 의식이 아닌 실천에서 비롯된다. 추상 공간은 스스로에 대한 잘못된 인식을 만들어낸다. 하지만 인식의 층위 자체에서 갈등이 드러나며, **공간과 시간** 사이의 갈등은 특히 그렇다. 추상 공간은 시간에 대한 억압적이며 강압적인 특성을 드러낸다. 추상 공간은, 사물과 잉여가치를 생산하는 노동 시간을 제외한 나머지 시간을 특별한 추상으로 치부해버린다. 시간은 순식간에 공간의 제한적인 사용, 즉 여정, 길 찾기, 행로, 이동 등으로 축소되어버린다. 하지만 시간은 순순히 축소되지 않는다. 시간은 지고의 부, 사용 가치가 발생하는 장소이자 환경, 따라서 향유의 장소이자 환경으로 다시금 모습을 드러낸다. 추상 공간은 시간을 공간의 외부 영역, 이미지와 기호, 분산의 영역으로 끌어내지 못한다. 시간은 내밀함, 내부, 주체성으로 부상한다. 또한 시간은 자연의 주기, 사용의 주기에 접근한 주기(수면, 배고픔 등)의 형태로도 나타난다. 시간 안에서 정서, 에너지, 창의성의 투자가 기호와 기표의 단순하고 수동적인 포착과 대립한다. 그런데 이러한 투자, 다시 말해서 무엇인가를 '하고자 하는' 욕망, '창조하고자'하는 욕망은 공간 안에서만, 공간을 생산함으로써만 성취될 수 있다. 공간의 '실재적인' 전유, 지배를 은폐하는 전유의 추상적 기호와는 양립이 불가능한 이 전유에는 고유한 요구가 따른다.

6.27　　　'필요-욕망'의 변증법적 관계는 이 책에서 진행해온 연구 및 이론적인 정립과는 부분적으로만 관련이 있다. 그 자체로도 애매하며, 생태학적 담론들로 인하여 한결 더 애매해진 이 관계는 별도의 설명을 필요로 한다. '필요'라는 개념은 몇몇 한정을 함축하거나 가정한다. 확실하게 구분이 가능한 **필요**가 있다. 필요의 학문이 헤겔과 더불어 '필요의 체계'라는 개념을 도입했다면, 이 체계는 일시적으로만 현실성을 지니며, 이 현실성이란 전체 속에서 전체의 요구, 즉 문화, 이념, 윤리, 노동의 분업 등에 의해서 정의된다. 각각의 개별화된 필요는 조만간 나름대로의 대상을 찾게 된다. 생산 활동은 필요를 촉발하면서 필요에 적합한 생산물도 제공하기 때문이다. 대상 속에서, 대상을 소비함으로써 각각의 필요는 충족된다. 하지만 필요의 충족은 일시적으로만 필요를 파괴할 뿐이다. 필요는 반복적인 특성을 지니며, 따라서 충족으로부터 다시 태어난다. 다시 태어나는 필요는 한층 더 강력하고 충만해서, 포화 상태에 이르거나 소멸해버린다.

　한편, 욕망이란 개념은 수사학적으로는 충만함처럼 제시되지만, 실제로는 애매모호함에서 벗어나지 못한다. 필요라는 테두리 안에서 **욕망**이라는 말은 폭발적으로, 뚜렷한 대상 없이, 폭력과 파괴 또는 자기 파괴 속에서 소모되는 살아 있는 존재의 가변적 에너지를 가리킨다. 신학적, 형이상학적 교조주의는 항상 욕망의 본래적인 **초연함**을 부정해왔다. 가장 고명한 신학자들에 따르면, 욕망이란 이미 존재한다. 처음부터 욕망에 대한 욕망, 영원에 대한 욕망으로 존재하는 것이다. 그런가 하면 정신분석가들에게 욕망은 성적 욕망, 어머니 또는 아버지에 대한 욕망이다. 그런데 본래 **초연하던** 욕망(대상이 없다가 대상을 찾게 되고, 가까운 공간에서 대부분의 경우 선동에 의해서 대상에 이르게 된다)이 유동적인(폭발적인) 에너지로서 규정되는 데에는 어려움이 따른다. 이 에너지는 필요의 영역과 '생산적 노동-결핍-충족'이라는 복잡한 관계 속에서 뚜렷해지며 객관화된다. 대상(생산물)과 결부되어 한정된 필요의 영역을 넘어서면, '욕망'이라는 말은 하나의 목표에 도달하기 위해 사용 가능한 에너지의 결집을 가리키게 된다. 어떤 목표? 절정에 도달하는 순간에 일어나는 파괴나 자기 파괴가 아닌 창조, 즉 사랑, 존재, 작품 등이 해당될 수 있다. 이런 해석(니체의 입김이 미친)에 따라, 위대한 욕망(Grand Désir, 에로스)의 영역이 욕망을 향해 열린다.

개념에 의해서라기보다 시적(詩的)으로 규정된 이 같은 관점에서 보자면, **공간 안에** 있는 사물과 생산물은 여러 가지 필요, 아니 모든 필요에 부합한다. 각자는 거기에서 만족을 얻으며, 대상을 찾고 생산한다. 개별 장소들은 이러저러한 필요와 이러저러한 대상의 만남을 결정하며, 이 만남을 통해서 스스로를 결정한다. 눈에 보이는 대상들의 군집과 보이지 않는 필요들의 군집이 공간을 채운다.

철학자 르네 지라르[7](René Girard, 프랑스의 철학자. 욕망의 구조 분석을 통해 모방 이론을 창시. 지라르 자신은 스스로를 폭력과 성스러움을 다루는 인류학자로 정의한다—옮긴이)가 '대상들'과 '주체들'에 대해서 한 말은 대부분의 공간에 대해서도 그대로 적용될 수 있다. 즉 폭력에 의해서 신성화된 공간은 희생 또는 살인, 전쟁 또는 공포로부터 특권을 얻어낸다.

필요(모든 필요 또는 각각의 필요)는 반복되는 경향이 있기에, 인위적이건 '실재적'이건(그런데 사실 실재적인 것과 인위적인 것은 확실하게 구분되지 않는다) 대상의 반복을 요구한다고 해도 필요는 수없이 증식하며, 반복에 겨워 죽음을 맞이한다. 이 같은 현상은 흔히 포화라고 표현된다. 욕망은 필요의 한도 내에서, 필요를 넘어서도록 반죽을 발효시킨다. 움직임이란 원래 정체된 것을 견디지 못하며, 끊임없이 차이를 생산해낸다.

6.28 수학과 정밀과학에서 반복(되풀이, 회귀)은 차이를 발생시킨다. 이 귀납-축소된 차이는 형태적 정체성에 근접하며, 이로 인해서 생겨난 잔재는 이보다 훨씬 심층적인 새로운 분석의 대상이 된다. 연쇄작용은 논리적 투명성 속에서, 아니 논리적 투명성에 최대한 근접하는 방식으로 이루어진다. 이렇듯 1부터 초한수까지 일련의 숫자들의 연속이 이어진다. 한편, 실험 과학에서는 장치의 항구성, 즉 실험 조건의 동일한 반복만이 변이와 변수, 잔재들에 대한 정확한 연구를 보장한다.

이와 반대로 음악이나 시에서는 차이가 반복을 만들어내며, 차이를 효과적인 것으로 만들어준다. 예술 일반과 예술적 감수성은 최대한의 차이를 기대하며, 이 차이란 처음엔 시각적이며 막연히 예측되고 앞서가는 차이였다가 차츰 생산된 차이로 변한다. 예술과 예술적 감수성은 이러한 차이를 추구하며, 이를 '영감', '기획'이라고 부른다. 차이는 새로운 작품을 만들려는, 즉 작품을 새롭게 만드는 동기를 부여한다. 차이에 이어서 시인, 음악가, 화가 등은 반복적인 행위를 통해서 이를 실현할 수 있는 수단, 단계, 기술 등을 모색한다. 이러한 기획이나 영감은 자주 부질없는 것으로 판명된다. 차이라고 생각되고 전제되었던 것이 허상이었음을, 실제로 드러날 수 없는, 다시 말해서 전유된 수단(자재와 설비)을 사용함으로써 객관적으로 생산할 수 있는 외양이 아님이 밝혀진다. 의미의 무한성으로 쉽게 (주관적으로) 착각될 수 있는 기획의 무한성은 무산되고 만다. 의도의 독창성은 결국 반복이 되고, 새로움은 일시적인 느낌, 즉 허영에 불과했음이 드러난다.

몸의 수수께끼, 가까운 것 같으면서도 심오하며, '주체'와 '대상'을 넘어서는 (그리고 이 두 가지의 철학적 구분을 넘어서는) 몸의 비밀은 몸짓이나 리듬(선(線)적, 주기적)의 반복으로부터 '무의식적으로' 차이를 생산한다는 점이다. 몸이 알지 못하는 공간에서는 가깝게 있든 멀리 있든, 이 역설적인 반복과 차이의 결합, 이 근본적인 '생산'이 쉬지 않고 이루어진다. 사실 이는 극적인 비밀이 아닐 수 없는 것이, 이렇게 해서 만들어진 시간은 새로운 것을 가져다주며(미성숙과 성숙 사이의 움직임 속에서), 따라서 노화와 죽음도 가져다주기 때문이다. 말하자면 끔찍하고 비극적이며 최종적인 반복인 것이다. 요컨대 지고의 차이이다.

추상 공간(도구적으로 이용되는 공간들)은 '반복-차이'의 관계를 적대적인 관계로 몰아간다. 궁극적으로 추상 공간은 교환 가능하고 상호 변환 가능하며, 재생산 가능하고 반복적이며 동질적인 반복을 추구한다. 추상 공간은 차이를 귀납적 차이, 즉 그러한 목적을 위해서 예정된 '체계', 그 자체로 미리 구축된 체계, 그 자체로서 되풀이되는 전체 속에서만 용인되는 차이로 축소한다. 축소를 위해서라면 부패, 테러리즘, 억압, 폭력 등 그 어떤 수단도 배제하지 않는다. 그렇기 때문에 사용에 있어서, 사용을 위해서 반폭력, 반테러리즘 시도가 생겨나게 된다. 파괴적, 자기 파괴적인 우연한 사건들이 법칙으로 변한다.

생명체인 육체와 마찬가지로 사회의 공간적 몸, 필요의 사회적 몸은 아무것도 생산하지 않고, 차이를 만들어내지 않으면서도 생명을 유지할 수 있는 '추상적 자료체(corpus)'나 기호의 '몸'(의미적, 기호론적, '텍스트적')과는 다르다. 사회의 공간적 몸, 필요의 사회적 몸에 생산을 금지한다는 것은 그것들을 죽이는 것과 다르지 않다.

건축가, '도시계획가', 기획입안가처럼 공간의 생산자들은 이 '존재'의 하한선 근처에서 늘 투쟁을 벌인다. 그런가 하면 그곳에서 물 만난 고기처럼 편안하게 노니는 사람들도 있다. 이들은 교환 가능-상호 변환 가능한 것, 수량적인 것, 기호들, 다시 말해서 지배당하는 공간 안에서 자본, '부동산' 재화, 성냥갑처럼 쌓아올린 용적, 기술 등을 조종하는 사람들이다.

건축가는 특별히 불편한 위치에 놓인다. 과학자이면서 기술자, 한정된 테두리 안에서의 생산자인 건축가는 반복을 추구한다. 반면, 영감에 따라 움직이며 사용 가치와 '사용자'에게 민감한 예술가로서의 건축가는 차이를 추구한다. 건축가의 장소는 고통스런 모순의 장소로서, 건축가는 둘 사이에서 끊임없이 방황한다. 건축가에게는 생산물과 작품 사이의 분리를 극복해야 하는 매우 어려운 과제가 주어진다. 그는 필사적으로 자신의 앞에서 점점 더 깊어지는 지식과 창조 사이의 골을 뛰어넘을 방법을 모색해나가면서 갈등을 운명적으로 받아들여야 한다.

차이에 대한 권리, 다를 권리는 분명하게 실천적인 행위와 행동, 궁극적으로는 투쟁으로부터 얻어지는 것, 즉 구체적인 차이를 가리킨다. 차이에 대한 권리는 고귀한 투쟁을 통해서 얻은 것이 아닌 것에는 그 어떤 권리도 부여하지 않는다. 이 '권리'는 논리적이고 사법적인 형태, 즉 자본주의 생산양식에서 정상으로 간주되는 관계의 코드가 내포하는 원칙인 소유권과는 달리 오직 그 내용에 따라서만 가치를 지닌다.

6.29   예술과 건축의 몇몇 이론가들(움베르토 에코)은 기호학적 요소들, 특히 곡선과 직선, 바둑판 형태, 순환 형태(이른바 방사선 형태) 등에서 나타나는 차이의 역할을 오랫동안 강력하게 주장해왔다. 여기에는 나름대로의 이유가 있으며, '차이'라는 의미론적 또는 기호학적 개념은 취할 만하다. 하지만 여기에 최소한의 (귀납적) 차이와 최대한의 (생산적) 차이의 구분이 개입되며, 이렇게 되면 판도가 달라진다. 콘크리트의 직각들 속에 군데군데 곡선을 삽입한다는 것(벌레 모양의 콘크리트 건물을 건축하는 것)은 하나의 사실이며, 솔직히 별것 아니다. 그런데 안달루시아 지방의 건축처럼 관능적인 공간을 얻기 위해 곡선과 소용돌이 모양, 아라

베스크 문양, 구부러짐 등을 감각적으로 사용하는 방식을 인지하는 것과 실현하는 것은 그와 완전히 다르다. 식물도 광물도 공간과 공간 교육에 관한 한 아직 우리에게 자신들만의 비법을 전수해주지 않았다. 식물의 한 속이나 한 종 안에서 자연은 차이를 **유도한다**. 라이프니츠는 한편으로는 동일한 것과 반복적인 것, 다른 한편으로는 서로 다른 것과 차이나는 것 사이의 역설적인 관계를 탐사하면서 완전히 똑같은 나무, 아니 똑같은 나뭇잎이라고는 없다고 말했다. 그런데 자연은 이와 또 다른 영향력을 지닌 차이도 **생산한다**. 말하자면 완전히 다른 종류, 다른 형태의 식물, 동물, 완전히 다른 직조, 다른 줄기, 다른 잎을 지닌 나무도 생산하는 것이다. 게다가 여기서는 여러 가지 제약상 나무의 형태라는 예만 다루었음을 상기해보라.

인식에 의해서 만들어진 공간, 작품이자 생산물인 이 공간은 어째서 풍경이나 생명체의 공간, 즉 자연의 공간보다 훨씬 덜 다양해야만 하는가?

6.30　　　이렇듯 차이의 적용 범위는 **진실한 공간**과 **공간의 진실** 사이에 존재하는 모순으로까지 확장된다.

철학과 그 연장선상에 있는 인식론의 공간, 추상적 단절 외에 다른 단절이라고는 없는 학문성의 공간인 진실한 공간은 사고자의 머릿속에서 형태가 만들어지고 정형화된 다음, 사회적이고 심지어 물리적인 '현실' 속으로 투영된다. 사람들은 지식에 대한, 지식의 형태적 핵심에 대한 성찰을 통해서 이 공간을 정당화하고자 노력한다. '이론적 인간', 지식으로 축소된 인간은 이 공간 안에 정착하며, 이 공간 안에서는 인지된 것이 체험된 것으로 간주된다. 지식의 핵심은 스스로가 반드시 필요하고 충분한 것이라고 주장한다는 점이다. 중심은 한정되어 있고 결정적이라는 것이다. 따라서 중심은 절대적이기도 하다. 핵심이 정치경제학, 역사학, 언어학에서 오건, 생태학이 이들 학문의 공백을 메우건, 전략적인 조작엔 변함이 없다. 목표도 마찬가지다. 그 결과 교조주의보다 상위에 자리하는 초교조주의가 얻어진다. 때로는 확고한 교리조차 확보되지 않은 상태에서 오만한 투로 철학자들의 케케묵은 체계적 정신을 극단으로 몰고 가는 것이다. 이렇게 되면 머지않아 파괴와 자기 파괴의 순간이 몰아닥친다. 이 정신적 공간은 '실재적' 공간을 추상으로 축소시키고 최소한의 차이를 유도하는 식으로 작용한다. 교조주의는 막강한 경제적·정치적 세력을 지녔기 때문에 수상쩍은 기업들을 위해 봉사한다. 학문 일반과 전문화된 개별 학문은 즉각적으로 기존의 생산양식이라는 틀 안에서 생산으로서의 행정을 위해 일하기 시작한다. 공식적인 문서들에서도 밝히고 있듯이, '점점 더 복잡해지는 환경'과 대면했을 때 행정은 학문과 만난다. 이렇게 해서 행정은 이 복잡해진 환경과 '새로운 관계 체계'를 확립하게 된다. 공적 지식으로 만들어지고 제도화된 철학과 학문의 이 같은 '공공 서비스'는 정신적 공간과 정치적 공간을 동일시함으로써, 이를 하나의 '체계'로 만들어버림으로써 정당화된다. 이러한 체계의 가장 견고하고 강력한 원형은 바로 헤겔주의다. 이렇게 해서 진실함이라는 사고와 감각이라는 사고, 체험된 것과 '살기'라는 사고가 차례로 위태로워진다. 재현 공간은 공간 재현 속으로 사라져버린다. 공간 재현이 재현 공간을 흡수해버리는 것이다. 사회적 실천과 더불어 옆으로 제쳐두었던 공간적 실천은 스스로 최고라고 자부하는 이런 사고에서 미처 생각지 못한 부분으로 남게 된다.

반면, 지배적이고 공식화된 이러한 경향과 반대로, **공간의 진실**은 공간을 한편으로는 사회적 실천에, 다른 한편으로는 철학에 의해서 이론적으로 정립되고 연결되었으되, 실천을 통해서 이를 뛰어넘는 개념들에 접목시킨다. 사회적 공간은 자신의 진실을 확립시켜주는 생산 이론의 지배를 받는다.

공간의 진실은 이렇듯 정신적 공간과 사회적 공간의 공통점, 따라서 이 두 공간의 차이점을 확립시켜준다. 두 공간 사이에는 분리가 아니라 다소간의 거리가 있다. 두 공간은 혼동되는 것이 아니라 공통의 계기 또는 요소를 지니고 있다. 이를테면 **중심성**은 인식, 의식, 사회적 실천 모두의 공통점이 된다. 에너지의 집중, 핵심, 그리고 '중심-주변', '집약-손실', '응축-발산', '내향성 폭발-외향성 폭발' 등의 변증법적 움직임 없이 '현실'이란 있을 수 없다. '주체'는? 그것은 일시적인 중심이다. 그렇다면 '대상'은? 역시 마찬가지다. 몸은? 적극적인(생산적인) 에너지 발생원이다. 도시는? 도시적인 것은? 마찬가지다.

이를테면 비어 있는 형태를 취한 중심성의 **형태**는 내용을 부르며, 이러저러한 대상들을 집결시킨다. 행동의 장소, 일련의 조작의 장소가 되는 중심성은 **기능적인** 현실이 된다. 중심 주변으로는 공간(정신적이며/이거나 사회적 공간)의 구조가 만들어진다. 이 구조는 항상 형태, 기능과 더불어 실천에 개입하는 일시적인 구조이다.

중심성이라는 개념이 **전체성**이라는 개념을 대체한다. 중심성은 전체성을 다른 자리로 이동시키고 상대화하며 변증법화한다. 모든 중심성은 형성되었다가 분산되고 해체되며 폭발한다. 즉 포화 상태가 되었다가 손실되며 공격을 받는다. 그렇기 때문에 '실재적인 것'의 고착을 방지할 수 있으며, '실재적인 것'은 끊임없이 결집한다. 이로써 반복과 차이, 시간과 병렬이 끼어들 여지를 만들어주는 일반적인 **형상**(중심과 탈중심)이 도입된다.

그러므로 철학에 대한 급진적인 비판을 포함하여, 전통적인 철학과 마르크스의 사상은 (정치적, 실천적) 단절을 거쳐서 연장된다. 그렇다고 해서 구체적 보편성, 이론으로부터 체계를 넘어서는 개념과 관련한 헤겔의 유산을 상실하는 것은 아니다.

또한 니체의 다음과 같은 강한 확신도 이 진실에 더해진다. "진정함을 찾고자 하는 당신의 의지가 모든 사물을 인간이 사고할 수 있고, 볼 수 있으며, 느낄 수 있는 현실로 바꾸어놓아야 한다. 사고를 당신의 고유한 감각의 극한까지 밀고나가야 한다."(《차라투스트라는 이렇게 말했다》 중 '행복의 섬에서') 마르크스는 "감각들이 이론가가 된다"(1844년의《경제학-철학 수고》)고 썼다. 인간의 혁명적인 길과 초인의 영웅적인 길은 공간의 교차로에서 만난다. 이 두 길은 합류할 것인가? 그것은 또 다른 이야기다.

제안과 결론

7.1　　　앞에서 제시한 분석과 해석을 관통하는 하나의 의문이 있다. 바로 '사회적 관계의 존재 방식은 무엇인가?'라는 질문이다.

이른바 사회과학이라고 하는 학문들은 정립되자마자 철학으로부터 모방한 '실체', 즉 '주체'와 '대상', '그 자체'로서의 사회, 개인, 집단을 독립적으로 취급하는 그 실체라고 하는 것에 대한 기술에 더 이상 집착하지 않는다. 사회과학은 다른 학문과 마찬가지로 관계를 연구한다. 그런데 그 관계라는 것은 지극히 한정적인 하나의 상황에서 현실화되지 않는다면, 도대체 어디에 존재하는가? 관계는 어떻게 자신의 차례가 오기를 기다리는가? 관계는 하나의 행위가 이를 실행에 옮기지 않는다면 어떤 상태에 머물러 있는가? 막연하게 총체적인 실천을 언급하는 것은 이 질문에 대한 아주 불완전한 답변에 지나지 않는다. 이에 대한 분석은 사회적 관계를 **형태**에 접목시키는 것으로 만족해서는 안 된다. 그 자체로서의 형태란 비어 있으며, 존재하기 위해서는 내용물을 요구하기 때문이다. 사회적 관계를 **기능**에만 접목시킬 수도 없는 것이, 기능이란 제대로 작용하기 위해서는 대상들을 필요로 하기 때문이다. **구조**라는 것도 하나의 전체 안에서 기본 단위들을 배치한다. 구조는 한편으로는 전체를, 다른 한편으로는 단위들을 요구한다. 따라서 분석적 사고는 '주체'와 '대상', 무의식, 총체적 실천 등 자신이 배제했던 전체와 실체성으로 되돌아간다.

확실히 **물리적인 실현 매체 없이는 관계도 없다.** 그런데 도대체 이 매체는 어떻게 '기능'하는가? 역사학자들과 사회학자들이 사람들이나 일상적인 물체들에서 발견하는 '물질적 기층'은 이 질문에 대한 답이 되지 않는다. '매체'에 의해 지탱되며 이동되는 관계, 이 **관계**와 매체가 맺는 **관계**는 무엇으로 이루어지는가? 질문을 복잡하게 만들고, 암시적으로 만들어버리는 것은 답에 접근하게 해준다기보다 그 질문이 얼마나 난제인가를 보여준다. 로고스와 언어의 이론가들(헤겔과 마르크스 같은 사람들)은 이러한 어려움을 제대로 간파했다. 언어 없이는 사고도 성찰도 불가능하며, 감각, 입, 귀, 진동하는 공기층, 음성, 분절화된 기호의 발화 등 물리적 실현 매체 없이는 언어도 존재하지 못한다. 이는 두 가지 반대되는 방식으로 해석될 수 있다. 어떤 이들(헤겔, 그리고 마르크스도 이 부류에 속한다)은 이러한 '조건들'은 선험적으로 합리성이 존재함을 표현하기 때문에 얼마든지 실현 가능하다고 본다. 반면에 다른 이들은 감각과 기호가 아무것도 '표현하지' 않는다고 본다. 감각과 기호는 자의적이며, 협약의 테두리 안에서, 귀납적 차이에 대한 요구에 의해 연결될 뿐이라고 주장한다. 두 번째 부류의 경우, 자의성 이론이 지나치게 극단적으로 발전하면 언어 자체를 위험에 빠뜨리므로, 몸이나 충동 등의 매체를 복권시켜야 한다.

선험적으로 존재하는 실체적·영구적 로고스의 개입을 통해서 답변할 경우, 다른 곳에서 다시금 똑같은 질문에 부딪히게 된다. 이러한 분석은 헤겔과 마르크스로 하여금 '사물-비사물', 구체적 추상을 찾아내게 만들었다. 말하자면 헤겔에게는 개념, 마르크스에게는 상품이 '사물-비사물', 구체적 추상에 해당된다. 사물(마르크스에게 사물이란 사회적 노동의 생산물로서 교환을 목적으로 하며, 그렇기 때문에 이중적인 가치, 즉 사용 가치와 교환 가치를 지닌다)은 사회적 관계를 포함하는 동시에 은닉한다. **사물**은 사회적 관계의 매체이다. 하지만 마르크스의 분석에 따르면, 상품으로서의 사물은 사물이기를 멈춘다. 사물이 사물로 남아 있다면, 그 사물은 의미로 가득 찬 '이념적 대상'이 된다. 상품으로서의 사물은 관계로 귀착되며, 추상적 존재감만을 갖게 되므로, 결국 우리는 그 사물에서 기호와 기호의 기호(화폐)만을 보려고 한다. 그러므로 매체의 문제는 물질성의 영속만으로는 완전히 해결되지 않는다.

　여기서 이 질문은 우선 사회적 공간과 관련하여 제기되었다. 사물-비사물, 실체적 현실도 아니고 정신적 현실도 아닌 사회적 공간이라고 하는 사물-비사물은 추상으로 귀착되지 않으며, 공간 안에 놓인 사물들의 집합이나 점유당한 장소들의 집합으로 이루어지지 않는다. 또한 기호로서의 공간도, 공간에 관한 기호의 집합도 아니다. 사회적 공간은 그것이 포함하는 추상적 기호나 실재적인 사물의 현실성과는 다른 종류의 현실성을 지닌다. 사회적 공간은 자연, 공간으로서의 자연 또는 물리적 자연이라고 하는 원래의 토대를 지니고 있다. 이 토대 위에서, 이 토대를 변화시키고 심지어는 파괴해가면서 오솔길, 도로, 철도, 전화선 등 각종 망들의 얽히고설킨 층이 차곡차곡 쌓인다. 이 망들은 항상 물질화되어 있지만 물질성과는 구분된다. 사회적 과정이 이행되는 동안 어떤 공간도, 심지어 초기의 자연적인 장소조차도 완전히 제거되지 않고, 사라지지 않는다는 것을 이론은 보여주었다. 사물이 아닌 '무엇인가'가 끈질기게 지속하며 잔존한다. 이들 물질적인 매체 각각은 형태와 기능, 구조를 지니고 있는데, 사실 이는 필요한 특성은 되겠지만 매체를 정의하기에 충분하다고는 할 수 없다. 형태와 기능, 구조 각각은 하나의 공간을 정립한다. 각각의 망, 각각의 연쇄 작용, 따라서 각각의 공간은 교환 가치와 사용 가치를 위해 봉사한다. 생산물로서의 공간은 봉사한다고 할 수 있으나, 이 외에도 공간은 때로는 비생산적으로, 때로는 생산적으로 사용되고 소모된다. 예를 들어 말의 공간이 있다고 할 때, 이 공간은 잘 알다시피 입술과 귀, 분절 기능, 공기층, 소리 등을 전제로 한다. 하지만 이러한 물질적 조건들은 이 공간을 정의하기에 충분하지 않다. 말의 공간은 행동과 상호 행동, 부름과 상호 부름, 표현과 권력, 잠재적 폭력과 항거의 공간이며, 공간에 대한 담론, 공간 안에서의 담론과 일치하지 않는 담론의 공간이기도 하다. 이 같은 말의 공간은 몸의 공간을 포함하고 있으며, 흔적, 글쓰기, 규정, 기재된 것의 공간에 의해서 발전한다.

한편, 상품을 보자면 설탕 포대도 커피 상자도 천 조각도 상품의 일반적인 존재감이 실현되는 매체라고 할 수 없다. 이 사물들이 머물러 있으면서 대기하는 상점과 창고, 거기까지 상품들을 실어 나르는 배나 기차, 트럭 등 사물들의 여정도 고려해야만 한다. 하지만 이러한 대상들을 하나씩 다 고려한다고 해도 여전히 상품 세계의 물질적 매체는 파악할 수 없다. 예컨대 '운하'나 '수로'라고 하는 정보 개념 역시 이러한 대상 전체를 정의하는 데는 충분하지 못하다. '흐름'이라는 개념도 마찬가지다. 요컨대 이러한 대상들이 하나의 공간 안에서 상대적으로 한정적인 교환의 망과 사슬을 구성한다는 사실을 고려해야 하는 것이다. 상품의 세계는 이러한 접합점과 도입점이 없이는, 다시 말해서 전체적으로 파악되지 않는다면, 아무런 현실성을 갖지 못한다. 자본 시장을 위해서, 돈의 이동을 위해서, 그리고 결과적으로 이익의 적정화, 잉여가치의 분배를 위해서는 은행도 있어야 하고 은행 망도 있어야 하는 것과 같은 이치다.

이러한 과정이 끝나는 곳에 세계 시장과 그 시장이 포함하고 발전시키는 노동 분업, 정보학의 공간, 전략의 공간 등 다양한 '층'과 망, 연쇄 작용 등과 더불어 전 지구적인 공간이 존재한다. 이 전 지구적인 공간은 건축, 도시계획, 공간 기획 등의 여러 층위를 포함한다.

'세계 시장'은 결코 최종적인 총체라고 할 수 없으며, 제국주의에 의해 전적으로 조종되는 도구적 현실도 아니다. 어느 면에서는 매우 견고하며, 다른 면에서는 허약한 이 '세계 시장'은 상품 시장, 자본 시장 등으로 분열된다. 이 분열에 대해서는 매우 신중하고 정연하게 논리를 적용해야 한다. **노동의 기술적 분업**은 **보완성**(합리적으로 연결된 조작)을 도입하는 반면, **사회적 분업**은 흔히들 비합리적이라고 말하는 방식으로 격차, 왜곡, 갈등을 만들어낸다. 생산의 사회적 관계는 '세계적인' 테두리 안에서 사라지지 않는다. 오히려 그와 반대로 재도입된다. 상호작용을 통해서 세계 시장은 새로운 지형을 그려내며 지표면에 변화하는 공간, 즉 모순과 갈등의 공간을 위치시킨다.

사회적 관계, 즉 구체적 추상은 공간 안에서만, 공간을 통해서만 실재적인 존재감을 갖는다. 사회적 관계를 구현시켜주는 물질적 **매체는 공간이다.** '매체-관계'의 결합은 각각의 경우마다 별도의 분석을 필요로 하며, 이 분석은 발생에서부터 공간을 변화시킨 제도의 비판, 대체, 이동, 은유화, 조응 등에 대한 함축적·명시적 설명을 포함한다.

7.2   이러한 제안들은 묘사적이며 분석적이고 총체적인 인식 정립이라는 기획을 암시하며 설명해준다. 이 같은 인식에 대해서 군이 이름을 붙여야 한다면, '공간 분석' 또는 '공간학'이라고 할 수 있다. 이 같은 용어는 이미 사용되고 있는 '기호 분석' 또는 '사회 분석'(하지만 정

신분석은 열외로 간주해야 한다) 같은 용어들과도 쉽게 대응될 수 있다. 그러므로 이 용어는 상당한 이점이 있으나, 그에 못지않게 단점도 따른다. 우선 가장 근본적인 생각을 희석시킬 우려가 있다. 이 인식은 자체로서의 공간을 대상으로 삼지 않으며, 공간의 모델, 유형 또는 전형을 구축하지 않는다. 이 인식은 **공간의 생산**을 설명한다. 공간의 학문(공간 분석)은 공간의 **사용**, 공간의 질적 고유성을 전면에 내세울 것이다. 이 인식 속에서는 비판적인 계기(지식 비판)가 매우 중요하다. 공간의 인식은 공간의 비판을 내포한다.

마지막으로, '공간-분석'이라는 가설은 공간의 생산에 관한 성찰을 보완할 수 있는 **리듬 분석**을 애매하게 만듦으로써 이에 누가 될 수 있다.

공간(사회적) 전체는, 비록 나중에는 분리되어 몸을 죽이기에 이르나, 처음엔 어디까지나 몸으로부터 시작된다. 멀리 떨어져 있는 체계의 발생은 가장 가까운 체계, 즉 몸의 체계에서 출발한다. 공간적으로 파악되는 몸 자체의 내부에서, 감각(차이의 장에서 차이로 간주되는 후각에서 시각에 이르는 감각)은 사회적 공간의 층들과 그것들의 결합을 예고한다. 수동적인 몸(감각)과 능동적인 몸(노동)은 공간 안에서 하나가 된다. 리듬 분석은 반드시 필요하고 또 피할 수 없는 총체적인 몸의 복원을 위해 필요하다. 그렇기 때문에 리듬 분석은 중요하다. 이는 방법론과 개념의 연계보다 훨씬 많은 것을 필요로 하며, 충족된 지식보다 훨씬 나은 것을 요구한다.

7.3   이 책에서 전개해온 이론적인 연구와 정립 과정은 전통 철학과의 비교에 의해서 그 위상을 가늠해볼 수 있다. 다시 말해서 메타철학이라고 말할 수 있다. 메타철학은 철학이었던 것, 즉 철학적 언어와 목표, 함축을 도출해낸다. 메타철학은 그것들의 한계를 보여줌으로써 이

를 넘어선다. 철학 연구에 있어서 사라지는 것은 아무것도 없다. 범주, 주제의식, 문제의식 그 어떤 것도 사라지지 않는다. 하지만 자체로서의 철학은 그것이 야기하며 해결하지 못하는 모순 앞에서 더 이상 전진하지 못한다. 그렇기 때문에 철학자들에게 있어서 공간은 쪼개진다. 즉 철학 자들에게 공간은 이해 가능(정신적 절대성이 지니는 본질이며 투명성)하거나 이해 가능하지 않다.(정신의 쇠퇴, 절대적 자연성, 정신으로부터 벗어나는 것.) 철 학자들은 때로는 형식으로서의 공간을 주장하고 때로는 실체로서의 공 간을 주장한다. 그들에게 공간은 때로는 코스모스, 즉 빛의 공간이다가 때로는 세계, 즉 어둠의 공간인 것이다.

철학 자체만으로는 사변적이고 관조적이며 체계화를 추구하고, 사회 적 실천과 적극적 정치 비판으로부터 비켜나 있는 것이 철학적 태도라고 고집하는 이 같은 분열과 분리를 뛰어넘을 수 없다. 메타철학은 철학이 사용하는 은유를 연장하지 않는다. 오히려 그 반대로 철학의 은유들을 고발한다. '언어의 그물에 사로잡힌' 철학자는, 시간과 공간을 다루는 명 상을 해야 할 때가 되면, 그물 속에 스스로를 가두는 대신 그 즉시 뒷전 으로 물러난다.

이념으로서의 철학을 비판하는 데에는 어려움이 따른다. 진실이라는 개념과 개념의 진실만큼은 온전하게 보전해야 하는데, 철학적 체계의 쇠 퇴와 와해는 이것들마저도 폐허 속으로 잡아끌기 때문이다. 이 문제는 이 책에서 완전히 해결되지 않은 채 남아 있으며, 다른 책에서 계속 연구 되어야 할 것이다. 특히 가장 강력한 '종합'이라고 할 수 있는 헤겔의 작 업과 그에 대한 급진적인 비판 작업〔마르크스는 사회적 실천에서 출발하여 비 판을 내놓았고, 니체는 음악, 시, 연극 등의 예술에서 출발하여 비판을 제시했다. 두 사 람은 몸(물질)에서 출발했다는 공통점을 지닌다〕을 대결시키는 방식으로 진행 될 수 있다.

철학은 멈춤 장치에 비유할 수 있는 곤혹스러운 질문, 즉 '주체'와 '대상', 그리고 그 둘의 관계라고 하는 질문에 부딪힌다.

우선 '주체'를 놓고 보자. 서양에서는 코기토, (경험적 또는 초월적인) 사유하는 '나' 등의 철학적 특권을 누리는 이 개념은 실천이나 이론에서는 해체되어버린다. 그러나 철학에서 제기하는 '주체'의 문제는 여전히 근본적인 것으로 남아 있다. 그런데 도대체 무슨 '주체'란 말인가? 또 무슨 '대상'이란 말인가? 주체와 마찬가지로 대상도 이념(기호와 의미작용)으로 덮여 있을 수 있다. 대상 없는 주체, 즉 순수하게 생각하는 '나'(res cogitans)와 주체 없는 대상(몸-기계, res extensa)을 고안해내면서 철학은 자신이 정의하고자 했던 것을 돌이킬 수 없이 조각내고 말았다. 데카르트 이후 서양의 로고스는 깨진 조각들을 이어 붙여서 편집하고자 시도했지만 부질없는 짓이었다. '인간' 또는 '의식' 내부에서 주체와 대상의 단일성은 이미 짧지 않은 실체(entité)의 목록에 철학적 허구를 하나 더 보탰다. 헤겔은 거의 성공할 뻔했으나, 헤겔 이후로 인지된 것과 체험된 것, 즉 로고스의 경계, 철학 자체의 한계 사이에 다시금 분리가 도래했다. 나무랄 데 없는 학문성과 명확한 지식이고자 했던 기호의 자의성 이론은 분열 상태(표현적인 것과 의미적인 것, 기표와 기의, 정신적인 것과 실재적인 것 등)를 악화시켰다.

서양 철학은 몸을 배반했다. 서양 철학은 적극적으로 몸을 포기하는 대대적인 은유화에 일조했다. 서양 철학은 몸을 부인했다. '주체'인 동시에 '대상'인 생명체는 개념의 분리를 지탱하지 못하며, 철학적 개념은 '비육체의 기호'를 구성한다. 로고스 제일주의, 진실한 공간과 더불어 정신적인 것과 사회적인 것은 체험된 것과 인지된 것, 주체와 대상처럼 분리되었다. 기발한 위상학을 통해 밖을 안으로, 사회적인 것을 정신적인 것으로 환원하려는 움직임은 항상 있어왔다. 하지만 소용없는 짓이었다! 추상 공간성과 실천적 공간성은 멀찌감치 떨어져서, 시각의 제국 안에서 서로를 바라볼 뿐이었다. 반면, 헤겔 철학에 의해서 지위가 급상승한 국가 이성 속에서, 지식과 권력은 견고하게 결합했으며 정당화되었다. 욕망의 주관주의와 재현의 객관주의는 이 같은 결합을 존중했으며, 어떠한 경우에도 로고스는 건드리지 않았다……

오늘날 몸은 확실하게 근본이며 토대로 자리 잡았다. 몸은 **철학을 넘어서는** 곳, 철학과 담론, 그리고 담론에 대한 이론을 넘어서는 곳에 위치해 있다. 과거의 개념을 넘어서 주체와 대상에 대한 성찰을 이어나가는 이론적 사고는 몸을 공간과 더불어, 공간 속에서 공간의 생산자로 간주한다. 또한 이론적 사고는 담론도 넘어선다. 이는 몸의 교수법을 위해서 시, 음악, 무용, 연극 등에 포함된 방대한 비지식을 고려한다는 말이다. 이 방대한 비지식은 잠재적인 인식을 내포한다. 이 말은 대체와 분리의 장소이며, 형이상학과 조응적인 것을 지탱하는 장소로서의 철학을 넘어선다는 뜻이다. 철학적인 것을 넘어선다는 말은 철학자들이 몸의 은유를 추상으로, 비육체의 기호로 사용하는 과정을 가리킨다. 철학을 넘어서는 메타철학은 방대한 철학적 개념들을 유지하되, 예전의 대상들을 새로운 '대상들'로 대체함으로써 이 개념들이 추구하는 목표를 전위시키는 것을 의미한다. 이는 서양 형이상학, 그러니까 데카르트에서 시작하여 헤겔을 거쳐 오늘에 이르며, 국가 이성에 합당한 사회 속에, 그리고 공간의 개념과 현실 속에 스며들어 있는 사상 계보의 청산을 의미한다.

로고스 제일주의는 이미지와 글쓰기 등의 시각 우월주의와 남근 우월주의(군사, 영웅의 속성), 추상 공간의 주요 특성으로 새겨져 있는 **눈**(신의 눈, 아버지의 눈, 주인이나 고용주의 눈)을 수호신으로 삼는다.

이 공간에 대비해서 생각해볼 때, 시간의 지위에는 문제가 있으며 불확실한 상태를 유지한다. 시간이 이렇듯 정신적 현실이 되면, 종교와 철학은 지속을 자신들의 속성으로 취한다. 하지만 공간적 실천, 즉 억압적 · 구속적 공간의 실천은 시간을 생산적 노동의 시간으로 제한하려 하며, 그뿐 아니라 체험된 리듬마저 분업화된 노동의 합리화되고 위치 매김 된 몸짓으로 정의함으로써 이를 축소하려는 경향을 보인다.

시간이 대번에 한 덩어리로 해방될 수 없다는 사실은 명백하다. 그렇지만 이러한 해방을 위해서 형태의 발명, 즉 공간의 생산이 필요한지 아닌지는 이보다 훨씬 덜 명백하다. 전유를 위해서 기존 공간(형태)의 우회로는 불충분함을 입증함으로써 이를 증명해야 한다.

7.4　　　　많은 사람들이 분명하게 한정되어 있다고 믿는 시기, 이를 테면 이러저러한 것의 끝(자본주의의 끝, 빈곤의 끝, 역사의 끝, 예술의 끝 등) 또는 무언가 결정적인 것(균형, 체계 등)의 정립은 사실 **이행기**로서만 인지된다. 물론 엄격하게 마르크스적인 의미에서 그렇다는 것은 아니다. 하긴 마르크스가 '장기적' 이행기 이론에 손댄 것도 사실이다. 그에게는 역사 전체(그가 이따금씩 '역사 이전'이라고 부르던 그 역사)가 원시 공산주의에서 발전된 공산주의로 이행하는 이행기 역할을 한다. 이는 변증법과 부정에 대한 헤겔적 개념에 매달려 있는 주장이다. 이 책의 분석은 총체적인 과정과 그것이 지니는 부정적인 양상 분석, 실천과 연결된 분석에 근거한다. 여기서 연구된 이행기는 우선 모순들로 특징지을 수 있다. (경제적) 성장과 (사회) 발전 사이의 모순, 권력과 인식 사이의 모순, 추상 공간과 차이 공간 사이의 모순 등이 대표적이다. 대표적인 것만 간추린 이 모순의 목록은 전체 모순의 지극히 작은 일부분에 불과하며, 여기에는 어떤 서열도 없다. 이 목록의 역할은 이 시대를 점철하고 있는 독약 머금은 꽃다발을 우리 눈앞에 제시하는 것으로 충분하다. 또한 이행기를 정의하기

위해서는 그것이 어디에서 출발하여 어디로 향하는지, 출발점(terminus a quo)과 도착점(terminus ad quem)을 보여주어야 한다.

이행기는 사실 아주 먼 곳에서 비롯된다. 원초적인 비노동, 아무런 노력을 기울이지 않고 창조하는 자연, 판매하지 않고 거저 주며, 잔인성과 관대함이 구별되지 않으며, 쾌락과 고통이 분리되지 않는 그 자연에서 시작하기 때문이다. 이런 의미에서라면, 비록 형식 면에서 희화화되고 제한적일 수 있지만, 예술이 자연을 가장 잘 모방한다. 다만 예술은 고통으로부터 쾌감을 분리시키며, 궁극적으로 기쁨을 선사하려는 의도를 지닌다는 점에서 자연과 다르다.

이행기란 현대성이 노동의 목표이며, 각종 축적(기술, 인식, 기계 등)의 궁극적인 의미인 비노동을 향해 어렵사리 나아가는 시기를 가리킨다. 목표이며 아득히 먼 곳에 놓인 궁극적 의미는 천재지변을 무릅쓰거나, 이제까지 가치 있게 여겨왔으며 성공으로 간주해왔던 모든 것의 최후의 시간을 씁쓸하게 맛봄으로써만 도달할 수 있다. 헤겔 이후 철학의 전면에 대두되었고, 폴 발레리 이후 다양한 '현대인들'에 의해서 줄기차게 이어져 온 궁극성에 대한 신랄한 비판은 우리에게 반복해서 이렇게 외친다. "세계는 끝났고, 시간은 이미 고갈되었으며, 궁극성이란 바로 그런 것이다."

이와 같은 변증법적 움직임은 1차적이며 근원적인 자연에서 이차적 자연으로, 자연 공간에서 생산물인 동시에 작품으로서의 공간, 자신의 안에서 예술과 학문을 결합시키는 공간으로 향한다. 이차적 자연은 서서히, 그리고 매우 힘들게 성숙해가는 자동화의 산물(자동화는 필요라고 하는 광대한 영역의 점유, 다시 말해서 공간 안에 놓인 사물들의 생산으로 추구된다)이다. 이 과정은 (무한대로 분업화된) 노동에 의해서, (부와 자재, 도구의) 축적에 의해서, (지식과 권력을 통해 발전에 족쇄를 채우는) 축소에 의해서 점유된 끝없이 긴 시기의 끝에 가서야 완성될 수 있다. 결국 이는 각종 위험으로 가득 찬 엄청난 과정이며, 다른 가능성들이 제시되면 언제라도 유산(流產)될 수 있는 과정이다.

이렇듯 몇몇 대표적인 대립으로 한정시켜본 거대한 이행기는 사실 수천 가지 다른 방식으로 정의될 수 있다. 하지만 방식은 달라도 결과는 매한가지다. 공간은 특성을 지니고 있다. 아니 그 이상이다. 공간은 (전투적, 폭력적, 군사적) 남성 우월주의에 의해서 형성되며, 남성 우월주의는 지배당하고-지배하는 공간에 내재하는 규범에 따라 확산되는 이른바 수컷적인 덕목에 의해 가치를 부여받는다. 그렇기 때문에 직선과 각짐, 엄숙한 원근(사각형)들이 사용, 아니 남용된다. 우리가 너무 잘 알다시피, 지배적인 공간을 생산해내는 남성적인 덕목은 사유재산에서부터 거세에 이르기까지 박탈의 보편화를 초래한다. 따라서 여성성의 항거와 복수를 피할 수 없다. 그런데 이 여성성이 남성 차별주의에 대립하는 여성 차별주의 양상을 띠는 것은 유감스러운 일이 아닐 수 없다. 앞선 선례들을 뒤집을 수 있는 최후의 은유, 남근적 공간을 파괴하고 자궁적 공간으로 이를 대체해야 한다는 말인가? 어쨌거나 그것만으로는 전유된 공간, 기쁨과 향유가 공존할 수 있는 건축을 발명하는 데 부족하다. 여기서도 모순은 사라지고, 분리는 극복될 것이다. 또 그렇지 않을 수도 있다…….

공간 안에 놓인 사물의 생산양식과 공간의 생산양식 사이의 이행기에 대해서 이야기할 수도 있다. 사물의 생산은 자본주의에 의해 촉진되었다. 이 생산은 부르주아 계급에 의해 지배되고 부르주아 계급이 낳은 정치적 작품인 국가에 의해 지배되었다. 공간의 생산은 여러 가지 다른 조건들을 초래하는데, 그중에는 공간에 대한 사유재산권의 쇠퇴, 그와 동시에 공간의 지배자인 정치적 국가의 쇠퇴를 꼽을 수 있다. 이는 지배에서 전유로, 교환 가치에 대한 사용 가치의 우월성(교환 가치의 쇠퇴)을 내포한다. 만일 그렇게 되지 않는다면, 최악의 상황이 도래할 것이다. 미래학자들이 작성한 몇몇 '도저히 받아들일 수 없는 시나리오'들이 이를 보여준다. 갈등을 빚을망정 하나의 생산양식(사물의 생산양식)에서 다른 생산양식(공간의 생산양식)으로의 이행만이, 생산력에 근본적인 중요성을 부여하는 마르크스의 주장을 생산 제일주의로부터 벗어나게 해주며, (양적) 성장 위주의 교조주의로부터 해방시키고 유지해준다.

7.5   공간은 하나의 목표를 추구하는 투쟁과 행동의 주요 쟁점이 된다. 공간은 자원의 장소이며, 전략이 실행되는 환경이 아니었던 적이 없다. 하지만 공간은 무심한 극장이나 무대, 행위를 담는 틀 이상 가는 무엇이다. 공간은 천연자원에서부터 가장 세련되게 정제된 생산물에 이르기까지, 기업에서부터 '문화'에 이르기까지 사회-정치적 줄다리기의 다른 재료들과 자원들을 제거한 적이 없다. 공간은 이 모든 것을 집결시키고, 스스로가 별개로 떼어낸 이들 각각을 포함하면서 대체한다. 여기서 하나의 거대한 움직임이 생겨나며, 그 움직임 속에서 공간은 스스로를 본질, 즉 '주체'에게 있어서, 주체 앞에서 뚜렷하게 구분되는 대상, 자율적인 논리의 지배를 받는 대상으로 간주할 수 없다. 공간은 스스로를 결과, 산물, 다시 말해서 과거, 역사, 사회가 경험적으로 인정할 수 있는 결과물로도 간주하지 못한다. 그렇다면 공간은 매개물인가? 환경인가? 중간자인가? 그렇다. 하지만 점점 덜 중성적이고, 점점 더 적극적이며, 도구인 동시에 목적이자 수단인 동시에 목표가 된다. 이 때문에 희한하게도 공간은 '매개'라고 하는 원래의 범주를 벗어난다.

실상 차이 분석은 훨씬 복합적이며, 우선 3분법적인 한정을 가능하게 해주는 매체로서의 사회적 공간의 **구성적 이원성**을 꾸준히 강조했다. 본래의 이원성(대칭-비대칭, 직선-곡선 등)은 반복해서 언급될 때마다 이 움직임에 부합하는 새로운 의미를 부여받으며 다시 등장한다. 생산과 재생산의 매체인 추상 공간은 환상을, 따라서 허위의식, 허구-실재인 공간의 의식을 만들어내는 경향이 있다. 하지만 이 공간 자체, 그리고 거기에 부합하는 실천은 비판적 계기를 통해서 이보다 훨씬 진실한 인식을 만들어낸다. 그 어떤 개별 학문도, 생태학도, 역사학도 이 점을 고려하지 않는다. 차이 분석은 유전적으로 앞서서 존재하는 이원성 속으로 끼어드는 다양성, 복수성, 다수성은 물론 그로 인한 격차, 괴리, 불균등, 갈등, 모순을 분명하게 드러내보인다. 분석 과정에서 드러난 과정의 다양성은 부재, 즉 추상 공간에 부여할 만한 분명한 지위가 부재한다는 인상을 주었다. 하지만 그건 환상이다. 이론은 이 공간의 진실, 즉 동질화 추구(지배받는 것의 정립)라고 하는 지배적인 경향 속에서 모순적인 특성을 복원시켜주었다.

그렇다면 우리는 도대체 어디에서 논리를 찾을 수 있는가? 논리는 도대체 어디에 위치하는가? 본질 속에? 공간의 실천학(praxéologie) 층위에서 찾아야 하는가? 체계(공간 체계, 기획 입안 체계, 도시적 체계) 속에서? 공간적 도구의 사용이라는 경험적인 면에서? 아니다. 논리는 초기의 일관성과 궁극적인 환원주의, 동질화 전략, 환원 안에서 환원에 의해 이루어지는 응집력의 물신화라고 하는 이중의 제약을 정의한다. 논리는 폭력과 이어지고 결합된 것을 분리하는 능력, 결합된 것을 해체하는 능력을 결정한다. '논리학-변증법'의 관계와 관련한 이 초기 가설은 확인되었고, 증거와 논거에 의해 뒷받침되었다.

7.6 그러니 어떻게 이른바 '현대적'이라고 하는 사회 안에서 공간의 중요성, 공간이 지닌 임박한, 또는 이미 현실이 되어버린 중요성이 점점 증대되고 있다는 결론을 내리지 않을 수 있겠는가? 이 중요성은

슈퍼마켓이나 이웃 단위에서 평면을 배치하는 '마이크로' 차원에서만 실현되는 것이 아니며, 하나의 국가나 대륙 단위에서 흐름을 분배하는 '매크로' 차원에서만 실현되는 것도 아니다. 공간의 중요성은 모든 층위에서, 모든 차원과 그것들의 결합에서 관찰된다. 이 중요성을 인류학이나 정치경제학, 또는 사회학의 차원으로만 제한하던 이론적 오류는 분석이 진행되는 과정에서 바로잡았다. 이제 이 같은 몇몇 사항들로부터 이론적 결론을 도출해내는 일이 남았다.

역사에서 태어난 하나의 생산양식이라는 테두리 안에 있는 각각의 사회는, 예전에는 이 테두리에 내재하는 개별성과 더불어 자신의 공간을 빚어왔다. 어떤 방식으로? 앞에서 이미 살펴보았다. 폭력(전쟁과 혁명)을 통해서, 정치적 또는 외교적 전략을 통해서, 그리고 노동을 통해서 그렇게 했다. 그 같은 사회의 공간은 '작품'이라고 불릴 만하다. 작품이라는 용어가 지니는 일상적인 의미, 즉 예술가의 손에서 만들어진 물체라는 의미는 사회 전체 층위에서 이루어진 실천의 결과로 확대될 수 있다. **향토와 경치**, 어떻게 이들에게 작품이라는 지위를 부여하지 않을 수 있겠는가? 이 층위에서 이미 생산물과 작품은 하나로 결합한다.

오늘날엔 세계적 차원의 공간(지표면을 넘어서 행성 간의 공간까지도 문제되는 상황이다)과 모든 차원에서 그 공간에 내포된 여러 공간들이 문제가 된다. 어떤 장소도 완전히 사라지지 않았으며, 모든 장소는 은유화 과정을 거쳤다. 누가 지구 공간을 빚는가? 아무도 그렇게 하지 않는다. 어떤 힘도, 어떤 권력도 그렇게 하지 못한다. 힘과 권력이 그곳에서 전략적으로 맞부딪히기 때문이며, 그렇기 때문에 역사와 역사성, 그리고 이러한 일시적인 개념들에 달라붙은 결정론은 의미를 상실한다.

이 같은 새로운 상황, 점점 중요해지는 '현대성'의 양상에 대해서 몇 가지 원인과 이유가 역사적인 암흑을 빠져나오면서 저절로 드러난다.

이 원인과 이유는 상호작용의 다양함을 예견할 수 있을 정도로 충분히 스스로를 드러낸다. 세계 시장(상품, 자본, 노동력 등), 기술과 학문, 인구 팽창으로 인한 압력 등이 바로 이 몇 가지 원인과 이유에 포함되며, 이들 각각은 자율적인 세력으로 부상한다. 이미 앞에서 언급했을 뿐 아니라 강조했던 역설이 여기서 대두된다. '인간들' 위에 군림하며, '주체들'이 점유한 공간을 지배하는 정치권력은 이 공간 안에서 교차하는 원인과 이유를 지배하지는 않는다. 원인과 이유 각각이 스스로에 의해서, 스스로를 위해서 행동을 실행에 옮기기 때문이다.

다소 독립적이라고 할 수 있는 이들 원인과 이유는 자신들이 생산하는 공간 안에서 생산의 효과, 결과와 더불어 공존한다. 이 결과들 중에서 학자들은 오염, 자원의 잠재적 고갈, 자연 파괴 등을 꼽을 것이다. 경제학이나 인구학, 지리학이나 사회학 같은 여러 학문은 원인과 이유로 거슬러 올라가지 않은 채 이 결과물을 부분적인 체계로 다룬다. 나는 이 책에서 원인과 효과, 결과와 이유를 한자리에 모으고자 시도했다. 학문의 영역과 전문 분야의 분리를 뛰어넘는 이 같은 집결을 통해서 단일 이론을 제시할 수 있다. 단일 이론이라는 용어는 공간적 동시성(비교적 평화스러운 공존 상태) 속에서 이유와 결과, 원인과 효과 등의 혼동을 초래하지 않는다. 오히려 그 반대다. 이런 식으로 정립된 이론적 개념은 완성된 '전체'가 되기 위해서 거들먹거리지 않는다. 하물며 '체계'나 '종합'을 자처하는 일 따위란 있을 수 없다. 이러한 개념은 요소나 계기, '요인들' 간의 구분을 전제로 한다. 다시 한 번, 근본이 되는 방법론이자 이론적 주장인 이 단일 이론은 해체된 요소들을 재결합하며 혼동을 간파한다. 분리되었던 것들을 모으고, 뒤섞였던 것들을 분석하는 것이다.

공간의 문제의식과 공간적 실천은 분명 구분할 필요가 있다. 공간의 문제의식이란 이론 차원에서만 생겨날 수 있는 반면, 공간적 실천은 경험적으로 관찰된다. 그런데 정통하지 못하고 방법과 개념을 제대로 알지 못하는 사고는 이것들을 뒤섞어버린다. '문제의식'(철학에서 빌려온 용어)은 정신적 공간과 사회적 공간, 이 두 공간의 결합, 한편으로는 이 두 공간이 자연과 맺는 관계, 다른 한편으로는 '순수한' 논리학과 형태와 맺는 관계 등에 대한 질문으로 이루어진다. 반면, 공간적 실천은 건축, 도시계획(공적 담론에서 빌려온 용어), 경로 및 장소(영역)의 효과적인 조정, 일상생활, 그리고 물론 도시적 현실 등의 모든 층위에서 확인되고 기술되며 분석된다.

인식은 고전적 형이상학에 의하면 시간을 초월한 (총체적) 도식으로부터, 아니면 그와 반대로, 헤겔 이후에 그렇게 되었듯이 일시적인, 다시 말해서 역사적 생성, 심리적 지속, 사회-경제적 시간이 공간에 대해서 우월함을 확인하는 도식으로부터 형태를 잡아나간다. 이는 전복을 부르는 이론적인 상황으로서, 이따금씩 지리적 공간 또는 인구학적, 생태학적 공간이 역사적 시간보다 우월함을 확인하는 참을 수 없는 방식으로 전복이 자행되어왔다. 사실 이 같은 학문들은 시간적인 것과 공간적인 것 사이의 광범위한 대결을 보여주는 무대가 된다. 이러한 대결은 지식의 위기, 지식과 정치권력의 관계에 대해 재고하게끔 만들지는 않는다. 정치권력이란 인간에 대해서는 너무도 강력하면서, 추상 공간 그 자체를 생산하거나 사회적 관계를 재생산함으로써 추상 공간에 개입하는 (기술적, 인구학적) 한정에 대해서는 지나치게 무기력하다.

개별 언어가 되었건 언어 일반이 되었건, 모든 언어(지식의 언어를 포함하는 언어)는 지식이 형이상학적으로 특혜를 부여하고자 하는 정신적 시간-공간에서 말해지고 글로 쓰인다. 모든 언어는 서투르게 사회적 시간, 공간적 실천을 말한다. 모든 언어(어휘, 통사법)가 농민들에게서 태어났으며, 좀더 정련된 언어는 신학자-철학자에게서 태어난 것이 확실하다면,

그럴 수밖에 없지 않은가? 산업과 기술, '현대적' 학문들로 말하자면, 그것들은 이제야 어휘나 문법에 개입하기 시작한 형편이다. 도시적 현실은 아직 영향력이 미미하며, 그렇기 때문에 단어가 부족하다.〔'사용자(usager)' 라니? 이 단어는 별 뜻도 없고, 더구나 영어엔 이에 해당하는 단어조차 없다.〕 이처럼 언어와 언어는 사회적(공간적) 실천에 의해서, 그리고 사회적(공간적) 실천 안에서 파괴되고 재건된다.

위에서 '지식'의 재고라고 말했는데, 지식을 인식론 안에 고정시키고 이른바 절대적 지식, 다시 말해서 신적인 지식의 모방품 대신, 지식을 재고하는 것만이 인식을 구할 수 있다. 어떤 경로를 통해서? 비판적 지식과 지식의 비판을 결합함으로써, 인식의 비판적 계기를 강조함으로써, 강력하게 '지식'과 '권력'의 공모, 즉 전문화된 지식의 관료주의적 활용을 고발함으로써 가능하다. 제도적 지식(대학의 지식)이 체험보다 우위에 서면, 국가가 일상성 위에 군림하는 것과 마찬가지로 재앙이 다가온다. 아니, 그것이 벌써 재앙이다.

그 같은 재건이 아니라면, 지식은 비지식과 반지식(반이론)의 공격, 요컨대 니체가 극복했다고 믿었던 유럽식 허무주의 속으로 와해되어버린다.

깊이 있는 비판이 결여된 지식의 유지는 오히려 지식의 쇠락을 야기한다. 공간에 관한 질문들도 마찬가지다. 실천을 벗어나 '순수'를 자처하며 '생산적'(허튼소리를 많이 생산하는 건 사실이다)이라고 믿는 지식의 차원에서 철학적인 문제를 탐구하는 질문들은 가치가 떨어진다. 무엇으로? 지적인 공간, 한 민족의 지적 공간 또는 한 시대의 정신적 공간으로서의 글쓰기에 대한 일반적인 고찰 등으로 격하된다.

정신적 공간에서 정립된 재현과 도식은 함부로 객관화할 수 없다. 철학자들이 그것들을 이론화했더라도, 인식론자들이 합리화했더라도, 아니 이들이 그렇게 했을 때라면 더더욱 불가능하다. 역으로, 어느 누가 정신적 공간에서 출발하지 않고, 추상적인 것에서 구체적인 것으로 가는 궤적을 밟지 않고서도 '실재적인 것', 즉 (사회적, 공간적) 실천에 도달할 수 있는가? 그럴 수 있는 사람은 아무도 없다.

7.7　　　**하부**(infra)와 **상부**(supra), **이하**(en-deçà)와 **이상**(au-delà)의 구분은 마이크로와 매크로 층위의 구분만큼이나 중요하다. 일상성의 이하, 즉 일상성의 내부, 결핍과 필요 속에서, 좀더 견고하게 뿌리내린 일상생활을 열망하며 사는 민족이나 국가가 존재한다. 일상성 비판은 일상성 이상, 즉 일상성을 넘어설 때만 의미를 갖는다. 정치적인 것도 마찬가지다. 사람들, 즉 집단이나 민족은 정치적인 것의 내부에서 살고 생각하며, 정치를 통해서 혁명으로 가거나 혁명을 통해서 정치적 삶으로 나아간다. 정치적 실존을 넘어서, 즉 이미 정해진 민족국가를 넘어서 정치적 삶은 특화되며 정치적 활동은 전문화된다. 정치 활동은 직업이 되며, 정치 기제들(국가 기구와 정당)은 제도화된다. 이 같은 상황은 정치 비판을 낳는다. 이렇게 되면 정치적인 것은 몰락한다. 이 두 움직임은 개인이나 집단, 민족 전체의 의식 속에서 공존할 수 있다. 이 공존엔 갈등과 분리가 뒤따를 수밖에 없다. 강력한 정치화는 스스로 파괴되며, 영구적인 정치적 삶은 자신의 고유한 조건을 부정하는 셈이다.

　그렇다면 공간의 정치적 지위는 무엇인가? 공간은 정치화하며, 이는 탈정치화를 부른다. 정치화된 공간은 자신의 정치적 조건을 파괴한다. 공간의 경영과 전유는 국가와 정당을 부인하기 때문이다. 공간의 경영과 전유는 다른 형태의 경영(이를테면 도시, 도시 공동체, 구, 지역 등의 영토 단위의 '자율 경영')을 요구한다. 따라서 공간은 정치적인 것과 국가 자체에 내재하는 갈등을 악화시킨다. 공간은 더욱 강력하게 정치적인 것 내부에서 반정치, 즉 정치 비판을 끌어들이며, 이는 정치적 계기의 종말, 정치적 계기의 자기파괴를 초래한다.

7.8   역사와 역사적 시간에서 기인하는 모든 것은 오늘날 시련을 겪고 있다. '문화', 민족, 집단, 심지어 개인의 '의식'조차도 정체성의 상실을 막지 못하며, 이 문제는 다른 여러 가지 문제들에 더해진다. 과거에 대한 참조, 과거에서 비롯된 지시대상은 와해된다. 그런대로 일관성 있는 '체계'로 정립되었건 그렇지 못하건, 가치들은 대립하는 과정에서 부스러진다. 교양 있는 엘리트들은 조만간 정복과 식민지 지배를 당한 민족들과 같은 상황에 놓이게 된다. 이들은 어떻게 해서 상황이 그렇게 되었는지 알지 못한다. 왜냐? 아무도, 누구도 **공간의 시련**을 피할 수는 없다. 현대판 신명재판(神明裁判)이라고나 할 수 있는 공간의 시련이 신의 심판과 고전적인 운명을 대체한다. 각각의 사고, 각각의 '가치'는 전 지구적 공간에서 마주친 다른 사고나 가치들과 맞서는 과정에서 차이를 획득하거나 상실한다. 아니, 좀더 정확하게 말하자면, 하나의 집단, 하나의 계급 또는 계급의 분파는 하나의 공간을 만들어낼 때(생산할 때)에만 '주체'로 형성될 수 있고, 주체로 인정될 수 있다. 전유된 형태를 만들어냄(생산해냄)으로써 공간 안에서 뿌리내리지 못하는 사고, 즉 재현이나 가치는 기호로 전락하며, 추상적 이야기로 축소되고, 환상으로 변해버린다. 그렇다면 하나의 집단에게 공간을, 그들을 비추는 거울 정도로 제시하면 충분할 것인가? 그렇지 않다. 전유라고 하는 생각은 '의식-거울'이라는 반사적인 (아니 반사적이라기보다 사변적인) 주장보다 훨씬 많은 것을 함축하고 있으며, 훨씬 충족시키기 어렵다. 끈질기게 지속하는 형태(종교적 건축물, 역사적 · 정치적 기념물)는 이념과 해묵은 재현을 고수한다. 반면, 세력도

겸비한 새로운 사고(사회주의)는 자신들의 공간을 만들어내지 못한 탓에 유산될 위험에 처해 있다. 또한 이 새로운 사고는 명맥을 유지하기 위해서 이미 폐기처분된 역사성, 보잘것없는 겉치레에 매달리고 있다. 이런 맥락에서 '기호의 세계'가 흐름으로부터 도출되며, 이는 전유된 공간을 만드는 것이 아니라 헛된 기호와 의미작용으로 역류하게 된다. 공간적 투자, 공간의 생산, 이것은 우발적인 사건이 아니라 죽느냐 사느냐의 절박한 문제다.

역사적인 형성물들은 강물이 바다로 흘러가듯 몇몇은 늪지대 삼각주에 머물고 몇몇은 강어귀의 용트림을 흉내 내면서 세계라는 공간으로 흘러든다. 몇몇은 무기력으로 인하여 민주적으로 생존을 기대하며, 몇몇은 힘과 폭력(전략적, 따라서 군사적이고 정치적인 폭력)에 기대를 건다.

공간의 시련에는 언제나 극적인 순간이 등장하는데, 바로 철학, 종교, 이념 또는 지식, 자본주의, 사회주의, 국가 공동체 등에 관해 급진적인 질문을 제기하는 순간이다.

공간의 시련, 즉 대면과 대립은 역사적인 형성물들에게는 그들이 자연에 뿌리내린 정도와 자연적 개별성에 따라, 역사성에의 밀착 정도에 따라 불평등하게 전개된다. 극적인 순간은 누구도 아무것도 피해갈 수 없다. 그 순간은 어디에서나 같은 방식으로 찾아오는 것이 아니다. 바꿔 말하면, 시련은 유럽의 유서 깊은 국가나 앵글로색슨 아메리카, 라틴 아메리카의 국가, 아프리카나 아시아의 국가에 따라 다른 방식으로 맞이하게 된다는 말이다. 그 어떤 형성물도 구전되거나 문자로 전해지는 전통과 더불어 종교와 교회, 철학과 변증법적 유물론과 역사적 유물론을 포함하는 주요 '체계'와 관련하여, 도도하게 흘러가는 운명을 피할 수 없다. 고전적인 합리주의, 목적론, 함축적인 형이상학 중에서 마르크스의 사상에 지속적으로 남아 있는 것으로부터 새롭고 본질적인 무엇인가가 문자에 의한 형식이나 즉각적인 영향력에서 해방되어 대두된다. 역사적 생성의 전제가 되는 궁극적 의미라는 가설은 지상에서의 전략 분석에 의해 무너진다. 이 생성의 도착점에는, 출발점에서도 그랬던 것처럼 자원을 품은 대지와 그 대지가 제시하는 목표들이 존재한다. 과거에는 어머니로서 나타나던 대지는 오늘날 다양한(차별화된) 공간이 배치되는 중심으로 제시된다. 종교적이면서 천진한 성적(性的) 특성으로부터 해방된 대지(지상의 공간), 지구로서의 대지는 실천적인 사고와 활동에서 가장 중심적인 위치를 차지한다.

7.9　　　　대립과 분쟁은 모두 '계급투쟁'과 결합할 수 있다. 하지만 (실천적, 이론적) 투쟁이 벌어지는 경계는 마치 한편엔 지배 계급 진영이, 다른 한편엔 착취당하고 억압당하는 피지배 계급 진영이 있는 것처럼 확실하게 분리되어 나타나지 않는다. 경계선은 학문과 인식을 포함하여 정치 안팎의 모든 분야를 관통한다. 이론적인 대투쟁은 전략적인 목표, 즉 분리된 것들을 한데 모으고, 마구 뒤섞인 것들을 구분한다는 목표를 지니고 있으며, 우리는 앞에서 그것을 살펴보았다. 양과 질의 분리, 질을 배제한 양을 공간의 특성으로 부여하는 태도는 질을 '자연'에 결부시키며 자연에 혼동을 초래하는 것이다. 그 역도 마찬가지다. 쇠퇴를 거듭하며 탈변증법화한 철학은 분리를 혼동의 남용으로 간주한다. 분리, 분산은 결집과 대립한다. 차이의 이해와 차이의 실현이 강제적인 동질화와 대립하는 것과 같은 이치다.

　이와 같은 목표를 함축적으로 또는 명시적으로 겨냥하는 투쟁은 겉보기에 아무런 관계가 없는 것처럼 보이며, 폭력적이기도 하고 비폭력적이기도 한 수많은 전선에서, 때로는 분리에 대항하여, 때로는 혼동에 대항하여 전개된다. 투쟁은 분리하고(차별, 공간의 분산) 혼동하는(민족, 종교, 국가 내부의 공간) 정치에 대항하여 정치적으로 지속된다.

7. 10 이 책에는 처음부터 끝까지 각 행과 행간을 관통하는 하나의 **기획**이 있다. 무슨 기획인가? 바로 다른 사회(다른 생산양식)를 만들어가는 기획이다.

이 기획은 좀더 명백하게 진술될 수 있는가? '기획', '계획', '정책'의 차이, '모델'과 '노선'의 차이를 확실히 강조함으로써 그럴 수 있다. 그렇게 된다면, 예측 또는 흔히들 말하는 대로 '구체적인' 제안을 내놓을 수 있는가? 그건 그다지 확실하지 않다. 기획은 추상적으로 머물러 있을 것이다. 지배 공간이라는 추상에 대립하면서도 그것을 극복하지 못할 것이기 때문이다. 왜냐? '구체적인 것'으로 가는 길은 적극적, 이론적, 실천적 부정, 즉 반(反)기획, 반(反)계획을 거쳐야 하기 때문이다. 결국 '당사자들'의 적극적이고 대대적인 개입이 있어야 한다는 말이다.

당사자들의 비개입에 대해서 우리는 수많은 원인과 이유를 찾아냈으며, 그중의 어느 것도 결정적이지는 않다. 우리가 '공간의 혁명'(당연히 '도시의 혁명'을 포함한다)이라고 부를 수 있는 과정은 농민들이 주동이 되어 일으킨 대규모 혁명이나 산업혁명과의 유추를 통해서만 이해 가능하다. 즉 갑작스러운 저항과 휴지기, 점진적인 비등, 인식과 행동 면에서 한 단계 높아진 차원에서의 재저항이라는 식으로 진행될 것이다. 그리고 창조적 개입도 동반한다.

반기획이 부딪히는 장애물들에 대해서는 대략적인 목록화가 가능하다. 그중에서 가장 심각한 장애물은 한편으로는 권력에서 비롯되는 장애물로, 가장 광범위한 차원, 즉 세계적 차원에서 벌어지는 자원과 전략이며, 다른 한편으로는 중소 규모의 부분적인 영토〔프랑스의 오크어(語) 권역, 랑드 해안, 브르타뉴 지방 등〕에 국한되는 인식과 관심의 한계라고 할 수 있다. 그러나 창의적 역량은 계획과 반계획, 기획과 반기획의 방식을 통해서만 얻어진다. 물론 정치권력의 잠재적 폭력 또는 공공연하게 드러난 폭력이 대응하는 방식도 배제할 수 없다.

반계획을 수립하고 '관계당국'과 이를 논의하며, 관계당국으로 하여금 이를 고려하도록 설득하는 역량은 '실재적' 민주주의의 척도가 된다. 자주 언급되는 '환원주의'와 '총체주의', 국지적인 것과 전체적인 것의 교체는 사실상 문제가 아닌 것을 문제로 삼는 전형적인 예다.

7.11   이러한 제안은 '공간의 이론은 현재 존재하는 대로의 혁명적 움직임과 어떤 관계를 맺고 있는가?'라는 최초이자 마지막 질문에 부분적으로 응답하는 것이다.

이 질문에 대한 답은 이론과 그 이론의 본질적인 분절을 완전히 파악하고 있음을 내포한다. 한 번 더 반복해보자. 공간의 이론은 '공간'이라는 용어를 분석 작업도 거치지 않고 진부하게 사용하는 것을 거부하며, 사회적 실천의 공간과 지리학자, 경제학자의 공간을 혼동하는 것도 거부한다. 그러한 공간은 근원적이건 특정 전문분야에 의해서 정의되었건, '조화로운 성장', 균형 또는 '최적화'를 겨냥하는 기획입안자들의 개입을 위한 도구나 수동적인 용기로 이용될 것이다.

(공간 자체가 지니는 모순을 포함하여) 공간은 모순이 해소될 때, 또 모순이 해소되는 한에서 스스로 조정자가 된다.

이론은 내부에서, 번영의 심장부에서 사회를 좀먹어가는 것을 드러냄으로써, 기존 사회의 해체에 일조한다. 이 사회(신자본주의 또는 조직 자본주의)는 팽창 과정에서 공간의 혼돈만을 만들어낸다. 부르주아 계급은 역사에서 비롯된 몇몇 모순을 해결하고 시장을 어느 정도 통제(마르크스는 이를 예견하지 못했다)하는 데 성공했으며, 그 결과 비교적 빠른 기간에 생산력의 증대를 이루었지만, 공간(**부르주아 계급의** 공간)의 모순만큼은 해결하지 못할 것이다.

기존 정치 단체들은 공간과 공간 관련 문제들을 제대로 알지 못한다. 왜냐? 이 질문은 아주 멀리까지 전개될 수 있다. 이 질문은 정치적인 것의 본질을 한정지으면서 이를 정의한다. 정치 단체들은 역사로부터 비롯되었으며, 역사를 연장하고 이를 이념적으로(각종 기념일, 끊임없는 상기) 유지한다. 하지만 그 이상으로 나아가지는 못한다.

오늘날에 제대로 알려지지 않은 것이 내일의 알려진 것, 내일의 잠재적 사고와 행동의 중심이 되지 않겠는가?

7.12　　　　공간의 취급과 관련하여, 소비에트식 모델과 중국의 노선 사이에는 모순으로까지 발전해가는 대립 관계가 뚜렷하게 나타난다.

소비에트식 모델은 자본주의적 축적을 수정하고, 이 과정을 가속화함으로써 이를 향상시킬 수 있다는 좋은 의도에서 출발한다. 자본주의 모델을 강화하면서 악화시킨 이 소비에트식 모델은 자발적으로 대기업이나 대도시 등 '강력한 곳'에 특혜적인 지위를 부여함으로써 신속한 성장을 추구한다. 따라서 다른 장소들은 중심(생산, 부, 결정의 중심)에 비해서 수동적이며 주변적인 상태로 남게 된다. 그러므로 이 모델은 회전문, 순환 같은 결과를 초래한다. 요컨대 강한 곳은 점점 더 강해지고, 약한 곳은 점점 더 약해지는 것이다. 이 회전문은 조정자와 같은 역할을 한다. 일단 가동을 시작하면 자동적으로 '기능하기' 때문이다. 현상유지와 (상대적) 후퇴를 감수해야 하는 주변은 점점 더 억압당하고 통제받으며 착취당한다.

레닌이 추구했던 불평등 성장, 불평등 발전 법은 적절하게 통제되지 못했으며, 그 법이 야기한 불편함도 제거되지 못했다. 오히려 그 반대였다.

한편, '중국식 노선'은 인민과 전체 공간을 다른 사회로 이끌어가려는 고심의 표현이었다. 이러한 고민은 부의 생산, 경제 성장뿐만 아니라 사회적 관계의 발전과 성숙, 따라서 **공간 안에서의** 다양한 재화의 생산, 점점 더 전유되어가는 **사회적 공간 전체의** 생산 등 수많은 과정을 통해서 실현된다. 강한 곳과 약한 곳 사이의 분리는 와해된다. 불평등한 발전은 사라지거나 사라지는 경향을 보인다. 이러한 전략은 정치적 행동이 국가와 정치 단체, 즉 정당을 사회의 위로 끌어올리는 것이 아님을 함축하고 있다. 이것이 '문화혁명'의 의미와 통한다. 또한 이 전략은 농업도시, 중소 규모 도시, 가장 작은 단위에서부터 가장 큰 단위에 이르기까지 모든 생산 단위(농업, 제조업)에 기대를 건다는 것을 전제로 삼는다. 필요하다면 성장 속도를 늦추는 것도 불사한다. 이러한 공간의 추구와 전략은 '도시-농촌' 사이의 분리와, 이 두 용어의 변화 과정에서 나타나는 갈등의 극복(예상할 수 없었던 갈등을 제외하고)을 장담한다. 이는 이 두 용어의 쇠퇴 또는 상호 파괴와는 반대되는 것이다.

물론 이 같은 지적은 산업국가가 아무런 반성도 없이 수동적으로 농업 지배적인 국가의 노선을 채택할 수 있음을 의미하지는 않는다. 하지만 공간 이론은 세계적 차원에서의 혁명 경험을 감안할 수는 있다.

오랫동안 우리는 혁명을 국가적 층위에서 일어나는 정치적 변화 또는 생산수단 자체(시설, 도구, 제조업체, 농업체 등)의 집단(국가) 소유로 정의해왔다. 두 가지 정의 모두 생산의 합리적 조직과 사회 전체의 합리적 경영을 내포하는 것으로 보인다. 그런데 이러한 이론과 계획은 부르주아 계급 이념과 이웃하거나 같은 선상에 있는 이념으로 타락했다.

오늘날 그처럼 제한적인 정의로는 더 이상 충분하지 않다. 사회 변화는 무수히 다양하면서 심지어 모순적이기까지 한 이해관계를 지닌 '당사자들'의 항구적인 개입을 통한 공간의 집단 소유와 집단 경영을 전제로 한다. 따라서 대립은 피할 수 없다. 이른바 '환경' 문제를 통해서 이 점은 극명하게 드러나며, 여기에는 유용이나 일탈 등의 위험도 배제할 수 없다.

한편, 이 같은 제안을 통해서 시작되는 과정의 지향성에 대해서 우리는 그것이 특히 **작품**(유일한 것. '주체', 즉 창조자, 예술가의 표식, 다시 오지 않을 순간의 표식을 지닌 물체)과 **생산물**(반복생산 가능한 것. 반복적인 몸짓, 따라서 재생산 가능한 결과물이며, 궁극적으로는 사회적 관계의 자동적인 재생산을 야기한다) 사이의 분리와 분열을 극복하는 방향으로 나아가는 경향을 보일 것이라고 말할 수 있다.

그러므로 가능한 한도 내에서 인류의 공간, 인류의 집단적인(인류라는 종의) 작품, 우리가 여전히 '예술'이라고 부르는 것을 본뜬 작품을 생산해야 한다. 그리고 이 작품은 개체를 위해, 개체에 의해 고립된 '물체'의 차원에서는 아무런 의미를 갖지 못한다.

변화된 일상의 삶, 수많은 가능성을 향해 열려 있는 삶의 사회적 매체로서의 지구적 공간을 창조하기(생산하기), 바로 이것이 우리 앞에 새로이 펼쳐지는 여명이다. 그것이야말로 푸리에, 마르크스, 엥겔스 같은 위대한 '유토피안들'(이들은 실현 가능성을 보여주었으므로 **공상가**(utopiste)가 아니었다)이 예고한 것이었다. 이들의 꿈과 상상력은 여러 개념과 더불어 왕성하게 이론적인 사고를 자극했다⋯⋯.

지향. 그 이상도 이하도 아니다. 우리가 감각이라고 부르는 것. 감각을 지각하는 기관이 인지된 방향을 향해, 지평선을 향해 길을 만들어나가는 체험된 움직임. 하나의 체계와는 전혀 닮지 않은 것이다.

제4판 서문: 앙리 르페브르와 공간의 사유

1. 레미 에스, 《앙리 르페브르와 세기의 모험(Henri Lefebvre et l'aventure du siècle)》 (Métailié, 1988).

2. 앙리 르페브르, 《총합과 나머지(La somme et le reste)》(Méridien Klincksieck, 1959). 1989년에 3판 출간.

3. 앙리 르페브르, '공간의 정치에 관한 성찰', 〈공간과 사회〉, 1호, 1970, 7쪽.

4. 앙리 르페브르, 《공간과 정치》, 143쪽.

5. 같은 곳.

6. 이 논문들에 대한 상세한 정보는 레미 헤스, 앞의 책, 참고문헌 참조.

7. 앙리 르페브르가 마르크스에게서 차용한 이 방식(사르트르는 르페브르에게서 이 방식을 빌렸다)은 졸저 《앙리 르페브르와 세기의 모험》에서도 상세하게 설명했다. 이 방식은 간단히 말해서 역사와 사회학, 즉 수평적인 관점과 수직적인 관점을 화해시키는 방식이라고 볼 수 있다. 원래 이보다 훨씬 길고 상세한 설명을 필요로 하지만, 여기서는 지면 관계상 그렇게 할 수 없어서 유감스럽다.

8. 앙리 르페브르 사상의 계승 문제는 독자적인 연구가 필요하다. '에스파스 마르크스(Espaces Marx)'라는 단체의 주관으로 2000년 11월 파리에서 열리는 학회에서 이 문제가 논의될 것이다.

1. 이 책의 구상

1. 장 폴 사르트르(Jean-Paul Sartre), 《변증법적 이성 비판(Critique de la Raison

dialectique)》, I, '실천적 총체 이론(Théorie des ensembles pratiques)'(Gallimard, 1960).

2. 미셸 클루스카르(Michel Clouscard), 《존재와 코드, 자본주의 이전 시대의 생산 총체에 대한 소송(L'Être et le Code, Procès de production d'un ensemble précapitaliste)》 (Mouton, 1972).

3. 모리스 블랑쇼(Maurice Blanchot), 《문학의 공간(L'Espace littéraire)》(Gallimard, coll. Idées, 1968).

4. 이를테면 1973년 N.R.F 총서로 발간된 《인문학의 파노라마(Panorama des sciences humaines)》라는 제목의 논문집을 보라. 사실 이와 같은 부재는 이 논문집이 지니는 결점치고는 아주 사소한 결점에 지나지 않는다.

5. 같은 책의 196쪽에 등장하는 '의미의 여정(Le parcours d'un sens)', 200쪽에 나오는 '대립의 공간(l'espace des dissensions)' 등도 마찬가지다.

6. 자크 데리다(Jacques Derrida), 《살기와 현상(Le vivre et le phénomène)》(P.U.F., 1967).

7. 미셸 클루스카르의 《존재와 코드》 서론에 나타난 비판적인 성찰을 읽어보라. 《유물론과 경험비판론(Matérialisme et Empiriocriticisme)》에서 레닌은 이 문제를 빼버림으로써 문제를 급진적으로 해결했다. 공간에 대한 사고는 복제나 사진처럼 객관적인 공간을 반영한다고 말한 것이다.

8. 《데카르트적 언어학(La linguistique cartésienne)》(Seuil, 1969).

9. 《기호의 쟁점(L'enjeu des signes)》(Seuil, 1971), 13쪽.

10. 이와 같은 현상은 다른 저자들에게도 그들 자신에게 직접적으로, 혹은 위에서 언급한 저자들의 저작을 통해서 적용된다. 가령 롤랑 바르트는 자크 라캉에 대해 다음과 같이 말한다. "그의 위상학은 안과 밖의 위상학이 아니며, 위와 아래의 위상학은 더더구나 아니다. 그의 위상학은 차라리 움직이는 표면과 이면의 위상학이라고 할 수 있다. 그가 사용하는 언어는 끊임없이 역할을 바꾸며, 변화하는 무엇인가, 우선 존재하지 않는 무엇인가를 중심으로 하는 표면을 뒤집는다."(《비판과 진실(Critique et vérité)》, 27쪽.)

11. 사회의 발생 초기 단계부터 분류법(교환 관계)에 따라 모든 저작물에서 정신적인 것과 사회적인 것을 구분하는 클로드 레비스트로스의 경우는 여기에 해당되지 않는다. 반면, 데리다는 '표기'를 '소리'보다 앞에 놓음으로써, 다시 말해서 글자를 음성보다 앞에 놓음으로써, 크리스테바는 몸에 구원을 청함으로써, 이들이 미리 만들어낸, 즉 선험적으로 존재하게 된 정신적인 공간에서 물리적·사회적 공간으

로 이행하고자 한다.

12. 위에서 이미 인용한 논문집《인문학의 파노라마》각 장에서 이와 같은 주장이 배어나온다.

13. 앙리 르페브르,《사이버인간을 향하여(Vers le Cybernanthrope)》(개정판, Denoel, 1972).

14. 푸코는《지식의 고고학》에서 지식과 인식 사이에 갈등을 가져오는 차이, 다시 말해서 이 두 가지를 확연하게 다른 것으로 구분짓는 차이를, '놀이의 공간'(241쪽)에서마저 시간적인 배분에 따른 연대기적 기술(244쪽 이하)로만 다룸으로써 애써 감추고자 했다.

15. 레비스트로스가 멘델레예프가 창안한 원소 분류 방식을 차용하여 만든 모델도 예외가 될 수 없다.

16. F. 호일,《천문학의 경계에서(Aux frontières de l'astronomie)》.

17. 조르주 마토레(Georges Matoré),《인간의 공간(L'espace humain)》(1962). 그리고 책 뒤에 첨부된 어휘 색인 참조.

18. 폴 엘뤼아르의 여러 시 작품들에 대해서도 같은 평가를 내릴 수 있다.

19. 1932년 처음 출간되었고, 1972년에 재출간된〔브린 출판사에서 기예름(J. Guillerme)의 서문을 곁들여 출판〕《기계설비학에 관한 성찰(Réflexions sur la science des machines)》을 읽어보라.

20.《마르크스, 기술의 사상가(Marx, penseur de la technique)》(Editions de Minuit, 1961).

21. 앙리 르페브르의《역사의 종말》(1970)과 알렉상드르 코제브(Alexandre Kojève)가 쓴 헤겔과 헤겔주의에 관한 논문들을 읽어보라.

22. 모리스 메를로 퐁티와 질 들뢰즈〔《앙티 오이디푸스(Anti-OEdipe)》114쪽〕 등을 여기에 포함시킬 수 있다.

23. 조세프 가벨(Joseph Gabel),《허위 의식(La fausse conscience)》(Editions de Minuit, 1962), 193쪽 이하 참조. 또한 루카치의《역사와 계급의식(Histoire et conscience de classe)》도 참조.

24.《권력에의 의지(Volonté de puissance)》(프랑스어판, Gallimard, 1935). 단편 315, 316 및 이하 참조.

25. 내친 김에 내가 지향하는 색깔을 선명하게 드러내고자 (다소 역설적으로 보일 수도 있는) 몇 가지 참고문헌을 제시한다. 찰스 도드슨〔Charles Dodgson, 필명 루이스 캐럴〕의 저술, 특히《거울나라의 앨리스》나《이상한 나라의 앨리스》보다는《기

호논리학(Symbolic Logic)》,《논리학 게임(The game of logic)》,《어렵지 않은 논리학(Logique sans peine)》 등. 헤르만 헤세의《유리알 유희》. 특히 이 책에 나오는 유희 이론, 유희가 언어와 공간, 즉 유희의 공간, 유희가 진행되는 공간인 카스탈리엔과 맺는 이중적인 관계 부분. 헤르만 바일의《시메트리(Symmetry)》(1952), 니체의 저술 중에서는 특히《철학자의 책(Dans Philosopher buch)》에 나오는 언어에 관한 단편과 '진실과 거짓말에 관한 사변적인 입문' 참조.

주의: 앞에서 이미 인용된 저술들과 뒤에서 인용될 저술들은 공간적 실천과 그 층위, 즉 계획 수립, '도시계획', 건축 등과 연결 지었을 때에만 의미를 지닌다는 점을 명심할 것.

26. 능력과 수행이라는 용어는 언어학(촘스키)에서 빌려왔다. 그렇다고 해서 공간의 이론이 언어학에 종속됨을 의미하는 것은 아니다.

27. 자크 라캉과 그를 추종하는 학파의 글 속에 내재되어 있는 주장.

28. 프랑수아 에베르 스티븐스(François Hebert Stevens),《남아메리카 고대 예술(L'Art Arcien de l'Amérique du sud)》(Arthaud, 1972), 55쪽 이하 참조. 중세의 공간, 즉 공간의 재현과 재현의 공간을 파악하려면《그랑 알베르와 프티 알베르(Le Grand et le Petit Albert)》, 그리고 특히《천체의 영향력 소고(Le Traité des influences astrales)》(Albin Michel, 1971) 참조.

29. 《정치경제학 비판 요강(Grundrisse)》 참조.

30. 대표적인 예로 프랑스의 1973년 선거에서 패배한 통일사회당(PSU)과 그 지도자 미셸 로카르(Michel Rocard)를 들 수 있다. 또한 미국에서는 1972년 선거에서 패한 맥거번(George Stanley McGovern)이 좋은 예라고 할 수 있다.

31. 그렇다고 해서 혁명이 콘스타스 아셀로스가 헤라클레이토스의 사상을 이어받은 오랜 철학적 명상 끝에 제시한 '세계의 유희'로 환원되지는 않는다.

32. 《정치경제학 비판 요강》 서문, 35쪽 이하 참조. 이 기회를 빌려《사회과학의 파노라마》 편에 몇 가지 오류가 있음을 알리고 싶다. '파노라마'는 이 방식을 사르트르에게 돌리고 있다. 하지만 사르트르는 자신의 방법을 제시한 글에서 앙리 르페브르가 쓰고 〈카이에 앵테르나시오노 드 소시올로지(Cahiers Internationaux de sociologie)〉 1953년 호에 게재된 '전망(Perspectives)'이 원전임을 밝히고 있다. 르페브르의 이 논문은 1970년《농촌적인 것에서 도시적인 것으로》에 재수록되었다. 사르트르의 《변증법적 이성 비판》 41쪽과 42쪽,《파노라마》 89쪽 및 그 이하를 참조.《파노라마》가 제시하는 참고문헌들은 이중으로 불충분하다고 말할 수 있는데, 거기에서 기술되고 있는 과정이란 결국 마르크스의 사상이기 때문이다.

2. 사회적 공간

1. 《정치경제학 비판 요강》, 서문, 32쪽.

2. 장 보드리야르(Jean Baudrillard), 《생산의 거울(Le miroir de la production)》 (Casterman, 1973).

3. 《이성의 원칙(Principe de Raison)》에 나오는 안겔루스 질레지우스의 이행구(二行 句)에 대한 하이데거의 해설을 보라.

4. 〈폴리티크-에브도(Politique-Hebdo)〉 1972년 6월 29일자, 앙리 카르티에 브레송의 보도사진 소개 글.

5. 앙리 르페브르, 《마르크스 사상과 도시》(Casterman, 1972).

6. 이 분야에 관해서는 많은 출판물이 있다. 그중에서 특히 비비안 파크(Viviane Pâques) 의 《우주나무(L'arbre cosmique)》(1964), 프로베니우스(Frobénius)의 《아틀란티스의 신화(Mythologie de l'Atlantide)》(프랑스어판, Payot, 1949), 조르주 발랑디에(Georges Banlandier)의 《콩가 왕국의 일상생활(La vie quotidienne au royaume de Konga)》 (1965), 뤼크 드 외시(Luc de Heusch)의 《카사이의 렐레 족에게서 나타난 구조와 실 천(Structure et Praxis chez les Lele de Kasaï)》(L'homme, 1964)을 읽어보라. 또한 〈에 키스틱스(Ekistics)〉 1972년 2월호에 게재된 알렉산드로스 로고풀로스(Alexandros Ph. Logopoulos)의 '전통적인 아프리카 정착의 기호학적인 분석(Semeiological Analysis of the traditional Africa settlement)'도 읽어보라.

7. 조제프 르누아르(Joseph Renouard)의 강의를 묶은 등사본 《이탈리아의 도시들(Les villes d'Italie)》 제8권 20쪽 및 그 이하 참조.

8. 위에 나오는 토스카나 지방에서의 공간 표시와 그것이 콰트로첸토(Quattrocento, 400을 뜻하는 이탈리아어로, 15세기에 이탈리아에서 일어난 각종 문화 예술 활동, 이른바 1차 르네상스를 가리키는 용어—옮긴이) 때 예술과 과학에 끼친 영향 참고. 뒤로 가면, 파노프스키(Erwin Panovsky)의 《고딕 건축과 스콜라 사상(Architecture gothique et pensée scolastique)》, 피에르 프랑카스텔(Pierre Francastel)의 《예술과 기술(Art et Technique)》에서 이와 같은 문제들이 다시 거론된다. 건축을 중점적으 로 살펴보고자 한다면, 비올레르뒤크(Viollet-le-Duc)의 《건축에 관한 대담 (Entretiens sur l'architecture)》이 가장 추천할 만하다.

9. 같은 책, 19쪽.

10. 《에세이와 강연 모음집(Essais et conférences)》, 198쪽.

11. 같은 책, 191쪽.

12. 《오솔길(Holzwege)》(프랑스어판), 31쪽 이하 참조.

13. 《집의 인류학을 위하여(Pour une anthropologie de la Maison)》(프랑스어판, Dunod, 1971). 일본에 관해서는 101쪽, 113쪽 참조.

14. 같은 책, 96쪽.

15. "예술은 가시적인 것을 반영하는 것이 아니라 가시적으로 만든다."(클레, 1920년)

16. 미셸 라공(Michel Ragon), 《현대 건축과 도시계획의 세계사(Histoire mondiale de l'architecture et de l'urbanisme modernes)》, 특히 2장 147쪽 이하 참조.

17. 《공간, 시간, 그리고 건축(Space, time and Architecture)》(1941).

18. 하이데거, 《오솔길》(프랑스어판), 사원에 관한 단편, 31쪽 이하 참조.

19. 《건축을 보는 방법 학습(Apprendre à voir l'architecture)》(프랑스어판).

20. 《건축을 보는 방법 학습》 15~16쪽과 필리프 부동(Philippe Boudon)의 명저 《건축 공간(L'espace architectural)》(Dunod, 1971) 27쪽 이하 참조.

21. 앙리 르페브르, 《언어와 사회》(1966), 84쪽 이하 참조.

22. 니체의 1873년 저작 《철학자의 책》 가운데 앞에서 인용한 부분의 170쪽 이하 참조.

23. 모리스 블랑쇼, 《문학의 공간(L'Espace littéraire)》(Gallimard, coll. Idées, 1970).

24. 쥘리아 크리스테바, 《언어, 의미, 시(Langage, sens, poésie)》 참조. 크리스테바는 1973년에 제출된 이 박사학위 논문에서 기호학적인 것(충동)과 상징적인 것(소통 체계로서의 언어)을 구분했다. 크리스테바는 《에크리(Ecrits)》를 통해서 드러나는 자크 라캉의 입장보다 이 방면에서 훨씬 앞서나간다. 롤랑 바르트는 그의 모든 저술을 통해서 기호와 상징이라는 두 폭의 그림에 대한 가장 설득력 있는 분석을 내놓았다. 《유리알 유희》에서는 이 문제가 강력하게 제시되긴 했으나, 답이 주어지지 않는 상태로 남아 있었다.

25. Payot, 1972.

26. 《철학자의 책》, 179쪽.

27. 〈오늘날의 건축(Architecture d'aujourd'hui)〉 132호와 153호에 게재된 롤랑 바르트의 논문 참조.

28. 찰스 핑크스(Charles Fincks), 《건축 2000(Archi. 2000)》(Prager Paperbacks, 뉴욕, 1971), 115쪽 참조.

29. 로버트 벤투리, 《건축의 복합성과 모순(Complexity and contradiction in Architecture)》, (Museum of Modern Art, 뉴욕, 1966) 참조.

30. 쥘리아 크리스테바의 《기호학(Semiotikè)》(1969), 298쪽 이하 참조. '의미작용을 하는 차이(différentiel signifiant)'와 '의미적 차이(différentiel sémantique)'(Osgood)를 확실하게 구분할 것.

31. 〈공간과 사회〉 3호에 게제된 엠마 스코바치(Emma Scovazzi)의 논문 참조.

32. 《에스/제드(S/Z)》(1970), 25쪽 이하 참조.

33. 아모스 라포포트의 《집의 인류학을 위하여》. 저자는 홀(Hall)과 마찬가지로 사회-
    문화적 요인과 동인의 중요성을 과장하는 경향이 있다.

34. 가스통 바슐라르의 《공간의 시학》, 91쪽 참조.

3. 공간 건축술

1. 《에티카》, I, 정리 XIV, 따름정리 2, 정리 XV, 주해.

2. 뒤에 요약한 헤르만 바일의 저서 참조.

3. 헤르만 바일, 《시메트리》, 2판, 프린스턴.

4. 같은 책, 36쪽 이하 참조.

5. 헤르만 바일이 라이프니츠, 뉴턴, 칸트의 '고전적인' 주장(26쪽부터 34쪽)에서 출
   발하여 벌이는 논쟁은 마흐(Ernst Mach)의 입장에 대해 다소간 유보적인 입장을 취
   하게 한다. 하지만 그렇다고 해서 바일이 《유물론과 경험비판》에 나타난 레닌의 태
   도를 옹호하는 것일까? 완전히 그렇다고는 할 수 없다. 그는 아마도 레닌이 문제는
   제대로 제기했으나, 그 과녁을 겨냥하지도 않았으며, 따라서 과녁을 맞추지 못했다
   고 말할 것이다.

6. 같은 책, 44쪽.

7. 프랑수아 자코브, 《생명의 논리(La logique du vivant)》, 320쪽 이하 참조.

8. 가스통 바슐라르, 《공간의 시학》, 125쪽 이하 참조.

9. 클로드 게느베(Claude Gaignebet), '브뤼헐의 그림(〈사육제와 참회 화요일〉)에 나
   타난 축제와 기독교적 시간의 공간-시간적 단일성 분석'(〈아날〉, 2호, 1972) 참조.

10. 자크 모노(Jacques Monod), 《우연과 필연(Hasard et nécessité)》.

11. 조르주 바타유가 그의 저서 《저주받은 조각(Part maudite)》에서 니체의 주제를 발
    전시키면서 부각시킨 내용. 여기서 에너지 이론을 발전시킨 빌헬름 라이히의 이
    름을 거론하지 않을 수 없다.(그는 자신의 저술 중에서 그다지 중요하게 다루어지
    지 않는 부분에서 이 이론을 발전시켰다.) 이 문제를 제법 유머 있게 다룬 유고슬
    라비아 영화 〈유기체의 신비(Les mystères de l'organisme)〉도 참조.

12. 니체, 《철학자의 책》, 제120편.

13. 같은 책, 제121편. 〈Durch Spiegel〉, 거울 안에서, 거울에 의해서, 거울을 통해서……

14. 헤르만 바일에 의하면 이는 엄격하게 수학적이며 매우 정확한 개념이다. 하나의
    몸, 하나의 형상은 거울로 간주되는 평면 E 속의 이미지와 일치할 경우 평면 E에

대해서 대칭이다. p라고 하는 지점마다 평면 E로부터 같은 거리에 있는 p라고 하는 오직 하나의 지점이 대응한다. 반사는 공간을 공간에 적용하는 것이다.(바일, 같은 책, 12~13쪽 참조.)

거울이 지닌 중요성과 흥미로움은 그것이 '주체(자아)'에게 자신의 이미지를 보낸다는 점이 아니라, 공간으로 몸의 직접적인 반복(대칭)을 확장시킨다는 점에서 기인한다. 서로 마주보는 같은 것(자아)과 다른 것(이미지), 이 둘은 최대한 비슷하며, 거의 똑같다고 할 수 있지만, 완전히 다르다. 이미지는 아무런 두께도 무게도 지니고 있지 않기 때문이다. 또한 오른쪽과 왼쪽도 거기에서는 전도되어 있으며, 자아는 결국 자신의 복제를 알아보게 된다.

15. 바일, 같은 책, 12쪽.

16. 이와 같은 불투명성에서 투명성으로의 부상, 이중성에 관해서는 메를로 퐁티의 글이 가장 최근에 발표되었으며, 그는 지각에 대한 현상학적 기술에서 보다 심오한 분석으로 넘어간다.〔《정신의 눈(L'Oeil de l'esprit)》〕하지만 메를로 퐁티는 사회적 실천과는 아무런 연관을 맺고 있지 않은 '주체'와 '대상'의 철학적 범주에 여전히 집착하고 있다.

17. 옥타비오 파스(Octavio Paz)의 저술, 특히 《결합과 해체(Conjonctions et disjonctions)》(프랑스어판, Gallimard, 1972) 참조. 이 책에서는 몸, 거울, 이중성, 그리고 이들의 변증법적 움직임이 시의 빛을 빌려서 나타난다. 옥타비오 파스는 모든 사회에 대해서 문화와 문명, 몸의 기호와 비(非)육체의 기호를 구분하며 대립시킨다.(46쪽, 57쪽 등.)

18. 신기하게도 바슐라르(《공간의 시학》)에게서는 나타나지 않는 거울이 초현실주의자들에게서는 자주 등장한다. 그중 피에르 마비유(Pierre Mabille)는 거울에 관한 책도 썼다. 장 콕토(Jean Cocteau)는 그의 매우 시적인 영화에서 거울에게 시각적 '순수함'을 상징하는 역할을 맡겼다. 거울은 민간 전통이나 예술 전통 등 모든 전통에서 대단한 역할을 한다.〔장 루이 셰퍼(Jean-Louis Schefer)의 《그림의 무대(Scénographie d'un tableau)》 참조.〕정신분석학자들은 주체라는 철학적 개념을 타파하기 위해 대대적으로 '거울 효과'를 활용했다. 사실 남용된 감도 없지 않다. 왜냐하면 정신분석학자들은 거울 효과를 공간이라는 맥락에서 떼어내 사용했으며, 심리적인 기제로 내재화된 공간만을 고려했기 때문이다. 한편, '거울 효과'를 이념들의 이론으로 일반화하려는 시도는 반쯤 의식적인 환상과 욕망의 생산물, 즉 마르크스주의적 교조주의를 구출하기 위한 생산물이라고 할 수 있다.

19. 장 보드리야르는 그의 저서 《사물의 체계(Le système des Objets)》에서 거울을 부

르주아 계급을 대표하는 '그의' 거실과 '그의' 방의 확대로만 간주했다. 그 결과 거울의 의미는 제한되고, 나르시시즘이라고 하는 (정신분석학적) 개념이 아예 사라져버렸다. 기술된 현상들의 모호함(이중성)은 라캉의 분석에서 원래의 복합성과 더불어 다시 나타나는데['거울의 단계(Le stade du miroir)', 《프랑스 백과사전(Encyclopédie française)》 VIII, 2, H], 그다지 명쾌하게 설명되지는 않는다. 라캉에 의하면, 거울은 언어에 의해 몸이 조각나는 과정을 설명해줄 수는 있지만, 실천적인 동시에 상징적인(상상계적인) 공간으로의 초월을 가능하게 해주는 것이 아니라 자아를 경직성 속에 고착시킨다.

20. 이와 같은 함축적인 주장은 공간의 의미론과 은유에 관해서 가장 뛰어난 저술 중의 하나인 조르주 마토레(Georges Matoré)의 《인간적 공간(L'espace humain)》(la Colombe, 1962)의 영향력을 제한한다.

21. 노먼 메일러(Norman Mailer), 《왜 우리는 베트남에 왔는가(Pourquoi nons sommes au Viet-Nam)》.

22. 뛰어난 청각 전문가인 토마티스는 전자 귀 방식의 창시자이기도 하며, 발성정상(orthophonie)에 관해 많은 글을 남겼다.

23. 옥타비오 파스, 《결합과 해체》, 132쪽.

24. 장 미셸 팔미에르(Jean-Michel Palmier), 《빌헬름 라이히(W. Reich)》, 37쪽.

25. 《무의식(L'inconscient)》, 본느발(Bonneval) 학회, 1960년과 1966년에 출판, 347쪽 이하 참조.

26. 몸짓 연구를 'le gestuel'이라고 써야 하는가, 아니면 'la gestuelle'라고 써야 하는가? 두 가지가 모두 사용 가능하겠으나, 어느 쪽을 택하느냐에 따라 의미가 약간씩 달라질 수 있다.

27. 롤랑 바르트, 《에스/제드S/Z》(Seuil, 1970).

28. 이는 노동의 분업 내부에서 특별한 전문가들의 영역으로 간주되는 건축 공간과는 다르다.

4. 절대 공간에서 추상 공간으로

1. 포크스(E. Forkes)와 프리처드(E. Pritchard), 《아프리카 정치 체계(Système politiques africains)》(1940)의 프랑스어판(1964).

2. 앙리 르페브르, 《농촌적인 것에서 도시적인 것으로》(1970)에 실린 '농촌사회학의 전망'.

3. 비트루비우스, 《건축서》, III, 3, VI, '비트루비우스 표' 참조.

4. 비올레르뒤크, 《건축에 관한 대담》, vol. 1, 102쪽.
5. 에게인의 궁궐에 과해서는 르루아(Ch. Le Roy)의 《에게인의 세계, 고고학(Le monde égéen, l'Archéologie)》(Larousse, 1969)과 호케(G. R. Hocke)의 《환상(장르) 예술의 미로(Labyrinthe de l'art fantastique)》(프랑스어판, Gonthier, 1967) 참조.
6. 철학에서 비롯된 이 같은 개념들에 대해서는 가보리오(Fl. Gaboriau)의 《새로운 철학 입문(Nouvelle initiation philosophique)》(Casterman, 1963), T.11, 65쪽 이하 참조. 또한 《신학대전(Summa Theologica)》도 참조.
7. 비트루비우스의 저술(쇼아지A. Choisy, Paris, 1907), VI, 7 이하 참조.
8. 《고백록(Confessions)》 X권.
9. 장 피에르 베르낭(Jean-Pierre Vernant)이 자신의 저서 《그리스인의 신화와 사상(Mythe et pensée chez les Grecs)》, I, 209, 225쪽 등에서 제시한 심리적 역사라고 하는 전망이 이를 보여준다. 그리스성(性), 그리스적임에 대한 이 같은 해석은 니체의 해석에 비해 명확하며, 더 견고하게 문헌학에 토대를 두었으나, 시적인 광대함에 있어서는 니체에 미치지 못한다.
10. 불화의 여신 에리스(Eris)에 대한 니체의 해석에 대해서는 《차라투스트라는 이렇게 말했다》 I, '친구에 대하여' 편과 II의 '연민에 대하여'를 보라. 또한 "너는 항상 첫째가 되어야 한다……. 이 가르침이 그리스의 영혼을 떨게 만들었다."('천 한 개의 목표에 대하여')도 보라. 이중적인 에리스에 관해서는 베르낭, 앞의 책, 33쪽 참조.
11. 《프랑스의 코뮌(Les Communes françaises)》을 쓴 프티 뒤테블리(Petit-Dutaiblis)도 그렇고, 심지어 조르주 뒤비(Georges Duby)의 최근 연구를 보아도 그렇다.
12. 조르주 바타유의 《죄인(Le Coupable)》(N.R.F., 1961), 81쪽.
13. 카를 함페(Karl Hampe), 《초기 중세 시대(Le Haut Moyen Age)》(프랑스어 번역본, Gallimard, 1943), 212~230쪽. 이 부분에 그의 생각이 명확하게 드러나 있다. 특히 228쪽의 고딕 서체 부분 참조.
14. 말(E. Mâle,) 《12~13세기의 종교예술(L'Art religieux du XIIe au XIII siècle)》(1896).
15. 프랑카스텔(Pierre Francastel), 《예술과 기술(Art et Technique)》, 83~84쪽, 92쪽 이하 참조.
16. 91쪽.
17. 《신학대전》, 91쪽 이하 참조.
18. 부르디외의 후기, 앞의 책, 135쪽.
19. 가보리오, 앞의 책, 62쪽, 97쪽. 이러한 철학적(스콜라 철학) 개념의 도입은 전혀

껄끄러울 것이 없다. (토마스 아퀴나스 학파의) 체계 외에 다른 참조라고는 없이 이를 사변적으로 사용한다면, 이는 이론의 여지가 있는 조작을 낳을 수도 있다.

20. 앞의 책, 112쪽.

21. 같은 책. 113쪽.

22. 옥타비오 파스는 《결합과 분리》에서 중세 기독교 예술과 불교 예술을 대상으로 관계의 대칭표(가령 유사 관계와 대립 관계)를 작성하고자 했다.(69쪽)

23. 파노프스키, 앞의 책, 112쪽.

24. 쥘리아 크리스테바, 《기호학》.

25. 마셜 맥루한(Marshall McLuhan)의 《구텐베르크 은하계(La Galaxie Gutenberg)》에 서는 15세기부터 기술되고 있다.

26. 이에 대해서는 기 드보르(Guy Debord)가 《스펙타클 사회(La Société du spectacle)》 에서 분석한 바 있다.

27. 몇몇 정신분석학자들에 의해서 말(parole)과 남성 성기(pénis) 사이에 설정된 연 관[콘래드 스타인(Conrad Stein), 《상상적 아이(L'enfant imaginaire)》(Denoël, 1971), 181쪽]만큼 명백하지 않고 뚜렷하지 않은 관계도 드물다. 한편, 음핵의 거 세자, 따라서 질의 축소자로서의 남근에 관해서 말하자면, 언젠가 남근이 신의 시 선에 의해서 거세되어야 한다면, 이는 사물의 합당한 회귀라고 할 수 있을 것이다. 이처럼 정당한 과정의 교류에서 무엇이 망각되고 있는가?[세르주 비데르만(Serge Viderman), 《분석적 공간의 구축(La construction de l'espace analytique)》(Denoël, 1970), 126쪽 이하 참조.]

28. 움베르토 에코가 '열린 작품'과 '부재 구조'에 대한 그의 연구에서 보여준 착각과 오류가 있다면, 바로 사회, 예술, 문화, 물질적 현실에 있어서 역사적으로 호의적 인 진화와 점점 증대하는 합리화 덕분에, 20세기 후반에 들어와 이것들 전체의 코 드화-코드 해독이 가능해졌다고 인정했다는 점이다. 그는 이 점에 대해서 아무런 이의를 제기하지 않고 인정해버렸다. 우월한 합리화란 소통의 형태로 제시된다. 소통 가능한 것은 해독 가능하며, 문화의 '모든 것'은 소통 가능하므로, 각각의 양 상과 각각의 요소는 기호학 체계를 형성한다. 이 같은 진화론적 합리주의와 소통 (독해-글쓰기) 낙관주의는 상당히 매력적인 이념적 순진함을 지니고 있다.

29. 오귀스트 쇼아지(Auguste Choisy)의 편집본, 6쪽.

30. 연극 공연장의 이미지를 보여주는 도식은 천상의 조화를 악기의 소리와 운명에 접목시키는 관계를 표현한다. 인간의 목소리는 천상의 하프 소리에 맞춰 조율된 다. V, VI, 2, 그리고 VI, I, 6-12 참조.

31. 알렉산드르 쿠아레(Alexandre Koyré), 《폐쇄된 세계에서 무한한 공간으로(Du monde clos à l'espace infini)》(1962), 2쪽.

32. 타푸리(Manfredo Tafuri), 《건축의 이론과 역사(Teoria et Storia dell'architettura)》 (Bari, 1968), 25∼26쪽.

33. 《파도바 시(La Città di Padova)》(1970), 218쪽 이하 참조.(이탈리아 파도바에 관한 뛰어난 연구서)

34. 클로드 게느베(Claude Gaignebet)의 편찬본 1권(Quatre-Feuilles, 1971), fol.3.

35. 라블레, 《가르강튀아(Gargantua)》, I, X.

5. 모순 공간

1. 이러한 경향의 전형적인 예로는 레비스트로스의 《친족의 기본구조(Les structures élémentaires de la parenté)》를 들 수 있다. 레비스트로스는 이 책에서 성과 에로티시즘을 배제한 채 가족과 사회적 관계에 대해서 언급한다. 조르주 바타유의 《에로티즘(L'Érotisme)》(coll. 10/18, 229∼230쪽) 참조.

2. 《기호논리학(Symbolic Logic)》과 《논리 게임(Game of Logic)》(Doven Pub., 1955), 22쪽, 'The Bilateral Diagram', 39쪽 이하 참조. 'The Trilateral Diagram' 분류표와 공간 분류에 관한 해석, 54∼55쪽 참조.

3. 크리스토퍼 알렉산더(Christopher Alexander), 《형태의 종합에 관한 메모(Notes on the Synthesis of Forms)》(1964)와 노르베르그 슐츠(Christian Norberg-Schulz), 《존재, 공간, 그리고 건축(Existence, Space and Architecture)》 (N.Y. Prager paper backs, 1971) 등 참조.

4. 하이데거, 메를로 퐁티, 바슐라르, 피아제.

5. 《숨겨진 차원(The Hidden Dimension)》과 위에서 언급된 《존재, 공간, 그리고 건축》, 18쪽, 114쪽 참조.

6. 필리프 부동이 《건축 공간, 인식론 소고(L'espace architectural, essai d'épistémologie)》 (Dunod, 1972)에서 시도하는 것도 이와 다르지 않다.

7. 빌헬름 보엑(Wilhelm Boeck)과 젬므 사바르테(Jaime Sabartés), 《피카소(Picasso)》(뉴욕, 암스테르담), 142쪽 참조. "1906년에 그려진 여러 구상 작품들과는 달리 〈아비뇽의 처녀들〉에 등장하는 형상들의 주변으로는 깊이 있는 공간이 보이지 않는다……."

8. "그들이 점유하는 공간과 그들이 점유하지 않고 내버려둔 공간은 긍정적인 공간과 부정적인 공간으로서 서로를 보완한다."(앞의 책)

9. 미셸 라공, 《현대 건축과 도시계획의 세계사》, 2권, 147쪽.

10. 찰스 젠크스(Charles Jencks), 《건축 2000(Archi-2000)》.

11. 마르크스주의가 처한 운명(오늘날 이것을 모르는 자가 어디 있겠는가?) 탓에, 가장 취약한 대목에 관해서조차도 대결이나 논란, 아니 아예 대화조차도 불가능했다. 수십 년 동안, 그의 토지 임대 수입 이론에 합당한 지위를 부여하려는 노력(프랑스, 유럽, 전 세계)은 이념이 되어버린, 정치 기구의 수단이 되어버린 마르크스주의의 이름으로 모두 수포로 돌아갔다.

12. 《공간과 정치》, 42쪽 이하, 마르크스의 《자본론》 III(프랑스어판, Editions Sociales), 48장, 193쪽 이하 참조.

13. 〈공간과 사회〉 3호에 실린 빌라노바(A. de Villanova)의 글, 238쪽 참조.

14. 《구조주의를 넘어서》, 400쪽 이하 참조.(1969년 논문)

6. 공간의 모순에서 차이의 공간으로

1. 《프랑스의 건축과 조각(Architecture et sculpture en France)》(Librairie de France, 연도 없음) 중에서 '예술사' 편 참조.

2. 제인 제이콥스, 《미국 대도시의 죽음과 삶(The death and life of great American Cities)》(Random House, 1961).

3. 로버트 굿맨(Robert Goodman), 《도시계획가들에 대해(After the Planners)》(Penguin Books, 1972). 말이 나온 김에 로버트 벤투리와 그의 저서 《건축의 복합성과 모순》에 대한 통찰력 있는 비판을 덧붙인다. 벤투리는 건축 공간의 유사 변증법화에서 사소한 형태적인 대조와 공간적인 모순을 혼동하고 있다. 로버트 굿맨, 위의 책, 164쪽 이하 참조.

4. 차이 이론에 관해서는 《형식 논리, 변증법 논리》 2판(Anthropos, 1970)에서 특히 2판 서문 참조. 귀납적 차이와 생산적 차이에 관해서는 《차이주의 선언》(1970) 참조.

5. 《도시계획가들에 대해》, 2부, 113쪽 이하 참조.

6. 이 부분은 라도반 리히타(Radovan Richta)의 《교차로의 문명(La civilisation au carrefour)》(프랑스어판, Anthropos)에서 영감을 얻었다.

7. 《폭력과 성스러움La violence et le sacré》(Grasset, 1973).

〈로컬리티 번역총서〉를 펴내며

로컬리티의 인문학 연구단에서 번역총서를 내놓는다. 〈로컬리티 번역총서〉는 고전적·인문학적 사유를 비롯해서, 탈근대와 전 지구화의 관점에서 해석되는 로컬리티에 대한 동서양의 다양한 논의를 담고 있다. 로컬리티 연구는 동서양을 막론하고 학문적 교차점, 접점, 소통성을 확보하는 것이 중요한 과제다. 이러한 의미에서 본 연구단에서는 장기적인 계획 아래, 로컬리티 연구와 관련한 중요 저작과 최근의 논의를 담은 동서양의 관련 서적 번역을 기획했다. 이를 통하여 로컬리티와 인문학 연구를 심화하고 동시에 이를 외부에 확산시킴으로써 로컬리티 연구의 저변을 확대하고자 한다.

우리가 로컬리티에 천착하게 된 것은 그동안 국가 중심의 사고 속에 로컬을 주변부로 규정하며 소홀히 여긴 데 대한 반성적 성찰의 요구 때문이기도 하다. 오늘날 로컬은 초국적 자본과 전 지구적 문화의 위세에 짓눌려 제1세계라는 중심에 의해 또다시 소외당하거나 배제됨으로써 고유의 정체성을 잃어가고 있다. 반면에, 전 지구화 시대를 맞아 국가성이 약화되면서 로컬은 또 새롭게 거듭나고 있다. 그동안 국가 중심주의의 그늘에 가려졌던 로컬 고유의 특성을 재발견하고 전 지구화에 능동적으로 대처하는, 이른바 로컬 주체의 형성과 로컬 이니셔티브(local initiative)의 실현을 위해 부단한 노력을 기울이는 모습들이 속속 드러나고 있다.

이제 로컬의 현상들을 파악하기 위해 기존의 지역 논의와 다른 새로운 사고가 절실히 필요하다. 지금까지 지역과 지역성 논의는 장소가 지닌 다양성과 고유성을 기존의 개념적 범주에 맞춤으로써 로컬의 본질을 왜곡하거나 내재된 복합성을 단순화하는 오류를 범했다. 이에 우리는 로컬을 새로운 인식과 공간의 단위로서 재정립해야 할 필요성을 다시 확인하며, 로컬의 역동성과 고유성을 드러내줄 로컬리티 연구를 희망한다.

〈로컬리티 번역총서〉는 현재 공간, 장소, 인간, 로컬 지식, 글로벌, 로컬, 경계, 혼종성, 이동성 등 아젠다와 관련한 주제를 일차적으로 포함했다. 향후 로컬리티 연구가 진행되면서 번역총서의 폭과 깊이는 더욱 넓어지고 깊어질 것이다. 번역이 태생적으로 안고 있는 잡종성이야말로 로컬의 속성과 닮아 있다. 이 잡종성은 이곳과 저곳, 그때와 이때, 나와 너의 목소리가 소통하는 가운데 새로운 생성의 지대를 탄생시킬 것이다.

우리가 번역총서를 기획하면서 염두에 둔 것이 바로 소통과 창생의 지대이다. 우리는 〈로컬리티 번역총서〉가 연구자들에게 로컬리티 연구에 대한 기반을 제공해줌으로써 학제간의 경계를 넘나드는 심화된 통섭적 연구가 이루어지고, 나아가 '로컬리티의인문학(locality and humanities)'의 이념이 널리 확산되기를 바란다.

부산대학교 한국민족문화연구소
(HK)로컬리티의인문학 연구단